COMENTÁRIOS SOBRE O DIREITO INTERNACIONAL PRIVADO BRASILEIRO

PAUL HUGO WEBERBAUER

Professor Associado de Direito Internacional Privado
na Faculdade de Direito do Recife/UFPE.
Mestre e Doutor em Direito pela UFPE. Bacharel
pela Universidade de Vila Velha.

COMENTÁRIOS SOBRE O DIREITO INTERNACIONAL PRIVADO BRASILEIRO

editora
Del Rey

Belo Horizonte
2022

EDITORA DEL REY LTDA. www.editoradelrey.com.br

Editor: Arnaldo Oliveira

Editor Adjunto: Ricardo A. Malheiros Fiuza (*in memoriam*)

Coordenação Editorial: Letícia Neves

Diagramação: Know-how Editorial

Revisão: Letícia Maria Maciel de Moraes

Aquarela da capa: Gabriela Trad Mascarenhas

Arte da Capa: Anna Clara Fornellos Almeida

Editora:
Rua dos Goitacazes, 71 – Lojas 20 a 24
Centro – Belo Horizonte – MG
CEP 30190-050

Comercial:
Tel.: (31) 3284-3284
vendas@editoradelrey.com.br

Editorial:
editorial@editoradelrey.com.br
Tel.: (31) 2516-3340

W373c Weberbauer, Paul Hugo
Comentários sobre o direito internacional privado brasileiro / Paul Hugo Weberbauer. -- Belo Horizonte: Del Rey, 2021.
664 p.: il.

Bibliografia: p. 623-645.
ISBN 978-65-00-31584-4

1. Direito internacional privado. 2. Direito - Metodologia. 3. Direito internacional privado - Direito de família. 4. Direito internacional privado - Cidadania. 5. Direito internacional privado - Brasil. I. Título.

CDU: 341.5

Junio Martins Lourenço
Bibliotecário – CRB6 3167.

Essa obra é dedicada aos meus pais,
Marly Dettmam Weberbauer e
Paul Hugo Ferdinand Weberbauer (*in memoriam*).

AGRADECIMENTOS

Existem tantos agradecimentos a serem feitos que fica difícil de realizá-los nestas poucas linhas. Primeiro, agradeço aos meus pais, Marly e Paul (*in memoriam*), por tudo, pois sem eles nada nesta vida seria possível.

Agradeço ao "eterno" prof. Dr. Aurélio Agostinho da Bôaviagem pelas orientações e lições que moldaram a minha carreira docente na Faculdade de Direito do Recife. Também agradeço aos colegas de Faculdade, os professores Sergio Torres, Eleonora Luna, Angela Calabria, Angela Simões, Edilson Nobre, Juliana, Eugênia, enfim a todos que contribuíram para a vivência acadêmica da Faculdade.

Agradeço ao corpo técnico da Faculdade, em especial ao Eurico, Sandro, Isaias, Edson, Moises, Hélio (*in memoriam*). A Luciene, Ligia, Karine e Carminha.

Sem esquecer de agradecer a Daniele e Gabriela do Atelier D'Art pela paciência e cuidado com a aquarela da capa da presente obra.

Além de agradecer a todos os meus alunos na Faculdade, os quais são a essência da docência, em especial as ex-alunas Andréia de Lira Rocha, Anna Clara Fornellos Almeida e Leticia Maria Maciel de Moraes, cujo apoio foi fundamental para a elaboração da presente obra.

PREFÁCIO

Por quase quatro décadas, sempre, perante as novas turmas de Direito Internacional Privado no bacharelado em Direito na Faculdade de Direito do Recife, provocava: há quem diga que a disciplina não seria Direito, não seria Internacional, nem seria Privado. A partir daí tentava desconstruir tal afirmação, demonstrando a autonomia e a importância dessa "fascinante disciplina denominada Direito Internacional Privado" como afirma o autor.

Este vai muito além, apresenta uma visão pós-moderna, incrementada pela globalização que propicia o crescimento de relações, as mais diversas, que oportunizam conflitos de leis, cuja solução se constitui o objeto do Direito Internacional Privado. Globalização que agudiza a discussão sobre Uniformização e a Internacionalização do Direito, com repercussões inevitáveis no Direito Internacional Privado, em particular no que tange às suas fontes, assuntos enfrentados neste trabalho.

A postura do autor, em todo o seu trabalho, é sobremaneira crítica, o que o afasta dos manuais – advertência que realiza logo no início – pois são, muitas vezes, mera indicação de visões expostas por copiosa doutrina.

Exemplo de sua peculiar visão crítica se encontra quando cuida do objeto do Direito Internacional Privado, ao apontar objetos próprios e objetos impróprios, confrontando as listagens presentes nos manuais. Ou ainda, quando trata do método colisional e das normas próprias da disciplina (as normas colisionais, de incidência sobre o fato extranacional – bem delineado), sem olvidar as normas materiais que, por vezes, complementam a incidência daquelas.

Cuida, com proficiência, da aplicação do direito estrangeiro, mecanismo próprio do Direito Internacional Privado, e seus limites.

Da parte geral, o autor se volta para o Direito Internacional Privado Brasileiro, quanto à aplicação do direito estrangeiro, sua prova, seus limites, suas excludentes (em especial a tortuosa ofensa à ordem pública), o controle da constitucionalidade (fortemente atingido pelo fenômeno da constitucionalização).

Do direito brasileiro elege alguns de seus institutos, dos estatutos pessoais e reais de forte presença, deles cuidando: seu tratamento legislativo e jurisprudencial que, em geral, não se apresenta como um bom disciplinamento, além de carecer de atualização para regência das questões atuais. Isto ocorre, em especial, com a Lei de Introdução às Normas do Direito Brasileiro e com regras do direito processual, distanciados por vezes da legislação internacional à qual o Brasil se vinculou, o que é demostrado pelo autor.

Verdade é: estou honrado pelo convite para prefaciar o livro de Paul Hugo Weberbauer, que vai bem além do que "Comentários sobre o Direito Internacional Brasileiro".

Honrado porque Paul foi, por duas vezes, meu orientando, no Mestrado e no Doutorado, do Programa de Pós-graduação em Direito da Faculdade de Direito do Recife, sendo hoje meu colega como Professor Permanente daquele Programa. Honrado porque me sucedeu na disciplina da graduação.

Verdade maior é que estou feliz, como professor, de testemunhar que o aluno superou o mestre.

Recife, 17 de março de 2021

Dr. Aurélio Agostinho da Boaviagem

Professor Emérito da Faculdade de Direito do Recife da Universidade Federal de Pernambuco (UFPE).

Professor do Programa de Pós-Graduação da Faculdade de Direito do Recife da UFPE.

SUMÁRIO

INTRODUÇÃO

Em dezembro de 2013, logo após a aposentadoria do Prof. Dr. Aurélio Agostinho da Boaviagem, assumi como docente a disciplina PE314 – Direito Internacional Privado 1, até então disciplina obrigatória do 8º período do Curso de Direito da Faculdade de Direito do Recife. Desses sete anos de docência, o presente livro é fruto.

O leitor pode estranhar o fato de que a presente obra foge à regra e não é denominada "manual" ou "curso de Direito Internacional Privado", mas sim *Comentários ao Direito Internacional Privado*. A opção por essa denominação está motivada no fato de não nos propormos a repetir o molde tradicional dos cursos da nossa disciplina, em especial pela ausência de um capítulo específico sobre a evolução histórica e principais pensadores do nosso ramo – informação que, se muito, estará diluída na análise em diferentes partes da obra.

A melhor forma de defini-la, como uma aluna disse, é "são suas aulas reduzidas em páginas de papel"; não a mera transcrição das mesmas, mas sim o modo de exposição e explicação dos institutos, bem como a estrutura ser idêntica ao programa da disciplina que leciono na Faculdade de Direito do Recife.

A obra está estruturada em seis grandes tópicos, divididos em 18 capítulos, abordando o que conhecemos como a parte geral do Direito Internacional Privado, entendida esta como sendo composta pela doutrina da solução de conflito de leis (o conflito de leis do DIPr), a teoria dos direitos adquiridos e seu reconhecimento internacional, e os aspectos processuais intrinsecamente relacionados a esses dois fenômenos – não são objeto de nossa obra a nacionalidade, nem a condição jurídica do estrangeiro (objetos tradicionais, mas impróprios da nossa disciplina).

No primeiro tópico expomos os principais conceitos da disciplina, analisamos o que é o Direito Internacional Privado (Cap. 1); o fenômeno razão de sua autonomia científica (Cap. 2); a problemática de seus variados objetos próprios e impróprios (Cap. 3); a relação entre Direito uniforme e o Direito Internacional Privado (Cap. 4); as fontes da nossa disciplina (Cap. 5); as normas que compõem o Direito Internacional Privado (Cap. 6) e a manifestação do Direito Internacional Privado na ordem jurídica brasileira (Cap. 9).

No segundo tópico procuramos explicar os aspectos metodológicos do Direito Internacional Privado, iniciando pela discussão dos fundamentos básicos da metodologia jurídica (Cap. 7), preparando o leitor para compreender o complexo método colisional e suas particularidades (Caps. 8 e 9).

O terceiro tópico tem por objeto os principais elementos de conexão do Direito Internacional Privado brasileiro, iniciando pelos Estatutos Pessoais e o disciplinamento da capacidade, do estado e da personalidade jurídica do indivíduo no Direito Internacional Privado, os quais são referenciados pelo art. 7º da LINDB e a *lex domicilii* (Cap. 10).

A seguir, analisamos o tratamento dos bens e das coisas no Direito Internacional Privado brasileiro, a *lex rei sitae* do art. 8º da LINDB e suas particularidades (Cap. 11), dando especial destaque para a situação especial das aeronaves (o estatuto aéreo – Cap. 12) e das embarcações e navios (o estatuto naval – Cap. 13).

Encerrando o tópico dos elementos de conexão, passamos a analisar o direito das obrigações no Direito Internacional Privado, o *locus regit actum* previsto no art. 9º da LINDB e suas particularidades envolvendo as obrigações privadas, dando especial destaque para a problemática da autonomia da vontade no Direito Internacional Privado (Cap. 14).

O quarto tópico aborda a aplicação e a exclusão do Direito estrangeiro, no qual analisamos os institutos da informação sobre o Direito estrangeiro, a teoria do reenvio e os princípios da uniformidade e internacionalidade na aplicação de normas internacionais (Cap. 15); além dos papéis desempenhados pelo princípio da ordem pública internacional, das normas de aplicação imediata, da fraude à lei, a instituição desconhecida, o controle de constitucionalidade e o controle de convencionalidade na doutrina da solução do conflito de leis (Cap. 16).

Exposta a doutrina da solução de conflito de leis, no quinto tópico abordamos a teoria dos direitos adquiridos e seu reconhecimento internacional, desde os alicerces da relação direito e tempo (direito intertemporal) até os diferentes papéis que os direitos adquiridos desempenham nas correntes de pensamento do Direito Internacional Privado (Cap. 17).

Encerrando a obra, o sexto e último tópico aborda os aspectos processuais do Direito Internacional Privado (o processo internacional), analisando os institutos da prova estrangeira, a cooperação jurídica internacional e o auxílio direto, e a homologação de atos, sentenças e laudos estrangeiros (Cap. 18).

Esperamos que essa estrutura evidencie o modo pelo qual a explicação se dará sobre os diferentes temas, considerando-se que o primeiro e o segundo tópicos são "propedêuticos", haja vista que estabelecem os alicerces teórico-conceituais para a compreensão dos demais, os quais são dogmáticos e, até certo ponto, autossuficientes entre si.

Quanto à estrutura dos nossos comentários, ela obedece rigorosamente a mesma sistemática de nossas aulas: primeiro qualificar para depois sintetizar. Todos os comentários começam pela qualificação do instituto, recorrendo muitas vezes aos ramos do Direito material para resgatar os conceitos e classificações essenciais que surgem como pré-requisitos do tópico *in foco*. Deste modo, a obra procura ser "autossuficiente", evitando que o leitor tenha de resgatar noções em manuais de outras disciplinas (em especial, o Direito Civil).

Quanto ao conteúdo dos comentários, sempre procuraremos recorrer às três grandes fontes do Direito: a legislação, a doutrina e a jurisprudência. A parte dogmática, obrigatoriamente, sempre começará pela exposição da situação legislativa, pois consideramos inconcebível uma obra jurídica não conter a fonte principal do Direito: a norma jurídica.

Ressaltamos que não estamos fazendo transcrição normativa ou interpretação literal, por isso recorremos também à segunda fonte do Direito: a doutrina. Dentro dessa fonte, optamos por sempre referenciar obras essenciais ao tema abordado, além de trazer referências acessíveis ao leitor com o intuito de este ter um norte para se aprofundar no estudo em determinado assunto que lhe interessou.

Infelizmente, nem sempre é possível valer-se de artigos de periódicos online, muito menos mantermos na análise apenas a doutrina em idioma português, havendo em determinadas partes o recurso a obras clássicas (e pouco disponíveis para o público em geral) e em obras estrangeiras.

Porém, cientes de que nem todos conhecem um segundo idioma, as citações em idioma estrangeiro estarão traduzidas, trazendo uma sistemática própria em oferecer a tradução imediatamente após o texto original e não em nota de rodapé como é a *práxis* das obras brasileiras.

A jurisprudência dos tribunais também se faz presente em nossos comentários, em especial quando houver o que podemos considerar um *leading case* em determinado assunto e, mais importante, quando existir jurisprudência disponível sobre o tema – infelizmente nossa disciplina tem uma atividade judiciária muito aquém da desejável e, em alguns casos, decisões ortodoxas e de pouca contribuição para o debate, salvo para críticas.

Devemos lembrar que a presente obra não encerra os assuntos nela contidos, algo que seria uma tarefa quase impossível, contudo não é uma sinopse. A finalidade maior dessa obra é servir de convite para o leitor explorar o fascinante campo do Direito Internacional Privado e a diversidade legislativa que assombra o nosso mundo contemporâneo.

Olá, durante a leitura da obra o leitor se deparará com esses quadros, os quais configuram comentários particulares do autor.

Como primeiro comentário particular, devo um agradecimento especial para minhas (ex)alunas Andréia Lira Rocha e Anna Clara Fornellos Almeida, pelo apoio, e para Letícia Maria Maciel de Moraes, pela revisão.

Capítulo 1

O QUE É DIREITO INTERNACIONAL PRIVADO?

1.1 NOVA REALIDADE, ANTIGOS PECADOS

A consolidação do modelo nacional do Estado no século XIX e sua mundialização com o fim dos impérios coloniais no século XX estabeleceram uma situação complicada para a Ciência Jurídica.

O fenômeno da extraterritorialidade do Direito se tornou cada vez mais presente a partir do século XX e uma surpreendente normalidade no século XXI, graças a *World Wide Web*, bem como o aprofundamento do fenômeno da globalização.

Com isso, a teoria jurídica tem, cada vez mais, de enfrentar situações em que determinada relação jurídica se conecta com diferentes ordens nacionais, e a Ciência Jurídica começa a enfrentar seus antigos pecados com o Direito Internacional.

Seria a era da diversidade legislativa cada vez mais manifesta na agenda jurídica impondo ao Direito a questão de como lidar com os elementos estrangeiros nas relações jurídicas? Como o Direito pode lidar com os elementos estrangeiros nas relações jurídicas?

Outra questão complexa que já demonstra sua dificuldade de ser respondida quando se constata que não existe uma conceituação consolidada sobre o próprio ramo que estuda esse fenômeno é: o que é o Direito Internacional Privado?

Quando se analisa a doutrina brasileira, verifica-se que existe uma unidade quanto à essência do que é o Direito Internacional Privado, porém sua conceituação, suas características e seu enquadramento jurídico variam conforme o autor, além da corrente de pensamento pesquisada.

Para uma parcela, o Direito Internacional Privado é um ramo do Direito Privado, cuja razão de ser é a solução dos casos privados que contém elementos estrangeiros[1]. Consideram-no um Direito Civil especializado.

Outra parcela da doutrina considera que o Direito Internacional Privado é um ramo do Direito Público, cuja razão de ser é a organização do "direito objetivo adequado à apreciação de fatos que, por quaisquer de seus elementos, estejam em conexão com dois ou mais meios sociais"[2]. Ou o ramo do Direito Público que busca solucionar uma forma especializada de conflitos de leis no espaço. Ou, ainda, um ramo do Direito público nacional que atua como um "sobredireito", cuja função é determinar a aplicação de determinado direito a determinadas situações que entram e saem das fronteiras[3].

A essência do que é o Direito Internacional Privado é a mesma em todas essas correntes doutrinárias: Direito Internacional Privado é o ramo jurídico que estuda os conflitos de leis no espaço decorrente da existência de elementos estrangeiros em determinada relação jurídica.

Porém, também é evidente que a descrição dessa essência, seu conceito, suas particularidades, dentre outros fatores, não possui uma unidade doutrinária. Assim sendo, dificilmente duas obras de Direito Internacional Privado teriam a mesma estrutura.

Essa diversidade conceitual, essa imprecisão quanto à definição do Direito Internacional Privado, reflete na própria nomenclatura do ramo. A expressão Direito Internacional Privado não é técnica, não é precisa e, para desconhecimentos de muitos, foi cunhada quando o significado de algumas palavras não era o mesmo que designa atualmente.

1.2 O DIREITO QUE NÃO É DIREITO?

Pela minha experiência em sala de aula, boa parte dos acadêmicos de Direito não param para questionar qual o motivo de se utilizar a palavra "Direito" nas disciplinas que estudam durante o curso. Por que estudar Direito Civil e não Legislação Civil? Por que estudar Direito Penal e não Princípios Penais? Por que estudar Direito Constitucional e não Constituição?

---

1 BASSO, Maristela. **Curso de direito internacional privado**. 5. ed. São Paulo: Atlas, 2016, p. 4.

2 CASTRO, Amilcar. **Direito internacional privado.** 5. ed. (atualizado por Osiris Rocha). Rio de Janeiro: Forense, 2004, p. 99.

3 PONTES DE MIRANDA, Francisco Cavalcanti. **Tratado de direito internacional privado.** Rio de Janeiro: Livraria José Olympio, 1935, t. 1, p. 17.

Esse questionamento, apesar de possuir um grau menor de relevância nos demais ramos jurídicos, possui uma especial relevância para compreender a complexidade que existe no Direito Internacional Privado.

A palavra "Direito" designa que determinado campo do conhecimento jurídico possui um determinado grau de autonomia perante os demais campos, de forma a gerar um arcabouço teórico próprio e peculiar, gerando uma forma de análise distinta. Essa autonomia normalmente se manifesta por meio de um conjunto de particularidades normativas, principiológicas e metodológicas, comumente associado à existência de um fenômeno próprio ("objeto") e de uma forma de pensar singular ("método").

Não se estuda Direito Penal como se estuda Direito Civil, ou como se estuda Direito Constitucional. Todos são ramos da mesma Ciência, mas todos dotados de particularidades que os diferenciam.

Simplificando, quando verificamos a presença de "Direito" na designação de uma disciplina ou de um ramo, isto significa que aquele ramo é dotado de uma dinâmica normativa própria e de características existentes em outros ramos.

No que tange ao nosso ramo em foco, se o Direito Internacional Privado é Direito, por consequência, ele tem de apresentar um conjunto normativo peculiar, uma dinâmica jurídica ímpar, que lhe é inerente e que o diferencia dos demais ramos: a norma colisional/conflitual.

A norma colisional é uma espécie de norma formal, cuja estrutura e aplicação está voltada para determinar a incidência ou não de normas estrangeiras e como se dará a aplicação dessas normas. Na doutrina, essa particularidade da norma colisional é resumida à ideia de se tratar da espécie normativa que soluciona o conflito de leis especializado no espaço.

Sem norma colisional não existe Direito Internacional Privado.

Nesse ponto é que surge o primeiro grande problema na compreensão do nosso ramo: por ser um Direito formal, é associado às maiores manifestações do Direito formal, o Processo e o Direito Processual.

É uma falácia muito comum no pensamento jurídico considerar que qualquer norma formal (entendida como aquela que regula procedimento) é parte integrante do Processo, sendo automaticamente inserida como uma modalidade de norma instrumental.

Por consequência, ocorre uma dedução simplista de que o Direito Internacional Privado seria um sub-ramo do Processo, não um "Direito"; seria uma técnica processual, não podendo ser considerado um ramo jurídico autônomo, mas uma particularidade do ramo processual.

O principal motivo para esse pensamento falacioso ainda existir é o equívoco em associar Direito formal como sendo Direito processual, como se todo procedimento fosse parte integrante da ideia de processo e as normas instrumentais fossem sinônimo de normas formais.

Para desfazer esse equívoco, é necessário deixar claro que Direito formal é uma classificação normativa que se contrapõe ao Direito Material, logo, é um gênero de normas que tem como característica regulamentar formalidades, ritos e procedimentos.

Nesse conjunto de normas existem três grandes subgrupos, três espécies normativas distintas, as quais, não obstante, se unem pelo fato de regulamentarem procedimentos, ritos e formalidades: as normas instrumentais, as normas sistêmicas e as normas colisionais.

As normas instrumentais são, por excelência, as normas processuais, pois regulamentam as etapas e a forma como ocorre a solução de lides. Estabelecem o procedimento pelo qual uma norma abstrata manifesta suas consequências em um fato concreto. Fazem a ligação entre o plano deontológico com o plano ontológico, materializando a função pacificadora da autoridade diante de situações litigiosas no corpo social. São a modalidade de normas formais mais estudadas no curso de Direito e exemplo maior da territorialidade da Jurisdição de um Estado.

Apesar da sonoridade impactante, o significado das palavras "deontológico" e "ontológico" é extremamente simples no presente estudo. "Deontológico" corresponde ao plano abstrato das normas jurídicas (o DEVER-SER). "Ontológico", por outro lado, corresponde ao plano dos fatos naturais, da realidade em si (o SER).
Utilizamos essas expressões para evitar a repetição desnecessária de palavras e, em alguns momentos, facilitar a diferenciação de um conceito de outro (ex.: fato jurídico não é sinônimo de fato ontológico).

As normas sistêmicas, uma nomenclatura nossa, consistem naquelas normas que regulamentam os procedimentos de coesão do sistema jurídico. Sua finalidade é garantir que o Direito como ordem jurídica seja coeso e dotado de integridade para sua existência como sistema funcional. Regulam desde a criação de novas normas jurídicas (ex.: processo legislativo) até a temporalidade normativa do sistema (ex.: normas de Direito Intertemporal). De forma mais simples, são as normas que procuram estabelecer os procedimentos para evitar e solucionar antinomias jurídicas em determinada esfera jurídica soberana nacional.

E, por fim, as normas colisionais que são normas puramente abstratas (deontológicas) cuja finalidade é determinar qual a esfera jurídica soberana existente no plano deontológico a ser aplicada a determinada relação jurídica que se conecta a mais de uma esfera jurídica soberana. São as normas que visam estabelecer qual o Direito nacional aplicável diante da manifestação da diversidade legislativa em determinada situação. Tem como particularidade a ruptura da territorialidade do Direito e da Jurisdição.

Destarte, de forma bem simples, verificamos que, apesar de formais, as normas colisionais não são normas instrumentais, muito menos se confundem com as mesmas, invalidando qualquer pensamento cuja a base seja reduzir o Direito Internacional Privado à técnica processual a partir desse caráter de Direito formal de suas normas.

Outra particularidade que confere autonomia jurídica ao Direito Internacional Privado é quanto à sua metodologia. O método de solucionar os conflitos de leis especializados no espaço é *sui generis* na Ciência Jurídica.

Diferente da subsunção jurídica tradicional, o método colisional é dotado de duas etapas distintas: (1) conhecida como qualificação da relação jurídica *in foco*; e (2) a solução propriamente do conflito de leis. É um método cuja origem e a evolução estão na teoria da sede do fato de Friedrich Carl von Savingy e que não tem a norma jurídica como premissa maior, logo não é uma subsunção propriamente dita.

Sob esse aspecto, o método colisional não parte da norma jurídica, parte da relação jurídica com elementos estrangeiros, para, em um segundo momento, não aplicar propriamente a norma jurídica ao fato, mas, por meio de uma norma especializada, determinar qual a norma jurídica que deve ser aplicada ao fato.

Esperamos ter evidenciado nessa breve explicação que o Direito Internacional Privado é Direito não só pela existência de uma modalidade normativa própria (a norma colisional) como também pela particularidade metodológica que lhe é inerente (o método colisional).

Ser autônomo, no entanto, não significa ser independente. Direito Internacional Privado não é uma ilha isolada e estanque, muito diferente disso. Para boa compreensão desse ramo é obrigatório possuir conhecimento sólido nas diferentes áreas do Direito, mas ressaltamos aqui que a necessidade desse conhecimento prévio não pode concebê-lo como um apêndice desses outros ramos.

1.3 *IUS GENTIUM PRIVATUM*

Se existe um vocábulo o qual é rotineiramente empregado na Ciência Jurídica de forma imprecisa e temerária, esse vocábulo é o "Internacional". Não sem razão, Direito Internacional não é uma expressão antiga na Ciência Jurídica, muito pelo contrário, é uma expressão recente oriunda do século XIX.

Para entender essa situação, é preciso relembrar que até o século XIX o plano internacional era designado pela expressão latina *ius gentium*, o Direito das Gentes, não se conhecendo a expressão Direito Internacional.

> *Ius gentium* é uma expressão traiçoeira no vocabulário jurídico moderno. De forma simples, existem dois significados para *ius gentium*: um se refere ao antigo direito público externo romano e sua forma de lidar com povos estrangeiros – legado, principalmente, da obra historiográfica de Tito Lívio. A outra referência, mais comum, é a de Direito das Gentes forjada pela escola estatutária holandesa do séc. XVII, principalmente pela doutrina da Guerra Justa de Hugo Grotius, consistindo em uma espécie de direito natural que rege todos os povos – origem do ramo moderno conhecido como Direito Internacional Público moderno.

A expressão Direito Internacional vai se tornando conhecida com a lição de Jeremy Bentham, quando em seu *An Introduction to the Principles of Morals and Legislation*, de 1789, cunhou a expressão *International Law* para definir um campo do pensamento jurídico que surgia com as relações entre soberanos como soberanos, das relações intergovernamentais entre os Estados.

Neste contexto, o Direito Internacional Privado não tem sua origem "internacional" nessa crença de um direito entre soberanos, sua origem moderna reside nos conceitos de conflito de leis de Estados diferentes, expressão utilizada em duas de suas obras inaugurais: o *Commentaries on the Conflict of Laws, Foreign and Domestic: in regard to contracts, rights, and remedies, and especially in regard to marriages, divorces, wills, successions, and judgments* ("Comentários sobre Direito Internacional Privado, nacional e estrangeiro: a respeito de contratos, direitos, e remédios jurídicos, e especialmente, em relação a casamentos, divórcios, testamentos, sucessões e julgamentos") de Joseph Story, de 1834, e a *Über die Kollision der Privatrechtsgesetze verschiedener Staaten* ("Sobre a colisão de diversas leis privadas em diferentes Estados") de Karl Georg von Wächter, de 1841. Não sendo por acaso que seu principal objeto de estudo é denominado de conflito de leis.

Ocorre que com ascensão da expressão *International Law* não existe a exclusão da existência do *ius gentium* da Ciência Jurídica, mas uma reformulação forçada em sua concepção por parte da doutrina continental europeia: o *ius gentium* seria um gênero, do qual o *International Law* seria o *ius gentium publicum*, conhecido hoje como Direito Internacional Público, enquanto o "conflito de leis" formaria o *ius gentium privatum*, conhecido hoje como Direito Internacional Privado[4].

A evolução do significado de Direito Internacional e o declínio do emprego da expressão Direito das Gentes acabou gerando uma perda de significado quando empregada no Direito Internacional Privado.

A expressão *International Law* forjada por Bentham acabou se tornando a referência do que, no século XIX, era considerado *ius gentium*, substituindo o Direito das Gentes pelo Direito Internacional Público, o qual designa o ramo da Ciência Jurídica que rege as relações entre soberanias, sendo composto pelo estudo da norma jurídica internacional (tratados & convenções), as Organizações Internacionais e a diplomacia. Nesse contexto semântico, o Direito Internacional Privado não é Internacional.

O Direito Internacional Privado não estuda as normas jurídicas internacionais, muito menos compreende a dinâmica da sociedade de Estados denominada de sociedade internacional. Não sendo sem razão a afirmação rotineira na doutrina de que suas fontes são, majoritariamente, fontes nacionais, não fontes internacionais.

Ocorre que essa constatação não torna o Direito Internacional Privado imediatamente parte do Direito nacional, pois é um ramo que possui uma natureza dúplice: mesmo possuindo fontes nacionais, seu paradigma, sua interpretação, sua dinâmica não são de direito nacional. Ele não opera dentro da mentalidade da lógica subjetiva jurídica, ele trabalha na lógica da diversidade deontológica.

Sim, ao mesmo tempo que se manifesta em normas nacionais, o Direito Internacional Privado não se limita a esse direito, daí a doutrina do século XIX enquadrá-lo como ramificação do *ius gentium*: o *ius gentium privatum*.

Por isso, a designação de "internacional" é imprópria para a doutrina contemporânea, pois esqueceu-se de que o seu emprego ocorreu em outro contexto histórico e que permanece em uso por ausência de um termo melhor.

---

4 FOELIX, M. **Traité du droit international privé ou du conflit des lois de différentes nations.** 2. ed. Paris: Joubert, Libraire de la Cour de Cassation, 1847, p. 2.

1.4 O PRIVADO DO DIREITO INTERNACIONAL PRIVADO

A milenar classificação do Direito em Público e Privado consiste em outra dificuldade terminológica do nosso ramo jurídico.

Trata-se de uma das classificações mais antigas do Direito, tendo sua origem no direito romano antigo e legada para nós através das lições de Ulpiano no Digesto 1.1.1.2[5].

A impressionante sobrevivência dessa lição até os dias atuais demonstra a profunda influência que exerceu na compreensão do fenômeno jurídico, porém, ao mesmo tempo, as transformações que o fenômeno jurídico perpassou através dos séculos gera a constatação de que essa lição necessita de severas adaptações e atualizações, a ponto de existirem severas críticas do seu uso. A maior crítica que podemos apontar é a de tentar aplicá-la a ramos jurídicos que não eram conhecidos pelos romanos, dentre eles o nosso Direito Internacional Privado.

A associação ao Direito Privado ocorreu mais por uma divisão proposta pela doutrina do século XIX do que propriamente da utilização metódica e rigorosa da classificação de Ulpiano.

A existência do Direito Internacional Privado no Direito romano antigo é um assunto extremamente complicado. Como bem avisa Tobias Asser, não há qualquer regra de aplicação de direito estrangeiro nas obras que compõem o *corpus iuris civilis*. Mas, ao mesmo tempo, temos registros históricos de aplicação de, ao menos, costumes estrangeiros por parte da autoridade romana, sendo o maior desses exemplos o julgamento de Jesus Cristo. Acrescente-se a essa complexidade a mítica figura do *ius peregrini*, que sabe-se ter existido até o século III.

Ao separar o *ius gentium* em *publicum* e *privatum*, essa divisão ocorreu baseada no critério da soberania. O *ius gentium publicum* corresponde ao *International Law*, ao direito entre soberanos, os Estados nacionais. O *ius gentium privatum* corresponde ao estudo do conflito de leis no espaço entre diferentes Estados, envolvendo relações jurídicas entre indivíduos nacionais e estrangeiros, sem interferência do fator soberania.

---

5 *"Huius studii duae sunt positiones, publicum et privatum. Publicum ius est quod ad statum rei Romanae spectat, privatum quod ad singulorum utilitatem: sunt enim quaedam publice utilia, quaedam privatim. Publicum ius in sacris, in sacerdotibus, in magistratibus constitit. Privatum ius tripertitum est: collectum etenim est ex naturalibus praeceptis aut gentium aut civilibus".*

O *ius gentium privatum* é o ramo do "Direito Internacional" que estuda as questões envolvendo estrangeiros, pessoas físicas/naturais cujas relações jurídicas manifestam a diversidade legislativa.

É uma realidade que a maioria dessas questões envolvendo estrangeiros ocorria envolvendo questões de Direito Privado, especialmente relações comerciais e de família, a ponto de que muitos institutos do Direito Internacional Privado são voltados para questões de Direito Privado e, às vezes, confundindo-se com a evolução dos mesmos. Mas isto não significa que o Direito Internacional Privado seja ramo do Direito Privado, muito menos se limita a questões de Direito Privado.

Diante disto, o problema de associar o Privado de Direito Internacional Privado com sendo Direito Privado decorre em uma omissão sobre o objeto desse ramo: o estudo do elemento estrangeiro que conecta uma relação jurídica ao fenômeno da diversidade legislativa.

O objeto do Direito Internacional Privado é o fenômeno da extraterritorialidade, não a relação jurídica que produz o fenômeno. Ela (a relação jurídica) continua parte do Direito material a qual pertence (comercial, civil, administrativo etc.) sendo de interesse ao Direito Internacional Privado; o elemento estrangeiro, que a torna distinta das demais relações jurídicas, o elemento "extra" capaz de alterar a própria concepção da mesma.

Pois essa é a característica do fenômeno da diversidade legislativa: a capacidade de um elemento estrangeiro alterar a própria definição jurídica da relação em que se insere. Uma relação jurídica de Direito Público em determinada esfera jurídica soberana nacional pode se transmutar em uma relação jurídica de Direito Privado em outra esfera jurídica soberana nacional.

> Um exemplo de alteridade de uma relação jurídica na diversidade legislativa ocorre na contraposição entre a tradição ocidental (romano-germânica) e a tradição oriental teológica – como o direito islâmico. Nessas situações, diversos institutos sofrem mutação (família, sucessão, filiação principalmente) pela diferença jurídica entre essas tradições. Mas isso é esperado diante da contraposição de um pensamento territorial-soberano (Estado) com um pensamento teológico (vontade de Deus).

É a questão da qualificação internacional.

Portanto, o significado de "Privado" é a referência aos indivíduos, ou melhor, a de se referir às relações jurídicas que ocorrem entre pessoas (físicas ou jurídicas) que não envolvam elementos de soberania, relações as quais não existe a possibilidade de horizontalidade jurídica e, por consequência, imunidade jurisdicional – marcas do Direito Internacional Público.

1.5 O DIREITO INTERNACIONAL PRIVADO É...

Empregando uma terminologia específica e técnica, o nome mais correto do Direito Internacional Privado seria: Direito da incidência ou não e da aplicação do Direito estrangeiro em determinada ordem jurídica nacional.

Ocorre que tal denominação não é melhor do que a imprecisa nomenclatura Direito Internacional Privado, aliás, nomenclatura que se tornou imprecisa mais pela evolução conceitual das palavras que a compõe do que pela lógica de sua criação.

Mais importante do que procurar uma nomenclatura correta para o nosso ramo é compreender a sua essência e suas características.

É um ramo *sui generis*, que estuda um campo particular do plano deontológico: o plano da diversidade legislativa. Plano no qual ocorre a fragmentação do plano deontológico em diferentes esferas jurídicas nacionais soberanas.

Este ramo estuda os fatos extranacionais, aqueles dotados de elementos que permitem a incidência de mais de um Direito nacional, conexos a múltiplas esferas jurídicas soberanas para a sua regulamentação. É o campo da Ciência Jurídica permite a própria Ciência Jurídica reformular sua existência e criticar seus fundamentos.

Esta parte da Teoria Geral do Direito que investiga a extraterritorialidade das normas jurídicas nacionais, servindo de lembrete ao jurista de que a associação Direito-Estado não é perfeita e, invariavelmente, destinada a ser superada por uma nova formulação.

Possuindo essas características em mente, desnecessário se preocupar com o problema de nomenclatura da disciplina.

Capítulo 2

O FENÔMENO RAZÃO DE SER DO DIREITO INTERNACIONAL PRIVADO

2.1 O PROBLEMA DA SOBERANIA E A FINALIDADE DO DIREITO INTERNACIONAL PRIVADO

A máxima latina "*Ubi homo ibi societas; ubi societas, ibi jus*" demonstra que desde a antiguidade o Direito é, obrigatoriamente, ancorado na existência de uma sociedade, de um corpo social. Sem corpo social, sem uma ordem social, não existe Direito – onde há caos, não há Direito.

A manifestação mais evoluída e conhecida de organização social é a que denominamos de Estado, mais precisamente, o Estado nacional europeu do século XIX, o qual se torna paradigma de organização social global com o fim dos impérios europeus na metade final do século XX.

A partir desse modelo de organização social, surgiu e consolidou-se o dogma de que toda sociedade civilizada se organiza em um Estado, este sendo a manifestação da combinação da existência de um povo em determinado território que possui um governo, uma autoridade, um poder independente (*Staatsgewalt*) – tal como preceitua a teoria de Estado de Georg Jellinek.

Essa concepção de Estado resultou na intrínseca associação do Direito com o elemento governo, da inserção da jurisdição como um poder do Estado, da jurisdição ser uma função do poder estatal.

Ocorre que essa associação entre o Direito e o Estado acabou por resultar em uma série de problemas teóricos que comumente são ignorados na Teoria Geral do Estado nos cursos de graduação em Direito.

Na obra *Das Problem der Souveränität und die Theorie des Völkerrechts* (O problema da soberania e a teoria do Direito Internacional), Hans Kelsen analisa, já em 1920, os diferentes problemas teóricos que a concepção de Estado e de Direito geram para o Direito Internacional, apontando o que denomina de o problema da soberania na relação Direito e Estado.

Esse problema pode ser sintetizado no erro comum de conceber o Estado como uma dualidade: ou como fato ontológico (*natürliches Faktum*), ou como uma pessoa jurídica (*juristische Person*). Essa dualidade tem como consequência desenvolver a crença de que o Estado pode ser passível de compreensão uniforme por duas metodologias distintas: a normativo-jurídica (*juristischnormative*) e a sociológica-natural (*soziologich-naturwissenschaftlichen*).

Ocorre que esse tipo de uniformidade é uma afronta ao princípio fundamental da Teoria do Conhecimento, pelo qual o objeto do conhecimento (*Erkenntnistheorie*) é determinado pela direção do conhecimento (*Erkenntnissrichtung*), não podendo o objeto ser considerado idêntico e igual por duas metodologias distintas[6].

Ou o Estado é a manifestação do Direito (Ordem Jurídica) ou o Estado é uma realidade social. Ele não pode ser tratado como as duas coisas ao mesmo tempo, uma vez que, ontologicamente, só existe um Estado – a construção da autoridade decorrente de uma organização social.

Essa concepção defeituosa se desenvolve no paradoxo do Estado ser, ao mesmo tempo, objeto de estudo da Ciência Jurídica e um sujeito titular de direitos e obrigações[7] – ao mesmo tempo, está dentro e fora do Direito.

Como a soberania também não é uma realidade natural, mas um conceito formal que se manifesta por meio de uma série de eventos de causas e efeitos envolvendo atos de autoridade/poder, surge a questão: quem é soberano na autoridade social?

Se concebermos o Estado como manifestação de uma ordem jurídica, a soberania está atrelada à norma jurídica que compõe essa ordem (ordenamento) e o soberano é determinado por aquela (soberania como competência)[8]. Resta claro, pois, que a soberania é parte do Direito, não do Estado.

Se concebermos o Estado como uma entidade ontológica distinta do Direito, digamos por exemplo, no caso de uma pessoa jurídica específica, a soberania se transforma em um atributo dessa pessoa, ou melhor, se transforma em direito subjetivo do Estado, gerando uma situação paradoxal: o Estado tem o direito de se autorregulamentar e, ao mesmo tempo, regular os outros – um *petitio principii*[9].

---

6 KELSEN, Hans. **Das problem der souveränität und die theorie des völkerrechts.** Tübingen: Verlag von J.C.B. Mohr (Paul Siebeck), 1920, p. 10.

7 Ibidem, p. 17.

8 Ibidem, p. 8.

9 Ibidem, p. 35.

Esse paradoxo aflige o Direito Internacional como um todo, especialmente a questão do fundamento da norma internacional. Limitando-nos ao Direito Internacional Privado, temos como consequência a invariável manifestação de esferas jurídicas soberanas dentro do plano deontológico, cada uma com seu próprio âmbito de aplicação e sem uma autoridade superior para sua regulamentação – não existe "governo" para impor as normas.

Basicamente, quando se atrela a soberania à ordem jurídica ou à pessoa jurídica enquadrada na figura do povo, imediatamente surge o problema da diversidade de povos, da diversidade de sociedades nacionais, da diversidade de Estados nacionais. Nasce assim a divisão dos indivíduos em nacionais e estrangeiros e, por consequência, os questionamentos: como lidar com o estrangeiro em determinada sociedade nacional? Como determinar quais as regras que se aplicam àqueles que não pertencem àquele povo? Juridicamente, é o nascedouro da questão da condição jurídica do estrangeiro e de como lidar com relações jurídicas que envolvem elementos estrangeiros.

Essa divisão entre nacional e estrangeiro existente na noção de povo, resulta na conclusão de que povo é uma noção parcial da ideia de algo maior, no caso, a humanidade. Considerando que a humanidade é o todo, há ausência de distinção nacional/estrangeiro, acabamos por estabelecer um novo questionamento: é possível uma sociedade que não adote essa distinção? É possível uma só sociedade baseada na ideia de humanidade? É possível uma sociedade mundial?

Existindo esse espaço de debate no campo sociológico, invariavelmente abre-se um espaço de debate na Ciência Jurídica. Porém, na Ciência Jurídica a ideia de humanidade resulta nas seguintes questões: como lidar com essas relações jurídicas que estão além da sociedade nacional? Quais os elementos que compõem a sociedade mundial?

Por outro lado, verificando-se que o elemento "povo" é, tão-somente, uma parte de algo maior (humanidade), como essa problemática se traduz em termos de poder, em termos de governo?

Se um povo possui poder, possui governo (*Staatsgewalt*), esse poder não é único e absoluto. A existência de vários povos acarreta a existência de vários poderes independentes, gerando o paradoxo da soberania não ser absoluta, mas relativa no campo internacional: a divisão da soberania em nacional e internacional.

Tal paradoxo se manifesta juridicamente no plano da diversidade legislativa: vários Estados (esferas jurídicas soberanas), cada qual com seu direito nacional, gerando seu próprio plano deontológico, estabelecendo diferentes esferas de "dever ser", cada uma com seu próprio âmbito de aplicação de todos juridicamente iguais, sem autoridade, sem ordem entre elas ou sobre elas. É a horizontalidade jurídica.

O Direito Internacional Privado extrai sua existência e finalidade desses desdobramentos teóricos e suas manifestações. Portanto, o escopo maior do Direito Internacional Privado como ramo jurídico é o de harmonizar como essas esferas jurídicas soberanas concorrem para incidir sobre fatos ontológicos, os quais se conectam com várias dessas esferas, de forma a garantir a previsibilidade, cooperação e justiça. Ou, simplesmente, ordenar o plano da diversidade legislativa.

2.2 A MANIFESTAÇÃO ONTOLÓGICA DA DIVERSIDADE LEGISLATIVA: O FATO EXTRANACIONAL

A existência autônoma de um ramo jurídico está atrelada à existência de um conjunto normativo peculiar. A existência de um conjunto normativo peculiar está atrelada à existência de um fenômeno ontológico que possibilite à norma se manifestar no plano deontológico.

O paradoxo jurídico da soberania e a consequente manifestação da diversidade legislativa, para possuírem relevância suficiente para formação de um ramo jurídico próprio, precisam ter uma manifestação ontológica.

De forma mais simples, não basta existir a especulação teórica, precisa existir uma manifestação concreta para se formar um objeto científico válido.

Para o Direito Internacional Privado, essa manifestação é o que denominamos de fato extranacional. E a tarefa de explicá-lo não é das mais fáceis, por isso preferimos optar por uma explicação por exclusão.

Na academia, o estudante inicia seu estudo na Ciência Jurídica aprendendo que existem dois planos nos quais o Direito funciona: o plano dos fatos (SER – ontológico) e o plano das normas jurídicas (DEVER-SER – deontológico).

Ilustrando:

Deontológico		Dever-ser		Normas jurídicas
Ontológico	⟹	Ser	⟹	Fatos (naturais)

É a explicação básica de que uma realidade gera um plano normativo próprio que o regula.

Nessa concepção, um fato "normal" (nacional) é todo acontecimento no SER que é regulamentado por DEVER SER. Significa afirmar que desde a sua existência até a sua eficácia e extinção, esse "fato natural" é regulamentado pelo mesmo dever ser, pela mesma esfera jurídica.

Esse modelo de explicação, apesar de extremamente didático, somente é válido para fatos que não contenham elementos estrangeiros (os fatos nacionais), àqueles acontecimentos de relevância jurídica (*juristiches Tatbestand*) que se conectam somente a uma esfera jurídica soberana ("Direito nacional"), não contendo elementos estrangeiros relevantes.

O fato extranacional é, justamente, o contrário. O fato extranacional é o acontecimento (*Tatbestand*) cuja relevância jurídica se desdobra, se conecta com diferentes esferas jurídicas soberanas, gerando uma possibilidade de incidência das mesmas no acontecimento, inserindo-o no plano da diversidade legislativa.

> A denominação "fato extranacional" é própria nossa, inspirada na obra do Dr. Sérgio Loreto Filho, professor da Faculdade de Direito do Recife (o qual utilizava relações extranacionais). Não se trata de uma denominação comum na doutrina brasileira, a qual adota diferentes nomenclaturas, sendo a mais recorrente a "fato anormal" utilizada por Amilcar de Castro. Não importa qual nomenclatura usar, seja "fato extranacional", "fato anormal", "fato misto", "fato multinacional", entre outros. O importante é designar o fenômeno de extraterritorialidade. Sob hipótese nenhuma deve ser empregada a expressão "fato internacional" para designar o fenômeno razão de ser do Direito Internacional Privado.
>
> Essa expressão designa acontecimentos que envolvem mais de uma soberania, mais precisamente, são incidentes diplomáticos e são objeto de estudo do Direito Internacional Público.

De forma simples, esse *Tatbestand* resulta na ruptura da unidade do plano deontológico e na necessidade de reformulação de sua inserção no plano normativo – a teoria da qualificação internacional.

Ilustrando:

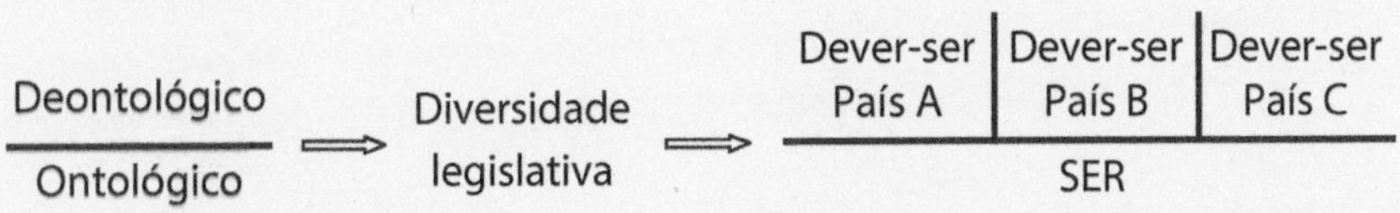

É evidente que os elementos estrangeiros são capazes de alterar o paradigma de análise normativo-jurídico da relação jurídica, a tal ponto que é preciso recorrer a sua natureza ontológica para ser devidamente enquadrado deontologicamente.

Em suma, o fato normal é aquele acontecimento de relevância jurídica que está restrito a uma só esfera deontológica soberana (Direito Nacional), sendo sua interpretação e efeitos ancorados no âmbito da territorialidade jurisdicional dessa esfera. Enquanto o fato extranacional é o acontecimento ontológico cuja relevância jurídica não está restrita a uma só esfera deontológica soberana (Direito Nacional), sendo sua interpretação e efeitos inseridos no plano da diversidade legislativa e sua dinâmica ancorada na extraterritorialidade.

Atenção: não é qualquer elemento estrangeiro que é capaz de gerar extraterritorialidade de um Direito. Somente elementos estrangeiros que efetivamente influem na relação jurídica é que são capazes de gerar a diversidade legislativa e, com isso, configurar objeto do Direito Internacional Privado. Ex.: um contrato de locação de um imóvel localizado no Brasil, celebrado no Brasil entre um alemão e um brasileiro, ambos domiciliados no Brasil, não consiste em um fato extranacional.

O fato de uma das partes ter nacionalidade estrangeira não tem qualquer relevância para o contrato de locação *in foco*.

Capítulo 3

O DILEMA DOS OBJETOS DO DIREITO INTERNACIONAL PRIVADO

Uma outra particularidade existente no Direito Internacional Privado como ramo jurídico autônomo é a sua variabilidade quanto aos objetos que o compõem. É muito difícil encontrar dois manuais de Direito Internacional Privado que possuem a mesma estrutura e abordam os mesmos objetos de estudo.

Como sua origem remete à ideia de ser um *ius gentium privatum*, o Direito Internacional Privado se associou a qualquer temática que envolvesse o indivíduo no plano do *ius gentium*, em especial, a extraterritorialidade das relações jurídicas individuais e a própria condição jurídica do estrangeiro.

Em consequência, os objetos que compõem o ramo jurídico variam conforme a doutrina e a corrente de pensamento, acarretando numa excessiva redução ou numa excessiva ampliação de objetos. A melhor forma de não se perder nesse dilema é pela compreensão de que existem objetos próprios do Direito Internacional Privado e existem objetos impróprios.

Os objetos próprios do Direito Internacional Privado são aqueles que justificam sua existência como ramo jurídico autônomo. São temas que se caracterizam por envolverem extraterritorialidade, diversidade legislativa e aplicação de Direito estrangeiro.

São objetos próprios:

(i) a doutrina da solução dos conflitos de leis de DIPr;

(ii) o reconhecimento e exercício internacional de direitos adquiridos.

Não existem outros ramos jurídicos que abordam esses dois temas, senão o Direito Internacional Privado.

Os objetos impróprios são os que se inseriram no Direito Internacional Privado por tratarem de temáticas correlatas aos tratados nos objetos próprios, consistindo em uma espécie de conhecimento acessório. Algumas vezes, não são objeto dos ramos aos quais deveriam pertencer propriamente.

São objetos impróprios:

(a) a nacionalidade;

(b) a condição jurídica do estrangeiro;

(c) o conflito de jurisdição;

(d) o direito uniforme.

A nacionalidade foi inserida no estudo do Direito Internacional Privado, principalmente, pela doutrina de Pasquale Stanislao Mancini, a qual propôs que ela seria a base do Direito das Gentes e que sua manifestação acarretaria o surgimento do que denominou de regras imperativas.

Essas regras imperativas determinavam que questões envolvendo a personalidade jurídica do indivíduo estavam regidas por sua nacionalidade e que os Estados deveriam respeitar a aplicação do direito da nacionalidade por reverência ao elo que este representa entre o indivíduo e sua nação.

A nacionalidade surge como uma alternativa para a doutrina da *Comitas Gentium*, atualizando o fundamento da disciplina e a razão da aplicação e respeito de direitos estrangeiros.

É um objeto impróprio, pois as regras de nacionalidade são, majoritariamente, normas de Direito Constitucional, Direito Internacional Público e Direito Administrativo, tratando-se mais de um direito humano do que de um fundamento de extraterritorialidade de Direitos.

A condição jurídica do estrangeiro foi inserida como objeto do Direito Internacional Privado na esteira da concepção do que é o direito estrangeiro. Ou seja, para conceber o elemento estrangeiro, eu tenho de conhecer o instituto da condição jurídica dos estrangeiros.

Podemos considerar que esse objeto é um legado indireto do Direito romano para o Direito Internacional Privado, mais provavelmente na figura do *ius peregini* romano que existiu antes da unificação com o *ius civile* através da *Constitutio Antoniniana* que, infelizmente, é objeto de várias indagações sobre como os romanos lidavam com os estrangeiros e qual a real existência e funcionamento dessa modalidade de *ius*.

Portanto, nada mais natural do que associar o estudo sobre o estrangeiro ao campo que estuda a aplicação do Direito estrangeiro, mesmo sendo notório que a condição jurídica do estrangeiro é composta por normas de Direito Administrativo, normas Constitucionais e, em menor escala, normas de Direito Internacional Público.

Por sua vez, a inserção do conflito de jurisdição é mais fácil de ser compreendida. Para o Direito Internacional Privado da família da *civil Law*, é um objeto impróprio, pois trata de competência judiciária e de aspectos instrumentais envolvendo a aplicação do direito estrangeiro na solução de lides – é o comumente denominado processo internacional.

Ocorre que na família do *common Law*, na qual o Direito Internacional Privado é mais conhecido por *Conflict of Laws*, o conflito de jurisdição é um dos objetos próprios da disciplina, denominado de *Jurisdiction*. Essa situação decorre da natureza peculiar da estrutura federativa dos Estados Unidos da América e das particularidades jurídicas do Reino Unido, nos quais existe uma maior autonomia por parte das unidades federadas do que a existente nos países da *civil Law*[10].

Logo, nessa família jurídica, a aplicação do direito pode ser de outra unidade da federação ou *county*, perpassando obrigatoriamente pela verificação de competência, isto é, se o judiciário é competente para aquela demanda que possui elemento de *Conflict of Laws*.

Por fim, o Direito uniforme é uma temática mais complexa e sua inserção no Direito Internacional Privado ocorre mais pela parte especial da disciplina, conhecida como Direito Privado Internacional.

Lato senso, o Direito uniforme é sinônimo de fenômeno de uniformização e que possui diferentes aspectos de manifestação. Na esteira desse fenômeno que surgiu em meados do século XX o ramo jurídico conhecido como Direito comunitário e a expansão de instrumentos jurídicos de *soft Law nos negócios jurídicos internacionais*, gerando uma profunda mudança no campo das obrigações e do comércio internacional.

É um objeto impróprio do Direito Internacional Privado por se tratar de um fenômeno jurídico cujo desenvolvimento pode acarretar tanto o aperfeiçoamento e evolução da disciplina, como também o seu desaparecimento, tamanha a complexidade que possui.

Para fins deste pequeno estudo, nos limitaremos a abordar a doutrina da solução dos conflitos de leis do DIPr, o reconhecimento e exercício de direitos adquiridos internacionalmente e alguns aspectos de direito processual internacional.

---

10 LITTLE, Laura E. **Conflict of Laws:** cases, materials, and problems. 2. ed. Wolters Kluwer: New York, 2018, p. xxxii.

Capítulo 4

O DIREITO INTERNACIONAL PRIVADO E O FENÔMENO DA UNIFORMIZAÇÃO DO DIREITO

Apesar de não consistir em objeto do nosso estudo, considero importante realizar algumas considerações sobre o fenômeno da uniformização e sua relação com o Direito Internacional Privado.

A metade final do século XX é marcada pela rápida expansão de uma nova forma de concepção de Direito Internacional, uma variante do Direito Internacional Regional, cujo desenvolvimento no continente europeu resultou no surgimento do Direito comunitário e, no plano global, na expansão de instrumentos jurídicos internacionais de *soft Law*.

São exemplos concretos da expansão e efeitos do fenômeno da uniformização na Ciência Jurídica contemporânea: o Direito comunitário europeu, os princípios contratuais do UNIDROIT, a Convenção de Viena sobre contratos de compra e venda internacional de mercadorias de 1980, as Convenções Interamericanas de Direito Internacional Privado, as Incoterms etc.

Diante desta pluralidade de manifestações, inserir todas na expressão Direito uniforme nos soa temerário, aliás, se torna uma tarefa traiçoeira, pois essas manifestações são muito mais amplas do que tal expressão sugere.

Na doutrina, o sentido mais comum de Direito uniforme é o que o define como aquelas instituições ou normas de caráter interno que recebem o mesmo tratamento pelo direito de mais de um país[11].

O Direito Uniforme é considerado sinônimo do fenômeno de uniformização, transformando-se em um campo extremamente diverso e amplo, cujo estudo podemos considerar inviável pela natureza difusa que assume.

---

11 DOLINGER, Jacob; TIBURCIO, Carmen. **Direito internacional privado.** 14. ed. Rio de Janeiro: Forense, 2018, p. 286.

Por exemplo, a Convenção de Viena sobre contratos de compra e venda internacional de mercadorias de 1980 é uma manifestação da uniformização, porém em quase nada se assemelha aos princípios contratuais do UNIDROIT, os quais são outra manifestação do mesmo fenômeno. Um é *hard Law*, outro *soft Law*, o primeiro é norma internacional vigente, o outro é uma iniciativa intergovernamental para estabelecer regras gerais comuns no campo contratual, dentre outras diferenças. Ambos, no sentido comum, são Direito uniforme, mas não possuem a mesma estrutura, dinâmica ou funcionamento iguais, quiçá, semelhantes.

Por isso, consideramos melhor compreender o Direito Uniforme como uma manifestação de um fenômeno maior: o da uniformização. Essa construção teórica nos permite visualizar os três grandes aspectos que a uniformização possui: a harmonização, a uniformização *stricto senso* e a unificação.

O aspecto da harmonização se manifesta através da aproximação de normas colisionais, para conferir maior previsibilidade e estabilidade ao processo de solução de conflito de leis no DIPr, conferindo uma forma de governança ao plano da diversidade legislativa. É considerada a forma mais branda e flexível do fenômeno de uniformização, pois trabalha com a ideia de "aproximar critérios jurídicos" e sem adentrar ou comprometer a individualidade das ordens jurídicas nacionais[12].

O aspecto da uniformização, ou direito uniforme *stricto sensu*, se caracteriza pela aproximação tanto de normas colisionais quanto de normas materiais, realizando uma combinação entre elas de forma a possibilitar uma maior flexibilidade na aplicação. Nesse fenômeno existe maior aprofundamento do que na harmonização, porém não tão profunda como objetiva a unificação[13]. Em sua essência, procura estabelecer uma base comum para determinados campos da diversidade legislativa, não acabando com a mesma, mas atenuando sua complexidade, configurando um "meio termo" entre a harmonização e a unificação.

O aspecto da unificação já é o mais denso e profundo do fenômeno de uniformização, pois objetiva a criação de um direito comum entre diferentes países, a ponto de derrogar seus direitos nacionais, substituindo-os. Esse

---

12 GAMA JR., Lauro. **Contratos internacionais à luz dos princípios do UNIDROIT 2004:** *soft law*, arbitragem e jurisdição. Rio de Janeiro: Renovar, 2006, p. 182-183.

13 Ibidem, p. 185.

aspecto é tão ambicioso que a sua consecução acaba por eliminar a própria ideia de diversidade legislativa, criando um só direito para toda a humanidade – é, praticamente, o fenômeno *Highlander*.

> *Higlander* é um filme de 1986 dirigido por Russel Mulcahy e estralado por Christopher Lambert e Sean Connery, cujo enredo envolve a batalha de guerreiros imortais que entram em disputa por um prêmio, o qual será conferido ao último que restasse – o *Highlander*. A unificação jurídica segue o mesmo "enredo": eliminar os direitos nacionais de forma a sobrar somente um Direito global para todos os países.

Cada um destes aspectos gera instrumentos jurídicos e normas jurídicas próprias, com dinâmicas específicas.

A importância dessas breves lições sobre o fenômeno de uniformização está em alertar que nem todos os aspectos contidos no Direito Uniforme são incompatíveis com o Direito Internacional Privado. Somente seu aspecto mais ambicioso, o da unificação, é que é incompatível com a existência do Direito Internacional Privado, pois acarreta a extinção da diversidade legislativa.

Capítulo 5

AS FONTES DO DIREITO INTERNACIONAL PRIVADO

5.1 A TEORIA GERAL DAS FONTES DO DIREITO INTERNACIONAL PRIVADO

No que tange ao estudo das fontes do Direito Internacional Privado é importante manter claro a distinção entre o ramo jurídico e a sua manifestação dogmática no Brasil (o Direito Internacional Privado brasileiro).

Não considero objeto de um curso de Direito Internacional Privado explicar o que significa Lei, Tratado, costume, jurisprudência, entre outros termos que rotineiramente entram no estudo de fontes.

Para aprofundar seu conhecimento sobre esses conceitos, aconselhamos obras de introdução ao estudo do Direito e de Direito Internacional Público.

No primeiro momento, o Direito Internacional Privado como ramo jurídico possui um amplo rol de fontes: as leis nacionais, tratados, convenções, usos e costumes, jurisprudência (nacionais, regionais e internacionais), as iniciativas de uniformização (*soft Law*) e a doutrina (nacional e estrangeira).

É pacífico o entendimento que nesse rol se inserem tanto as fontes formais como as fontes materiais, havendo somente um debate sobre a existência ou não de hierarquia entre as fontes, existindo doutrina que defende a primazia das fontes nacionais, enquanto existe doutrina que defende a primazia das fontes internacionais.

Trata-se de um debate mais apropriado para o Direito Internacional Público, pois invariavelmente perpassa pela questão da inserção da norma internacional nas ordens jurídicas nacionais e a problemática da relação entre o Direito Internacional e os direitos nacionais.

Para os limites de nosso estudo, destacamos três temas de especial importância no estudo das fontes, tanto do ramo jurídico como de sua manifestação no Direito brasileiro:

(a) o diálogo das fontes;

(b) a aplicabilidade do *soft Law*;

(c) a *lex mercatoria*;

(d) as três dificuldades das fontes no Direito Internacional Privado brasileiro.

5.2 O DIREITO INTERNACIONAL PRIVADO PÓS-MODERNO E O DIÁLOGO DAS FONTES

Consideramos o fenômeno do diálogo das fontes uma das mais importantes temáticas dentro do estudo das fontes do Direito Internacional Privado. Isso decorre da constatação de que sua existência deriva de uma total reformulação da própria concepção do Direito Internacional Privado: a sua variante pós-moderna.

Em seu *Cours général de droit international privé* de 1995, o jurista alemão Erik Jayme propôs que o Direito Internacional Privado não era uma simples convergência da diversidade legislativa, dos direitos nacionais de Estados diferentes, mas também o ramo jurídico que procura proteger a identidade cultural e a integração das pessoas, denominando essa concepção de Direito Internacional Privado pós-moderno, em homenagem à arte pós-modernista a qual inspirou seu curso[14].

Essa influência da arte pós-modernista se manifesta pela inserção no Direito Internacional Privado de quatro grandes características: o pluralismo (*"pluralisme"*), a comunicação (*"communication"*), a narração (*"narration"*) e o retorno dos sentimentos (*"retour des sentiments"*). Erik Jayme considera essas características como imperativas para o Direito Internacional Privado se atualizar e ser capaz de enfrentar os desafios, as incertezas e indefinições que surgem com a sociedade contemporânea multicultural[15].

---

14 JAYME, Erik. Identité Culturelle et Intégration: le droit international privé Postmoderne. Cours Général de droit international privé. In: ACADÉMIE DE DROIT INTERNATIONAL. **Recueil de Cours – Collected courses of the hague academy of international law.** The Hague/Boston/London: Martinus Nijhoff Publishers, t. 251, 1996, p. 36.

15 Ibidem, p. 36.

A característica do pluralismo ("*pluralisme*") se manifesta através da inserção do *droit à la difference* (o direito da diferença), a ideia de existir uma *identité culturelle* (identidade cultural) que orienta o Direito Internacional Privado[16]. Essa *identité culturelle* promove o resgate do direito à origem da pessoa como fator de consideração no estudo do fato extranacional e de sua regulamentação, desenvolvendo o que se denomina de *Zweistufentheorie* no método colisional[17].

A *Zweistufentheorie* consiste no acréscimo de uma etapa ao método colisional. Na primeira etapa, busca-se determinar a lei e o direito aplicável ao fato extranacional através do método colisional multilateral clássico. Já numa segunda, tem-se a finalidade de contrapor o fato extranacional à lei substancial da origem das partes envolvidas, com o escopo de alcançar a *loi culturelle*, que efetivamente regulamentará a questão[18].

A característica da comunicação (*communication*) ou, mais precisamente, da comunicação intercultural, se manifesta pelo fenômeno da integração, da rapidez de transmissão de dados entre as pessoas, interligando estas de forma quase instantânea por via do uso das tecnologias de telecomunicação[19].

No Direito Internacional Privado, a comunicação significa na criação do "*critère du rattachement au milieu de vie d'une persone*"[20] ("critério de conexão para melhorar a vida de uma pessoa"), o critério que estabelece uma função para as normas colisionais: a de salvaguarda do bom andamento das atividades econômicas entre as pessoas e a prevenção de distorções quanto a sua regulamentação, quanto a sua concorrência[21].

A característica da narração (*narration*) se manifesta pela construção jurídica em si, no esforço de superar a pura tecnicidade dos conceitos e institutos jurídicos e dotá-los de valores. É a construção jurídica através dos valores elencados pela função social e função humana, visando a associar o ser humano a sua obra, a sua técnica[22].

---

16 JAYME, Erik. Identité Culturelle et Intégration: le droit international privé Postmoderne. Cours Général de droit international privé. In: ACADÉMIE DE DROIT INTERNATIONAL. **Recueil de Cours – Collected courses of the hague academy of international law.** The Hague/Boston/London: Martinus Nijhoff Publishers, t. 251, 1996, p. 251.

17 Ibidem, p. 252.

18 Ibidem, p. 254.

19 Ibidem, p. 257.

20 Ibidem, p. 257.

21 Ibidem, p. 257.

22 Ibidem, p. 259.

No Direito Internacional Privado significa o surgimento de normas narrativas, cujo conteúdo não é o de prescrever condutas/consequências jurídicas, mas o de estabelecer valores/axiomas no comportamento do jurista[23].

A característica do retorno dos sentimentos (*retour des sentiments*) se manifesta através da constatação de que a conduta humana é produto de emoções que se manifestam no indivíduo, as quais não podem ser simplesmente reduzidas à ideia utilitarista e limitadas aos efeitos econômicos-patrimoniais. É uma característica para todo o Direito, na busca de compreender, visualizar as consequências da aplicação de determinada norma jurídica e seus impactos na identidade cultural do indivíduo, protegendo-a da melhor forma possível[24].

Diante dessas características, o Direito Internacional Privado procura se aproximar dos Direitos humanos e do Direito Internacional Público, estabelecendo um monismo jurídico internacional no estudo das relações humanas, da compreensão do ser humano como objeto do Direito[25].

É nesta aproximação que surge o diálogo das fontes, mais precisamente da característica da comunicação (*communication*), no qual os diferentes ramos dialogam para estabelecer o bom funcionamento das atividades humanas e para o aperfeiçoamento do critério de apego ao meio ambiente no qual as pessoas se envolvem[26].

---

23 JAYME, Erik. Identité Culturelle et Intégration: le droit international privé Postmoderne. Cours Général de droit international privé. In: ACADÉMIE DE DROIT INTERNATIONAL. **Recueil de Cours – Collected courses of the hague academy of international law.** The Hague/Boston/London: Martinus Nijhoff Publishers, t. 251, 1996, p. 259.

24 JAYME, Erik. Identité Culturelle et Intégration: le droit international privé Postmoderne. Cours Général de droit international privé. In: ACADÉMIE DE DROIT INTERNATIONAL. **Recueil de Cours – Collected courses of the hague academy of international law.** The Hague/Boston/London: Martinus Nijhoff Publishers, t. 251, 1996, p. 261.

25 JAYME, Erik. Identité Culturelle et Intégration: le droit international privé Postmoderne. Cours Général de droit international privé. In: ACADÉMIE DE DROIT INTERNATIONAL. **Recueil de Cours – Collected courses of the hague academy of international law.** The Hague/Boston/London: Martinus Nijhoff Publishers, t. 251, 1996, p. 37.

26 JAYME, Erik. Identité Culturelle et Intégration: le droit international privé Postmoderne. Cours Général de droit international privé. In: ACADÉMIE DE DROIT INTERNATIONAL. **Recueil de Cours – Collected courses of the hague academy of international law.** The Hague/Boston/London: Martinus Nijhoff Publishers, t. 251, 1996, p. 259.

O diálogo das fontes consiste, então, no fenômeno de considerar todas as fontes dos Direitos nacionais como válidas, seja para solução do conflito de leis, seja para a regulamentação do fato extranacional, estabelecendo a premissa de que a solução decorre, precisamente, pelo diálogo das fontes, não havendo a exclusão mútua de nenhuma delas, cada uma desempenhando um papel, seja principal, complementar ou subsidiário na questão[27].

Ou, como bem explica Cláudia Lima Marques, é a influência recíproca das fontes que toma o lugar da exclusão mútua, os critérios de complementaridade e de subsidiariedade assumem papel de destaque, permitindo "uma solução flexível e aberta, da interpenetração ou mesmo solução mais favorável ao mais fraco da relação (tratamento diferente dos diferentes)"[28].

É contribuição da Dra. Cláudia Lima Marques a disseminação da teoria do diálogo das fontes no Brasil. E sua compreensão, bem como a do Direito Internacional Privado pós-moderno, é de suma importância no estudo das relações de consumo internacionais (especialmente de comércio eletrônico). Afirmo categoricamente que não há como compreender essas relações sem conhecer o mínimo dessa teoria e dessa concepção de Direito Internacional Privado. É uma conceituação que procura atualizar o Direito Internacional Privado para os ditames da Jurisprudência dos Valores.

5.3 O *SOFT LAW*

Soft Law, o "direito flexível" como normalmente é traduzido, é uma expressão que designa diferentes fenômenos dentro da Ciência Jurídica, mas que possuem características comuns: governança e autonomia privada como as mais marcantes.

Em um sentido *lato senso*, o *soft Law* é uma realidade social, ou melhor, uma manifestação jurídica *suis generis* que surge com o problema da soberania e a decorre da associação do Estado como titular de Direito e da soberania.

---

27 JAYME, Erik. Identité Culturelle et Intégration: le droit international privé Postmoderne. Cours Général de droit international privé. In: ACADÉMIE DE DROIT INTERNATIONAL. **Recueil de Cours – Collected courses of the hague academy of international law.** The Hague/Boston/London: Martinus Nijhoff Publishers, t. 251, 1996, p. 259.

28 MARQUES, Claudia L. Proteção do consumidor no âmbito do comércio eletrônico. **Revista da Faculdade de Direito da UFRGS.** Porto Alegre: UFRGS, n. 23, 2003, p. 54. Disponível em: https://seer.ufrgs.br/revfacdir/article/view/73065/41250. Acesso em: 22 jun. 2019.

Sua conceituação varia conforme a doutrina, conforme o contexto empregado, podendo designar uma forma especial de norma jurídica de caráter não-vinculativo, de conteúdo aberto e principiológico; até mesmo designar atos concertados entre Estados que, em sua intenção, são puramente políticos, mas por algum motivo apresentam valor jurídico[29].

Diante dessa diversidade conceitual, a própria finalidade do *soft Law* na Ciência Jurídica é variável. Para um pensamento legalista-positivista, é concebido como um meio auxiliar na produção de *hard Law*, não possuindo existência própria. Para um pensamento racionalista é uma opção ao *hard Law*, cuja escolha decorre por uma análise político-econômica e não jurídico-normativa para vantagens/desvantagens da utilização de determinado instrumento jurídico. Já para um pensamento construtivista o *soft Law* é uma alternativa para aumentar a eficiência do Direito, um instrumento de transformação e construção de novas normas diante de novas realidade sociais[30].

Essa miscelânea teórica acaba por desenvolver quatro grandes arcabouços teóricos sobre o fenômeno do *soft Law* dentro da Ciência Jurídica.

O primeiro é a teoria da cooperação, para o qual o *soft Law* se apresenta como um instrumento de estabilização de regras não-vinculativas, procurando estabelecer uma previsibilidade normativa a proporcionar maior segurança entre os Estados, estimulando a cooperação entre estes e minimizando a burocracia para desenvolvimento de tratados[31].

É por meio desse arcabouço teórico que o *soft Law* se insere no debate das fontes do Direito Internacional Público, das atividades diplomáticas as quais não resultam em norma internacional propriamente dita (ex.: Tratado), sendo "o uso do termo *soft Law* não relativo primariamente à

---

29 SHELTON, Dinah L. *Soft Law*. Handbook of International Law. Routledge Press, 2008. **GWU Legal studies research paper n. 322.** Disponível em: https://ssrn.com/abstract=1003387. Acesso em: 25 maio 2019.

30 SHAFFER, Gregory C.; POLLACK, Mark A. Hard vs Soft Law: alternatives, complements and antagonists in International governance (June 26, 2009). **Minnesota Law Review,** v. 94; Minnesota Legal Studies Research Paper n. 09-23. Disponível em: https://ssrn.com/abstract=1426123. Acesso em: 25 maio 2019.

31 GUZMAN, Andrew T.; MEYER, Timothy. International soft Law (August 4, 2010). **The Journal of Legal analysis,** v. 2, n. 1, Spring 2011; UC Berkeley Public Law Research Paper n. 1353444. Disponível em: https://ssrn.com/abstract=1353444. Acesso em: 25 maio 2019.

precisão, força ou consequência dos conteúdos normativos", mas sim à ideia de qualificar, estabelecer um *quantum* normativo a instrumentos que influem no comportamento nos Estados, mesmo não sendo esta sua finalidade inicial[32].

O segundo é a teoria da diminuição de riscos (*loss avoidance*), no qual o *soft Law* é concebido como um componente, um instrumento de análise de riscos para o cumprimento ou não-cumprimento de certos acordos internacionais. O *soft Law* rompe a perspectiva normativista e insere custos morais (político-econômicos) na assunção de obrigações, como reputação, retaliação e probabilidade de descumprimento mútuo[33].

O terceiro é a teoria da delegação, no qual o *soft Law* assume o papel de ser um instrumento de melhoramento da dinâmica normativa diante da violação de regras internacionais, consistindo em um "*efficient system of amendment*" para diminuir as instabilidades quando Estados adotam políticas de não cooperação em determinadas normas internacionais[34].

Por fim, o último grupo teórico é o que concebe o *soft Law* como uma manifestação de um corpo normativo *sui generis*, um "*International common Law*", decorrente dos impactos das decisões de tribunais internacionais e de resoluções (regras) das Organizações Internacionais[35].

No estudo das fontes do Direito Internacional Privado, o arcabouço teórico que torna o *soft Law* relevante é uma ramificação do grupo teórico que o concebe como um corpo normativo ortodoxo, não um *International common Law* propriamente dito, mas um sistema *quase* jurídico, criado e desenvolvido fora da estrutura jurídica convencional (fora do Estado),

---

32 NASSER, Salem H. **Fontes e normas do direito internacional:** um estudo sobre *soft Law*. 2. ed. São Paulo: Atlas, 2006, p. 115.

33 GUZMAN, Andrew T.; MEYER, Timothy. International soft Law (August 4, 2010). **The Journal of Legal analysis,** v. 2, n. 1, Spring 2011; UC Berkeley Public Law Research Paper n. 1353444. Disponível em: https://ssrn.com/abstract=1353444. Acesso em: 25 maio 2019.

34 GUZMAN, Andrew T.; MEYER, Timothy. International soft Law (August 4, 2010). **The Journal of Legal analysis,** v. 2, n. 1, Spring 2011; UC Berkeley Public Law Research Paper n. 1353444. Disponível em: https://ssrn.com/abstract=1353444. Acesso em: 25 maio 2019.

35 GUZMAN, Andrew T.; MEYER, Timothy. International soft Law (August 4, 2010). **The Journal of Legal analysis,** v. 2, n. 1, Spring 2011; UC Berkeley Public Law Research Paper n. 1353444. Disponível em: https://ssrn.com/abstract=1353444. Acesso em: 25 maio 2019.

constituído por regras que não são jurídicas, mas também não são puramente políticas ou morais[36].

É o que, no âmbito da doutrina privatista, se concebe como o *Expertenrecht* (Direito dos especialistas), "o conjunto de normas produzidas por especialistas ou organizações privadas de expertos, de caráter não estatal, mas que, na prática, vincula os agentes interessados em exercer uma atividade econômica ou profissional"[37], e cujos instrumentos podem ser utilizados diretamente por parte de atores não-estatais e cuja força vinculativa reside na vontade das partes, na sujeição voluntária, no *pacta sunt servanda*.

Nessa concepção, o *soft Law* se associa aos instrumentos de uniformização os quais não tem chancela soberana, tratando-se de iniciativas particulares, possuindo estrutura normativa aberta e flexível, capaz de possibilitar uma combinação hermenêutica entre a regra uniformizada com os diferentes ordenamentos jurídicos nacionais.

Portanto, no que tange às fontes do Direito Internacional Privado, o *soft Law* configura uma fonte material, sem a qual dificilmente se compreende tanto o papel da vontade nas obrigações extranacionais quanto o fenômeno da *lex mercatoria*.

5.4 A *LEX MERCATORIA*

Aproveitando a recente análise da confusão teórica que cerca o conceito de *soft Law*, uma outra temática tão complicada quanto surge no estudo das fontes do Direito Internacional Privado: o fenômeno denominado de *lex mercatoria*.

Inicialmente, importante ressaltar que a *lex mercatoria* somente possui relevância no estudo das fontes do Direito Internacional Privado quando se adentra no campo das obrigações comerciais extranacionais, mais precisamente no estudo do microssistema do Direito do Comércio Internacional.

Não existe um conceito definitivo para *lex mercatoria*. Trata-se, assim como o *soft Law*, de um fenômeno extremamente amplo e indeterminado.

---

36 DESTA, Melaku Geboye. Soft Law in international law: an overview. In: BRJORKLUND, Andrea K.; REINISCH, August (editors). **International Investment Law and soft law.** Cheltenham (UK); Northampton (USA): Edward Elgar, 2012, p. 40.

37 RODRIGUES JR., Otavio Luiz. **Direito civil contemporâneo:** estudo epistemológico, constituição e direitos fundamentais. Rio de Janeiro: Forense Universitária, 2019, p. 58.

Mas diferente do *soft Law*, a doutrina internacionalista separa o conceito de *lex mercatoria* em três grandes concepções: (1) a concepção histórica; (2) a concepção atual (nova *lex mercatoria*); e (3) a concepção para o futuro (novíssima *lex mercatoria*).

Em sua concepção histórica, a mais comum, *lex mercatoria* é associada a um conjunto de regras costumeiras e princípios criados por atores comerciais para reger suas relações comerciais, sendo originárias das corporações medievais (as guildas comerciais, suas ligas e feiras). Uma espécie de *direito pretoriano* dos comerciantes[38].

A *lex mercatoria* surge como um corpo jurídico complementar ao Direito estatal, oriunda da delegação do poder estatal de autonomia jurídica aos comerciantes, fundamentando-se na boa-fé, usos e costumes, além do *pacta sunt servanda*, bem como da utilização da arbitragem como forma de solução de suas controvérsias.

Por sua vez, em sua concepção atual, a nova *lex mercatoria* é associada ao fenômeno alicerce da existência de um microssistema, o Direito do Comércio Internacional, um sistema jurídico que consolida a aplicabilidade de usos e costumes comerciais como um vetor de compreensão das obrigações e contratos internacionais do comércio[39].

Diferente da concepção histórica, a nova *lex mercatoria* não é mais uma modalidade de direito pretoriano dos comerciantes, mas um sistema jurídico próprio que se forma através da interação dos atores comerciais não soberanos, configurando um direito alternativo ao Direito Estatal, porém mantendo as características da concepção histórica (boa-fé, costumes, *pacta sunt servanda* e arbitragem).

Por fim, na concepção para o futuro, ou novíssima *lex mercatoria*, a *lex mercatoria* é concebida como um fenômeno novo, constituído pela produção pluralista do Direito e que busca superar a contraposição entre direito estatal x direito não nacional, de forma a possibilitar a criação de novos campos jurídicos sem atrelá-los à perspectiva jurídica tradicional "Direito para além do Estado, e não sem ele"[40].

---

38 BAPTISTA, Luiz O. **Contratos internacionais.** São Paulo: Lex Magister, 2011, p. 65.

39 MAGALHÃES, José C. de. Lex mercatoria – evolução e posição atual. In: BAPTISTA, Luiz O.; MAZZUOLI, Valério de O. (orgs.). **Direito do comércio internacional:** teoria geral. São Paulo: Revista dos Tribunais, 2012, p. 177 ss.

40 COSTA, Cynara de B. **A verdadeira *lex mercatoria*:** o direito além do estado – um estudo sobre as antigas e novas teorias da *lex mercatoria*. Dissertação (Mestrado) – Programa de Pós-Graduação em Direito da Universidade

Nessa concepção, a *lex mercatoria* ultrapassa seu papel de complementar ou de ser uma alternativa ao Direito estatal e se eleva a uma fonte de criação jurídica própria, possibilitando a criação de novos campos de estudos jurídicos que a Ciência Jurídica tradicional ainda não conhece ou tem dificuldades de enquadrar (ex.: *lex Digitalis* e as relações jurídicas em ambiente virtual eletrônico – Internet).

Destarte, *lex mercatoria* somente pode se configurar como uma fonte material do Direito Internacional Privado tradicional quando sua acepção histórica e sua acepção novíssima são consideradas.

A novíssima *lex mercatoria* não se configura fonte do Direito Internacional Privado tradicional, mas instrumento de reinvenção e reconstrução normativa, diante de realidades comerciais extranacionais realizadas em ambientes *sui generis*.

5.5 AS TRÊS DIFICULDADES DAS FONTES DO DIREITO INTERNACIONAL PRIVADO BRASILEIRO

5.5.1 As convenções não ratificadas no Direito Internacional Privado

A última temática que consideramos relevante para analisar em relação ao estudo das fontes do Direito Internacional Privado é uma situação *sui generis* que ocorre no Direito Internacional Privado brasileiro envolvendo um tipo próprio de norma jurídica: as convenções não ratificadas.

Quando a doutrina analisa a convenção não ratificada como fonte do Direito Internacional Privado brasileiro, encontramos as mais diferentes alocações jurídicas a esse respeito. Existe a doutrina que a considera como manifestação de costume internacional[41], como manifestação de doutrina qualificada e prova de prática costumeira[42], ou, numa interpretação mais restrita do art. 4º da LINDB, nem sequer como uma fonte.

Federal de Pernambuco, Recife, 2011, p. 29-30. Disponível em: https://repositorio.ufpe.br/bitstream/123456789/4772/1/arquivo6701_1.pdf. Acesso em: 26 maio 2019.

41 DOLINGER, Jacob; TIBURCIO, Carmen. **Direito internacional privado.** 14. ed. Rio de Janeiro: Forense, 2018, p. 60.
MAZZUOLI, Valério de O. **Curso de direito internacional privado.** 2. ed. São Paulo: Forense, 2017, p.82.

42 BASSO, Maristela. **Curso de direito internacional privado.** 5. ed. São Paulo: Atlas, 2016, p. 70.

Pessoalmente, esses pensamentos estão totalmente equivocados. Uma convenção não ratificada não é manifestação doutrinária, muito menos manifestação de costume. Trata-se de uma norma jurídica internacional que, por defeito da teoria do Direito e do Estado, tem sua eficácia submetida à "vontade" dos Estados – tanto que o ato de ratificar um tratado é um ato mais politicamente relevante do que jurídico.

Não há como definir uma norma jurídica peculiar como uma manifestação diversa. Costume é manifestação social de comportamento, enquanto doutrina é a manifestação de estudos científicos.

Por outro lado, não podemos considerar que a Convenção não ratificada não seja fonte do Direito Internacional Privado, e é aí que entra o que denominamos as três dificuldades das fontes do Direito Internacional Privado Brasileiro, mais precisamente, os problemas que decorrem da existência e redação do art. 4º da LINDB.

Em uma visão geral, o artigo não emprega a palavra "fonte" em sua redação ("Quando a Lei for omissa, o juiz decidirá o caso de acordo com a analogia, os costumes e os princípios gerais"). O dispositivo prefere a expressão "omissão legislativa" para determinar os vetores que devem servir como base para o jurista estabelecer a solução jurídica necessária diante de uma omissão.

Sob ponto de vista histórico, a atual redação normativa desse dispositivo é resultado de uma espécie de evolução legislativa iniciada com o art. 13 das disposições gerais do "Projecto Primitivo" de Clóvis Beviláqua ("Nos casos omissos aplicam-se as disposições reguladoras dos casos análogos e, na falta destas, os princípios que se deduzem do espírito da lei"[43]).

Como resultado dos debates sobre o projeto do Código Civil de 1916, adveio a promulgação do art. 7º da Introdução do Código Civil de 1916 ("Aplicam-se nos casos omissos as disposições concernentes aos casos análogos, e, não as havendo, os princípios gerais de direito"), o qual o legislador de 1942 promoveu o que podemos chamar de "enxugamento" e que resultou no atual art. 4º da LINDB.

Com o advento do art. 4º da LINDB, instaurou-se uma curiosa situação quanto a sua interpretação: em um primeiro momento, diante do contexto histórico do Estado Novo, privilegiou-se uma interpretação restrita ao artigo, estabelecendo que o Direito brasileiro e, por consequência, o Direito Internacional Privado brasileiro, só teria uma fonte: a Lei.

---

43 CAMARA DOS DEPUTADOS. **Código Civil brasileiro:** trabalhos relativos à sua elaboração. v. 1. Rio de Janeiro: Imprensa Nacional, 1917, p. 92.

Em um segundo momento, em especial com a redemocratização do Brasil na década de 1980, combinado com o avassalador surgimento e expansão do fenômeno da globalização econômica e social, surgiu uma interpretação mais ampla ao artigo: a lei seria somente uma das fontes do Direito brasileiro.

Dessa alteridade hermenêutica do art. 4º da LINDB, as fontes do Direito Internacional Privado brasileiro acabam incorrendo em três dificuldades:

(1) Qual é o sentido que se emprega na palavra "fonte" diante da normativa do art. 4º?

(2) Qual o arcabouço jurídico aplicável pelo Direito Internacional Privado brasileiro para determinar a solução do conflito de leis oriundos do fato extranacional?

(3) O Direito Internacional Privado é direito nacional ou é direito internacional?

5.5.2 As interpretações do art. 4º da LINDB: fontes formais e fontes materiais

Quando o art. 4º da LINDB foi redigido e promulgado, o Brasil vivia a ditadura do Estado Novo de Getúlio Vargas, no qual palavras como liberdade possuíam uma interpretação bem restrita e a ordem jurídica tinha um caráter de legitimar o autoritarismo do governo maior do que o de proporcionar uma ordem jurídica adequada para as aspirações populares.

Não sem razão, a primeira forma de interpretar o dispositivo era extremamente restritiva, por seguir uma linha de pensamento mais puritana e formalista da teoria do *Stufenbau*, a ponto de, em nosso entendimento, distorcer seu próprio significado jurídico.

A lei de 1942 reduziu o Direito Internacional Privado a um ramo extremamente formalista e, por consequência, restringiu suas fontes somente à variante formal, correspondente ao "*construído*, significando a elaboração técnica do material (fontes substanciais) por meio de *formas solenes* que se expressam em leis"[44].

As fontes formais são aquelas criações da autoridade constituída em sociedade para guiarem seu sistema jurídico vigente, ou, simplificando, são os meios auxiliares de produção e construção do Direito como ordem positiva.

Neste contexto, o Direito Internacional Privado brasileiro somente pode ter como fonte os atos, as criações oficiais chanceladas pela autoridade

---

[44] FERRAZ JR., Tércio S. **Introdução ao estudo do direito:** técnica, decisão, dominação. 2. ed. São Paulo: Atlas, 1994, p. 223.

do Estado, sendo enquadrado no pensamento binário próprio do legalismo jurídico (é ou não é).

Como a principal criação jurídica da autoridade estatal é a lei, surge a interpretação de que, por força da redação do art. 4º da LINDB, somente a lei ou aquilo que ela permitisse é que poderiam existir enquanto fontes do Direito Internacional Privado brasileiro.

É uma interpretação de que somente existe uma fonte (a lei) e as demais são tratadas **como se lei fossem** (costumes, analogia e princípios gerais do Direito), não se admitindo nenhuma outra.

Temos de ressaltar que, *a priori*, essa interpretação não exclui a existência de fontes materiais, simplesmente não confere qualquer validade, relevância jurídica para elas. É como se a Ciência Jurídica devesse apenas considerar como fontes os processos de produção de normas jurídicas, já que as "fontes materiais" são consideradas como elementos filosóficos ou sociológicos das razões pelas quais as normas são elaboradas ou modificadas[45].

Esse tipo de interpretação do art. 4º da LINDB exclui a possibilidade de uma Convenção não ratificada configurar como fonte do Direito Internacional Privado brasileiro, pois não se enquadra no binômio lei-como se lei fosse. O dispositivo se tornaria *taxativo*.

Por sua vez, em uma interpretação mais ampla e mais atual do artigo, o dispositivo se torna *exemplificativo*, pois propõe diante da nova realidade democrática brasileira uma interpretação mais social-axiológica da legislação. Isso significa que se busca romper a rigidez legalista-formalista da interpretação e permitir maior flexibilidade ao jurista em lidar com as novidades sociais sem as amarras de legislações arcaicas.

Sob essa interpretação, não se compreende o art. 4º pelo binômio lei-como se lei fosse: a ideia de hierarquia normativa é atenuada para trabalhar com uma coordenação de fontes (a respeito vimos a teoria do diálogo de fontes), havendo fontes principais e fontes complementares.

É a inserção das fontes materiais no Direito Internacional Privado brasileiro, consistentes em dados, elementos materiais, históricos, que, uma vez racionalizados ou idealizados, contribuem para a formação da ordem jurídica[46].

---

45 REALE, Miguel. **Lições preliminares de direito.** 15. ed. São Paulo: Saraiva, 1987, p. 140.

46 FERRAZ JR., Tércio S. **Introdução ao estudo do direito:** técnica, decisão, dominação. 2. ed. São Paulo: Atlas, 1994, p. 223.

Logo, somente com a interpretação ampla e a inserção de fontes materiais no mesmo patamar das fontes formais através da hermenêutica jurídica do art. 4º da LINDB podemos visualizar a convenção não ratificada (norma jurídica peculiar) configurar como recurso, fonte do Direito Internacional Privado brasileiro.

5.5.3 Qual o arcabouço jurídico aplicável pelo Direito Internacional Privado brasileiro para determinar a solução do conflito de leis oriundo do fato extranacional?

Para compreender qual arcabouço jurídico o Direito Internacional Privado brasileiro utiliza para solucionar as questões oriundas dos fatos extranacionais desdobramos esta questão em outros dois questionamentos menores:

(1) Quais as fontes do Direito Internacional Privado brasileiro?

(2) O Direito Internacional Privado brasileiro é limitado ou não ao art. 4º da LINDB?

Na doutrina brasileira[47] é pacífico encontrar que são fontes do Direito Internacional Privado brasileiro: as leis nacionais, os tratados, convenções, costumes, jurisprudência etc. O que considero peculiar é que nenhuma doutrina consultada é unânime ao afirmar que fontes do Direito Internacional Privado é um tema complexo e que nenhuma delas aborda a questão do art. 4º da LINDB, muito pelo contrário, parecem ignorar sua existência.

A complexidade da temática é bem explorada na obra *Introdução crítica ao direito internacional privado*, de Cláudio Souto, em especial quando destaca que as fontes do ramo jurídico podem variar conforme a própria compreensão do objeto do mesmo e seu enquadramento epistemológico (direito nacional ou direito internacional)[48].

Aliás, essa complexidade gerada pela dicotomia nacional-internacional transparece quando verificamos que a doutrina acaba por separar as fontes em nacionais e internacionais quando, em seu estudo no Direito

---

47 DOLINGER, Jacob; TIBURCIO, Carmen. **Direito internacional privado.** 14. ed. Rio de Janeiro: Forense, 2018, p. 48. BASSO, Maristela. **Curso de direito internacional privado.** 5. ed. São Paulo: Atlas, 2016, p. 35 ss. SOUTO, Cláudio. **Introdução crítica ao direito internacional privado.** 2. ed. Porto Alegre: Safe, 2000, p. 179-180. MAZZUOLI, Valério de O. **Curso de direito internacional privado.** 2. ed. São Paulo: Forense, 2017, p. 69 ss.

48 SOUTO, Cláudio. **Introdução crítica ao direito internacional privado.** 2. ed. Porto Alegre: Safe, 2000, p. 180.

Internacional Privado, chegam ao ponto de tornar a questão central do problema do art. 4º da LINDB uma questão acessória, até mesmo irrelevante.

Dessa constatação observamos que existe um outro problema de senso comum doutrinário: não há qualquer menção ao papel do art. 4º da LINDB, mas uma unanimidade quanto ao anacronismo "que a LINDB apresenta diante de uma nova realidade jurídica" e a exigência de uma "reconsideração da importância e dinâmica das outras fontes legislativas"[49]. Em bom português, sabemos que a LINDB não é compatível com a realidade do século XXI.

A realidade é que a doutrina parece conferir a aparência de que a LINDB tem uma aplicabilidade prática cada vez menor, a ponto de validar a questão: o Direito Internacional Privado brasileiro não está mais limitado ao rol do art. 4º da LINDB?

Esse aparente desapego da doutrina à LINDB é o que consideramos uma das contradições mais aparentes do estudo das fontes do Direito Internacional Privado brasileiro: se a lei é fonte, como pode ela ter sua redação ignorada por consenso doutrinário?

Ao ignorar a variação interpretativa do art. 4º a partir da análise das fontes do Direito Internacional Privado, a própria doutrina ignora que, dependendo da interpretação acolhida, várias fontes somem, como, por exemplo, a doutrina e a jurisprudência.

Se o rol de fontes do art. 4º da LINDB é **taxativo**, a quantidade de fontes do Direito Internacional Privado brasileiro se restringe drasticamente às modalidades formais. Se o rol de fontes do art. 4º da LINDB é **exemplificativo**, a quantidade de fontes do Direito Internacional Privado brasileiro se amplia exponencialmente, pois inclui tanto fontes formais como materiais.

Para piorar, não há abordagem profunda sobre essa problemática a ponto de determinar qual interpretação deve ser a predominante.

5.5.4 O Direito Internacional Privado é direito nacional ou direito internacional?

A última questão que surge envolvendo a Convenção não ratificada como fonte do Direito Internacional Privado brasileiro é a velha discussão sobre se tratar de um ramo de direito nacional ou ramo do direito internacional.

---

49 BASSO, Maristela. **Curso de direito internacional privado.** 5. ed. São Paulo: Atlas, 2016, p. 49.

Normalmente, quando nos deparamos com a afirmação de que o Direito Internacional Privado é parte integrante do direito nacional de um Estado (direito público externo), essa afirmação, provavelmente, será fundamentada em um discurso formalista-legalista (a predominância da lei nacional entre suas fontes).

Atenção: por pensamento formalista-legalista não devemos reduzir o pensamento a ser a literalidade da lei (exegese) ou ao direito posto (positivismo), mas sim ao apego ao rito, a obediência da forma estabelecida e da hierarquia da lei sobre as demais fontes.

Dentro desse contexto, o art. 4º da LINDB se torna o vetor normativo-jurídico central para a análise das fontes do Direito Internacional Privado brasileiro, predominando a concepção de fonte como produto da autoridade soberana estabelecida, não havendo espaço para a utilização de fontes não formais. Por mais limitado que esse pensamento possa parecer, ele possui um poderoso arcabouço doutrinário, o qual pode ser sintetizado na figura do monismo jurídico.

Importante ressaltar que na própria doutrina do Direito Internacional Privado pode ser encontrado embasamento para essa afirmação em foco, muito antes do surgimento do monismo, quando se verifica nas lições de Joseph Story a defesa incondicional de se tratar de um ramo do direito público de cada nação[50].

Podemos encontrar eco dessas lições na doutrina brasileira, quando no ensinamento de Clóvis Bevilaqua nos deparamos com a defesa de que as fontes do Direito Internacional Privado são, primeiramente, fontes internas de cada país, e que tratados e princípios gerais de direito internacional seriam subsidiárias ou complementares[51].

Porém, é inegável que é com o desenvolvimento do monismo jurídico no século XX que se vai consolidar a retórica que possibilita a afirmação de que Direito Internacional Privado é direito nacional.

O monismo jurídico é um conjunto de teorias que se desenvolveram sobre duas premissas básicas: a primeira de que Direito é o conjunto de leis, normas jurídicas postas dentro de determinada sociedade organizada na

---

50 STORY, Joseph. **Commentaries on the conflict of laws, foreign and domestic, in regard to contracts, rights, and Remedies, and especially in regard to marriages, divorces, wills, successions, and judgements.** 2. ed. Union, New Jersey: The Lawbook Exchange Ltda. 2005, p. 11.

51 BEVILAQUA, Clóvis. **Princípios elementares de direito internacional privado.** Campinas: RED LIVROS, 2002, p. 87-88.

forma de manifestar uma soberania; a outra, a de que não existe diferença entre o Direito nacional e o Direito Internacional, dado o fato de ambos terem como ponto central a ordem jurídica posta pelo ente soberano.

Esse pensamento remonta às teorias de negação do Direito Internacional e a desconfiança de se chamar de Direito algo que não possui poder legislativo, nem tribunais com jurisdição compulsória e, muito menos, sanção organizada e centralizada[52].

A manifestação mais conhecida do pensamento monista está na obra de Hans Kelsen e sua afirmação de que tanto o Direito interno como o Direito Internacional formam uma só ordem jurídica, não havendo fronteiras entre os mesmos[53], mas que a distinção entre ambos só permanecia porque o direito interno *"est un système de subordination, celui-là (le droit international) un système de coordination"*[54] ("é um sistema de subordinação e o outro (o direito internacional) um sistema de coordenação").

Neste contexto, a representação mais famosa do pensamento monista é a figura da pirâmide normativa de Merckl-Kelsen e sua crença na teoria do *Stufenbau* como base de construção da existência de uma ordem jurídica válida e eficaz.

Em suma, é uma corrente de pensamento binário (é ou não é). Tudo dentro da pirâmide (= ordem jurídica) é direito, é norma, é lei; tudo que está fora da pirâmide não é direito, não é norma, não é lei. Assim, não há espaço para fontes que não estejam previstas no ordenamento jurídico. Ou, como visto anteriormente, as fontes são a lei ou como se fossem lei. Predomina a interpretação restrita do art. 4º da LINDB e do rol de fontes do Direito brasileiro.

Por outro lado, quanto à afirmação de que o Direito Internacional Privado é direito internacional, o *ius gentium privatum*, o ramo se insere em uma concepção muito mais ampla de Direito Internacional, flertando com a ideia de *Weltbürgerrecht* proposta por Immanuel Kant em sua obra *Zum Ewigen Frieden* (A paz perpétua) em 1796.

Se optarmos por incorporar o Direito Internacional Privado ao Direito Internacional, a dinâmica das fontes muda drasticamente, devido ao fato

---

52 HART, Herbert L. A. **O conceito de direito.** 3. ed. Lisboa: Fundação Calouste Gulbenkian, 2001, p. 230.

53 KELSEN, Hans. **Teoria geral do direito e do estado.** Trad. Luís Carlos Borges. 3. ed. São Paulo: Martins Fontes, 1998, p. 463.

54 KELSEN, Hans. Theorie du droit international public: problèmes choisis. **Recueil de Cours,** Paris, v. IV, t. 42, 1932, p. 132.

de o Direito Internacional trabalhar com um significado de fonte muito mais amplo do que o estabelecido pelo art. 4º da LINDB. Até mesmo porque a própria âncora legal do debate se desloca para o art. 38 do Estatuto da Corte Internacional de Justiça, ratificado pelo Brasil por via do Decreto n. 19.841/1945, o qual estabelece um rol bem amplo de fontes: as convenções e tratados internacionais, o costume internacional, os princípios gerais do direito, a jurisprudência, a doutrina e a equidade.

Essa mudança permite ao Direito Internacional Privado brasileiro trabalhar com fontes formais decorrentes da estrutura normativa dominante do direito nacional (art. 4º da LINDB), assim como admitir o recurso às fontes materiais (art. 38 do Estatuto da CIJ).

Podemos acrescentar que, além da mudança do referencial legal, o próprio arcabouço dogmático de compreensão epidêmica das fontes se altera, destacando-se a possibilidade de se trabalhar fora do monismo dominante das ordens jurídicas nacionais e recorrer a uma corrente *suis generis*: o pluralismo, ou melhor, a uma evolução do pensamento pluralista.

Sob a ótica do pensamento pluralista, manifesto em 1899 por Heinrich Triepel na obra *Völkerrecht und Landsrecht* (Direito Internacional e Direito nacional), a relação do Direito Internacional e do Direito nacional não pode ser compreendida como uma só ordem, mas como dois aspectos distintos de um todo, os quais operam e cooperam entre si, mas não se confundem, ou nas palavras do Triepel: *"Sie sind zwei Kreise, die sich höchstens berühren, niemals schneiden"*[55] ("São dois círculos, os quais, no máximo, se tocam, mas não se cruzam").

Não sem razão, Triepel[56] confirma que as fontes do Direito Internacional e do Direito nacional são diferentes e distintas, logo, o rol de fontes estabelecido eventualmente por um direito nacional soberano não é o mesmo do Direito Internacional.

Em outras palavras, para um pensamento pluralista, o Direito Internacional e o Nacional constituem dois sistemas diferentes, que não se interpenetram, já que o primeiro trata sobre a relação entre Estados, bem como destes com os Organismos Internacionais, enquanto o direito interno, por sua vez, apenas diz respeito às relações interestatais[57].

---

55 TRIEPEL, Heinrich. **Völkerrecht und Landesrecht.** Leipzig: Verlag von C. L. Hirschfeld, 1899, p. 211.

56 TRIEPEL, Heinrich. **Völkerrecht und Landesrecht.** Leipzig: Verlag von C. L. Hirschfeld, 1899, p. 10.

57 BINENBOJM, Gustavo. Monismo e dualismo no Brasil: uma dicotomia afinal irrelevante. **Revista da EMERJ,** v. 3, n. 9, 2000, p. 185.

Desta forma, para que houvesse a transposição de uma norma de origem internacional para o arcabouço do Direito interno, seria necessária uma deliberação legislativa. Ou seja, só com esta a norma internacional teria eficácia no âmbito nacional[58].

Esse pensamento nos permite afirmar que o rol de fontes aplicáveis a determinado fato ontológico vai variar conforme a natureza deste. De forma mais elaborada, se o fato é qualificado como normal (nacional), o Direito recorrerá às fontes nacionais para solucionar qualquer controvérsia, consequência jurídica dele decorrente. Se extranacional, o Direito recorrerá às fontes internacionais para regulamentá-lo.

Logo, ao afirmarmos que o Direito Internacional Privado é um Direito Internacional, isso nada mais significa além de dizer que ele está limitado ao ordenamento jurídico nacional para resolver questões sob sua tutela, admitindo todas as fontes permitidas no Direito Internacional para solucionar as questões jurídicas emergentes do elemento estrangeiro.

A Convenção não ratificada se estabelece como uma fonte material do Direito Internacional Privado, sendo aplicável por força da dinâmica mais fluída do Direito Internacional, como se verifica com no art. 38 do Estatuto da Corte Internacional de Justiça.

5.5.5 Nossa opinião sobre essa problemática

O leitor mais atento deve ter notado que não esbocei nenhuma solução para os questionamentos que surgem com o art. 4º da LINDB no estudo das fontes do Direito Internacional Privado brasileiro.

Posso explicar essa ausência de resposta com a constatação de que, atualmente, não há resposta. Como o art. 4º é produto de uma outra época do Brasil, refletindo isso em sua redação, não havendo sua revogação e, nem mesmo, o recurso a uma interpretação autêntica sobre o assunto, ambos os argumentos expostos nas seções anteriores são válidos. Limitar o Direito Internacional Privado brasileiro ao rol do art. 4º da LINDB tem o mesmo peso que não o limitar, baseando-se no art. 38 do Estatuto da Corte Internacional de Justiça.

Em suma, a questão da Convenção não ratificada, uma norma jurídica *sui generis*, não um costume, muito menos manifestação de doutrina qualificada, vai depender da força de argumentação empregada para defender sua aplicabilidade ou não.

---

58 BINENBOJM, Gustavo. Monismo e dualismo no Brasil: uma dicotomia afinal irrelevante. **Revista da EMERJ**, v. 3, n. 9, 2000, p. 185.

Capítulo 6

AS NORMAS DO DIREITO INTERNACIONAL PRIVADO

6.1 A QUESTÃO TERMINOLÓGICA

No estudo das normas do Direito Internacional Privado, considero um dos aspectos mais importantes a terminologia das normas as quais o compõem. É de suma importância que o jurista tenha clara compreensão sobre dois grupos principais de normas: as qualificadoras e as colisionais, nomenclaturas que são dois dos poucos consensos e unanimidades de uso na doutrina do Direito Internacional Privado.

As normas qualificadoras são normas impróprias do Direito Internacional Privado, consistindo nos conceitos que são necessários para operacionalizar a solução de seus conflitos de leis.

Essas normas são impróprias, pois são oriundas de outros ramos jurídicos (majoritariamente de direito material), sendo utilizadas pelo Direito Internacional Privado como guia de compreensão do fato extranacional, mais precisamente, dos elementos que compõem a relação jurídica dotada de extranacionalidade. E, também, têm a finalidade de fornecer o próprio conceito do elemento de conexão para possibilitar sua aplicação.

Como exemplo, podemos utilizar a situação hipotética de Ratel comprar uma casa de Carcaju e fazer o pagamento em papel-moeda. Para compreendermos os sujeitos de direito (Ratel e Carcaju) é preciso saber sobre as regras de suas personalidades jurídicas (capacidade, estado etc.); para compreender o objeto da relação jurídica (a casa) precisamos compreender o direito das coisas, em especial, da divisão dos bens em móveis e imóveis; e para compreender o nexo que liga os sujeitos de direito ao objeto, precisamos compreender o Direito obrigacional (no caso, o contrato de compra e venda).

Personalidade jurídica, direito das coisas e contratos são regidos e conceituados por normas de Direito Civil, logo, quando uma relação dessas apresentar um elemento estrangeiro, o Direito Internacional Privado precisa utilizar dessas normas-conceito para qualificar a relação e, assim, poder determinar o elemento de conexão aplicável.

Podemos acrescentar ainda que o próprio elemento de conexão é um instituto jurídico (domicílio, nacionalidade etc.), destarte as normas qualificadoras irão determinar o conceito do próprio elemento de conexão para podermos, então, operacionalizar a norma colisional e determinar a esfera jurídica soberana nacional incidente sobre o fato extranacional.

As **normas colisionais** são normas próprias do Direito Internacional Privado, existindo somente no mesmo e em nenhum outro ramo jurídico – são exclusivas do nosso ramo.

Essas normas são caracterizadas pela existência de um elemento de conexão ou elemento de exclusão da aplicação do Direito estrangeiro, elementos que determinam não só sua existência como também natureza – a qual pode variar entre territorial, pessoal ou volitiva.

Invariavelmente, toda norma colisional soluciona o conflito de leis de DIPr, operando no plano da diversidade legislativa para determinar qual a esfera jurídica soberana nacional que incide na relação jurídica, permitindo às normas instrumentais procederem com a solução da lide dela decorrente.

Um exemplo clássico de norma colisional no Direito Internacional Privado brasileiro é o art. 7º, *caput*, da LINDB: "A lei do País em que for domiciliada a pessoa determina as regras sobre o começo e o fim da personalidade, o nome, a capacidade e os direitos de família". Por força deste dispositivo, o domicílio da pessoa física é o elemento de conexão para resolver questões de extraterritorialidade envolvendo a personalidade, o nome, a capacidade e os direitos de família, sendo um elemento de conexão de natureza territorial.

6.2 NATUREZA DAS NORMAS DE DIREITO INTERNACIONAL PRIVADO

Classificar normas, estabelecer categorias, é uma tarefa ingrata na Ciência Jurídica. Toda regra tem exceção, toda classificação tem suas falhas, suas críticas, suas particularidades.

A natureza das normas do Direito Internacional Privado é o primeiro momento em que a tarefa de classificar entra em contato com o nosso ramo, tornando-se relevante para qualquer estudo introdutório sobre a disciplina.

Partindo da teoria geral das normas, podemos limitar as normas em quatro grandes grupos:

(1) normas materiais;

(2) normas instrumentais;

(3) normas indiretas sistêmicas; e

(4) normas indiretas colisionais.

As **normas materiais, diretas ou substanciais**[59], são aquelas pertencentes ao Direito Material e tem a função de regulamentar os acontecimentos, as situações do dia a dia de uma sociedade, conferindo-lhes substância e consequências jurídicas. São normas que compõem a matéria do plano deontológico, procurando projetar neste o plano ontológico o qual procura regulamentar.

Como exemplo desse tipo de norma jurídica, podemos destacar o art. 16 do Código Civil brasileiro: "Toda pessoa tem o direito ao nome, nele compreendidos o prenome e o sobrenome".

A rigor, as normas materiais não fazem parte do Direito Internacional Privado, sendo este um ramo do Direito formal. Isto não significa que elas não tenham utilidade para o DIPr, pois consistem no arcabouço jurídico no qual ocorre a qualificação dos fatos extranacionais – daí as normas materiais serem, quase sempre, normas qualificadoras.

Ocorre que dependendo da concepção sobre os objetos que compõem o ramo jurídico do Direito Internacional Privado, pode acontecer, excepcionalmente, que normas materiais se tornem próprias do mesmo, especialmente quando inserimos a nacionalidade e a condição jurídica do estrangeiro como seus objetos[60].

As **normas instrumentais** são aquelas normas que regulamentam o procedimento de solução de lides, regulamentam o processo judiciário, pelo qual o Estado exerce sua atividade de pacificação social. São as normas que fazem a consequência jurídica prevista no plano deontológico se manifestar no plano ontológico diante de uma conduta que viole alguma norma material. Ou, como os processualistas afirmam: são o grupo de normas pelo qual um direito *in abstrato* e *erga omnes* se transforma em um direito *in concreto* e *inter partes*.

---

59 DOLINGER, Jacob; TIBURCIO, Carmen. **Direito internacional privado.** 14. ed. Rio de Janeiro: Forense, 2018, p. 275. BASSO, Maristela. **Curso de direito internacional privado.** 5. ed. São Paulo: Atlas, 2016, p. 174.

60 DOLINGER, Jacob; TIBURCIO, Carmen. **Direito internacional privado.** 14. ed. Rio de Janeiro: Forense, 2018, p. 275.

Como ocorre com as normas materiais, em regra, esse tipo de norma jurídica não faz parte do arcabouço normativo próprio do Direito Internacional Privado, porém, existem aspectos de instrumentalidade inerentes ao Direito Internacional Privado que contém esse tipo de norma: a homologação de ato ou sentença estrangeira e a prova do Direito estrangeiro – dois aspectos da Teoria dos direitos adquiridos e seu reconhecimento/exercício internacional.

Assim como para aqueles que inserem o conflito de jurisdição como objeto do Direito Internacional Privado os institutos processuais do auxílio direto, da cooperação internacional e da competência internacional acabam sendo abrangidos pela disciplina e, por consequência, as normas instrumentais ali contidas são consideradas como normas típicas do Direito Internacional Privado.

As **normas indiretas sistêmicas**, são aquelas normas que regulamentam formalidades e procedimentos que visam criar, extinguir ou manter normas dentro de um sistema jurídico. Suas finalidades principais são de regulamentar o processo de criação de normas jurídicas (processo legislativo), pelo qual surge a manifestação deontológica de um acontecimento ontológico, ou melhor, processo pelo qual as normas materiais são criadas e inseridas no sistema jurídico vigente; e a de evitar instabilidades nesse sistema jurídico, combatendo o surgimento de antinomias.

Podemos destacar como exemplo desse tipo de norma o art. 188 do Código de Processo Civil: "Os atos e os termos processuais independem de forma determinada, salvo quando a lei expressamente a exigir, considerando-se válidos os que, realizados de outro modo, lhe preencham a finalidade essencial".

Esse tipo de norma jurídica não se insere no Direito Internacional Privado, somente sendo utilizada de forma indireta pelo mesmo: no primeiro momento, quando se cria uma norma colisional e, no segundo momento, quando é verificada a existência de uma instabilidade normativa na figura de uma antinomia ou na figura de uma mudança de *status* jurídico pelo fator tempo.

Podemos destacar como exemplo desse tipo de norma o art. 61, *caput*, da Constituição Federal do Brasil: "A iniciativa das leis complementares e ordinárias cabe a qualquer membro ou Comissão da Câmara dos Deputados, do Senado Federal ou do Congresso Nacional, ao Presidente da República, ao Supremo Tribunal Federal, aos Tribunais superiores, ao Procurador-geral da República e aos cidadãos, na forma e nos casos previstos nesta Constituição". E o art. 2°, *caput*, da LINDB: "Não se destinando à vigência temporária, a lei terá vigor até que outra a modifique ou revogue".

Essas normas são objeto dos ramos propedêuticos da Ciência Jurídica, como a Teoria Geral do Direito, a Teoria do Ordenamento Jurídico e o

Direito Intertemporal – logo, têm aplicabilidade transversal e universal em todos os ramos jurídicos.

Por fim, **as normas indiretas colisionais**, normas colisionais ou normas indicativas[61], são aquelas normas próprias do Direito Internacional Privado, são a manifestação deontológica do fato extranacional que permitem sua existência como ramo jurídico autônomo. Operam no plano da diversidade legislativa e tem por finalidade solucionar a questão da extraterritorialidade existente na relação jurídica com elementos estrangeiros – o conflito de leis do DIPr.

Podemos destacar como exemplo dessa norma própria do Direito Internacional Privado o art. 8º, *caput*, da LINDB: "Para qualificar os bens e regular as relações a eles concernentes, aplicar-se-á a lei do país em que estiverem situados". O brocardo *lex rei sitae*.

Dos quatro grupos normativos que analisamos, somente o das normas colisionais é obrigatório e próprio do Direito Internacional Privado, pois sem tais normas o ramo não existiria. Os demais grupos normativos somente se configuram como componentes normativos do Direito Internacional Privado para auxiliar as normas colisionais (as normas materiais-qualificadoras) ou de força de um objeto impropriamente inserido no ramo (as normas indiretas sistêmicas e a normas instrumentais).

6.3 A ESTRUTURA DAS NORMAS DE DIREITO INTERNACIONAL PRIVADO

Uma outra classificação comum de encontrar na maioria dos manuais sobre o Direito Internacional Privado brasileiro é a que versa sobre a estrutura[62] ou as categorias[63] de normas colisionais.

Diferente da classificação quanto à natureza que procura abranger tanto normas próprias como impróprias do Direito Internacional Privado, a classificação pela estrutura ou categorização se resume as suas normas próprias (as colisionais), não se aplicando para as normas impróprias (materiais e instrumentais).

---

61 MAZZUOLI, Valério de O. **Curso de direito internacional privado.** 2. ed. São Paulo: Forense, 2017, p. 90.

62 DOLINGER, Jacob; TIBURCIO, Carmen. **Direito internacional privado.** 14. ed. Rio de Janeiro: Forense, 2018, p. 278.

63 MAZZUOLI, Valério de O. **Curso de direito internacional privado.** 2. ed. São Paulo: Forense, 2017, p. 92.

Essa classificação tem como parâmetro o grau de comunicabilidade, de receptividade que a norma colisional possui para com o plano da diversidade legislativa, categorizando essas normas enquanto unilaterais, justapostas e bilaterais.

A primeira categoria é a das **normas unilaterais, imperfeitas ou egoístas**[64], aquelas que possuem um caráter imperativo em sua estrutura, cuja essência é a imposição da aplicação de um direito nacional (normalmente, *lex fori*), sem maiores diálogos com outros direitos, com o plano da diversidade legislativa.

Essa categoria de normas pode ser subdividida em dois tipos: normas unilaterais não passíveis de justaposição e normas unilaterais passíveis de justaposição.

Normas unilaterais não passíveis de justaposição são aquelas que apresentam em sua estrutura um elemento de exclusão do direito estrangeiro, associando a ideia de imperatividade à de ordem pública internacional. Tem como características seu excessivo apego à territorialidade, a imposição do direito nacional daquele território nas relações extranacionais e o recurso de conceitos indeterminados, de natureza política ou social.

Podemos destacar como exemplo dessa categoria de norma unilateral o art. 17 da LINDB: "As leis, atos e sentenças de outro país, bem como quaisquer declarações de vontade, não terão eficácia no Brasil, quando ofenderem a soberania nacional, a ordem pública e os bons costumes".

Essa modalidade de unilateralidade é incapaz de gerar qualquer bilateralidade, pois são normas que suprimem a diversidade legislativa e expandem o campo de aplicação de um direito nacional. Ou, melhor, são normas jurídicas pelas quais o legislador tem por objetivo "determinar o seu próprio campo de aplicação no espaço"[65].

Por outro lado, **as normas unilaterais passíveis de justaposição** se inserem em outra categoria de normas jurídicas do Direito Internacional Privado: as normas justapostas.

A expressão normas justapostas não é propriamente um tipo de norma, mas sim um fenômeno peculiar que surge quando, por técnica legislativa, o legislador transforma duas normas unilaterais por meio de interpretação sistemática em uma norma bilateral – a *justaposição*.

---

64 DOLINGER, Jacob; TIBURCIO, Carmen. **Direito internacional privado.** 14. ed. Rio de Janeiro: Forense, 2018, p. 278.

65 DOLINGER, Jacob; TIBURCIO, Carmen. **Direito internacional privado.** 14. ed. Rio de Janeiro: Forense, 2018, p. 280.

Essas normas têm em sua estrutura um elemento de conexão de alcance limitado, isto é, o elemento de conexão é direcionado para aplicar um só determinado direito, não suprimindo a diversidade legislativa por completo, mas também não sendo uma manifestação plena dela.

Porém, essas normas permitem uma interação com outras normas do mesmo tipo, essa interação é denominada de *justaposição*, quando duas normas unilaterais contém o mesmo elemento de conexão, mas o direcionamento complementa um com o outro, transformando-o, por justaposição, em um elemento de conexão pleno.

No Direito Internacional Privado brasileiro vigente não existe esse fenômeno de justaposição de normas unilaterais, porém podemos destacar dois exemplos do uso dessa técnica legislativa.

O primeiro exemplo é o da história do Direito brasileiro, quando lemos o esboço do Código Civil de Teixeira de Freitas, o qual previa:

> **Art. 26.** A capacidade ou incapacidade (art. 25), quanto a pessoas domiciliadas em qualquer seção do território do Brasil, ou sejam nacionais ou estrangeiras, serão julgadas pelas leis dêste Código, ainda que se trate de atos praticados em país estrangeiro, ou de bens existentes em país estrangeiro[66].
>
> (...)
>
> **Art. 27.** A capacidade ou incapacidade (art. 25), quanto a pessoas domiciliadas fora do Brasil, ou sejam estrangeiras ou nacionais, serão julgadas pelas leis do seu respectivo domicílio, ainda que se trate de atos praticados no Império, ou de bens existentes no Império[67].

Ambos os dispositivos, quando analisados individualmente, são normas unilaterais. O art. 26 é unilateral ao estabelecer que a capacidade/incapacidade de nacionais/estrangeiros para atos praticados no Brasil/estrangeiro será regida pelo direito brasileiro se forem domiciliadas no Brasil. O art. 27 é unilateral ao estabelecer que a capacidade/incapacidade de nacionais/estrangeiros para atos praticados no Brasil/estrangeiro será regida pelo direito estrangeiro se forem domiciliadas fora do Brasil. Ambos têm o elemento de conexão domicílio parametrizado na ideia de estar ou não no território brasileiro.

Ao justapor ambos os dispositivos, temos a interpretação de que a lei aplicável relativa à capacidade/incapacidade para nacionais/estrangeiros em

---

66 BRASIL. **Código Civil:** esboço por A. Teixeira de Freitas. Rio de Janeiro: Ministério da Justiça e negócios interiores (serviço de documentação), 1952, p. 29-30.

67 BRASIL. **Código Civil:** esboço por A. Teixeira de Freitas. Rio de Janeiro: Ministério da Justiça e negócios interiores (serviço de documentação), 1952, p. 33.

razão de atos praticados no Brasil/estrangeiro será regida pelo domicílio da pessoa. Se for no Brasil, será o direito brasileiro, se domiciliada no exterior, o direito de onde está domiciliada – hoje consagrado no art. 7º da LINDB.

A relevância de conhecer essa modalidade de norma, apesar de no Brasil ser restrita à notícia histórica, é a de que existem sistemas jurídicos os quais já adotaram essa modalidade de técnica legislativa, como, por exemplo, o Código Civil da República da Argentina (ou Código Vélez Sarsfield, revogado em 2014):

> **Art. 6.** La capacidad o incapacidad de las personas domiciliadas en el territorio de la República, sean nacionales o extranjeras, será juzgada por las leyes de este Código, aun cuando se trate de actos ejecutados o de bienes existentes en país extranjero.
> **Art. 7.** La capacidad o incapacidad de las personas domiciliadas fuera del territorio de la República, será juzgada por las leyes de su respectivo domicilio, aun cuando se trate de actos ejecutados o de bienes existentes en la República[68].

Aproveitando que estamos analisando a justaposição de duas normas unilaterais gerando uma norma bilateral, podemos adentrar na terceira categoria: as normas bilaterais, completas ou multilaterais[69].

As **normas bilaterais, completas ou multilaterais** são aquelas que, em sua estrutura, apresentam um elemento de conexão, um instituto jurídico que se consagra como capaz de determinar, no plano da diversidade legislativa, qual a melhor esfera jurídica soberana para regulamentar determinada situação jurídica com elemento estrangeiro.

Elas são a manifestação deontológica por excelência da diversidade legislativa e a razão de ser do Direito Internacional Privado como ramo jurídico autônomo. Apontamos como duas de suas principais características: (i) a existência de um elemento conexão (territorial, pessoal ou volitivo); e (ii) a possibilidade de fazer incidir direito nacional ou estrangeiro sem distinções.

Podemos exemplificar como norma bilateral o art. 9º, *caput*, da LINDB: "Para qualificar e reger as obrigações, aplicar-se-á a lei do país em que se constituírem".

---

68 ARGENTINA. **Código Civil de la nación.** Buenos Aires: Ministerio de Justicia y Derecho Humanos. Disponível em: http://servicios.infoleg.gob.ar/infolegInternet/anexos/105000-109999/109481/texactley340_preliminar_tituloI.htm. Acesso em: 30 maio 2019.

69 DOLINGER, Jacob; TIBURCIO, Carmen. **Direito internacional privado.** 14. ed. Rio de Janeiro: Forense, 2018, p. 280.

> Sou da opinião de que essas categorias ou estruturas das normas colisionais são mais de interesse acadêmico do que de utilidade prática. Podem servir de poderoso meio de aprendizado de novos Direito nacionais, mas dificilmente terão utilidade na prática forense, do dia a dia do jurista.
>
> Normalmente, os casos mais frequentes irão demandar uma combinação de normas para a solução do conflito de leis do DIPr.

Não sem razão, essas normas são denominadas de normas dotadas de cortesia internacional e concebidas com a estrutura de "determinar qual o direito material nacional mais adequado para a relação jurídica-extranacional em foco"[70].

Ainda dentro do estudo das normas bilaterais, existe doutrina que opta por separá-las em dois tipos: as normas bilaterais completas e as normas bilaterais incompletas. Essa divisão se baseia no grau de bilateralidade que a norma possui.

Uma norma bilateral é completa quando sua estrutura bilateral não possui qualquer limitação ou ressalva na determinação do direito nacional ou estrangeiro aplicável ao fato extranacional. Por sua vez, a norma bilateral é incompleta quando sua estrutura bilateral possui uma limitação ou ressalva na determinação do direito nacional ou estrangeiro aplicável ao fato extranacional[71].

Podemos afirmar que nessa doutrina existe a norma bilateral com aspectos de unilateralidade, cujo exemplo máximo podemos apontar o problemático art. 9º, § 1º, da LINDB: "Destinando-se a obrigação a ser executada no Brasil e dependendo de forma essencial, será esta observada, admitidas as peculiaridades da lei estrangeira quanto aos requisitos extrínsecos do ato".

---

70 DOLINGER, Jacob; TIBURCIO, Carmen. **Direito internacional privado.** 14. ed. Rio de Janeiro: Forense, 2018, p. 280.

71 MAZZUOLI, Valério de O. **Curso de direito internacional privado.** 2. ed. São Paulo: Forense, 2017, p. 92.

Capítulo 7

RASCUNHO SOBRE METODOLOGIA DO DIREITO

7.1 UMA EXPLICAÇÃO NECESSÁRIA

Como o nosso objetivo nessa obra é proporcionar uma introdução sólida ao Direito Internacional Privado e sua manifestação no Brasil, é importante que estabeleçamos pequena base de metodologia do Direito para melhor compreensão do método colisional – um dos métodos mais complexos da Ciência Jurídica moderna.

De forma simples e direta, podemos começar definindo o método como o caminho, a forma que o raciocínio percorre para deixar de ser uma mera opinião (achismo) para se transformar em conhecimento científico (verificável, válido e objetivo). A partir dessa simples definição, podemos compreender que todo pensar científico, toda Ciência possui, além de um objeto próprio, um método próprio.

Método este que estabelece os critérios de verificação e validação que o raciocínio sobre aquele objeto tem de obedecer para ser considerado como teórico-científico daquele ramo. Isto significa que uma teoria jurídica tem de obedecer a metodologia associada à Ciência Jurídica, metodologia baseada no objeto do Direito. E aí podemos localizar o principal obstáculo que o acadêmico de Direito enfrenta ao tentar compreender metodologia jurídica: a questão do objeto do Direito.

Na virada do século XVIII para o século XIX, o Direito, depois de séculos associado a outros ramos científicos (Política, Teologia etc.), conseguiu se estabelecer como uma ciência autônoma: era a Ciência da Legislação[72]. Ocorre que atrelar sua existência como Ciência autônoma, a legislação,

---

[72] SAVIGNY, Friedrich Carl v. Anleitung zu einem eignen Studium der Jurisprudenz. In: MAZZACANE, Aldo (hg.). **Friedrich Carl von Savigny:** Vorlesungen über juristische Methodologie (1802-1842). Frankfurt am Main: Vittorio Klostermann, 2004, p. 139.

as leis emanadas pelo Poder Legislativo, fez com que devastadoras críticas surgissem como a de Julius H. von Kirchmann:

> Die Juristen sind durch das positive Gesetz zu Würmern geworden, die nur von dem faulen Holz leben; von dem gesunden sich abwendend, ist es nur das kranke, in dem Sie nisten und weben. Indem die Wissenschaft das Zufällige zu ihrem Gegenstande macht, wird Sie Selbst zur Zufälligkeit; drei berichtigende Worte des Gesetzgebers und ganze Bibliotheken werden zu Makulatur[73].

***

> Os juristas se tornaram vermes pelas leis positivas, vivendo apenas na madeira podre, afastando-se do saudável, somente se aninhando e entrelaçando no doentio. No que transformam o objeto de sua ciência em um acaso, ela mesma se torna um acidente, de forma que bastam três palavras corretivas do legislador para inutilizar bibliotecas inteiras.

Essa crise existencial quanto ao seu objeto, atormenta o Direito até hoje, mesmo com o fator de estabilização que o conceito de norma jurídica trouxe ao tema no século XX. Longe de adentrar nessa tormentosa evolução, podemos sintetizá-la da seguinte forma:

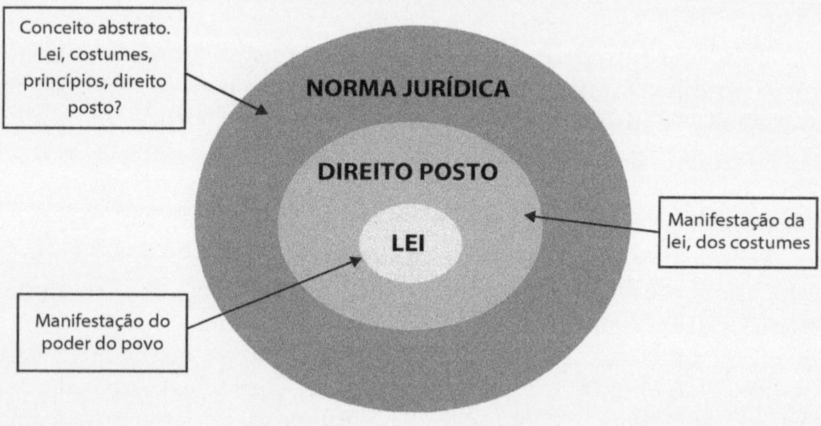

A partir dessa ilustração, podemos afirmar que a unidade fundamental do estudo jurídico contemporâneo é a noção de norma jurídica, conceito abstrato que não se confunde com a lei (ideário da Jurisprudência dos Conceitos), do direito posto (ideário da Jurisprudência dos Interesses). Um conceito novo, atrelado, principalmente, ao ideário da Jurisprudência dos Valores (conceito, interesse e axioma).

---

[73] VON KIRCHMANN, Julius H. **Die wertlosigkeit der Jurisprudenz als Wissenschaft.** Ein Vortrag gehalten in der juristischen Gesellschaft zu Berlin. 3. aufl. Berlin: Julius Springer, 1848, p. 17.

Só que essa evolução do pensamento jurídico significou que além da passagem do objeto da Ciência da legislação para a norma jurídica, conferiu maior densidade aos conceitos jurídicos e uma multiplicidade de facetas, tornando sua compreensão metodológica complexa.

Para ilustrar essa situação:

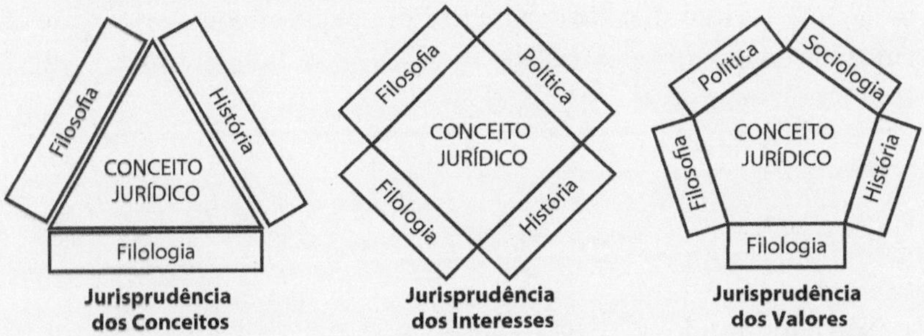

É nessa complexidade dos elementos que compõe o conceito jurídico manifesto através da transição da lei para a norma jurídica, na qual reside, em nosso entendimento, o grande problema de compreender a metodologia jurídica.

Para oferecer um rascunho sobre a metodologia jurídica, a fim de possibilitar a melhor compreensão das particularidades do método colisional, vou explicá-la a partir de três vetores que acompanham o conceito jurídico científico, autônomo desde o seu "nascimento" na Jurisprudência dos Conceitos do fim do século XVIII e início do século XIX.

Como considero a obra de Savigny a introdução perfeita para o estudo da metodologia jurídica, não é de se espantar que o presente rascunho vai se dividir em duas partes, baseadas em suas premissas:

(i) a Ciência Jurídica é histórica;

(ii) a Ciência Jurídica é filosófica.

7.2 A CIÊNCIA JURÍDICA É HISTÓRICA: OS ELEMENTOS HISTÓRICOS E FILOLÓGICOS DO CONCEITO JURÍDICO

> *Erster Grundsatz.* Die Jurisprudenz ist eine historische Wissenschaft:
> a) historisch im eigentlichen Sinn;
> b) philologisch – davon hier[74].

---

[74] SAVIGNY, Friedrich Carl v. Methodologie. In: MAZZACANE, Aldo (hg.). **Friedrich Carl von Savigny:** Vorlesungen über juristische Methodologie (1802-1842). Frankfurt am Main: Vittorio Klostermann, 2004, p. 91.

***

Primeiro fundamento. A Jurisprudência é uma ciência histórica:

a) histórica em sentido próprio;

b) filológica – disso aqui.

Não se consegue compreender método sem compreender a evolução do conhecimento – conhecido debate filosófico que envolve a oposição entre *δόξα* (doxa) e *ἐπιστήμη* (epistími).

> Atenção: essa passagem da *doxa* para *sophos* é uma pequena heresia filosófica que cometo para facilitar a compreensão da essência da ideia de método. Isso não significa que possa ser utilizado como argumento válido em um debate filosófico.

Não adentrando no debate filosófico, vamos utilizar essas expressões para possibilitar uma compreensão da evolução do conhecimento e, por consequência, as bases para compreender a essência de método.

Consideramos que todo conhecimento é, em seu primeiro estágio, imperfeito *δόξα* (*doxa*). Essa imperfeição deriva do fato de que se trata de um conhecimento individual, subjetivo, um juízo ou uma mera opinião – o famoso "eu acho".

Mas como o ser humano vive em sociedade, o conhecimento não se limita a ser puramente subjetivo, individual. Existe uma necessidade de se estabelecer um conhecimento verificável, um conhecimento que transpasse o indivíduo e consiga ser compreendido por vários indivíduos da mesma forma – existe uma necessidade de se transmitir conhecimento.

Podemos denominar esse conhecimento construído, *ἐπιστήμη* (*epistími*), como a primeira manifestação do conhecimento científico: é o conhecimento aprimorado, o conhecimento o qual apresenta parâmetros para sua verificação que não dependem puramente do indivíduo que o manifestou – o famoso "eu provo".

Por fim, temos a última forma de conhecimento, o conhecimento aceito, o conhecimento que transforma uma pessoa em sábio, o *σοφός* (*sophos*). É o conhecimento provado verdadeiro e aceito na comunidade.

Essa transição do conhecimento imperfeito para o saber é realizada pelo método. Podemos então definir que o método é um instrumento que, além de transformar a opinião em conhecimento científico, possibilita a verificação de que tal conhecimento construído é falso ou verdadeiro – são as regras de validação da construção pela comunidade.

Desta forma emerge a constatação de que todo conhecimento científico é um conhecimento construído, existe a necessidade de compreender as etapas dessa construção, as quais limitamos na etapa da análise e na etapa da síntese.

Toda análise é iniciada pela delimitação da hipótese, posteriormente pela coleta, a comparação e validação dos dados. Enquanto a síntese é a interpretação resultante dessa análise. E é na síntese que surge o outro elemento componente do conceito jurídico: o elemento filológico.

É uma particularidade do conceito jurídico dele ser puramente linguagem, isto significa que tanto decisões jurídicas como normas jurídicas são expressas por signos linguísticos e, portanto, dotadas de significado.

Ocorre que signos linguísticos possuem vários significados diferentes, sendo a tarefa da interpretação estabelecer qual o significado adequado para cada um dos signos, conforme o contexto em que este é empregado.

Para o Direito, essa busca pelo significado, essa interpretação e essa síntese são agrupadas sob a expressão Hermenêutica Jurídica – ou "a norma como produto de uma síntese hermenêutica"[75].

Destarte, ao determinar a forma como realizará a síntese da análise feita, o jurista terá de optar por qual modalidade de interpretação irá utilizar dentre as quatro modalidades distintas:

(i) interpretação gramatical/semântica;

(ii) interpretação sistêmica;

(iii) interpretação teleológica;

(iv) interpretação holística (multidisciplinar).

Assim estabelecemos a base para o surgimento e a compreensão do método jurídico, o qual será fruto da influência do terceiro elemento original do conceito jurídico: o elemento filosófico.

7.3 A CIÊNCIA DO DIREITO É FILOSÓFICA: O ELEMENTO FILOSÓFICO NO CONCEITO JURÍDICO

Zweyter Grundsatz. Sie ist eine philosophische Wissenschaft[76].

***

Segundo fundamento. Ela é uma Ciência filosófica.

---

75 STRECK, Lenio Luiz. Bases para a compreensão da hermenêutica jurídica em tempos de superação do esquema sujeito-objeto. **Seqüência:** estudos jurídicos e políticos, Florianópolis, v. 28, n. 54, p. 32, jan. 2007. Disponível em: https://periodicos.ufsc.br/index.php/sequencia/article/view/15066/13733. Acesso em: 6 jun. 2019.

76 SAVIGNY, Friedrich Carl v. Methodologie. In: MAZZACANE, Aldo (hg.). **Friedrich Carl von Savigny:** Vorlesungen über juristische Methodologie (1802-1842). Frankfurt am Main: Vittorio Klostermann, 2004, p. 92.

Se com os elementos históricos e filológicos compreendemos a base do raciocínio jurídico, o qual resulta em um conceito jurídico, é com o elemento filosófico que surge sua estrutura e, finalmente, sua metodologia propriamente dita. É pelo elemento filosófico que se compreende a argumentação jurídica, ou melhor, a forma como um raciocínio jurídico se manifesta.

É com o elemento filosófico que ocorre a inserção da lógica dentro do conceito jurídico, em sua modalidade de lógica formal, o argumento jurídico estabelece como núcleo de sua estrutura não mais o elemento do juízo, mas o elemento termo.

Ilustrando:

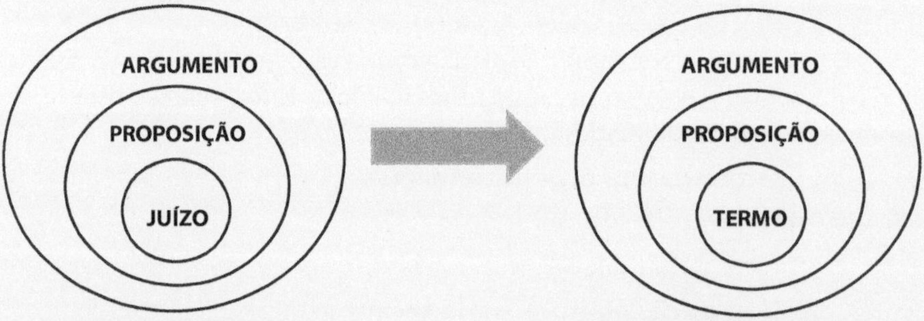

Estrutura da manifestação de raciocínio comum — *Estrutura da manifestação de um raciocínio lógico*

O termo é considerado como o elemento básico para a existência de proposições verificáveis e, portanto, estabelece-se como degrau inicial da estrutura argumentativa a existência de parâmetros objetivos para sua validação – a validação do raciocínio não é mais a mera manifestação da inteligência individual, mas a associação dessa manifestação conforme parâmetros estabelecidos pela comunidade.

O interessante é que o termo em si não é passível de valoração objetiva, ou de verificação e validação por terceiro, ele é um ente abstrato e individual que está somente sujeito a um parâmetro lógico: o postulado da identidade.

Pelo postulado da identidade um termo gera proposições verificáveis, válidas e objetivas, ele obrigatoriamente tem de identificar algo. Ele tem de ser aquilo e não pode ser outra coisa, não pode haver confusão quanto a sua existência e a sua individualidade. Somente o termo que expressa a identidade de algo pode servir de base para criação de um conhecimento construído, um conhecimento científico.

A partir de afirmações ou negações oriundas do termo surgem as proposições, as quais são "um conjunto de palavras que possuem um significado em sua unidade"[77]. Essas proposições que permitem a manifestação de conteúdo capaz de estabelecer parâmetro de validação/verificação dos componentes do raciocínio. Elas são regidas pelos postulados *tertium non datur* e o da não contradição.

O postulado *tertium non datur* (o terceiro excluído) impõe a cada proposição só poder ser ou verdadeira, ou falsa, nunca ser verdadeira e falsa ao mesmo tempo. É o postulado que consolida, junto ao postulado da identidade, o que denomino de "caráter binário" de todo pensamento jurídico científico: *ou é* ou *não é*, sem espaço para o *pode ser*.

Com isso já podemos constatar que qualquer argumento jurídico derivado do *pode ser*, não é um argumento jurídico científico, é uma mera opinião, um "achismo".

> Tudo isso para dizer que um pensamento jurídico só é científico quando aquilo que afirma é ou não é; que suas premissas são verdadeiras e que o argumento não contém contradições.

Por fim, o postulado da não contradição estabelece o parâmetro de que o argumento não pode ser criado por proposições contraditórias entre si.

Compreendida a estrutura do conceito jurídico, podemos iniciar nossa análise sobre como ocorre a combinação de proposições, ou, expressando melhor, como proposições atuam quando assumem a função de premissas.

A combinação de premissas para a geração de um raciocínio é, justamente, o momento em que surge a temida figura do método e aparecem duas palavrinhas que costumam complicar os iniciantes do Direito: a dedução e a indução.

Tanto a dedução quanto a indução são formas de raciocínio, isto é, são modos pelos quais o raciocínio construiu aquele conhecimento – também chamados de tipos de argumentação. Diante disso, tecnicamente, não existe um (ou "o") método dedutivo e um (ou "o") método indutivo, o que existem são método**S** dedutivos e método**S** indutivos.

---

77 BOBBIO, Norberto. **Teoria da norma jurídica.** Trad. Fernando P. Baptista e Ariani Bueno Sudatti. 2. ed. Bauru: Edipro, 2003, p. 72-73.

É comum aprendermos que tanto o raciocínio dedutivo quanto o indutivo são tipos de argumentação, sendo o raciocínio dedutivo caracterizado como argumento que parte de premissas gerais para estabelecer uma conclusão particular, enquanto o raciocínio indutivo caracterizado como argumento que parte de premissas particulares para uma conclusão geral – gerando a paradoxal questão de a indução ser uma dedução invertida e vice-versa? Esse paradoxo é que complica o entendimento da metodologia como um todo.

A melhor forma de se caracterizar uma argumentação dedutiva é concebê-la como um raciocínio que procura através de premissas gerais validar uma conclusão particular. O melhor exemplo para compreender a dedução são aquelas advindas do uso das operações matemáticas básicas (soma, subtração, divisão e multiplicação), todas elas são raciocínios dedutivos.

Quando realizo a operação:

$$2 + 3 = 5$$

os números 2 e 3 são duas generalidades, as quais são inseridas pela operação binária de adição (+), que produz como resultado o número 5. O resultado é validado pela combinação das premissas adotadas. Logo, trata-se de um raciocínio dedutivo.

Formulando o argumento dedutivo teríamos algo próximo a:

HIPÓTESE → DADOS → PREMISSAS → INTERPRETAÇÃO → CONCLUSÃO

Já a argumentação indutiva é baseada na observação, ou melhor, na constatação de que se pode concluir algo a partir da verificação da hipótese delimitada, a qual se comprova pela observação de fenômenos individuais.

Novamente, podemos recorrer à matemática para tentar visualizar esse modo de argumentar, quando na teoria dos conjuntos trabalhamos com a busca do mínimo múltiplo comum (MMC).

Múltiplos de 2 = {2, 4, 6, 8, 10, 12, 14, 16...}

Múltiplos de 4 = {4, 8, 12, 16, 20...}

Múltiplos de 8 = {8, 16, 24, 32...}

M(2)∩M(4)∩M(8) = {8, 16...}

Logo, o MMC (2, 4, 8) = {8}

Simplificando, encontramos a conclusão (o MMC) a partir da observação do conjunto de múltiplos formados pelos algarismos 2, 4 e 8, verificando em qual momento ocorre intersecção desses conjuntos. Os múltiplos de 2, 4 e 8 sendo individualidades, enquanto o MMC é a generalidade resultante.

Tentando visualizar, o argumento indutivo se aproxima:

Logo, dedução e indução são aplicáveis a todos as modalidades de conhecimento científico, havendo áreas com maior afinidade com a dedução (ex.: Direito) e áreas com maior afinidade com a indução (ex.: Física).

Sempre importante lembrar que essa explicação é uma simplificação didática! A matemática não segue a lógica formal que gera o método próprio do Direito, ela tem uma lógica própria, mas com a origem comum: ou o método é oriundo da dedução ou o método é oriundo da indução. O que diferencia os métodos dedutivos ou indutivos entre si são os postulados que se aplicam aos termos, a proposição e as etapas para a construção do conhecimento.

7.4 MÉTODO E DIREITO

O último assunto a abordarmos neste rascunho sobre metodologia jurídica com a finalidade de preleção para o método colisional, é a diferenciação que o Direito introduziu ao elemento filosófico para conseguir desenvolver seu próprio método e assentar-se como uma Ciência autônoma – diferenciação sem a qual o Direito continuaria submisso a outras Ciências Sociais Aplicadas, em especial, à Ciência Política e suas metodologias para compreender poder e autoridade (conceitos familiares ao Direito).

Lembrando que o Direito é sempre a manifestação de uma autoridade e constituído no âmbito social. Sempre será imperativo demonstrando a hierarquia entre autoridade e indivíduo em uma comunidade organizada.

Para manter a análise a mais simples possível e didática, vamos adotar como ponto de partida para a compreensão da metodologia jurídica o próprio objeto do Direito, mais especificamente o plano das normas jurídicas, o plano deontológico, dos deveres ou do DEVER-SER.

O plano deontológico é uma construção abstrata, o qual tem como função servir de "espelho" da realidade, do mundo dos fatos (do SER, do ontológico) e atribuir consequências jurídicas para essas situações espelhadas, ou melhor, regulamentar essas situações.

Se é uma construção, obrigatoriamente existe a necessidade de se ter os argumentos, as proposições que o constituem: as normas jurídicas.

As normas jurídicas (*Rechtssatz*) são uma forma de linguagem (*sprachliche Form*) as quais se interligam entre si, com a funcionalidade de descrever uma situação fática (*Tatsbestand*) e atribuir a esta uma consequência jurídica (*Rechtsfolge*)[78]. A norma jurídica **descreve** uma situação (conduta) e **prescreve** uma consequência (sanção jurídica).

A norma jurídica, portanto, é uma linguagem que possui dois propósitos: (1) atribuir relevância jurídica às situações fáticas (criar o plano deontológico) e (2) estabelecer consequências para essas situações.

É a partir dessa tarefa dúplice da norma jurídica que é possível detectarmos a particularidade do argumento jurídico diante do argumento formal: os modais deônticos.

Para a **prescrição** acontecer, é necessário que a **conduta** esteja modalizada, isto é, a conduta será ou é proibida, ou é obrigatória, ou é permitida. Logo, o argumento jurídico se encontra sujeito a um quarto postulado lógico, os modais (proibir, obrigar e permitir), surgindo a lógica jurídica.

Pela lógica jurídica ou, mais precisamente, a lógica formal deôntica, a estrutura de uma norma jurídica deve obedecer não só os postulados da identidade, *tertium non datur* e da não contradição. Além disso, suas proposições devem se amoldar a um dos modais jurídicos válidos (proibir, obrigar, permitir).

O interessante é que ao desenvolver esse aspecto filosófico próprio, a construção do plano deontológico estabelece também a percepção jurídica dos fatos: o mundo do SER, para o Direito, tem de ser analisado através do DEVER-SER, o qual tem a presunção de anteceder.

Para tentar compreender essa percepção, imaginemos a seguinte situação:

Ratel entrou na loja do ourives Carcaju, e, segurando uma arma de brinquedo, mandou Carcaju não se mexer. Em seguida, começou, por conta própria, a recolher as joias que estavam no balcão da loja, colocá-las em sua mochila e a preparar-se para fugir. Enquanto isso, Carcaju percebe que a arma é de brinquedo e toma a mochila de Ratel onde estão as joias. Ratel, assustado com a reação do Carcaju, foge deixando a mochila para trás.

---

78 LARENZ, Karl. **Methodenlehre der Rechtswissenschaft.** 6. aufl. Berlin, Heidelberg, New York: Springer Verlag, p. 250-251.

Esse acontecimento fático, quando submetido à percepção jurídica será desdobrado em dois momentos: o da **conduta** (descrição) e o da **consequência** (prescrição) – ambos partindo do plano deontológico como referência. Tentando visualizar:

(1) Ratel entrou na loja do ourives Carcaju, e, segurando uma arma de brinquedo, mandou Carcaju não se mexer. Em seguida, começou, por conta própria, a recolher as joias que estavam no balcão da loja, colocá-las em sua mochila e a preparar-se para fugir.

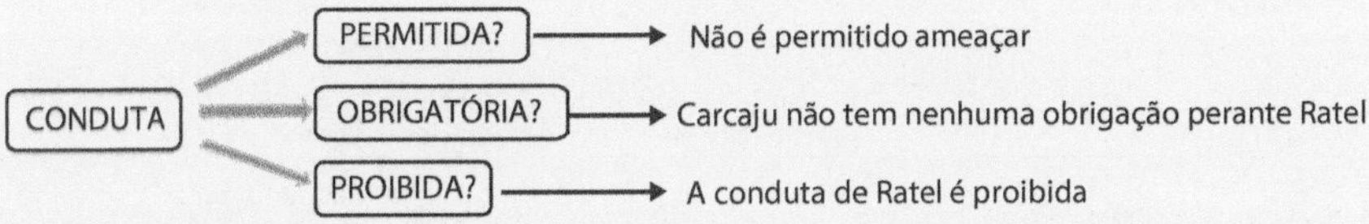

A resposta da conduta de Ratel – ser proibida – é determinada pela existência de uma norma jurídica a qual **descreve a conduta** sob o modal da **proibição**. No caso, a conduta de Ratel tem como núcleo a **subtração de bens** mediante **ameaça de violência**, inserindo-se na descrição do art. 157 do Código Penal Brasileiro ("Subtrair coisa móvel alheia, para si ou para outrem, mediante grave ameaça ou violência à pessoa, ou depois de havê-la, por qualquer meio, reduzido à impossibilidade de resistência").

A situação fática tem de estar inserida na estrutura da norma jurídica para ser regulamentada – a norma determina a tipicidade ou não da conduta no caso. Estabelecendo-se que a conduta fática é descrita em uma norma jurídica sob modal de proibição, podemos passar para a questão da **prescrição** (consequência jurídica):

(2) Enquanto isso, Carcaju percebe que arma é de brinquedo e toma a mochila de Ratel onde estão as joias. Ratel, assustado com a reação do Carcaju, foge deixando a mochila para trás.

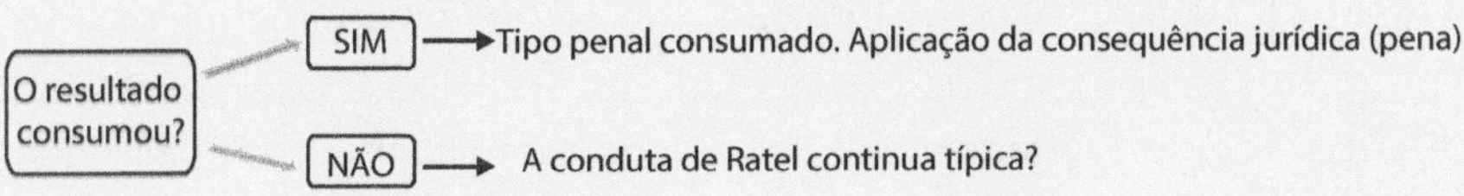

Como o núcleo da conduta é a subtração, significa que a conduta somente ocorre quando a ação descrever integralmente o verbo estabelecido na norma jurídica. Considerando que Ratel fugiu sem as joias, não houve a subtração das joias da posse de Carcaju.

Novamente, destacamos que o parâmetro para a decisão da consumação ou não da conduta para aplicação da consequência é orientada da estrutura da norma jurídica para a situação fática. Novamente, observamos que a análise parte dos elementos da norma jurídica para a situação fática.

A conduta de Ratel, ao não se enquadrar perfeitamente no art. 157 do CP, permanece proibida, porém abre margem quanto à consequência jurídica. Essa dúvida consiste em dois pontos: a conduta efetiva de Ratel enquadrar-se na descrição de tentativa e, o fato de utilizar uma arma de brinquedo não tornar o crime impossível.

Logo:

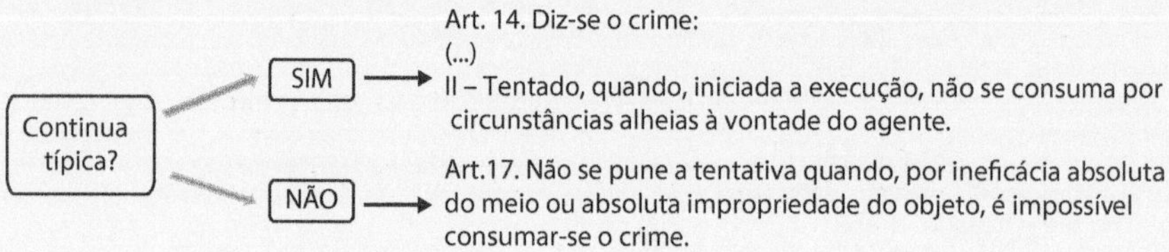

(3) Ratel, assustado com a reação do Carcaju, foge deixando a mochila para trás.

Diante dessa decomposição da situação fática (análise), concluímos que a conduta de Ratel constitui tentativa de roubo por estar inserida na conduta do art. 157, combinado com o art. 14, II, do Código Penal brasileiro.

Destacamos assim, que o método jurídico é caracterizado por duas etapas (analisar + interpretar) e que sempre a norma jurídica surge como sendo o parâmetro para ambas = a norma jurídica é assim uma premissa geral.

Destarte, temos que o método jurídico original se caracteriza por ser de índole dedutiva e trabalhar com a ideia de premissa maior e premissa menor. Surge aqui o tipo de método dedutivo que o Direito trabalha: a subsunção jurídica.

A subsunção pode ser definida como a afirmação de que determinado conceito preenche outro conceito, de modo a definir os aspectos de uma situação fática (*Sachverhalt*). Transformando o fato em uma particularidade e a norma jurídica em uma generalidade, ambos se tornam conceitos, ambos se tornam premissas[79].

Quanto a estrutura das premissas e sua ordenação, a subsunção adota as mesmas regras do silogismo para estruturar o raciocínio, as quais podem ser resumidas[80]:

---

[79] PUPPE, Ingeborg. **Kleine Schule des juristischen Denkens.** 2. aufl. Göttingen: Vandenhoeck &Ruprecht, 2018, p. 61-62.

[80] Para uma análise mais detalhada, recomendamos a obra de Alaôr Caffé Alves. Lógica: pensamento formal e argumentação: elementos para um discurso da Editora Quartier Latin.

(i) existência de três termos: maior, menor e médio;
(ii) os termos da conclusão não podem ter extensão maior que os termos das premissas;
(iii) o termo médio não entra na conclusão;
(iv) o termo médio tem de ser universal ao menos uma vez;
(v) de duas premissas negativas nada se conclui;
(vi) de duas premissas afirmativas não pode haver uma conclusão negativa; e
(vii) de duas premissas particulares nada se conclui.

Destarte, compreender a estruturação das premissas para possibilitar uma conclusão é o ponto-chave para diferenciar a subsunção jurídica do silogismo filosófico. Neste ponto, temos de primeiro estabelecer o que são os termos maior, médio e menor – divisão baseada em regras de linguística, não de direito; logo a melhor forma de compreender essa divisão é utilizar a análise sintática existente na Gramática.

O termo é denominado de maior (ou geral) quando contém o predicado da conclusão, sua presença em uma proposição determina que a premissa será a maior, ou de maior alcance (ou geral), pois se aplica a inúmeros sujeitos (ou particularidades). Para a subsunção, a premissa maior sempre será um conceito jurídico, uma norma jurídica.

O termo é denominado de menor (ou particular) quando contém o sujeito da conclusão, sua presença em uma proposição determina que a premissa será a menor, ou individual (ou particular), pois o sujeito sempre é delimitado, sempre é individualizado. Para a subsunção, a premissa menor sempre será a situação fática, o fato.

Por fim, o termo médio é o conector entre as premissas maior e menor, determinando a possibilidade de conexão entre elas. É o único termo que não gera uma premissa dentro da subsunção jurídica e não participa na construção sintática da conclusão. Para a subsunção, é o elemento que insere a **conduta** na **descrição** normativa.

Exemplificando:

> Art. 121 – **Matar** alguém: **reclusão de 6 a 20 anos.**
> *Ratel* **matou** Carcaju
> *Ratel* pena de **reclusão de 6 a 20 anos**.

Logo:

> Premissa maior: art. 121 do Código Penal brasileiro.
> Termo médio: o verbo "matar" que liga a norma jurídica ao fato.
> Premissa menor: o fato de Ratel ter matado Carcaju.

É importante ressaltar que o exemplo se limita a possibilitar visualizar a forma como as premissas se ordenam e como o raciocínio se desenvolve para gerar a conclusão. Isto é, o pensamento não está completo, a subsunção jurídica não está terminada e a interpretação está incompleta, quiçá errada.

Como mencionado anteriormente, estamos somente visualizando o raciocínio da interpretação jurídica, pois estamos verificando se a **conduta** se insere na **descrição normativa**, faltando ainda a questão da **consequência jurídica**. Surge a subsunção horizontal e a subsunção vertical como componentes da cadeia de subsunções que forma a interpretação jurídica.

A subsunção horizontal trabalha com as questões envolvendo a conduta e suas particularidades relevantes (ex.: Ratel agiu em legítima defesa?), interligando essas particularidades com conceitos jurídicos. A subsunção é vertical já se desenvolve sobre a **consequência jurídica**, trabalhando com conceitos jurídicos gerais e conceitos jurídicos especiais, de forma a enquadrar perfeitamente a conduta para estabelecer as consequências jurídicas (ex.: causas de aumento ou diminuição da pena de Ratel).

Logo, a interpretação jurídica se compõe por essa cadeia de subsunções, cada uma sendo um elo e interligando-se uma através da outra.

Em suma, diante dessa breve explanação, podemos caracterizar a metodologia jurídica como sendo constituída por uma etapa de análise e uma etapa de síntese, características de argumentações dedutivas.

Atenção: a explicação oferecida é uma simplificação bem grosseira para fins didáticos. Se o leitor deseja aprimorar sua formação para além dessa simplificação, o aconselho a começar pela leitura da obra de Karl Larenz, *A metodologia na ciência do Direito*.

E não, a presente explicação não se aplica a todos os ramos do Direito (ex.: Sociologia do Direito), e muito menos a interpretações e estudos que pretendam ser interdisciplinares.

Capítulo 8

O MÉTODO COLISIONAL

8.1 ANALISAR & INTERPRETAR? O MÉTODO COLISIONAL

Consideramos a principal particularidade do Direito Internacional Privado, como ramo jurídico autônomo, a sua metodologia para analisar e interpretar o fato extranacional, ou melhor, analisar e determinar o direito aplicável à relação jurídica extranacional.

Diferente dos demais ramos dogmáticos, com exceção do Direito Internacional Público, nos quais a norma jurídica é como a luz do farol que guia os juristas para solucionar as condutas do mundo dos fatos, no Direito Internacional Privado não existe esse "farol", ou melhor, há a necessidade de se estabelecer qual luz de qual farol seguir para solucionar as condutas do mundo dos fatos.

A ruptura da unidade deontológica ocasionada pelo fato extranacional impõe ao jurista a necessidade de não só enquadrar a conduta à descrição da norma jurídica, mas em determinar qual norma jurídica é a que tem incidência para descrever a conduta.

Aqui surge a principal complexidade do método colisional: não é da norma jurídica que se parte para compreender o fato (a subsunção jurídica típica), mas de procurar determinar na diversidade legislativa qual norma jurídica utilizar para compreender o fato.

O método colisional não aplica a norma jurídica (geral) para o fato (particular), ele trabalha com os elementos da relação jurídica (compreensão) para determinar a norma jurídica incidente (determinação). **Conduta** e **consequência jurídica** não possuem um papel de destaque para o método colisional, quiçá irrelevantes, pois o que lhe interessa são os elementos da conduta para possibilitar determinar qual a esfera deontológica aplicável para tanto descrever a conduta como para estabelecer a consequência jurídica.

Busca em responder à questão: **Qual o Direito aplicável? Qual o Direito mais adequado para reger aquela relação jurídica?**

Na busca de responder esse questionamento, o método colisional se desdobra em duas grandes etapas, dogmaticamente conhecidas como:

(1) a teoria da qualificação internacional; e

(2) a teoria dos elementos de conexão.

Porém, antes de esmiuçar cada uma dessas etapas, é necessário que realizemos uma pequena adaptação no vocabulário jurídico tradicional para facilitar a compreensão, principalmente evitando confusões, do que significa relação jurídica.

Tradicionalmente (no Direito civil), a relação jurídica é concebida como uma criação oriunda de um fato jurídico, ou seja, o fato jurídico é a pressuposição material da existência de uma relação jurídica[81]. É uma categoria da teoria geral do Direito decorrente do fenômeno social da interação entre sujeitos (a relação jurídica obrigacional)[82].

A nossa adaptação está no ponto de a relação jurídica ser oriunda de um fato jurídico. Para a nossa explanação a seguir, a expressão relação jurídica vai designar um acontecimento fático-ontológico que possui relevância jurídica para mais de uma ordem jurídica nacional, sendo a manifestação jurídica do fato extranacional.

O motivo dessa adaptação e conceituação reside em tornar mais fácil a compreensão das etapas do método colisional e, mais importante, evitar que o leitor associe esses conceitos dentro da dinâmica do Direito Civil, no qual o fato jurídico e a própria ideia de relação jurídica são polissêmicos.

8.2 A TEORIA DA QUALIFICAÇÃO INTERNACIONAL

8.2.1 Topologia dos conceitos x o plano da existência

A etapa de "análise" do método colisional é a que denominamos teoria da qualificação internacional, também denominada de "Qualificações" pela

---

81 PEREIRA, Caio Mário da S. **Instituições de direito civil.** v. 1. Introdução ao Direito Civil. Teoria geral do Direito. Atualizado por Maria Celina Bodin de Moraes. 28. ed. Rio de Janeiro: Forense, 2015, p. 383.

82 EHRHARDT JR., Marcos. Relação obrigacional como processo na construção do paradigma dos devers gerais de conduta e suas consequências. **Revista da Faculdade de Direito UFPR,** Curitiba, v. 56, dez. 2012, p. 142. Disponível em: http://dx.doi.org/10.5380/rfdufpr.v56i0.33494. Acesso em: 14 jun. de 2019.

doutrina brasileira. É a etapa na qual o jurista se preocupa em compreender o cerne da relação jurídica extranacional, compreender quais seus elementos e, por consequência, quais os conceitos e institutos jurídicos aplicáveis à mesma.

Em regra, a doutrina brasileira compreende a teoria da qualificação internacional como um processo de conceituação e classificação, ou seja, "para enquadrar o fato na norma, há de se ter claramente delineado aquele e bem entendida esta"[83]. É a tendência de a doutrina tratar esse assunto como uma espécie de topologia de conceitos[84].

Em nossa opinião, apesar de não ser um erro essa forma de tratamento da qualificação internacional, ela dificulta exponencialmente a compreensão do que se trata essa etapa do método colisional. A relação jurídica extranacional é um entrelaçamento de conceitos de diferentes ordens jurídicas soberanas, logo, ao adotar a explicação topológica, pressupõe-se que o jurista possua noção básica de direito comparado.

Entendemos que a melhor forma de explicar a teoria da qualificação internacional é associá-la ao plano da existência ou, mais precisamente, à diferença entre a existência ontológica e a existência jurídica de uma relação jurídica.

Dentro desse entendimento, o ponto de partida para qualificar uma relação jurídica reside na clareza entre a sua manifestação ontológica e sua expressão jurídica. Isto significa que uma relação jurídica não é necessariamente igual ontológica e deontologicamente. O fato (ser) não é obrigatoriamente sinônimo do fato jurídico (dever ser), pois existem situações em que a o fato (ser) assume uma aparência diferente de sua descrição deontológica.

Exemplifiquemos:

Ratel (brasileiro) contratou Carcaju (boliviano) para matar o Ornitorrinco.

Nessa situação hipotética temos a descrição (existência jurídica) de uma prova documental de um ajuste entre Ratel e Carcaju para um crime. Não existe um contrato, mesmo havendo um acordo de vontades e um instrumento de sua manifestação entre duas partes. Logo, é a prova de um crime, não um contrato nulo por ilicitude do objeto.

---

83 DOLINGER, Jacob; TIBURCIO, Carmen. **Direito internacional privado.** 14. ed. Rio de Janeiro: Forense, 2018, p. 383.

84 PONTES DE MIRANDA, Francisco Cavalcanti. **Tratado de direito internacional privado.** Rio de Janeiro: Livraria José Olympio, 1935, t. 1, p. 342.

Vejamos, é um acordo de vontade que tem um objeto, duas partes que presumimos capazes e um objeto, mas não se enquadra como um contrato, mas sim a prova de uma conduta típica penal. Não é o objeto ilícito que determina ilicitude da conduta, mas a própria intenção (vontade) das partes é que caracteriza o tipo penal (*animus*).

Um exemplo de contrato com objeto ilícito é o contrato de cessão de direitos que tem por objeto um bem singular inserido em quinhão hereditário – art. 1.793 §2° CC.

Verificamos, assim, que a relação jurídica nem sempre tem a existência jurídica que sua aparência sugere.

É nessa distinção que opera a teoria da qualificação internacional, pois é comum verificar que a mesma relação jurídica extranacional poder ter mais de uma existência jurídica, variando conforme a esfera jurídica soberana que se analisa, pois bem ensina Martin Wolff: "*jede Rechtsordnung gibt den von ihr geregelten menschlichen Beziehungen einen bestimmten rechtlichen Charackter*"[85] ("cada ordem jurídica confere por ela regidas relações humanas determinadas características jurídicas").

8.2.2 Os elementos da relação jurídica e a compreensão de sua existência

A nossa explicação tem como referencial teórico a conhecida teoria da sede da relação jurídica, ou teoria do pêndulo ou teoria da sede do fato, a qual nos fornece a possibilidade de compreender a relação jurídica como um objeto próprio de investigação, possibilitando através de sua estrutura e de seus elementos determinar o domínio da norma jurídica a qual se submete[86].

Como uma relação jurídica extranacional tem sua manifestação jurídica em diversos ordenamento jurídicos distintos, o ponto de partida para determinar qual dessas manifestações se traduz em sua existência jurídica propriamente dita é a de compreender sua estrutura, mais precisamente compreender os elementos que a compõem e sua localização espaço-temporal para determinar sua inserção normativa.

---

[85] WOLFF, Marin. **Das Internationale Privatrecht Deutschlands.** 3. aufl. Berlin-Göttigen-Heidelberg: Springer Verlag, 1954, p. 49.

[86] SAVIGNY, Friedrich C. von. **System des heutigen Römischen Rechts.** Band 8. Berlin: Bei Veit und Kompt, 1849, p. 275.

Conhecendo esses elementos, sua estrutura, é que podemos então delimitar com quais conceitos jurídicos trabalhamos e que se demonstram necessários para determinar qual a ordem jurídica nacional a qual aquela relação jurídica se subordina no que tange às consequências jurídicas.

Toda relação jurídica é composta por três elementos: o pessoal, o objetivo e o jurídico propriamente dito.

O elemento pessoal é conhecido como **as partes**, as quais podem ser pessoas físicas (naturais) ou pessoas jurídicas (coletivas), configurando o elemento humano que toda relação jurídica tem de possuir. Não há relação jurídica sem, ao menos, a presença de um elemento humano.

O elemento objetivo é conhecido como **o objeto** da relação jurídica, aquele bem jurídico que está determinando a relação entre as partes, ou "tudo que tenha existência fora do ser humano ainda que independente de materialização"[87]. É o bem jurídico sobre o qual as partes manifestam um interesse.

E o elemento jurídico propriamente dito é conhecido como **o nexo de causalidade** (ou relação jurídica[88]), sendo a "cola que liga" o interesse das partes ao objeto, estabelecendo a conexão entre o elemento subjetivo para com o elemento objetivo e gerando a incidência normativa (a conduta e a consequência jurídica).

Exemplificando:

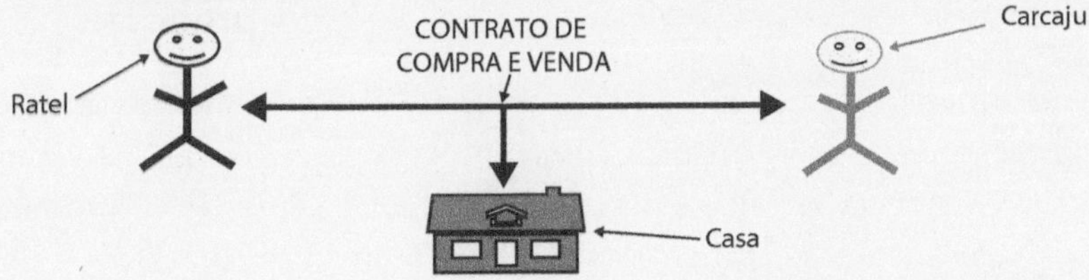

Ratel tem interesse em comprar uma casa de propriedade de Carcaju. Para isso ambos convencionaram um acordo de vontades no qual Ratel manifesta a compra da casa, enquanto que Carcaju manifesta o recebimento do valor devido pela casa.

---

87 PEREIRA, Caio Mário da S. **Instituições de Direito Civil.** v. 1. Introdução ao direito civil. Teoria geral do direito. Atualizado por Maria Celina Bodin de Moraes. 28. ed. Rio de Janeiro: Forense, 2015, p. 32.

88 PEREIRA, Caio Mário da S. **Instituições de Direito Civil.** v. 1. Introdução ao direito civil. Teoria geral do direito. Atualizado por Maria Celina Bodin de Moraes. 28. ed. Rio de Janeiro: Forense, 2015, p. 32.

Logo:

As partes: Ratel e Carcaju.
O objeto: a casa de Carcaju.
O nexo de causalidade: o acordo de compra e venda.
Conclusão: um contrato de compra e venda de imóveis.

Ocorre que para o Direito Internacional Privado, a relação jurídica extranacional apresenta duas dimensões que devem ser inseridas em sua estrutura: o espaço e o tempo.

A dimensão espacial, ou "sede no espaço", se traduz na localização geográfica onde não só a relação jurídica existe, mas também seus elementos, aplicando-se assim tanto às partes, como ao objeto e ao nexo de causalidade. É a constatação de que antes da existência jurídica, a relação jurídica tem de se manifestar na realidade, se localizar espacialmente.

É essa dimensão espacial e a localização geográfica que ela representa que determinam o caráter extranacional de uma relação jurídica, pois como a Jurisdição dos Estados é determinada pelo vetor territorial (a territorialidade da jurisdição), todas as relações extranacionais têm de se localizar em mais de um território. Abrindo, assim, a possiblidade de questionar: "*Wo ist der Sitz einer Obligation?*"[89] ("Onde é a sede de uma obrigação?").

A dimensão temporal, ou sede temporal, determina o momento da manifestação da relação jurídica como um todo, o momento em que ela inicia sua existência jurídica e determina o recorte no tempo do momento do ato, do momento da formação da existência jurídica da relação – objeto do Direito Intertemporal.

Aplicando essas duas dimensões ao nosso exemplo:

Ratel, domiciliado no Brasil, tem interesse em comprar uma casa localizada na Espanha, de propriedade de Carcaju, domiciliado na Espanha, para isso ambos convencionaram um acordo de vontades, no qual Ratel manifesta a compra da casa, enquanto Carcaju manifesta o recebimento do valor devido pela casa, acordo esse celebrado no Brasil, em 13 de junho de 2019.

[89] SAVIGNY, Friedrich C. von. **System des heutigen Römischen Rechts.** Band 8. Berlin: Bei Veit und Kompt, 1849, p. 205.

Logo:

As partes:
Ratel – no Brasil.
Carcaju – na Espanha.
O objeto: a casa – na Espanha.
O nexo de causalidade: o acordo de compra e venda – celebrado no Brasil.
O momento da celebração: 13/06/2019.

Mas, podemos dizer que é um contrato de compra e venda?

Com base nas informações do exemplo, a resposta é sim, temos um contrato de compra e venda, por causa do art. 481 do Código Civil brasileiro ("Pelo contrato de compra e venda, um dos contratantes se obriga a transferir o domínio de certa coisa, e o outro, a pagar-lhe certo preço em dinheiro"), pois o local onde foi formada a relação jurídica foi o Brasil – logo, qualificamos pelo Direito brasileiro a relação jurídica.

De forma simples, verificamos que, compreendendo a estrutura e os elementos da relação jurídica, acrescidas, especialmente, da dimensão espacial e, em menor escala, da dimensão temporal, podemos proceder com a sua conceituação e classificação – podemos qualificá-la.

É a etapa do método colisional que recorre a normas impróprias, as normas qualificadoras. Como há de notar o leitor mais atento, em nenhum momento estamos trabalhando com uma norma própria do Direito Internacional Privado, mas sim com o direito material dos países envolvidos no elemento da relação jurídica analisada. Isso ocorre porque não é a norma própria do Direito Internacional Privado que determina a natureza e a categoria jurídica dos elementos e da estrutura da relação.

8.2.3 Teorias da qualificação: *lex fori*, *lex causæ* e "por referência"

Apesar de ser relativamente fácil compreender a estrutura de uma relação jurídica, o modo de conceituá-la e classificá-la acabou por gerar três grandes modalidades de qualificação: a *lex fori*, a *lex causæ* e a qualificação por referência a conceitos autônomos e universais[90].

Aqui a doutrina costuma abordar o método unilateral: O fato extranacional é considerado uma manifestação de conflito entre soberanias de Estados, e os institutos e conceitos de Direito Internacional Privado são interpretados como vetores de determinação do domínio das normas de um direito nacional *(lex fori)*.

Lembram-se das normas unilaterais? Pois bem, é como se o sistema colisional fosse orientado por elas e somente por elas.

A qualificação pela *lex fori* é a mais antiga e, de certo modo, ainda majoritária na doutrina do Direito Internacional Privado contemporâneo. Sua formulação tem como principal referência a famosa lição de Étienne Bartin sobre o caso do casamento maltês de 1889.

Em 24 de dezembro daquele ano, a antiga *Cour d'Alger* viu-se diante da seguinte situação: um casamento entre dois malteses, celebrado em Malta, porém, não havendo um contrato de casamento. Depois do casamento, o casal se estabeleceu na Argélia (até então território francês) onde o marido adquiriu vários bens imóveis. Com sua morte, surgiu a questão da possibilidade de a viúva possuir ou não direito sobre esses imóveis e quais seriam estes[91].

Ao analisar o caso, Bartin ofereceu duas opções como possíveis, porém com consequências contraditórias: a primeira, considerar como questão de direito das coisas e aplicar a *lex rei sitae* (no caso, local do bem, o Direito francês); e a outra, considerar como uma questão de direito de família e aplicar o domicílio conjugal (no caso, o regime de bens)[92].

---

90 DOLINGER, Jacob; TIBURCIO, Carmen. **Direito internacional privado.** 14. ed. Rio de Janeiro: Forense, 2018, p. 394.

91 BARTIN, Étienne. La doctrine des qualifications et ses rapports avec le caractère national des règles du conflit des lois. **Recueil de Cours.** Academie de Droit International. Paris: Libraire du Recueil Sirey, t. 31, 1930, p. 571.

92 BARTIN, Étienne. La doctrine des qualifications et ses rapports avec le caractère national des règles du conflit des lois. **Recueil de Cours.** Académie de Droit International. Paris: Libraire du Recueil Sirey, t. 31, 1930, p. 572-573.

Apontando nesse paradoxo, Bartin demonstrou o cerne do problema da qualificação: "*quand la détermination de la loi applicable à un rapport de droit donné dépend de la nature de ce rapport*"[93] ("quando a determinação da lei aplicável a uma determinada relação jurídica depende da natureza dessa relação").

A partir dessa lição, desenvolveu-se a doutrina de que a qualificação de uma relação jurídica extranacional sempre deveria seguir a *lex fori*, consolidando o entendimento de que tanto a qualificação como a escolha da norma de direito internacional privado estariam sujeitas ao mesmo direito, inadmissível sua divisão[94].

Podemos apontar como as principais premissas dessa doutrina da qualificação:

(i) a consideração do Direito Internacional Privado ser nacional;

(ii) a unilateralidade da ordem pública internacional;

(iii) a influência processual.

A primeira e a segunda premissas são decorrentes da mesma ideia: a soberania do Estado. Ou, nas palavras de Bartin:

> règles de conflit elles-mêmes prissent leur origine ailleurs que dans la souveraineté de cet Etat souverain pour les interpréter? L'application et l'interprétation, ici, ne font qu'un, puisque c'est par l'application que le juge saisi fait de ces règles qu'elles prennent leur vrai sens dans le pays que ce juge représente[95].
>
> ***
>
> as próprias regras de conflito tem sua origem em outro lugar que não a soberania deste Estado para sua interpretação? A aplicação e a interpretação têm de ser uma só, pois é através da aplicação que o juiz faz dessas normas que elas adquirem seu verdadeiro sentido no país onde ocorre o julgamento.

Se o Direito Internacional Privado é parte do Direito nacional, nada mais natural do que compreender as relações jurídicas extranacionais a

---

93 BARTIN, Étienne. La doctrine des qualifications et ses rapports avec le caractère national des règles du conflit des lois. **Recueil de Cours.** Académie de Droit International. Paris: Libraire du Recueil Sirey, t. 31, 1930, p. 574.

94 CASTRO, Amilcar de. **Direito internacional privado.** 5. ed. Rio de Janeiro: Forense, 2004, p. 221.

95 BARTIN, Étienne. La doctrine des qualifications et ses rapports avec le caractère national des règles du conflit des lois. **Recueil de Cours.** Academie de Droit International. Paris: Libraire du Recueil Sirey, t. 31, 1930, p. 610-611.

partir do Direito nacional do foro do juiz – em especial, quando se verifica que a ordem pública internacional de um país sempre será interpretada conforme seu próprio direito, impedindo interpretação por direito estrangeiro. Acrescente-se a questão: como o juiz poderá aplicar a *lex causæ* se ainda não sabe qual o direito aplicável à relação jurídica?[96].

Como se trata de uma teoria territorial e com a consolidação cada vez maior da territorialidade da jurisdição, acabou por se tornar dominante na primeira metade do século XX, chegando a ser manifesta no próprio Código de Bustamante[97] e no *Restatement (1st) of Conflict of Laws*[98]. É um traço comum em pensamentos unilateralistas do Direito Internacional Privado.

Ocorre que essa teoria não é isenta de críticas como, por exemplo, qual a autoridade que a *lex fori* possui para determinar os conceitos e classificações de uma relação jurídica que não pertence a sua jurisdição (existência de conflito de jurisdição)?

Bem como a associação do Direito Internacional Privado como Direito Nacional não ser uma situação consolidada, devido ao fato de cada vez mais fontes internacionais existirem nesse ramo.

A qualificação pela *lex causæ* tem sua origem na ascensão de uma concepção multilateralista do Direito Internacional Privado e, também, pela constatação de que determinados assuntos jurídicos (institutos) sempre se sujeitavam ao direito de sua causa (origem), sobrepondo-se às regras do direito do foro (*lex fori*), com principal destaque ao instituto da nacionalidade (ex.: aquisição e perda de nacionalidade).

Por essa teoria, a qualificação deve ocorrer sempre pelo direito da causa da relação jurídica extranacional, pois em se tratando de uma questão

---

96 DOLINGER, Jacob; TIBURCIO, Carmen. **Direito internacional privado.** 14. ed. Rio de Janeiro: Forense, 2018, p. 392.

97 Art. 6º "Em todos os casos não previstos por este Codigo, cada um dos Estados contractantes applicará a sua propria definição ás instituições ou relações juridicas que tiverem de corresponder aos grupos de leis mencionadas no art. 3º".

98 *"§ 7º Except as stated in § 8º [concerning matters involving title to land and the validity of divorce decrees], when there is a difference in the Conflict of Laws of two states whose laws are involved in a problem, the rule of Conflict of Laws of the forum is applied: (a) in all cases where as a preliminary to determining the choice of law it is necessary to determine the quality and character of legal ideas, these are determined by the forum according to its law; (b) where in making the choice of law to govern a certain situation the law of another state is to be applied, since the only Conflict of Laws used in the determination of the case is the Conflict of Laws of the forum, the foreign law to be applied is the law applicable to the matter in hand and not the Conflict of Laws of the foreign state."*

estrangeira, caberia ao direito estrangeiro fornecer os conceitos e classificações para sua qualificação.

Baseia-se na premissa de que a qualificação só se torna necessária, justamente, pela relação jurídica extranacional não se enquadrar no Direito nacional, de ser dotada de elementos que a distinguem das demais relações jurídicas, não se tratando de uma mera situação de anormalidade e apêndice do Direito nacional ("*Ziel und Sinn aller Qualifikationen muß im Auge behalten werden*"[99]) ("O objetivo e o propósito de todas as qualificações devem ser mantidos em mente").

Essa teoria também não é isenta de críticas, existindo duas que podemos considerar como recorrentes: a primeira é a já apontada questão de como recorrer ao direito estrangeiro para qualificar, se o próprio direito estrangeiro ainda não foi determinado como aplicável.

A segunda é a afirmação doutrinária de que esse modo de qualificação resultaria em instabilidade hermenêutica no Direito nacional, pois a "interdependência das normas de qualquer sistema impõe uniformidade das qualificações", sendo "inaceitável" um tribunal aplicar de forma distinta o mesmo instituto somente por força do Direito Internacional Privado[100].

Pessoalmente, ambas as críticas são facilmente superáveis, não havendo razão de existirem senão pelo apego excessivo à soberania nacional. Ao utilizar técnicas de aproximação, facilmente se verifica o direito mais adequado para a qualificação, e, se incompreensível um tribunal aplicar o instituto de forma diferente, também é incompreensível que o tribunal nacionalize a relação extranacional baseada, puramente, em regra de competência processual.

Por fim, a teoria da qualificação denominada de qualificação por referência a conceitos autônomos e universais[101], mais precisamente, a qualificação por método comparativo[102], é a mais recente sobre a temática e foi proposta pelo jurista Ernst Rabel a partir da década de 30 do século XX.

Não se trata de uma teoria propriamente dita, muito menos uma doutrina, mas sim da aplicação do método comparativo à temática da qualificação, na qual se propõe ao jurista que ao analisar a situação fática extranacional, deva

---

99 WOLFF, Marin. **Das Internationale Privatrecht Deutschlands.** 3. aufl. Berlin-Göttigen-Heidelberg: Springer Verlag, 1954, p. 54.

100 CASTRO, Amilcar de. **Direito internacional privado.** 5. ed. Rio de Janeiro: Forense, 2004, p. 219.

101 DOLINGER, Jacob; TIBURCIO, Carmen. **Direito internacional privado.** 14. ed. Rio de Janeiro: Forense, 2018, p. 394.

102 RABEL, Ernst. **The conflict of laws:** a comparative study. 2. ed. Ann Arbor: The University of Michigan Press, 1958, p. 54, v. 1.

proceder tanto sob a ótica da *lex fori*, como sob ótica da *lex causæ*, sem estabelecer qualquer tipo de preferência, e estabelecer um conceito e classificação uniforme entre ambos os direitos que pretendem realizar a qualificação[103].

A premissa principal dessa qualificação é a de que questões de Direito Internacional Privado são, inerentemente, questões que necessitam de interpretação flexível por parte do jurista, não devendo as mesmas serem tratadas como um apêndice de direito nacional (seja do foro, seja da causa).

Podemos tranquilamente afirmar que se trata de uma forma de qualificação que busca aproximar o método de Direito Internacional Privado com o fenômeno da uniformização jurídica, de tal forma ao Direito Internacional Privado estabelecer os conceitos "rascunhos" para possibilitar a criação de direitos uniformizados. Ou, como o próprio Ernst Rabel define: "*In principle, a private Law term used in a conflicts rule means what is common to the various institutions of the national laws serving the same legislative purpose*"[104] ("Em princípio, um termo de Direito privado usado em uma regra de conflito significa o que é comum às várias instituições das leis nacionais que servem o mesmo propósito legislativo").

A principal vantagem dessa forma de qualificação é a de tentar superar as deficiências encontradas tanto na *lex fori* (excesso territorialista) e na *lex causæ* (insegurança jurídica).

A principal crítica é a de que abre amplo espaço criativo para o jurista ao possibilitar moldar o conceito mais adequado não a partir de um ordenamento jurídico nacional, mas da construção de um conceito comum entre dois ou mais ordenamentos Jurídicos, sem a existência de um *hard law* internacional que o fundamente.

> A qualificação pela *lex causæ* e pela referência são parte do que a doutrina costuma chamar de método multilateral. Trata-se de uma forma de compreender a relação jurídica extranacional como como relação entre entes não soberanos que resulta em um campo de determinação neutro de normas jurídicas – sem preferência entre direito nacional e direito estrangeiro. É a essência moderna do Direito Internacional Privado, coexistindo normas unilaterais e normas bilaterais.

[103] RABEL, Ernst. **The conflict of laws:** a comparative study. 2. ed. Ann Arbor: The University of Michigan Press, 1958, p. 55, v. 1.

[104] RABEL, Ernst. **The conflict of laws:** a comparative study. 2. ed. Ann Arbor: The University of Michigan Press, 1958, p. 66, v. 1.

8.2.4 O REsp. 1.628.974-SP e a qualificação no Brasil

Se a teoria da qualificação é um assunto complexo, quando localizamos a questão para o Direito Internacional Privado brasileiro flertamos com o estudo do caos, o qual se manifesta pela discrepância existente entre a previsão legislativa, a prática jurisprudencial e a posição doutrinária sobre a temática.

Para explicarmos essa situação, podemos nos utilizar de uma recente decisão do Superior Tribunal de Justiça envolvendo a cobrança de uma dívida de jogo contraída no Estado de Nevada (EUA), mas ajuizada no Brasil na forma de ação monitória: é o REsp. 1.628.974-SP, julgado em 13/06/2017.

Em síntese, a questão envolve o não pagamento de cinco instrumentos creditícios (vales) assinados pelo devedor brasileiro no Estado de Nevada (EUA), cujo valor total é de US$ 1.000.000, os quais serviram de lastro para as apostas realizadas nas dependências da instituição Credora (um cassino). A instituição Credora, abrindo mão da cláusula de eleição de foro contida nos vales, optou por ajuizar ação monitória no judiciário brasileiro, obtendo sucesso tanto na 1ª como na 2ª instância, as quais condenaram o réu ao pagamento da dívida, convertido o valor de Dólares americanos para Reais brasileiros[105].

Abstraindo as diferentes teses levantadas, o interessante dessa decisão é a total ausência de qualificação. Em nenhum momento os julgadores abordaram a questão da qualificação e, em vários momentos, procedem com posicionamentos que confundem a qualificação com a própria solução do conflito de leis de DIPr e, pasmem, com questões de ordens processuais (competência).

A decisão basicamente se limitou à questão da dívida de jogo em si, ignorando que a questão envolvia duas situações: a obrigação (dívida de jogo) e o título executivo lastro da ação monitória.

A obrigação (dívida de jogo) foi, corretamente, enquadrada no art. 9º da LINDB, porém a inserção ocorreu pelo fato deste dispositivo estabelecer identidade entre a qualificação e a solução do conflito de leis: o direito à constituição do ato. Não é que os julgadores realizaram a qualificação pela *lex causæ*, mas utilizaram o elemento de conexão para determinar o direito aplicável e, mesmo assim, o fizeram de forma equivocada.

---

105 STJ. RECURSO ESPECIAL: Resp. 1.628.974-SP 2016/0254752-4. Relator: Min. Ricardo Villas Bôas Cueva. DJe: 25/08/2017 **Jus Brasil,** 2017. Disponível em: https://stj.jusbrasil.com.br/jurisprudencia/492994798/recurso-especial-resp-1628974-sp-2016-0254752-4. Acesso em: 16 jun. 2019.

Se a obrigação (dívida de jogo) é qualificada pelo direito do local de sua constituição, aplicam-se os conceitos e classificações do Direito do Estado de Nevada (EUA), em especial o NRS A 1959 *Nevada Gambling Act* que rege obrigações contraídas em jogos e apostas.

Ocorre que essa qualificação ficou ausente, pois o STJ decidiu alargar o conceito de ordem pública internacional brasileira (art. 17 da LINDB) e impor a aplicação do art. 814 do Código Civil brasileiro – alargamento baseado em argumentos bem questionáveis.

Isso porque estamos nos atendo à tese vencedora, pois entre um dos votos, o do Ministro Moura Ribeiro, encontramos a absurda argumentação de que "ao agir, optando pela jurisdição brasileira, o cassino WYNN renunciou à aplicação das leis estrangeiras ao invocar fundamentos obrigacionais de direito brasileiro para embasar sua pretensão"[106].

É um visível equívoco por parte do julgador entre a escolha do foro (questão de competência processual), com a questão do direito incidente (qualificação/solução do conflito de leis). Ainda bem que foi tese vencida.

Mas o espantoso mesmo da decisão é a total ausência da qualificação do título executivo, os vales (*credit instrument*), os quais foram reiteradas vezes equiparados a cheques. É notório que o cheque, como todo título de crédito, é dotado de autonomia e as obrigações nele contidas são independentes da obrigação que garantem[107].

Essa autonomia e independência ressoa no Direito Internacional Privado a ponto de existirem regras colisionais próprias para esse título de crédito, as quais no Brasil estão no Decreto n. 57.595/1966 – Anexo II – Convenção destinada a regular certos conflitos de leis em matéria de cheques e protocolo[108], do qual podemos destacar:

> **Art. 5º** A lei do país em cujo território as obrigações emergentes do cheque foram contraídas regula os efeitos dessas obrigações.

---

106 STJ. RECURSO ESPECIAL: Resp. 1.628.974-SP 2016/0254752-4. Relator: Min. Ricardo Villas Bôas Cueva. DJe: 25/08/2017 **Jus Brasil,** 2017. Disponível em: https://stj.jusbrasil.com.br/jurisprudencia/492994798/recurso-especial--resp-1628974-sp-2016-0254752-4. Acesso em: 16 jun. 2019.

107 Conforme a Lei n. 7.357: Art. 13. As obrigações contraídas no cheque são autônomas e independentes.

108 Recepcionada pela Lei n. 7.357, conforme: Art. 63. Os conflitos de leis em matéria de cheques serão resolvidos de acordo com as normas constantes das Convenções aprovadas, promulgadas e mandadas aplicar no Brasil, na forma prevista pela Constituição Federal.

> **Art. 6º** Os prazos para o exercício do direito de ação são regulados por todos os signatários pela lei do lugar da criação do título.

Diante do exposto, podemos afirmar que o Superior Tribunal de Justiça procedeu de forma *suis generis*, pois não aplicou integralmente a legislação de Direito Internacional Privado brasileiro em vigor e, ao mesmo tempo, não seguiu o entendimento da doutrina majoritária na questão. Criou uma qualificação própria embaralhando qualificação com solução do conflito de leis, direito material com Direito Internacional Privado com direito processual.

8.3 A TEORIA DOS ELEMENTOS DE CONEXÃO

8.3.1 O que é um elemento de conexão?

Ao delimitarmos a existência da relação jurídica extranacional (o fato extranacional), analisando o seu significado jurídico por meio de seus elementos e sua estrutura, finalizamos a etapa da qualificação (a "análise") – respondemos a questão "o que é" o fato extranacional.

Podemos proceder para a etapa colisional (o método colisional propriamente dito) e a busca de determinar qual o Direito aplicável àquele fato extranacional ou, como a doutrina denomina, a solução dos conflitos de leis do Direito Internacional Privado. É a etapa da "interpretação", é a busca da resposta para a pergunta: "qual o Direito aplicável?".

É na etapa colisional que surgem as normas próprias do Direito Internacional Privado, as normas colisionais (ou conflituais) e, por consequência, os elementos de conexão.

O elemento de conexão, ou "circunstâncias de conexão, motivos de ligação, elementos de referência"[109], é um critério jurídico que surge quando um instituto jurídico é utilizado pelo Direito Internacional Privado como vetor determinante do(s) Direito(s) nacional(ais) aplicável(eis) a determinado fato extranacional, através da particularidade dos elementos que o compõe.

De forma mais simples, é a "tesoura" que realiza, no plano deontológico, o recorte da esfera jurídica nacional aplicável, dentro das inúmeras esferas jurídicas nacionais ali existentes e com pretensão de incidirem no fato extranacional.

---

109 CASTRO, Amilcar de. **Direito Internacional Privado.** 5. ed. Rio de Janeiro: Forense, 2004, p. 197.

Tentando visualizar:

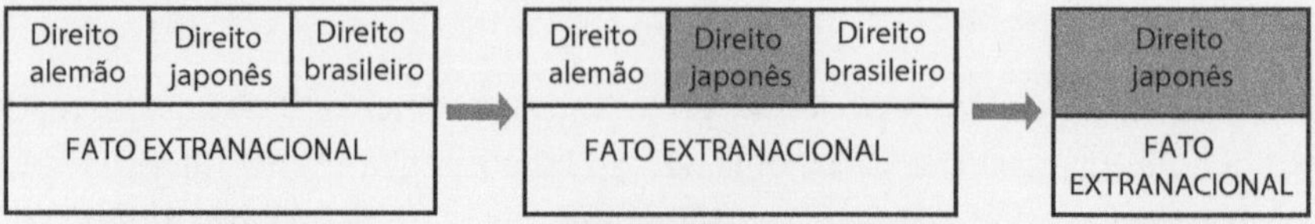

Etapa 1: *Qualificação* — **Etapa 2:** *Método colisional* (aplicação do elemento de conexão) — **Solução**

Destarte, é o elemento de conexão que ao ser empregado através da norma colisional incidente sobre o fato extranacional é que determina o direito aplicável – "resolvendo" o conflito de leis de Direito Internacional Privado.

É importante que ressaltemos que o conceito do instituto jurídico que compõe o elemento de conexão sempre é oriundo do Direito material (substancial), o Direito Internacional Privado não conceitua o instituto jurídico material empregado na norma colisional.

Por exemplo, quando a norma colisional do art. 7º, *caput*, da LINDB define: "A **lei do país em que domiciliada a pessoa determina as regras sobre** o começo e o fim da personalidade, o nome, a capacidade e os direitos de família" (grifamos), temos que o elemento de conexão ali consagrado é o **domicílio**. Porém, a definição de domicílio, em regra, será a utilizada no Código Civil brasileiro, no art. 70, que diz: "O domicílio da pessoa natural é o lugar onde ela estabelece a sua residência com ânimo definitivo".

Assim, a conceituação do instituto é uma questão de normas qualificadoras, não de norma colisional – essa só transforma o instituto jurídico em elemento de conexão, em critério jurídico para solução de conflitos de leis do Direito Internacional Privado.

Os elementos de conexão são inúmeros, a maioria dos institutos jurídicos podem ser transformados em elementos de conexão, gerando um sem-número de possibilidades, porém, podemos visualizar quatro grandes grupos: os territoriais, os pessoais, os volitivos e os *ex lege*.

O grupo territorial consiste nos elementos de conexão baseados na noção de território, localização geográfica (ex.: local da constituição, domicílio etc.). O grupo pessoal se baseia em algum atributo da pessoa, da personalidade jurídica de um indivíduo (ex.: nacionalidade). O grupo volitivo é composto, unicamente, pela vontade das partes (ex.: autonomia da vontade). E os *ex lege* são os elementos de conexão criados pela lei, sem apego à noção de território, povo ou vontade (ex.: aplicação do Direito penal brasileiro aos crimes cometidos no estrangeiro contra a vida do Presidente da República – art. 7º, I, do Código Penal brasileiro).

Classificar especificamente os elementos de conexão é uma tarefa complicada e de difícil completude. Não confunda nosso agrupamento com a *summa divisio legum*, a qual dividiu o pensamento jurídico por muito tempo em estatutos (reais, pessoais, mistos etc.). Também é muito importante lembrar que o método colisional pode indicar direito estrangeiro, como também pode indicar o próprio direito nacional.

Lembre-se: para o método colisional funcionar não pode haver qualquer preferência prévia entre o direito nacional e o direito estrangeiro que almeja ser aplicado.

8.3.2 *Babcock* v. *Jackson*: a "*Governmental Interest analysis*" a "*best practical result*" do *common Law*. A materialização do Direito Internacional Privado

Em 16 de setembro de 1960, um casal estadunidense (Sr. e Sra. Jackson), convidou uma amiga, também estadunidense, (Sra. Babcock), todos residentes e domiciliados na cidade de Rochester – Estado de Nova Iorque (EUA), para realizar um passeio de carro pela província de Ontário, no Canadá. Ocorre que durante esse passeio, já na província de Ontário (Canadá), o motorista (Sr. Jackson) perdeu o controle do veículo e acabou batendo em um muro, provocando sérias lesões à passageira (Sra. Babcock). Voltando às suas casas, a passageira decidiu entrar com uma ação judicial contra o motorista, devido aos danos sofridos no acidente, no judiciário do Estado de Nova Iorque (EUA).

Ocorre que pelo Direito vigente no local e na época do acidente, a província canadense de Ontário, o motorista não profissional e não remunerado, não possuía qualquer responsabilidade para com os acidentes ou eventual morte de passageiros no veículo que estivesse dirigindo, tornando o pleito da Sra. Babcock fadado ao fracasso[110].

Ao julgar a questão, a *New York Court of Appeals* decidiu que direito aplicável ao pleito da Sra. Babcock não era o do local onde ocorreu o acidente, mas sim o Direito do Estado de Nova Iorque, o qual, pelas circunstâncias do caso (nacionalidade das partes, seu domicílio, efeitos principais do acidente), apresentava maior contato com o delito e, portanto, regulamentaria suas consequências.

Ao romper com a regra tradicional de que a responsabilidade por delitos (*tort liability*) era regido pelo local do delito, estabeleceu-se a doutrina de

110 LITTLE, Laura E. **Conflict of laws:** cases, materials, and problems. 2. ed. New York: Wolters Kluwer, 2018, p. 298.

que o direito aplicável aos *torts* deveria ser aquela que apresentasse os melhores resultados práticos (*"best practical results"*).

Esse método de interpretação legal abriu espaço para que as Cortes pudessem proceder com uma análise teleológica no que tange aos Direitos aplicáveis, de forma a estabelecer qual deles possui maior interesse na regulamentação daquele fato extranacional, alterando a análise da questão em si, para os interesses jurisdicionais existentes sobre a questão – *"this focus on law's purpose shifted analysis to whether, in a given case, competing jurisdiction had na actual interest in having their laws govern the facts of the dispute"*[111] ("esse foco na finalidade da lei alterou a análise para, se em determinado caso, as jurisdições concorrentes possuem um interesse real em ter seu direito aplicado aos fatos em disputa").

A utilização de uma forma mais flexível de análise das questões de aplicação do direito estrangeiro pela *New York Court of Appeals* marcou um *turning point* na jurisprudência estadunidense, pois estava rompida a teoria mais formalista que dominara o pensamento estadunidense desde o século XIX da matéria (o *Vested Rights*) e a substituía pela *Better practical results*, ou melhor, pela doutrina do direito mais próximo à questão jurídica *in foco*.

Mas longe de traçarmos essa evolução do *Conflict of Laws* estadunidense, especialmente pela mudança de referenciais teóricos da transição do *Restament (1st) on Conflict of Laws* para o *Restatement (2nd) on Conflict of Laws*, nos limitamos a uma pequena parte desse processo evolutivo: (1) a doutrina da *Governmental Interest Analysis* ou, simplesmente, *Interest analysis*; e (2) a materialização do Direito Internacional Privado.

Essa modalidade de análise parte da premissa de que o melhor para a Ciência Jurídica seria extinguir as normas colisionais (*choice of law rules*) e procurar resolver as questões oriundas dos fatos extranacionais por meio do interesse ou não dos Estados em terem sua jurisdição aplicada na questão[112].

Nesse pensamento, as normas de Direito Internacional Privado são substituídas pelo conceito de *Policy*, isto é, a crença de que de todo Estado estabelece e aplica seu direito material a partir da consecução de um objetivo. Com isso, *Policy* se torna a manifestação da finalidade do Direito estatal,

---

111 LITTLE, Laura E. **Conflict of laws:** cases, materials, and problems. 2. ed. New York: Wolters Kluwer, 2018, p. 164.

112 BRILMAYER, Lea; GOLDSMITH, Jack; O'CONNOR, Erin O'Hara. **Conflict of laws:** cases and materials. 7. ed. New York: Wolter Kluwers, 2015, p. 212.

podendo ser tanto social, econômica ou administrativa, e o modo pelo qual se afere o interesse de um Estado nas questões envolvendo a diversidade legislativa[113].

O legislador é compreendido como um *Policy maker* e o juiz se limita a descobrir e interpretar essas *policies*[114]; e, por consequência, questões de *choice of law* nada mais seriam que questões nas quais múltiplos interesses políticos de diferentes Estados se manifestam, ou se aparentam manifestar[115].

Utilizando a argumentação do principal defensor desse modo de análise das questões de Direito Internacional Privado, Brainerd Currie, temos então que o ponto de partida para determinar o direito aplicável a uma questão extranacional é o de verificar qual a Jurisdição Estatal com maior interesse naquela.

As cortes, quando precisam verificar a aplicação de um Direito distinto do seu Direito (direito do foro), têm de questionar quais os interesses, as *policies*, que cada um dos Direitos possuem, bem como as circunstâncias que envolvem a inserção dessas *policies* pelos respectivos Estados naquele Direito – *"in making theses determinations the court should employ the ordinary processes of construction and interpretation"*[116] ("em realizando essas determinações a corte deve empregar os processos ordinários de construção e interpretação").

Respondida a indagação das *policies* e das circunstâncias de sua aplicação por cada Estado, a Corte se encontrará diante de duas situações: (I) o Direito aplicável ou (II) um conflito aparente[117].

---

113 KEGEL, Gerhard. The crisis of conflict of laws. In: The Hague Academy of International Law. **Collected Courses of the Hague Academy of International Law.** Leiden, Boston: Brill Nijhoff: 1964, v. 112, p. 113.

114 KEGEL, Gerhard. The crisis of conflict of laws. In: The Hague Academy of International Law. **Collected Courses of the Hague Academy of International Law.** Leiden, Boston: Brill Nijhoff: 1964, v. 112, p. 112.

115 LITTLE, Laura E. **Conflict of laws:** cases, materials, and problems. 2. ed. New York: Wolters Kluwer, 2018, p. 303.

116 CURRIE, Brainerd. Comment on Babcock v. Jackson. In: CAVERS, David F., et al. Babcock v. Jackson, 12 N. Y. 2d 473, 191 N. E. 2d 279, 240 N. Y. S. 2d 743 (1963). **Columbia Law Review,** v. 63, n. 7, 1963, p. 1242. Disponível em: www.jstor.org/stable/1120450. Acesso em: 22 jun. 2019.

117 CURRIE, Brainerd. Comment on Babcock v. Jackson. In: CAVERS, David F., et al. Babcock v. Jackson, 12 N. Y. 2d 473, 191 N. E. 2d 279, 240 N. Y. S. 2d 743 (1963). **Columbia Law Review,** v. 63, n. 7, 1963, p. 1242. Disponível em: www.jstor.org/stable/1120450. Acesso em: 22 jun. 2019.

O Direito aplicável se manifesta quando a Corte delimita que somente existe um interesse estatal na questão, ou seja, de todos os Direitos aplicáveis, somente um demonstra o cumprimento da *policy* de seu Estado naquele caso[118].

O conflito aparente se manifesta quando a Corte verifica que mais de um interesse está presente, mais de um Direito demonstra-se em cumprimento da *policy* de seu respectivo Estado, gerando a necessidade da Corte reconsiderar a questão e proceder com uma interpretação mais restrita dos interesses *"a more moderate and restrained interpretation of the policy or interest of one state or the other may avoid conflict"*[119] ("uma interpretação mais moderada e restrita da política ou interesse de um estado ou de outro pode evitar conflitos").

Para resolver esse conflito aparente, novamente, duas opções se apresentarão para a solução do conflito: (i) há como resolver o conflito ou (ii) não há como resolver o conflito (*unavoidable conflict*).

Se há como resolver o conflito de interesses, aplica-se aquele Direito cujo interesse se sobrepôs aos demais em conflito. Não havendo como resolver o conflito de interesses (*unavoidable conflict*), a Corte deve aplicar seu próprio Direito (o Direito do Foro) *"the court finds that a conflict between the legitimate interest of the two states is unavoidable, it should apply the law of the forum"*[120] ("a Corte, encontrando um conflito de interesse legítimo entre dois estados, é inevitável, deve aplicar o direito do foro").

E aqui mora a fraqueza principal desse modo de análise, se a Corte verificar que está diante de um conflito de interesses inevitável (*unavoidable conflict*) e, ao mesmo tempo, o Direito do Foro não tiver interesse legítimo na causa, o pensamento incorre em um beco sem saída: como a Corte não pode declinar de julgar, mas não consegue determinar qual direito

---

118 CURRIE, Brainerd. Comment on Babcock v. Jackson. In: CAVERS, David F., et al. Babcock v. Jackson, 12 N. Y. 2d 473, 191 N. E. 2d 279, 240 N. Y. S. 2d 743 (1963). **Columbia Law Review,** v. 63, n. 7, 1963, p. 1242. Disponível em: www.jstor.org/stable/1120450. Acesso em: 22 jun. 2019.

119 CURRIE, Brainerd. Comment on Babcock v. Jackson. In: CAVERS, David F., et al. Babcock v. Jackson, 12 N. Y. 2d 473, 191 N. E. 2d 279, 240 N. Y. S. 2d 743 (1963). **Columbia Law Review,** v. 63, n. 7, 1963, p. 1242. Disponível em: www.jstor.org/stable/1120450. Acesso em: 22 jun. 2019.

120 CURRIE, Brainerd. Comment on Babcock v. Jackson. In: CAVERS, David F., et al. Babcock v. Jackson, 12 N. Y. 2d 473, 191 N. E. 2d 279, 240 N. Y. S. 2d 743 (1963). **Columbia Law Review,** v. 63, n. 7, 1963, p. 1242-1243. Disponível em: www.jstor.org/stable/1120450. Acesso em: 22 jun. 2019.

aplicável? Ou, como o próprio Brainerd Currie define: *"it should apply the law of the forum – until someone comes along with a better idea"*[121].

A importância dessa *Governmental Interest Analysis* está no fato de que ela propiciou uma ruptura no *Conflict of Laws* estadunidense – a proposição de Currie se assenta na ruptura da aplicação formalística da *lex fori* sob ótica da doutrina dos *Vested Rights*, e procura conferir uma aplicação substancial a *lex fori*[122], apesar de fazê-lo de forma radicalizada.

Em termos mais simples, esse modo de análise abandona a crença da necessidade de normas formais especializadas para lidar com o fato extranacional, procurando solucionar problemas da diversidade legislativa pela busca do interesse que o Estado tem na aplicação de sua própria lei. Quer dizer, o próprio direito material de cada Estado possui a resposta para as questões do conflito de leis, não havendo necessidade de uma ritualística abstrata para sua solução.

Ocorre que, diferente da proposta de criar algo novo na análise do Direito Internacional Privado, a *Governmental Interest Analysis* se tornou uma modalidade radical de método unilateral do Direito Internacional Privado, que dificilmente tem aplicação prática, pois se já é complexo trabalhar com conceitos jurídicos de ordens jurídicas distintas (é ou não é distinto), mais complexo é compreender os interesses manifestados por países diferentes por meio de suas normas (o famoso fator de legitimidade).

Mas, mesmo diante dessa revolta contra o Direito Internacional Privado nos Estados Unidos da América[123], da qual a *Governmental Interest Analysis* é sua principal manifestação, o caso *Babcock v. Jackson* criou um fenômeno para o nosso ramo jurídico: a materialização das regras colisionais como técnica alternativa à solução dos conflitos de leis do Direito Internacional Privado.

---

121 CURRIE, Brainerd. Comment on Babcock v. Jackson. In: CAVERS, David F., et al. Babcock v. Jackson, 12 N. Y. 2d 473, 191 N. E. 2d 279, 240 N. Y. S. 2d 743 (1963). **Columbia Law Review,** v. 63, n. 7, 1963, p. 1243. Disponível em: www.jstor.org/stable/1120450. Acesso em: 22 jun. 2019.

122 KEGEL, Gerhard. The crisis of conflict of laws. In: The Hague Academy of International Law. **Collected Courses of the Hague Academy of International Law.** Leiden, Boston: Brill Nijhoff, 1964, v. 112, p. 112.

123 JAYME, Erik. Identité Culturelle et Intégration: le droit international privé Postmoderne. Cours Général de droit international privé. In: ACADÉMIE DE DROIT INTERNATIONAL. **Recueil de Cours** – Collected courses of the hague academy of international law. The Hague/Boston/London: Martinus Nijhoff Publishers, t. 251, 1996, p. 44-45.

A materialização segue a esteira da solução utilizada pela *New York Court of Appeals* ao determinar o direito aplicável através de uma aproximação com o Direito material envolvido, de forma a conseguir estabelecer o melhor direito aplicável – *Best practical result* – evitando legalizar absurdos ou injustiças.

Ou seja, diante da questão de um Direito o qual não se demonstrava, pelas circunstâncias do caso, como o de melhor resultado para a questão litigiosa, "materializaram-se" as regras colisionais da *lex fori* para encontrar uma solução mais equânime, mais justa.

Diferentemente da proposta de abandono do Direito Internacional Privado (*choice of law rules*) pela aferição do interesse existente em um Direito material, a materialização do Direito Internacional Privado surge como uma fonte de criação de novas técnicas de interpretação das normas colisionais, retirando seu caráter de aplicação puramente formalístico abstrato, para um caráter mais próximo da realidade, mais concreto.

O Direito incidente a determinado fato extranacional não deve ser somente aquele que a formalidade, a técnica, o direito formal assim determinou, mas também o Direito que materialmente é o que irá regular melhor aquele fato extranacional. É dentro desse fenômeno que surgem as técnicas, os critérios hermenêuticos conhecidos como a lei mais favorável.

8.3.3 "*Prélèvement*" e o critério hermenêutico da lei mais favorável

Na solução do conflito de leis do Direito Internacional Privado, na busca por determinar o direito aplicável a determinado fato extranacional, além do estudo dos elementos de conexão também é necessário analisar uma técnica de interpretação ou critério hermenêutico de Direito Internacional Privado: o critério da lei mais favorável.

Esse critério de interpretação tem sua origem no instituto francês do *droit d'aubaine* (direito de albinágio[124]), cuja positivação na França, pela Lei de 14 de julho de 1819, quando em seu art. 2[125], concebeu o que se denominou

---

124 MEINERO, Fernando Pedro. Prélèvement: origem, evolução e ocaso do privilégio nas sucessões internacionais na França. **Revista de Direito Internacional,** Brasília, v. 14, n. 1, 2017, p. 250. Disponível em: https://www.publicacoesacademicas.uniceub.br/rdi/article/view/4325/pdf. Acesso em: 21 jun. 2019.

125 *"Dans le cas de partage d'une même succession entre des cohéritiers étrangers et français, ceux-ci prélèveront sur les biens situés en France une portion égale à la valeur des*

de *prélèvement* e que perdurou naquele direito até a Decisão n. 2011-159 QPC (*Question prioritaire de constitutionnalité*) de 5 de agosto de 2011, quando o *Conseil Constitutionnel* da *Cour de Cassation* decidiu declará-lo inconstitucional por ferir o princípio da igualdade consagrado no art. 6º da Declaração dos Direitos do Homem de 1789 e, portanto, possuir caráter discriminatório quanto ao tratamento dos herdeiros na sucessão[126].

Apesar de declarado inconstitucional na França, o *prélèvement* acabou gerando derivações, as quais podem ser reunidas hoje sob a denominação do critério da lei mais favorável, isto é, diante de um fato extranacional, além de recorrer ao elemento de conexão para determinar o direito aplicável, o jurista também tem de realizar uma análise hermenêutica dos direitos incidentes, estabelecendo, quando existir previsão legal para tal, o direito que seja mais favorável a uma das partes beneficiadas pela previsão legal.

É importante ressaltarmos que se trata de "critério hermenêutico" de Direito Internacional Privado e não de um elemento de conexão propriamente dito, é uma técnica de interpretação, na qual a aplicação pura e simples da norma colisional se encontra mitigada pela existência de uma previsão legal específica para aquela situação.

Isso possibilita a incidência de outro direito, decorrente não do elemento de conexão, mas da regulamentação normativa específica que envolve alguma das partes envolvidas no fato extranacional com o intuito de proteger determinado interesse, determinada parte considerada mais vulnerável.

Esse tipo de critério hermenêutico peculiar se manifesta de diferentes formas, sendo as mais comuns: a do *prélèvement* (direito das sucessões), *favorii negotti* (contratos internacionais do comércio) e a teoria do diálogo das fontes, na qual surge como parte do princípio de proteção dos consumidores (relações de consumo) e de proteção dos trabalhadores (obrigações trabalhistas).

Importante lembrarmos que na aplicação dessa modalidade de interpretação hermenêutica da lei, do direito mais favorável, o jurista tem de ultrapassar as regras postas do Direito Internacional Privado e estabelecer um diálogo necessário com a diversidade legislativa envolvida na questão *in foco*, pois está inserindo no elemento de conexão um critério de equidade, procurando

---

biens situés en pays étranger dont ils seraient exclus, à quelque titre que ce soit, en vertu des lois et coutumes locales."

126 FRANCE. Cour de Cassation. Décision n. 2011-159 QPC: 06 août 2011. **Journal officiel de la République Française.** Disponível em: https://www.legifrance.gouv.fr/jo_pdf.do?id=JORFTEXT000024447242. Acesso em: 22 jun. 2019.

uma aplicação jurídica mais harmoniosa e convergente dos direitos envolvidos – normalmente, o direito da nacionalidade, o direito do foro, o direito do local da obrigação/do bem[127].

Podemos afirmar que a essência da hermenêutica da lei mais favorável é a de impor uma regra aberta para a interpretação jurídica do fato extranacional, de forma a inserir elementos de direito comparado na análise de cada relação jurídica dotada de elementos estrangeiros, com a finalidade de determinar não o direito aplicado pela mera formalidade legal, mas o direito mais apropriado, mais justo para esta.

Portanto, é "um complexo jogo hermenêutico que demanda a interpretação da norma de Direito Internacional Privado e a concomitante qualificação da questão, o estabelecimento dos elementos estrangeiros presentes" para "interpretar-se a lei eleita à luz do caso concreto que demanda a decisão"[128].

Destarte, é uma recomendação nossa de que somente se deve aplicar o critério da lei mais favorável em conjunção ao diálogo de fontes, para não incorrer em um rompante de proteção nacionalista e, assim, ignorar o fator cosmopolita dessa técnica hermenêutica própria do Direito Internacional Privado.

8.3.4 O "*Dépeçage*"

Ainda dentro do estudo do método colisional, existe a temática do *Dépeçage*, do desmembramento da relação jurídica em diferentes questões jurídicas nela embutida, técnica de interpretação muito comum no estudo dos contratos internacionais do comércio, mas que possui aplicabilidade em todo o processo de interpretação do fato extranacional e do Direito Internacional Privado.

Dépeçage possui dois conceitos principais: um originário nos Estados Unidos da América, designando a técnica de aplicação de diversos direitos nacionais distintos aos diferentes aspectos jurídicos de uma mesma relação jurídica – conhecida pelo jargão *issue splitting*[129]. E a outra, própria dos contratos

---

127 VALLADÃO, H. O princípio da lei mais favorável no DIP. **Revista da Faculdade de Direito,** Universidade de São Paulo, v. 76, p. 53-61, 1 jan. 1981. Disponível em: http://www.revistas.usp.br/rfdusp/article/view/66912. Acesso em: 22 jun. 2019.

128 MONACO, Gustavo F. de C. Problema hermenêutico da lei mais favorável em direito internacional privado à luz do desafio kelseniano. **Revista IMES,** Direito, São Caetano do Sul, v. 4, n. 8, 2004, p. 56.

129 LITTLE, Laura E. **Conflict of laws:** cases, materials, and problems. 2. ed. New York: Wolters Kluwer, 2018, p. 390.

internacionais, que consiste no estabelecimento de regimes jurídicos próprios para cada parte do contrato (negociações, cláusulas, validade, intepretação, eficácia etc.) sendo sinônima de *contract splitting*[130].

Em ambas as conceituações (*issue splitting* e *contract splitting*), a essência da ideia de *dépeçage* é a mesma: técnica de interpretação do fato extranacional que apresenta diferentes questões jurídicas regidas por múltiplos direitos diferentes e incidentes ao mesmo tempo.

Na nossa opinião, a melhor forma de compreender o *dépeçage* é ter claro que os institutos jurídicos, muitas vezes, ao se manifestarem na prática, envolvem diferentes questões jurídicas. Ou melhor, um instituto jurídico, um conceito jurídico, muitas vezes é a aglomeração teórica de diferentes fenômenos jurídicos.

Podemos exemplificar essa situação com o instituto do divórcio, o qual se conceitua juridicamente como uma forma de dissolver, terminar a sociedade conjugal, o casamento (conforme o art. 1.571 do Código Civil brasileiro). Ocorre que a situação jurídica da dissolução do casamento envolve várias questões legais distintas, como as questões de estado (sobrenome dos cônjuges), as questões de guarda (tutela dos menores), as questões obrigacionais (os alimentos entre cônjuges ou para com os menores) e as questões patrimoniais (partilha dos bens conjugais, aplicação do regime de bens).

Visualizando:

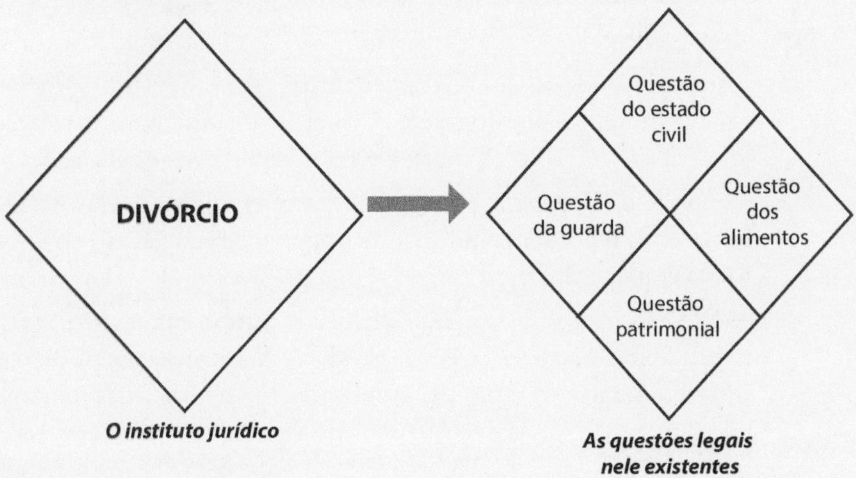

---

130 NGYH, Peter. **Autonomy in international contracts.** Oxford: Claredon Press, 1999, p. 122.

Evidenciamos que um fato extranacional envolvendo um divórcio vai depender das características da sociedade conjugal, apresentar diferentes questões jurídicas, as quais podem, ou não, estar regidas pelo mesmo direito.

Temos assim que todo fato extranacional pode conter mais de uma questão jurídica que necessita de regulamentação, incidência do Direito, porém, muitas vezes, quando diante de múltiplas questões jurídicas envolvendo o mesmo fato extranacional, pode-se cometer um equívoco ao sujeitá-las ao mesmo direito. Equívoco que pode gerar distorções na regulação da questão ou, em certos casos, tornar inviável sua regulamentação.

Um exemplo clássico de inviabilidade de regulamentar determinada situação ao se sujeitar uma relação jurídica extranacional a um único direito aplicável é a cláusula contratual de pagamento envolvendo instituição financeira (banco), independentemente do direito aplicável ao contrato (local da constituição, local da execução, autonomia da vontade etc.). Essa cláusula em particular sempre será regida pela lei do local do pagamento, pela constatação óbvia de que uma instituição financeira não é obrigada a aceitar qualquer tipo de pagamento que esteja em desconformidade com o Direito do local onde opera.

O *Dépeçage*, assim, é uma técnica de interpretação fascinante e, de certo modo, quando utilizada com um sistema multilateral de solução de conflito de leis, de simples aplicação. Porém, existem algumas premissas que devem ser obedecidas para sua utilização:

(1) a multiplicidade de direitos deve ser real, isto é, devem realmente existir diferentes questões legais oriundas de uma mesma relação jurídica e o vínculo com vários direitos ser efetivo e relevante;

(2) não pode o *Dépeçage* ser empregado para evitar ou burlar norma imperativa ou ordem pública internacional de um Estado envolvido no conflito de leis; e

(3) não se aplica *Dépeçage* quando verificada uma interconexão, interdependência entre as questões jurídicas de forma a possibilitar o seu tratamento unitário (ex.: o reconhecimento da filiação é umbilicalmente ligado à eventual obrigação alimentar).

Por fim, o *Dépeçage* é uma técnica que permite uma extrema flexibilidade ao jurista na interpretação do Direito aplicável às relações jurídicas extranacionais e suas questões jurídica, mas, ao mesmo tempo, não está isenta de críticas.

A principal crítica que encontramos ao *Dépeçage* está na possibilidade de criar uma situação de **direito retalhado** ou um aglomerado de direitos de diferentes Estados, criando dificuldades na própria aplicação desses direitos, sendo famosa a anedota de Brainerd Currie de que as partes *"should not be allowed to put 'together half a donkey and half a camel, and then ride to victory on the synthetic hybrid'"*[131] ("não deve ser permitido que juntem a metade de um jumento com uma metade de camelo e então cavalgar para a vitória montado nesse híbrido sintético").

Por se tratar de um método que demanda alto grau de especialização e conhecimento em Direito Internacional Privado e Direito comparado (especialmente nos direitos envolvidos), tem de se ter cuidado na sua aplicação, não cabendo em todos os casos.

8.3.5 Unilateral, multilateral, cosmopolita... considerações finais sobre método colisional e as quatro dimensões do fato extranacional

Com a exposição do método colisional, podemos dizer que encerramos a parte geral abstrata da nossa disciplina, isto é, a análise do Direito Internacional Privado como ramo jurídico da Ciência Jurídica, sem as nuances e peculiaridades das dogmáticas nacionais de sua manifestação em cada país.

Resta, porém, fazer uma breve explanação sobre as dimensões do fato extranacional, isto é, compreender como a parte de interpretação do método do Direito Internacional Privado atingiu o grau de complexidade e variabilidade conforme a tradição jurídica, a sua manifestação jurídica nacional.

Essa questão remonta à própria evolução histórica da disciplina, quando em seus primórdios, quando nem denominação própria tinha, suas lições se manifestavam de forma efêmera no estudo dos **estatutos**, com especial destaque às lições da "Questão Inglesa" de Bartolo de Saxoferrato, no século XIV, quando se lançaram as bases da ideia de extraterritorialidade dos estatutos pessoais e da existência de estatutos odiosos – germes da ordem pública internacional[132].

---

131 BRILMAYER, Lea; GOLDSMITH, Jack; O'CONNOR, Erin O'Hara. **Conflict of Laws:** cases and materials. 7. ed. New York: Wolter Kluwers, 2015, p. 140.

132 RAMOS, André de Carvalho. Evolución histórica del derecho internacional privado y la consagración del modelo conflictual. **Revista de la Secretaría del**

A definição de estatuto é extremamente complexa e diversificada pela evolução histórica. Originalmente, estatuto, como ensina Foelix, significava o "status" de uma civitas (cidade), mas com a escola estatutária italiana se transformou em um conceito jurídico de classificação/categorização das regras, sendo os estatutos pessoais as regras referentes às pessoas e os estatutos reais os referentes aos bens/coisas.

Sim, nossa disciplina tem origens unilaterais, o período estatutário que perdurou dos séculos XIII a XVIII concebeu a ideia de que a extraterritorialidade se refere a uma questão do domínio, de alcance de um Direito nacional, como um apêndice do princípio moderno da territorialidade da jurisdição. É o que a doutrina hoje denomina método unilateral.

A virada copernicana[133] da nossa disciplina só foi acontecer no século XIX, com as lições de Savigny inaugurando o que se denomina método multilateral na determinação do Direito aplicável. Com essa metodologia, a questão da extraterritorialidade não é mais a de um apêndice da jurisdição de um Estado, mas uma questão própria, uma manifestação própria da diversidade legislativa – qual o melhor direito aplicável a uma relação jurídica, fato extranacional que transcende fronteiras e jurisdições?

É sob o manto do método multilateral que vemos as diferentes formas aqui analisadas de interpretação do direito aplicável florescer, seja como um aperfeiçoamento (*"the best pratical result"*) ou seja em seu combate, na reinvenção do método unilateral (*"Governmental Interest Analysis"*).

É nessa evolução metodológica do Direito Internacional Privado que a própria Ciência Jurídica evolui, especialmente possibilitando a emergência de um novo contexto para o Direito do século XXI: o cosmopolitismo, ou melhor, a utopia cosmopolita.

Mas, diferentemente da concepção tradicional de cosmopolitismo, que o concebe como uma manifestação de universalidade, possuindo diferentes

---

Tribunal Permanente de Revisión, p. 423-446, mar. 2015. Disponível em: http://www.revistastpr.com/index.php/rstpr/article/view/138/140. Acesso em: 23 jun. 2019.

133 REIS, Gabriel Valente dos. **Por uma análise cosmopolita da determinação da lei aplicável.** 2012. Dissertação (Mestrado em Direito Internacional) – Faculdade de Direito, Universidade de São Paulo, São Paulo, 2012, p. 61. Disponível em: https://www.teses.usp.br/teses/disponiveis/2/2135/tde-22042013-114640/pt-br.php. Acesso em: 23 jun. 2019.

interpretações, classificações e implicações[134], a nossa concepção da utopia cosmopolita se traduz em dimensões do fato extranacional.

Isto significa que, dentro de um contexto cosmopolita, a determinação do direito aplicável não decorre da simples aplicação das normas colisionais, mas sim da compreensão de suas diferentes dimensões para através da norma colisional encontrar o(s) direito(s) aplicável(eis). Posso afirmar que o estudo da determinação e aplicação do Direito a determinado fato extranacional é composto por quatro dimensões.

A primeira delas é a fornecida pela teoria colisional do Direito Internacional Privado, a qual é também o ponto de partida para a compreensão do fato extranacional, da extraterritorialidade e da diversidade legislativa envolvida.

A segunda dimensão refere-se às informações oriundas do Direito Internacional Público, em especial às iniciativas internacionais de uniformização e unificação, compreendendo a incidência de institutos regulamentoados para além dos Estados, seja de forma de *hard Law* (tratados), seja na forma de *soft Law* (princípios, leis modelos, guias), ampliando a ótica do fato extranacional para além do Direito estatal.

A terceira dimensão, mais recente, diz respeito aos aspectos de Direito comunitário, sejam estes na forma de normas jurídicas comunitárias ou na forma de compromissos políticos do Estado para com determinado fenômeno de integração (a participação em organismos internacionais comunitários).

Quanto à última dimensão, podemos considerar como o "irmão siamês" do Direito Internacional Privado, é relativa aos aspectos instrumentais que o fato extranacional possui, o Processo Internacional, configurado por institutos processuais como a cooperação internacional, o auxílio direto, a prova do direito estrangeiro, entre outros mais.

Destarte, na análise e interpretação de um fato extranacional, obrigatoriamente, o jurista tem de compreender, além das regras básicas do Direito Internacional Privado de seu país, os elementos de Direito Internacional Público, de Direito comunitário e as questões processuais nele existentes para determinar a melhor regulamentação.

---

134 Um estudo interessante sobre as diversas facetas do cosmopolitismo e sua aplicabilidade no Direito Internacional Privado pode ser encontrado na dissertação de Gabriel Valente dos Reis, **Por uma análise cosmopolita da determinação da lei aplicável.**

E nessas dimensões é que se manifestam as distinções entre as diferentes manifestações do Direito Internacional Privado nas esferas jurídicas nacionais: alguns englobando todas as dimensões, outros se limitando somente à Teoria colisional clássica.

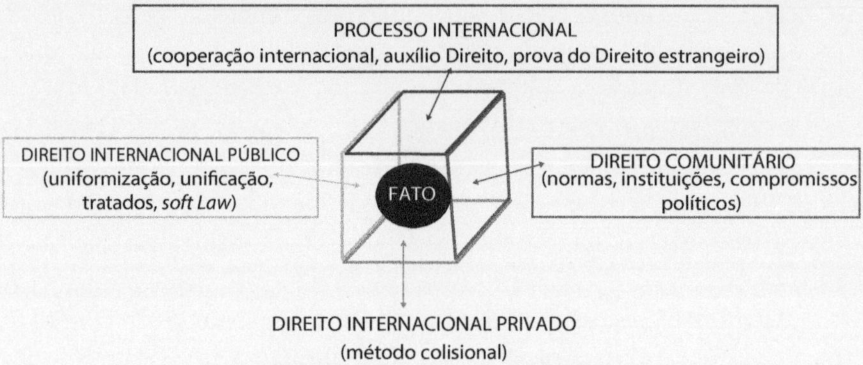

As "dimensões" do fato extranacional

Capítulo 9

O DIREITO INTERNACIONAL PRIVADO BRASILEIRO

9.1 A DOUTRINA DA SOLUÇÃO DOS CONFLITOS DE LEIS DO DIPR

9.1.1 O que é o conflito de leis do Direito Internacional Privado (DIPr)?

A doutrina da solução dos conflitos de leis do DIPr é o campo na qual se estuda o conflito de leis, expressão que denomina o principal objeto do nosso ramo jurídico na doutrina brasileira (e em muitas outras), sendo natural iniciarmos o estudo do Direito Internacional Privado brasileiro com análise do conflito de leis do DIPr.

Na doutrina brasileira, a manifestação dogmática do fato extranacional é resumida na expressão "conflito de leis" ou "conflito de leis no espaço", "conflito de direito", "conflitos espaciais de leis", "concurso de normas", entre outras diversas denominações sinônimas[135] que procuram acentuar o caráter interespacial do Direito Internacional Privado.

Para nós, basta a expressão "conflito de leis do DIPr", uma expressão equívoca e não técnica, que designa o estudo da incidência e aplicação, ou

---

135 VALLADÃO, Haroldo. Objeto e denominação do Direito Internacional Privado. In: BAPTISTA, Luís O.; MAZZUOLI, Valério de O. **Doutrinas essenciais de direito internacional.** Direito Internacional Privado: teoria e prática. São Paulo: Revista dos Tribunais, 2012, p. 153, v. 4. BASSO, Maristela. **Curso de direito internacional privado.** 5. ed. São Paulo: Atlas, 2016, p. 15. CASTRO, Amílcar de. **Direito internacional privado.** 5. ed. Rio de Janeiro: Forense, 2004, p. 72. MAZZUOLI, Valério de O. **Curso de direito internacional privado**. 2. ed. São Paulo: Forense, 2017, p. 48. DEL'OLMO, Florisbal de S.; JAEGER JR., Augusto. **Curso de direito internacional privado.** 12. ed. Rio de Janeiro: Forense, 2017, p. 3. RAMOS, André de C. **Curso de direito internacional privado.** São Paulo: Saraiva, 2018, p. 18.

não, de direito estrangeiro em determinada relação jurídica composta por elementos estrangeiros relevantes (o fato extranacional).

Não confunda norma internacional com norma estrangeira! Norma internacional é oriunda da sociedade de Estados, referente a tratados e convenções que podem, ou não, ser incorporadas pelos Estados em seus ordenamentos jurídicos nacionais.

A norma estrangeira é uma norma jurídica nacional de um Estado que é aplicada fora de sua jurisdição, ou seja, pelo judiciário de outro Estado.

É uma expressão equívoca, pois não há conflito (choque, colisão, embate) nenhum no conflito de leis do DIPr. O que existe é a concorrência de diferentes direitos nacionais em incidirem (regularem) determinada relação jurídica que possui algum tipo de conexão com esses direitos.

Diante dessa concorrência de Direitos nacionais, temos que estamos diante de um "conflito horizontal", ou de horizontalidade jurídica, pois cada Direito que concorre para incidir é dotado de soberania, se posicionando em pé de igualdade com os demais – sim, é a soberania que impede a existência de um conflito, pois cada norma jurídica existe em uma determinada esfera jurídica nacional soberana, portanto, isolada de outras esferas.

Para melhor visualizar, basta lembrar que uma norma jurídica nacional não tem o poder de revogar uma norma jurídica estrangeira, e uma norma jurídica estrangeira não tem o poder de revogar uma norma jurídica nacional.

Assim, a aplicação da norma jurídica estrangeira só ocorre se for recepcionada por uma norma jurídica nacional (estudo do conflito de leis do DIPr), não havendo nenhuma hipótese de formação de "conflito" entre elas, ou, tecnicamente, a criação de uma antinomia.

Não sem razão, esse conflito que não é conflito é conhecido como uma metáfora infeliz[136], uma armadilha conceitual[137] existente no Direito Internacional Privado que o jurista precisa enfrentar e superar em seu estudo.

A expressão também não é dotada de tecnicidade, especificidade, porque, primeiro, a palavra "lei" é empregada de forma imprópria, não em seu significado tradicional de norma jurídica posta, mas em significado mais

---

136 CASTRO, Amilcar de. **Direito internacional privado.** 5. ed. Rio de Janeiro: Forense, 2004, p. 72.

137 BASSO, Maristela. **Curso de direito internacional privado.** 5. ed. São Paulo: Atlas, 2016, p. 16.

amplo, sinônimo de Direito vigente, de ordenamento jurídico aplicável – sejam suas normas jurídicas positivadas ou não.

Não são somente leis estrangeiras que podem incidir no fato extranacional, mas também costumes, fenômenos jurídicos próprios (*lex mercatoria* e instrumentos de *soft Law*), bem como, em casos de arbitragem, a incidência-utilização da equidade.

Outro motivo é que nem todo conflito de leis no espaço é um conflito de leis de DIPr. Direito Internacional Privado não é sinônimo de Direito Interespacial. Em regra, somente configura um conflito de leis do DIPr as questões que envolvem extranacionalidade, ou seja, a concorrência com o direito nacional de direitos estrangeiros para regulamentar determinada relação jurídica extranacional – cada um desses Direitos sendo dotados de soberania.

Questões interestaduais ou, dependendo do país, interprovinciais, somente se inserem no conflito de leis do DIPr quando a organização do Estado nacional estabelece um tal grau de autonomia aos direitos estaduais, provinciais, que o próprio direito federal se torna residual e limitado – situação paradigmática dos Estados Unidos da América e da província do Quebec no Canadá.

E, como último motivo, temos de destacar que o conflito de leis do DIPr pode levar à aplicação de múltiplos direitos para a relação jurídica nacional, ou seja, ter múltiplas soluções, especialmente, quando possível a utilização da técnica de interpretação do *Dépeçage*.

Destarte, temos que o nosso conflito de leis do DIPR não é um conflito, não é de leis e não compreende toda a dimensão espacial que o Direito pode assumir. Mas, como já ficou evidente, o Direito Internacional Privado é o ramo das denominações não técnicas e das homenagens à tradição histórica.

A consolidação da expressão "conflito de leis" para designar estudo do direito estrangeiro, o objeto do Direito Internacional Privado, é resultado de uma curiosa evolução histórica na disciplina.

A expressão conflito de leis é anterior à própria denominação da nossa disciplina, sendo oriunda da escola estatutária holandesa do século XVII, em especial na obra *"De Conflictu Legum Diversarum in Diversis Imperiis"* ("Do conflito de leis diversas em diversos impérios") de Ulrich Huber, a qual teve profunda influência na tradição jurídica do *common Law* (Inglaterra e EUA), mas quase nenhuma influência direta na tradição jurídica do *civil Law* (Europa Continental)[138].

---

138 LORENZEN, Ernest G. **Huber's de conflictu legum (1919).** Faculty Scholarship. Paper 4563. Disponível em: http://digitalcommons.law.yale.edu/fss_papers/4563. Acesso em: 24 jun. de 2019.

É na esteira dessa influência no *common Law* que vai surgir naquela família jurídica o ramo jurídico que estuda a determinação do direito aplicável a determinado fato, denominado *Conflict of Laws*.

A expressão *Conflict of Laws*, por sua vez, se tornou famosa na família do *civil Law* graças à obra de *Commentaries on the conflict of Law*, de Joseph Story, quando se iniciou o efetivo desenvolvimento do Direito Internacional Privado como ramo jurídico autônomo na Europa do século XIX.

Só que, diferentemente do *common Law*, no *civil Law* a expressão *Conflict of Laws* acabou sendo traduzida literalmente como "conflito de leis" ou, no primeiro momento, *conflit des lois* pelos juristas internacionalistas francófonos, sendo denominação empregada para o estudo de um dos campos do, então, *Ius gentium privatum* (*Droit International Privé*).

Essa afirmação se confirma na doutrina:

> Mais si les parties contractantes n'appartiennent pas au même État, ou qu'elles, contractent dans le territoire d'un État étranger, ou que l'acte juridique qu'elles font concerne une chose située dans le territoire d'un État étranger, et si les législations de ces États sont différentes, on devra se demander quelle législation gouverne l'acte: il y aura conflit de lois, et c'est sous le nom de théorie du conflit des lois que nombre d'auteurs désignent le droit international privé[139].
>
> ***
>
> Mas se as partes contratantes não pertencem ao mesmo Estado, ou ambas, contratam em um território de um Estado estrangeiro, ou que os atos jurídicos delas concernem a uma coisa situada em um Estado estrangeiro, e se as legislações desses Estados são diferentes, haverá necessidade de determinar qual a legislação que governa esse ato: existirá o conflito de leis, qual inúmeros autores designam o direito internacional privado.

No *civil Law*, conflito de leis e Direito Internacional Privado se tornaram denominações distintas: conflito de leis o nome do objeto principal (a Teoria Colisional) do ramo jurídico denominado Direito Internacional Privado.

No Brasil, a adoção dessa dicotomia e a inserção da expressão conflito de leis veio, justamente, da forte influência da língua francesa no estudo de

---

139 ASSER, Tobias M. C. **Éléments de droit international privé ou du conflit des lois.** Traduire par Alphonse Rivier. Paris: Arthur Rousseau Éditeur, 1884, p. 3-4. Disponível em: https://gallica.bnf.fr/ark:/12148/bpt6k5685684z/f18.item.

obras estrangeiras e traduções no Brasil do século XIX e, não é temerário afirmar, que ainda influencia bastante os doutrinadores do Direito Internacional Privado brasileiro.

Em suma, a expressão sobreviveu e se consolidou por força desse interessante fenômeno evolutivo da história da nossa disciplina, o Direito Internacional Privado.

9.1.2 O que o conflito de leis do DIPr não é

Além da denominação imprecisa do nosso conflito de leis do DIPr, ainda existe a necessidade de evitar confusões com outras modalidades de conflitos que são estudados na Ciência Jurídica.

Para facilitar a compreensão, começamos com as características do conflito de leis do DIPr e, com isso, estabelecemos os vetores que o distinguem:

(a) conflito horizontal – não há hierarquia entre os direitos envolvidos;

(b) extranacionalidade – modalidade de extraterritorialidade de Direitos;

(c) estuda a preferência entre direitos concorrentes para determinar o direito substancial aplicável a determinado fato extranacional;

(d) diversidade legislativa.

Compreendidas essas particularidades do nosso conflito de leis, podemos distingui-lo de outras modalidades de conflitos estudados na Ciência Jurídica, em especial: conflito de normas jurídicas; conflito de jurisdição; conflitos internacionais; e *Conflict of Laws*.

> Pode haver uma antinomia em um sistema colisional de um país. Por exemplo, termos duas normas colisionais adotando elementos de conexão distintos para a mesma questão – uma norma desdizendo a outra. Isso é temática do conflito de normas jurídicas e resolvida por seus critérios, como, por exemplo, lei posterior derroga lei anterior, lei especial derroga lei geral. E não, essa antinomia não faz parte do estudo do Direito Internacional Privado, mesmo afetando-o.

O conflito de normas jurídicas é um campo de estudo da Teoria geral do Direito, mais precisamente no estudo das normas jurídicas como elementos componentes de um sistema jurídico criando uma ordem jurídica. É a ideia do ordenamento jurídico, da pirâmide jurídica que se estabelece em todo Direito emanado de um poder soberano.

É um conflito no sentido próprio da palavra, isto é, estuda-se a colisão, embate de normas – um conflito vertical. O conflito vertical é caracterizado pela formação de antinomias jurídicas, as quais impedem o funcionamento do sistema jurídico e são "crises" no ordenamento jurídico que precisam ser resolvidas por meio de regras tanto espaciais como temporais do Direito – critérios de integração sistêmica estabelecidos pela autoridade fonte das normas jurídicas em questão.

Se diferencia do nosso conflito de leis do DIPr pelo fato de não ser horizontal, possuir hierarquia, não se limitar a questões espaciais e não procura estudar a questão da extranacionalidade.

O conflito de jurisdição, por sua vez, é uma temática do Processo Internacional, é o estudo das questões envolvendo choque de competências judiciárias entre Estados sob determinadas questões extranacionais. Seu objetivo é estudar a fixação de competência processual para solucionar lides, trabalhando com a função pacificadora do Estado e seu alcance no plano internacional.

Não se confunde com o nosso conflito de leis do DIPr, pois tem por objeto a questão da autoridade que irá decidir a lide oriunda de uma relação jurídica, a partir do arcabouço processual e de normas instrumentais as quais devem ser utilizadas para pacificar determinada lide. É a pergunta: "qual o poder judiciário competente para solucionar aquela questão litigiosa?".

Outra modalidade de conflito que não podemos confundir é o conflito internacional. Um conflito internacional é quando Estados soberanos entram em conflito, em choque por determinadas situações não necessariamente jurídicas. Os conflitos internacionais são oriundos de incidentes diplomáticos (fatos internacionais) e que, normalmente, são estudados no Direito em relação à competência e atuação dos Tribunais Internacionais e das Organizações Internacionais, em especial a Corte Internacional de Justiça, o Tribunal Penal Internacional e o Órgão de Solução de Controvérsias da OMC.

A principal diferença dessa modalidade de conflito para o nosso conflito de leis do DIPr é que, apesar de horizontal, envolve um efetivo choque de soberanias e possui forte influência política em seu acontecimento, sendo objeto de estudo tanto do Direito Internacional Público como das Relações Internacionais.

Por fim, não podemos confundir o nosso conflito de leis do DIPr com o fator de sua consolidação na história do Direito Internacional Privado, o *Conflict of Laws*.

Conflict of Laws, se traduzirmos tecnicamente, é Direito Internacional Privado no *common Law*, mais precisamente a parte geral do Direito Internacional

Privado, que não se confunde com a parte especial "*is a course about the allocation of sovereign authority*"[140].

Grosso modo, o *Conflict of Laws* estuda não só a questão da extranacionalidade como também as questões interestaduais envolvendo os Estados federados, como é o caso dos Estados Unidos da América. Neste país, existe uma quase independência entre os direitos estaduais e ressaltando-se três temáticas principais ("*Tripartite structure of conflict of laws*"): *Jurisdiction*, *Choice of Law* e *Judgments*[141].

Para fins de didáticos, podemos associar o campo de *Jurisdiction* à questão da fixação de competência (algo próximo ao conflito de jurisdição). Enquanto o *choice of Law* é o estudo da determinação da lei aplicável ao caso; e *Judgements* à questão da eficácia das decisões (algo próximo à homologação de atos, decisões e sentenças estrangeiras).

Diante dessa brevíssima explanação, temos que o nosso conflito de leis do DIPr é próximo ao campo do *choice of Law*, isto é, um objeto de estudo do *Conflict of Laws*. Portanto, como já mencionamos anteriormente, *Conflict of Laws* é o nome do ramo jurídico que conhecemos como Direito Internacional Privado, enquanto o nosso conflito de leis do DIPr é um dos objetos (*choice of law*) estudados no *Conflict of Laws*.

9. 2 O INCIDENTE PROCESSUAL DO DIREITO INTERNACIONAL PRIVADO NO BRASIL

A melhor forma para compreender a doutrina brasileira da solução de conflitos do DIPr é nos utilizar do ramo que cada vez mais se expande dentro das academias brasileiras: o processo civil e a "visão prática" do Direito.

Neste intuito podemos fornecer a seguinte visualização:

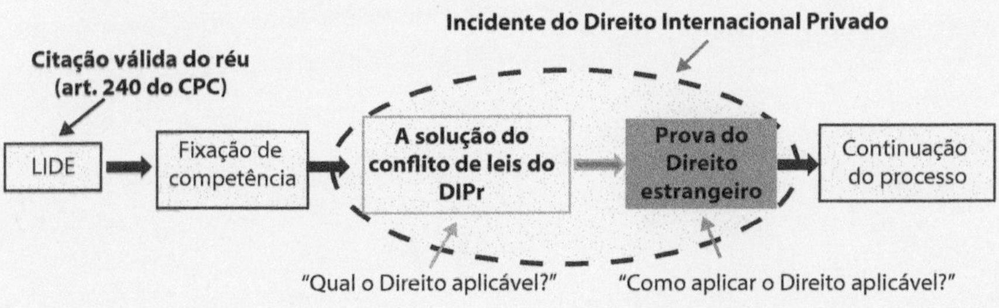

---

140 BRILMAYER, Lea; GOLDSMITH, Jack; O'CONNOR, Erin O'Hara. **Conflict of laws:** cases and materials. 7. ed. New York: Wolter Kluwers, 2015, p. 33.

141 LITTLE, Laura E. **Conflict of laws:** cases, materials, and problems. 2. ed. New York: Wolters Kluwer, 2018, p. xxx-xxxii.

Delimitamos assim as duas grandes temáticas que compõem a doutrina da solução do conflito de leis do DIPr brasileiro:

(I) o método colisional ("qual o direito aplicável?");

(II) a aplicação efetiva do Direito estrangeiro incidente ("como aplicar o direito aplicável?").

Sob a temática do método colisional, estão agrupados o estudo da teoria da qualificação e a teoria dos elementos de conexão, compreendendo os pilares do Direito Internacional Privado como ramo jurídico, logo aplicável a todas as suas manifestações jurídicas.

A temática da aplicação efetiva do Direito estrangeiro incidente é composta por diferentes institutos do Direito Internacional Privado, sendo os mais comuns as excludentes de aplicação do direito estrangeiro, o reenvio, a instituição desconhecida e os aspectos instrumentais do Direito Internacional Privado (ex.: a prova do direito estrangeiro, a prova estrangeira e a homologação de ato, decisão ou sentença estrangeira).

Essa divisão temática é importante pois nossa análise vai adotar essa bipartição (solucionar + aplicar) para estruturar a análise do Direito Internacional Privado brasileiro, iniciando com a análise dos principais elementos de conexão que nele existem e finalizando com seus aspectos instrumentais mais importantes.

Capítulo 10

LEX DOMICILII: OS ESTATUTOS PESSOAIS NO DIREITO INTERNACIONAL PRIVADO BRASILEIRO

10.1 O INSTITUTO DO DOMICÍLIO

10.1.1 Moradia, residência e domicílio da pessoa física

A compreensão de um elemento de conexão começa com a própria compreensão do instituto jurídico nele consagrado. Não há como compreender o domicílio como elemento de conexão sem existir uma noção básica do que significa domicílio – o que é o domicílio.

Em regra, domicílio é o instituto jurídico que designa o local no espaço onde uma determinada pessoa se estabelece para morar e centralizar suas atividades profissionais/econômicas, sendo uma evolução do conceito romano de *domus*[142].

A sua natureza é objeto de diversas teorias diferentes, das quais podemos destacar a que considera o domicílio como uma relação jurídica entre a pessoa e o espaço (doutrina francesa); aquelas que o consideram como um fator de intenção, elemento psicológico do indivíduo (doutrina suíça); e aquelas que o consideram como uma noção atrelada à atividade do indivíduo (doutrina alemã).

Longe de adentrar nesse debate teórico, no Brasil o conceito de domicílio tem como âncora legislativa principal o art. 70 do Código Civil: "O domicílio da pessoa natural é o lugar onde ela estabelece a sua residência com ânimo definitivo". É o denominado domicílio comum ou voluntário na doutrina civilista e expressão de um direito da personalidade[143].

---

142 PEREIRA, Caio Mário da S. **Instituições de direito civil.** v. 1: Introdução ao direito civil. Teoria geral do direito. Atualizado por Maria Celina Bodin de Moraes. 28. ed. Rio de Janeiro: Forense, 2015, p. 311.

143 LEAL, Larissa. A desordem normativa brasileira e a questão do domicílio do leiloeiro público oficial. **Revista Acadêmica da Faculdade de Direito do**

Com esse referencial legislativo, temos como regra geral que o conceito de domicílio está atrelado a dois pilares centrais: residência e o ânimo definitivo (*animus manedi*).

A residência, elemento material do conceito de domicílio[144], consiste na localização espacial da pessoa, traduzindo a ideia de existência em determinado espaço terrestre. Como conceito jurídico, a residência é o local onde a pessoa se estabelece, com certa habitualidade, havendo previsibilidade e certeza de sua presença em determinados períodos de tempo – "moradia habitual".

Residência não se confunde com moradia, ou simples moradia, pois se caracteriza por existir um grau de previsibilidade, estabilidade e certeza da pessoa para com aquele local; quanto à moradia, não existe nem previsibilidade, nem estabilidade e nem certeza da pessoa para com aquele local.

> Utilizando uma analogia grosseira, uma estadia em uma pousada ou hotel para turismo é uma moradia. Ser proprietário de uma casa de praia para a qual a pessoa viaja todo ano, passando nela determinado tempo, é uma residência. E o lugar onde a pessoa mora e trabalha é o seu domicílio.

Pessoalmente, essa distinção se torna mais fácil de se compreender quando utilizamos a ideia de desenvolvimento de atividades habituais e atividades profissionais que cada pessoa tem. A moradia consiste no lugar onde a pessoa se encontra sem desenvolver nenhuma de suas atividades habituais, nem atividades profissionais, normalmente é o local onde a pessoa se encontra para atividades de lazer ou por força de acontecimentos além de sua vontade. A residência é o lugar onde a pessoa se encontra desenvolvendo suas atividades habituais, mas não suas atividades profissionais – consistindo em pilar da ideia de domicílio.

Porém, o domicílio não se confunde com residência, pois exige que exista o *animus manendi*, o ânimo definitivo em se estabelecer em determinado local. Utilizando nossa teoria do desenvolvimento de atividades, o *animus manendi* se verifica com quando o indivíduo centraliza não só suas atividades

---

Recife, v. 83, n. 1, out. 2013. Disponível em: https://periodicos.ufpe.br/revistas/ACADEMICA/article/view/297/261. Acesso em: 27 jun. 2019.

144 PEREIRA, Caio Mário da S. **Instituições de direito civil.** v. 1: Introdução ao direito civil. Teoria geral do direito. Atualizado por Maria Celina Bodin de Moraes. 28. ed. Rio de Janeiro: Forense, 2015, p. 312.

habituais como também suas atividades profissionais naquele lugar, demonstrando efetivamente o interesse em se fixar permanentemente.

Todo domicílio tem residência, mas nem toda residência gera um domicílio. O Domicílio é a regra como elemento de conexão, não a residência, não a moradia.

10.1.2 Os diferentes tipos de domicílio da pessoa física

Apesar de o art. 70 do CC ser a âncora legislativa principal para compreender o instituto do domicílio, o dispositivo somente estabelece as diretrizes gerais para este, havendo inúmeras especializações.

A primeira que podemos destacar é a conhecida como domicílio profissional prevista:

> **Art. 72.** É também domicílio da pessoa natural, quanto às relações concernentes à profissão, o lugar onde esta é exercida.
>
> **Parágrafo único.** Se a pessoa exercitar profissão em lugares diversos, cada um deles constituirá domicílio para as relações que lhe corresponderem.

Advogados têm domicílio necessário na sede principal de suas atividades advocatícias – conforme art. 10, § 1º, da Lei n. 8.906.

Diferentemente da concepção geral, o domicílio profissional não se vincula à combinação de residência e *animus*, mas sim ao local da atividade profissional, admitindo a pluralidade de domicílios quando esta ocorre em diversos lugares, não sendo possível verificá-la em um local central – é uma forma de domicílio especial.

Essa modalidade é de extrema relevância para o Direito Internacional Privado quando se estudam as obrigações trabalhistas e questões envolvendo atividades profissionais liberais, especialmente quando possuem legislação própria.

Outra modalidade que podemos destacar é domicílio contratual previsto no art. 78 do CC ("Nos contratos escritos, poderão os contratantes especificar domicílio onde se exercitem e cumpram os direitos e obrigações deles resultantes").

Modalidade que se demonstra relevante no estudo das cláusulas abusivas dentro do Direito do Consumidor, no qual destacamos a lição de "acautelem-se os contratantes, pois nem sempre a eleição de domicílio fulcrada em contrato poderá prosperar, ainda que seja feita de modo expresso e inequívoco" pois o mesmo é "restrito ao cumprimento obrigacional e não prejudica o domicílio geral que subsiste para toda relação jurídica afora do contrato"[145]. O domicílio contratual também é uma forma de domicílio especial.

Ainda no Código Civil, destacamos o domicílio necessário dos incapazes, do servidor público, do militar, o marítimo e o preso, conforme:

> **Art. 76.** Têm domicílio necessário o incapaz, o servidor público, o militar, o marítimo e o preso.
>
> **Parágrafo único.** O domicílio do incapaz é o de seu representante ou assistente; o do servidor público, o lugar em que exercer permanentemente suas funções; o do militar, onde servir, e, sendo da Marinha ou da Aeronáutica, a sede do comando a que se encontrar imediatamente subordinado; o do marítimo, onde o navio estiver matriculado, e o do preso, o lugar em que cumprir a sentença.

O domicílio necessário decorre por força de lei, não havendo qualquer relação com a vontade de se fixar ou com o local de sua residência, mas sim com o fato de ser aquele indivíduo enquadrado nas previsões legais – é uma forma de domicílio geral.

O incapaz é aquele que não tem aptidão para assumir obrigações, aquelas pessoas que "sem perderem os atributos da personalidade, não têm a faculdade do exercício pessoal e direto dos direitos civis"[146], e estão elencados nos arts. 3º e 4º do CC.

Atenção: terceirizados não são servidores públicos. Para caracterizar a função pública, há de existir um vínculo com a Administração Pública direta ou indireta, seja por via de concurso ou contrato.

---

145 LEITE, Gisele. Domicílio: um complexo conceito do direito civil. In: **Âmbito Jurídico,** Rio Grande, IX, n. 34, nov. 2006. Disponível em: http://www.ambito-juridico.com.br/site/index.php?n_link=revista_artigos_leitura&artigo_id=1379. Acesso em: 27 jun. 2019.

146 PEREIRA, Caio Mário da S. **Instituições de direito civil.** v. 1: Introdução ao direito civil. Teoria geral do direito. Atualizado por Maria Celina Bodin de Moraes. 28. ed. Rio de Janeiro: Forense, 2015, p. 228.

"Servidor público" é um conceito cuja complexidade é antiga na doutrina brasileira[147] e, em regra, socorre-se na definição ampla do art. 327 do Código Penal ("Considera-se funcionário público, para os efeitos penais, quem, embora transitoriamente ou sem remuneração exerce cargo, emprego ou função pública"), havendo a adaptação de que o exercício da função pública tem de ser permanente e sem distinção entre empregado, funcionário e servidor público para fins do domicílio necessário.

Quando se estuda o domicílio necessário dos servidores públicos, é comum surgir a expressão "domicílio administrativo". Acerca deste, "importa a localização do exercício das atividades do funcionário ou órgão da administração pública"[148].

O marítimo, ou gente do mar, é sinônimo de trabalhador embarcado (tripulante ou profissional não tripulante), o qual, pela Convenção 185 da OIT, em seu art. 1º, é definido como "toda e qualquer pessoa empregada, contratada ou que trabalhe em qualquer função a bordo de uma embarcação, que não seja de guerra e que esteja dedicada habitualmente à navegação marítima". Não se confunde com o conceito de marinheiro, nem com o de tripulante, mas está inserido no conceito de equipagem da embarcação: "conjunto de pessoas empregadas a serviço do navio mercante"[149].

O preso é outra questão complexa no Direito brasileiro. Em regra, é considerado preso aquele que foi condenado por uma sentença penal condenatória transitada em julgado e cumpre pena privativa de liberdade, seja na modalidade fechada ou semiaberta, em Instituição do sistema carcerário brasileiro. Porém, com a recente ampliação dos casos de prisões provisórias, abre-se a questão: estes presos provisórios também são assim considerados para fins de domicílio necessário?

Importante é não confundir o preso com o condenado, pois nem todo réu condenado se transforma em preso, e, também, compreender que o domicílio necessário se aplica à pessoa do preso, não a seus familiares.

---

147 FILHO, Adelino. Conceito jurídico do funcionario publico. Sua responsabilidade patrimonial. **Revista Acadêmica da Faculdade de Direito do Recife,** v. 4, n. 1, p. 59-65, 1894. Disponível em: https://periodicos.ufpe.br/revistas/ACADEMICA/article/view/238553/30365. Acesso em: 27 jun. 2019.

148 PEREIRA, Caio Mário da S. **Instituições de direito civil.** v. 1: Introdução ao Direito Civil. Teoria geral do Direito. Atualizado por Maria Celina Bodin de Moraes. 28. ed. Rio de Janeiro: Forense, 2015, p. 315.

149 GIBERTONI, Carla A. C. **Teoria e prática do direito marítimo.** 3. ed. Rio de Janeiro: Renovar, 2014, p. 127.

Cuidado para não confundir os critérios utilizados para definir o domicílio eleitoral – consolidados na jurisprudência eleitoral brasileira – com os demais critérios sobre domicílio. É bem distinto, por exemplo, o critério do vínculo social baseado em familiar morando em determinada região (Recurso Eleitoral – RE 1.540, Zona Eleitoral 162ª TRE-MG, em 26/10/2016) e o critério de vínculo político, social ou afetivo baseado na vinculação com familiares, gozo de serviços públicos e atividade na região (Agravo Regimental – Agravo de Instrumento n. 7.286 PB – Tribunal Superior Eleitoral, em 14/03/2013).

Além dessas modalidades estabelecidas no Código Civil, existem ainda inúmeras existentes em outras legislações e em outros ramos da Ciência Jurídica, não estando limitadas somente ao Direito Privado, mas existindo também regras de Direito Público.

A título de exemplo podemos destacar o domicílio político, "lugar em que o cidadão, na sua qualidade de súdito do Estado, exerce seus direitos de cidadania"[150], ou melhor, lugar onde a pessoa exerce seus direitos políticos, denominado também domicílio eleitoral, e que possui consequências quanto à escolha de candidatos (art. 9º da Lei n. 9.504), como também no alistamento eleitoral.

O domicílio eleitoral é extremamente flexível em sua conceituação e não se confunde com o domicílio civil, além de não possuir nenhuma relevância atualmente para o Direito Internacional Privado, pois lida com o exercício de direitos políticos, os quais, no Brasil, estão restritos aos nacionais ou equiparados aos nacionais (o português).

Também é importante destacar que existem domicílios estabelecidos em legislação de Direito público que possuem relevância para o Direito Internacional Privado, como, por exemplo, o domicílio tributário, previsto no art. 127 do CTN, o qual pode ter notoriedade em questões envolvendo bitributação internacional e qualificação internacional de tributos[151].

---

[150] PEREIRA, Caio Mário da S. **Instituições de direito civil.** v. 1: Introdução ao direito civil. Teoria geral do direito. Atualizado por Maria Celina Bodin de Moraes. 28. ed. Rio de Janeiro: Forense, 2015, p. 315.

[151] A respeito, *vide*: MOURA, Henrique P.; CARVALHO, David F. R. Conflito de interpretação do conceito de domicílio para aferição de aplicação de tratados para evitar a bitributação: uma análise sob a perspectiva do caso Volvo-ITOCHU. **Revista de Direito Internacional e Globalização econômica,** v. 2, n. 12, p. 82-103, 2017. Disponível em: https://revistas.pucsp.br/DIGE/article/view/35212. Acesso em: 27 jun. 2019.

Para finalizar as principais especialidades de domicílio no Brasil, resta a questão do domicílio do diplomata em missão, o art. 77 do CC: "O agente diplomático do Brasil, que, citado no estrangeiro, alegar extraterritorialidade sem designar onde tem, no país, o seu domicílio, poderá ser demandado no Distrito Federal ou no último ponto do território brasileiro onde o teve". É o domicílio aparente, forma de domicílio especial.

Essa condição especial do agente diplomático é para garantir maior segurança para sua atuação no exterior, devido ao fato de este tipo de agente ter alta rotatividade de localidades no exercício de suas funções no exterior, variando de localidade, em média, a cada 2-3 anos[152].

> O agente diplomático nunca muda seu domicílio para fora do Brasil quando em missão. O "diplomata" sempre terá seu domicílio no Brasil quando em missão no exterior, pois sua alocação nas repartições diplomáticas brasileiras não tem caráter definitivo.

10.1.3 O domicílio das pessoas jurídicas: a sede

O domicílio das pessoas jurídicas segue uma dinâmica diferente do das pessoas físicas, mantendo-se o atributo de localização geográfico-espacial, mas substituindo-se o elemento psíquico – pessoas jurídicas não possuem intenção, vontade própria – pelo critério da centralização de suas atividades, comumente denominado **sede**.

Assim, as pessoas jurídicas possuem sedes, não sendo comum utilizar a expressão "domicílio" quando se analisa e determina sua localização geográfico-espacial. Porém, **sede** é um conceito extremamente indeterminado e varia conforme a modalidade de pessoa jurídica.

Destarte, para a determinação do domicílio, sede da pessoa jurídica, é preciso saber qual a modalidade de pessoa jurídica em análise.

A principal classificação das pessoas jurídicas é encontrada no art. 40 do CC: as pessoas jurídicas de direito público externo, as pessoas jurídicas de direito público interno e as pessoas jurídicas de direito privado.

As pessoas jurídicas de direito público externo são os Estados soberanos e as Organizações Internacionais intergovernamentais, aquelas criadas por tratados constitutivos. Essas pessoas jurídicas têm como sede as suas capitais

---

152 Segundo informação colhida no *site* do Instituto Rio Branco. Disponível em: http://www.institutoriobranco.itamaraty.gov.br/perguntas-frequentes. Acesso em: 27 jun. 2019.

nacionais (caso do Estados soberanos) e o local estipulado de seu funcionamento no Tratado constitutivo (caso de Organizações Internacionais).

As pessoas jurídicas de direito público interno são as coletividades que compõem a Administração Pública na sua forma direta (União, Estados, Municípios e, quando existem, os Territórios) ou na sua forma indireta (autarquias, associações públicas e demais entidades públicas criadas por lei).

Aqui ocorre um fenômeno interessante: por força do art. 75 do CC, a União, os Estados e os Territórios têm como sede de suas respectivas capitais o Distrito Federal, as capitais estaduais e a capital do território. Já o Município segue a teoria da sede, isto é, seu domicílio será o local onde se centralizam suas atividades administrativas, a "administração municipal" – ou seja, a mesma teoria que rege os entes da Administração Pública indireta (autarquias, empresas públicas, fundações públicas, sociedade de economia mista) e as pessoas jurídicas de direito privado.

As pessoas jurídicas de direito privado são as coletividades que se originam de ato de vontade, do "poder criador da vontade individual" e as quais se "propõem a realizar objetivos de natureza particular, para benefício dos próprios instituidores, ou projetadas no interesse de uma parcela determinada ou indeterminada da coletividade"[153].

O domicílio das pessoas jurídicas, assim, obedece à teoria da sede, mais precisamente, as diferentes concepções que existem sobre o lugar central de suas atividades – passando pelas **teorias da sede estatutária** (o local descrito no ato constitutivo da pessoa jurídica como sua administrativa), perpassando pelas **teorias da sede social** (local onde exerce a maior parte de suas atividades), até chegar nas **teorias da sede efetiva** (local onde efetivamente a pessoa jurídica possui bens, exerce suas atividades etc.).

Para os objetivos da nossa obra, o domicílio das pessoas jurídicas tem pouca relevância, pois não iremos abordar a temática da nacionalidade da pessoa jurídica e da atuação das empresas transnacionais, as quais compõem o microssistema do Direito do Comércio Internacional – parte especial do Direito Internacional Privado.

É importante abordar essa temática, mesmo que de forma superficial, para não se confundir o domicílio da pessoa jurídica com o da pessoa física, nem confundir o domicílio (sede) da pessoa jurídica com o estabelecimento comercial.

---

[153] PEREIRA, Caio Mário da S. **Instituições de direito civil.** v. 1: Introdução ao direito civil. Teoria geral do direito. Atualizado por Maria Celina Bodin de Moraes. 28. ed. Rio de Janeiro: Forense, 2015, p. 266-267.

Quando o art. 75, § 1º, define "Tendo a pessoa jurídica diversos estabelecimentos em lugares diferentes, cada um deles será considerado domicílio para os atos nele praticados", a palavra "estabelecimentos" não se refere ao estabelecimento comercial, mas sim à existência de uma estrutura de funcionamento da pessoa jurídica naquele lugar.

Isso tem de ficar claro, pois estabelecimento comercial é uma universalidade de fato que designa o patrimônio de uma empresa, ou, "um conjunto de meios destinados ao exercício da atividade empresarial"[154].

Empresas têm estabelecimento comercial, e Empresas não são sinônimo de pessoas jurídicas, pois existem empresário individuais, como também existem pessoas jurídicas não empresárias (ex.: ONG). Empresa é uma atividade, a pessoa jurídica podendo ou não exercer essa atividade.

10.2 OS ESTATUTOS PESSOAIS

10.2.1 A *summa divisio legum* do Direito Internacional Privado

Quando estudamos o elemento de conexão domicílio, começamos a nos deparar com uma expressão que remonta ao século XIV, legado direto da escola dos pós-glosadores e do mestre Bartolo de Saxoferrato: os "estatutos".

Na esteira do ressurgimento do estudo dos textos jurídicos romanos e da formação das primeiras universidades europeias, vai surgir uma das primeiras classificações de regras jurídicas: a teoria estatutária.

A teoria estatutária foi produto de um período marcado pela convivência de dois grandes princípios de aplicação de regras jurídicas, o da personalidade das regras (origem germânica) e o da territorialidade das regras (origem romana). Inaugurou uma nova forma de pensar o direito e perdurou do século XIII até fins do século XVIII.

Em sua essência, a teoria estatutária se baseou na crença de que "*tous les source du droit positif en vigueur dans un pays*" ("todas as fontes do direito positivo em vigor em um país") poderiam ser classificadas em três grupos, "*trois classes auxquelles on a donné les noms de statuts personnels, réels et mixtes*"[155] ("três classes as quais foram denominados de estatutos pessoais, reais e mistos"). É o que denomino *summa divisio legum* do Direito Internacional Privado: os estatutos pessoais, os estatutos reais e os estatutos mistos.

---

154 BORBA, José Edwaldo T. **Direito societário.** 17. ed. São Paulo: Atlas, 2019, p. 67.

155 ASSER, Tobias M.-C. **Éléments de droit international privé ou du conflit des lois.** Trad. Alphonse Rivier, Paris: Arthur Rosseau editor, 1884, p. 9. Disponível via pesquisa em http://gallica.bnf.fr.

Em um primeiro momento, a teoria inovou o estudo do Direito, em especial na divisão de estatutos pessoais e os estatutos reais, mas a sua evolução para uma terceira classe, os estatutos mistos, acabou gerando uma tormenta no estudo do Direito que somente seria silenciada com o advento das codificações e as novas formas de sistematização do Direito no século XIX[156].

Das grandes escolas estatutárias, sobrou para o Direito Internacional Privado moderno o termo "estatuto" e o uso rotineiro das expressões "estatuto pessoal" e "estatuto real", os quais estão longe de terem a mesma conotação do período estatutário. Por estatutos pessoais compreendemos o conjunto de normas, regras e princípios jurídicos que se referem aos atributos, aptidões e personalidade jurídica dos indivíduos no Direito Internacional Privado; enquanto os estatutos reais compreendem o conjunto de normas, regras e princípios jurídicos referentes aos bens, às coisas no Direito Internacional Privado.

Ressaltamos que a palavra "estatuto", no contexto atual, deve ser sempre compreendida no Direito Internacional Privado como conjunto de normas, regras e princípios jurídicos sobre determinado assunto.

10.2.2 Os atributos e as aptidões da pessoa física: personalidade, estado e capacidade

Quando afirmamos que os estatutos pessoais englobam as normas, regras e princípios sobre os atributos e as aptidões da pessoa física, nos resta proceder com a delimitação sobre o que são esses atributos e o que são essas aptidões: a ideia de personalidade jurídica da pessoa.

O ser humano só existe para o Direito quando possui uma personalidade jurídica, isto é, ele existe para o Direito sem depender de sua consciência ou vontade para tal[157]. É a origem da possibilidade de se definir a individualidade da pessoa e delimitar suas aptidões jurídicas. Todo ser humano é dotado de personalidade jurídica e ela se extingue com sua morte.

É a partir da personalidade jurídica que surgem a individualização jurídica da pessoa (os atributos, o estado civil) e sua aptidão para exercício de direitos e deveres (a capacidade).

---

156 FREITAS, Augusto Teixeira de. **Consolidação das leis civis.** Brasília: Senado Federal – Conselho Editorial, 2003, p. CX.

157 PEREIRA, Caio Mário da S. **Instituições de direito civil.** v. 1: Introdução ao direito civil. Teoria geral do direito. Atualizado por Maria Celina Bodin de Moraes. 28. ed. Rio de Janeiro: Forense, 2015, p. 185.

O conceito jurídico que define os atributos de uma pessoa física no Direito é denominado "questões de estado", o famoso "estado civil", definido como a totalidade de atributos que uma determinada ordem jurídica confere à pessoa humana, identificando-a e individualizando-a no meio social: "a totalidade dos atributos que integram sua individualidade jurídica e aos quais o ordenamento reconhece ou confere determinados direitos, impondo, igualmente, deveres jurídicos"[158]. São exemplos de atributos da pessoa física (estado): nome, sobrenome, idade, sexo, profissão, nacionalidade e o estado civil.

O conceito jurídico que define a aptidão da pessoa física para direitos e deveres (obrigações) no Direito é denominado "capacidade", sendo a mais comum a capacidade civil, a qual se subdivide em duas grandes modalidades: a capacidade de gozo (ou de Direito, ou de aquisição) e a capacidade de exercício (ou de fato, ou de ação)[159].

A capacidade de gozo (de Direito, de aquisição) é a "aptidão oriunda da personalidade"[160], é a marca jurídica de que a pessoa é apta para adquirir direitos, de existir como sujeito de Direito.

A regra é que todas as pessoas nascidas vivas têm personalidade, logo têm capacidade de gozo, porém podemos visualizar algumas exceções a essa regra: o nascituro e o declarado morto.

A questão da personalidade jurídica e capacidade de gozo do nascituro é extremamente complexa e desperta várias emoções no debate, ela é consequência do desafio para o Direito em responder à questão de: quando é que começa a existência de uma pessoa física: com o nascimento com vida? Ou com a concepção?

Até o século XIX predominavam as teorias natalistas sobre o início da personalidade jurídica; sob este arcabouço teórico somente o nascimento com vida garantia ao ser humano a personalidade jurídica, porém, na metade final do século XX, com o desenvolvimento tecnológico envolvendo a reprodução humana, começaram a se estabelecer as teorias concepcionistas,

---

158 BASSO, Maristela. **Curso de direito internacional privado.** 5. ed. São Paulo: Atlas, 2016, p. 239.

159 PEREIRA, Caio Mário da S. **Instituições de direito civil.** v. 1: Introdução ao direito civil. Teoria geral do direito. Atualizado por Maria Celina Bodin de Moraes. 28. ed. Rio de Janeiro: Forense, 2015, p. 223.

160 PEREIRA, Caio Mário da S. **Instituições de direito civil.** v. 1: Introdução ao direito civil. Teoria geral do direito. Atualizado por Maria Celina Bodin de Moraes. 28. ed. Rio de Janeiro: Forense, 2015, p. 223.

estabelecendo que a personalidade jurídica do ser humano começa com sua concepção, com o embrião humano[161].

No Direito brasileiro, temos como regra geral que a personalidade jurídica começa com o nascimento com vida, resguardando-se os direitos do nascituro desde a sua concepção (art. 2º do CC).

Então podemos interpretar que a capacidade de gozo do embrião, do nascituro, se encontra suspensa até seu nascimento – o Brasil adotando um meio termo entre o natalismo e o concepcionismo.

O declarado morto, ou morto civil, é uma situação *sui generis* criada pelo Direito diante de situações em que não há como ter certeza sobre o acontecimento da morte biológica, recorrendo-se a presunções – é o instituto da morte presumida (arts. 6º e 7º do CC).

Se a personalidade termina com a morte da pessoa física, ao ser declarada a morte presumida a pessoa morta civil estará com sua capacidade de gozo suspensa enquanto perdurar a declaração.

A capacidade de exercício (de fato, de ação) está relacionada à aptidão de assumir obrigações (direitos e deveres), de realizar negócios jurídicos[162] ou de "exercício pessoal dos direitos"[163]. Divide-se em incapazes, capacidade relativa e capacidade plena no Direito brasileiro.

A incapacidade é verificada quando existe uma lei que proíbe àquela pessoa se obrigar ou praticar determinado ato, existindo a necessidade de se designar-lhe um representante. É o que a doutrina denomina "incapacidade absoluta" e se aplica às pessoas menores de 16 anos.

A capacidade relativa (ou incapacidade relativa) é verificada quando existe uma restrição legal para a pessoa se obrigar ou praticar determinado ato sozinha, havendo a necessidade de se designar um assistente para a pessoa poder realizar a obrigação ou praticar o ato.

---

161 SZANIAWSKI, Elimar. O embrião humano: sua personalidade e a embrioterapia. **Revista da Faculdade de Direito UFPR,** Curitiba, PR, Brasil, v. 46, dez. 2007. Disponível em: https://revistas.ufpr.br/direito/article/view/14978/10030, doi: http://dx.doi.org/10.5380/rfdufpr.v46i0.14978. Acesso em: 28 jun. 2019.

162 BASSO, Maristela. **Curso de direito internacional privado.** 5. ed. São Paulo: Atlas, 2016, p. 239.

163 PEREIRA, Caio Mário da S. **Instituições de direito civil.** v. 1: Introdução ao direito civil. Teoria geral do direito. Atualizado por Maria Celina Bodin de Moraes. 28. ed. Rio de Janeiro: Forense, 2015, p. 223.

No Brasil, como regra geral do Código Civil, são incapazes relativamente:

> **Art. 4º** São incapazes, relativamente a certos atos ou à maneira de os exercer:
>
> I – os maiores de dezesseis e menores de dezoito anos;
>
> II – os ébrios habituais e os viciados em tóxico;
>
> III – aqueles que, por causa transitória ou permanente, não puderem exprimir sua vontade;
>
> IV – os pródigos.

As restrições à capacidade de exercício são sempre de caráter temporário, só existindo enquanto a condição de incapacidade se mantiver, sendo obrigatória, nessa situação, a presença do assistente para auxiliar na realização de atos da vida civil.

> No Brasil não existe o instituto da capacidade parcial, como existe nos Estados Unidos da América. No *common Law*, os sujeitos à guarda, os deficientes mentais, os ébrios e viciados em tóxico e os menores de 18 anos são considerados capazes parcialmente dentro do campo das obrigações. Isto significa que a aferição da existência, validade do negócio jurídico envolvendo essas pessoas, é aferida caso a caso e baseada na razoabilidade (*reasonable manner*). A respeito, *vide* o § 12 do *Restatement (2nd) on Contracts.*

Existe um pequeno problema no art. 4º do CC, em especial, em seu inciso III, o qual ignora um postulado básico da capacidade de exercício: o elemento volitivo.

Se a capacidade de exercício é baseada na manifestação da vontade em exercitar atos da vida civil, a pessoa que é incapaz de manifestar sua vontade é incapaz de exercitar qualquer ato. Logo, se trata de um incapaz absoluto, não relativo. A incapacidade relativa pressupõe que a pessoa possa externar sua vontade, mas, para esta gerar efeitos, existe necessidade de auxílio por parte de terceiro (instituto da assistência). E o inciso III ignora o óbvio: quem permanentemente não puder exprimir sua vontade, é incapaz de absoluto, não relativo.

Ainda dentro da capacidade de exercício, existem duas situações que demandam maior atenção por parte do jurista: os deficientes mentais e os indígenas.

Com o advento da Lei n. 13.146, foi criado no Brasil o microssistema das pessoas com deficiência (física e mental)[164], seguindo o compromisso

---

164 Uma visão geral pode ser encontrada em NELSON, Rocco Antonio Rangel Rosso; COSTA, Eliton Costa de Souza; NELSON, Isabel Cristina Amaral de

internacional assumido em 2009 com a incorporação da Convenção Internacional sobre os Direitos das Pessoas com Deficiência e seu Protocolo Facultativo de Nova Iorque de 2007 (Decreto n. 6.949/2009).

Com essa inovação legislativa, ao deficiente é atribuído o *status* de vulnerável jurídico, e, por força do art. 6º da Lei n. 13.146, será considerado capaz/incapaz na medida de sua deficiência – "a deficiência por si só não é suficiente para limitar a sua plena capacidade civil do indivíduo"[165].

Também os povos indígenas têm sua capacidade regida por estatuto próprio, a Lei n. 6.001/1973 – o Estatuto do Índio, que estabelece que somente estarão sujeitos a assistência ou tutela os "índios e as comunidades indígenas ainda não integrados" (art. 7º).

Nesse microssistema, a capacidade dos indígenas é determinada pela sua categorização disposta no art. 4º da Lei n. 6.001/1973: os isolados, os em via de integração e os integrados.

Os índios isolados são considerados incapazes e sujeitos à tutela por parte da União até sua integração. Os índios em via de integração serão considerados capazes na medida em que cumpram as condições da Lei n. 6.001/1973, em especial a consciência e conhecimento dos atos que pratica (art. 8º). Os índios integrados são plenamente capazes, conforme interpretação do art. 1º do CC. Em todo caso, o indígena será considerado plenamente capaz se apresentar as seguintes condições:

> **Art. 9º** Qualquer índio poderá requerer ao Juiz competente a sua liberação do regime tutelar previsto nesta Lei, investindo-se na plenitude da capacidade civil, desde que preencha os requisitos seguintes:
>
> I – idade mínima de 21 anos;
>
> II – conhecimento da língua portuguesa;
>
> III – habilitação para o exercício de atividade útil, na comunhão nacional;

Sousa Rosso. Breve estudo sobre o microssistema jurídico das pessoas com deficiência. In: **RFD – Revista da Faculdade de Direito da UERJ,** n. 34, p. 119-150, jan. 2019. Disponível em: https://www.e-publicacoes.uerj.br/index.php/rfduerj/article/view/19593/27677, doi: https://doi.org/10.12957/rfd.2018.19593. Acesso em: 28 jun. 2019.

165 MENEZES, Elis Costa. Sobre a capacidade civil da pessoa com deficiência: desde a metodologia de superação do determinismo apresentada por Stephen Jay Gould até o primado da dignidade da pessoa humana. In: **Direito UNIFACS – Debate virtual,** n. 203, p. 1-19, maio 2017. Disponível em: https://revistas.unifacs.br/index.php/redu/article/view/4785/. Acesso em: 28 jun. 2019.

> IV – razoável compreensão dos usos e costumes da comunhão nacional.
>
> **Parágrafo único.** O Juiz decidirá após instrução sumária, ouvidos o órgão de assistência ao índio e o Ministério Público, transcrita a sentença concessiva no registro civil.

Esperamos ter evidenciado a importância que a pessoa *in foco* possui para analisarmos questões envolvendo sua personalidade jurídica, isto significa que o Direito Internacional Privado não está imune a essa regra básica, havendo sempre a necessidade de se prestar atenção na legislação extravagante (regras especiais) antes de aplicar a legislação geral (as regras gerais).

> É importante não confundir a capacidade oriunda da personalidade jurídica da pessoa física, a capacidade para atos da vida civil, com demais formas de capacidade que existem nos diferentes ramos do Direito. Para exemplificar, não se deve confundir a capacidade com imputabilidade penal (art. 26 do CP); também não confundir com eventuais homônimos como princípio da capacidade contributiva do Direito tributário, a qual se relaciona com distribuição do ônus tributário sob a égide da isonomia tributária – famoso, arcar com impostos conforme suas condições de pagá-los.
> A capacidade para ser empresário e a de ser empregado/aprendiz etc. podem possuir regras próprias e estabelecidas, comumente, em legislação específica. As regras aqui analisadas são somente as gerais.

10.3 O ELEMENTO DE CONEXÃO DOMICÍLIO

10.3.1 O art. 7º da LINDB

> **Art. 7º** A lei do país em que domiciliada a pessoa determina as regras sobre o começo e o fim da personalidade, o nome, a capacidade e os direitos de família.

No Direito Internacional Privado brasileiro, desde do advento da então Lei de Introdução ao Código Civil de 1942, hoje denominada Lei de Introdução às Normas do Direito Brasileiro, o domicílio é o elemento de conexão principal para os estatutos pessoais, de tal modo que, caso não exista legislação específica determinando outro elemento de conexão, será a lei do domicílio da pessoa física que indicará o direito aplicável para as questões da sua personalidade, do seu estado, da sua capacidade (tanto de gozo, como de exercício), os direitos de família e a sucessão.

Destacamos o caráter bem geral que o legislador de 1942 conferiu à teoria do domicílio como elemento de conexão dos estatutos pessoais, pois é uma regra geral que possui um grande número de exceções, de regras específicas, normalmente ignoradas nos manuais da nossa disciplina – sendo o Direito cambiário o maior expoente dessas exceções.

Para compreender essa previsão generalista e, na nossa opinião, deficiente, do legislador de 1942 ao determinar o sistema colisional baseado no domicílio, é necessário realizar um pequeno estudo sobre a evolução histórica da matéria.

O domicílio tem uma relação antiga como elemento de conexão dos estatutos pessoais no Direito Internacional Privado, remonta aos primeiros passos da disciplina como ramo jurídico autônomo no início do século XIX, quando a própria ideia de nacionalidade se entrelaçava com o "domicílio de origem" das pessoas físicas, comum na doutrina francesa de então[166].

O distanciamento entre o domicílio e a nacionalidade é resultado de um processo de construção doutrinária que se inicia com Savigny e finaliza com a obra de Pasquale Stanislao Mancini, já no contexto da unificação italiana em 1871 (o *Risorgimento*).

Sob a égide desse distanciamento, o final do século XIX viu surgir a teoria do domicílio, consolidando-se no *common Law* (Inglaterra e Estados Unidos da América), e a teoria da nacionalidade, consolidada na Continental (Itália e França), na questão de qual o elemento de conexão deveria reger os estatutos pessoais[167].

> Na Alemanha aconteceu uma situação *sui generis*. A doutrina esmagadora alemã do século XIX era partidária da teoria do domicílio, porém o processo de codificação alemão resultou na consagração da teoria da nacionalidade.

No Brasil, essa evolução não passaria batido. No primeiro momento, houve o forte alinhamento com a teoria do domicílio, graças à influência da obra de Savigny, quando no início do processo de codificação Teixeira de Freitas propôs em seu Esboço de Código Civil o domicílio como elemento

---

166 FOELIX, M. **Traité du droit international privé ou du conflit des lois de différentes nations.** 2. ed. Paris: Joubert, Libraire de la Cour de Cassation, 1847, p. 38.

167 CÂMARA DOS DEPUTADOS. **Código Civil brasileiro:** trabalhos relativos à sua elaboração. Rio de Janeiro: Imprensa Nacional, 1917, p. 33, v. 1. Disponível online em https://bd.camara.leg.br/bd/handle/bdcamara/14356.

de conexão para determinados aspectos dos estatutos pessoais, como a capacidade de exercício (arts. 25 e 26), a morte presumida (arts. 270 e 271) e a validade e nulidade de atos jurídicos (art. 849) – "é o *domicílio* e não a *nacionalidade* que determina a sede jurídica das pessoas"[168].

Ocorre que a ascensão do nacionalismo na metade final do século XIX resultou em uma reformulação do conceito de nacionalidade como uma das leis naturais mais fortes que agem sobre o indivíduo, o qual se tornou fundamento do Direito das Gentes e iniciou uma nova compreensão do fenômeno internacional naquele período[169].

O processo de codificação brasileiro, então, abandonou a teoria do domicílio e começou a estabelecer o paradigma dos estatutos pessoais sob a ótica da nacionalidade da pessoa física, como se denota na redação do art. 22 do Projecto Primitivo do Código Civil de 1916 ("A lei nacional da pessoa rege a sua capacidade e os seus direitos de família"[170]), se transformou no art. 8º da Introdução do Código Civil de 1916 ("A lei nacional da pessoa determina a capacidade civil, os direitos da família, as relações pessoais dos cônjuges e o regimen dos bens no casamento, sendo lícito quanto a este a opção pela lei brasileira").

Tomando por base o processo legislativo do Código Civil de 1916, podemos notar que a legislação de 1942 foi desacertada. No Projeto Primitivo do Código Civil de 1916, a questão de estado era regida pela lei do local da aquisição do estado, enquanto a capacidade civil pela lei da nacionalidade, e os Direitos de Família possuíam como regra geral a lei da nacionalidade, porém o casamento era regido pela lei do local da celebração, as proclamas pela lei do domicílio e os impedimentos pela conjugação das regras do Código Civil brasileiro e as existentes na lei do local da celebração.

O mesmo acontecia com a disciplina normativa da sucessão, sendo a regra geral a lei do último domicílio do *de cujus*, mas a vocação hereditária pela lei nacional do *de cujus*.

O resultante capítulo Introdução ao Código Civil de 1916 estabeleceu uma sistemática completamente diferente, estabelecendo que a capacidade

---

168 BRASIL. **Código Civil:** esboço por A. Teixeira de Freitas. Rio de Janeiro: Ministério da Justiça e Negócios Interiores (Serviço de Documentação), 1952, p. 29.

169 MANCINI, Pasquale Stanislao. **Direito internacional.** Trad. Arno dal Ri. Ijuí: Editora Unijuí, 2003, p. 53.

170 CÂMARA DOS DEPUTADOS. **Código Civil brasileiro:** trabalhos relativos à sua elaboração. Rio de Janeiro: Imprensa Nacional, 1917, p. 93, v. 1. Disponível online em https://bd.camara.leg.br/bd/handle/bdcamara/14356

civil, os direitos de família, as relações pessoais dos cônjuges e o regime de bens estariam todos sujeitos à opção pela lei brasileira, caso não existisse a lei da nacionalidade da pessoa. Era silente quanto à celebração, impedimentos e as questões de estado.

Determinava, pois, a subsidiariedade da lei do domicílio quando verificado caso de apatridia ou conflito positivo de nacionalidade (dupla nacionalidade) dificultando a aplicação da lei nacional.

A sucessão, por sua parte, foi submetida ao Direito do local onde os bens se situam (*lex rei sitae*), sendo que nas sucessões sobre coisas vagas abertas no Brasil deveria ser a lei nacional do falecido ou a lei brasileira quando o falecido fosse casado com brasileiro ou tivesse filho brasileiro.

A legislação de 1942, por sua vez, adotou uma terceira sistemática legislativa. A personalidade (início e fim), o nome, a capacidade e os direitos de família estão sujeitos ao domicílio da pessoa.

O casamento no Brasil é regido pela lei brasileira quanto às formalidades da celebração e aos impedimentos, enquanto a invalidade é pelo primeiro domicílio conjugal e o regime de bens pelo domicílio comum dos nubentes ou primeiro domicílio conjugal.

A sucessão tem como regra geral o último domicílio do *de cujus*, havendo a aplicação da lei brasileira ou da lei mais favorável em caso de bens no Brasil com cônjuge ou filho brasileiro como herdeiro, bem como a capacidade de suceder é regida pelo domicílio do herdeiro ou legatário. A legislação é omissa quanto ao casamento celebrado fora do Brasil.

Notamos dessa comparação (*vide* quadro adiante) que somente a atual Lei de Introdução às Normas do Direito Brasileiro de 1942 é que adotou uma teoria por completo (a do domicílio), enquanto tanto a proposta do projeto do Código Civil de 1916, como o próprio Código Civil de 1916 adotou um sistema misto, dando preferência à nacionalidade, mas não descartando o domicílio em determinadas situações – mais precisamente questões de sucessão.

Essa evolução legislativa reflete bem a própria evolução da matéria colisional nos estatutos pessoais, pois a partir da metade final do século XX, em especial com a independência das colônias e suas emancipações como Estados nacionais, a nacionalidade começou a perder seu predomínio sobre os estatutos pessoais pelo fato de estar intrinsecamente relacionada à soberania dos Estados.

O conflito positivo de nacionalidade (a dupla nacionalidade) começou a deixar de ser uma situação excepcional e, cada vez mais, se tornou uma situação corriqueira no trânsito pelo mundo. Consiste em um dos conflitos mais difíceis de serem solucionados pelo Direito Internacional Privado, pois preterir determinada nacionalidade em detrimento de outra acaba gerando consequências no campo diplomático, ressoando de forma negativa no país que viu sua nacionalidade preterida por regra de Direito Internacional Privado de outro país. O domicílio, todavia, não possui esse tipo de problema.

A transição não foi sem críticas, como por exemplo a feita por Pontes de Miranda, pois a remoção da lei nacional diminui "a estabilidade e unidade, em assuntos que assaz o reclama" como são só direitos oriundos do casamento e da família em geral[171].

Aliás, uma crítica que fazemos à legislação de 1942 é justamente sobre a ausência de cuidado por parte do legislador com os diferentes aspectos que envolvem os estatutos pessoais, os direitos de família e o direito das sucessões – a regulamentação é extremamente genérica para um campo dotado de diversos institutos distintos.

Ainda dentro da transição, nem tudo são críticas, havendo doutrina brasileira no sentido de demonstrar as vantagens do domicílio como elemento de conexão em vez da nacionalidade, as quais podem ser agrupadas em três.

A primeira vantagem que a doutrina apresenta é a da lei do domicílio ser mais apropriada para a melhor inserção do imigrante no país, pois "este conhece melhor a legislação do país onde vive e trabalha do que a de sua pátria", a defesa do interesse de terceiros nos negócios jurídicos de modo a facilitar a "adaptação e integração na cultura, na mentalidade, enfim da vida do país", acarretando em maior facilidade de cumprir "o interesse de assimilar todos os estrangeiros que vivem em seu meio de caráter definitivo"[172].

Quadro comparativo da evolução legislativa brasileira		
Projecto Primitivo	**Introdução de 1916**	**Lei de Introdução de 1942**
Art. 7º As **leis relativas ao estado das pessoas** applícam-se, desde que se **tornam obrigatorias**, aos que se acham nas **condicões por ellas estabelecidas**.	**Art. 8.** A **lei nacional da pessoa** determina a **capacidade civil, os direitos de família, as relações pessoais dos cônjuges e o regimen dos bens no casamento,**	**Art. 7º** A **lei do país em que domiciliada** a pessoa determina as regras sobre o **começo e o fim da personalidade, o nome, a capacidade e os direitos de família**.

171 MIRANDA, Pontes de. **Fontes e evolução do direito civil.** 2. ed. Rio de Janeiro: Forense, 1981, p. 105-106.

172 DOLINGER, Jacob; TIBURCIO, Carmen. **Direito internacional privado.** 14. ed. Rio de Janeiro: Forense, 2018, p. 315.

(...) **Art. 22.** A **lei nacional** da pessoa rege a sua **capacidade** e os seus **direitos de família.** **Art. 23.** Os **Brasileiros** que se acharem no **estrangeiro** poderão **casar-se** segundo a **forma legal do paiz em que estiverem**, ou segundo a **estabelecida pelo Codigo Civil Brasileiro**, sendo, nesta ultima hypothese, o casamento celebrado **pelo agente consular ou diplomático do Brasil no logar**. **Art. 24.** Em qualquer dos casos do artigo antecedente, deverão ser respeitadas as **disposições do Código Civil Brasileiro**, que exigem publicações **de proclamas e estabelecem impedimentos matrimoniaes**, **§ 1º** Os **proclamas serão publicados no domicilio do contrahente brasileiro ou no domicilio de cada um dos contrahentes**, si ambos forem brasileiros. Si o **contrahente brasileiro não tiver domicilio** no Brasil, as publicações dos proclamas serão feitas no seu **ultimo domicilio nacional**.	**sendo licito quanto a este a opção pela lei brasileira**. **Art. 9.** Aplicar-se-á subsidiariamente **a lei do domicílio** e, em falta desta, a da **residência**: **I** – Quando a pessoa não tiver nacionalidade. **II** – Quando se lhe atribuírem duas nacionalidades, por conflito, não resolvido, entre as leis do país do nascimento, e as do país de origem; caso em que prevalecerá, se um deles for o Brasil, a lei brasileira. (...) **Art. 14. A sucessão legítima ou testamentária, a ordem da vocação hereditária, os direitos dos herdeiros e a validade intrínseca das disposições do testamento**, qualquer que seja a natureza dos bens é **o país onde se achem**, guardado o disposto neste Código acerca das **heranças vagas abertas no Brasil**, obedecerão à **lei nacional do falecido**; se este, porém, era **casado com brasileira, ou tiver deixado filhos brasileiros, ficarão sujeitos à lei brasileira**.	**§ 1º** Realizando-se o **casamento no Brasil**, será aplicada a **lei brasileira** quanto aos **impedimentos dirimentes e às formalidades da celebração.** **§ 2º** O casamento de estrangeiros poderá celebrar-se perante autoridades diplomáticas ou consulares do país de ambos os nubentes. **§ 3º** Tendo os nubentes domicílio diverso, regerá os casos de **invalidade do matrimônio a lei do primeiro domicílio conjugal**. **§ 4º** O **regime de bens, legal ou convencional**, obedece à lei do país em que tiverem os **nubentes domicílio**, e, se este for diverso, a do **primeiro domicílio conjugal**. (...) **Art. 10.** A **sucessão por morte ou por ausência** obedece à **lei do país em que domiciliado o defunto ou o desaparecido**, qualquer que seja a natureza e a situação dos bens. **§ 1º** A **sucessão de bens de estrangeiros**, situados **no País**, será regulada pela **lei brasileira em benefício do cônjuge ou dos filhos brasileiros,**

§ 2º Os interessados poderão oppôr os **impedimentos legaes**, perante o agente consular ou diplomático do **logar onde se tiver de realizar o casamento**, e o agente os communicará, de officio, ao contrahente ou **contrahentes brasileiros**, para que sejam levantados no **fóro de seu domicilio nacional**. (...) **Art. 37.** Abre-se a **successão hereditaria no ultimo domicilio do autor da heranca**, **Art. 38.** A. ordem da vocacão hereditaria e o direito dos herdeiros legitimas regulam-se pelo **direito Nacional da pessoa de cuja sucessão se trata**.	**Parágrafo único.** Os agentes consulares brasileiros poderão servir de oficiais públicos na celebração e aprovação dos testamentos de brasileiros, em país estrangeiro, guardado o que este Código prescreve.	ou de quem os represente, sempre que não lhes seja mais favorável a lei pessoal do *de cujus*. **§ 2º** A **lei do domicílio do herdeiro** ou legatário regula **a capacidade para suceder**.

É duvidoso afirmar que a lei do domicílio insere melhor o estrangeiro em determinada esfera nacional. Sim, ele confere maior segurança aos negócios jurídicos realizados por estrangeiros no país, mas inserção, adaptação e integração da pessoa do estrangeiro não são objeto de Direito Internacional Privado, e sim de políticas públicas voltadas para tal – e, definitivamente, até o advento da Lei n. 13.445/2017 – Lei de Migrações –, o interesse do Estado brasileiro para com o estrangeiro era o de aquisição de mão de obra para o desenvolvimento nacional, e não o de inseri-lo na sociedade brasileira.

A segunda vantagem está associada à expansão das relações pessoais entre nacionais e estrangeiros, especialmente nas últimas décadas do século XX, tornando vários ramos do Direito extremamente entrelaçados com o Direito Internacional Privado, em especial o Direito da Família e o das Sucessões.

Nesse ponto, afirma a doutrina que a adoção da lei do domicílio elimina os ditos "conflitos de leis no seio da família" oriundos da nacionalidade, simplificando "sobremaneira as situações jurídicas que se formam no âmbito conjugal, paternal, filial e parental"[173].

---

173 DOLINGER, Jacob; TIBURCIO, Carmen. **Direito internacional privado.** 14. ed. Rio de Janeiro: Forense, 2018, p. 315.

Essa vantagem, apesar de em sua essência assistir razão, não fundamenta o fato de se submeter todo o Direito da Família ou a Sucessão à lei do domicílio; questões de filiação, por exemplo, seriam muito mais estáveis se submetidas à lei da nacionalidade da criança, enquanto questões como as de alimentos estariam melhor regulamentadas pela técnica hermenêutica do direito mais favorável. Isso sem mencionar que o cônjuge brasileiro e o filho brasileiro têm favorecimento por sua nacionalidade em casos de sucessão de bens de estrangeiros no Brasil (art. 5º, XXXI, da Constituição Federal).

A última grande vantagem rotineiramente apontada pela doutrina brasileira é a de que a lei do domicílio coincide com a competência jurisdicional: "via de regra, determinada pelo domicílio, conforme o adágio '*actor sequitur forum rei*', a aplicação do sistema jurídico domiciliar proporciona a coincidência da competência jurisdicional com a competência legal"[174].

Não consideramos essa coincidência entre direito aplicável e autoridade judiciária decorrente da adoção do domicílio como vantajosa para o Direito Internacional Privado, pois ela nada mais significa que a expansão da territorialidade da jurisdição, resultando em uma efetiva redução do campo da extraterritorialidade do direito para conferir maior campo de aplicação do direito nacional – ou como definem: é a lei "sempre mais bem conhecida do que a lei estrangeira"[175].

Depois, a mesma doutrina reclama da influência processual indevida ou até mesmo confunde Processo com Direito Internacional Privado.

A única real vantagem do domicílio, na nossa opinião, está no fato de ser um conceito flexível e, como na época do esboço de Teixeira de Freitas, perfeito para regular a capacidade de Direito Privado. Sua aplicação generalizada pelo legislador de 1942 foi um equívoco que se perpetua até hoje no Direito Internacional Privado brasileiro.

Não é sem razão que, novamente, alertamos que a regra do art. 7º da LINDB, aliás, a própria LINDB, para fins de Direito Internacional Privado brasileiro é um "ponto de chegada" do estudo dos casos extranacionais, possuindo inúmeras e diversas exceções não só quanto ao domicílio, mas também em relação aos demais elementos de conexão que consagra.

---

174 DOLINGER, Jacob; TIBURCIO, Carmen. **Direito internacional privado.** 14. ed. Rio de Janeiro: Forense, 2018, p. 315.

175 DOLINGER, Jacob; TIBURCIO, Carmen. **Direito internacional privado.** 14. ed. Rio de Janeiro: Forense, 2018, p. 315.

Na nossa opinião, a adoção integral da teoria do domicílio na legislação de 1942 tem um motivo muito menos nobre do que a doutrina brasileira tenta ensinar. O Brasil de 1942 era o do governo ditatorial de Getúlio Vargas, o período do Estado Novo e o nacionalismo ufanista. Em 1942 o Brasil declarou guerra aos países do Eixo (Alemanha, Itália e Japão). Porém, na época, as maiores colônias de imigrantes no Brasil eram, justamente, os oriundos da Alemanha, Itália e Japão. Portanto, ao nosso ver, o abandono da nacionalidade somente ocorreu para diminuir direitos dessas nacionalidades no Brasil, já que pela teoria do domicilio todas as suas relações estavam, com a nova legislação, submetidas ao Direito brasileiro (onde estavam domiciliados). Não sem razão, a Lei de Introdução é mal escrita e mal estruturada, e sua finalidade maior não era a melhor aplicação do Direito às questões envolvendo estrangeiros, mas garantir a aplicação mais ampla possível do Direito brasileiro sem aparentar um caráter unilateral.

10.3.2 A questão da multiplicidade de domicílios

É possível verificar a precariedade da legislação de 1942, atual Lei de Introdução às Normas do Direito Brasileiro, ao adotar a teoria do domicílio quando não encontramos regras para solucionar a questão da multiplicidade de domicílios, como Pontes de Miranda já advertia: se nenhum domicílio for no Brasil e o estrangeiro possuir múltipla nacionalidade e domicílios, "a lei brasileira não resolve"[176].

Ao não estabelecer regras de preferência, de ordenação para solucionar a existência de múltiplos domicílios da pessoa física, o legislador brasileiro comete uma omissão gravíssima para o Direito Internacional Privado brasileiro, pois não leva em consideração a tradição legislativa brasileira (art. 71 do CC), que consagra a possibilidade de uma pessoa física possuir múltiplos domicílios, e abre a questão de qual domicilio deve prevalecer quando a pessoa possui múltiplos domicílios para fins de determinar o direito aplicável aos seus estatutos pessoais? Esta situação corrobora com a narrativa de que a LINDB de 1942 era mais produto de conveniência política do que de debate jurídico.

Destarte, em questão de estatutos pessoais no Direito Internacional Privado brasileiro, como resolvemos a multiplicidade de domicílios para poder delimitar qual deles vai determinar o direito aplicável?

A primeira possibilidade de solução está em verificar se dentre os domicílios múltiplos se encontra um domicílio no Brasil. Apesar de não ter

---

176 MIRANDA, Pontes de. **Fontes e evolução do direito civil.** 2. ed. Rio de Janeiro: Forense, 1981, p. 105.

previsão legal, a preferência do domicílio brasileiro diante dos demais pode ser fundamentada no antigo art. 9, II, da Introdução de 1916. Isso é possível apenas se existir o elemento Brasil na multiplicidade.

A segunda possibilidade de solução é por via da adoção da teoria da residência. Isto significa que o elemento material do domicílio, a residência, vai determinar a preferência diante da multiplicidade.

É o critério adotado em diversas normas jurídicas internacionais, das quais podemos destacar o Decreto n. 3.856/2001 – Promulga o Protocolo de São Luiz sobre Matéria de Responsabilidade Civil Emergente de Acidentes de Trânsito entre os Estados Partes do Mercosul, o qual define em seu art. 2º:

> Para os fins do presente Protocolo será considerado domicílio, subsidiariamente e na seguinte ordem:
>
> a) quando se tratar de pessoas físicas:
>
> 1. a residência habitual;
>
> 2. o centro principal de seus negócios;
>
> 3. o lugar onde se encontra a residência não habitual;
>
> b) quando se tratar de pessoas jurídicas:
>
> 1. a sede principal da administração;
>
> 2. caso possuam sucursais, estabelecimentos, agências ou qualquer outra espécie de representação, o lugar onde qualquer destas funcionem.

Assim, no Brasil, em questões de responsabilidade civil de acidentes de trânsito, temos a solução da multiplicidade de domicílios por meio da teoria da residência, mas isto não significa que essa aplicabilidade é para além dessa temática.

Esse critério, provavelmente, foi influenciado pela Convenção Interamericana sobre o Domicílio das Pessoas Físicas no Direito Internacional Privado, em seu art. 2º:

> O domicílio de uma pessoa física será determinado, na ordem abaixo, pelas seguintes circunstâncias:
>
> 1) pelo lugar da residência habitual;
>
> 2) pelo lugar do centro principal dos seus negócios;
>
> 3) na ausência dessas circunstancias, considerar-se-â como domicílio o lugar da simples residência;
>
> 4) em sua falta, se não houver simples residência, o lugar onde se encontrar. domicílio anterior.

Prevê o mesmo critério, convenção esta que até a data da presente obra não foi ratificada pelo Brasil, apesar de este ser signatário desde 8 de fevereiro de 1983 – tratando-se de um caso típico de convenção não ratificada.

E uma terceira possibilidade de solução é recorrer à nacionalidade da pessoa. Isto significa que, entre os diferentes domicílios existentes, se um destes coincide com a nacionalidade da pessoa, este deverá prevalecer sobre os demais. É um **resgate** da antiga teoria francesa da nacionalidade ser o domicílio originário da pessoa.

Pessoalmente, a melhor solução é recorrer ao critério da residência para determinar o domicílio apropriado para a questão de Direito Internacional Privado, sempre prevalecendo o domicílio da residência habitual sobre os demais domicílios, inclusive o domicílio legal.

Diferentemente de boa parte da doutrina, consideramos que o domicílio imposto por lei (legal, necessário) não pode ser considerado como preferente nos casos de Direito Internacional Privado, pois essa imposição decorre de uma situação peculiar, a partir da qual a lei nacional determina o domicílio baseado em critérios nacionais e de forma a coincidir questões processuais.

Do mesmo modo, aquela imposição não leva em consideração as questões estrangeiras que envolvem a pessoa, sem mencionar a abertura para situações anômalas – especialmente no que se refere aos marítimos, quando seu domicílio legal é a matrícula do navio, mas possui domicílio familiar, conjugal, em outro país.

10.3.3 Os conflitos móveis: a mudança do estatuto pessoal

A questão da mudança de domicílio da pessoa física e seu impacto no que tange ao seu estatuto pessoal é uma temática que entrelaça o Direito Internacional Privado com o Direito Intertemporal.

Esse fenômeno é denominado doutrinariamente conflito móvel, a alteração do direito aplicável à personalidade, à capacidade, aos direitos de família decorrentes da alteração do domicílio ou, nos sistemas que a adotam, à nacionalidade.

A mudança de nacionalidade é um fenômeno mais raro, pois não existe a possibilidade de a pessoa mudar de nacionalidade somente pela sua própria vontade. A aquisição de nova nacionalidade requer condições estabelecidas em lei e um processo administrativo, um grau de burocracia, ausente na mudança do domicílio.

Por sua vez, a mudança de domicílio é muito mais fluida pois ela não exige nenhum cumprimento de condições legais, muito menos de ato do poder público para concessão ou não. Havendo a mudança voluntária, basta a transferência das atividades habituais, profissionais e econômicas da pessoa para ocorrer a sua mudança de domicílio. E quando a mudança é compulsória, imposta por lei, a mudança automaticamente ocorre com o cumprimento da estipulação legal – sem nenhuma burocracia.

A questão de Direito Internacional Privado emerge quando em determinados fatos extranacionais existe mais de um momento para sua apreciação, de forma mais simples, quando existe o momento substancial e o momento processual – a questão intertemporal.

Apesar da LINDB de 1942 ser omissa quanto a essa questão temporal, podemos delimitar três situações para lidar com a solução do conflito móvel:

(a) o último domicílio;

(b) a bipartição do fato extranacional e submissão a dois regimes distintos; ou

(c) a regra do momento da constituição do ato.

A primeira solução diante da ausência de norma específica para lidar com o conflito móvel é adotar a regra de solução do conflito móvel a partir do último domicílio da pessoa, ampliando a interpretação do art. 25 do Código de Bustamante (Decreto n. 18.871/1929), o qual estabelece:

> **Art. 25.** As questões sobre a mudança de domicilio das pessoas naturaes ou juridicas serão resolvidas de accôrdo com a lei do tribunal, se este fôr de uma dos Estados interessados e, se não, pela do lugar em que se pretenda te adquirido o ultimo domicilio.

O problema dessa solução é que, muitas vezes, o último domicílio é, justamente, o domicílio que está gerando a mudança de estatuto pessoal, além de pressupor que o legislador daquele último domicílio tenha estipulado regras específicas para a solução do conflito móvel. Caso não haja esse disciplinamento, o conflito móvel restaria insolúvel.

A segunda solução é a de decompor os momentos do fato extranacional e determinar quando cada domicílio se aplica. Simplificando, todo fato extranacional teria vários momentos temporais, cabendo ao jurista, diante do conflito móvel, realizar o recorte temporal envolvido e, a partir dele, estabelecer qual domicílio seria aplicado – ou seja, a cada efetiva mudança de domicílio, estaríamos criando um novo recorte temporal para o fato extranacional.

Essa solução parece-nos a melhor para lidar com obrigações continuadas, como são as obrigações alimentares regulamentadas pelo art. 3º do

Decreto n. 9.176/2017 – Protocolo sobre a Lei Aplicável às Obrigações de Prestar Alimentos –, o qual define: "Em caso de mudança de residência habitual do credor, a lei do Estado de nova residência habitual aplicar-se-á a partir do momento em que a mudança ocorra", regra que nos inspira a visualizar essa modalidade de solução.

O problema é que esse critério baseado na mudança do domicílio não lida com obrigações que não são contínuas, atos que não se prolongam no tempo, pois o objeto da mudança do domicílio afeta, primordialmente, o efeito da obrigação, não necessariamente sua existência ou validade – as quais estão sempre regidas pelo domicílio do momento do ato, independentemente da mudança posterior.

Por fim, uma terceira solução podemos visualizar ao interpretar e adaptar o art. 7º do Decreto n. 1979/1996, o qual define:

> As situações jurídicas validamente constituídas em um Estado Parte, de acordo com todas as leis com as quais tenham conexão no **momento de sua constituição**, serão reconhecidas nos demais Estados Partes, desde que não sejam contrárias aos princípios da sua ordem pública. (Grifamos.)

Ao utilizarmos o momento da constituição válida do fato extranacional como momento de determinar o domicílio, ou seja, o domicílio do **momento substancial** é que sempre rege o fato extranacional, independentemente de mudança de domicílio verificada posteriormente – **momento processual**.

O problema dessa solução está em ignorar, eventualmente, o plano do efeito das obrigações, em especial o das obrigações de caráter contínuo que podem se alterar conforme seu prolongamento no tempo.

Diante dessa composição legislativa complexa, entendemos que a melhor solução para o conflito móvel é, para as obrigações que não se prolongam no tempo, a de que o estatuto pessoal do indivíduo é estabelecido no momento substancial, isto é, do nascimento da relação jurídica (o início de seus efeitos), nunca no momento processual (seja do exercício do direito de ação processual ou da formação da lide), ignorando-se a mudança de domicílio ou nacionalidade que ocorra neste intervalo. É o *tempus regit actum*.

E para as obrigações as quais se prolongam no tempo (obrigações específicas), o *tempus regit actum* seria sempre determinado pelo recorte temporal que está emergindo como problemático, o domicílio do **momento do ato** objeto da litigância.

10.3.4 Os vagamundos, vagabundos ou "Adômides": a ausência de domicílio

Ainda dentro da teoria do domicílio, existe a situação da pessoa que não possui domicílio, a ausência de domicílio conhecido, fenômeno muito comum quando estudamos relações jurídicas envolvendo povos nômades, como os ciganos (*Rom*, *Sinti*, *Caló*, entre outros).

A situação da ausência de domicílio decorre da constante mudança de lugar para lugar que as pessoas realizam, não havendo nenhum apego territorial em seu espírito e mentalidade, não ocorrendo-lhes qualquer ideia de fixação territorial.

Na doutrina, a designação desse tipo de pessoa sem domicílio é conhecida pelas palavras "vagamundo", "os 'vagabundos', de vida errante, que por uma tendência de espírito se movem de uma a outra terra, sem plantar raízes"[177]. Considerando que o vocábulo tem uma inclinação negativa em seu uso diário, a doutrina internacionalista o substitui por "adômide" – toda a pessoa que não possui domicílio conhecido[178].

O adômide é regrado pelo art. 7º, § 8º, da LINDB, o qual determina: "Quando a pessoa não tiver domicílio, considerar-se-á domiciliada no lugar de sua residência ou naquele em que se encontre".

O dispositivo adota a teoria da residência como elemento de indicação territorial do âdomide e, não sendo possível determinar a residência, adota a pura e simples territorialidade – o lugar onde o indivíduo está no momento do ato.

10.3.5 A questão da capacidade no Direito cambiário

Apesar do art. 7º da LINDB ser a referência geral para a solução de conflitos de leis envolvendo a capacidade da pessoa física, sua aplicabilidade é severamente limitada no que tange ao microssistema do Direito cambiário. Aliás, não é temerário afirmar que a Legislação de 1942 tem aplicabilidade

---

177 PEREIRA, Caio Mário da S. **Instituições de direito civil.** v. 1: Introdução ao direito civil. Teoria geral do direito. Atualizado por Maria Celina Bodin de Moraes. 28. ed. Rio de Janeiro: Forense, 2015, p. 318.

178 CASTRO, Amilcar de. **Direito internacional privado.** 5. ed. Rio de Janeiro: Forense, 2004, p. 209. MAZZUOLI, Valério de O. **Curso de direito internacional privado.** 2. ed. São Paulo: Forense, 2017, p. 145.

extremamente reduzida no regime jurídico dos títulos de crédito, especialmente pela característica de sua autonomia.

Normalmente, a doutrina costuma reduzir a análise da exceção no que tange à capacidade no Direito cambiário à afirmação de que a capacidade é regida pelo elemento de conexão nacionalidade, por força da legislação uniforme que existe em matéria de letras de câmbio, notas promissórias e cheque, destacando sempre o art. 2º ("A capacidade de uma pessoa se obrigar por letra ou nota promissória é regulada pela sua respectiva lei nacional") e como essa legislação foi aprovada e ratificada pelo Brasil[179].

> As quais são difíceis de encontrar de forma legível no sítio do Planalto e no da Câmara dos Deputados!

Nesse ponto, destacamos que a análise do Direito cambiário no Direito Internacional Privado exige o conhecimento da Lei Uniforme de Genebra (Cambial) ou Lei Cambial Uniforme ou Lei Uniforme da Letra de Câmbio – Decreto n. 57.663, de 24 de janeiro de 1966; e a Convenção para Adoção de uma Lei Uniforme em Matéria de Cheques – Decreto n. 57.595, de 4 de janeiro de 1966.

Esses dois diplomas legislativos dispõem a situação da capacidade no Direito cambiário da seguinte forma:

Convenção destinada a regular certos conflitos de leis em matéria das letras de câmbio e notas promissórias e protocolo	**Convenção destinada a regular certos conflitos de leis em matéria de cheques**
Artigo 2º A capacidade de uma pessoa para se obrigar por letra ou Nota promissória é regulada pela respectiva lei nacional. Se a lei nacional declarar competente a lei de um outro país, será aplicada esta última.	**Artigo 2º** A capacidade de uma pessoa para se obrigar por virtude de um cheque é regulada pela respectiva lei nacional. Se a lei nacional declarar competente a lei de um outro país, será aplicada esta última.

179 DOLINGER, Jacob; TIBURCIO, Carmen. **Direito internacional privado.** 14. ed. Rio de Janeiro: Forense, 2018, p. 339.

A pessoa incapaz, segundo a lei indicada na alínea precedente, é contudo havida como validamente obrigada se tiver aposto a sua assinatura em território de um país, segundo cuja legislação teria sido considerada capaz. Qualquer das Altas Partes Contratantes tem a faculdade de não reconhecer a validade da obrigação contraída em matéria de letras ou notas promissórias por um dos seus nacionais, quando essa obrigação só seja válida no território das outras Altas Partes Contratantes pela aplicação da alínea anterior do presente artigo.	A pessoa incapaz, segundo a lei indicada na alínea precedente, é contudo havida como validamente obrigada se tiver aposto a sua assinatura em território de um país segundo cuja legislação teria sido considerada capaz. Qualquer da Altas Partes Contratantes tem a faculdade de não reconhecer como válida a obrigação contraída em matéria de cheques por um dos seus nacionais, desde que para essa obrigação ser válida no território das outras Altas Partes Contratantes seja necessária a aplicação da alínea precedente deste artigo.

Por força do art. 25 da Lei n. 5.474/1968[180] e do art. 63 da Lei n. 7.357/1985[181], essas disposições se aplicam também às duplicatas e foram recepcionadas pela nova legislação sobre o cheque, estando em pleno vigor no Direito brasileiro contemporâneo.

Para melhor compreensão desses dispositivos, é importante compreender o que cada alínea dispõe em separado, pois existem três situações sendo regulamentadas nesses dispositivos.

A primeira alínea é o motivo da doutrina brasileira interpretar que a nacionalidade rege a capacidade no Direito cambiário, pois o interpreta de forma a considerar que foi adotado o "sistema da nacionalidade na determinação da lei pessoal, oposto ao do domicílio. A segunda parte dessa alínea prevê e autoriza a aplicação da teoria do retorno"[182].

Entendemos que essa alínea determina a nacionalidade mais como vetor de competência legislativa do que propriamente a solução do conflito de lei em si, cabendo a cada país membro, por meio do seu Direito Internacional Privado, regulamentar a situação da capacidade do seu nacional nos mencionados Títulos de Crédito.

---

180 Art. 25. Aplicam-se à duplicata e à triplicata, no que couber, os dispositivos da legislação sobre emissão, circulação e pagamento das Letras de Câmbio.

181 Art. 63. Os conflitos de leis em matéria de cheques serão resolvidos de acordo com as normas constantes das Convenções aprovadas, promulgadas e mandadas aplicar no Brasil, na forma prevista pela Constituição Federal.

182 GOMES, Oscar Martins. **A letra de câmbio no direito internacional privado.** Tese (Cátedra de Direito Internacional Privado) – Universidade Federal do Paraná, Curitiba, 1947, p. 56. Disponível em: https://acervodigital.ufpr.br/handle/1884/24833. Acesso em: 17 ago. 2019.

Nesse entendimento, os nacionais brasileiros estão sujeitos a terem sua capacidade verificada pela lei de seu domicílio, pois essa é a regra do Direito Internacional Privado brasileiro.

Fundamentamos na própria redação dos dispositivos, no qual na primeira alínea recorre à expressão "lei nacional", enquanto na última alínea emprega a palavra "nacionais", logo, se a Convenção tivesse interesse em estabelecer o elemento de conexão de nacionalidade, não utilizaria "pela respectiva lei nacional", mas sim "pela respectiva nacionalidade da pessoa".

Reforçamos esse entendimento quando verificamos a interpretação dominante do art. 42 da Lei n. 2.044 de 31 de dezembro de 1908, o qual dispõe:

> **Art. 42.** Pode obrigar-se, por letra de câmbio, quem tem a capacidade civil ou comercial.
>
> **Parágrafo único.** Tendo a capacidade pela lei brasileira, o estrangeiro fica obrigado pela declaração, que firmar, sem embargo da sua incapacidade, pela lei do Estado a que pertencer.

A expressão "tendo capacidade pela lei brasileira" inclui as regras de Direito Internacional Privado brasileiro (por ser lei brasileira), destarte o entendimento correto do dispositivo é o de que a capacidade é verificada pela lei do domicílio da pessoa e a expressão "estrangeiro" deve ser compreendida como aqueles domiciliados no estrangeiro, pois em 1942 houve alteração na compreensão do estatuto pessoal da pessoa, abandonando-se a nacionalidade (dominante à época da promulgação da referida lei) e implementando-se o domicílio[183].

> A doutrina comercialista discorda desse posicionamento, pois acredita que o estrangeiro está submetido à lei brasileira por força de estar no Brasil, quando na realidade o significado é o de que as regras de capacidade do Código Civil somente se aplicam caso o estrangeiro esteja domiciliado no Brasil.

Logo, não é que a nacionalidade é o elemento de conexão para solucionar o conflito de leis, mas o vetor determinante para estabelecer qual Direito Internacional Privado deva ser aplicado na questão do conflito de leis.

---

183 GOMES, Oscar Martins. **A letra de câmbio no direito internacional privado.** Tese (Cátedra de Direito Internacional Privado) – Universidade Federal do Paraná, Curitiba, 1947, p. 59. Disponível em: https://acervodigital.ufpr.br/handle/1884/24833. Acesso em: 17 ago. 2019.

A segunda alínea torna a questão da capacidade no Direito cambiário complexa, pois estabelece a excepcionalidade do incapaz pelo seu direito a sua lei nacional, podendo este ser considerado capaz por força do **direito do lugar onde tiver aposto sua assinatura no título**, não adotando nem a nacionalidade nem o domicílio como elemento de conexão.

É o que a doutrina denomina "disposição providencial de competência territorial, e valor extraterritorial, de modo a facilitar a circulação do título pela simples verificação do lugar da assunção do compromisso"[184].

Podemos afirmar que se trata de uma medida de proteção para o beneficiário (ou tomador ou credor) do título de crédito e, em certa medida, proteção daqueles cuja revelação da nacionalidade pode ocasionar perigos a sua integridade física (especialmente em países com regimes totalitaristas).

Por fim, a última alínea dispõe uma reserva de ordem pública internacional por parte do Estado da nacionalidade da pessoa a qual se tornou capaz por força da lei do local da assinatura. Esta faculdade soberana de fazer cessar a validade do título de crédito de modo unilateral, entretanto, é perigosa pois gera insegurança para as obrigações contidas no título e pode ter como "consequências que, do uso de tal faculdade poderão decorrer em prejuízo dos portadores, como na hipótese de se achar a solvência do devedor ligada, pelo seu patrimônio, ao país de sua nacionalidade"[185].

Sem mencionar que a redação da última alínea gera inconvenientes e, quiçá, insegurança, pois imaginemos a situação:

Ratel, alemão, de viagem pela Somália, assina uma nota promissória naquele país. Ao fim da viagem, volta para o Brasil, país onde está domiciliado. Pelo Direito alemão e brasileiro, era incapaz para assumir obrigações cambiárias. O beneficiário da nota promissória ajuíza ação de execução no judiciário.

Temos assim uma questão complexa: considerando que será empregada a lei do local da assinatura para tornar capaz Ratel nessa nota promissória, ele

184 GOMES, Oscar Martins. **A letra de câmbio no direito internacional privado.** Tese (Cátedra de Direito Internacional Privado) – Universidade Federal do Paraná, Curitiba, 1947, p. 57. Disponível em: https://acervodigital.ufpr.br/handle/1884/24833. Acesso em: 17 ago. 2019.

185 GOMES, Oscar Martins. **A letra de câmbio no direito internacional privado.** Tese (Cátedra de Direito Internacional Privado) – Universidade Federal do Paraná, Curitiba, 1947, p. 61. Disponível em: https://acervodigital.ufpr.br/handle/1884/24833. Acesso em: 17 ago. 2019.

pode recorrer ao governo alemão para este fazer uso da faculdade de tornar ineficaz essa disposição? E o judiciário brasileiro será obrigado a aceitar essa manifestação do governo alemão por força das leis uniformes que ratificou? Ou pode o governo brasileiro, o judiciário brasileiro, exercer tal faculdade? Ou essa faculdade não é aplicável por questão processual?

Infelizmente não há resposta para esses questionamentos.

> Sempre verifique a nacionalidade e a legislação aplicável nos casos referentes a títulos de crédito envolvendo elementos estrangeiros. Como dizem os ingleses: *Better safe, than sorry*.

Diante desse quadro, somos forçados a reconhecer que o sistema uniforme dos títulos de crédito, da forma pela qual foi redigida e traduzida para o português, cria um excesso de complexidade em sua aplicação quanto à capacidade, pois ao alternar o uso das expressões "lei nacional" e "nacionais", cria-se a falsa impressão de que tudo será regido pela nacionalidade, quando, em realidade, está designando ora competência legislativa, ora o elemento de conexão nacionalidade.

Não é sem motivo, que a Convenção Interamericana sobre conflito de leis em matéria de letras de câmbio, notas promissórias e faturas procurou simplificar a regra sobre capacidade em seu artigo I[186] atrelando a capacidade à lei do lugar onde a obrigação é contraída, porém não admitindo que essa incapacidade não poderá ser utilizada como fundamento para exceção de cumprimento do título de crédito se o mesmo circular para país onde ela não existir – até o momento da elaboração da presente obra, o Brasil não ratificara a referida Convenção.

É importante ressaltarmos que na doutrina comercialista existe distinção entre capacidade cambiária ativa (capacidade para ser credor), aquela que se identifica com a capacidade geral do direito e se refere à "válida aquisição de direitos cambiários" admitindo ao incapaz configurar como beneficiário de um título de crédito, além de reger a "prática de atos *conservatórios* de direitos

---

186 Artigo I – A capacidade para obrigar-se por meio de letra de câmbio rege-se pela lei do lugar onde a obrigação tiver sido contraída. Entretanto, se a obrigação tiver sido contraída por quem for incapaz segundo a referida lei, tal incapacidade não prevalecerá no território de qualquer outro Estado parte cuja lei considere válida a obrigação.

cambiários"[187], e a capacidade cambiária passiva (capacidade para ser devedor), ou "a capacidade para assumir obrigações cambiárias"[188].

Destarte, o que comentamos aqui se aplica somente à **capacidade cambiária passiva**, devido ao fato de que a capacidade cambiária ativa é elemento inerente da personalidade jurídica e, portanto, qualquer pessoa com personalidade possui.

10.3.6 A questão da capacidade para suceder: art. 10º, § 2º, da LINDB

Dentro do estudo da capacidade, ainda existe a questão do art. 10º, § 2º, da LINDB e sua previsão de que "a lei do domicílio do herdeiro ou legatário regula a capacidade para suceder" aparentando criar uma especificidade para a regra contida no art. 7º da LINDB e para o próprio instituto da capacidade quando inserido no Direito sucessório.

Trata-se de mera aparência e fonte desnecessária de dor de cabeça na interpretação do art. 10º§ 2º LINDB, cuja origem pode remontar o art. 152 do Código de Bustamante, o qual estabelece a mesma regra: "A capacidade para suceder por testamento ou sem ele regula-se pela lei pessoal do herdeiro ou legatário".

A capacidade para suceder, ou capacidade sucessória, "significa capacidade para herdar, a qual se define com a vocação hereditária", não se confunde com nenhuma capacidade no sentido amplo da palavra, mas sim de uma forma de legitimidade para praticar determinado ato[189].

Destarte, o que o art. 10º, § 2º, da LINDB regula não tem a ver com a capacidade de suceder, mas sim com a aptidão de figurar como herdeiro, "não se trata de capacidade propriamente dita, mas da qualidade de herdeiro"[190], ou melhor, de configurar na vocação hereditária sem impedimentos.

Destarte, a redação do dispositivo é extremamente infeliz, acarretando graves interpretações doutrinárias proliferarem sobre este, a ponto de

---

187 ROSA JUNIOR, Luiz Emygdio F. da. **Títulos de crédito.** 9. ed. Rio de Janeiro: Forense, 2019, p. 125.

188 ROSA JUNIOR, Luiz Emygdio F. da. **Títulos de crédito.** 9. ed. Rio de Janeiro: Forense, 2019, p. 125.

189 NADER, Paulo. **Curso de direito civil.** v. 6: Direito das sucessões. 7. ed. Rio de Janeiro: Forense, 2016, p. 57.

190 CASTRO, Amilcar. **Direito internacional privado.** 5. ed. Atualizado por Osiris Rocha. Rio de Janeiro: Forense, 2004, p. 457.

existir quem defenda que o dispositivo está regulamentando duas modalidades de capacidade: uma de direito (ou gozo) que é estabelecida *"previamente*, quem herda e quem não herda;" e uma de fato (ou exercício) que é "verificada *depois* de conhecida toda a cadeia sucessória" e tem como objeto quem "pode receber a herança"[191].

Parece-nos que a doutrina internacionalista acaba por complicar mais ainda a interpretação de um dispositivo defeituoso por essência, pois ao recorrermos à doutrina sucessória verificamos que, provavelmente, o que o legislador de 1942 objetivou regulamentar eram os institutos da vocação hereditária e das causas de exclusão da herança.

Isso decorre da própria constatação de que, primeiro, a capacidade jurídica para suceder é presumida, enquanto a capacidade civil não[192]. E, segundo, não existe estudo da capacidade sucessória sem o instituto da vocação hereditária. Não estando presente na lista de herdeiros, não há de se cogitar qualquer possibilidade da pessoa configurar como herdeira – independentemente de sua capacidade de gozo ou de exercício – e é, justamente, o instituto que define "as pessoas aptas, em princípio, a sucederem patrimonialmente o *de cujus*"[193]. Por outro lado, as causas de exclusão da sucessão (a indignidade e a deserção) consistem, justamente, nas modalidades de perda do direito de herdar[194], existindo debate sobre se não seria melhor considerar a indignidade como sinônimo de incapacidade de herdar, apesar da doutrina majoritária ainda manter a distinção:

> há quem não distinga, como vimos, *indignidade* de *incapacidade* para herdar, mas prevalece a dualidade entre os autores modernos. A indignidade é uma pena ou castigo, uma pecha, enquanto a incapacidade é inaptidão para a aquisição de direito. A incapacidade de herdar não tem a sua causa em fato da natureza, como se verifica com os impúberes, mas tem o seu obstáculo na lei, como realça Lacerda de Almeida. Na incapacidade não existe a possibilidade de reabilitação. Quem participa como testemunha em ato de última vontade torna-se incapaz de figurar como beneficiário no mesmo testamento. E a incapacidade é

---

191 MAZZUOLI, Valério de O. **Curso de direito internacional privado.** 2. ed. São Paulo: Forense, 2017, p. 349.

192 NADER, Paulo. **Curso de direito civil.** v. 6: Direito das sucessões. 7. ed. Rio de Janeiro: Forense, 2016, p. 75.

193 NADER, Paulo. **Curso de direito civil.** v. 6: Direito das sucessões. 7. ed. Rio de Janeiro: Forense, 2016, p. 57.

194 NADER, Paulo. **Curso de direito civil.** v. 6: Direito das sucessões. 7. ed. Rio de Janeiro: Forense, 2016, p. 91.

> irreversível. Com a morte do titular do patrimônio, a herança não se transmite ao incapaz, diferentemente do que se verifica na indignidade em que, por força da *saisine*, o indigno chega a herdar, vindo a perder o seu direito com a sentença judicial[195].(grifos no original)

Alguns podem indagar se a doutrina internacionalista não está se apegando aos institutos da aceitação e da renúncia para interpretar o art. 10°, § 2°, da LINDB, devido ao fato de que para a realização desses atos é necessário ter capacidade civil (de fato, mais precisamente).

Novamente, recorrendo à doutrina sucessória, verificamos que a aceitação é um negócio jurídico unilateral o qual exige dois requisitos fundamentais: a existência de uma sucessão e a capacidade de fato[196], ou seja, só pode aceitar uma herança quem possui capacidade de recebê-la, logo, a capacidade sucessória não se confunde com a capacidade de aceitar a herança – esta última vinculada diretamente ao instituto da capacidade civil.

Enquanto a renúncia também é "negócio jurídico, não receptício, gratuito, irretratável e formal"[197], exigindo forma especial (escritura pública) e, novamente, composta por três requisitos: (1) a existência de uma sucessão aberta; (2) capacidade de fato do renunciante e (3) inexistência de qualquer ato que possa ser interpretado como aceitação por parte do renunciante.

Logo, ambos os institutos não se relacionam à capacidade sucessória, mas à capacidade negocial da pessoa do herdeiro – portanto, regida pelo art. 7° da LINDB e, se inserida na interpretação do art. 10°, § 2° da LINDB, torna este redundante.

Diante desse recurso à doutrina sucessória, nos parece que o legislador de 1942 foi infeliz ao empregar a expressão "capacidade para suceder", abrindo-se dois leques de possibilidades para essa infeliz redação.

O primeiro, de que o legislador se referia não à capacidade sucessória, mas aos institutos da vocação hereditária (art. 1.798 e seguintes do Código Civil) e dos excluídos da sucessão (art. 1.814 e seguintes do Código Civil). O segundo, é interpretar a expressão para designar a capacidade de

---

195 NADER, Paulo. **Curso de direito civil.** v. 6: Direito das sucessões. 7. ed. Rio de Janeiro: Forense, 2016, p. 94.

196 NADER, Paulo. **Curso de direito civil.** v. 6: Direito das sucessões. 7. ed. Rio de Janeiro: Forense, 2016, p. 75.

197 NADER, Paulo. **Curso de direito civil.** v. 6: Direito das sucessões. 7. ed. Rio de Janeiro: Forense, 2016, p. 83.

abrir inventário e de realizar a partilha, entrando em consonância com o art. 160 do Código de Bustamante.

Mas esse é somente um dos defeitos do art. 10°, § 2°, da LINDB, e, até certo ponto, o menor dos males. O pior problema desse dispositivo é o fato dele romper com o adágio "uma sucessão, um direito" que o art. 10°, *caput*, da LINDB procurou implementar na ordem jurídica brasileira (*vide* item 11.6).

Ao estabelecer que a sucessão se rege pelo último domicílio do *de cujus* e, ao mesmo tempo, estabelecer que a "capacidade para suceder" é regida pelo domicílio do herdeiro ou legatário, temos que a vocação hereditária, as causas de exclusão da herança, a aceitação e a renúncia ficam sujeitas a direitos distintos.

Em outras palavras, tanto a sucessão em geral, como também os seus herdeiros, quando não houver identidade de domicílios entre o *de cujus* e os herdeiros, e nem identidade de domicílios entre os próprios herdeiros, serão regidos por direitos divergentes.

Destarte, entendemos que qualquer interpretação do art. 10°, § 2°, da LINDB é perniciosa para a compreensão do regime jurídico da sucessão, pois quebra a unidade pretendida pelo *caput* do mesmo dispositivo, além de possibilitar múltiplos critérios de vocação hereditária e de causas de exclusão da herança.

Por fim, somos obrigados a lembrar que não estamos aqui debatendo a questão da capacidade para testar, ou seja, aquele ato unilateral de vontade personalíssimo que somente pessoas físicas em pleno gozo de suas faculdades mentais podem realizar, não sendo sujeito a convalidação e obedecendo formalidades próprias para cada uma de suas modalidades[198].

A capacidade de testar é inserida na capacidade civil, portanto, é regida pelo art. 7° da LINB, em consonância à previsão do art. 146 do Código de Bustamante: "A capacidade para dispor por testamento regula-se pela lei pessoal do testador".

Pedimos especial atenção para não confundir: a **capacidade de testar** é regida pelo art. 7° da LINDB/art. 146 do Código de Bustamante, com **testamento** – o ato jurídico consumado – o qual possui regras próprias e parecidas com o direito das obrigações no Direito Internacional Privado.

---

198 NADER, Paulo. **Curso de direito civil.** v. 6: Direito das sucessões. 7. ed. Rio de Janeiro: Forense, 2016, p. 239.

10.3.7 O art. 7º da LINDB e o Direito de Família moderno

10.3.7.1 Uma regulamentação econômica

Se a legislação de 1942 fez a regulamentação da capacidade e do estado da pessoa de forma razoável, no que tange ao Direito de Família o art. 7º da LINDB foi extremamente econômico e, na nossa opinião, ultrapassado em alguns aspectos.

Numa visão geral, o Direito de Família é uma temática extremamente ampla e que sofreu e sofre profundas transformações no Brasil com o advento da Constituição Federal de 1988 e no mundo no início do século XXI – Engloba institutos tradicionais do casamento, da filiação, dos alimentos, do divórcio, até os fenômenos mais recentes, como o contrato de namoro, a união estável e o casamento homossexual. Diante desse quadro, a LINDB se limita a regulamentar alguns aspectos dos institutos tradicionais.

Como se trata de um assunto extremamente denso e pertencente à parte especial do Direito Internacional Privado (o "Direito Privado Internacional"), vamos realizar somente algumas considerações sobre tópicos que consideramos polêmicos ou que possuem uma possibilidade de confusão na hora de interpretar a LINDB, os quais são: (a) a união estável; (b) o casamento; e (c) o regime de bens.

10.3.7.2 A união estável: como interpretar o "direito de família" do art. 7º, *caput*, da LINDB

Quando a atual LINDB foi promulgada, a concepção de família dominante no Direito brasileiro era totalmente distinta da concepção contemporânea, era o período da família patriarcal, da distinção entre os filhos legítimos e bastardos, o tempo de entidade familiar como sinônimo de casamento.

Com a Constituição Federal de 1988, rompeu-se a tradição constitucional brasileira de ignorar as espécies de família distintas do casamento[199] e realizou-se um salto temporal de dois séculos no Direito de Família e inaugurou-se o período da pluralidade familiar.

---

199 RUSSO, José; SANTOS ALBUQUERQUE, Fabíola. **Entidades socioafetivas:** do casamento à união estável e à monoparentalidade. Dissertação (Mestrado) – Programa de Pós-Graduação em Direito da Universidade Federal de Pernambuco, Recife, 2005. Disponível em: https//repositorio.ufpe.br/handle/123456789/4249. Acesso em: 6 jul. 2019.

Com a constitucionalização do Direito Civil, várias espécies de família começaram a se manifestar e se tornarem objetos de estudo: a família heteronormativa (patriarcal, tradicional); a família monoparental (dos pais solteiros, viúvos ou divorciados); a família anaparental (a família dos avós, quando os pais são falecidos); a família mosaico (plurilateral, quando pais divorciados formam novas famílias); a família homoafetiva (de pessoas do mesmo sexo); a família simultânea (ou paralela, novo nome do concubinato) e a família poliafetiva (ou poligâmica)[200].

Diversidade de famílias que não é refletida na tradicional regra do art. 7º da LINDB.

Podemos afirmar que o desafio imediato para o Direito Internacional Privado brasileiro diante desse movimento de pluralidade familiar é o instituto da união estável.

A união estável é uma das inovações mais marcantes do processo de constitucionalização do Direito Civil pós-Constituição Federal de 1988, sendo inaugurada pelo art. 226, § 3º, ao reconhecer que a entidade familiar surge não só do casamento, mas também da união estável, e foi regulamentado pela Lei n. 9.278, de 10 de maio de 1996.

Na esteira da norma constitucional, o Código Civil de 2002 finalizou a incorporação dessa nova manifestação da entidade familiar, ao estabelecer um capítulo próprio para sua regulamentação e no art. 1.723 atribuir as suas características como sendo: a convivência pública, contínua, duradoura e com intuito de constituir família.

Diante dessa inovação legislativa no direito substancial brasileiro, podemos fazer uma pergunta aparentemente tola: a união estável se insere na expressão "direitos de família" do art. 7º, *caput*, da LINDB?

A questão parece ter uma resposta óbvia, especialmente quando analisamos a união estável heterossexual (homem + mulher), porém essa obviedade vai desaparecendo conforme se descobre o cerne do questionamento: a união estável homoafetiva.

Quando lemos a legislação sobre a união estável, verificamos que o legislador reiteradas vezes repete que essa união tem de ser entre um homem

---

200 CABRAL, Maria Walkíria de Faro Coelho Guedes; GODINHO, Jéssica Rodrigues. A constituição cidadã, a proteção da família e a (des)construção do direito das famílias. **Revista da Faculdade de Direito da UFPR,** Curitiba, PR, Brasil, v. 63, n. 32, p. 61-80, dez. 2018. Disponível em: https//revistas.ufpr.br/direito/article/view/59212/37385. Acesso em: 6 jul. 2019.

e uma mulher, ou seja, na interpretação literal dos dispositivos, não existe a união estável homoafetiva – emblemático nesse aspecto é o art. 1º da Lei n. 9.278/1996[201].

Podemos até afirmar que existe uma ausência de menção à própria ideia de família homoafetiva nos textos legais, gerando um debate intenso, um *trending topics* na doutrina do direito de família sobre essa questão.

Desse intenso debate, verificamos a existência de dois posicionamentos sobre a natureza jurídica da união estável homoafetiva no Direito brasileiro: (a) uma sociedade de fato; e (b) uma entidade familiar.

O posicionamento da união estável ter natureza jurídica de uma sociedade de fato (um contrato de sociedade *sui generis*), advém de uma interpretação benevolente (axiomática?) da legislação e a dura realidade dos fatos: existem uniões homoafetivas que necessitam de regulamentação.

Esse entendimento parte da ideia de que a união entre duas pessoas do mesmo sexo não tem como ser convertida em casamento, nem se caracterizar como família monoparental e, portanto, não pode ser uma união estável[202]. Porém, tem valor econômico e, portanto, demanda uma solução jurídica diante de uma eventual dissolução.

Como solução jurídica, surge a Súmula 380 do STF: "Comprovada a existência de sociedade de fato entre os concubinos, é cabível a sua dissolução judicial, com a partilha do patrimônio adquirido pelo esforço comum".

Considerando que o concubinato, em regra, não tem proteção jurídica do Estado, ao se associar a mesma à sociedade de fato, abre-se margem para se fazer o mesmo para a união estável homoafetiva – esta não é considerada entidade familiar, mas objeto do direito das obrigações.

Se seguirmos esse entendimento, no que tange ao Direito Internacional Privado brasileiro, a consequência de considerar a união estável homoafetiva como uma sociedade de fato faz com que esta não seja mais enquadrada na regra do art. 7º da LINDB (a lei do domicílio), mas sim na regra do art. 9º da LINDB (a lei do local da constituição).

---

201 "Art. 1º É reconhecida como entidade familiar a convivência duradoura, pública e contínua, de um homem e uma mulher, estabelecida com objetivo de constituição de família."

202 MENDES, Raquel Lima; MUNIZ CALDAS, Diogo Oliveira. Casamento homoafetivo: uma realidade no ordenamento jurídico brasileiro. **Revista Interdisciplinar de Direito,** v. 12, n. 2, out. 2017. Disponível em: http://revista.faa.edu.br/index.php/fdv/article/view/97. Acesso em: 6 jul. 2019.

O outro posicionamento, considerado majoritário na doutrina e na jurisprudência brasileira, é o de considerar a união homoafetiva como sendo uma entidade familiar, não havendo qualquer distinção com a união estável heterossexual, ignorando as previsões legais quanto à união estável requerer a existência de um homem e uma mulher[203].

Verificamos uma diversidade de argumentos e fundamentos desse posicionamento, todos baseados em princípios, que optamos por resumi-lo por meio do Informativo n. 625 do STF, o qual compila o entendimento expresso pelo STF sobre o assunto na ADI 4.277/DF e ADPF 132/RJ:

> A **norma constante do art. 1.723 do Código Civil** – CC ("É reconhecida como entidade familiar a união estável entre o homem e a mulher, configurada na convivência pública, contínua e duradoura e estabelecida com o objetivo de constituição de família") **não obsta que a união de pessoas do mesmo sexo possa ser reconhecida como entidade familiar apta a merecer proteção estatal**. Essa a conclusão do Plenário ao julgar procedente pedido formulado em duas ações diretas de inconstitucionalidade ajuizadas, respectivamente, pelo Procurador-Geral da República e pelo Governador do Estado do Rio de Janeiro. Preliminarmente, conheceu-se de argüição de preceito fundamental — ADPF, proposta pelo segundo requerente, como ação direta, tendo em vista a convergência de objetos entre ambas as ações, de forma que as postulações deduzidas naquela estariam inseridas nesta, a qual possui regime jurídico mais amplo[204]. (Grifamos.)

Se seguirmos esse entendimento, para o Direito Internacional Privado brasileiro significará que a união homoafetiva estrangeira é direito de família e estará regida pelo art. 7º, *caput*, da LINDB (a lei do domicílio).

Importante ressaltarmos que nenhum dos dois posicionamentos é imune a críticas e ambos são, dentro de seu arcabouço teórico, válidos. É óbvio que a situação legislativa da união estável homoafetiva é extremamente desfavorável diante das normas em vigor, gerando uma propensão natural para reduzi-la a uma sociedade de fato no Direito Internacional Privado brasileiro.

---

203 MENDES, Raquel Lima; MUNIZ CALDAS, Diogo Oliveira. Casamento homoafetivo: uma realidade no ordenamento jurídico brasileiro. **Revista Interdisciplinar de Direito,** v. 12, n. 2, out. 2017. Disponível em: http://revista.faa.edu.br/index.php/fdv/article/view/97. Acesso em: 6 jul. 2019.

204 BRASIL. Supremo Tribunal Federal. **Informativo de Jurisprudência n. 625.** Brasília: Coordenadoria de Jurisprudência Comparada e Divulgação de Julgados, maio 2011. Disponível em: http://www.stf.jus.br/arquivo/informativo/documento/informativo625.htm#Relação%20homoafetiva%20e%20entidade%20familiar%20-%201. Acesso em: 7 jul. 2019.

Mas lembramos que a norma jurídica não se resume ao direito posto, cabendo a cada jurista estabelecer seu próprio entendimento ou, de forma mais simples, caberá ao jurista elaborar a melhor solução se diante de um caso concreto.

Existe um terceiro posicionamento sobre a união estável homoafetiva: é aquele que opta pela sua vedação ou inexistência. Diante da ascensão de uma ala extremamente conservadora na sociedade brasileira, não devemos nos espantar ao encontrarmos doutrina contra a existência da união estável homoafetiva – estrita legalidade acrescida de elementos teológicos – e, por consequência, a união estável homoafetiva estrangeira seria ofensiva aos bons costumes e, portanto, contra ordem pública internacional brasileira. Apesar de existirem diversos projetos de leis nesse sentido conservador (ex.: Projeto de Lei n. 6.583/2013), esse posicionamento nos parece extremamente retrógrado e ignora a realidade social contemporânea. Estamos no século XXI, não no século XII.

10.3.7.3 O casamento e o direito de família em geral: celebração, os impedimentos dirimentes, a anulação, regime de bens etc.

Em sua essência, o estudo do casamento é o pilar do Direito de Família[205]. Ele serve de parâmetro para inúmeros outros institutos envolvendo a família e até a Constituição de 1988 tinha com eles uma relação de dependência.

Para termos uma noção dessa dimensão do casamento no Direito de Família, podemos destacar as temáticas relacionadas como: (i) esponsais; (ii) habilitação; (iii) impedimentos (causas suspensivas e anulação); (iv) casamento inexistente (nulo e anulável); (v) celebração e prova; (vi) efeitos do casamento (direitos e deveres dos cônjuges); (vii) poder familiar (alienação parental); (viii) parentesco; (ix) filiação; (xi) adoção; (xii) separação e divórcio; (xiii) regime de bens; (xiv) alimentos; (xv) bem de família; (xvi) tutela; (xvii) curatela e (xviii) ausência.

Não é sem razão que o casamento, o direito de família são objetos da parte especial do Direito Internacional Privado, o Direito Privado Internacional, sendo somente as suas regras gerais estudadas na parte geral, no Direito Internacional Privado propriamente dito.

Essa situação se reflete na própria organização legislativa do casamento dentro do ordenamento jurídico nacional, existindo as regras gerais ancoradas na LINDB e as regras específicas existentes, em regra, em convenções internacionais ratificadas pelo Brasil.

---

205 VENOSA, Silvio de Salvo. **Direito civil:** família. 18. ed. São Paulo, 2018, p. 25.

Para piorar, as regras gerais estabelecidas na LINDB são pífias, pois foram criadas em um contexto distinto do hoje existente para o casamento e o direito de família pós-Constituição Federal de 1988, além de estabelecer uma bipartição em sua sistemática: regras gerais para todos os casamentos e regras específicas para casamentos celebrados no Brasil.

As regras gerais para todos os casamentos são: (a) habilitação; (b) invalidades matrimoniais; e (iii) o regime de bens.

A habilitação é uma modalidade específica de capacidade, também conhecida como capacidade para casar, e é definida como a aptidão para a pessoa poder casar, tratando-se de uma formalidade preliminar ao casamento[206]. Apesar de não existir menção específica, a habilitação é regida pelo art. 7º, *caput*, da LINDB, sendo a lei do domicílio de cada nubente a determinar sua aptidão ou não para o casamento.

Importante salientarmos que não se trata do domicílio de ambos os nubentes (ou domicílio comum), mas sim o de cada pessoa individual.

As invalidades matrimoniais são as conhecidas causas de nulidade e anulabilidade do casamento, e são regidas pelo art. 7º, § 3º, da LINDB determinando que o direito aplicável é o domicílio comum de ambos os nubentes e, quando os nubentes tiverem domicílio diverso, o primeiro domicílio conjugal.

Ocorre que essa regra do primeiro domicílio conjugal para questões da validade matrimonial é letra morta no Direito Internacional Privado brasileiro, isso decorre porque o dispositivo estabelece a possibilidade de incidir um Direito que, ao tempo das formalidades preliminares e da celebração do casamento, não possuía qualquer vínculo com o casamento – pois o domicílio conjugal é estabelecido posteriormente à celebração enquanto as questões de validade são anteriores à celebração.

Sua aplicação acarretaria "um total desrespeito ao princípio dos direitos adquiridos" e o Supremo Tribunal Federal em julgamento da sentença estrangeira n. 2.085/1971 declarou o dispositivo como "norma não escrita"[207].

Importante salientarmos que a interpretação das causas de anulabilidade (no Brasil, art. 1.550 do CC) sempre deve ser realizada sob a ótica da manutenção da unidade familiar e da diminuição de danos nas questões de filiação – é o princípio do *favor matrimonii* que estabelece uma proteção especial à

---

206 VENOSA, Silvio de Salvo. **Direito civil:** família. 18. ed. São Paulo, 2018, p. 61.

207 DOLINGER, Jacob; TIBURCIO, Carmen. **Direito internacional privado.** 14. ed. Rio de Janeiro: Forense, 2018, p. 346.

unidade familiar que o casamento institucionaliza e que possibilita ao intérprete que, diante de dúvida, possa interpretar *in dubio pro matrimonio*[208].

Consideramos que esse princípio também se aplica às questões de Direito Internacional Privado no que tange às invalidades do casamento.

O regime de bens podemos chamar de patrimônio da família, a questão econômica que envolve todo casamento. Devemos lembrar do tratamento relacionado a essa situação econômica, pois o casamento se trata primordialmente de uma união pessoal de caráter moral, espiritual e material, não devendo a questão material-econômica se sobrepor às questões de cunho moral-pessoal[209].

No Brasil, existem cinco tipos de regime de bens: (i) comunhão parcial; (ii) comunhão universal; (iii) regime de participação final de aquestos; (iv) separação total de bens; e (v) o pacto antenupcial. Não existindo mais o regime dotal (o dote).

Em regra, para o Direito Internacional Privado brasileiro, o regime de bens é regido pelo art. 7º, § 4º, da LINDB, adotando como elemento de conexão primário o domicílio comum dos nubentes e, quando não houver domicilio comum dos nubentes, o elemento de conexão secundário do primeiro domicílio conjugal.

Aqui começam alguns problemas na normatividade jus internacionalista brasileira: primeiro na figura do próprio contrato antenupcial, o qual por tradição doutrinária sempre teve sua substância regida pela autonomia da vontade (o estatuto volitivo) e somente as formalidades de sua manifestação regida pela lei do domicílio comum ou do primeiro domicílio conjugal.

A LINDB não regulamenta isso, somente se restringido à aplicação genérica da regra do domicílio. Logo, diante dessa omissão, ao interpretarmos o art. 7º, § 4º, para pactos antenupciais (regime de bens convencional), a regra é a de que somente as formalidades da manifestação do pacto estão sujeitas ao domicílio dos nubentes/primeiro domicílio conjugal, enquanto que ao seu conteúdo este será regido pela vontade das partes, naquilo que não ofender norma imperativa brasileira.

Outro problema envolvendo o regime de bens é o de que no Direito Internacional Privado brasileiro existem dois dispositivos que regulam a mesma situação: enquanto o art. 7º, § 4º, da LINDB estabelece o elemento de conexão domicílio, o Código de Bustamante estabelece em seu art. 187 o elemento de conexão lei pessoal comum:

---

208 VENOSA, Silvio de Salvo. **Direito civil:** família. 18. ed. São Paulo, 2018, p. 116.

209 VENOSA, Silvio de Salvo. **Direito civil:** família. 18. ed. São Paulo, 2018, p. 368.

Lei de Introdução às Normas do Direito Brasileiro	Código de Bustamante
Art. 7º A lei do país em que domiciliada a pessoa determina as regras sobre o começo e o fim da personalidade, o nome, a capacidade e os direitos de família. (...) **§ 4º** O regime de bens, legal ou convencional, obedece à lei do país em que tiverem os nubentes domicílio, e, se este for diverso, a do primeiro domicílio conjugal.	**Art. 187.** Os contractos matrimoniaes regem-se pela lei pessoal commum aos contractantes e, na sua falta, pela do primeiro domicilio matrimonial. Essas mesmas leis determinam, nessa ordem, o regimen legal suppletivo, na falta de estipulação.

Lei pessoal comum pode ser tanto configurado com o domicílio comum ou com a nacionalidade em comum, haja vista que na época de ratificação do Código de Bustamante – Decreto n. 18.871/1929 – lei pessoal comum se referia à nacionalidade comum das partes, sendo interessante notar que o Código de Bustamante quebrou a preferência da nacionalidade do marido sobre a mulher então existente na Introdução do Código Civil de 1916.

Apesar de, aparentemente, disporem de regras distintas sobre a mesma situação, a realidade é que não existe conflito entre esses dois dispositivos, pois o art. 187 do Código de Bustamante tem de ser interpretado à luz do art. 7º do mesmo diploma que dispõe: "Cada Estado contractante applicará como leis pessoaes as do domicilio, as da nacionalidade ou as que tenha adoptado ou adopte no futuro a sua legislação interna".

No Brasil, *leis pessoaes* para fins de Direito de Família, estão atreladas à noção de domicílio, harmonizando a interpretação de ambos os dispositivos sobre o regime de bens.

Atenção: existem situações em que a expressão "lei pessoal" será sinônimo de nacionalidade, especialmente quando diante de direitos mais específicos e particulares como, por exemplo, o Direito cambiário.

Ainda dentro das regras gerais da LINDB, a legislação adota um caráter unilateral ao impor a aplicação da lei brasileira para as formalidades da celebração e os impedimentos dirimentes para os casamentos celebrados no Brasil – o art. 7º, § 1º ("Realizando-se o casamento no Brasil, será aplicada a lei brasileira quanto aos impedimentos dirimentes e às formalidades da celebração").

Existem duas observações que necessariamente precisamos realizar sobre esse dispositivo unilateral da LINDB sobre o casamento, o primeiro é referente a polêmica que se inseriu na doutrina brasileira quando esta procura interpretar o que não existe na lei: a celeuma da "unificação da forma e da substância" com a regra do *lex loci celebrationis* do art. 7º, § 1º, da LINDB.

Má redação legislativa gera má interpretação. O art. 7º, § 1º, da LINDB, ao expressar que os impedimentos dirimentes e as formalidades da celebração de casamentos no Brasil estariam sujeitas à lei brasileira, desenvolveu uma doutrina no sentido de haver uma unificação da habilitação para o casamento (a capacidade para se casar) com o ato de celebração, estando ambos regidos pela *lex loci celebrationis*[210].

Esse entendimento está equivocado.

O art. 7º, § 1º, não fala no elemento de conexão *lex loci celebrationis* como regra geral para os impedimentos e a celebração do casamento, ele impõe o direito brasileiro para impedimentos dirimentes e celebração de casamentos **no Brasil** – não temos aí uma norma bilateral, mas uma norma unilateral. Tanto que não há regra no Direito Internacional Privado brasileiro sobre a lei aplicável à celebração de casamentos fora do Brasil, e a regra para os impedimentos (no caso, invalidade matrimonial) é a "letra morta" art. 7º, § 3º, da LINDB.

O elemento de conexão *lex loci celebrationis* para determinar o direito aplicável para a **celebração** do casamento advinha de interpretação do art. 204 do Código Civil de 1916 ("O casamento celebrado fora do Brasil prova-se de acordo com a lei do país, onde se celebrou"), dispositivo que não possui correspondente no Código Civil de 2002[211].

Acrescentamos que a habilitação não se resume à mera aferição da existência de impedimentos, porquanto não é impedimento o menor de 16 anos se casar, mas sim uma causa de anulabilidade, de invalidade do casamento – sim, o novo Código Civil de 2002 separou em impedimentos e invalidade as questões envolvendo a capacidade para se casar, da habilitação, sem mencionar as causas de suspensão.

E impedimento dirimente, seguindo a tradição canônica de sua origem, significa aqueles impedimentos que de forma decisiva, irremediavelmente nulificam o matrimônio celebrado, ou, nas palavras do Cânone 1.073 do Código

[210] CASTRO, Amilcar de. **Direito internacional privado.** 5. ed. Rio de Janeiro: Forense, 2004, p. 371.

[211] DOLINGER, Jacob; TIBURCIO, Carmen. **Direito internacional privado.** 14. ed. Rio de Janeiro: Forense, 2018, p. 345.

Canônico: "O impedimento dirimente torna a pessoa inábil para contrair validamente o matrimônio"[212].

Diante dessa situação, o art. 7º, § 1º, da LINDB se refere aos impedimentos absolutos que não são admitidos no Brasil nem para efeitos de homologação de casamento estrangeiro, ou, de forma mais precisa, ao rol de vedações do art. 1.521 do Código Civil. Não se aplica a regra brasileira para as causas suspensivas (ou impedimentos relativos), pois não configuram como hipótese de nulidade do casamento (art. 1.548 CC).

Temos assim uma visão geral das pífias regras gerais sobre o casamento constantes na LINDB, restando agora uma visão geral sobre as regras específicas, as quais não compõem a parte de nosso estudo, pois, como notarão, são regulamentadas por uma vastidão de Convenções.

Dentre as inúmeras regras específicas, é obrigatório que destaquemos primeiro o Código de Bustamante. Invariavelmente, Direito de Família, hoje, no Direito Internacional Privado brasileiro, tem no seu Decreto n. 18.871/1929 o mais completo regramento. Essa norma jurídica possui regras para: (i) habilitação; (ii) celebração; (iii) efeitos do matrimônio; (iv) nulidade do matrimônio; (v) separação de corpos e do divórcio (com reservas feitas pelo Brasil da sua ratificação); (vi) paternidade e filiação; (vii) alimentos; (viii) pátrio poder; (ix) adoção; (x) ausência; (xi) tutela.

Basicamente, o Direito de família no Brasil tem de ser estudado, primeiramente, no Código de Bustamante, depois na LINDB.

Quanto à temática alimentos, destacamos a Convenção Interamericana sobre Obrigação Alimentar – Montevidéu 1989 (Decreto Legislativo n. 1/1996), a Convenção de Nova York sobre Prestação de Alimentos no Estrangeiro (Decreto Legislativo n. 56.826/1965) e a Convenção sobre a Cobrança Internacional de Alimentos para Crianças e Outros Membros da Família e o Protocolo sobre a Lei Aplicável às Obrigações de Prestar Alimentos – Haia 2007 (Decreto Legislativo n. 9.176/2017), todas consagrando o sistema misto (teoria do domicílio para países que adotam domicílio, e teoria da nacionalidade para os que utilizam nacionalidade) para reger as obrigações alimentares[213].

---

212 VATICANO. **Constituição Apostólica "Sacrae Disciplinae Leges" de promulgação do Código de Direito Canônico (25.1.1983).** Lisboa: Secretariado Nacional do Apostolado da Oração, 1983. Disponível em: http://www.vatican.va/archive/cod-iuris-canonici/portuguese/codex-iuris-canonici_po.pdf.

213 **Artigo 9º "Domicílio" em vez de "nacionalidade".** Um Estado que utilize o conceito de "domicílio" como fator de conexão em matéria de família poderá

Quanto ao sequestro e restituição de menores, destacamos a Convenção sobre os Aspectos Civis do Sequestro Internacional de Crianças (Decreto Legislativo n. 3.413/2000) e a Convenção Interamericana sobre a Restituição Internacional de Menores – Montevidéu 1989 (Decreto Legislativo n. 3/1994). E quanto ao direito envolvendo menores em geral a Convenção da ONU sobre os Direitos da Criança (Decreto Legislativo n. 28/1990).

Podemos dizer que a LINDB é imprestável para estudar o Direito de Família no Direito Internacional Privado brasileiro. Lembrem-se sempre que a LINDB só é utilizada quando não houver nenhuma outra regra específica que a prefira, ela é o "ponto de chegada", nunca o ponto de partida do estudo envolvendo Direito Internacional Privado brasileiro.

10.3.7.4 O casamento homoafetivo

Optamos por deixar a análise do casamento homoafetivo como um tópico separado do casamento e do direito de família em geral, pois trata-se de uma das temáticas mais recentes do direito brasileiro e, sem sombra de dúvida, demonstra maiores desafios para o Direito Internacional Privado brasileiro no que tange a questões de família.

Como cansamos de reiterar, a Constituição de 1988 provocou profundas mudanças no Direito de Família e resultou no fenômeno hoje conhecido como a **constitucionalização do Direito Civil** – a penetração dos princípios constitucionais na hermenêutica do Direito Civil.

Não é temerário afirmar que tanto a união estável como o casamento homoafetivo são produtos desse processo e, por isso, assuntos extremamente complicados dentro do Direito brasileiro e da sociedade brasileira.

Para o Direito Internacional Privado brasileiro, a principal distinção entre a união estável homoafetiva e o casamento homoafetivo é que a primeira é dotada de mutabilidade (pode ser família, pode ser obrigação), enquanto o segundo é somente direito de família, não havendo possibilidade de mutação diante de questões sociojurídicas.

---

informar à Secretaria Permanente da Conferência da Haia de Direito Internacional Privado que, para os fins de casos apresentados perante suas autoridades, a palavra "nacionalidade" nos Artigos 4º e 6º será substituída pela palavra "domicílio", tal como definida naquele Estado. (Protocolo sobre a Lei Aplicável às Obrigações de Prestar Alimentos – Decreto Legislativo n. 9.176/2017.)

Isto é, união estável homoafetiva ou será considerada direito de família, ou será considerada contrato de sociedade, mas nunca poderá ser ignorada como ofensiva à ordem pública brasileira.

No casamento homoafetivo o problema é mais profundo, pois este se encontra em uma situação anômala no Direito brasileiro por ainda sofrer severas restrições por pressão social – as alas mais conservadoras da sociedade brasileira e que dominam o legislativo brasileiro contemporâneo.

Para compreendermos esse problema, temos de entender que a admissibilidade do casamento homoafetivo se baseia em uma suposta ausência de vedação legal expressa, pensamento que se desenvolveu a partir de dois pilares principais: a tentativa doutrinária de reconfigurar o significado de casamento e o ativismo judicial inaugurado com o Recurso Especial n. 1.183.378 RS/2010.

Para a ala mais liberal da doutrina brasileira, a Constituição de 1988 inaugurou uma nova era para a concepção da família no Direito brasileiro e, como consequência, a possibilidade de reconfigurar o conceito de casamento, não sendo mais uma instituição concebida para formalizar a união de duas pessoas para fins de procriação, mas uma instituição que se fundamenta na construção de ligações afetivas entre pessoas[214].

A interpretação literal, ou estrito legalismo, é utilizada como instrumento para quebrar o tradicionalismo de um conceito.

Como não existe uma definição positivada do que é o casamento, a doutrina procura estabelecer uma conceituação mais ampla, mais libertária, recorrendo à argumentação principiológica possível com a Constituição de 1988, quebrando o tradicionalismo ("conservadorismo") para permitir a inserção da união de duas pessoas do mesmo sexo como parte do conceito de casamento.

A partir dessa doutrina, a jurisprudência brasileira começou a entrar em um processo de **ativismo judicial**, ou seja, começou a exercer o papel de legislador quando o assunto demandasse o ato de **fazer justiça.**

---

214 FARO, Julio P.; PESSANHA, Jackeline F. O casamento civil homoafetivo e sua regulamentação no Brasil. **Revista de Bioética y Derecho,** Barcelona, n. 32, 2014, p. 72-81. Disponível em: https://doi.org/10.1344/rbd2014.32.10694. Acesso em: 12 jul. 2019.

É nesse contexto que vai surgir a confusa votação da 4ª Turma do STJ, a qual, no REsp. n. 1183378 RS/2010, publicado no DJe de 1º/02/2012, por maioria de votos, vai decidir que a interpretação dos arts. 1.514, 1.521, 1.535 e 1.565 do Código Civil não vedam a casamento civil entre pessoas do mesmo sexo.

Essa decisão é paradigmática quando se analisa o ativismo judicial brasileiro sob a égide da Constituição de 1988, pois ela já inicia com uma **pirueta** retórica ao estabelecer a competência do STJ em proceder com a análise de uma questão a qual é, claramente, uma questão constitucional, pois apesar de o art. 1.521 do Código Civil não estabelecer como impedimento ao casamento o mesmo sexo dos nubentes, existe reiterado uso na sistemática legislativa civil da combinação homem e mulher, como podemos destacar do art. 1.565, o qual determina que através do "casamento, homem e mulher assumem mutuamente a condição de consortes, companheiros e responsáveis pelos encargos da família".

Logo não existe uma questão de lacuna quanto ao casamento homoafetivo se o STJ procedesse com uma interpretação mais tradicional (exemplo: sistemática), porém o resultado seria a constatação de não ser possível o casamento homoafetivo diante da situação legislativa como está. Mas, como a **pirueta retórica** é acusada no próprio voto do Ministro Relator Luis Felipe Salomão para possibilitar uma interpretação *sui generis*, quando este recorre ao fenômeno da "constitucionalização do direito civil" e o consequente condicionamento da interpretação da legislação infraconstitucional aos princípios constitucionais, para permitir ao STJ realizar uma interpretação constitucional dos dispositivos do Código Civil, ou, nas palavras do ministro relator: "Em síntese, o Superior Tribunal de Justiça cumprindo sua missão de uniformizar o direito infraconstitucional, não pode conferir à lei interpretação que não seja constitucionalmente aceita"[215].

Considerando a questão como um produto da constitucionalização do Direito Civil, a 4ª Turma do STJ abandonou qualquer pretensão de analisar de forma tradicional os dispositivos do Código Civil, optando por uma hermenêutica própria, ou melhor, constitucionalizada.

O problema dessa hermenêutica constitucionalizada é a de que não foi utilizada norma constitucional positivada, pois o art. 226 da Constituição Federal também utiliza a combinação homem e mulher (§§ 3º e 5º), gerando

---

[215] STJ. REsp: 1183378 RS 2010/0036663-8, Relator: Ministro Luis Felipe Salomão. Data de Julgamento: 25/10/2011, T4 – Quarta Turma. Data de publicação: DJe 1º/02/2012. Disponível em: https://ww2.stj.jus.br/processo/revista/inteiroteor/?num_registro=201000366638&dt_publicacao=01/02/2012.

a conclusão óbvia de que o próprio texto constitucional entende a entidade familiar como composta por um casal com um homem e uma mulher.

Para contornar esse problema de literalidade constitucional, o STJ utilizou como parâmetro de sua interpretação a jurisprudência do STF sobre o reconhecimento da união estável, a mesma decisão que ampliou o leque da união estável para além de um homem e de uma mulher (*vide* item 10.3.5.2).

Em síntese apertada, a 4ª Turma do STJ baseou sua interpretação *sui generis* em jurisprudência *sui generis* de outro Tribunal, ignorando não só a redação dos arts. 1.514, 1.521, 1.535 e 1.565 do Código Civil, como também a do art. 226, §§ 3º e 5º, da CF. É jurisprudência a partir de jurisprudência.

Não é espantoso verificarmos na leitura do voto vencedor a existência de contorcionismo jurídico, iniciando pela própria confusão entre a entidade familiar e o casamento, quando a própria Constituição de 1988 acabara com essa associação e estabelecera que entidade familiar é diferente de casamento, sendo o casamento somente uma manifestação da entidade familiar (a outra sendo a União estável), e terminando na confusão entre o princípio da igualdade eo princípio do livre planejamento familiar previsto no art. 226, § 7º, da CF, gerando a situação bizarra de dar significado a um princípio baseado na expansão da interpretação de outro princípio.

> 7. A igualdade e o tratamento isonômico supõem o direito a ser diferente, o direito à auto-afirmação e a um projeto de vida independente de tradições e ortodoxias. Em uma palavra: o direito à igualdade somente se realiza com plenitude se é garantido o direito à diferença. Conclusão diversa também não se mostra consentânea com um ordenamento constitucional que prevê o princípio do livre planejamento familiar (§ 7º do art. 226). E é importante ressaltar, nesse ponto, que o planejamento familiar se faz presente tão logo haja a decisão de duas pessoas em se unir, com escopo de constituir família, e desde esse momento a Constituição lhes franqueia ampla liberdade de escolha pela forma em que se dará a união[216].

Basicamente, realizou-se uma interpretação *sui generis* de princípio e norma constitucional para interpretar as normas de Direito Civil, as quais em nada se relacionam à norma constitucional interpretada, sem mencionar que o art. 226, § 7º, da CF utiliza o termo "casal" e, em uma interpretação

---

[216] STJ. REsp: 1183378 RS 2010/0036663-8, Relator: Ministro Luis Felipe Salomão. Data de Julgamento: 25/10/2011, T4 – Quarta Turma. Data de publicação: DJe 1º/02/2012. Disponível em: https://ww2.stj.jus.br/processo/revista/inteiroteor/?num_registro=201000366638&dt_publicacao=01/02/2012.

sistemática, significaria o casal de um homem e uma mulher – fórmula repetida no texto constitucional, no mesmo dispositivo, diversas vezes.

E toda essa pirueta e contorcionismo para justificar o ato do poder judiciário em estar, de fato, legislando, como se deduz do próprio acordão:

> 9. **Não obstante a omissão legislativa** sobre o tema, a maioria, mediante seus representantes eleitos, não poderia mesmo "democraticamente" decretar a perda de direitos civis da minoria pela qual eventualmente nutre alguma aversão. Nesse cenário, em regra é o **Poder Judiciário – e não o Legislativo – que exerce um papel contramajoritário e protetivo de especialíssima importância, exatamente por não ser compromissado com as maiorias votantes, mas apenas com a lei e com a Constituição**, sempre em vista a proteção dos direitos humanos fundamentais, sejam eles das minorias, sejam das maiorias. Dessa forma, ao contrário do que pensam os críticos, a democracia se fortalece, porquanto esta se reafirma como forma de governo, não das maiorias ocasionais, mas de todos.
>
> 10. **Enquanto o Congresso Nacional, no caso brasileiro, não assume, explicitamente, sua coparticipação nesse processo constitucional de defesa e proteção dos socialmente vulneráveis, não pode o Poder Judiciário demitir-se desse mister**, sob pena de aceitação tácita de um Estado que somente é "democrático" formalmente, sem que tal predicativo resista a uma mínima investigação acerca da universalização dos direitos civis[217]. (Grifamos.)

Mesmo com a confissão de que a decisão é um ato de legislar diante da omissão do Legislativo e da própria precariedade dos argumentos, do raciocínio empregado na decisão, o Conselho Nacional de Justiça, possivelmente para conferir um **laquê** de legalidade ao casamento homoafetivo, expediu a Resolução n. 175/2013 com a seguinte redação:

> O PRESIDENTE DO CONSELHO NACIONAL DE JUSTIÇA, no uso de suas atribuições constitucionais e regimentais,
>
> (...)
>
> CONSIDERANDO que o Supremo Tribunal Federal, nos acórdãos prolatados em julgamento da ADPF 132/RJ e da ADI 4277/DF, reconheceu a inconstitucionalidade de distinção de tratamento legal às uniões estáveis constituídas por pessoas de mesmo sexo;

---

[217] STJ. REsp: 1183378 RS 2010/0036663-8, Relator: Ministro Luis Felipe Salomão. Data de Julgamento: 25/10/2011, T4 – Quarta Turma. Data de publicação: DJe 1º/02/2012. Disponível em: https://ww2.stj.jus.br/processo/revista/inteiroteor/?num_registro=201000366638&dt_publicacao=01/02/2012.

> CONSIDERANDO que as referidas decisões foram proferidas com eficácia vinculante à administração pública e aos demais órgãos do Poder Judiciário;
> CONSIDERANDO que o Superior Tribunal de Justiça, em julgamento do RESP. 1.183.378/RS, decidiu inexistir óbices legais à celebração de casamento entre pessoas de mesmo sexo;
> CONSIDERANDO a competência do Conselho Nacional de Justiça, prevista no art. 103-B, da Constituição Federal de 1988;
> RESOLVE:
> Art. 1º É vedada às autoridades competentes a recusa de habilitação, celebração de casamento civil ou de conversão de união estável em casamento entre pessoas de mesmo sexo.
> Art. 2º A recusa prevista no artigo 1º implicará a imediata comunicação ao respectivo juiz corregedor para as providências cabíveis.
> Art. 3º Esta resolução entra em vigor na data de sua publicação.[218]

É a "cereja do bolo", pois além de se fundamentar em decisão que não versa sobre casamento homoafetivo (no caso do STF) e em decisão que é ativismo judicial escancarado (STJ), a Resolução consegue piorar a situação regulamentando sem regulamentar, pois de nada adianta estabelecer a escusa de habilitação, celebração ou conversão em casamento homoafetivo, sem realizar as devidas adequações na legislação competente para tal, a qual é, justamente, o Código Civil, que não prevê tal modalidade de casamento.

Feita essa visão geral da situação anômala do casamento homoafetivo no ordenamento jurídico brasileiro, podemos analisá-la sob a ótica do Direito Internacional Privado.

De forma bem simples, o casamento homoafetivo estrangeiro pode ser interpretado de duas formas no Direito Internacional Privado brasileiro: uma posição mais receptiva o considerando como instituição desconhecida e a outra, mais conservadora, como instituição que fere a ordem pública internacional brasileira.

Se considerarmos o casamento homoafetivo estrangeiro como instituição desconhecida, a sua recepção no Brasil se dará nos limites em que as regras estrangeiras (no caso, as regras do art. 7º da LINDB) se compatibilizem com as normas do ordenamento jurídico brasileiro.

---

218 BRASIL. Resolução nº 175 de 14 de maior de 2013. Conselho Nacional de Justiça. DJE/CNJ nº 89 de 15/05/2013, p. 2. Disponível online em https://atos.cnj.jus.br/atos/detalhar/1754

Esse pensamento tem como fundamento, justamente, a doutrina majoritária brasileira, a posição da jurisprudência (apesar de *sui generis*) e a Resolução (pífia) n. 175 do CNJ, além de uma pletora da princípios, dos quais destaco a questão de moral de justiça em não discriminar as pessoas pelo sexo.

Se considerarmos o casamento homoafetivo estrangeiro como ofensivo à ordem pública internacional, essa ofensa não é baseada em eventual violação de bons costumes do art. 17 da LINDB, mas sim em um costume jurídico do Direito Internacional Privado geral: que normas constitucionais são normas de ordem pública – como consagrado no art. 4º do Código de Bustamante ("Art. 4º Os preceitos constitucionaes são de ordem publica internacional").

Esse pensamento vai se fundamentar em uma interpretação sistemática do art. 226 da CF e dos arts. 1.514, 1.521, 1.535 e 1.565 do Código Civil, os quais, em uma interpretação mais tradicional, configuram o casamento como sendo composto pela união de um homem e uma mulher.

Apesar de não ser um pensamento dominante na doutrina e questionável na jurisprudência, existem duas forças motrizes poderosas que o movem: a redação legislativa e, mais importante, o largo segmento conservador que vem se ampliando na sociedade brasileira, não sendo sem razão que o Congresso Brasileiro tem uma expressiva bancada evangélica na composição da Câmara dos Deputados[219] – motivo pelo qual não houve qualquer avanço na regulamentação do casamento homoafetivo no Brasil.

Se ofensiva à ordem pública internacional, o casamento homoafetivo não será reconhecido e muito menos objeto de julgamento pelo judiciário brasileiro, sendo sugerido aos cônjuges procurarem o judiciário do país do local de celebração do casamento. Não confunda essa impossibilidade jurídica com violação do *non-liquet*, o que vai acontecer é que o magistrado brasileiro vai julgar improcedente qualquer ação referente ao casamento homoafetivo baseando-se na ideia de este ser um instituto ofensivo ao direito brasileiro.

---

219 Segundo notícia da Agência Brasil, a bancada evangélica aumentou de 73 deputados em 2009 para 84 deputados em 2018, configurando 16,37% da Câmara dos Deputados. Disponível em: http://agenciabrasil.ebc.com.br/politica/noticia/2018-10/em-crescimento-bancada-evangelica-tera-91-parlamentares-no-congresso.

Sobre isso, apesar de não existir posição mais correta ou menos correta entre essas duas concepções do Direito Internacional Privado brasileiro para com o casamento homoafetivo, acredito que o juiz deve se inclinar a aceitá-lo como uma instituição desconhecida, seguindo a orientação do *favor matrimonii*.

Trata-se de um assunto extremamente complicado, o qual infelizmente acaba envolvendo elementos ideológicos e elementos teológicos, cada qual com seu grau de radicalismo. O que se deve evitar nesse debate é recorrer a piruetas e contorcionismo para tentar defender um ponto de vista, como o fez a 4ª Turma do STJ. A lei existe para ser seguida, e não para ser dobrada conforme a conveniência dos tempos. Assim como não podemos recorrer a interpretações extremamente literais, sob pena de perder de vista a finalidade maior da legislação.

10.3.7.5 Um olhar para o futuro: estatuto da diversidade sexual e gênero ou da família?

A complexidade das relações familiares homoafetivas no ordenamento jurídico brasileiro se demonstra tão profunda que até uma perspectiva para o futuro é problemática.

Atualmente, podemos constatar que existem dois projetos de leis que procuram estabelecer uma solução para a questão do casamento e da união estável homoafetiva no Direito Internacional Privado brasileiro ou, de forma mais doutrinária, resolver o "descompasso entre as normas materiais do Direito de Família e aquelas constantes nas regras de sobredireito"[220].

O primeiro é o Projeto de Lei n. 6.583/2013 que está em tramitação na Câmara dos Deputados (PLC n. 6.583/2013), o qual estabelece que somente configura entidade familiar a união entre homem e mulher, conforme: "Art. 2º Para os fins desta Lei, define-se entidade familiar como o núcleo social formado a partir da união entre um homem e uma mulher, por meio de casamento ou união estável, ou ainda por comunidade formada por qualquer dos pais e seus descendentes"[221].

Esse Projeto tem um cunho conservador e não possui nenhuma regulamentação direta para a questão do Direito Internacional Privado, porém,

---

220 ALMEIDA, Bruno. Algumas considerações sobre casamentos e parcerias entre pessoas do mesmo sexo e regras de direito internacional privado brasileiro. **Revista de Direito Internacional,** Brasília, Uniceub, v. 11, n. 1, 2014, p. 51. Disponível em: https://www.publicacoesacademicas.uniceub.br/rdi/article/view/2832.

221 BRASIL. **Projeto de Lei da Câmara n. 6.583 de 2013.** Dispõe sobre o Estatuto da Família e dá outras providências. Brasília: Câmara dos Deputados, 2013. Disponível em: https://www.camara.leg.br/proposicoesWeb/fichadetramitacao?idProposicao=597005.

ao consolidar o conceito de Família baseado na união de homem e mulher, exclui a existência de outras modalidades familiares, fortalecendo a interpretação de que entidades familiares homoafetivas não são reconhecidas pelo Direito brasileiro.

Implicitamente consagra a interpretação de que tanto o casamento como a união estável homoafetiva seriam ofensivas ao princípio da ordem pública internacional – porém, por ausência normativa expressa, possibilitaria o entendimento de serem sociedades de fato.

Em contraposição, está em trâmite no Senado o Projeto de Lei n. 134/2018 (PLS n. 134/2018), que Institui o Estatuto da Diversidade Sexual e de Gênero, o qual estabelece expressamente o reconhecimento das uniões e casamentos homoafetivos como entidades familiares, adotando uma concepção ampla da família:

> **Art. 12.** Todas as pessoas têm direito à constituição da família e são livres para escolher o modelo de entidade familiar que lhes aprouver, independentemente de sua orientação sexual ou identidade de gênero.
>
> **Art. 13.** As famílias homoafetivas devem ser respeitadas em sua dignidade e merecem a especial proteção do Estado como entidades familiares, sendo vedada qualquer discriminação por orientação sexual ou identidade de gênero[222].

E, diferentemente do PLC n. 6.583, estabelece nova normativa colisional para o direito de família brasileiro, consagrando a lei do local da realização do ato (para caso de casamento) e a lei do local da constituição do fato (união estável) conforme: "Art. 17. Serão reconhecidos no Brasil os casamentos, uniões civis e estáveis realizados em países estrangeiros, desde que cumpridas as formalidades exigidas pela lei do País onde foi realizado o ato ou constituído o fato"[223].

10.3.8 Sobre o Código de Bustamante e sua aplicabilidade no Direito Internacional Privado brasileiro

Apesar de ser um tópico relacionado ao Direito Internacional Privado brasileiro de forma geral, a aplicabilidade do Código de Bustamante nos parece

---

222 BRASIL. **Projeto de Lei do Senado n. 134 de 2018.** Institui o Estatuto da Diversidade Sexual e de Genêro. Brasília: Senado Federal, 2018. Disponível em: https://www25.senado.leg.br/web/atividade/materias/-/materia/132701.

223 BRASIL. **Projeto de Lei do Senado n. 134 de 2018.** Institui o Estatuto da Diversidade Sexual e de Genêro. Brasília: Senado Federal, 2018. Disponível em: https://www25.senado.leg.br/web/atividade/materias/-/materia/132701.

ter melhor abordagem quando verificamos a superficialidade e ausência de regulamentação de vários aspectos do Direito de Família na Legislação de 1942.

O Código de Bustamante – Decreto n. 18.8971 de 13 de agosto de 1929 – é uma das poucas normas internacionais que tem de ser obrigatoriamente mencionadas no estudo dogmático de uma cadeira nos cursos de bacharelado em Direito. Não se compreende o Direito Internacional Privado brasileiro sem ter uma noção básica sobre esse diploma, muito menos o papel *sui generis* que assumiu na jurisprudência brasileira.

Para compreendermos essa situação, temos de lembrar que o Código é produto de um período denominado idealista na América Latina (1920-1930), lapso temporal no qual predominou a busca de estabelecer uma identidade regional, uma identidade pan-americana[224], acrescente-se que é considerado, ainda hoje, o principal produto da iniciativa de codificação de matérias em nível internacional dentro das Américas, processo que remonta ao primeiro Congresso do Panamá em 1826[225].

Diante desse contexto, é um tratado regional, resultado do 6º Congresso Pan-americano realizado na cidade de Havana (Cuba) em 1928, e sua denominação comum é uma homenagem ao jurista cubano Antonio Sánchez de Bustamante y Sirven – seu principal idealizador e responsável pelos primeiros esboços.

Tecnicamente, é um Código de Direito Internacional Privado, com a finalidade de harmonizar os sistema colisionais nacionais latino-americanos, de modo a criar um sistema colisional regional, e, apesar de sua razoável aceitação, possui inúmeras críticas a sua estrutura e disciplinamento, sendo as principais: (a) excessiva restrição aos critérios de validade aos contratos internacionais do comércio; (b) deficiente inserção e regulamentação da autonomia da vontade nos contratos internacionais em geral; e (c) a incapacidade de conseguir uniformizar as regras sobre estatutos pessoais do países que a ele aderiram[226].

---

224 ESQUIROL, Jorge. J. Latin America. In: FASSBENDER, Bardo; PETERS, Anne. **The oxford handbook of the History of International Law.** Oxford: Oxford University Press, 2012, p. 562.

225 ESQUIROL, Jorge. J. Latin America. In: FASSBENDER, Bardo; PETERS, Anne. **The oxford handbook of the History of International Law.** Oxford: Oxford University Press, 2012, p. 570.

226 ESQUIROL, Jorge. J. Latin America. In: FASSBENDER, Bardo; PETERS, Anne. **The oxford handbook of the History of International Law.** Oxford: Oxford University Press, 2012, p. 570-571.

Localizando sua análise ao Direito brasileiro, na nossa opinião, o principal problema do Código de Bustamante foi o de não conseguir influenciar o desenvolvimento legislativo brasileiro em matéria de Direito Internacional Privado, especialmente diante da forte onda nacionalista que se inaugurou com a implementação do Estado Novo em 1937 – o Código tem maior repercussão teórico-acadêmica do que aplicação prática.

Essa falta de ressonância já pode ser verificada quando em 1935 encontramos doutrina afirmando a pouca aplicabilidade do Código de Bustamante ("é mero tratado, de quási nenhuma aplicação"[227]), e, em 2017, a dificuldade de sua aplicação e do desuso da maioria de seus dispositivos[228].

O problema da aplicabilidade do Código de Bustamante no Brasil começou com seu próprio âmbito de aplicação, o qual definiu no art. 2º de seu Preâmbulo: "As disposições desse Codigo não serão applicaveis senão ás Republicas contractantes e aos demais Estados que a elle adherirem, na forma que mais adiante se consigna".

Sob essa previsão, o Código de Bustamante somente seria aplicável quando a questão de direito internacional privado envolvesse países que o tivessem ratificado, que são: Bahamas, Bolívia, Brasil, Chile, Costa Rica, Cuba, Equador, El Salvador, Guatemala, Haiti, Honduras, Nicarágua, Panamá, Peru, República Dominicana e Venezuela[229].

Além desse rol diminuto de aderentes/ratificações, podemos acrescentar como dificuldade de aplicação do Código de Bustamante o número de reservas feitas, pois somente Honduras e Peru não as fizeram, resultando na impressão geral de que se trata de uma legislação sem eficácia, ou melhor, na constatação de que se trata de uma legislação com "resultados mais aparentes do que reais, ou mesmo teóricos, mas não verdadeiramente atingidos na prática"[230].

Mas, como já constatamos, o quadro legislativo geral do Direito

---

227 PONTES DE MIRANDA, Francisco Cavalcanti. **Tratado de direito internacional privado.** Rio de Janeiro: Livraria José Olympio, 1935, t. 1, p. 131.

228 MAZZUOLI, Valério de O. **Curso de direito internacional privado.** 2. ed. São Paulo: Forense, 2017, p. 81.

229 Conforme informação da Organização dos Estados Americanos. Disponível em: http://www.oas.org/es/sla/ddi/tratados_multilaterales_interamericanos_A-31_Codigo_Bustamente_firmas.asp. Acesso em: 14 jul. 2019.

230 VILELA, Anna Maria. A unificação do direito na América Latina. In: BAPTISTA, Luiz O.; MAZZUOLI, Valério de O. (orgs.). **Direito do comércio internacional:** teoria geral. São Paulo: Revista dos Tribunais, 2012, p. 34.

Internacional Privado brasileiro é pífio, o que resultou em um efeito prático para aplicação do Código de Bustamante: fonte de supressão de lacunas.

Isto significa que toda vez que o Código de Bustamante regulamentar algo e não houver norma sobre a temática na LINDB e nem em legislação específica, aplicar-se-á a regra do Código de Bustamante, independentemente do âmbito de sua aplicação ou de reservas feitas.

Ou seja, no Brasil, a marginalização do Código de Bustamante resultou na generalização de sua aplicação para qualquer caso no qual não exista outra regra positivada no Direito brasileiro, sendo reiteradas vezes utilizado nessas situações pela jurisprudência como, por exemplo, no caso recente da extraterritorialidade da hipoteca marítima no Recurso Especial n. 1.705.222-SP/2017.

Apesar de não ter tido influência relevante no desenvolvimento da legislação do Direito Internacional Privado brasileiro, o Código de Bustamante desempenhou uma influência profunda nas iniciativas interamericanas de codificação, as Conferências Interamericanas especializadas em Direito Internacional Privado (CIDIP), as quais surgiram na esteira da busca de reformar o Código de Bustamante[231].

Apesar do Brasil ser um signatário contumaz dessas Convenções Interamericanas, a sua ratificação é extremamente demorada e escassa, tanto é que a Convenção de Montevidéu de 1979 somente foi ratificada em 1995 e oficialmente incorporada pelo Decreto n. 1.979 de 9 de agosto de 1996. E nessas duas décadas de vigência, somente encontramos uma decisão judicial utilizando-a[232] e, na reforma do Código de Processo Civil em 2015, não exerceu influência alguma na parte sobre a Informação do Direito Estrangeiro (a Prova do Direito Estrangeiro) e nem na parte da aplicabilidade da Instituição Desconhecida. Ou seja, segue o caminho da marginalização como o Código de Bustamante.

---

231 SAMTLEBEN, Jürgen. Die Interamerikanischen Spezialkonferenzen für internationales Privatrecht. **Rabels Zeitschrift für ausländisches und internationales Privatrecht (RabelZ).** Mohr Siebeck GMBH, H.2, 1980, p. 258. Disponível em: http://www.jstor.org/stable/27876435. Acesso em: 14 de jul. 2019.

232 APELAÇÃO CÍVEL. RESPONSABILIDADE CIVIL EM ACIDENTE DE TRÂNSITO. AÇÃO CONDENATÓRIA POR DANOS MATERIAIS E MORAIS. ABALROAMENTO DE VEÍCULOS OCORRIDO EM RIVERA, URUGUAI – TJ-RS AC: 70061035572 RS, Relator: Umberto Guaspari Sudbrack. Data de Julgamento: 23/04/2015. Décima Segunda Câmara Cível, Data de Publicação: DJ 29/04/2015.

Apesar de parecer óbvio, é importante que eu ressalte que nenhuma dessas Convenções são tratados de Direitos humanos. Assim, não há que se falar de supralegalidade em sua aplicação, muito menos que venham a revogar ou ter preferência sobre a LINDB – por mais desejável que isso pareça diante da precariedade da mesma.

Ambas as legislações entram no pantanoso dualismo brasileiro diante da natureza de Decretos Legislativos, outro aspecto que influencia na situação de zorra total em sua aplicação no Brasil.

Capítulo 11

LEX REI SITAE: OS ESTATUTOS REAIS NO DIREITO INTERNACIONAL PRIVADO BRASILEIRO

11.1 OS ESTATUTOS REAIS OU O TRATAMENTO DOS BENS (COISAS) NO DIREITO BRASILEIRO

11.1.1 Dos conceitos e das definições

> Vamos agora ver o que se passa com as coisas. Estas, ou fazem parte do nosso património, ou estão fora do nosso património. (Gaio, Livro II, 1[233]).

Quando estudamos os manuais de Direito Internacional Privado brasileiro, é muito comum verificarmos que a doutrina ali contida parece ignorar a questão do significado **bem** ao analisar o adágio *lex rei sitae* consagrado no art. 8º, *caput*, da LINDB, mesmo quando é sabido da polissemia do vocábulo **bem** na Ciência Jurídica.

Simplificando a questão, não há como entendermos o tratamento dos bens no Direito Internacional Privado brasileiro sem compreendermos o conceito de **bem**, para o qual podemos delimitar três significados principais.

O primeiro significado corresponde ao seu uso comum, no qual bem é entendido como algo associado ao indivíduo, suas aspirações, sua moralidade e seus valores. Nesse sentido, bem compreende o direito à integridade física, à felicidade, ao amor – é tudo que se associa ao interior de uma pessoa, tudo "aquilo que lhe constitua suporte integrativo – sua individualidade, sua vida – não é propriamente um bem"[234].

---

233 GAIUS. **Instituições:** direito privado romano. Trad. J. A. Segurado e Campos. Lisboa: Fundação Calouste Gulbenkian, 2010, p. 165.

234 MELO, Albertino Daniel de. Teoria geral dos bens – um ensaio jurídico. In: MENDES, Gilmar; STOCO, Rui (orgs.). **Doutrinas essenciais:** direito civil. Parte geral – atos, fatos, negócios e bens. São Paulo: Revista dos Tribunais, 2011, p. 1024, v. IV.

O segundo significado corresponde ao seu uso jurídico, ao conceito jurídico que define o objeto de uma relação jurídica, consistindo em tudo aquilo que pode compor o patrimônio de uma pessoa e ser objeto de direito subjetivos: é o **bem jurídico** – uma expressão ampla e genérica que compreende "tudo que pode ser objeto da relação jurídica, sem distinção de materialidade ou patrimonialidade"[235].

E o último significado é o que corresponde ao seu emprego no Direito Internacional Privado brasileiro: o bem como conceito genérico compreendendo a coisa, os animais e seus direitos decorrentes.

Aqui temos de lembrar do apagão doutrinário que existe em boa parte da doutrina civilista brasileira, a qual tem sérios problemas em delimitar a relação entre bem e coisa, ao ponto de afirmar o absurdo de que a coisa seria o gênero, enquanto o bem seria uma espécie de coisa, baseando-se no fato do Código Civil em vigor tratar dos bens na parte geral e o Direito das Coisas na parte especial[236].

Esse tipo de doutrina se contradiz em sua origem – se o **bem** está regulamentado na parte geral e a coisa na parte especial do Código Civil, a consequência lógica é a de que **bem** é o geral, enquanto coisa é o específico. Isso decorre da constatação de que a parte geral – na doutrina original de Teixeira de Freitas considera como melhor sistemática para um Código – existe para estabelecer as noções elementares para guiar as partes especiais, servindo de prolegômenos para estas[237].

Nesse sentido, **bem** é a noção preliminar obrigatória para compreender o que é a coisa. Logo, temos:

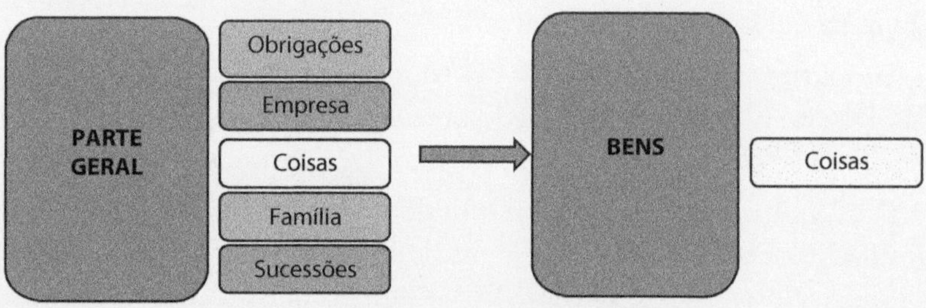

Lógica da codificação civil

---

235 PEREIRA, Caio Mário da S. **Instituições de direito civil.** v. 1: Introdução ao direito civil. Teoria geral do direito. Atualizado por Maria Celina Bodin de Moraes. 28. ed. Rio de Janeiro: Forense, 2015, p. 337.

236 TARTUCE, Flávio. **Direito civil:** lei de introdução e parte geral. 15. ed. Rio de Janeiro: Forense, 2019, p. 331, v. 1.

237 FREITAS, Augusto Teixeira de. **Consolidação das leis civis.** Brasília: Senado Federal – Conselho Editorial, 2003, p. CXII.

Suspeitamos que o problema na doutrina brasileira sobre essa questão surgiu na ortodoxa utilização pelo Código Civil de 1916 da palavra "bem/bens" em sua parte geral, não seguindo a lógica proposta por Teixeira de Freitas em seu Esboço, o qual utilizava coisa para designar o que os Códigos de 1916 e de 2002 denominaram bem, enquanto que na parte especial a divisão de Teixeira de Freitas consistia em direitos pessoais e direitos reais; enquanto a legislação de 1916 dividiu em família, as coisas, as obrigações e as sucessões, e a legislação de 2002 dividiu em obrigações, a empresa, as coisas, a família e as sucessões.

Outro ponto de confusão é que a expressão "bem jurídico" é uma expressão muito mais ampla no Direito do que a expressão "coisa", esta que pode ser definida como "todos os objetos materiaes susceptíveis de uma medida de valor"[238], se associando a ideia alemã de *Sachen* (coisas)[239], enquanto que aquele é um conceito dotado de alteridade, pois engloba não só bens patrimoniais (sua variante de Direito Privado), como também a defesa de direitos, de interesses do indivíduo perante o Estado, ou "o bem jurídico como o que assegura as expectativas normativas essenciais frente a lesões"[240] (o bem jurídico penal) – é o que os alemães denominam de *Rechtsgut*.

Destarte, temos que o conceito de bem jurídico não é limitado ao Direito Civil, mas se trata de um conceito jurídico indeterminado, do qual a doutrina civilista é, tão-somente, uma pequena ramificação.

Feita essa ressalva, podemos definir que o emprego do **bem** no Direito Internacional Privado brasileiro é fundamentado na doutrina civilista, denotando uma coisa ou um direito real.

Porém, diferentemente da doutrina privatista nacional, seu conceito é ampliado, não se limitando aos objetos materiais de valor patrimonial, muito menos às coisas corpóreas. Entram em seu conceito questões envolvendo objetos incorpóreos (virtuais), bem como questões envolvendo propriedade intelectual e, até certo ponto, a questão envolvendo animais.

---

238 FREITAS, A. T. de. **Código Civil** – esboço. Rio de Janeiro: Typographia Universal de Laemmert, 1860, p. 214.

239 A respeito, o § 90 BGB: "*Sachen im Sinne des Gesetzes sind nur körperliche Gegenstände*" ("São consideradas coisas para fins da lei somente os objetos corpóreos").

240 SIMÕES DE FARIAS, Angela. Bem jurídico e exclusão da antijuridicidade aplicada à integridade física e à saúde. **Revista Acadêmica da Faculdade de Direito do Recife,** v. 83, n. 1, out. 2013. ISSN 2448-2307. Disponível em: <https://periodicos.ufpe.br/revistas/ACADEMICA/article/view/287/252>. Acesso em: 19 jul. 2019.

Portanto, quando empregamos a palavra "bem" no Direito Internacional Privado, o fazemos englobando conceitos tradicionais de coisas, animais, propriedade, posse, garantias reais, como também conceitos mais modernos, como *software*, o direito do autor e a propriedade intelectual em geral – estes, motivo principal de não podermos confundir esse campo do Direito Internacional Privado como o simples estudo do conflito de leis envolvendo o Direito das Coisas.

11.1.2 Das classificações

> As coisas dividem-se fundamentalmente em duas classes: uma classe é formada pelas coisas de direito divino, outra, pelas de direito humano. (Gaio, Livro II, 2)[241].

Os antigos romanos tinham como primeira classificação a divisão das coisas entre as de direito divino e as de direito humano, e, apesar dessa classificação ter desaparecido na Ciência Jurídica contemporânea, inúmeras outras surgiram, sendo algumas de especial relevância para o Direito Internacional Privado.

A primeira delas é a que separa os bens entre públicos e privados (particulares), consagrada no art. 98 do Código Civil: "São públicos os bens do domínio nacional pertencentes às pessoas jurídicas de direito público interno; todos os outros são particulares, seja qual for a pessoa a que pertencerem".

> Não confunda bens públicos com os espaços internacionais (domínio público internacional). O Espaço exterior, os mares, a Internet e as regiões polares são conhecidos como zonas de domínio público internacional, não tendo qualquer ligação com a noção de bens públicos.

Os bens públicos, na sua conceituação doutrinária mais tradicional, são aqueles que "não pertencem às pessoas particulares", sendo de domínio nacional e propriedade de pessoas jurídicas de direito público interno[242]. Enquanto os bens privados, ou particulares, são todos os demais,

---

241 GAIUS. **Instituições:** direito privado romano. Trad. J. A. Segurado e Campos. Lisboa: Fundação Calouste Gulbenkian, 2010, p. 165.

242 MARQUES, J. M. de Azevedo. Bens públicos. In: MENDES, Gilmar; STOCO, Rui (orgs.). **Doutrinas essenciais: direito civil.** Parte geral – atos, fatos, negócios e bens. São Paulo: Revista dos Tribunais, 2011, v. IV, p. 1233.

integrando o patrimônio de uma pessoa natural ou uma pessoa jurídica de direito privado.

Para o Direito Internacional Privado, somente são objeto de estudo a solução de conflito de leis que envolvem bens privados (particulares), não havendo nenhuma relevância para nossa disciplina as questões envolvendo bens públicos, sejam de pessoas jurídicas de direito público interno, sejam de pessoas jurídicas de direito público externo.

A exclusão dos bens públicos como objeto do Direito Internacional Privado decorre da constatação de que estes, ao serem inseridos no plano internacional, se inserem no conceito de território e patrimônio soberano de um Estado – sendo regidos por Direito Internacional Público. Isto se aplica aos bens pertencentes às organizações internacionais intergovernamentais (ex.: ONU), os quais são considerados territórios internacionais, sujeitos ao Direito Internacional Público, mais precisamente ao tratado constitutivo da organização internacional.

Outra classificação importantíssima para o Direito Internacional Privado é a que separa os bens em móveis, imóveis e os de natureza especial.

Um bem é considerado móvel quando for capaz de ser deslocado sem gerar qualquer alteração em sua natureza ou em sua destinação econômico-social; os bens podem ser subdivididos em dois grupos: os semoventes (capazes de se locomover por conta própria) e os móveis por natureza (incapazes de se locomover por conta própria)[243].

Ocorre que existem situações em que a natureza de bem móvel é imposta não pela característica do bem, mas sim por imposição legal, conforme verificamos na leitura do próprio Código Civil:

> **Art. 82.** São móveis os bens suscetíveis de movimento próprio, ou de remoção por força alheia, sem alteração da substância ou da destinação econômico-social.
>
> **Art. 83.** Consideram-se móveis para os efeitos legais:
>
> I – as energias que tenham valor econômico;
>
> II – os direitos reais sobre objetos móveis e as ações correspondentes;
>
> III – os direitos pessoais de caráter patrimonial e respectivas ações.
>
> **Art. 84.** Os materiais destinados a alguma construção, enquanto não forem empregados, conservam sua qualidade de móveis, readquirem essa qualidade os provenientes da demolição de algum prédio.

---

243 PEREIRA, Caio Mário da S. **Instituições de direito civil.** v. 1: Introdução ao direito civil. Teoria geral do direito. Atualizado por Maria Celina Bodin de Moraes. 28. ed. Rio de Janeiro: Forense, 2015, p. 353.

Nesse quesito, é sempre importante lembrar essa categoria de bens móveis por força de lei, pois, diferentemente da natureza das coisas gerarem direitos reais, nesses casos existem situações em que direitos pessoais são considerados bens móveis – o maior exemplo sendo os direitos do autor, conforme o art. 3º da Lei n. 9.610/1998 ("Os Direitos autorais reputam-se, para os efeitos legais, bens móveis"), e a propriedade industrial, conforme o art. 5º da Lei n. 9.279/1996 ("Consideram-se bens móveis, para os efeitos legais, os direitos de propriedade industrial").

Destarte, bens móveis podem ser coisas suscetíveis a deslocamento, como também podem ser direitos (pessoais ou reais). Lembrando sempre, que podem ser coisas corpóreas concretas (ex.: um automóvel), como podem ser também coisas incorpóreas (ex.: títulos de crédito, quotas de ações de Sociedade Anônima).

Bens incorpóreos não se confundem com *software*, pois o *software* é uma modalidade de obra intelectual, um Direito Autoral[244], sendo tão somente considerado um bem móvel, pois assim o são os Direitos Autorais por força de lei.

Acrescentamos que *software* é designado como programa de computador pelo legislador brasileiro e é conceituado pela Lei n. 9.609/1998:

> **Art. 1º** Programa de computador é a expressão de um conjunto organizado de instruções em linguagem natural ou codificada, contida em suporte físico de qualquer natureza, de emprego necessário em máquinas automáticas de tratamento da informação, dispositivos, instrumentos ou equipamentos periféricos, baseados em técnica digital ou análoga, para fazê-los funcionar de modo e para fins determinados.

É importante frisarmos que somente os *softwares* legíveis é que possuem *status* formal de direito autoral, enquanto os inteligíveis ("código objeto") não possuem esse *status*[245].

Nesse ponto, reforçamos que os bens móveis não se resumem a coisas móveis, abrangendo determinados direitos e situações que o legislador entendeu por considerar bem móvel.

---

244 WALD, Arnoldo. Da natureza jurídica do "software". **Revista de Informação Legislativa.** Brasília, v. 22, n. 87, jul./set. 1985. Disponível em: http://www2.senado.leg.br/bdsf/handle/id/181635. Acessado em: 21 jul. 2019.

245 PIMENTEL, Luiz Otávio; DE FIGUEIREDO E SILVA, Cláudio Eduardo Regis. Conceito jurídico de *software*, padrão proprietário e livre: políticas públicas. **Sequência:** estudos jurídicos e políticos, Florianópolis, v. 35, n. 68, p. 291-329, jun. 2014. ISSN 2177-7055. Disponível em: <https://periodicos.ufsc.br/index.php/sequencia/article/view/2177-7055.2013v35n68p291>. Acesso em: 21 jul. 2019.

No Direito Internacional Privado, os bens móveis também são conhecidos como bens sem localização permanente[246].

Os bens são considerados imóveis quando não são susceptíveis de deslocamento ou quando, se deslocados, sofrem alteração em sua natureza ou destinação econômico-social – ou, doutrinariamente, "as coisas que não se podem transportar, sem destruição, de um para outro lugar", seguindo o adágio *terra quae in aeternum stat* (terra que permanece para sempre)[247].

Mas, novamente, estamos falando do gênero BEM imóvel, o qual não se restringe às coisas imóveis, logo, assim como ocorre nos Bens móveis, existem situações nas quais nem todos os bens imóveis são considerados coisas conforme verificamos no Código Civil:

> **Art. 79.** São bens imóveis o solo e tudo quanto se lhe incorporar natural ou artificialmente.
> **Art. 80.** Consideram-se imóveis para os efeitos legais:
> I – os direitos reais sobre imóveis e as ações que o asseguram;
> II – o direito à sucessão aberta.
> **Art. 81.** Não perdem o caráter de imóveis:
> I – as edificações que, separadas do solo, mas conservando a sua unidade, forem removidas para outro local;
> II – os materiais provisoriamente separados de um prédio, para nele se reempregarem.

Os bens imóveis são mais simples de serem compreendidos, pois se atrelam a ideia de fixação, de acessão ao solo e, porque não, inércia completa.

Porém, não confundamos bem imóvel com patrimônio. Bem imóvel é o bem fixo ao solo, bem como direitos daí resultantes, enquanto o patrimônio é um conceito jurídico indeterminado que tem por definição comum ser o conjunto de relações jurídicas de uma pessoa (física ou jurídica), que pode ser aferido, valorado economicamente[248].

---

246 BASSO, Maristela. **Curso de direito internacional privado.** 5. ed. São Paulo: Atlas, 2016, p. 268.

247 PEREIRA, Caio Mário da S. **Instituições de direito civil.** v. 1: Introdução ao direito civil. Teoria geral do direito. Atualizado por Maria Celina Bodin de Moraes. 28. ed. Rio de Janeiro: Forense, 2015, p. 348.

248 PEREIRA, Caio Mário da S. **Instituições de direito civil.** v. 1: Introdução ao direito civil. Teoria geral do direito. Atualizado por Maria Celina Bodin de Moraes. 28. ed. Rio de Janeiro: Forense, 2015, p. 329.

Também não confundamos o bem imóvel com estabelecimento comercial ou empresarial. Bens imóveis, já vimos e reiteramos, são coisas fixas ao solo e os direitos daí resultantes, enquanto estabelecimento comercial ou empresarial "corresponde ao conjunto de bens materiais e imateriais de que o empresário se vale para a exploração de sua empresa"[249], ou, conforme o art. 1.142 do Código Civil: "Considera-se estabelecimento todo complexo de bens organizado, para exercício da empresa, por empresário, ou por sociedade empresária".

Nesse ponto, tanto o patrimônio quanto o estabelecimento comercial/empresarial são universalidades, não cabendo sua inserção na classificação bens móveis e bens imóveis.

Ainda dentro desta classificação, para o Direito Internacional Privado existe uma terceira categoria (ausente na doutrina civilista): os bens de natureza especial, que nada mais são do que bens móveis que possuem duas características próprias: são passíveis de hipoteca e possuem nacionalidade.

Em regra, somente bens imóveis são sujeitos à hipoteca (garantia real), porém, existem modalidades de bens móveis que a boa doutrina e o legislador entenderam que, para serem onerados em garantia para algum negócio, devem ser sujeitas à hipoteca e não ao penhor.

Assim, pelas suas particularidades inerentes (capacidade de transporte, aptidão para uso militar etc.) são considerados extensão da esfera soberana de um Estado, ou melhor, são dotados de nacionalidade, identificando a qual Estado pertencem. São expoentes dessa categoria de bens os navios e as aeronaves.

No entanto, este estudo no Direito Internacional Privado demanda um capítulo à parte, pois não se inserem nas regras gerais sobre bens, mas na parte especial sobre estatutos navais e estatutos aéreos.

Por fim, a última classificação de relevância para o Direito Internacional Privado é a que divide os bens em principais, acessórios e *res conexa*. Essa classificação é bem simples e pode ser resumida a partir da leitura do art. 92 do Código Civil: "Principal é o bem que existe sobre si, abstrata ou concretamente; acessório, aquele cuja existência supõe a do principal".

O ponto central de distinção entre o bem principal e o bem acessório está na existência jurídica do bem. Quando o bem existe juridicamente sem

---

[249] POIDOMANI, Isabella L. Análise do estabelecimento empresarial: natureza jurídica e contratos. **Revista do CEPEJ.** Salvador: Centro de Estudos e Pesquisas da Faculdade de Direito da UFBA, v. 17, 2015, p. 109-122. Disponível em: https://portalseer.ufba.br/index.php/CEPEJ/article/view/22432. Acesso em: 21 jul. 2019.

necessidade de outro bem, ele é um bem principal, dotado de autonomia, não havendo nenhuma dependência ou subordinação a outro bem.

Por sua vez, o bem que somente existe juridicamente por causa de outro bem, ele é um bem acessório que somente existe por causa do bem principal, havendo dependência e subordinação para com este – relação conhecida pelo adágio *accessorium sequitur principale* (o acessório segue o principal)[250].

A relevância dessa classificação para o Direito Internacional Privado está no fato de existir uma terceira categoria de bem, o qual não é principal, mas também não é acessório: o bem conectado, a coisa conectada ou, por expressão da doutrina, *a res conexa*[251].

A *res conexa* se trata de um fenômeno decorrente da união temporária de duas coisas principais, de forma a construir um todo provisório, uma **coisa conectada**. Enquanto dentro dessa conexão, ambas as coisas conectadas têm o mesmo destino e são tratadas como um todo, porém, não há perda de autonomia de ambas e nem caráter de subordinação – isto significa que quando desconectadas, cada coisa volta a ser aquilo que originariamente era.

Este tipo de fenômeno, a *res conexa*, é muito comum em instrumentos de transporte, os quais, enquanto conectados ao veículo transportador, se incorporam ao mesmo, mas, a qualquer momento, podem ser separados.

A *res conexa* não se insere no adágio *accessorium sequitur principale*, ela é um bem *sui generis*, pois é algo criado a partir da união temporária de duas coisas principais – gerando uma terceira coisa – e segue a regra dessa terceira coisa enquanto permanecer conectada.

11.2 *LEX REI SITAE*: O ART. 8º DA LINDB

> **Art. 8º** Para qualificar os bens e regular as relações a eles concernentes aplicar-se-á a lei do país em que estiverem situados.

O *caput* do art. 8º da LINDB é a regra geral para o tratamento dos bens no Direito Internacional Privado brasileiro, consagra o elemento de

---

250 PEREIRA, Caio Mário da S. **Instituições de direito civil.** v. 1: Introdução ao direito civil. Teoria geral do direito. Atualizado por Maria Celina Bodin de Moraes. 28. ed. Rio de Janeiro: Forense, 2015, p. 363.

251 MARTINS, Eliane M. O. **Curso de direito marítimo.** v. 1: Teoria geral. 4. ed. Baueri: Manole, 2013, p. 125.

conexão território para solucionar conflitos de leis envolvendo bens ou direitos sobre eles – são os estatutos reais. É conhecido pelo adágio *lex rei sitae*.

Ciente da controvérsia sobre o significado de bem e coisa, a doutrina internacionalista designa esse campo de estudo pela antiga expressão cunhada pelos pós-glosadores: estatutos reais.

Em sua origem, os estatutos reais eram concebidos como a categoria de estatutos que compreendem o tratamento dos bens, em especial os bens imóveis[252], esse conceito evoluiu e hoje compreendemos os estatutos reais como englobando não só os bens, como questões de propriedade, de usufruto, garantias reais e a propriedade intelectual.

Por isso, é imperioso não interpretar o termo real como referente somente a questões de direito real (sim, as quais são o bojo da ideia dos estatutos reais e do art. 8º), pois existe um debate no campo jurídico sobre a natureza desse direito, em especial, o direito do autor, acerca do qual encontramos tanto teorias defendendo que é um direito moral da personalidade[253], quanto teorias que defendem se tratar de um direito exclusivo[254], não necessariamente um direito real.

A adoção do *lex rei sitae* no ordenamento jurídico brasileiro remonta ao esboço de Código Civil de Teixeira de Freitas, quando abandonou a tradição de tratar bens imóveis e bens móveis de forma distinta (*mobília sequuntur peronsam*):

> É sem fundamento a distinção que se tem feito entre as coisas móveis e imóveis, dizendo-se – *mobília sequuntur personam – mobili ossibus inhaerent* –;

---

252 ASSER, Tobias M. C. **Éléments de droit international privé ou du conflit des lois.** Traduire par Alphonse Rivier. Paris: Arthur Rousseau Éditeur, 1884, p. 9. Disponível (PDF) em: http://gallica.bnf.fr.

253 DE BARROS, Carolina Geissler Miranda; SANT'ANNA, Leonardo da Silva; VAZ E DIAS, José Carlos. Novas propriedades e sua funcionalização: a intersecção entre os direitos culturais e dos direitos de autor na atual realidade brasileira. **RFD – Revista da Faculdade de Direito da UERJ,** n. 32, p. 1-31, dez. 2017. ISSN 2236-3475. Disponível em: <https://www.e-publicacoes.uerj.br/index.php/rfduerj/article/view/31916>. Acesso em: 22 jul. 2019.

254 BRANCO, Sérgio. A natureza jurídica dos direitos autorais. **Civilistica.com.** Rio de Janeiro, a. 2, n. 2, abr.-jun./2013. Disponível em: http://civilistica.com/a-natureza-juridica-dos-direitosautorais. Acesso em: 22 jul. 2019.

> e concluindo-se que os imóveis são regidos pelo *estatuto real*, e os móveis pelo *estatuto pessoal*. É tão falsa esta distinção, e conclusão, que a suposta regra sobre os móveis tem sido sobrecarregada de muitas exceções, como se pode ver em Foelix n. 62, reconhecendo-se que ela deriva de uma ficção, e que a ficção deve cessar com o fato real da existência das coisas em lugar dado[255].

A partir desse rompimento, estabeleceu-se o denominado tratamento unitarista para o tratamento dos Bens no Direito Internacional Privado brasileiro: uma regra geral e regras específicas para cada situação que demandasse uma.

Assim previa o sistema proposto por Teixeira de Freitas:

> **Art. 411.** O lugar da existência das *coisas imóveis* no Império, ou fora dele, será o de sua situação; e o das *coisas móveis* aquêle em que se achavam no dia da aquisição dos *direitos reais* que sobre elas se alegar, ou no dia da aquisição da sua posse, ou em que se acharem no dia em que sobre elas se intentar alguma ação ou procedimento judicial[256].

Inserindo tanto as coisas (bens) imóveis como as coisas (bens) móveis no campo de aplicação jurídico do lugar, conforme:

> **Art. 4º** Os efeitos do *lugar* são:
>
> 1º Determinar a legislação civil aplicável, ou dêste Código, ou de país estrangeiro.
>
> 2º Determinar em geral a jurisdição das autoridades judiciais do Império.
>
> 3º Determinar a competência das autoridades judiciais do Império entre si[257].

A partir dessa ruptura, a legislação brasileira se desenvolveu para estabelecer um tratamento unitário para os bens em geral e regras específicas para cada situação específica.

---

255 BRASIL. **Código Civil:** esboço por A. Teixeira de Freitas. Rio de Janeiro: Ministério da Justiça e Negócios Interiores (serviço de documentação), 1952, p. 224-225.

256 BRASIL. **Código Civil:** esboço por A. Teixeira de Freitas. Rio de Janeiro: Ministério da Justiça e Negócios Interiores (serviço de documentação), 1952, p. 224-225.

257 BRASIL. **Código Civil:** esboço por A. Teixeira de Freitas. Rio de Janeiro: Ministério da Justiça e Negócios Interiores (serviço de documentação), 1952, p. 7-8.

Projecto Primitivo	Introdução de 1916	Lei de Introdução de 1942
Art. 33. Os bens moveis que o proprietario leva sempre comsigo, e todos os que são destinados a ser transportados de uns para outros legares, são regulados pela lei pessoal do proprietario. Os bens moveis de localização permanente estão, como os immoveis, sujeitos à lei do logar de sua situação.	**Art. 10.** Os bens, móveis, ou imóveis, estão sob a lei do lugar onde situados; ficando, porém, sob a lei pessoal do proprietário os moveis de seu uso pessoal, ou os que ele consigo tiver sempre, bem como os destinados a transporte para outros lugares.	**Art. 8º** Para qualificar os bens e regular as relações a eles concernentes, aplicar-se-á a lei do país em que estiverem situados. **§ 1º** Aplicar-se-á a lei do país em que for domiciliado o proprietário, quanto aos bens moveis que ele trouxer ou se destinarem a transporte para outros lugares.
Art. 34. Os bens moveis, cuja situação fôr mudada, pendendo acção real sobre elles, continuam sujeitos à lei da situação que tinham quando foi iniciada a mesma acção.	**Parágrafo único.** Os móveis, cuja situação se mudar na pendência de ação real a seu respeito, continuam sujeitos à lei da situação, que tinham no começo da lide.	**§ 2º** O penhor regula-se pela lei do domicílio que tiver a pessoa, em cuja posse se encontre a coisa apenhada.

Fica claro que o legislador brasileiro nunca teve a intenção de estabelecer o estudo dos bens no Direito Internacional Privado somente a partir da LINDB, porquanto o campo dos bens é extremamente vasto, cabendo ao jurista compreender o seu tratamento jurídico a partir das peculiaridades e características que apresenta, não pela mera análise da norma geral.

Estudamos os bens pelas suas particularidades, não pela mera interpretação do art. 8° da LINDB e sua regulamentação genérica. Isto significa que o local da situação do bem determina o direito aplicável para questões envolvendo: bens móveis, bens imóveis, hipoteca, usufruto e qualquer outra coisa ou direito real que não tenha regra específica.

Faz-se necessário relembrar, existem inúmeras exceções a esse dispositivo.

Por fim, antes de adentramos em algumas especialidades, é importante lembrar que o legislador de 1942 adotou a teoria da *lex causæ* para a qualificação internacional dos bens.

Essa teoria possui zero problema quando a situação dos bens é a mesma situação do foro da solução do conflito de leis, gerando identidade entre o direito da qualificação e o direito processual. O problema surge quando não há essa identidade, devido ao fato de que, no Brasil, o judiciário não tem a tendência a qualificar o fato extranacional pela *lex causæ*, mas pela *lex fori* – tornando essa parte do dispositivo letra "morta-viva".

Lembramos que essa sistemática é a mesma adotada no Código de Bustamante: uma regra geral, no caso o art. 115[258], e diversas regras específicas, como no caso da propriedade intelectual, das concessões etc.

11.3 *RES IN TRANSITU* – OS BENS MÓVEIS EM DESLOCAMENTO

11.3.1 Redação infeliz, uma regulamentação genérica – o art. 8º, § 1º, da LINDB

Enquanto a regra geral para os bens móveis é a lei do local onde se situam (*lex rei sitae*), estes bens quando em deslocamento possuem um regramento distinto (*res in transitu*), isto significa que quando transportados, os bens móveis seguem uma infeliz regra específica prevista no art. 8º, § 1º, da LINB.

A infelicidade da legislação de 1942 foi a de estabelecer como elemento de conexão para a *res in transitu* o domicílio de seu proprietário – optou o legislador por manter viva a arcaica doutrina estatutária do *moibilia sequuntur personam* (a coisa segue a pessoa).

Ao consagrar o domicílio do proprietário como elemento de conexão para resolver o conflito de leis oriundo de *res in transitu*, o legislador acabou gerando um dispositivo confuso, genérico e, de certa forma, inaplicável diante da evolução do transporte de mercadorias.

A doutrina brasileira já apontava que o art. 8º, § 1º, da LINDB era confuso, dotado de uma falta de clareza[259], quando analisou a própria redação "que ele trouxer ou se destinarem a transporte para outros lugares" abrindo a indagação: se estava regulamentando duas situações distintas (bens que trouxer consigo + bens em transporte) ou se estava regulamentando uma só hipótese (bens que trouxer consigo = bens em transporte)?

Pessoalmente, entendemos que o legislador tinha o intuito de regulamentar duas situações distintas (bens que trouxer consigo + bens em transporte), a primeira (bens que trouxer consigo) no intuito de se referir aos bens que a pessoa em viagem, o turista, carrega consigo e a segunda (bens em transporte) se refere à situação dos bens sob contrato de transporte, mais precisamente, o contrato de transporte de cargas.

---

258 Art. 105. Os bens, seja qual fôr a sua classe, ficam submettidos á lei do lugar.

259 DOLINGER, Jacob; TIBURCIO, Carmen. **Direito internacional privado.** 14. ed. Rio de Janeiro: Forense, 2018, p. 356.

Nosso entendimento se baseia em duas constatações: ausência de regras específicas para turistas na época do legislador de 1942 e, concomitantemente, as regras de Direito Marítimo, sendo o navio o principal meio de transporte de pessoas e cargas em 1942, adotarem a figura do domicílio do proprietário para diversas situações, dentre as quais podemos destacar o art. 460[260] e o art. 652[261] do Código Comercial em vigor na época.

Portanto, parece-nos plausível o legislador de 1942 ter adotado a regra para *res in transitu* como sendo a mais comum existente no Direito marítimo de sua época – quando o navio era o principal meio de transporte internacional.

Além dessa falta de clareza, o elemento de conexão domicílio do proprietário ainda acarreta um problema de mutabilidade do regime jurídico da *res in transitu* pouco desejável para qualquer legislação, pois diferente do lugar da situação e da nacionalidade do proprietário, o domicílio é dotado de alteridade e, pior, multiplicidade. Situações nas quais o legislador brasileiro não estabelece regras e nem soluções.

A questão da alteridade de domicílio se demonstra problemática quando verificamos um processo de mudança de domicílio por parte do proprietário – ou, melhor, verificamos a ocorrência de um conflito móvel durante o trânsito do bem.

Imaginemos a seguinte hipótese:

Ratel está fazendo sua mudança de domicílio por causa da nova relação de emprego. Ratel era domiciliado na Alemanha, mas está em processo de mudança para o Brasil. Durante esse processo, permaneceu um mês no Havaí – EUA (rota Alemanha – Havaí – Brasil).

Surge a questão: para os bens que Ratel levou consigo para sua estadia no Havaí, qual o domicílio que será utilizado? O domicílio do início da

260 Art. 460. Toda embarcação brasileira destinada à navegação do alto mar, com exceção somente das que se empregarem exclusivamente nas pescarias das costas, deve ser registrada no Tribunal do Comércio do domicílio do seu proprietário ostensivo ou armador (artigo n. 484), e sem constar do registro não será admitida a despacho.

261 Art. 652. O empréstimo de dinheiro a risco sobre o navio tomado pelo capitão no lugar do domicílio do dono, sem autorização escrita deste, produz ação e privilégio somente na parte que o capitão possa ter no navio e frete; e não obriga o dono, ainda mesmo que se pretenda provar que o dinheiro foi aplicado em beneficio da embarcação.

viagem (Alemanha), o qual está se encerrando, ou o domicílio do fim da viagem (Brasil), o qual está em processo de fixação?

A legislação brasileira não oferece resposta.

Pior é a situação de múltiplos domicílios do proprietário, situação que não tem regra estabelecida e que pode gerar uma situação inusitada para a interpretação do art. 8º, § 1º, da LINDB: a *res in transitu* não estar *in transitu*.

Imaginemos a situação:

Ratel, domiciliado nos EUA, está enviando um livro de sua biblioteca para a sua residência no Brasil, onde também possui domicílio. Surge a questão: qual o domicílio do proprietário? Ou melhor, podemos considerar que o bem se encontra em trânsito quando o proprietário é domiciliado na origem e no destino do deslocamento da coisa?

Essas questões podem parecer ridículas, mas se aplicarmos para as empresas multinacionais/transnacionais e fluxo de peças para montagem de produtos, como fica a situação quando uma empresa envia uma peça para uma filial em outro país realizar a montagem do produto final? Qual domicílio vai prevalecer?

Novamente, a legislação brasileira não oferece resposta.

E aí constatamos o maior problema do art. 8º, § 1º, da LINDB: sua redação extremamente genérica resulta em uma aplicabilidade conturbada, sendo preferível, até mesmo, não a aplicar e permanecer com a regra geral do *caput* do art. 8º da LINDB.

Res in transitu se desenvolveram em um campo extremamente amplo e, com o desenvolvimento dos instrumentos de transporte e seus modais, intercalaram com a ideia de universalidades (ex.: carga e bagagem), por isso a regra *mobilia sequuntur personam* se tornou precária no século XIX, os bens não mais acompanham o seu proprietário, mas ficam sob a responsabilidade do transportador, somente acompanhando nos casos de turismo – e, ainda assim, somente aqueles não despachados.

Era melhor o legislador ter separado os bens móveis em diferentes categorias e limitado o domicílio do proprietário a casos de turismo. Ou, como fez o Código de Bustamante em seu art. 110 ("Art. 110. Em falta de toda e qualquer outra regra e, além disto, para os casos não previstos neste Código, entender-se-á que os bens moveis de toda classe estão situados no domicilio do seu proprietário, ou, na falta deste, no do possuidor"), o estabelecesse como uma regra subsidiária de aplicação restrita ou residual.

11.3.2 *Res in transitu* no contrato de transporte

11.3.2.1 A mercadoria – os bens sob contrato

Ainda dentro do estudo da *res in transitu* faz-se necessário que teçamos alguns comentários sobre os bens, melhor, coisas móveis que se deslocam sob a regulamentação de um contrato (contrato de transporte), normalmente, denominadas mercadorias.

Como já notamos, não é ponto forte da legislação brasileira oferecer conceitos precisos; quando muito, oferece algumas diretrizes conceituais para a doutrina e a jurisprudência desenvolverem um conceito, e, infelizmente, essa é a situação da mercadoria.

Qualquer pessoa que verificar o Código Comercial de 1850, o Código Civil de 1916, o Código Civil de 2002 (em vigor), ou, até mesmo, o projeto de Código Comercial (Projeto de Lei do Senado n. 487/2013), notará que apesar de empregarem o termo "mercadoria" diversas vezes, não fornecem qualquer conceito.

Para tentar remediar a omissão legislativa, a doutrina comercialista construiu seu conceito de mercadoria sobre uma interpretação *sui generis* do art. 191 do Código Comercial de 1850[262], o qual não tem equivalente no Código Civil de 2002, gerando entendimento de que a mercadoria seria a coisa móvel suscetível de mercancia[263], ou, conforme o sentido mais comum da doutrina comercialista: as coisas materiais, corpóreas, "inclusive a moeda, o papel moeda e os títulos ou documentos, nos quais se incorporam crédito", enquanto que, em seu sentido estrito, se limitariam ao serem coisas materiais, corpóreas[264].

---

262 "Art. 191. O contrato de compra e venda mercantil é perfeito e acabado logo que o comprador e o vendedor se acordam na coisa, no preço e nas condições; e desde esse momento nenhuma das partes pode arrepender-se sem consentimento da outra, ainda que a coisa se não ache entregue nem o preço pago. Fica entendido que nas vendas condicionais não se reputa o contrato perfeito senão depois de verificada a condição (artigo n. 127).
É unicamente considerada mercantil a compra e venda de efeitos móveis ou semoventes, para os revender por grosso ou a retalho, na mesma espécie ou manufaturados, ou para alugar o seu uso; compreendendo-se na classe dos primeiros a moeda metálica e o papel moeda, títulos de fundos públicos, ações de companhias e papéis de crédito comerciais, contanto que nas referidas transações o comprador ou vendedor seja comerciante."

263 MIRANDA, Pontes de. **Tratado de direito privado.** Atualizado por Vilson Rodrigues Alves. São Paulo: Bookseller, 2000, t. II, p. 67 (versão epub).

264 MENDONÇA, J. X. Carvalho de. **Tratado de direito comercial brasileiro.** 2. ed. Rio de Janeiro: Freitas Bastos, 1934, p. 29, v. V.

Para piorar, o Direito Comercial começou a ver seu espaço de atuação reduzido, em especial, com o advento do Código Civil de 2002 e sua tenebrosa unificação das obrigações civis e comerciais.

Essa perda de identidade teve como consequência o declínio do estudo da mercadoria no Direito comercial e sua ascensão no Direito Tributário, especialmente, quando a Constituição Federal de 1988 utilizou-a como critério de repartição de competências e receitas tributárias (arts. 155 a 162), bem como o advento da legislação sobre o Imposto de Circulação de Mercadorias e Serviços (ICMS).

A problemática em torno do conceito de mercadorias acabar dominado pelo Direito Tributário é muito simples: a legislação tributária não fornece conceito, mas a doutrina e, em especial, a jurisprudência tributária brasileira, são extremamente "inventivas".

Podemos constatar esse grau de inventividade quando verificamos que o STF começa a estabelecer o entendimento de existir a mercadoria em sentido estrito (mercadoria como bens corpóreos e móveis) e a mercadoria em sentido amplo (mercadoria como bens corpóreos e incorpóreos, além de móveis) – nesse caso, *software* é considerado mercadoria[265].

Quando continuamos a análise da jurisprudência tributária brasileira, começamos a nos deparar com o problema essencial do Direito Tributário brasileiro: as bizarrices. A principal delas pode ser encontrada na decisão referente aos Embargos Infringentes em Recurso Especial (EREsp) n. 166.366-PE (1999/0031641-0) no STJ, no qual se decidiu que bem imóvel está abrangido pelo conceito de mercadoria, criticando, justamente, a base do conceito comercial da mercadoria, o antigo art. 191 do Código Comercial de 1850:

> TRIBUTÁRIO. COFINS. INCIDÊNCIA. COMERCIALIZAÇÃO DE IMÓVEIS. PRELIMINAR DE AUSÊNCIA DE DEMONSTRAÇÃO ANALÍTICA DA DIVERGÊNCIA JURISPRUDENCIAL.
>
> (...)
>
> – **O imóvel é um bem suscetível de transação comercial, pelo que se insere no conceito de mercadoria**.
>
> – Não se sustem, *data venia*, nos dias que correm a interpretação literal do disposto no artigo 191 do Código Comercial e do artigo 19, § 1º, do

---

265 BARRETO, Simone Rodrigues Costa. **Mutação do conceito constitucional de mercadoria**. 230 f. Tese (Doutorado em Direito) – Programa de Pós-Graduação em Direito da Pontifícia Universidade Católica de São Paulo, São Paulo, 2014, p. 169. Disponível em: https://tede2.pucsp.br/handle/handle/6503. Acesso em: 25 jul. 2019.

> Regulamento n. 737. Em épocas de antanho, os imóveis não constituíam objeto de ato de comércio. Atualmente, tal não se dá, por força das Leis ns. 4.068/62 e 4.591/64[266].

Nenhuma dessas conceituações é aceitável para utilizarmos como referência para o Direito Internacional Privado brasileiro: a doutrina de Direito Comercial pela ausência de atualização e falta de densidade, e a do Direito Tributário, bem, essa por ser sujeita a "invencionices" jurisprudenciais.

Para o Direito Internacional Privado brasileiro, o conceito de mercadoria tem de ser delimitado pelas suas fontes internacionais e pelo direito comparado, garantindo maior estabilidade e segurança conceitual para o tratamento dos conflitos de leis que o envolvem.

Seguindo a referência do Direito estadunidense, temos que a característica básica da ideia de mercadoria se relaciona as coisas naturais ou manufaturadas, as quais existem e são identificáveis.

A principal referência conceitual que podemos utilizar é a Convenção de Viena sobre Contratos de Compra e Venda Internacional de Mercadorias (CISG), de 1980, incorporada ao ordenamento jurídico brasileiro por via do Decreto n. 8.327, de 16 de outubro de 2014.

A CISG evita estabelecer um conceito de mercadoria, pois uma conceituação específica poderia resultar em resistências para sua incorporação, mas ela fornece uma diretriz conceitual, quando em seu art. 2º:

> Esta Convenção não se aplicará às vendas:
>
> (a) de mercadorias adquiridas para uso pessoal, familiar ou doméstico, salvo se o vendedor, antes ou no momento de conclusão do contrato, não souber, nem devesse saber que as mercadorias são adquiridas para tal uso;
>
> (b) em hasta pública;
>
> (c) em execução judicial;
>
> (d) de valores mobiliários, títulos de crédito e moeda;
>
> (e) de navios, embarcações, aerobarcos e aeronaves;
>
> (f) de eletricidade.

---

266 STJ – EREsp: 166366 PE 1999/0031641-0, Relator: Ministro Franciulli Netto. Data de Julgamento: 08/11/2000, S1 – Primeira Seção, Data de publicação: DJ 12.08.2002, p. 161. Disponível em: https://ww2.stj.jus.br/processo/pesquisa/?tipoPesquisa=tipoPesquisaNumeroRegistro&termo=199900316410&totalRegistrosPorPagina=40&aplicacao=processos. Acesso em: 25 jul. 2019.

Esse dispositivo é resultado de um processo de consolidação na doutrina do Comércio Internacional, assentando como piso conceitual da mercadoria ser um bem que apresenta as características de mobilidade (bem móvel), tangível, e ser aferível economicamente no momento de sua entrega ao comprador[267], afastando-se qualquer tipo de transação que verse somente sobre direitos de propriedade intelectual, títulos de crédito, demanda de garantias (hipoteca, penhor) e sobre ações ou instrumentos mercantis análogos[268].

Como notamos, a CISG, ao estabelecer o que não pode ser enquadrado como mercadoria, segue a tendência do Comércio Internacional em simplificar seu conceito, aproximando-o da ideia da troca de bens (*Exchange of goods*), que é a essência do Comércio.

Conceito que remonta à mais famosa conceituação de mercadoria:

> Diese Begrenzung ist nicht willkürlich gewählt; sie entspricht dem handelsmäßigen Begriff der Ware. Auch für unsere Arbeit besteht kein dringendes Bedürfnis, etwa Immobilien, Forderungen, Gesellschaftsanteile, Wertpapiere einzubeziehen. Danach ergeben sich als Gegenstände: alle beweglichen Sachen mit Ausnahme von Wertpapieren und Geld. Forderung sind demnach ebenso ausgeschlossen wie Grundstücke – auch alle Rechte an Sachen außer dem Eigentum und alle sonstigen Rechte mit Ausnahme der vorhin (§ 5.5) berührten Rechte aus einem Warenkauf[269].
>
> ***
>
> Essa delimitação não foi realizada arbitrariamente; ela compreende o conceito comercial de Mercadoria. Também para os nossos estudos não existe uma urgência de incluir valores imobiliários, créditos, títulos societários, ações nesse conceito. De acordo com isso, os objetos da mercadoria são: todos os bens móveis com exceção de títulos de crédito e dinheiro. Também se excluem os créditos, assim como os bens imóveis e seus direitos reais, exceto a propriedade e os direitos específicos anteriores (§ 5.5) que são inerentes a uma compra de mercadorias.

---

267 SCHLECHTRIEM, Peter; SCHWENZER, Ingeborg (coord.). **Comentários à Convenção das Nações Unidas sobre Contratos de Compra e Venda Internacional de Mercadorias.** Coordenação de tradução: Eduardo Grebler, Vera Fradera, Cesar Guimarães Pereira. São Paulo: Revista dos Tribunais, 2014, p. 167.

268 SCHLECHTRIEM, Peter; SCHROEDER, Ulrich G. **Internationales UN--Kaufrecht.** 5. aufl. Tübingen: Mohr Siebeck, 2013, p. 39.

269 RABEL, Ernst. **Das Recht des Warenkaufs.** Eine rechtsvergleichende Darstellung. Berlin: Walter De Gruyter&Co, 1964, Band 1, p. 55.

E é desse tradicional conceito que podemos delimitar a principal característica que a mercadoria apresenta, distinguindo-a dos demais bens móveis no Direito Internacional Privado brasileiro: a partir de seu atrelamento a uma obrigação, ou melhor, à existência sempre de um contrato envolvendo-a.

A mercadoria é um **bem móvel sob contrato** para questões de Direito Internacional Privado, é por isso que não se encontra seu conceito nas principais legislações, como o Código Comercial 1850, a *Convention relating to a Uniform Law on the Formation of Contracts for the international sale of goods (ULFC)*, a *Convention Relating to a Uniform Law on the International sale of Goods (ULIS)*, a CISG, o Código Civil de 2002, o *Code Commerce* e o *Handelsgesetzbuch*.

Nas legislações consultadas, somente encontramos algo próximo a uma definição de mercadoria no § 2-105[270] do *Uniform Commercial Code* estadunidense, porém sua utilização conceitual, sob ótica do direito comparado, se torna precária pela polissemia de significados da palavra inglesa *goods*, a qual pode designar tanto mercadoria, como produto ou bens em português.

Em todo caso, essa referência legislativa estadunidense reforça o entendimento que o conceito de mercadoria sempre emerge atrelado à existência de um contrato de compra e venda.

Assim, abre-se uma especialidade no Direito Internacional Privado brasileiro: **bens móveis sob contrato** não são regidos pelo art. 8º, § 1º, da LINDB, ou, mais precisamente, a regra em questão se torna subsidiária.

---

270 **§ 2-105 Definitions: transferability; "goods"; "Future" Goods; "Commercial Unit"** (1) "Goods" means all things (including specially manufactured goods) which are movable at the time of identification to the contract for sale other than the money in which the price is to be paid, investment securities (Article 8) and things in action. "Goods" also includes the unborn young of animals and growing crops and other identified things attached to realty as described in the section on goods to be severed from realty (Section 2-107).
FANRSWORTH, E. A.; SANGER, Carol; COHEN, Neil B.; BROOKS, Richard R. W.; GARVIN, Larry T. [compilers]. **Selections for contracts:** Restatement Second, UCC articles 1 and 2, Uniform Electronic Transactions Act, Electronic Signatures in Global and National Commerce Act, UN Sales Convention, UNIDROIT Principles, Selected Contracts and Forms. 10. ed. New York: Thomson Reuters/Foundation Press, 2011, p. 246. Disponível em: https://www.law.cornell.edu/ucc/index.html.

Essa modalidade bens engloba tanto o conceito de mercadorias (*Goods*, *Waren*), como o conceito de bens para consumo (*Consumer Goods*), pois o que os diferencia não é o bem em si, mas sua destinação, a finalidade da obrigação assumida envolvendo-os – quando a finalidade é o lucro, temos mercadoria; quando a finalidade é o uso próprio, temos um bem para consumo.

Quando lidamos com **bens móveis sob contrato**, sejam estes de compra e venda internacional ou de transporte internacional, a regulamentação dessa modalidade de bem vai ser separada quanto à natureza do problema, do conflito de leis: se é uma questão obrigacional ou se é uma questão própria do bem em si.

Questões obrigacionais envolvendo o bem são todas aquelas que envolvem o vínculo jurídico entre as partes e o objeto, por exemplo: entrega, avaria, seguro, garantias pessoais, pagamento, o desembaraço aduaneiro, finalidade do negócio, multas etc.

As questões envolvendo o bem em si são todas aquelas pertinentes à coisa ou ao animal submetido a circulação por via de um contrato. São exemplos de obrigações do bem em si: inspeção sanitária, periculosidade da substância, legalidade de importação/exportação, regime tributário, garantias reais etc.

Para exemplificar:

Ratel, domiciliado no Brasil, encomenda um *notebook* do *site* AMAZON.COM – hospedado no Estados Unidos da América. Para realizar tal operação, primeiro Ratel se cadastra no sítio da AMAZON.COM aceitando os termos de uso, entre eles o envio do produto.

Decompondo o exemplo:

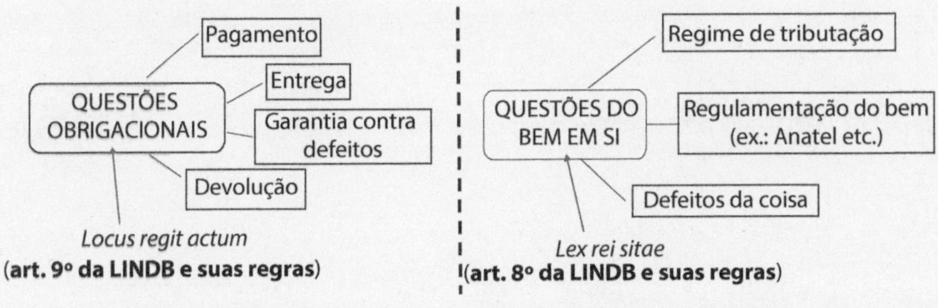

Fica evidente que essa modalidade de bem possui uma natureza híbrida no Direito Internacional Privado, cabendo sempre ao jurista determinar qual a questão (se obrigacional, se o bem em si) para então determinar o elemento de conexão (norma colisional) apropriado.

Como é possível notar, o melhor modo de analisar essas questões envolvendo bens e coisas sob contratos no Direito Internacional Privado é recorrer à metodologia do *dépeçage*.

11.3.2.2 A carga e os contêineres

Ainda dentro da categoria dos bens móveis sob contrato ou, mais precisamente, no estudo do deslocamento de mercadorias e bens/produtos de consumo entre países, vão surgir duas particularidades para o Direito Internacional Privado: a carga e o contêiner.

Normalmente, quando ocorre o deslocamento de um bem sob contrato vai existir uma cláusula de transporte (se o deslocamento for decorrente de uma compra e venda) ou um contrato de transporte propriamente dito.

Em ambas as hipóteses vai surgir a figura do transportador, podendo ser um terceiro (cláusula de transporte) ou um dos próprios envolvidos dentro da relação contratual (contrato de transporte).

Considerando que o deslocamento de mercadorias e bens de consumo é em grande fluxo, o transportador[271], em regra, acaba transportando várias mercadorias e bens de consumo de diferentes relações contratuais, de diferentes proprietários e destinatários. É nesse contexto que começa a surgir a ideia de carga.

A carga consiste em um conjunto de mercadorias ou produtos ou bens para consumo, os quais estão protegidos por embalagem apropriada e, quando for o caso, prontos para o transporte[272]. Ou, de forma mais simples, "bens ou produtos importados e atracados para desembaraço na modalidade Siscomex ou DSI-formulário"[273].

Questões envolvendo o transporte de mercadorias, envolvendo a "carga", são normalmente resolvidas por *Incoterms* (International Commercial Terms) mantidas pela Câmara de Comércio Internacional (ICC), cuja finalidade é uniformizar regras de custos e responsabilidade no transporte de cargas.

---

271 Mais precisamente, o Operador Multimodal de Cargas conforme nomenclatura da Lei n. 9.611/1998.

272 Conforme definição oferecida pela Federação das Indústrias de São Paulo. Disponível em: https://www.fiesp.com.br/transporte-e-logistica/natureza-de-carga/.

273 Art. 3º, VI, da Resolução Anvisa/DC n. 41 de 1º de setembro de 2015. Disponível em: https://www.legisweb.com.br/legislacao/?id=302886. Acesso em: 3 ago. 2019.

Juridicamente, a carga não é um bem (coisa), mas uma universalidade de fato, pois se trata de um conjunto de bens singulares que, enquanto agrupados em unidades de carga, pertencem à mesma pessoa, ou melhor, são de responsabilidade de uma pessoa (operador multimodal de carga) e têm destinação unitária (deslocamento das mercadorias/bens de consumo).

Destarte, a carga não se sujeita às regras para os bens pois é uma questão obrigacional – ela existe por causa do transporte e, findando o transporte, ela desaparece – por isso não é regida em nenhuma de suas feições pelo art. 8° da LINDB.

Aqui temos de tomar especial cuidado em sempre lembrar que nas universalidades de fato os bens agrupados podem sofrer relações individualizadas; logo, temos de ficar atentos aos casos concretos se o problema foi com a **carga** ou com um **bem singular** dentro da carga – este último, regido pelas regras ancoradas no art. 8° da LINDB.

Para exemplificar:

Imaginemos a situação da Volkswagen AG, sediada na Alemanha, que decide exportar para a Volkswagen do Brasil Ltda. uma série de 12 automóveis do tipo Golf. Para isso, contrata a transportadora Maersk. Na fábrica da Volkswagen do Brasil Ltda., verificou-se que dos 12 automóveis entregues, 5 apresentavam defeito de fabricação e 1 apresentava danos decorrentes do transporte.

Compreendendo a carga envolvida:

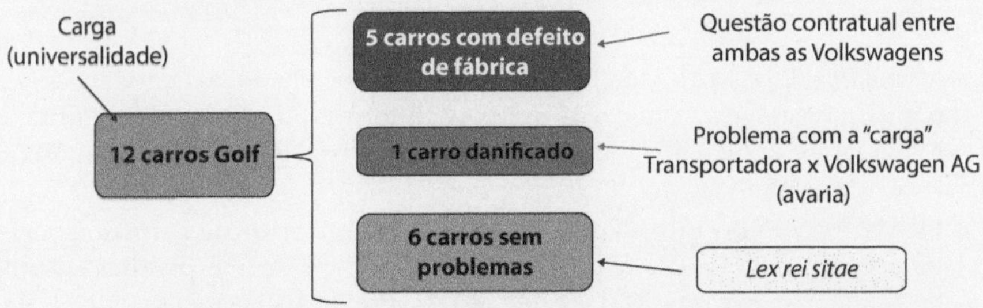

A distinção de carga e os bens singulares que compõem a universalidade

Dessa forma, temos que a carga não é um bem, não é uma coisa, ela é uma universalidade de fato construída a partir das particularidades do transporte de mercadorias e bens de consumo em massa, ou como define o Decreto Legislativo n. 9 de 20 de fevereiro de 2019, no artigo II: "7. *Carga* significa quaisquer produtos, bens, produtos manufaturados, mercadorias e artigos de qualquer tipo, carregados em contêineres".

Como não há, atualmente, como visualizar o deslocamento de cargas sem recorrer aos contêineres, surge então uma outra particularidade relevante para o Direito Internacional Privado decorrente do transporte internacional de mercadorias e bens: o contêiner.

O contêiner é uma das principais inovações que surgiu no que tange aos instrumentos de transporte, mais precisamente, o ISO-*Container* que configura um dos principais instrumentos de transporte de carga por navios e as ULD (*Unit Load Devices*) para o transporte de cargas por aeronaves.

O ISO-*Container* é um modelo intermodal de contêiner construído a partir das especificações *International Organization for Standardization* (ISO) e a *International Maritime Organization* (IMO), além de dentro dos parâmetros da *International Convention for Safe Containers* (CSC – Convenção Internacional para Segurança de Contêineres), procurando estabelecer um padrão para contêineres utilizados no transporte de cargas por navios[274].

De forma mais simples, é um tipo específico de contêiner que ganhou impulso a partir de 1970 e o principal modelo utilizado pelos grandes transportadores internacionais.

Por sua vez, ULD (*Unit Load Devices*) é a denominação geral dos instrumentos especiais de transporte para aviões, consistindo nas *pallets* (as quais são plataformas destinadas para serem base para itens de carga[275]) e nos *special aviation containers* (contêineres especiais para aeronave)[276].

De forma mais simples, as ULD são os "dispositivos de unitização de cargas que visam possibilitar o processo de unitização (*containers*, *pallet*, redes e amarras)"[277].

---

274 MARTIN, Sally; MARTIN, Jeffrey; LAI, Polin. International container design regulations and ISO standards: are they fit for purpose? **Maritime Policy & Management.** 2018. Disponível em: https://doi.org/10.1080/03088839.2018.1519862. Acesso em: 30 jul. 2019.

275 BRASIL – MINISTÉRIO DA DEFESA. **Manual técnico de aerotransporte.** Brasília: Exército Brasileiro, 2015, item 6-1. Disponível em: http://bdex.eb.mil.br/jspui/bitstream/1/1274/1/EB60-MT-34.404_MANUAL_TECNICO_AEROTRANSPORTE_1_edicao_AGO_15.pdf. Acesso em: 30 jul. 2019.

276 ICAO. **Manual on the Regulation of International Air Transport.** 2. ed. Montreal (CA): ICAO, 2004. Disponível em: https://www.icao.int/Meetings/atconf6/Documents/Doc%209626_en.pdf. Acesso em: 30 jul. 2019.

277 BRASIL – MINISTÉRIO DA DEFESA. **Manual técnico de aerotransporte.** Brasília: Exército Brasileiro, 2015, item 6-2. Disponível em: http://bdex.eb.mil.br/jspui/bitstream/1/1274/1/EB60-MT-34.404_MANUAL_TECNICO_AEROTRANSPORTE_1_edicao_AGO_15.pdf. Acesso em: 30 jul. 2019.

Apesar das (muitas) distinções técnicas entre ULD e os contêineres, juridicamente, ambos são considerados contêineres, não havendo distinções relevantes entre eles quanto a sua natureza jurídica.

Logo, estudar o contêiner no Direito é compreender tanto a natureza jurídica das ULD como a do ISO-*Container*, como a de qualquer outro contêiner.

Nesse sentido, a doutrina jurídica costuma definir o contêiner como "um cofre de carga no qual são acondicionadas as mercadorias" e demais bens móveis sob contrato, com a finalidade de possibilitar maior eficiência e celeridade em seu deslocamento, sendo a palavra "contêiner" um estrangeirismo da palavra *container*, do verbo inglês "*to contain*, conter, aquele que contém"[278].

Sob o aspecto legislativo, encontramos a definição internacional de contêiner na Convenção Internacional para Segurança de Contêineres de 1972[279], a qual define em seu artigo II:

> Para fins da presente Convenção, a menos que haja disposições em contrário:
>
> 1 *Contêiner* significa um artigo de equipamento de transporte:
>
> (a) de caráter permanente e suficientemente forte para ser usado por diversas vezes;
>
> (b) projetado especialmente para facilitar o transporte de produtos, por uma ou mais modalidades de transporte, sem recarregamento intermediário;
>
> (c) projetado para ser seguro e/ou prontamente manuseado, tendo encaixes de canto para esses fins;
>
> (d) de um tamanho tal que a área abrangida pelos quatro cantos externos inferiores seja de:
>
> (1) no mínimo 14 metros quadrados (150 pés quadrados) ou
>
> (2) no mínimo 7 metros quadrados (75 pés quadrados), se for preparado com encaixes de canto superiores
>
> O termo *contêiner* não inclui veículos nem embalagens; entretanto, os contêineres carregados em chassis estão incluídos.

A consequente ratificação dessa Convenção vai suprir uma lacuna conceitual existente no Direito brasileiro, uma vez que a Lei n. 9.611/1998 e seu Decreto Regulamentador n. 3.411/2000, disciplinando o transporte multimodal de Cargas, não fornecem uma definição para contêiner, limitando-se

---

278 MARTINS, Eliane M. O. **Curso de direito marítimo.** v. III: Contratos e processos. Barueri: Manole, 2015, p. 562-563.

279 A caminho da ratificação via Decreto Legislativo n. 9, de 20 de fevereiro de 2019.

a definir que todos os instrumentos, equipamentos de transporte, serão considerados unidade de carga[280].

A regulamentação do contêiner tinha sua âncora na Lei n. 6.288/1975, a definição legal só foi estabelecida por via do Decreto de regulamentação da referida lei, o Decreto n. 80.145/1977:

> **Art. 4º** O container é um recipiente construído de material resistente, destinado a propiciar o transporte de mercadorias com segurança, inviolabilidade e rapidez, dotado de dispositivos de segurança aduaneira e devendo atender às condições técnicas e de segurança previstas pela legislação nacional e pelas convenções internacionais ratificadas pelo Brasil.
>
> § 1º Enquanto não houver a padronização nacional promovida pelo Instituto Nacional de Metrologia, Normalização e Qualidade Industrial (INMETRO), da Secretaria de Tecnologia Industrial do Ministério da Indústria e do Comércio, aplicar-se-ão os padrões editados pela International Organization for Standardization (ISO).
>
> § 2º O container deve preencher, entre outros, os seguintes requisitos:
>
> a) ter caráter permanente e ser resistente para suportar o seu uso repetido;
>
> b) ser projetado de forma a facilitar sua movimentação em uma ou mais modalidades de transporte, sem necessidade de descarregar a mercadoria em pontos intermediários;
>
> c) ser provido de dispositivos que assegurem facilidade de sua movimentação particularmente durante a transferência de um veículo para outro, em uma ou mais modalidades de transporte;
>
> d) ser projetado de modo a permitir seu fácil enchimento e esvaziamento;
>
> e) ter o seu interior facilmente acessível à inspeção aduaneira, sem a existência de locais onde possam ocultar mercadorias.

A partir dessa situação legislativa (mesmo não ratificada plenamente e a outra revogada), podemos definir que contêiner é um instrumento, ou melhor, um equipamento de transporte de mercadorias e bens de consumo,

---

280 Define a Lei n. 9.611:
"Art. 24. Para os efeitos desta Lei, considera-se unidade de carga qualquer equipamento adequado à unitização de mercadorias a serem transportadas, sujeitas a movimentação de forma indivisível em todas as modalidades de transporte utilizadas no percurso.
Parágrafo único. A unidade de carga, seus acessórios e equipamentos não constituem embalagem e são partes integrantes do todo.
Art. 25. A unidade de carga deve satisfazer aos requisitos técnicos e de segurança exigidos pelas convenções internacionais reconhecidas pelo Brasil e pelas normas legais e regulamentares nacionais.
Art. 26. É livre a entrada e saída, no País, de unidade de carga e seus acessórios e equipamentos, de qualquer nacionalidade, bem como a sua utilização no transporte doméstico".

atendendo a requisitos de segurança, de caráter permanente e com finalidade de acomodar de forma segura e eficiente bens móveis para seu deslocamento. Essa definição exclui do nosso estudo os contêineres-moradia.

Estabelecida uma conceituação satisfatória, podemos então analisar a natureza do contêiner e, a partir dela, estabelecer seu tratamento jurídico no Direito Internacional Privado.

O contêiner é um equipamento de transporte e, por entendimento do antigo art. 5º do Decreto n. 80.145/1977, "não é embalagem, mas é parte ou acessório do veículo transportador".

Essas duas características nos possibilitam aferir a natureza jurídica dúplice do contêiner no Direito Internacional Privado: uma de bem móvel comum, a outra como *res conexa*.

Diante dessa situação, o contêiner pode gerar três modalidades de tratamento no Direito Internacional Privado.

A primeira é quando o contêiner não está sendo empregado em um veículo transportador, ou melhor, quando não está sendo utilizado para fins de transporte, mantendo sua singularidade de bem móvel, mas não se encontra em deslocamento (ex.: armazenado no pátio de seu fabricante); logo, estará sujeito à regra geral consagrada no do *caput* do art. 8º da LINDB – *lex rei sitae*.

A segunda situação, é quando o contêiner não está sendo empregado em veículo transportador, não está sendo utilizado para fins de transporte, mantendo sua singularidade de bem móvel, mas se encontra em deslocamento (ex.: saiu do pátio do fabricante para ser entregue ao comprador). Nessa situação, ele é uma *res in transitu* e se enquadra na problemática de **bem móvel sob contrato** e a questão da aplicabilidade ou não do art. 8º, § 1º, da LINDB – o domicílio do proprietário.

A terceira situação é quando o contêiner está sendo empregado em um veículo transportador ou quando está sendo utilizado para fins de transporte (ex.: a bordo de um navio, acoplado à carroceria de um caminhão, a bordo de uma aeronave). Ele é considerado *res conexa*.

Ao assumir o *status* de *res conexa*, o contêiner perde sua singularidade de bem móvel e se torna parte integrante do veículo transportador. Isso significa que, dependendo do modal de transporte, a norma colisional não é mais a regra geral dos bens, mas a regra específica aplicada ao veículo transportador.

Não há mutação do elemento de conexão quando acoplado a caminhões ou trens (pois inexistem regras específicas para eles), mas quando empregado como equipamento em navios e aeronaves, a norma colisional aplicável é o estatuto do navio e o estatuto da aeronave, respectivamente. Estatutos estes regidos pela nacionalidade por existência de uma sistemática colisional própria para esses bens de natureza especial.

11.3.2.3 As bagagens

Ainda na temática dos bens móveis sob contrato e o estudo do art. 8º, § 1º, da LINDB quanto ao tratamento dos bens móveis em deslocamento no Direito Internacional Privado brasileiro, temos a questão das bagagens.

As bagagens não se confundem com carga, nem podem ser consideradas um bem (uma coisa). Trata-se, novamente, de uma forma peculiar de universalidade de fato criada a partir do contrato de transporte de pessoas.

A natureza jurídica de universalidade de fato das bagagens decorre da análise da legislação que as regulamenta, com destaque para o Decreto n. 6.759 de 5 de fevereiro de 2019[281] e a Resolução Anvisa/DC n. 41 de 1º de setembro de 2015[282]:

Decreto n. 6.759/2019	Resolução Anvisa/DC n. 41/2015
Art. 155. Para fins de aplicação da isenção para bagagem de viajante procedente do exterior, entende-se por (Regime Aduaneiro de Bagagem no Mercosul, Artigo 1º, aprovado pela Decisão CMC n. 53, de 2008, internalizada pelo Decreto n. 6.870, de 2009): I – Bagagem: **os bens novos ou usados** que um viajante em compatibilidade com as circunstâncias de sua viagem, puder destinar para seu uso ou consumo pessoal, bem como para presentear, sempre que, pela sua quantidade, natureza ou variedade, não permitirem presumir importação com fins comerciais ou industriais;	**Art. 3º** Para aplicação desta Resolução, consideram-se: (...) IV – Bagagem acompanhada apresentada de forma Individual: **conjunto de bens, novos ou usados**, destinados a uso ou consumo pessoal do viajante, em compatibilidade com as circunstâncias de sua viagem. V – Bagagem acompanhada apresentada de forma coletiva: **conjunto de bens, novos ou usados**, destinados a uso ou consumo por um grupo de viajantes, sendo declarados por um responsável pelo grupo, delegação ou comitivas.

281 BRASIL. **Decreto n. 6.759, de 5 de fevereiro de 2009.** *Regulamenta a administração das atividades aduaneiras, e a fiscalização, o controle e a tributação das operações de comércio exterior.* Brasília: Congresso Nacional, 2009. Disponível em: http://www.planalto.gov.br/ccivil_03/_ato2007-2010/2009/decreto/d6759.htm. Acesso em: 3 ago. 2019.

282 BRASIL. **Resolução Anvisa/DC n. 41, de 1º de setembro de 2015.** *Estabelece normas de controle sanitário sobre a entrada de bens e produtos procedentes do exterior destinados à utilização em eventos de grande porte no País.* Brasília: Anvisa, Diário Oficial da União de 2 de setembro de 2015. Disponível em: https://www.legisweb.com.br/legislacao/?id=302886. Acesso em: 3 ago. 2019.

II – Bagagem acompanhada: a que o viajante traga consigo, no mesmo meio de transporte em que viaje, desde que não amparada por conhecimento de carga ou documento equivalente; III – Bagagem desacompanhada: a que chegue ao País, amparada por conhecimento de carga ou documento equivalente; e IV – Bens de uso ou consumo pessoal; os artigos de vestuário, higiene e demais bens de caráter manifestamente pessoal. § 1º Estão excluídos do conceito de bagagem (Regime Aduaneiro de Bagagem no Mercosul, artigo 7º, incisos 1 e 2, aprovado pela Decisão CMC n. 53, de 2008, internalizada pelo Decreto n. 6.870, de 2009): I – Os veículos automotores em geral, as motocicletas, as motonetas, as bicicletas com motor, os motores para a embarcação, as motos aquáticas e similares, as casas rodantes, as aeronaves e as embarcações de todo tipo; e II – As partes e peças dos bens relacionados no inciso I, exceto os bens unitários, de valor inferior aos limites de isenção, relacionados em listas específicas que poderão ser elaboradas pela Secretaria da Receita Federal do Brasil.	

A bagagem consiste assim em uma universalidade de bens que uma pessoa em deslocamento (viajante) traz consigo (bagagem acompanhada) ou que despacha junto ao seu transportador (bagagem desacompanhada), de uso e consumo pessoal, não apresentando formalidades específicas de desembaraço aduaneiro (ex. SiScomex).

As bagagens como universalidades de fato não se confundem com a carga pelos seguintes motivos:

(1) os bens que compõem a bagagem são de uso próprio (bens de consumo), não de mercadorias (bens para revenda) – não há finalidade de lucrar com ela;

(2) as bagagens não apresentam formalidades específicas para seu deslocamento (o desembaraço aduaneiro); enquanto a carga necessita de licenças específicas antes de seu deslocamento – no

Brasil, essas formalidades são a realização do devido cadastro/movimentação no SiScomex[283].

Uma última característica que distingue as bagagens das cargas é a constatação de que o contrato de transporte que a cria sempre será um contrato acessório a outro contrato de transporte, como bem define a Resolução ANAC n. 400/2016: "art. 13. O transporte de bagagem despachada configurará contrato acessório oferecido pelo transportador"[284].

Não há formação da universalidade bagagem sem a existência de um contrato de transporte de pessoa. A bagagem obrigatoriamente exige o deslocamento de uma pessoa cujo conjunto de bens também em deslocamento esteja sob a sua responsabilidade ou a ela pertença.

Por ter essa característica de ser oriunda de um contrato acessório, o regime jurídico das bagagens varia conforme o meio de transporte que a pessoa, sua proprietária ou responsável, esteja utilizando para se deslocar (para viajar).

Isso significa que diferentemente da carga que possui o que podemos definir tronco comum de tratamento jurídico (o contrato de transporte próprio e as Incoterms), as bagagens têm como arcabouço jurídico as regras do contrato de transporte do passageiro, as quais variam conforme o meio de transporte adotado no Brasil.

Se o viajante utiliza o meio de transporte aéreo, o transporte de sua bagagem será enquadrado nas regras internacionais da aviação aérea (em especial: Convenção para a Unificação de Certas Regras Relativas ao Transporte Aéreo Internacional – Varsóvia 1929; e Convenção para Unificação de Certas Regras Relativas ao Transporte Aéreo Internacional – Montreal, 1999), na legislação específica brasileira (especialmente a Lei n. 7.565/1986 – Código Aeronáutico Brasileiro) e nas regras administrativas da ANAC (como a citada Resolução n. 400/2016 etc.).

Se o viajante utiliza o meio de transporte marítimo, o transporte de sua bagagem será enquadrado nas regras internacionais marítimas (em

---

283 É o Sistema Integrado de Comércio Exterior (SISCOMEX). Disponível em seu portal único em: http://www.portalsiscomex.gov.br.

284 BRASIL. **Resolução ANAC n. 400, de 13 de dezembro de 2016.** *Dispõe sobre as condições gerais de transporte aéreo.* Brasília: ANAC, Diário Oficial da União de 14 de dezembro de 2016. Disponível em: https://www.anac.gov.br/assuntos/legislacao/legislacao-1/resolucoes/resolucoes-2016/resolucao-no-400-13-12-2016. Acesso em: 3 ago. 2019.

especial, a Convenção de Atenas Relativa ao Transporte de Passageiros e suas Bagagens por Via Marítima de 2002[285]), na legislação marítima brasileira (destaque para a Lei n. 9.537/1997, o Código Civil de 2002 e o Código Comercial de 1850 – arts. 629 a 632) e nas regras administrativas da ANTAQ (destaque para a Resolução n. 1.274/2009 e para a Resolução n. 3.585-ANTAQ, de 18 de agosto de 2014)[286].

> Atenção! Isso é uma simplificação do arcabouço jurídico-legal de cada transporte de bagagem. Isso significa que não estamos exaurindo esse arcabouço, somente procuramos demonstrar que a bagagem, por ser uma obrigação contida em contrato de transporte de passageiros, não se enquadra nas regras para bens do DIPr – ou possui regra especifica ou é tratada como obrigação.

Por fim, se o viajante utiliza o meio de transporte terrestre, o transporte de sua bagagem será enquadrado nas regras internacionais de transporte terrestre (com destaque ao Acordo sobre Transporte Internacional Terrestre entre Brasil, Argentina, Bolívia, Chile, Paraguai, Peru e Uruguai – Decreto n. 99.704/1990), na legislação brasileira (como o Código Civil e o Código de Defesa do Consumidor) e nas regras administrativas da ANTT (com destaque para a Resolução n. 4.282/2014).

Diante dessa situação, não há como enquadrar as bagagens como sujeitas às regras do art. 8º da LINDB, pois não são bens, são obrigações, obrigações acessórias à obrigação principal de transportar o passageiro, destarte, seu regime jurídico se enquadra no mesmo regime jurídico do passageiro. É sempre importante lembrar a possibilidade de, na universalidade de fato, os bens sofrerem relações jurídicas singulares – nesses casos, aplica-se a regra do art. 8º da LINDB.

---

285 Até o momento da presente obra, não ratificada pelo Brasil, mas guia de orientação principal sobre o assunto, pois encontramos nela definições internacionais para diferentes aspectos do transporte marítimo de passageiros, como, por exemplo, o da própria bagagem: "qualquer artigo ou veículo transportado pelo transportador sob um contrato de transporte, excluindo: (a) artigos e veículos transportados por um afretador, documento de embarque de carga ou outro contrato cobrindo principalmente o transporte de mercadorias, e (b) animais vivos".

286 A legislação marítima brasileira é excessivamente fragmentada, por isso sugerimos para maiores informações a pesquisa na plataforma SophiA (http://sophia.antaq.gov.br/index.html), uma valiosa base de dados para regras sobre o transporte marítimo no Brasil disponibilizada pela ANTAQ.

Exemplificando:

Ratel está viajando do Brasil para o Chile de avião pela Amarelo/SA para visitar Carcaju. Viaja com uma mochila onde estão seu laptop, celular e outros pertences pessoais pequenos, e despachou duas malas de 23 kg. Quando chegou no Chile, verificou que uma das malas foi extraviada e a outra foi aberta, desaparecendo um livro que trazia para dar de presente para Carcaju.

---

1) compreendendo a bagagem de Ratel:

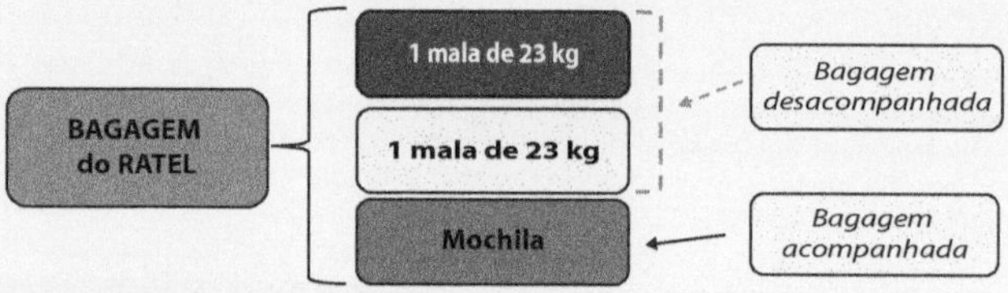

2) a situação da bagagem:

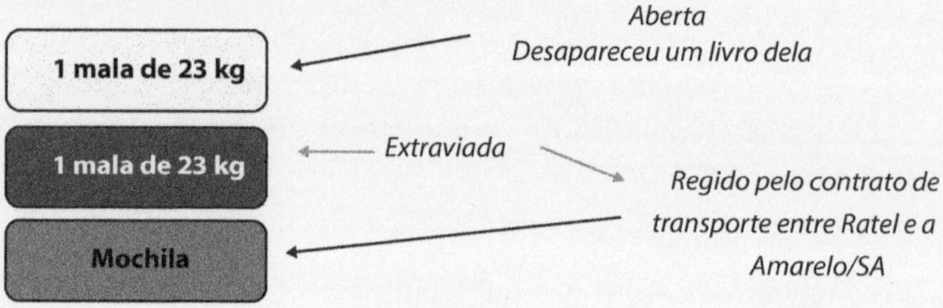

3) o problema do sumiço do livro:

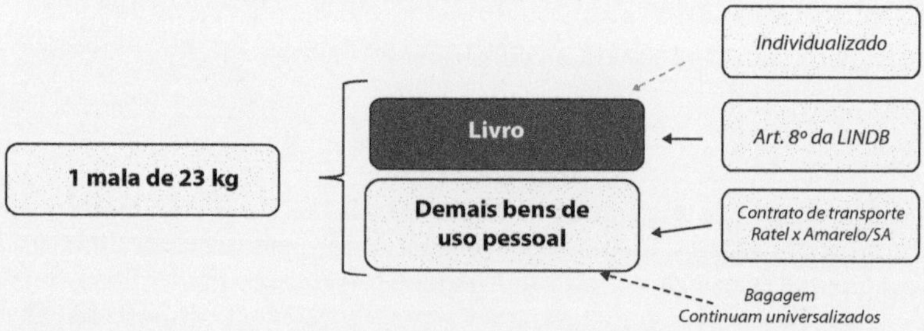

Nessa situação hipotética, verificamos que a análise da situação fática segue o mesmo procedimento da ideia de carga, porém, diferentemente da carga, na bagagem nós temos de descobrir qual o meio de transporte utilizado para determinar o tipo de regra e a modalidade de bagagem com a qual estamos lidando.

Sempre lembrando, não estamos analisando a questão obrigacional decorrente das estipulações entre o Ratel e a empresa aérea Amarelo/SA, estamos somente analisando a questão dos bens, da universalidade criada (bagagem) e a situação de um bem sujeito a relação própria (o livro desaparecido) – ou a situação da "coisa", não da obrigação.

11.4 A QUESTÃO DOS ANIMAIS NÃO HUMANOS

Aproveitando a temática do tratamento dos bens no Direito Internacional Privado brasileiro, temos de abordar a questão dos animais não humanos (doravante, animais), um assunto ausente na esmagadora maioria das obras e artigos sobre o Direito Internacional Privado brasileiro, apesar do Brasil ser uma potência pecuarista e ser dotado de uma fauna extraordinária.

O estudo da natureza jurídica dos animais não é uma tarefa das mais simples e normalmente existe um consenso doutrinário de que os animais seriam "coisas suscetíveis de apropriação e comercialização"[287] – a Lei n. 9.605 de 12 de fevereiro de 1998 não disciplina a natureza jurídica dos animais.

Nesse sentido, o problemático tratamento jurídico dos animais no Brasil acabou assentando, ao menos no aspecto legislativo, a tendência de considerar os animais como coisas, mais precisamente, como bens móveis, fundamentando-se na redação do art. 82 do Código Civil ("São móveis os bens suscetíveis de movimento próprio"), seguindo o que se denomina critério das espécies (divisão entre ser humano e não humanos)[288].

Acrescente-se a adoção de um "viés de coisificação" nos dispositivos do Código Civil que lhes referem, estabelecendo a situação de não existir o direito dos animais de forma autônoma no Brasil. Como consequência, "os animais não humanos, equiparados a uma coisa, estão sujeitos a qualquer utilização pelos animais humanos"[289].

---

287 GORDILHO, Heron; SILVA, Tagore T. de A.; RAVAZZANO, Fernanda. Animais e a hermenêutica constitucional abolicionista. **Revista Acadêmica da Faculdade de Direito do Recife,** v. 88, n. 2, fev. 2017, p. 126. Disponível em: https://periodicos.ufpe.br/revistas/ACADEMICA/article/view/12097/15785. Acesso em: 3 ago. 2019.

288 CURY, Carolina M. N.; LOPES, Laís G. Para além das espécies: a busca por um conceito juridicamente adequado para os animais no direito brasileiro. **Revista de Biodireito e Direitos dos Animais.** e-ISSN: 2525-9695, Minas Gerais, v. 1, n. 2, jul./dez. 2015, p. 252. Disponível em: https://indexlaw.org/index.php/revistarbda/article/view/26/pdf. Acesso em 3 ago. 2019.

289 MACHADO JUNIOR, Jose C.; TELES, Paula V. A descoisificação dos animais no paradigma do estado socioambiental de direito: o Projeto de Lei do

O que acontece na legislação civil brasileira é o problema da distinção bem x coisa, malfadada desde a promulgação do Código Civil de 1916 e mantida no Código Civil de 2002.

Esta situação acabou gerando uma espécie de resgate da tradição romana de considerar os animais como *res manicipi* – considerar como coisas todos aqueles objetos de caráter patrimonial pertencentes à vida camponesa[290].

Animais são bens, não coisas. Isto significa que os animais podem ser objeto de relações jurídicas específicas, sendo considerados bens no sentido de estarem aptos a integrarem o patrimônio de uma pessoa física ou jurídica e constituir a riqueza de uma nação ou de um particular[291].

A melhor forma de compreender essa natureza jurídica dos animais como bens que não são coisas é compreender o § 90a do *Bürgerliches Gesetzbuch* (BGB) alemão, o qual dispõe: "*Tiere sind keine Sachen. Sie werden durch besondere Gesetze geschützt. Auf sie sind die für Sachen geltenden Vorschriften entsprechend anzuwenden, soweit nicht etwas anderes bestimmt ist*"[292] ("Animais não são coisas. Eles são protegidos por legislação específica. Na ausência de regras específicas, serão regidas pelas normas sobre as coisas").

Estamos recorrendo ao direito comparado, pois existia a intenção do legislador brasileiro de resolver o problema da natureza jurídica dos animais utilizando essa fórmula do § 90a BGB – o Projeto de Lei do Senado Federal (PLS) n. 351/2015, o qual propunha as seguintes alterações:

> O CONGRESSO NACIONAL decreta:
>
> Art. 1º Os arts. 82 e 83 da Lei n. 10.406, de 10 de janeiro de 2002 – Código Civil, passam a vigorar com as seguintes redações:
>
> "Art. 82. (...)
>
> Parágrafo único. Os animais não serão considerados coisas.

Senado 351/2015. **Revista de Biodireito e Direitos dos Animais.** e-ISSN: 2525-9695, Minas Gerais, v. 1, n. 2, jul./dez. 2015, p. 279-280. Disponível em: https://indexlaw.org/index.php/revistarbda/article/view/27/pdf. Acesso em: 3 ago. 2019.

290 HONSELL, Heinrich. **Römisches Recht.** 7. aufl. Heidelberg: Springer, 2010, p. 50.

291 FREITAS, A. T. de. **Código Civil** – esboço. Rio de Janeiro: Typographia Universal de Laemmert, 1860, p. 223.

292 DEUTSCHLAND. **Bürgerliches Gesetzbuch (BGB).** Berlin: Bundesministerium der Justiz und für Verbraucherschutz. Disponível em: https://www.gesetze-im-internet.de/bgb/__90a.html.

> Art. 83. (...)
> IV – Os animais, salvo o disposto em lei especial"[293].

Esse projeto consta como arquivado em 22/11/2018 e, pelo visto, a problemática da natureza dos animais no Direito brasileiro vai continuar por um bom tempo – sem mencionar que novamente o legislador não cuidou da adequação das normas de Direito Internacional Privado.

De outro lado, está em tramitação o Projeto de Lei da Câmara (PLC) n. 27/2018, o qual procura regulamentar a questão da natureza jurídica dos animais por meio de uma alteração na Lei n. 9.605, determinando a condição de sujeito despersonalizado, como verificamos de sua leitura:

> O CONGRESSO NACIONAL decreta:
>
> Art. 1° Esta Lei estabelece regime jurídico especial para os animais não humanos.
>
> Art. 2° Constituem objetivos fundamentais desta Lei:
>
> I – afirmação dos direitos dos animais não humanos e sua proteção;
>
> II – construção de uma sociedade mais consciente e solidária;
>
> III – reconhecimento de que os animais não humanos possuem natureza biológica e emocional e são seres sencientes, passíveis de sofrimento.
>
> Art. 3° **Os animais não humanos possuem natureza jurídica *sui generis* e são sujeitos de direitos despersonificados**, dos quais devem gozar e obter tutela jurisdicional em caso de violação, **vedado o seu tratamento como coisa**.
>
> Art. 4° A Lei n. 9.605, de 12 de fevereiro de 1998, passa a vigorar acrescida do seguinte art. 79-B:
>
> "Art. 79-B. O disposto no art. 82 da Lei n. 10.406, de 10 de janeiro de 2002 (Código Civil), não se aplica aos animais não humanos, que ficam **sujeitos a direitos despersonificados**"[294]. (Grifamos.)

Novamente, o legislador está propondo uma profunda modificação na legislação brasileira sem levar em consideração as consequências no

---

293 BRASIL. **Projeto de Lei do Senado n. 351 de 2015.** *Acrescenta parágrafo único ao art.82, e inciso IV ao art. 83 da Lei n. 10.406, de 10 de janeiro de 2002 (Código Civil), para que determinar que os animais não serão considerados coisas.* Brasília: Senado Federal, 2015. Disponível em: https://www25.senado.leg.br/web/atividade/materias/-/materia/121697. Acesso em: 3 ago. 2019.

294 BRASIL. **Projeto de Lei da Câmara n. 27, de 2018.** *Acrescenta dispositivo à Lei n. 9.605, de 12 de fevereiro de 1998, para dispor sobre a natureza jurídica dos animais não humanos.* Brasília: Câmara dos Deputados, 2018. Disponível em: https://www25.senado.leg.br/web/atividade/materias/-/materia/133167. Acesso em: 3 ago. 2019.

sistema colisional brasileiro. Não existe regra no Direito Internacional Privado para sujeitos de direito despersonificados, resultando em uma lacuna gravíssima para a regulamentação dos animais não humanos objetos de negócios jurídicos internacionais.

Diante desse contexto, defendemos que os animais são **bens móveis de regime especial**, pois somente serão regidos pelas regras do art. 8º da LINDB e demais regras sobre bens no Direito Internacional Privado caso não existam regras específicas em legislação específica para os mesmos.

Podemos destacar situações específicas no que tange ao seu transporte, não se inserindo nos conceitos tradicionais de bagagem (ex.: a Convenção de Atenas de 2002 exclui animais vivos do conceito de bagagem – art. 1 (5) a) e possuindo uma categoria normativa própria quando transportados em grupos (a carga viva, ou "animais submetidos ao transporte")[295].

E caso seja aprovado o PLC n. 27/2018, os animais não humanos sendo considerados então **sujeitos de direito despersonalizados**, que eles sejam regidos, como regra geral, pelo direito do local onde se encontrarem e, caso sejam domesticados, pelo direito do domicílio do seu proprietário, criando um vínculo entre o animal e a pessoa de seu dono, determinando, para aquele, um grau de segurança jurídica.

Espero ter ficado evidente que as particularidades do bem determinam seu regime jurídico dentro do Direito Internacional Privado. Bens móveis não são uma categoria estática de bens, existindo várias diferentes espécies deles, podendo haver legislação específica que se sobrepõe à Lei de Introdução.
E não pode ocorrer confusão entre os bens individualizados e os conjuntos de bens (as universalidades de fato), sobre os quais, infelizmente, há pouquíssimo estudo na doutrina brasileira.

11.5 OS DIREITOS REAIS DE GARANTIA

11.5.1 Os direitos reais (visão geral)

O tratamento dos bens no Direito Internacional Privado não se limita somente às coisas, aos bens em si (objetos), mas também aos direitos que

---

295 BRASIL. **Resolução CONTRAN n. 675, de 21/06/2017.** *Dispõe sobre o transporte de animais de produção ou interesse econômico, esporte, lazer e exposição.* Brasília: Conselho Nacional de Trânsito, Diário Oficial da União de 26 de junho de 2017, art. 2º, III – Disponível em: https://www.legisweb.com.br/legislacao/?id=345298. Acesso em: 3 ago. 2019.

recaem sobre estas, os denominados direitos reais, existindo especial importância os direitos reais de garantias ("garantias reais").

De maneira bem simples, os direitos reais são concebidos como os poderes que determinada pessoa (jurídica ou natural) detém sobre determinado bem, determinada coisa, situação nascedouro do conceito de propriedade – "o direito real por excelência" que permite a pessoa os poderes de usar, gozar, dispor e reaver a coisa sob seu domínio[296].

A partir da ideia de propriedade, a Ciência Jurídica desenvolveu o conceito de direitos reais e as diferentes modalidades, as quais, no direito brasileiro, estão arroladas de forma taxativa (*numerus clausus*) no art. 1.225 do Código Civil[297].

A doutrina acabou desenvolvendo uma série de características peculiares aos direitos reais, com destaque à publicidade, à oponibilidade *erga omnes*, à sequela e ao direito de preferência[298].

A partir dessas características podemos apontar um dos motivos dos direitos reais se demonstrarem relevantes de um tópico próprio dentro do tratamento dos bens do Direito Internacional Privado: o papel do registro e as formas específicas que possui

Como o registro ocorre sempre conforme o local onde o bem, a coisa, se situa, podemos afirmar que a regra geral para a solução de conflito de leis envolvendo direitos reais sempre será a mesma aplicável ao bem, à coisa – o elemento colisional *lex rei sitae*.

Ocorre, porém, que assim como os bens e as coisas, os direitos reais também possuem classificações e, por consequência, peculiaridades as quais acabam acarretando regras específicas de solução de conflito de leis.

A principal dessas classificações é a que separa os direitos reais quanto à sua finalidade, estabelecendo o grupo dos direitos reais de garantia, composto pelo penhor, a hipoteca e a anticrese; e os direitos reais de gozo, englobando todos os demais direitos reais[299].

---

296 SCAVONE JUNIOR, Luiz Antonio. **Direito imobiliário** – teoria e prática. 11. ed. Rio de Janeiro: Forense, 2016, p. 4.

297 "Art. 1.225. São direitos reais: I – a propriedade; II – a superfície; III – as servidões; IV – o usufruto; V – o uso; VI – a habitação; VII – o direito do promitente comprador do imóvel; VIII – o penhor; IX – a hipoteca; X – a anticrese. XI – a concessão de uso especial para fins de moradia; XII – a concessão de direito real de uso; e XIII – a laje".

298 SCAVONE JUNIOR, Luiz Antônio. **Direito imobiliário** – teoria e prática. 11. ed. Rio de Janeiro: Forense, 2016, p. 5-6.

299 SCAVONE JUNIOR, Luiz Antônio. **Direito imobiliário** – teoria e prática. 11. ed. Rio de Janeiro: Forense, 2016, p. 4.

Nessa classificação, os direitos reais de gozo sempre serão regidos pelo *lex rei sitae*, pois estão intrinsecamente relacionados ao bem em si, à coisa em si. Mas os Direitos reais de garantia não são intrinsecamente relacionados ao bem, à coisa, estão mais para uma reminiscência "da vinculação física e moral das pessoas e bens ao poder de disposição do credor"[300].

Os Direitos reais de garantia são vinculadas ao uso dos direitos reais dentro das relações de crédito, consistindo em uma forma de conferir maior segurança e previsibilidade de pagamento por parte do devedor perante o credor.

Isso significa que os Direitos reais de garantia não existem *per si*, eles não têm como formar uma obrigação principal, sempre havendo a necessidade de existir uma relação obrigacional à qual estão vinculadas.

É o que a doutrina denomina caráter acessório: "Os direitos de garantia não subsistem por si. Extinta a dívida, desaparecem *ipso facto*, cessando sua existência"[301].

Por isso, no Direito Internacional Privado, as espécies de direitos reais de garantia costumam ter regime próprio e particular de cada uma quanto à regra da solução do conflito de leis.

11.5.2 A hipoteca

> *Proprie Pignus dicimus, quod ad creditorem transit; hypothecam, cum non transit, nec possessio ad creditorem* – Ulpiano Digesto 13,7,9,2
>
> ***
>
> Denominamos penhor o que passa ao credor; hipoteca, quando não passa, nem sequer a posse, ao credor.

Começamos nossa análise dos direitos reais de garantia pela modalidade mais famosa: a hipoteca. Garantia que, junto ao penhor, remonta ao Direito Romano clássico e aos conceitos de *Pignus* (garantia com posse) e *Hypotheca* (garantia sem posse)[302].

---

300 DIBI SCHVARCZ, Priscila. O penhor rural como garantia nos contratos de arrendamento rural. **Revista Eletrônica do Curso de Direito da UFSM,** Santa Maria, RS, v. 3, n. 2, ago. 2008. ISSN 1981-3694. Disponível em: https://periodicos.ufsm.br/revistadireito/article/view/6857/4151. Acesso em: 5 ago. 2019.

301 DIBI SCHVARCZ, Priscila. O penhor rural como garantia nos contratos de arrendamento rural. **Revista Eletrônica do Curso de Direito da UFSM,** Santa Maria, RS, v. 3, n. 2, ago. 2008. ISSN 1981-3694. Disponível em: https://periodicos.ufsm.br/revistadireito/article/view/6857/4151. Acesso em: 5 ago. 2019.

302 HONSELL, Heinrich. **Römisches Recht.** 7. aufl. Heidelberg: Springer, 2010, p. 77.

A hipoteca é caracterizada pelo fato de que, em regra, a posse do bem, da coisa não é transferida do devedor para o credor enquanto a obrigação garantida existir. Isto significa concentrar-se mais em onerar o bem (obrigação *in rem*) do que propriamente modificar a situação da propriedade deste, garantindo que, caso não seja extinta a obrigação garantida, a coisa, o bem esteja apto para realizar a extinção e que ocorra a transferência de sua propriedade para o credor.

Destarte, em minha opinião, a melhor forma de compreender a hipoteca é compreender os elementos que compõem a propriedade, ou melhor, compreender as faculdades poderes que a propriedade confere ao proprietário da coisa, do bem.

Não existe uma definição legal para a propriedade, normalmente a doutrina costuma defini-la como um direito real por excelência que confere ao proprietário o uso, o gozo, a fruição, a disposição, a reivindicação e a posse da coisa e do bem[303]. A propriedade é compreendida a partir dos poderes conferidos ao proprietário, não como um conceito abstrato em si mesmo, daí a semelhança da definição doutrinária com a redação do art. 1.228 do Código Civil[304].

Assim, a hipoteca pode ser utilizada para onerar a propriedade como um todo (a coisa em si, o bem em si), como também pode ter como objeto um dos poderes, prerrogativas que a propriedade confere ao proprietário da coisa, conforme se deduz do art. 1.473 do Código Civil[305].

Verificamos que a hipoteca poderá recair tanto sobre a propriedade (incisos I, V, VI, VII, VIII e X do art. 1.473), como pode recair sobre um dos poderes da propriedade, como o uso (art. 1.473, IX) e como o uso e gozo (art. 1.473, II e III).

Isto significa que, apesar de elemento caracterizador da hipoteca, ela não tem como objeto tão-somente bens imóveis, podendo recair sobre direitos decorrentes a propriedade deles, como também bens de natureza especial.

---

303 SCAVONE JUNIOR, Luiz Antonio. **Direito imobiliário** – teoria e prática. 11. ed. Rio de Janeiro: Forense, 2016, p. 7.

304 Art. 1.228. O proprietário tem a faculdade de usar, gozar e dispor da coisa, e o direito de reavê-la do poder de quem quer que injustamente a possua ou detenha.

305 Art. 1.473. Podem ser objeto de hipoteca: I – os imóveis e os acessórios dos imóveis conjuntamente com eles; II – o domínio direto; III – o domínio útil; IV – as estradas de ferro; V – os recursos naturais a que se refere o art. 1.230, independentemente do solo onde se acham; VI – os navios; VII – as aeronaves; VIII – o direito de uso especial para fins de moradia; IX – o direito real de uso; X – a propriedade superficiária.

Uma vez que superamos a questão do objeto da hipoteca, podemos visualizar que no Direito brasileiro existem quatro grandes modalidades de hipoteca: a hipoteca comum, a hipoteca especial, a hipoteca judicial e a hipoteca legal.

Denominamos hipoteca comum aquela regida exclusivamente pelas regras do Código Civil, mais precisamente as referente aos incisos I, II, III, VII, VIII, IX e X do art. 1.473 – não havendo, necessariamente, maior grau de regulamentação por regras específicas.

A hipoteca especial é aquela regulamentada por legislação especial por envolver bens de natureza especial (navios e aeronaves) e não contemplados pelo art. 1.473, § 1º, do Código Civil[306].

A hipoteca legal, como a própria denominação já diz, é a hipoteca decorrente de imposição legal para determinadas situações em que o legislador entendeu dar maior segurança a determinadas relações jurídicas envolvendo bens imóveis[307]. Existe também como medida assecuratória no Processo Penal, quando se verificar certeza quanto a existência de infração e indícios suficientes de sua autoria – conforme art. 134 do Código de Processo Penal[308].

A hipoteca judiciária, por sua vez, é um dos efeitos da sentença condenatória no processo civil, quando o réu foi condenado ao "pagamento de prestação consistente em dinheiro e a que determinar a conversão de prestação de fazer, de não fazer ou de dar coisa em prestação pecuniária valerão como título constitutivo de hipoteca judiciária" – art. 495 do Código de Processo Civil.

---

306 § 1º A hipoteca dos navios e das aeronaves reger-se-á pelo disposto em lei especial.

307 Art. 1.489. A lei confere hipoteca: I – às pessoas de direito público interno (art. 41) sobre os imóveis pertencentes aos encarregados da cobrança, guarda ou administração dos respectivos fundos e rendas;
II – aos filhos, sobre os imóveis do pai ou da mãe que passar a outras núpcias, antes de fazer o inventário do casal anterior; III – ao ofendido, ou aos seus herdeiros, sobre os imóveis do delinqüente, para satisfação do dano causado pelo delito e pagamento das despesas judiciais; IV – ao co-herdeiro, para garantia do seu quinhão ou torna da partilha, sobre o imóvel adjudicado ao herdeiro reponente; V – ao credor sobre o imóvel arrematado, para garantia do pagamento do restante do preço da arrematação.

308 Art. 134. A hipoteca legal sobre os imóveis do indiciado poderá ser requerida pelo ofendido em qualquer fase do processo, desde que haja certeza da infração e indícios suficientes da autoria.

Diante dessa breve exposição do quadro jurídico da hipoteca no Direito brasileiro, podemos concluir que para sua regulamentação no Direito Internacional Privado faz-se sempre necessário compreender o objeto e a modalidade da hipoteca, antes de submetê-la à regra geral dos bens imóveis – o *lex rei sitae*.

Em regra, a melhor forma de verificar o elemento colisional aplicável para uma hipoteca, é verificar o seu objeto e a necessidade ou não de determinada formalidade para sua realização ("o Registro").

Toda hipoteca que é sujeita a registro é regida pela lei do local do registro – pois regras de Direito notarial quanto ao registro de propriedade em geral são consideradas parte da ordem pública internacional de cada País[309] e têm natureza territorial[310] – muitas vezes o local do registro se confunde com o local do bem imóvel, daí podermos afirmar que a *lex rei sitae* pode ser aplicado à hipoteca.

Porém, quando estamos diante da hipoteca especial, não existe essa confusão, logo não se aplica a regra geral, mas a regra específica – no caso do Direito brasileiro, como essa modalidade de hipoteca se resume a navios e aeronaves, entra em cena o elemento de conexão nacionalidade (para maiores informações, *vide* o estatuto dos navios e o estatuto das aeronaves).

A hipoteca legal já é uma modalidade mais complicada de se trabalhar, pois ela se subdivide em duas situações com consequências distintas.

Quando a hipoteca legal for em favor de pessoas de direito público interno (art. 1.489, I, do CC), invariavelmente, está presente a figura da Administração Pública (direta ou indireta) nos polos da obrigação e, por consequência, o poder soberano de um Estado. Para essa modalidade de hipoteca legal, sempre será aplicável a lei do local do registro da hipoteca – pois se trata de uma modalidade de hipoteca considerada parte da ordem pública internacional de cada país e um país não é obrigado a aceitar hipoteca legal de outro país, especialmente quando envolve pessoa de direito público estrangeira[311].

---

309 A respeito, o Código de Bustamante: Art. 136. São de ordem publica internacional as disposições que estabelecem e regulam os registros da propriedade e impõem a sua necessidade em relação a terceiros.

310 A respeito, o Código de Bustamante disciplina: Art. 214. É territorial a disposição que prohibe ao credor appropriar-se das cousas recebidas como penhor ou hypotheca. E o art. 218. São territoriaes as disposições que fixam o objecto, as condições, os requisitos, o alcance e a inscripção do contracto de hypotheca.

311 A respeito, o Código de Bustamante: Art. 138. As disposições sobre hypotheca legal, a favor do Estado, das provincias ou dos municipios, são de ordem publica internacional.

Quando a hipoteca legal não envolver pessoas de direito público interno, isto é, somente beneficia pessoas físicas ou jurídicas de direito privado, a hipoteca será regida pelo Direito da legislação que impôs a hipoteca (a lei pessoal do favorecido) e pela lei do lugar onde estão situados os bens afetados pela hipoteca (lei do local do registro)[312].

Novamente, como regras de registro de propriedade são de ordem pública internacional, existe a necessidade de o país onde estão situados os bens aceitar aquela hipótese de hipoteca legal de outro país. O objeto da hipoteca será regido pela lei pessoal do favorecido, mas os trâmites de seu registro, seus efeitos perante terceiros e sua extinção pelo Direito do local do registro.

A hipoteca legal decorrente de medida assecuratória no Processo Penal, em linhas gerais, segue a mesma regra da hipoteca judiciária. O Brasil, porém, por força de regras estritas quanto a homologação de sentenças penais, não admite hipoteca legal como medida assecuratória de Processo Penal estrangeiro.

Outra situação que demanda cuidado é a hipoteca judiciária.

A hipoteca judiciária realizada por sentença condenatória expedida pelo judiciário brasileiro somente produzirá efeitos se a própria sentença condenatória for homologada no país onde situados os bens que são objeto da hipoteca.

Como na hipoteca legal, o objeto da hipoteca será determinado pela sentença condenatória e quanto ao registro, seus efeitos perante terceiros e sua extinção, serão regidos pela lei do local do registro.

Só que aqui temos um problema. Quando se tratar de hipoteca decorrente de sentença condenatória civil estrangeira, ou seja, sendo efeito de uma sentença ou laudo arbitral estrangeiro, nos deparamos com um eventual obstáculo: o art. 23 do Código de Processo Civil e a competência internacional do judiciário brasileiro baseada em bens situados no Brasil. Nesse ponto, podemos visualizar duas interpretações.

A primeira interpretação parte da premissa de que a hipoteca judiciária estrangeira infringe a competência internacional do judiciário brasileiro por versar sobre bens imóveis no Brasil (art. 23, I, do CPC); por

---

312 A respeito, o Código de Bustamante: Art. 139. A hypotheca legal que algumas leis concedem em beneficio de certas pessoas individuaes somente será exigivel quando a lei pessoal concorde com a lei do lugar em que estejam situados os bens attingidos por ella.

consequência, a sentença, o ato decisório ou o laudo arbitral que contém a medida de hipoteca judiciária não é passível de homologação por infringir ordem pública internacional brasileira.

Nesse entendimento, a conclusão é que o Brasil não reconhece hipotecas judiciárias estrangeiras.

> Infelizmente não encontramos legislação, doutrina ou jurisprudência para essa situação. Parece uma omissão legislativa e, lamentavelmente, dependerá da hermenêutica empregada na interpretação do art. 23, I, do CPC.
>
> Pessoalmente sou do entendimento de que não há violação de competência internacional exclusiva e a hipoteca será aceita, por se tratar de um efeito do ato decisório estrangeiro.

A outra interpretação parte da premissa de que a hipoteca judiciária estrangeira não infringe a competência internacional do judiciário brasileiro, pois ela não é uma ação de conhecimento sobre bens imóveis no Brasil, mas sim um efeito da sentença condenatória, a qual também não versa sobre bens imóveis no Brasil, mas meramente determinou que para o pagamento da dívida, os bens do réu no Brasil seriam hipotecados.

Nesse entendimento, como não se trata de uma "ação relativa a imóveis situados no Brasil" (art. 23, I, do CPC) mas de uma medida de garantir satisfação da sentença estrangeira, não haveria óbice algum para a homologação da sentença, ato decisório ou laudo arbitral que contivesse tal efeito.

Se prevalecer este entendimento, o objeto da hipoteca será regido pela sentença, ato decisório ou laudo arbitral homologado, e as formalidades de registro, efeitos perante terceiros e sua extinção pelo Direito brasileiro.

Com essa breve exposição, podemos concluir que invariavelmente as regras sobre hipoteca são, predominantemente, territoriais, alternando entre o local do registro e o local do bem imóvel.

Para encerrarmos nossos comentários sobre a hipoteca no Direito Internacional Privado brasileiro, precisamos lembrar que ela não se confunde com os institutos da alienação fiduciária com garantia de imóvel e nem com a cédula rural de crédito hipotecário.

A alienação fiduciária com garantia de bem imóvel é regulamentada no ordenamento jurídico brasileiro por meio da Lei n. 9.514 de 1997, a qual dispõe sobre o complexo Sistema de Financiamento Imobiliário. Pode-se dizer que se trata de uma ferramenta para desenvolver o mercado imobiliário com a produção de créditos e facilitar sua circulação, bem como uma tentativa de promover a concessão de novos financiamentos mediante um instituto que confere maior segurança na execução de garantia oferecida, cuja finalidade é diminuir a inadimplência e os juros[313].

> A alienação fiduciária sempre terá três polos: o comprador do bem, o vendedor e o credor (normalmente agente financeiro) que realiza o pagamento. Assim, o comprador tem um vínculo com o credor – conhecido popularmente como financiamento.

A doutrina define a alienação fiduciária de bem imóvel como um "negócio mediante o qual o devedor (fiduciante), transmite a propriedade imobiliária ao fiduciário (credor), em garantia da dívida assumida pela aquisição do imóvel"[314].

De forma simples, o comprador de um bem imóvel oferece o mesmo imóvel para um terceiro, o qual é o responsável por quitar a dívida com o vendedor e tem como garantia esse imóvel até o comprador quitar a dívida decorrente do pagamento realizado.

Apesar de ser um negócio jurídico, a alienação fiduciária de coisa imóvel é um direito real de garantia por força do art. 17, § 1º, da Lei n. 9.514[315] e que não se confunde com a hipoteca.

A diferença entre a alienação fiduciária de bem imóvel e a hipoteca está no fato de que a hipoteca é uma garantia realizada sobre bem imóvel alheio ao credor (não há transferência da propriedade do devedor para o credor), enquanto na alienação fiduciária de bem imóvel ocorre a transferência temporária da propriedade do fiduciante (devedor) para o fiduciário (credor) – o que acaba gerando uma propriedade resolúvel do credor sobre o bem imóvel[316].

---

313 PONTES, Ted L. R.; CAMINHA, Uinie. Uma análise econômica da alienação fiduciária em garantia dos bens imóveis. **Scientia Iuris.** RJ, v. 20, n. 1, p. 221-248, abr. 2016. Disponível em: http://www.uel.br/revistas/uel/index.php/iuris/article/view/20241. Acesso em: 6 ago. 2019.

314 SCAVONE JUNIOR, Luiz Antonio. **Direito imobiliário** – teoria e prática. 11. ed. Rio de Janeiro: Forense, 2016, p. 506.

315 § 1º As garantias a que se referem os incisos II, III e IV deste artigo constituem direito real sobre os respectivos objetos.

316 SCAVONE JUNIOR, Luiz Antonio. **Direito imobiliário** – teoria e prática. 11. ed. Rio de Janeiro: Forense, 2016, p. 505.

A alienação fiduciária de bem imóvel gera assim uma proteção dúplice, pois o credor se torna proprietário fiduciário do bem, garantindo seu crédito em caso de inadimplemento, enquanto o devedor fiduciante goza e usa do bem imóvel enquanto paga gradualmente sua dívida[317].

Como a alienação fiduciária de bem imóvel exige registro do contrato no Registro Geral de Imóveis da circunscrição do bem imóvel para gerar o efeito de direito real de garantia (art. 23 da Lei n. 9.514), esse negócio jurídico será regido pela lei do local do bem – *lex rei sitae* – e não pela regra das obrigações (*locus regit actum*).

Por sua vez, a Cédula Rural Hipotecária (CRH) é regulamentada pelo Decreto-lei n. 167/1967, cuja finalidade é facilitar o financiamento rural e a circulação de crédito rural, consistindo em um título civil, líquido e certo (art. 10º), no qual deve constar a denominação "Cédula Rural Hipotecária", a data e condições de pagamento, o nome do credor, a cláusula à ordem, o valor do crédito, a descrição do bem imóvel hipotecado (seja rural ou urbano), a praça de pagamento, a data e lugar de emissão e a assinatura de próprio punho do emitente ou seu representante com poderes especiais (art. 20); e que deve ser registrado no Cartório do Registro de Imóveis da circunscrição em que este está situado (art. 30, *c*).

Simplificando, a Cédula Rural Hipotecária (CRH) é uma espécie de título de crédito[318], um instituto de direito cambiário, a qual consubstancia uma promessa de pagamento em dinheiro, promessa essa garantida por uma hipoteca (art. 9º).

Destarte, a CRH possui natureza dúplice no Direito Internacional Privado: enquanto título de crédito, ela segue o tratamento das regras do Direito Cambiário; enquanto a questão da garantia do pagamento (a hipoteca), obedecerá às regras da hipoteca – lei do local do registro.

---

317 PONTES, Ted L. R.; CAMINHA, Uinie. Uma análise econômica da alienação fiduciária em garantia dos bens imóveis. **Scientia Iuris.** RJ, v. 20, n. 1, p. 221-248, abr. 2016. Disponível em: http://www.uel.br/revistas/uel/index.php/iuris/article/view/20241. Acesso em: 6 ago. 2019.

318 SANTOS, Cláudio. Cédulas de crédito rural, industrial e comercial: aspectos materiais e processuais. **Informativo Jurídico Biblioteca Ministro Oscar Saraiva.** v. 4, n. 2, p. 69-138, jul./dez. 1992, p. 81-94. Disponível em: https://ww2.stj.jus.br/publicacaoinstitucional/index.php/informativo/article/viewFile/256/222. Acesso em: 6 ago. 2019.

11.5.3 O penhor – art. 8º, § 2º, da LINDB

Oriundo da mesma origem histórica da hipoteca, o Direito real de garantia conhecido por penhor é a garantia real baseada na transferência da posse da coisa, do bem móvel do devedor para o credor – remonta ao *Pignus*[319].

> Português é um idioma difícil. Optamos em utilizar a expressão "coisa apenhada" para evitar eventuais confusões com o "empenho administrativo", que pode acontecer no uso de coisa empenhada. Ambas as expressões estão corretas para designar a coisa sob penhor.

A partir dessa origem, o penhor é definido como "direito real que consiste na tradição de uma coisa móvel, suscetível de alienação, realizada pelo devedor ou por terceiro ao credor, em garantia do débito"[320].

Basicamente, existem duas grandes modalidades de penhor na legislação civil brasileira: o penhor comum e o penhor especial.

O penhor comum, ou penhor tradicional, consiste na modalidade de penhor regida pelo art. 1.431 do Código Civil, cuja principal característica é a tradição da posse da coisa, do bem móvel do devedor para o credor, o qual se torna responsável pela coisa, bem. É constituído por um contrato cujo instrumento pode ser público ou privado e que deve ser registrado em um Cartório de Títulos e Documentos (art. 1.432 do CC).

O penhor especial é composto por quatro modalidades distintas: o penhor rural, o penhor industrial e mercantil, o penhor de veículos e o penhor legal.

O penhor rural é previsto no art. 1.438 do Código Civil. Subdivide-se em penhor agrícola e penhor pecuário, que têm as mesmas regras gerais, variando somente quanto aos seus objetos.

Esse tipo de penhor foi idealizado como um instrumento de fomento do setor agropecuário brasileiro, sua finalidade é facilitar a captação de crédito rural e conferir maior segurança aos financiamentos no campo – independentemente de se tratar de agricultura ou pecuária[321].

---

319 HONSELL, Heinrich. **Römisches Recht.** 7. aufl. Heidelberg: Springer, 2010, p. 78.

320 PEREIRA, Caio Mario. **Instituições de direito civil:** direitos reais. 27. ed. Rio de Janeiro: Forense, 2019, p. 281.

321 DIBI SCHVARCZ, Priscila. O penhor rural como garantia nos contratos de arrendamento rural. **Revista Eletrônica do Curso de Direito da UFSM,** Santa

Normalmente, essa modalidade de penhor é acompanhada pelas Cédulas Rurais Pignoratícias (CRP), que funciona como sua principal forma de constituição e circulação, daí a peculiaridade de que no penhor rural as coisas apenhadas continuam na posse imediata do devedor (emitente no caso de CRP) ou do terceiro que presta a garantia real – art. 17 do Decreto-lei n. 167/1967 e art. 1.431, parágrafo único, do Código Civil – e o instrumento público ou particular (ou a própria CRP) deve ser registrado no Cartório de Imóveis da Circunscrição onde situado o imóvel no qual estão localizadas as coisas, bens apenhados (art. 30 do Decreto-lei n. 167 e art. 1.438 do CC).

O penhor industrial e mercantil é o equivalente do penhor rural, porém aplicado para a indústria, para o comércio. Está regulado no art. 1.447 do Código Civil e foi concebido para promover a concessão de créditos para o financiamento industrial, além da finalidade de garantir maior segurança contra o seu inadimplemento.

Essa modalidade de penhor normalmente é acompanhada da Cédula de Crédito Industrial, sendo esta um título líquido e certo na qual existe uma promessa de pagamento em direito com garantia real, constituída mediante cédula (arts. 9º e 10 do Decreto-lei n. 143/1969) – basicamente, o equivalente industrial da Cédula Rural.

> Lembremos que as cédulas são títulos de crédito, logo, seguem as regras de Direito cambiário. Somente a formalidade de registro da garantia nelas contidas é que segue a regra dos direitos reais de garantia. Pouco importa o seu tipo.

Destarte, como o penhor rural, o penhor industrial ou mercantil se caracteriza pela não transferência da coisa apenhada do devedor para o credor (art. 1.431, parágrafo único, do CC)[322] e o instrumento público ou particular (ou a Cédula de Crédito Industrial) deve ser registrado no Cartório de Imóveis da Circunscrição onde situado o imóvel no qual estão localizadas as coisas, bens apenhados (art. 30 do Decreto-lei n. 43/1969 e art. 1.438 do CC).

Maria, RS, v. 3, n. 2, ago. 2008. ISSN 1981-3694. Disponível em: https://periodicos.ufsm.br/revistadireito/article/view/6857/4151. Acesso em: 5 ago. 2019.

322 Se o penhor foi constituído por cédula de crédito industrial existem regras específicas para o tipo de bem, coisa que foi objeto do penhor, cabendo verificar o Decreto-Lei n. 413/1969 para determinar a modalidade de regramento.

O penhor de direitos e títulos de crédito está previsto no art. 1.451 do Código Civil e tem por objeto os créditos, as coisas incorpóreas equiparadas a bens móveis (art. 83 do CC) e a propriedade intelectual[323] como garantias para fins de financiamentos ou empréstimos.

Se o penhor recair sobre direitos, ele deverá ser constituído por instrumento público ou particular a ser registrado em Cartório de Títulos e Documentos e o devedor é obrigado a entregar ao credor os documentos comprobatórios do direito apenhado, admitindo-se retenção em casos excepcionalíssimos (art. 1.452 do CC).

Se o penhor recair sobre o título de crédito, a questão se torna um pouco mais complicada. Inicialmente, a constituição do penhor será feita por instrumento público, particular ou por endosso pignoratício, sendo o título entregue ao credor (art. 1.458 do CC). Ocorre que o Código Civil não deixa claro se o penhor constituído por endosso pignoratício demanda o Registro no Cartório de Títulos e Documentos, como exige para os instrumentos públicos ou privados (arts. 1.458 c/c 1.432 do CC). Consideramos que, por precaução, o credor deve proceder com o registro para evitar problemas futuros mesmo se for por endosso pignoratício.

Além do registro, ainda é necessário que o devedor do título de crédito apenhado seja notificado por instrumento público ou particular e declare sua ciência da garantia sob pena de ineficácia do penhor (art. 1.453 do CC).

O penhor de veículos está previsto no art. 1.461 do Código Civil e tem por objeto os veículos empregados para transporte ou condução, é constituído por instrumento público ou particular a ser registrado no Cartório de Títulos e Documentos do domicílio do devedor e averbado no certificado de propriedade do veículo (art. 1.462 do CC). Também é uma modalidade de penhor no qual a coisa apenhada não é entregue ao credor, permanecendo na posse do devedor (art. 1.431, parágrafo único, do CC) sendo exigida a existência de seguro contra furto, avaria, perecimento e acidentes por terceiros (art. 1.463 do CC).

Por fim, temos o penhor legal. É a modalidade de penhor que é constituída por imposição legislativa (e não por convenção entre as partes), envolvendo as hipóteses elencadas no art. 1.467 do Código Civil[324].

---

323 Tanto os direitos do autor são considerados bens móveis para fins legais (art. 3° da Lei n. 9.610/1998) como a propriedade industrial são considerados bens móveis para fins legais (art. 5° da Lei n. 9.279/1996).

324 Art. 1.467. São credores pignoratícios, independentemente de convenção: I – os hospedeiros, ou fornecedores de pousada ou alimento, sobre as bagagens,

Essa modalidade exige homologação judicial ou extrajudicial, a ser processada nos termos dos arts. 703 a 706 do Código de Processo Civil, sendo formalizada por escritura pública em notário escolhido pelo credor (art. 703, § 4º, do CPC).

Diante desse quadro jurídico do Penhor, o legislador de 1942 novamente recorreu a uma regulamentação genérica do instituto, estabelecendo a lei do domicílio do possuidor da coisa móvel, do bem móvel ou a ele equiparado, conforme verificamos no art. 8º, § 2º, da LINDB: "O penhor regula-se pela lei do domicílio que tiver a pessoa, em cuja posse se encontre a coisa apenhada".

Na redação do art. 8º, § 2º, da LINDB, o legislador adotou o critério da situação efetiva da coisa, permitindo que o direito aplicável não seja tão-somente o do domicílio do credor do penhor, o qual, em tese, seria o possuidor do bem, mas também o direito da pessoa que efetivamente está com a coisa no momento do penhor – "perfeitamente admissível que o móvel entregue em penhor permaneça fora do domicílio do proprietário e fora do domicílio do possuidor"[325].

Com a adoção do critério da situação efetiva da coisa, do bem móvel, rompeu-se com a tradição até então vigente de considerar o critério da situação presumida da coisa, do bem móvel, o qual está consagrado no art. 111 do Código de Bustamante. Tal critério estabelece que o penhor é regido pela lei do domicílio da pessoa em cuja posse a coisa, o bem, fora colocado – "as coisas dadas em penhor se consideram situadas no domicílio da pessoa em cuja posse tenham sido colocadas, isto é, colocadas por força do penhor"[326].

Contra esse critério surgiu a pesada crítica de Haroldo Valladão que considerou a regra "absurda" por possibilitar a incidência de uma lei estrangeira sobre a coisa, bem, que "dada em penhor, pode estar situada permanentemente no Brasil, mas será regida pela lei estrangeira do domicílio da pessoa

---

móveis, jóias [sic] ou dinheiro que os seus consumidores ou fregueses tiverem consigo nas respectivas casas ou estabelecimentos, pelas despesas ou consumo que aí tiverem feito; e II – o dono do prédio rústico ou urbano, sobre os bens móveis que o rendeiro ou inquilino tiver guarnecendo o mesmo prédio, pelos aluguéis ou rendas.

325 CASTRO, Amilcar de. **Direito internacional privado.** 5. ed. Rio de Janeiro: Forense, 2004, p. 430.

326 CASTRO, Amilcar de. **Direito internacional privado.** 5. ed. Rio de Janeiro: Forense, 2004, p. 430.

que tenha a posse da mesma coisa, habitualmente – o que é mais grave – do domicílio do *credor* pignoratício"[327] e oferecendo o seguinte exemplo:

> Assim uma pessoa domiciliada na França, que está no Brasil, de passagem ou aqui residindo, por ex., um turista, um bolsista, etc., se receber em penhor no Brasil um relógio ou outra coisa móvel, aqui situada, tal coisa será regida pela lei francesa (!). Tinha tal regra de desaparecer[328].

Entendeu parte da doutrina que essa crítica de Valladão não se sustenta, pois considerando a existência de penhores que não promovem a tradição da coisa, do bem, (conhecida como *clausula constituti*), o legislador fez bem em adotar o critério da situação efetiva da coisa para garantir maior segurança da garantia perante terceiros, pois atrela a lei aplicável ao domicílio de quem efetivamente detém a coisa, o bem apenhado: "Assim, o domicílio de quem *possuir* a coisa apenhada *no momento da constituição da garantia* é que determina a lei aplicável ao penhor, independente da tradição efetiva do bem"[329].

Pessoalmente, ambos os posicionamentos estão equivocados. O erro está em não compreender o que está sendo regulamentado pelo art. 8º, § 2º, da LINDB: o **penhor**, o direito real em garantia, e não a coisa, o bem apenhado. Penhor é **contrato**, não **coisa**.

Nesse sentido, ao vincular o penhor ao domicílio do possuidor da coisa apenhada (seja o credor, o próprio devedor ou um terceiro que a possua), o legislador cometeu um erro: se eu tenho de registrar a penhor, a lei aplicável a esse registro será a lei do local do registro, variando conforme a disposição legal existente sobre o bem objeto do penhor.

Destarte, o penhor comum, o penhor sobre direitos e o penhor de títulos de créditos deveriam ser regidos pela lei do local do Cartório de Títulos e Documentos em que será registrado o instrumento particular ou público que constituiu o penhor. Esse cartório podendo estar localizado em qualquer lugar, independentemente de onde esteja situada a coisa apenhada, independentemente do domicílio dos envolvidos.

Já quanto ao penhor rural, ao penhor industrial e ao mercantil, deveriam ser regidos pela lei do local do Cartório de Registro de Imóveis da Circunscrição de onde os bens apenhados se encontrassem no momento da constituição.

---

327 VALLADÃO, Haroldo. **Direito internacional privado.** v. II: Parte Especial: conflitos de leis civis. Rio de Janeiro: Freitas Bastos, 1973, p. 161-162.

328 VALLADÃO, Haroldo. **Direito internacional privado.** v. II: Parte Especial: conflitos de leis civis. Rio de Janeiro: Freitas Bastos, 1973, p. 161-162.

329 MAZZUOLI, Valério de O. **Curso de direito internacional privado.** 2. ed. São Paulo: Forense, 2017, p. 276.

E o penhor legal, pela obviedade de ser um dever legal, deve ser sempre regido pela lei que o impôs, não cabendo aplicar penhor legal a coisas, bens que estão em locais em que não existem essa imposição – pouco importando o domicílio do possuidor dos mesmos. E se o credor optar por registrar em país estrangeiro, haverá necessidade de homologação da sentença que homologou o penhor legal.

Ratel, domiciliado na França, vem passar férias em um hotel no Brasil.

Por força do art. 1.467, I, do Código Civil existirá a possibilidade de penhor legal sobre bagagem, móveis, joias ou dinheiro de Ratel; penhor este criado pela lei brasileira, sendo que o hotel não é o possuidor desses bens.

Logo, inócua a regra do art. 8º, § 2º, da LINDB, uma vez que se Ratel retornar a França, o penhor legal continuará sendo regido pelo Direito brasileiro, mesmo se o possuidor da coisa apenhada voltar para o seu domicílio, ou melhor, nunca ter tido domicílio no Brasil.

Espero ter ficado evidente que o penhor é um **direito real** constituído por **contrato**, não se confundido com o seu objeto **a coisa apenhada**. Ele onera a coisa, mas não se confunde com ela.

Por isso o Código de Bustamante estabelece que o penhor sempre será regido pela lei territorial quanto: à disposição que proíbe o credor de apropriar-se de coisas apenhadas (art. 214); aos preceitos que determinam os requisitos essenciais da constituição do penhor, sobrepondo-se às regras do local da coisa apenhada quando esta se desloca (art. 215); às prescrições em virtude das quais deva ficar o penhor em poder do credor ou terceiro, para valer contra terceiro – estas prescrições exigem que conste, por instrumento público, a data certa e as que fixem o processo para a sua alienação (art. 216).

O art. 111 do Código de Bustamante, por sua vez, regulamenta a classificação de bens, considerando que as coisas apenhadas serão consideradas situadas no domicílio da pessoa em cuja posse tenham sido colocadas. Neste sentido, será a **coisa apenhada** que possui a presunção de ser regida pelo domicílio do possuidor, não **penhor** (garantia real). Tentemos exemplificar:

Carcaju, brasileiro, domiciliado no Rio de Janeiro, decide solicitar um empréstimo com Ratel, paraguaio, domiciliado no Rio de Janeiro. Ratel condiciona o empréstimo à apresentação de uma

garantia por parte de Carcaju, o qual apresenta 200 cabeças de gado como garantia, situadas na fazenda de propriedade de Carcaju, em Pedro Juan Caballero (Paraguai).

Nessa situação hipotética temos Carcaju e Ratel, ambos domiciliados no Rio de Janeiro (Brasil), que estão negociando um empréstimo de dinheiro, sendo a garantia o penhor rural, modalidade penhor pecuniário (não há tradição da coisa apenhada, conforme regra brasileira).

Se seguirmos o entendimento do art. 8º, § 2º, da LINDB, teremos que o penhor será regido pela lei do domicílio do possuidor da coisa apenhada, no caso, Carcaju e seu domicílio no Rio de Janeiro, correto?

Errado. Pois dispõe o Código Civil, no art. 1.438, que o penhor rural se constitui "mediante instrumento público ou particular, registrado no Cartório de Registro de Imóveis da circunscrição em que estiverem situadas as coisas empenhadas".

E qual é o Cartório responsável? Aquele local onde as coisas apenhadas estão localizadas (no caso, em território paraguaio). E quais regras o cartório paraguaio vai utilizar para realizar o registro de constituição do penhor? As existentes no Direito paraguaio.

Logo, esse penhor não será regido pela lei do domicílio do possuidor, mas sim pela lei do local do registro de sua constituição – regra existente no Código de Bustamante.

Na nossa opinião, a melhor forma de se regulamentar o penhor, ou melhor, qualquer direito de garantia real, é separar as questões envolvendo a constituição, formação e extinção da garantia (obrigação *propter rem*) da responsabilidade sobre os bens, as coisas objeto da garantia (a coisa apenhada).

Seguindo o entendimento de que o direito Direito real em garantia exige formalidade para ser constituído (ex.: registro público), esta constituição sempre será regida pela lei do local do responsável pelo registro. Já as obrigações relativas a segurança, zelo e valorização do bem serão determinadas conforme a natureza e particularidades do bem – variando entre o local do bem, domicílio do proprietário ou domicílio do possuidor.

11.5.4 A anticrese

O último Direito real em garantia a abordarmos é a anticrese, garantia real que onera não a coisa, o bem imóvel em si, mas sim o direito de percepção sobre a coisa, o bem – é a garantia real sobre frutos e rendimentos de bens, coisas imóveis.

A doutrina define a anticrese como "direito real sobre coisa imóvel pela qual o devedor transfere sua posse ao credor para que este perceba e retenha os seus frutos imputando-os no pagamento da dívida"[330] – definição que praticamente é repetição da redação do art. 1.506 do Código Civil.

A sua manutenção no Código Civil de 2002 (arts. 1.506 a 1.510) não foi bem-vista por parte da doutrina, devido ao fato de que sua regulamentação estava ausente no projeto de Código Civil de 1965 e por se tratar de um instituto obsoleto e em desuso[331].

É um instituto de pouquíssima prática e a opinião da doutrina sobre a sua existência é pouco pacífica no Direito brasileiro, havendo sérios questionamentos quanto a sua inserção no rol dos Direitos reais, sendo mais considerada um contrato[332].

Essa situação decorre da constatação de que a anticrese não compartilha da característica de não cumulatividade[333] comum na hipoteca e no penhor. Isto significa que ela permite que o bem imóvel possa ser objeto tanto de anticrese como de hipoteca (art. 1.506, § 2º, do CC).

Assim, constatando-se que a anticrese não onera a coisa em si, mas sim os seus frutos e rendimentos, trata-se de uma forma peculiar de pagamento e não de garantir eventual inadimplemento por parte do devedor[334].

A anticrese possui mais natureza de negócio jurídico do que propriamente de um Direito real em garantia, possuindo forma especial por necessitar de seu registro em Cartório de Registro de Imóveis (art. 1.227 do CC).

---

330 PEREIRA, Caio Mario. **Instituições de direito civil:** direitos reais. 27. ed. Rio de Janeiro: Forense, 2019, p. 346.

331 SOUZA, Adriano S. R. Anticrese: direito real de garantia ou forma especial de pagamento? **Revista da Faculdade Mineira de Direito,** v. 12, n. 24, jul./dez. 2009, ISSN 1808-9429, p. 22-30. Disponível em: http://periodicos.pucminas.br/index.php/Direito/article/view/P.2318-7999.2009v12n24p22.

332 PEREIRA, Caio Mario. **Instituições de direito civil:** direitos reais. 27. ed. Rio de Janeiro: Forense, 2019, p. 346.

333 SOUZA, Adriano S. R. Anticrese: direito real de garantia ou forma especial de pagamento? **Revista da Faculdade Mineira de Direito,** v. 12, n. 24, jul./dez. 2009, ISSN 1808-9429, p. 22-30. Disponível em: http://periodicos.pucminas.br/index.php/Direito/article/view/P.2318-7999.2009v12n24p22.

334 SOUZA, Adriano S. R. Anticrese: direito real de garantia ou forma especial de pagamento? **Revista da Faculdade Mineira de Direito,** v. 12, n. 24, jul./dez. 2009, ISSN 1808-9429, p. 22-30. Disponível em: http://periodicos.pucminas.br/index.php/Direito/article/view/P.2318-7999.2009v12n24p22.

Diante desse quadro peculiar da anticrese, não nos espantamos com a total ausência de seu regramento no que tange ao Direito Internacional Privado desde 1942, havendo somente a antiga regra territorial do Código de Bustamante, o qual, em seu art. 219, determina: "É igualmente territorial a prohibição de que o credor adquira a propriedade do immovel em antichrese, por falta do pagamento da dívida".

Este dispositivo, porém, não auxilia em absolutamente nada na compreensão de Direito Internacional Privado da anticrese.

Como não podemos nos abster de propor uma solução para o tratamento da anticrese, devemos salientar o fato de que ela exige registro em Cartório de Imóveis, logo, temos a replicação da regra para hipoteca e o penhor: a lei do local do registro rege sua constituição.

Destarte, entendemos que o contrato da anticrese será regida pela lei do local da constituição (*locus regit actum* – lei do registro), enquanto o direito de percepção, pela lei do local da coisa (*lex rei sitae*).

11.5.5 O equívoco da legislação brasileira de Direito Internacional Privado quanto à regulamentação dos direitos reais em garantia

Como um comentário final sobre o tratamento dos direitos reais em garantia do Direito Internacional Privado brasileiro, destacamos a situação infeliz que o quadro de regulamentação legislativa nos apresenta desde 1942.

Existe uma profunda confusão entre o Direito real em garantia e a coisa, o bem objeto dessa garantia real. A garantia real, para existir, necessita ser constituída, ela não "brota" do nada, não é uma geração espontânea da coisa, do bem.

Pela necessidade de ser constituída e pelo caráter especial da forma dessa constituição, não tem como o Direito real em garantia ser sujeito à mesma regra envolvendo a coisa, o bem em si.

Verificamos essa situação quando os procedimentos de constituição das garantias reais sempre exigem registro em Cartório, ou seja, a constituição é um ato jurídico cuja formalidade é regida por Direito notarial de cada Estado (no Brasil, destacamos a Lei n. 6.015/1973). E regras notariais são regras de Direito Público e comumente inseridas no domínio da ordem pública internacional de um Estado. Não existe a possibilidade de um cartório aceitar constituir uma garantia real sobre uma coisa, sobre um bem, seguindo regras notarias de outro país.

Na minha opinião, o legislador brasileiro deve dar mais atenção às regras contidas no Código de Bustamante e, como era o desejável, expandir e complementar aquelas regras conforme a evolução do Direito Internacional Privado geral.

Outra possibilidade é a adoção de um modelo de regulamentação baseado no Direito alemão, como o *Einführungsgesetz zum Bürgerlichen Gesetzbuche*:

Sechster Abschnitt
Sachenrecht

Art. 43 Rechte an einer Sache

(1) Rechte an einer Sache unterliegen dem Recht des Staates, in dem sich die Sache befindet.

(2) Gelangt eine Sache, an der Rechte begründet sind, in einen anderen Staat, so können diese Rechte nicht im Widerspruch zu der Rechtsordnung dieses Staates ausgeübt werden.

(3) Ist ein Recht an einer Sache, die in das Inland gelangt, nicht schon vorher erworben worden, so sind für einen solchen Erwerb im Inland Vorgänge in einen anderen Staat wie inländische zu berücksichtigen.

(...)

Art. 46 Wesentlich engere Verbindung

Besteht mit dem Recht eines Staates eine wesentlich engere Verbindung als mit dem Recht, das nach den Artikeln 43 und 45 maßgebend wäre, so ist jenes Recht anzuwenden.

Título VI
Direito das coisas

Art. 43 Direitos sobre uma coisa (um bem)

(1) Os direitos sobre uma coisa se submetem a lei do Estado, no qual a coisa se encontra.

(2) Se uma coisa se desloca para outro Estado, os direitos nela fundados não poderão ser exercitados se violarem a ordem jurídica daquele Estado.

(3) Se o direito sobre uma coisa que entra em um Estado não tiver sido adquirido de antemão, a sua aquisição deverá levar em conta não só o direito do Estado anterior, como também as regras do Estado no qual se encontra.

(...)

Art. 46 Da conexão mais próxima

Caso exista um Direito de um Estado mais próximo do que os direitos indicados nos artigos 43 e 45, essa lei deverá ser aplicada.

Destarte, fica mais claro visualizar a natureza dúplice dos Direitos reais no Direito Internacional Privado, havendo a questão do Direito real (o ato jurídico constitutivo) e a questão da coisa, do bem objeto do Direito real.

De forma simples, existe a questão de **Direito** real e a questão de Direito **real** – uma distinta da outra, mas entrelaçadas no mesmo instituto.

11.6 DOS BENS NA SUCESSÃO

11.6.1 A herança e sua natureza jurídica

Não relacionada diretamente com o Direito das coisas, mas ainda componente do estudo do tratamento dos bens no Direito Internacional Privado, existe a questão dos bens, das coisas objetos de sucessão.

A sucessão é o instituto jurídico que procura regulamentar a situação de um patrimônio quando a pessoa física (ou natural) que o detém falece. A sucessão surge da morte da pessoa física e o Direito sucessório regulamenta a "transmissão dos direitos e deveres de uma pessoa com o advento da sua morte, sendo que é necessário que alguém tenha a titularidade de tais obrigações – o que por si só demonstra a estreita ligação que a sucessão mantém com o direito de propriedade"[335].

Assim, a abertura da sucessão opera uma mutação subjetiva, o patrimônio é transmitido para os herdeiros (legítimos ou testamentários) – "no sentido de que todo o complexo de valores e negativos passa aos sucessores"[336]. Surge o instituto jurídico da herança.

A herança é uma modalidade de universalidade de direito (*universitas iuris*)[337] que se forma sobre o patrimônio do *de cujus*, transformando-o em um todo unitário e indivisível até a realização de sua partilha e a efetiva transmissão aos herdeiros.

Relembrando que não podemos confundir a herança com o inventário, o qual consistem num "*conjunto de atos que visa a apuração do patrimônio*

---

335 SANCHES, Shary K. R.; OLIVEIRA, Larenn S. de. Dignidade da pessoa humana e o posicionamento do STJ sobre a sucessão aplicável aos casos de casamento no regime da separação convencional de bens. **Revista de Constitucionalização do Direito Brasileiro – RECONTO,** v. 1, n. 1, jan./jun. 2018, e-ISSN 2595-9840, p. 1-20. Disponível em: http://revistadireito.fatecie.edu.br/index.php/Reconto/article/view/19/53. Acesso em: 10 ago. 2019.

336 PEREIRA, Caio Mário. **Instituições de direito civil:** direito das sucessões. 26. ed. Rio de Janeiro: Forense, 2016, p. 21.

337 NADER, Paulo. **Curso de direito civil.** v. 6: Direito das sucessões. 7. ed. Rio de Janeiro: Forense, 2016, p. 45.

do de cujus, *a administração dos interesses pendentes, a definição de herdeiros legatários, bem como o recolhimento de tributos e partilha dos bens*"[338].

Também é importante lembrar que apesar de comumente se denominar herança como espólio, a sinonímia não se aplica, pois nem toda herança é um espólio, apesar de todo espólio consistir em uma herança, com destaque à figura da herança jacente.

Neste sentido, enquanto o espólio designa a herança que possui herdeiros conhecidos, tal não ocorre, por exemplo, no caso da herança jacente, a qual não possui herdeiros conhecidos[339].

Não nos preocupando mais com os melindres da sucessão em si, vamos limitar nossa análise à questão dos bens, das coisas, dentro dessa universalidade de direito denominada herança.

Diferentemente das universalidades de fato, as quais permitem que os bens podem configurar como objetos de relações jurídicas próprias (art. 90 do CC), os bens inseridos em uma universalidade de direito não possuem essa particularidade (art. 91 do CC), eles estão "colados" na universalidade até sua dissolução.

Isto significa que seu regime jurídico, enquanto inseridos em uma universalidade de Direito, será obrigatoriamente o mesmo regime da universalidade. Em outras palavras, os bens (moveis ou imóveis) inseridos em uma herança estarão sujeitos ao regime jurídico daquela herança até a partilha da mesma.

Tal situação é manifesta quando verificamos que o Código Civil submete a propriedade e a posse da herança às normas relativas ao condomínio (art. 1.792 do CC); que somente os direitos hereditários é que podem ser objeto de cessão por escritura pública (art. 1.793 do CC); e que há necessidade de autorização judicial (alvará judicial) para disposição de qualquer bem componente do acervo hereditário, pendente indivisibilidade (art. 1.793, § 3º, do CC).

Não sem razão, a doutrina do Direito Internacional Privado designa que a Sucessão possui um caráter "bifronte, pois composto simultaneamente de um viés *pessoal* (ligado ao autor da herança e seus herdeiros) e de um viés *material* (relativo aos bens deixados pelo falecido)"[340].

---

338 NADER, Paulo. **Curso de direito civil.** v. 6: Direito das sucessões. 7. ed. Rio de Janeiro: Forense, 2016, p. 49.

339 PEREIRA, Caio Mário. **Instituições de direito civil:** direito das sucessões. 26. ed. Rio de Janeiro: Forense, 2016, p. 57.

340 MAZZUOLI, Valério de O. **Curso de direito internacional privado.** 2. ed. São Paulo: Forense, 2017, p. 341.

11.6.2 O art. 10 da LINDB: visão geral da sucessão de bens

11.6.2.1 Universalidade sucessória e pluralidade sucessória

Diante da constatação de que os bens na sucessão estão inseridos em uma universalidade de direito consubstanciada no instituto da herança, precisamos ter um certo grau de cuidado ao interpretar o art. 10 da LINDB e as regras de Direito Internacional Privado sobre a sucessão, pois apesar da doutrina parecer unânime ao afirmar que na sucessão existe a "necessidade de análise de dois (e não mais de dois) elementos de ligação: a pessoa do defunto e a situação da coisa"[341] o dispositivo, infelizmente, adota uma redação extremamente vaga e pouco objetiva se comparado ao art. 14 da Introdução do Código Civil de 1916, como podemos verificar no quadro comparativo abaixo:

Introdução ao Código Civil de 1916	Lei de Introdução às Normas do Direito Brasileiro
Art. 14. A sucessão legítima ou testamentária, a ordem da vocação hereditária, os direitos dos herdeiros e a validade intrínseca das disposições do testamento, qualquer que seja a natureza dos bens e o país onde se achem, guardado o disposto neste código acerca das heranças vagas abertas no Brasil, obedecerão à lei nacional do falecido; se este, porém, era casado com brasileira, ou tiver deixado filhos brasileiros, ficarão sujeitos à lei brasileira.	**Art. 10.** A sucessão por morte ou por ausência obedece à lei do país em que domiciliado o defunto ou o desaparecido, qualquer que seja a natureza e a situação dos bens. **§ 1º** A sucessão de bens de estrangeiros, situados no País, será regulada pela lei brasileira em benefício do cônjuge ou dos filhos brasileiros, ou de quem os represente, sempre que não lhes seja mais favorável a lei pessoal do *de cujus*. **§ 2º** A lei do domicílio do herdeiro ou legatário regula a capacidade para suceder.

Na sistemática proposta pelo legislador de 1916 (no mesmo sentido a regra geral para sucessões no Código de Bustamante[342]), verificamos um cuidado especial em determinar o âmbito de incidência das regras da sucessão aberta, optando em estabelecer a regra geral da nacionalidade do *de cujus* e a

---

[341] MAZZUOLI, Valério de O. **Curso de direito internacional privado.** 2. ed. São Paulo: Forense, 2017, p. 341.

[342] Art. 144. As successões legitimas e as testamentarias, inclusive a ordem de successão, a quota dos direitos successorios e a validade intrinseca das disposições, reger-se-ão, salvo as excepções adiante estabelecidas, pela lei pessoal do de cujus, qualquer que seja a natureza dos bens e o lugar em que se encontrem.

regra específica da unilateralidade da lei brasileira quando se tratasse de *de cujus* com cônjuge brasileiro ou que tivesse filhos brasileiros.

O legislador de 1916 estabeleceu três grupos de observância para o Direito Internacional Privado no que tange à sucessão: o regime da sucessão em si (regulamentação direta), a capacidade para suceder (regulamentação implícita) e a situação dos bens (regulamentação implícita).

Destarte, o elemento nacionalidade do *de cujus*, ou a unilateralidade da lei brasileira quando existente cônjuge ou filho brasileiro, para reger as disposições gerais da sucessão, a ordem de vocação hereditária, os direitos dos herdeiros e a validade intrínseca dos testamentos, deixa evidente o caráter residual da submissão dos bens ao regime da sucessão.

A capacidade de suceder continua submetida ao regime geral da capacidade, no caso da legislação de 1916, a nacionalidade do herdeiro.

Enquanto que a situação dos bens para as questões envolvendo a formalidade de constituição de direitos reais, por manifestação da limitação residual da indivisibilidade da herança sobre a disposição dos bens (ex.: venda, percepção, fruição etc.), continuam submetidos à autorização judicial da herança (regime de herança), enquanto que as regras referentes à realização da transferência (ex.:o ato jurídico constitutivo) e suas formalidades, continuavam regidos pela regra da própria coisa (ex. *lex rei sitae* para os bens imóveis).

O legislador de 1942 já optou por ser bem menos técnico na regulamentação da sucessão e seus variados aspectos, determinando a regra geral da sucessão ser regida pela lei do último domicílio do *de cujus* e a especialidade da lei mais favorável para cônjuge ou filhos brasileiros. Em razão dessa ausência de refinamento técnico pelo legislador de 1942 a doutrina costuma atenuar sob a alegação de que "pretendeu a LINDB unificar as questões substanciais da herança sob regência de lei *única*, firmando no Brasil o princípio da *universalidade sucessória*"[343].

O princípio da universalidade sucessória remonta ao direito romano, na figura da *hereditas* (todos os direitos e bens do *de cujus* passam para o herdeiro)[344], e, por consequência, à crença de que "apesar da heterogeneidade

---

343 MAZZUOLI, Valério de O. **Curso de direito internacional privado.** 2. ed. São Paulo: Forense, 2017, p. 342.

344 HONSELL, Heinrich. **Römisches Recht.** 7. aufl. Heidelberg: Springer, 2010, p. 188.

dos elementos que compõe o acervo hereditário, o espólio deve ser considerado um todo, como unidade atribuída ao sucessor universal"[345]. A sucessão é uma universalidade e, portanto, estaria submetida à regência de um só direito.

Ocorre que a sucessão é um instituto que possui regras tanto substanciais (direito material) como instrumentais (processuais) e essa situação gera um problema complexo para o princípio da universalidade sucessória quando a sucessão envolve bens, coisas situadas em diferentes países: o judiciário brasileiro não detém competência para proceder com inventário e nem partilha de bens situados fora de sua esfera jurisdicional, fora do Brasil.

Aliás, a sucessão é um dos poucos institutos que no Direito Internacional Privado brasileiro não tem como ser estudado sem conhecimento do arcabouço processual que a envolve, pois tanto o princípio da universalidade sucessória, quanto o contraponto, o princípio da pluralidade sucessória, estão "estreitamente vinculados à competência internacional da justiça brasileira em matéria de direito das sucessões"[346].

Nesse ponto, não podemos apontar qualquer erro por parte do legislador de 1942 em confeccionar a pífia regra do art. 10 da LINDB, pois o Código de Processo Civil de 1939 não dispunha de qualquer regra sobre competência internacional exclusiva do judiciário brasileiro, abrindo margem para a adoção do princípio da universalidade.

O problema do art. 10 da LINDB começa quando se verifica que o próprio legislador incorreu em contradição quanto a essa suposta universalidade ao repetir *ipsis litteris* em seu § 1º o art. 152 da Constituição de 1937, adotando o método da lei mais favorável para o cônjuge ou filhos brasileiros.

Ou seja, no art. 10, *caput*, da LINDB o legislador adotou a universalidade sucessória para lidar com a solução de conflitos de leis envolvendo sucessão, porém no art. 10, § 1º, permitiu uma unilateralidade da lei brasileira se favorecesse o cônjuge ou filhos brasileiros.

---

345 CASTRO, Amilcar. **Direito internacional privado.** 5. ed. (atualizado por Osiris Rocha). Rio de Janeiro: Forense, 2004, p. 452-453.

346 RECHSTEINER, Walter B. Sucessão testamentária com conexão internacional. In: **Doutrinas essenciais de direito internacional.** v. IV: Direito internacional privado: teoria e prática. São Paulo: Revista dos Tribunais, 2012, p. 400.

Podemos dizer que a "pá de cal" na aplicabilidade do art. 10 da LINDB adveio com o Código de Processo Civil de 1973, o qual inaugurou as competências internacionais exclusivas do judiciário brasileiro, tendência mantida no Código de Processo Civil de 2015.

Código de Processo Civil de 1973	Código de Processo Civil de 2015
Art. 89. Compete à autoridade judiciária brasileira, com exclusão de qualquer outra: I – conhecer de ações relativas a imóveis situados no Brasil; II – proceder a inventário e partilha de bens, situados no Brasil, ainda que o autor da herança seja estrangeiro e tenha residido fora do território nacional.	**Art. 23.** Compete à autoridade judiciária brasileira, com exclusão de qualquer outra: I – conhecer de ações relativas a imóveis situados no Brasil; II – em matéria de sucessão hereditária, proceder à confirmação de testamento particular e ao inventário e à partilha de bens situados no Brasil, ainda que o autor da herança seja de nacionalidade estrangeira ou tenha domicílio fora do território nacional; III – em divórcio, separação judicial ou dissolução de união estável, proceder à partilha de bens situados no Brasil, ainda que o titular seja de nacionalidade estrangeira ou tenha domicílio fora do território nacional.

A legislação processual simplesmente adotou o princípio da pluralidade sucessória, ignorando a LINDB, além de demonstrar a força dos estatutos reais, pois apesar dos bens, das coisas, se inserirem na universalidade de direito (herança) e a LINDB ter imposto a universalidade de seu tratamento sujeitando pela lei do domicílio do *de cujus*, o legislador processual entendeu utilizar a regra *lex rei sitae* para determinar a competência internacional do judiciário brasileiro.

O princípio da pluralidade sucessória determina que o patrimônio do *de cujus* deve ter seu tratamento jurídico separado conforme os diferentes foros nacionais em que se situa, sendo "separados de acordo com regras processuais e materiais diferentes aplicáveis à sucessão do mesmo *de cujus*", pouco importando a modalidade sucessória (legítima ou testamentária)[347].

Destarte, por força de regras processuais, os bens inseridos em um espólio, em uma herança, seguirão o direito aplicável à herança (lei do último

347 RECHSTEINER, Walter B. Sucessão testamentária com conexão internacional. In: **Doutrinas essenciais de Direito Internacional.** v. IV: Direito internacional privado: teoria e prática. São Paulo: Revista dos Tribunais, 2012, p. 401.

domicílio do *de cujus*), mas o inventário e sua partilha serão regidos pela lei do foro (*lex fori*) que está procedendo com o inventário e a partilha – *lex fori* tanto no sentido processual, como na regra de direito internacional privado, pois cada juiz aplica o direito internacional privado de seu próprio foro.

De forma ortodoxa, os bens imóveis, as coisas imóveis, serão regidos pelo direito onde se situam, pois a competência para inventário e partilha da herança sempre são territoriais; enquanto os bens móveis, as coisas móveis, serão regidos pela lei do foro onde foram arrecadados, arrolados como parte do espólio, da herança.

Devemos lembrar que, assim como a universalidade sucessória apresenta suas problemáticas, o princípio da pluralidade sucessória também possui uma grave crítica: a fragmentação do próprio direito da sucessão.

Isto significa que ao fracionar a sucessão entre diferentes países surge a possibilidade de herdeiros aceitarem a herança em um país, mas a renunciarem em outro; figurarem como herdeiros em um país, não figurarem em outro; terem um quinhão hereditário menor em um país e maior em outro[348].

11.6.2.2 REsp. n. 1.362.400-SP (2012/0219242-9): o Caso Susemihl

Dentro da influência processual da sucessão e seu tratamento no Direito Internacional Privado brasileiro, podemos destacar a recente decisão do STJ quanto à sucessão testamentária, na qual se estabeleceu que a lei do domicílio do *de cujus* comporta exceções quando existirem bens em Estados diferentes. Estamos falando do Recurso Especial (REsp) n. 1.362.400-SP (2012/0219242-9) ou, de forma mais simples, do Caso Susemihl, julgado em 2015.

O caso Susemihl tem como objeto uma ação de sonegados envolvendo um bem imóvel situado na Alemanha, existindo um testamento conjuntivo e cerrado realizado no mesmo País em 1943, estipulando que o cônjuge que viesse a falecer primeiro deixaria todo o seu patrimônio para o cônjuge sobrevivente, excluindo os filhos da sucessão. Também estipulou que, caso ambos os cônjuges e um dos filhos viesse a falecer, o filho sobrevivente herdaria todo o patrimônio dos pais, excluindo assim a possibilidade de sucessão por representação sobre a herança deixada.

Ocorre que com o final da Segunda Guerra Mundial, o casal e seus dois filhos imigraram para o Brasil em 1946, estabelecendo seu domicílio e constituindo patrimônio em território brasileiro.

---

348 CASTRO, Amilcar. **Direito internacional privado.** 5. ed. (atualizado por Osiris Rocha). Rio de Janeiro: Forense, 2004, p. 453.

O marido veio a falecer em 1972, deixando a viúva meeira e, como herdeiros, uma filha viva e dois netos, representantes do filho morto. Foram realizados o inventário e a partilha perante o judiciário brasileiro, sendo a herança dividida em 50% para a viúva, 25% para a filha e 25% para os netos. A viúva veio falecer em 1980, deixando como herdeiros a filha viva e os dois netos, representantes do filho morto. Também foram realizados o inventário e a partilha perante o judiciário brasileiro, sendo a herança dividida em 50% para a filha viva e 50% para os netos.

Em nenhum dos dois inventários foi abordada a questão do imóvel deixado na Alemanha, havendo somente um acordo de sobrepartilha caso um dia esse imóvel fosse devolvido aos Susemihl, devido ao fato de que se encontrava confiscado (*Volkseigentum*) pelo regime comunista da então República Democrática da Alemanha.

Ocorre que com a reunificação alemã em 1990 e o advento naquele país da Lei de Regulamentação das Questões Abertas de Patrimônio (*Gesetz zur Regelung offener Vermögensfragen – VermG*), foi permitido que a filha viva do casal procedesse com uma solicitação de reintegração do bem imóvel dos pais confiscado, sendo sua solicitação considerada procedente e o imóvel reintegrado.

Diante dessa situação, a filha viva procedeu com a execução do testamento de 1943 perante o judiciário alemão, o qual considerou o testamento válido e eficaz, procedendo com seu cumprimento e entregando a propriedade à filha viva – excluindo os netos da partilha, conforme previsão do testamento de 1943. Acabou que a filha procedeu com a alienação do bem imóvel.

Ao descobrir esses acontecimentos, os netos ajuizaram ação de sonegação contra a tia, alegando que houve ocultação desse bem e fundamentaram seu direito na alegação de que houve violação do art. 10, § 1º, da LINDB (então, LICC).

Entendeu o STJ que "em que pese a prevalência da lei do domicílio do indivíduo para regulamentar as suas relações jurídicas pessoais, conforme preceitua a LINDB, esta regra de conexão não é absoluta"[349].

Fundamentou essa relatividade do art. 10 da LINDB em três fatores: (1) o local onde o bem se encontra é a Alemanha, logo está sujeito às regras do direito alemão (art. 8º da LINDB – *lex rei sitae*); (2) a competência processual do judiciário brasileiro sobre questões de inventário e partilha (o então art. 88 do CPC e o art. 12, § 2º, da LINDB); e (3) a existência de um testamento dispondo sobre o bem, a própria vontade dos testadores.

---

349 STJ. RECURSO ESPECIAL: Resp. 1.362.400-SP (2012/0219242-9). Relator: Min. Marco Aurélio Bellize. DJe: 05/06/2015. **Jus Brasil,** 2017. Disponível em: https://www.jusbrasil.com.br/diarios/documentos/195231364/andamento-do-processo-n-1362400-sp-do-dia-05-06-2015-do-stj. Acesso em: 15 ago. 2019.

Basicamente, o STJ consolidou na jurisprudência o que boa parte da doutrina do Direito Internacional Privado já afirmava desde o advento do Código de Processo Civil de 1973: o art. 10 da LINDB só tem aplicabilidade em consonância com as regras de competência processual internacional do Judiciário brasileiro[350].

11.6.2.3 O "curioso" caso do art. 10, § 1º, da LINDB e o art. 227, § 6º, da CF

Para finalizarmos nossos comentários envolvendo a sucessão, os bens inseridos em uma herança e seu tratamento no Direito Internacional Privado brasileiro, resta-nos analisar a manifestação mais comum no Direito Internacional Privado brasileiro do critério hermenêutico da lei mais favorável: o art. 10, § 1º, da LINDB e o tratamento diferenciado da sucessão quando presentes cônjuge ou filhos brasileiros.

O tratamento diferenciado do direito aplicável à sucessão na qual figurem como herdeiros cônjuge ou filho brasileiro tem sua origem, sob o ponto de vista legislativo, no art. 14 da Introdução do Código Civil de 1916, o qual estabelecia como elemento de conexão geral a *lex patriae* do *de cujus*,

---

350 RECURSO ESPECIAL. DIREITO INTERNACIONAL PRIVADO. AÇÃO DE SONEGADOS PROMOVIDA PELOS NETOS DA AUTORA DA HERANÇA (E ALEGADAMENTE HERDEIROS POR REPRESENTAÇÃO DE SEU PAI, PRÉ-MORTO) EM FACE DA FILHA SOBREVIVENTE DA *DE CUJUS*, REPUTADA HERDEIRA ÚNICA POR TESTAMENTO CERRADO E CONJUNTIVO FEITO EM 1943, EM MEIO A SEGUNDA GUERRA MUNDIAL, NA ALEMANHA, DESTINADA A SOBREPARTILHAR BEM IMÓVEL SITUADO NAQUELE PAÍS (OU O PRODUTO DE SUA VENDA). 1. LEI DO DOMICÍLIO DO AUTOR DA HERANÇA PARA REGULAR A CORRELATA SUCESSÃO. REGRA QUE COMPORTA EXCEÇÃO. EXISTÊNCIA DE BENS EM ESTADOS DIFERENTES. 2. JURISDIÇÃO BRASILEIRA. NÃO INSTAURAÇÃO. IMPOSSIBILIDADE DE DELIBERAR SOBRE BEM SITUADO NO EXTERIOR. ADOÇÃO DO PRINCÍPIO DA PLURALIDADE DOS JUÍZOS SUCESSÓRIOS. 3. EXISTÊNCIA DE IMÓVEL SITUADO NA ALEMANHA, BEM COMO REALIZAÇÃO DE TESTAMENTO NESSE PAÍS. CIRCUNSTÂNCIAS PREVALENTES A DEFINIR A *LEX REI SITAE* COMO A REGENTE DA SUCESSÃO RELATIVA AO ALUDIDO BEM. APLICAÇÃO. 4. PRETENSÃO DE SOBREPARTILHAR O IMÓVEL SITO NA ALEMANHA OU O PRODUTO DE SUA VENDA. INADMISSIBILIDADE. RECONHECIMENTO, PELA LEI E PELO PODER JUDICIÁRIO ALEMÃO, DA CONDIÇÃO DE HERDEIRA ÚNICA DO BEM. INCORPORAÇÃO AO SEU PATRIMÔNIO JURÍDICO POR DIREITO PRÓPRIO. LEI DO DOMICÍLIO DO *DE CUJUS*. INAPLICABILIDADE ANTES E DEPOIS DO ENCERRAMENTO DA SUCESSÃO RELACIONADA AO IMÓVEL SITUADO NO EXTERIOR. 5. IMPUTAÇÃO DE MÁ-FÉ DA INVENTARIANTE. INSUBSISTÊNCIA. 6. RECURSO ESPECIAL IMPROVIDO.

e, no caso da presença de cônjuge ou filho brasileiro entre os herdeiros, a imposição unilateral do Direito brasileiro ao processo sucessório.

Foi com a Constituição de 1934 que se alterou a fórmula legislativa do tratamento diferenciado do cônjuge e dos filhos brasileiros, não mais impunha unilateralmente a submissão ao Direito brasileiro, mas possibilitava a escolha da lei que mais os favorecesse entre a lei brasileira e o estatuto pessoal do *de cujus*, conforme verificamos no art. 134 daquele texto constitucional: "A vocação para suceder em bens de estrangeiros existente no Brasil será regulada pela lei nacional em benefício do cônjuge brasileiro e dos seus filhos, sempre que não lhes seja mais favorável o estatuto do *de cujus*".

Essa regulamentação constitucional da matéria pode ser considerada uma das primeiras normas a trata com igualdade os filhos no Direito Privado brasileiro, devido ao fato de que a norma constitucional não estabeleceu nenhum critério de distinção dos filhos em sua redação, diferentemente do Código Civil de 1916, o qual dividia os filhos entre legítimos, adotados e bastardos. Situação bem lembrada por Pontes de Miranda: não interessava para o dispositivo o tipo de filiação, de relação entre o pai e o filho, mas tão somente o fato de ser filho e de ser nacional brasileiro[351].

O tratamento constitucional da lei mais favorável para os cônjuges e os filhos brasileiros em matéria de sucessão permanece até hoje no Direito brasileiro, pois, além do art. 134 da Constituição de 1934, o art. 165 da Constituição de 1946, o art. 150, § 33, da Constituição de 1967 e, finalmente, o art. 5, XXX, da Constituição de 1988 regulamentaram a matéria.

Constituição de 1946	Constituição de 1967	Constituição de 1988
Da Família, da Educação e da Cultura **Art. 165** – A vocação para suceder em bens de estrangeiro existentes no Brasil será regulada pela lei brasileira e em benefício do cônjuge ou de filhos brasileiros, sempre que lhes não seja mais favorável a lei nacional do *de cujus*.	Dos Direitos e Garantias Individuais **Art. 150** – A Constituição assegura aos brasileiros e aos estrangeiros residentes no País a inviolabilidade dos direitos concernentes à vida, à liberdade, à segurança e à propriedade, nos termos seguintes:	Dos direitos e garantias fundamentais **Art. 5º** – Todos são iguais perante a lei, sem distinção de qualquer natureza, garantindo-se aos brasileiros e aos estrangeiros residentes no País a inviolabilidade do direito à vida, à liberdade, à igualdade, à segurança e à propriedade, nos termos seguintes:

351 MIRANDA, Pontes de. **Tratado de direito internacional privado.** Parte especial. Rio de Janeiro: José Olympio, 1935, t. II, p. 268-269.

	(...) **§ 33** – A sucessão de bens de estrangeiros, situados no Brasil será regulada pela lei brasileira, em benefício do cônjuge ou dos filhos brasileiros, sempre que lhes não seja mais favorável a lei nacional do *de cujus*.	(...) XXXI – a sucessão de bens de estrangeiros situados no País será regulada pela lei brasileira em benefício do cônjuge ou dos filhos brasileiros, sempre que não lhes seja mais favorável a lei pessoal do "de cujus";

A partir desse quadro evolutivo, constatamos que a redação atual do art. 10, § 1º, da LINDB pós Lei n. 9.047/1996 é cópia *ipsis litteris* do art. 5º, XXX, da Constituição de 1988, o qual, por sua vez, é cópia *ipsis litteris* do art. 150, § 33, da Constituição de 1967.

Também fica evidente que, por força da regulamentação constitucional, a lei mais favorável para o cônjuge e para filho brasileiro se tornou um direito fundamental deles, ou melhor, se tornou um privilégio para eles, gerando um rompante nacionalista, em vez de uma ideia de diálogo de direito que é a essência desse critério hermenêutico – a ideia de justo se tornou em uma espécie de privilégio dos nacionais brasileiros[352].

Esse enquadramento de direito fundamental mantido na Constituição Federal de 1988 acaba gerando uma situação curiosa no sistema jurídico brasileiro, pois diferentemente das Constituições anteriores, a Constituição de 1988 introduziu a igualdade absoluta entre os filhos, isto é, com o seu art. 227, § 6º[353] e o advento do art. 1.596 do Código Civil[354]

352 WEBERBAUER, Paul Hugo; RAMOS, Liane de M. S. Norma constitucional inconstitucional? O curioso caso do art. 5º, XXXI e o art. 227 § 6º, da Constituição Federal de 1988. **Revista da Faculdade de Direito UFPR,** Curitiba (PR), v. 61, n. 1, jan./abr. 2016, p. 129. Disponível em: https://revistas.ufpr.br/direito/article/view/42832/27889. Acesso em: 16 ago. 2019.

353 Art. 227. É dever da família, da sociedade e do Estado assegurar à criança, ao adolescente e ao jovem, com absoluta prioridade, o direito à vida, à saúde, à alimentação, à educação, ao lazer, à profissionalização, à cultura, à dignidade, ao respeito, à liberdade e à convivência familiar e comunitária, além de colocá-los a salvo de toda forma de negligência, discriminação, exploração, violência, crueldade e opressão. (...) § 6º Os filhos, havidos ou não da relação do casamento, ou por adoção, terão os mesmos direitos e qualificações, proibidas quaisquer designações discriminatórias relativas à filiação.

354 Art. 1.596. Os filhos, havidos ou não da relação de casamento, ou por adoção, terão os mesmos direitos e qualificações, proibidas quaisquer designações discriminatórias relativas à filiação.

de 2002 acabava o *apartheid* legal que, até 1988, existia entre os filhos no direito brasileiro[355].

Surge então uma curiosa situação: seria o art. 10, § 1º, da LINDB inconstitucional no que tange ao tratamento diferenciado ao filho brasileiro? E como fica a situação entre o art. 5º, XXXI, e o art. 227, § 6º, da Constituição Federal?

A resposta para essa situação é complexa e, pela doutrina majoritária (que ignora a figura do filho estrangeiro), deve ser respondida negativamente. Não há hipótese de inconstitucionalidade nesse caso, pois trata-se de (mais) uma exceção ao princípio da unidade sucessória[356].

A nossa opinião é em sentido contrário. Sobre essa temática realizei um estudo conjunto com a então aluna Liane de Medeiros Santiago Ramos, publicado na *Revista da Faculdade de Direito da UFPR* em 2016, no qual concluímos que existe uma situação de erro legislativo no Direito brasileiro quanto ao tratamento preferencial conferido ao filho brasileiro no art. 5º, XXXI e a igualdade absoluta consagrada no art. 227 § 6º da Constituição Federal, configurando uma hipótese de inconstitucionalidade por erro no texto constitucional fundada na violação do postulado da não contradição nos sistemas jurídicos.

A violação do postulado da não contradição se configura no momento em que averiguamos que o constituinte de 1988 simplesmente manteve a tradição constitucional iniciada em 1937 ("copiou e colou" praticamente o texto do art. 165 Constituição de 1946), porém, "esqueceu" que inovara o Direito de Família brasileiro ao decretar o fim da distinção entre filhos, gerando uma contradição entre a regra tradicionalmente existente e a inovação própria do texto de 1988[357].

Porém, infelizmente, somos posição única na doutrina sobre o assunto, permanecendo o entendimento bizarro de enquadrar a questão no binômio regra-exceção.

---

355 NETTO, Paulo L. **Direito civil:** famílias. 5. ed. São Paulo: Saraiva, 2014, p. 198-199.

356 MAZZUOLI, Valério de O. **Curso de direito internacional privado.** 2. ed. São Paulo: Forense, 2017, p. 347.

357 WEBERBAUER, Paul Hugo; RAMOS, Liane de M. S. Norma constitucional inconstitucional? O curioso caso do art. 5º, XXXI e o art. 227 § 6º, da Constituição Federal de 1988. **Revista da Faculdade de Direito UFPR,** Curitiba (PR), v. 61, n. 1, jan./abr., 2016, p. 115-144. Disponível em: https://revistas.ufpr.br/direito/article/view/42832/27889. Acesso em: 16 ago. 2019.

11.7 A MASSA FALIDA

11.7.1 Visão geral do processo de falência ou a formação da massa falida

Uma outra situação que demanda especial atenção ao jurista no tratamento dos bens pelo Direito Internacional Privado brasileiro é a questão da massa falida criada pelo processo de falência, ou seja, outra situação na qual diversos bens estão agrupados sob o manto de uma universalidade de direito.

A falência consiste em uma forma drástica de fazer cessar a atividade de uma empresa que não tem mais condições financeiras para manter seu funcionamento. Não sem razão, ela consiste, "essencialmente, na apreensão de todos os bens do devedor, na posterior venda desses ativos e na subsequente partilha proporcional do resultado entre os credores, obedecida a ordem legal de prioridades"[358].

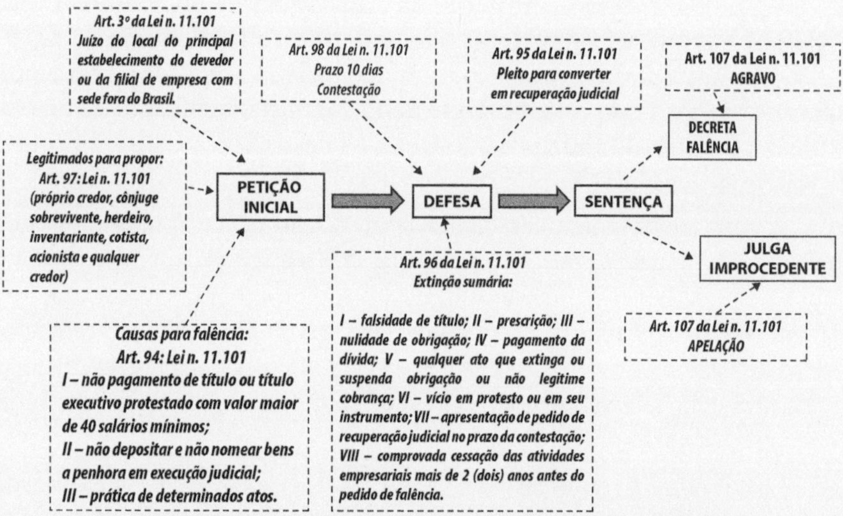

Visualização simplificada do procedimento preparatório da falência

Sobre essa etapa, podemos destacar que diferente da legislação anterior, existe a consagração do princípio da conservação da empresa como norteador das questões envolvendo a crise de empresas, possibilitando que o procedimento falimentar possa ser evitado com sua substituição pelo procedimento de recuperação judicial.

---

[358] TOLEDO, Paulo F. C. S. de; PUGLIESI, Adriana V. A preservação da empresa e seu saneamento. In: BEZERRA FILHO, Manoel Justino et al. 2. ed. **Recuperação empresarial e falência.** São Paulo: Thomson Reuters Brasil, 2018, p. 47.

Esse novo cenário, cristalizado no art. 47 da Lei n. 11.101, altera drasticamente a perspectiva sobre como se deve interpretar o direito concursal brasileiro, abandona o foco único da liquidação do patrimônio do devedor falido para satisfação pecuniária dos credores, para focalizar no esgotamento de possibilidades para manter a empresa em crise em funcionamento[359].

Não sendo possível a manutenção da empresa e sendo a sentença em favor da decretação da falência, entramos na segunda etapa do processo: a falência propriamente dita, ou fase falimentar – a qual inicia com a própria sentença de falência e se encerra com a sentença de encerramento – arts. 99 até 156 da Lei n. 11.101/2005.

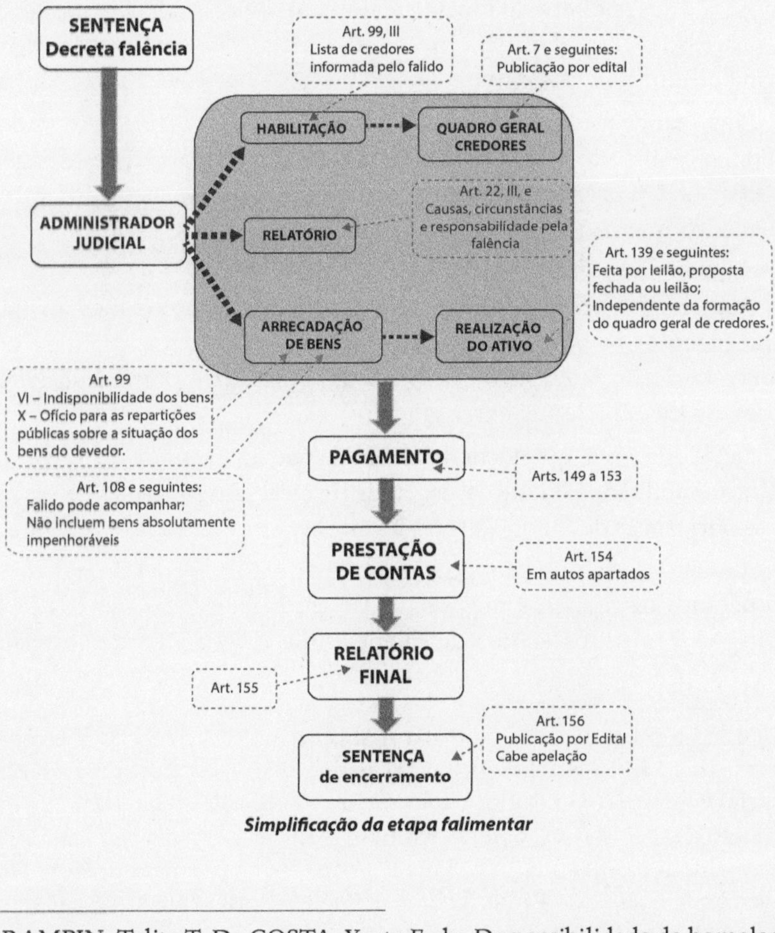

Simplificação da etapa falimentar

---

359 RAMPIN, Talita T. D.; COSTA, Yvete F. da. Da possibilidade de homologação arbitral do plano de recuperação extrajudicial de empresas. **Scientia Iuris,** Londrina, v. 15, n. 2, dez. 2011, p. 149. Disponível em: http://www.uel.br/revistas/uel/index.php/iuris/article/view/8563/9320. Acesso em: 20 ago. 2019.

Como podemos visualizar, a etapa falimentar é o momento no qual a falência começa a externar suas complexidades como, por exemplo, a formação da massa falida, a habilitação dos credores e o pagamento dos créditos habilitados.

Novamente, verificamos que ao determinar a separação entre a empresa e o empresário, o art. 75 da Lei n. 11.101/2005 manifesta o princípio da preservação da empresa, "mantendo-se a atividade econômica que possa ser aproveitada sob uma nova titularidade e direção e apurando-se as responsabilidades do empresário"[360].

É, também, nessa etapa que se manifesta a figura do princípio da melhor satisfação dos credores, o qual não contraria o princípio da preservação da empresa, mas coopera de forma a determinar que a falência não seja um mero processo de liquidação da massa falida, mas a sua realização seja feita de forma produtiva e eficiente[361].

Finalizando a etapa falimentar, isto é, depois de realizado todo o ativo do falido, o qual pode ou não extinguir todas as suas obrigações, surgem as formalidades de encerramento do processo de falência, encerramento, não significando "que todos os credores tenham sido pagos, mas apenas que a força da massa falida foi esgotada pela venda de todos os ativos"[362].

Podemos afirmar que a sentença de encerramento e suas formalidades antecedentes se limitam a determinar que aquela massa falida criada pela decretação de falência foi arrecadada, alienada e partilhada entre os credores, na medida de sua extensão.

Nesse contexto, quando a massa falida não foi capaz de satisfazer todas os créditos habilitados ou, de forma mais técnica, não foi capaz de extinguir todas as obrigações do falido, surge a última etapa da falência: a reabilitação.

A etapa da reabilitação, podemos dizer, é uma forma de redenção do falido perante os registros públicos e, de certa forma, na sociedade onde atuava, pois é um dos efeitos da falência que o falido perde "capacidade

---

360 TOLEDO, Paulo F. C. S. de; PUGLIESI, Adriana V. A falência: realização do ativo. In: BEZERRA FILHO, Manoel Justino et al. 2. ed. **Recuperação empresarial e falência.** São Paulo: Thomson Reuters Brasil, 2018, p. 479.

361 TOLEDO, Paulo F. C. S. de; PUGLIESI, Adriana V. A falência: realização do ativo. In: BEZERRA FILHO, Manoel Justino et al. 2. ed. **Recuperação empresarial e falência.** São Paulo: Thomson Reuters Brasil, 2018, p. 480-481.

362 TOLEDO, Paulo F. C. S. de; PUGLIESI, Adriana V. A falência: o encerramento e a extinção das obrigações do falido. In: BEZERRA FILHO, Manoel Justino et al. 2. ed. **Recuperação empresarial e falência.** São Paulo: Thomson Reuters Brasil, 2018, p. 480-481.

empresarial" até que tenha se reabilitado; isto significa que até a publicação da sentença de extinção de suas obrigações ele não poderá exercer qualquer tipo de atividade empresarial, conforme o art. 102 da Lei n. 11.101/2005.

Como nota histórica, essa incapacidade de exercer atividade empresarial, em famoso discurso do Barão de Mauá, pode ser considerado "o torcer do punhal" que a falência impõe ao falido, pois além de esgotar seus bens, abate o seu nome enquanto não extinguir as obrigações não satisfeitas[363].

Para remover esse punhal, o falido tem de obedecer às previsões dos arts. 158 a 160 da Lei n. 11.101, que regulamentam a extinção das obrigações e a sentença de extinção, a qual é o instrumento jurídico pelo qual o falido se reabilita.

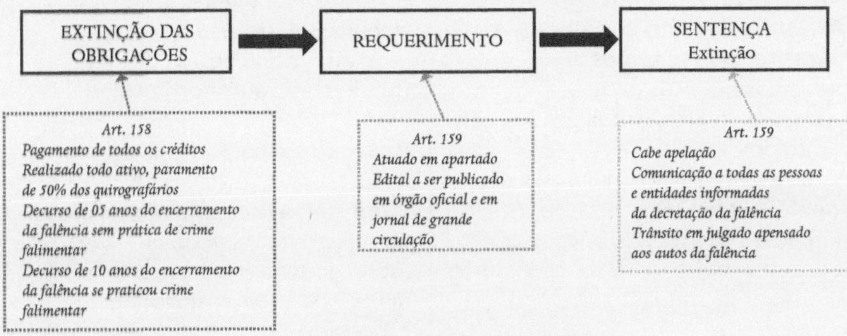

Simplificação da etapa de reabilitação

11.7.2 Aspectos de Direito Internacional Privado da falência

Como podemos constatar no tópico anterior, a falência é um instituto extremamente complexo, dotado de múltiplas etapas, ramificações e especificidades que tornam difícil analisá-la sob a ótica de regras gerais.

Destarte, como nossa intenção não é dissecar temáticas que compõem a parte especial do Direito Internacional Privado (*in casu*, Direito Comercial Internacional), vamos nos limitar a comentar dois temas que consideramos extremamente importantes sobre o instituto: a pretensa universalidade do juízo falimentar (o princípio da *vis attractiva*) e a questão dos bens inseridos na massa falida.

Para compreender o aspecto da universalidade da falência, podemos começar associando a falência a duas características encontradas na sucessão: a própria pretensão de universalidade e a forte influência processual em seu regramento.

---

363 SILVA, Elisiane da; NEVES, Gervásio R.; MARTINS, Liana B (orgs.). **MAUÁ:** o desafio inovador numa sociedade arcaica. Brasília: Fundação Ulysses Guimarães, 2011, p. 219.

Não é temerário afirmar que a falência é um instituto predominantemente processual, possuindo aspectos, elementos de regramento de direito material. Daí o surgimento da pretensão de ser una, indivisível e universal, pretensão que se reflete na tradição legislativa brasileira sobre matéria falimentar:

Decreto-lei n. 7.661/1945	Lei n. 11.101/2005
Da declaração judicial da falência **Art. 7º** É competente para declarar a falência o juiz em cuja jurisdição o devedor tem o seu principal estabelecimento ou casa filial de outra situada fora do Brasil. 1º A falência dos comerciantes ambulantes e empresários de espetáculos públicos pode ser declarada pelo juiz do lugar onde sejam encontrados. 2º O juízo da falência é indivisível e competente para tôdas as ações e reclamações sôbre bens, interêsses e negócios da massa falida, as quais serão processadas na forma determinada nesta lei. 3º Não prevalecerá o disposto no parágrafo anterior para as ações, não reguladas nesta lei, em que a massa falida seja autora ou litisconsorte.	Da Falência (...) **Art. 76.** O juízo da falência é indivisível e competente para conhecer todas as ações sobre bens, interesses e negócios do falido, ressalvadas as causas trabalhistas, fiscais e aquelas não reguladas nesta Lei em que o falido figurar como autor ou litisconsorte ativo. Parágrafo único. Todas as ações, inclusive as excetuadas no *caput* deste artigo, terão prosseguimento com o administrador judicial, que deverá ser intimado para representar a massa falida, sob pena de nulidade do processo.

Destarte, a pretensa universalidade da falência se consolida no princípio da *vis attractiva*, cujo objetivo "é submeter a universalidade dos bens do devedor comum a um regime único, evitando que apareçam duas ou mais falências paralelas, para que, assim, haja paridade no tratamento dos créditos"[364].

Na doutrina comercialista brasileira, o princípio da *vis attractiva*, além de fomentar a universalidade, indivisibilidade e unidade da falência, também possui determinadas funções como: (i) promover o atendimento e aplicação dos princípios da conservação da empresa, da melhor satisfação dos credores, da economia e celeridade processual; (ii) garantir o cumprimento do tratamento igualitário dos créditos de mesma classe para todos os

[364] STJ. REsp: 702.417 SP 2004/0160924-3. Relator: Ministro Raul Araújo, Data de Julgamento 11/03/2014, T4 – Quarta Turma, Data de Publicação: DJe 31/03/2014. Disponível em: https://stj.jusbrasil.com.br/jurisprudencia/25034062/recurso--especial-resp-702417-sp-2004-0160924-3-stj. Acesso em: 22 ago. 2019.

credores (*par conditio creditorum*); e (iii) harmonizar as decisões a fim de evitar julgamentos conflitantes[365].

Também é da doutrina comercialista a constatação de que o princípio da *vis attractiva* possui exceções, destacando-se duas: as exceções por competência *ratione materiae*, como as obrigações oriundas de relações de trabalho (art. 114, I e IX, da CF/88) e as obrigações fiscais (art. 5º da Lei n. 6.830/1980)[366] – as quais são processadas em juízos especializados.

Aqui, importante salientarmos que essa exceção se aplica ao processamento e tramitação das ações, não as eximindo da necessidade de habilitação de crédito no juízo falimentar, como explica

> Consigne-se, por importante, que mesmo que tais ações devam continuar a ser *processadas* no juízo especial, em razão de regra de competência processual inderrogável, deverão ser inscritas no quadro geral de credores do processo falimentar, pois somente ali serão realizados pagamentos, na ordem de prelação fixada no art. 83 da Lei 11.101/2005[367].

E a exceção quanto às ações que não estão regulamentadas na Lei n. 11.101/2005, àquelas "em que o falido seja *autor* ou *litisconsorte ativo*" como, por exemplo, a ação monitória[368]; assim como as ações que, pela própria determinação da Lei n. 11.101/2005, não são suspensas pela decretação de falência e, portanto, não se sujeitam à força atrativa do juízo falimentar:

> **Art. 6º** A decretação da falência ou o deferimento do processamento da recuperação judicial suspende o curso da prescrição e de todas as ações e execuções em face do devedor, inclusive aquelas dos credores particulares do sócio solidário.
>
> § 1º Terá prosseguimento no juízo no qual estiver se processando a ação que demandar quantia ilíquida.

---

365 TOLEDO, Paulo F. C. S. de; PUGLIESI, Adriana V. A falência: noções gerais. In: BEZERRA FILHO, Manoel Justino et al. 2. ed. **Recuperação empresarial e falência.** São Paulo: Thomson Reuters Brasil, 2018, p. 281.

366 Art. 5º A competência para processar e julgar a execução da Dívida Ativa da Fazenda Pública exclui a de qualquer outro Juízo, inclusive o da falência, da concordata, da liquidação, da insolvência ou do inventário.

367 TOLEDO, Paulo F. C. S. de; PUGLIESI, Adriana V. A falência: noções gerais. In: BEZERRA FILHO, Manoel Justino et al. 2. ed. **Recuperação empresarial e falência.** São Paulo: Thomson Reuters Brasil, 2018, p. 282.

368 TOLEDO, Paulo F. C. S. de; PUGLIESI, Adriana V. A falência: noções gerais. In: BEZERRA FILHO, Manoel Justino et al. 2. ed. **Recuperação empresarial e falência.** São Paulo: Thomson Reuters Brasil, 2018, p. 282.

Diante desse quadro normativo doutrinário, não é temerário afirmar que o legislador de 2005 procurou criar uma identidade entre o regramento processual e o direito aplicável às diferentes etapas da falência, optando pelo juízo do local do principal estabelecimento do devedor ou da filial de empresa que tenha sede fora do Brasil (art. 3º da Lei n. 11.101/2005).

Só que esse quadro normativo doutrinário criado pelo Direito brasileiro repete o mais recorrente dos erros do legislador brasileiro: ignorou completamente questões envolvendo a diversidade legislativa, questões de Direito Internacional Privado.

A omissão do legislador de 2005 se inicia com a constatação de não existir regulamentação nenhuma referente a grupos de empresas, seja na modalidade de grupos de direito organizados mediante convenção registrada no Registro Público de Empresa e com referência à Lei das Sociedades Anônimas, seja na modalidade de grupos de fato, aqueles que não possuem regulamentação específica, sendo sujeitos às regras gerais enquanto sociedades coligadas, controladoras e controladas[369].

Significa também não existir nenhuma disposição sobre o fenômeno das empresas transnacionais ou multinacionais na legislação de 2005, a ponto de ser consenso que o Brasil, atualmente, "está muito atrasado em relação ao direito das empresas transnacionais em dificuldade"[370].

Esse atraso legislativo começa a ser enfrentado com a recém promulgada Lei n. 14.112 de 24 de dezembro de 2020, a qual insere o Capítulo VI-A – Da Insolvência Transnacional na Lei n. 11.101/2005, estabelecendo regras gerais sobre o acesso à jurisdição brasileira (Seção II); reconhecimento de processos estrangeiros (Seção III); cooperação com autoridades e representantes estrangeiros (Seção IV); e processos concorrentes (Seção V).

Dessas alterações recentes podemos destacar que a solução adotada foi, majoritariamente, de índole processual para lidar com insolvência transnacional, consagrando a cooperação judiciária como principal mecanismo de solução de questões transnacionais e a consolidação da pluralidade falimentar na distinção entre processo principal e processo não principal quando da ocorrência de insolvência transnacional.

---

369 TOLEDO, Paulo F. C. S. de; PUGLIESI, Adriana V. A recuperação judicial. In: BEZERRA FILHO, Manoel Justino et al. 2. ed. **Recuperação empresarial e falência.** São Paulo: Thomson Reuters Brasil, 2018, p. 188.

370 CAMPINHO, Sérgio; GUIMARÃES, Márcio S.; SANTOS, Paulo P. A falência transnacional no Projeto do Código Comercial. **Consultor Jurídico – ConJur,** 17 jun. 2016. Disponível em: https://www.conjur.com.br/2016-jun-17/falencia-transnacional-projeto-codigo-comercial.

Quanto às regras gerais, podemos destacar a competência do juiz do local do principal estabelecimento do devedor no Brasil para reconhecimento e cooperação de processos estrangeiros de falência (art. 167-D), além da supremacia de tratados e normas internacionais ratificadas pelo Brasil quando existentes (art. 167-A, § 3°).

Estranhar é a regra contida no art. 167-A que possibilita ao juiz brasileiro deixar de aplicar as regras de insolvência transnacional se "no caso concreto, a sua aplicação configura manifesta ofensa à ordem pública". Não compreendemos tal redação, pois a regra é de direito brasileiro e a violação a ordem pública em questões transnacionais tem como consequência, justamente, a aplicação das regras nacionais.

Quanto aos créditos estrangeiros, podemos destacar a expressa isonomia entre estes e os créditos nacionais (art. 167-G), porém com a ortodoxa regra de que créditos estrangeiros de natureza tributária e previdência, assim como penas pecuniárias administrativas e penais estrangeiras, "não serão considerados nos processos de recuperação judicial e serão classificados como créditos subordinados no processo de falência, independentemente de sua classificação nos países em que forma constituídos" (art. 167-G, § 1°, I).

Os créditos estrangeiros que não são conhecidos na lei brasileira, por sua vez, serão considerados como quirografários (art. 167-G, § 1°, III); e a vedação de dupla satisfação de crédito (art. 167-Y).

Quanto ao administrador judicial, podemos destacar a sua possibilidade de entrar diretamente em contato com autoridade estrangeira e com representantes estrangeiros (art. 167-P, § 3°).

Sobre a questão dos bens, a lei somente faz uma única referência quando do processo principal de falência ser no estrangeiro, consagrando que os efeitos processuais brasileiros estão restritos aos bens e ao estabelecimento do devedor localizados no Brasil, sendo sua extensão somente possível via cooperação com as autoridades responsáveis pelo processo estrangeiro principal (art. 157-R, parágrafo único).

Aqui podemos questionar se a regra dos bens inseridos na massa falida está sujeita à lei do local onde eles se encontram ou a regra se resume a questões processuais? A legislação não fornece uma resposta clara.

Apesar do avanço que a Lei n. 14.112/2020 estabelece na matéria, podemos constatar que é um avanço tímido se comparado aos projetos de código comercial em tramitação no Congresso Nacional.

Não é temerário afirmar que a Lei n. 14.112/2020 é uma espécie de resumo das regras contidas no projeto de novo Código Comercial, ou de reforma do Código Comercial, PLS n. 487 de 2013, o qual adota como perspectiva norteadora da falência transnacional o instituto da cooperação jurídica internacional, adotando a *UNCITRAL Model Law on Cross-border Insolvency* (Lei Modelo da UNCITRAL para Insolvências Transfronteiriças) como parâmetro do capítulo dedicado para a falência e recuperação transnacional (arts. 1059 até 1080).

Sob essas perspectivas, não há que se falar em unificação do Direito concursal brasileiro com outros direitos, mas sim em reconhecimento e inserção do corolário da UNCITRAL na legislação brasileira da existência de questões transnacionais na matéria que exigem um "*framework for cooperation between jurisdictions*" de forma a oferecer uma solução uniforme para questões de insolvência transfronteiriça[371]. Também encontramos o princípio da cooperação judiciária internacional em matéria de falência e recuperação judicial (art. 32, IV), e uma interessante classificação dos processos falimentares transnacionais (juízos falimentares) em principal e subsidiário, conforme:

> **Art. 1.072.** O processo falimentar transnacional classifica-se como:
> I – principal, quando os interesses mais relevantes do devedor, sob o aspecto econômico ou patrimonial, estiverem centralizados no país em que o processo tem curso; ou
> II – subsidiário, nas demais hipóteses.
> § 1º O processo falimentar transnacional principal deve centralizar as informações relevantes do processo ou processos subsidiários.
> § 2º São, entre outras, informações relevantes que o juízo falimentar responsável por processo subsidiário deve prestar ao do principal:
> I – valor dos bens arrecadados e do passivo;
> II – valor dos créditos admitidos e sua classificação;
> III – classificação, segundo a lei nacional, dos credores não domiciliados ou sediados no país titulares de créditos sujeito à lei estrangeira;
> IV – ações em curso de que seja parte o falido, como autor, réu ou interessado.
> V – término da liquidação, e o saldo credor ou devedor, bem como eventual ativo remanescente.
> § 3º O processo falimentar transnacional principal somente pode ser encerrado após o encerramento dos subsidiários ou da constatação de que, nestes últimos, é altamente improvável que haja ativo líquido remanescente.
> **Art. 1.073.** No processo falimentar transnacional, principal ou subsidiário, nenhum ativo, bem ou recurso remanescente da liquidação será entregue ao falido se ainda houver passivo não satisfeito em qualquer outro processo falimentar transnacional.

---

371 UNCITRAL. **UNCITRAL Model Law on Cross-border Insolvency with Guide to Enactment and Interpretation.** Viena: United Nations, 2014, p. 19. Disponível em: https://uncitral.un.org/sites/uncitral.un.org/files/media-documents/uncitral/en/1997-model-law-insol-2013-guide-enactment-e.pdf.

O projeto de lei procura criar todo um procedimento especial para falências transnacionais de modo a avançar, e muito, não só a matéria de insolvência internacional no Brasil, como também a criação de um ambiente mais favorável para um futuro disciplinamento único da questão da insolvência transfronteiriça, em especial com os Estados-membros do Mercosul[372].

Atualmente, o único diploma que disciplina regras específicas de Direito Internacional Privado para falência é o Código de Bustamante, o qual categoriza a universalidade ou não da falência mediante a situação do devedor falido – diferentemente da Lei n. 14.112/2020, que consagra a localização do estabelecimento e dos bens.

Se formos literais na interpretação do Código de Bustamante, teríamos um problema decorrente de sua redação: se o falido possui domicílio civil e domicílio mercantil, sendo ambos em países distintos, qual domicílio deve prevalecer?
Mas tal questionamento vai contra o óbvio: é que o domicílio aqui deve ser entendido como estabelecimento comercial, sempre prevalecendo o domicílio mercantil sobre o civil quando houver a existência de ambos.

Se o devedor falido tiver apenas um domicílio civil ou mercantil (um só estabelecimento), haverá somente um juízo falimentar a ser realizado nesse domicílio e aplicado o direito desse domicílio – art. 414 do Código de Bustamante.

Porém, se o devedor falido tiver mais de um domicílio civil ou mercantil (vários estabelecimentos mercantis), havendo caracterização de inteira separação econômica entre os estabelecimentos, o art. 415 do Código de Bustamante permite a multiplicidade de juízos falimentares, tantos quantos forem os estabelecimentos mercantis do falido.

Ou seja, pelo Direito Internacional Privado brasileiro a falência não é necessariamente una, indivisível e universal – ou seja, admite que as diferenças etapas e procedimentos que compõem a falência sejam realizados em juízos distintos e, por consequência, regidos por direitos distintos (sempre a lei do domicílio do devedor).

Nesse sentido, ao constatarmos que a universalidade da falência é somente válida para falências nacionais, ou seja, àquelas falências que não possuem nenhum elemento estrangeiro ou transfronteiriço, podemos proceder

---

372 MENDONÇA, Vinícius de C. P. Insolvência transnacional: critérios de fixação de competência. In **DIGE – Revista de Direito Internacional e Globalização Econômica,** São Paulo, v. 3, n. 3, 2018, p. 150-174. Disponível em: https://revistas.pucsp.br/DIGE/article/view/38690. Acesso em: 23 ago. 2019.

com a análise do tratamento dos bens na massa falida pelo Direito Internacional Privado brasileiro, o art. 420 do Código de Bustamante.

> Infelizmente essa conceituação e classificação da massa falida não foi repetida no PLS n. 487/2013.

Para facilitar a compreensão, podemos recorrer ao arquivado PLC n. 1.572/2011 e duas conceituações possíveis para a massa falida ali estabelecidos: (i) subjetivo e (ii) objetivo.

A massa falida em seu sentido subjetivo é definida pelo art. 616 do PLC n. 1.572/2011 como um "ente despersonalizado de direito privado constituído pela comunhão de interesses dos credores de um devedor falido", com a finalidade de suceder juridicamente a empresa falida, possuindo apenas personalidade judiciária para representar a empresa nas relações jurídicas em qual ela figure.

Nesse aspecto, a massa falida é regida pelo Direito aplicável ao processo de falência como um todo, isto é, lei do principal estabelecimento do devedor. Temos esse entendimento, pois nesse conceito está se dando ênfase ao aspecto de gestão dos ativos que irão pertencer ou não à massa falida, relacionando-o a um aspecto da personalidade do devedor falido mais do que propriamente ao seu patrimônio (mais precisamente, o ente de personalidade judiciária).

Nesse aspecto de ente de personalidade judiciária, instituto processual, podemos recorrer ao aspecto processual da falência e à regra geral da lei do estabelecimento principal para regê-la.

Agora, em seu sentido objetivo, a massa falida é definida pelo art. 619 do PLC n. 1.572/2011 como "conjunto dos bens e direitos titulados pela sociedade falida", sendo uma consequência direta da sentença que decreta a falência sobre os ativos do devedor e objeto central da etapa de arrecadação dos bens.

A massa falida, em sua conceituação objetiva, é uma universalidade de direito e, como vimos na herança, está sujeita à natureza dúplice que os bens, as coisas, impõem quando inseridos na dinâmica do Direito Internacional Privado.

Corrobora com esse nosso posicionamento o art. 420 do Código Bustamante, o qual determina que "As acções reaes e os direitos da mesma indole continuarão subordinados, não obstante a declaração de fallencia ou concordata, á lei da situação das cousas por elles attingidas e á competencia dos juizes no lugar em que estas se encontrarem".

Como na herança, os bens, as coisas inseridas na massa falida seguirão as regras aplicáveis para massa falida quanto à parte obrigacional. Isto significa que sua alienação, a percepção de seus frutos e rendimentos, seguirão a regra da massa falida subjetiva – pois é o efeito da falência sobre eles.

Porém, as regras notariais (registro de direitos de garantia, de título de propriedade e os demais atos que demandam registro) estarão sujeitas à lei do local do registro, o qual se confunde com a lei do local onde o bem, a coisa está situada.

Ressaltamos que a massa falida, independentemente da acepção, sempre será considerada um efeito automático e imediato da decretação da falência[373], ficando sob responsabilidade do administrador judicial nomeado proceder como seu representante, bem como arrecadar, gerir e alienar os ativos que a compõem na Falência, sendo seus deveres e direitos regidos sempre pelo direito aplicável à própria falência – a lei do local do principal estabelecimento ou, de forma mais simples, a lei do foro onde a falência foi decretada.

Vamos exemplificar a questão:

Foi decretada a falência de uma empresa brasileira A pelo judiciário brasileiro, sendo nomeado administrador judicial o Dr. Ratel, brasileiro e domiciliado no Brasil. Durante o procedimento de arrecadação dos bens, verificou que além dos ativos existentes no Brasil, a empresa ainda é proprietária de uma fazenda na República Oriental do Uruguai.

Temos nessa situação hipotética duas questões relevantes para o Direito Internacional Privado brasileiro: os procedimentos do processo falimentar e a existência de um bem imóvel em outro país pertencente à massa falida.

Os procedimentos estão diretamente associados ao processo da falência, por isso, as suas etapas (pré-falimentar, falimentar e reabilitação) são, a princípio, regidas pelo Direito brasileiro (lei do local da falência ou, mais simples, lei do foro da falência – *lex fori*).

Ocorre que o administrador judicial (Ratel) descobre que existe um ativo da massa falida fora da jurisdição do juízo falimentar. A fazenda, bem imóvel, está localizada na República Oriental do Uruguai, submissa à jurisdição uruguaia, e, por consequência, algumas situações da etapa falimentar não serão realizadas somente no juízo brasileiro – por exemplo, o efeito da indisponibilidade

---

373 MAMEDE, Gladston. **Falência e recuperação de empresas.** 10. ed. São Paulo: Atlas, 2019, p. 348.

do bem decorrente do art. 99, VI, da Lei n. 11.101 terá de ser informado, bem como reconhecimento do processo falimentar no Uruguai e a consequente cooperação com o Judiciário uruguaio para gerar efeitos.

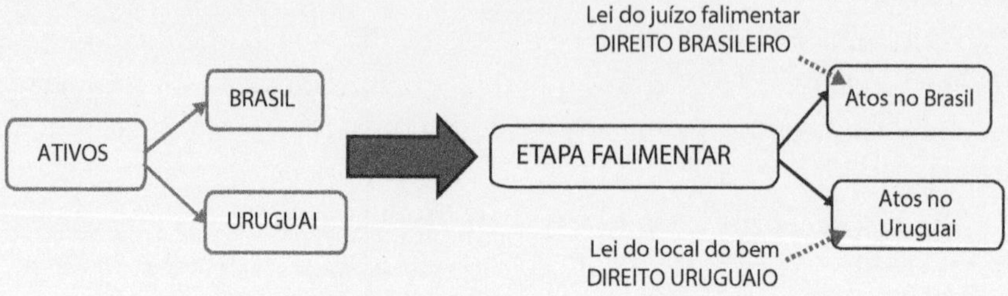

Influência do bem imóvel na etapa falimentar

A localização do bem imóvel, ativo componente da massa falida, estabelece não só a necessidade de cooperação judicial como também a divisão do direito aplicável aos atos da etapa falimentar por força da sua não inserção na jurisdição do juízo falimentar.

Existe, então, uma duplicidade no regime jurídico aplicável aos atos da falência: os atos que não envolvam questão de direito real sobre aquele bem imóvel uruguaio, como, por exemplo, a responsabilidade do Ratel como administrador judicial, a arrecadação e realização dos ativos no Brasil e a reabilitação serão regidos pelo direito do juízo da falência (Direito brasileiro), enquanto os atos que envolvem direitos reais sobre o bem imóvel no Uruguai serão regidos pelo *lex rei sitae* (Direito uruguaio).

Sob aspecto processual, todo esse procedimento está amparado por medidas de cooperação e coordenação entre o processo falimentar principal (no Brasil) e o processo falimentar não principal (no Uruguai).

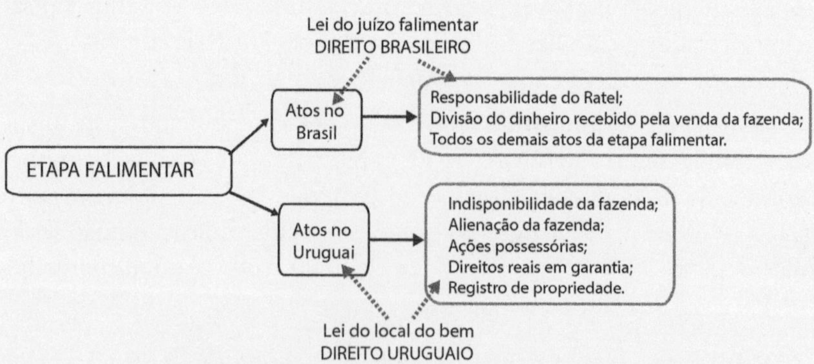

A "quebra" do regime jurídico único da falência pelo ativo estrangeiro

11.8 A QUESTÃO DA PROPRIEDADE INTELECTUAL

11.8.1 Visão geral da Propriedade Intelectual

Normalmente, a propriedade intelectual é estudada de forma autônoma e separada dos demais ramos jurídicos, pois consiste em um microssistema jurídico dotado de diferentes subcampos de estudo, entrelaçando Direitos reais, Direito empresarial, Direito uniforme e Direito Internacional Privado. Sem mencionar que se trata de uma temática que é objeto de intensas disputas e controvérsias no campo da política entre nações[374].

É justamente por possuir um aspecto de direito real, de propriedade, que optamos por inseri-la no campo do tratamento dos bens no Direito Internacional Privado e analisá-la sob aspecto das regras gerais que se aplicam.

A associação propriedade intelectual e Direito real se fundamenta na constatação de que, atualmente, a propriedade intelectual é, essencialmente, uma modalidade de Direito de propriedade: o Direito de propriedade sobre bens incorpóreos.

Esse entendimento pode ser fundamentado, em primeiro momento, nas previsões generalistas do Código de Bustamante, o qual insere a temática no campo dos Bens (Título Segundo) por meio dos seus arts. 108[375] e 115[376].

No segundo momento, podemos constatar que também é nesse sentido que a *World Intellectual Property Organization – WIPO* (Organização Internacional da Propriedade Intelectual – OMPI) entende a Propriedade Intelectual em sua Convenção constituinte, a Convenção de Estocolmo de 1967:

---

374 SILVA, Gracemerce C. Jatobá e. **Propriedade intelectual e o comércio internacional:** a proteção da propriedade intelectual como um dos determinantes-chave para o crescimento. Dissertação (Mestrado) – Centro de Ciências Sociais Aplicadas – Economia – da Universidade Federal de Pernambuco, Recife, 2010, p. 11. Disponível em: https://repositorio.ufpe.br/handle/123456789/3696. Acesso em: 23 ago. 2019.

375 Art. 108. A propriedade industrial e intelectual e os demais direitos análogos, de natureza econômica, que autorizam o exercício de certas atividades concedidas pela lei, consideram-se situados onde se tiverem registrado oficialmente.

376 Art. 115. A propriedade intelectual e a industrial regular-se-ão pelo estabelecido nos convenios internacionais especiaes, ora existentes, ou que no futuro se venham a celebrar. Na falta delles, sua obtenção, registro e gozo ficarão submetidos ao direito local que as outorgue.

Artigo 2º
Definições

> Para os fins da presente Convenção, entende-se por:
> (...)
> viii) "propriedade intelectual", os direitos relativos:
> – às obras literárias, artísticas e científicas,
> – às interpretações dos artistas intérpretes e às execuções dos artistas executantes, aos fonogramas e às emissões de radiodifusão,
> – às invenções em todos os domínios da actividade humana,
> – às descobertas científicas,
> – aos desenhos e modelos industriais,
> – às marcas industriais, comerciais e de serviço, bem como às firmas comerciais e denominações comerciais,
> – à protecção contra a concorrência desleal;
> e todos os outros direitos inerentes à actividade intelectual nos domínios industrial, científico, literário e artístico.

A partir desse entendimento, vemos o quanto é complexo estabelecer uma definição satisfatória para a propriedade intelectual, pois não estamos lidando com matéria, objetos corpóreos de fácil identificação e análise, mas sim com informação, que se manifesta por meio de objetos materiais, mas não se identifica com estes (ex.: um livro é composto pelo objeto corpóreo – páginas, capa etc. –, mas a proteção autoral recai sobre o conhecimento exposto naquelas páginas, naqueles objetos corpóreos).

Temos, portanto, a essência do conceito de propriedade intelectual: informação criada por uma pessoa ou grupo de pessoas, a qual se associa a um conceito associado a bens incorpóreos, definindo-a como "criações de intelecto suscetíveis de apropriação por parte dos sujeitos que lhe deram origem, as quais são usufruíveis, porém são bens incorpóreos"[377]. Ou uma definição mais ampla, como consistir em uma modalidade de propriedade que tem por objeto "*informação constituída a partir de uma criação do intelecto humano*"[378].

---

377 CERQUEIRA, Wanilza M. de A. **TRIPS-Plus e acesso a medicamentos:** um estudo baseado na regulamentação do comércio internacional pela Organização Mundial do Comércio. Dissertação (Mestrado) – Programa de Pós-Graduação da Universidade Federal de Pernambuco, Recife, 2012, p. 40. Disponível em: https://repositorio.ufpe.br/handle/123456789/10573. Acesso em: 23 ago. 2019.

378 LIMA, Humberto Alves de Vasconcelos. Propriedade intelectual no século XXI: em busca de um novo conceito e substrato teórico. **Revista da Faculdade de**

Ocorre que independentemente da definição que optamos por analisar, todas invariavelmente serão amplas demais para justificarem um estudo unificado da propriedade intelectual. Isso decorre da própria Convenção de Escolmo de 1967, a qual acabou tentando unir dois campos distintos da propriedade intelectual (e dificilmente sujeitos a serem estudados da mesma forma): o Direito autoral e a propriedade industrial.

Portanto, quando estudamos as regras de Direito Internacional Privado em matéria de propriedade intelectual é preciso estudá-las de dentro da dinâmica de seus dois grandes campos, pois, apesar de serem propriedade intelectual, têm muito pouco em comum.

A propriedade intelectual é um microssistema denso e ramificado do Direito Internacional Privado, no qual a dinâmica dos direitos de autor e a propriedade industrial desafiam não só a comunidade acadêmica, como também a agenda política dos Estados. Dessa forma, para simplificar o seu estudo e localizá-lo para a parte geral do Direito Internacional Privado, não vamos adentrar no estudo e ramificações do TRIPS = *Trade-related Aspects of Intellectual Property* (Aspectos Comerciais da Propriedade Intelectual).

11.8.2 O direito autoral

11.8.2.1 *Copyright* ou *droit d'auteur*?

> Copyright is the Cinderella of law. Her rich older sisters, Franchises and Patents, long crowded her into the chimney-corner. Suddenly the fairy godmother, Invention, endowed her with mechanical and electrical devices as magical as the pumpkin coach and the mice footmen. Now she whirls through the mad mazes of a glamorous Hall[379].
>
> ***
>
> O *Copyright* é a Cinderela do direito. Suas ricas irmãs mais velhas, Franquia e Patentes, sempre a mantiveram em um canto escuro. De repente a fada madrinha, Invenções, a empedra com aparelhos mecânicos e elétricos tão mágicos como carruagem de abóbora e cocheiros ratos. Agora ela dança pelos labirintos loucos de um salão glamuroso.

Direito UFPR, Curitiba, PR, Brasil, v. 56, dez. 2012, p. 162. Disponível em: https://revistas.ufpr.br/direito/article/view/33495/21037. Acesso em: 23 ago. 2019.

379 CHAFEE JR., Zechariah. Reflections on the Law of Copyright. **Columbia Law Review.** New York (USA), v. 45. n. 4, jul. 1945, p. 503. Disponível em: http://www.jstor.org/stable/1117985.

O primeiro dos microssistemas existentes no estudo da propriedade intelectual é o que possui por objeto os livros, pinturas ou afins; ou, de forma mais técnica, a tutela das relações jurídicas, dos direitos, envolvendo a criação de obras artísticas, literárias e científicas: o denominado Direito autoral.

Podemos afirmar que esse microssistema é produto das consequências socioeconômicas que a invenção e a disseminação da imprensa provocaram na Europa pós-século XV – com especial destaque para o Reino Unido e as polêmicas iniciadas com a abolição da *Star Chamber* e da *Court of High Comission* em 1641, gerando um processo que resultou na remoção da *"notion that press offences were peculiarly matters of royal prerrogative, and so legislation became increasingly important"*[380] ("noção de que ofensas públicas na imprensa eram questões peculiares das prerrogativas reais, e tornando a necessidade de legislação cada vez mais importante").

Da necessidade e imperatividade de regulamentar a imprensa, vai surgir a primeira legislação versando sobre o licenciamento da impressão de livros, *Licensing Act* ou *an Act for preventing the frequent abuses in printing seditious, treasonable and unlicensed Bookes and Pamphlets and for regulating of Printing and Printing Press*, de 1662, a qual, no primeiro momento, chegou a abolir a possibilidade de mercadores e as pessoas de imprimirem ou importarem livros ingleses ultramarinos (*"VIII – No merchant or other Persons to print beyond Sea or import English Books"*[381]).

A partir desse período é que se origina a concepção de que o direito autoral é uma forma de propriedade e que deveria ser tratado como um direito exclusivo e perpétuo de quem detivesse a propriedade[382].

De forma sintética, para compreendermos essa situação, temos de entender a transição do *"Copy-right"*[383] para o *Copyright* no Direito britânico, ou seja, de como o direito exclusivo e perpétuo que possuíam os *Stationers* (Editoras) de imprimir manuscritos e obras literárias sob sua propriedade

---

380 PLUCKNETT, Theodore F. T. **A concise history of the common Law.** Indianapolis: Liberty Fund, Inc, 2010, p. 499.

381 CHARLES II, 1662. An Act for preventing the frequent abuses in printing seditious, treasonable and unlicensed Bookes and Pamphlets and for regulating of Printing and Printing Press. In: RAITHBY, John (ed.). **Statutes of the Realm.** v. 5: 1628-80. s. l.: Great Britain Record Commission, 1819, p. 428-435. British History Online. Disponível em: http://www.british-history.ac.uk/statutes-realm/vol5/pp428-435.

382 PLUCKNETT, Theodore F. T. **A concise history of the common Law.** Indianapolis: Liberty Fund, Inc, 2010, p. 499.

383 A utilização de hífen para separar *Copy-right* de *Copyright*, é original de Dennis W. K. Khong, no artigo The historical Law and Economics of the First Copyright Act. Achamos a solução interessante e adotamos para explicar os surgimento dos direitos autorias como campo jurídico.

(*Copy-right*)[384], para o que se conhece atualmente como *Copyright* nascido em 1710 e uma das correntes de concepção moderna do Direito autoral.

Essa transição remonta ao ano de 1695, quando é extinto o *Licensing Act* de 1662, momento no qual existia um total monopólio por parte dos *Stationers* sobre os direitos autorais, a ponto de imporem uma restrição aos licenciamentos desse tipo de obras e considerar a propriedade sobre as mesmas como um direito perpétuo às regras internas do *Stationers*, cuja transferência e venda poderiam ocorrer sem necessidade de manifestação por parte do autor da obra[385].

> The stationers' copyright produced no controversy as to either its source or its natures. There was no reason it should have. The stationers created their copyright, shaped it to their ends, and kept control of it for themselves. All this they were able to do not only because their royal Charter gave them the power to control printing presses, but because their copyright paralleled the reign of press control in England[386].
>
> ***
>
> O *copyright* dos Editores produziu nenhuma controvérsia quanto a sua fonte ou sua natureza. Não existe razão para que devesse. Os editores criaram seu próprio *copyright*, moldado para seus próprios fins, e mantendo o controle para eles mesmos. Eles só foram capazes disso tudo não somente por causa da autorização real que lhes conferia o poder de controlar as impressões, mas porque o seu *copyright* dominou em paralelo o próprio controle da impressão na Inglaterra.

A polêmica começa a surgir com o fim do *Licensing Act* em 1695, o qual cria um espaço de domínio público em matéria de obras literárias e, encerrava, ao menos em teoria, o período do *"Copy-right"*, em especial o fim da possibilidade dos *Stationers* realizarem buscas e apreensões baseadas em seu *"Copy-right"* atrás de obras não licenciadas e de obras ilegais[387].

---

384 KHONG, Dennis W. K. The Historical Law and Economics of the First Copyright Act. **Erasmus Law and Economics Review,** v. 2, n. 1, p. 40, mar. 2006. Disponível em: https://ssrn.com/abstract=986202.

385 PATTERSON, L. Ray. Copyright and "the Exclusive Right" of Authors. **The Journal of Intellectual Property Law,** v. 1, n. 1, Fall 1993, p. 10. Disponível em: https://digitalcommons.law.uga.edu/fac_artchop/343. Acesso em: 1 set. 2019.

386 PATTERSON, L. Ray. Copyright and "the Exclusive Right" of Authors. **The Journal of Intellectual Property Law,** v. 1, n. 1, Fall 1993, p. 11. Disponível em: https://digitalcommons.law.uga.edu/fac_artchop/343. Acesso em: 1 set. 2019.

387 KHONG, Dennis W. K. The Historical Law and Economics of the First Copyright Act. **Erasmus Law and Economics Review,** v. 2, n. 1, p. 41, mar. 2006. Disponível em: https://ssrn.com/abstract=986202.

Porém, na prática, o resultado foi tão-somente a criação de uma lacuna jurídica no assunto dos direitos autorais, seja na figura do direito dos *Stationers*, seja na figura do indivíduo criador da obra (o autor) e, por força econômica e monopólio que os *Stationers* já detinham no mercado literário[388], o *"Copy-right"* se manteve como ordem do dia para questões envolvendo obras literárias mesmo com o fim do sistema de licenciamento real.

Diante da criação dessa lacuna, os *Stationers* começaram a solicitar ao Parlamento britânico o retorno do modelo de licenciamento extinto e de maior proteção para seu *Copy-right*, a ponto de entre 1695 e 1707 haverem sido feitas 10 tentativas para reintrodução de um modelo de licenciamento que garantisse a proteção jurídica perdida por parte dos *Stationers*[389].

Somente em dezembro de 1709 é que um grupo de Editoras londrinas conseguiu obter sucesso em fazer com que o Parlamento britânico desenvolvesse legislação para cuidar da questão dos seus *"Copy-right"*.

Ocorre que diferente do pleiteado, a nova legislação promulgada no Parlamento Britânico acabou com os inúmeros privilégios que os *Stationers* ainda impunham na prática do dia a dia do mercado literário e fez surgir a primeira legislação britânica e europeia sobre a proteção do Direito autoral: o *Statute of Anne* (Estatuto (Lei) de Anne[390]) ou *"An Act for encouragmente of learning, by vesting the Copies of Printed Books in the Authors or Purchasers of such copies, during the times therein mentioned"* de 5 de abril de 1710[391].

---

388 PATTERSON, L. Ray. Copyright and "the Exclusive Right" of Authors. **The Journal of Intellectual Property Law,** v. 1, n. 1, Fall 1993, p. 11. Disponível em: https://digitalcommons.law.uga.edu/fac_artchop/343. Acesso em: 1 set. 2019.

389 KHONG, Dennis W. K. The Historical Law and Economics of the First Copyright Act. **Erasmus Law and Economics Review,** v. 2, n. 1, p. 41, mar. 2006. Disponível em: https://ssrn.com/abstract=986202.

390 KHONG, Dennis W. K. The Historical Law and Economics of the First Copyright Act. **Erasmus Law and Economics Review,** v. 2, n. 1, p. 42, mar. 2006. Disponível em: https://ssrn.com/abstract=986202.

391 Existe uma situação curiosa sobre essa legislação, havendo obras que utilizam o ano de 1709 e obras que usam o ano de 1710 como data do *Statute of Anne.* O que ocorre é que o Reino Unido adotava o confuso calendário Juliano, significando que o ano de 1710 só começaria no dia 25 de março, enquanto que o *Statute of Anne* foi promulgado no dia 20 de março de 1709, entrando em vigor em 5 de abril de 1710, tanto que na própria leitura do fac-símile disponível em https://www.copyrighthistory.com/anne.html refere-se ao ano de 1710. Porém, em 1752 a Grã-Bretanha adotou o Calendário Gregoriano e uniformizou seu calendário com os demais países europeus, assim, os anos começam em 1°

Com essa legislação, iniciou-se o período de desenvolvimento do Direito autoral que se conhece hoje no Direito britânico, o *Copyright* e seu objeto englobando não só o interesse das editoras, entidades e meios de publicação, como também a proteção dos direitos patrimoniais do autor da obra.

Mas, para complicar ainda mais o estudo desse microssistema, verificamos que o efetivo reconhecimento do Direito autoral como parte do direito do indivíduo e não como parte do controle da imprensa e da editoração, viria a ocorrer somente com a Constituição americana de 1787 e nas legislações do regime da *Convention Nationale* do fim do século XVIII na França, momentos históricos que mostram, desde a sua origem, uma concepção distinta dos Direitos autorais na tradição do *common Law* e do *civil Law*[392].

Na tradição do *common Law*, a concepção do *Copyright* vai ter seu reconhecimento como objeto merecedor de tutela jurídica na Constituição dos Estados Unidos da América de 1787, quando esta definiu

Article I

Section 8

> The Congress shall have power to…
>
> (…)
>
> To promote the progress of science and useful arts, by securing for limited times to authors and inventors the exclusive right to their respective writings and discoveries;

***

Artigo 1

Seção 8

> O Congresso deve ter poder para…
>
> (…)
>
> Promover o progresso da ciência e das artes úteis, por meio de assegurar por determinado período de tempo os direitos exclusivos para os autores e inventores de seus escritos e descobertas, respectivamente;

---

de janeiro e terminam em 31 de dezembro. Por isso, a melhor opção é ou adotar o ano 1710 ou adotar 1709-10.

392 BAUDEL, Jules-Marc. Le droit d'auteur français et le copyright américain: les enjeux. **Revue française de d'études américaines,** n. 78, octobre (L'édition américaine en mouvement), Editions Belin, 1998, p. 48-49. Disponível em: http://www.jstor.org/stable/20874562. Acesso em: 1 set. 2019.

E, atualmente, tem como referência legislativa o *Copyright Act of 1976*, do qual podemos destacar

> **§ 102. Subject matter of copyright: In general**
>
> (a) Copyright protection subsist, in accordance with this title, in original works of authorship fixed in any tangible medium of expression, now known or later developed, from which they can be perceived, reproduced, or otherwise communicated, either directly or with the aid of a machine or device. Works of authorship include the following categories:
>
> (1) literary works;
>
> (2) musical works, including any accompanying words;
>
> (3) dramatic works, including any accompanying music;
>
> (4) pantomimes and choreographic works;
>
> (5) pictorial, graphic, and sculptural works;
>
> (6) motion pictures and other audiovisual works;
>
> (7) sound recordings; and
>
> (8) architectural works.
>
> **(b) In no case does copyright protection for an original work of authorship extend to any idea, procedure, process, system, method of operation, concept, principle, or discovery, regardless of the form in which it is described, explained, illustrated, or embodied in such work.** (Grifamos.)
>
> ***
>
> **§ 102 A matéria envolvendo *Copyright*: em geral**
>
> (a) A proteção de *Copyright* subsiste, de acordo com o presente título, sobre obras originais de autoria fixa em qualquer meio tangível de expressão, agora conhecida ou desenvolvida posteriormente, das quais podem ser percebidas, reproduzidas, ou de qualquer outro modo comunicadas, seja de forma direta ou com a ajuda de máquinas ou aparelhos. Obras de autoria incluem as seguintes categorias:
>
> (1) obras literárias;
>
> (2) obras musicais, incluindo letras musicais;
>
> (3) obras dramáticas, incluindo trilha sonora;
>
> (4) pantomimas e coreografias;
>
> (5) obras fotográficas, gráficas e esculturas;
>
> (6) filmes e outras obras audiovisuais;
>
> (7) gravações sonoras; e
>
> (8) obras arquitetônicas.
>
> **(b) Sob nenhuma hipótese a proteção de *Copyright* da autoria de uma obra original será estendida para qualquer ideia, procedimento,**

processo, sistema, método de operação, conceito, princípio ou descoberta, independentemente da forma na qual ela está descrita, explicada, ilustrada ou imbuída em tal obra. (Grifamos.)

Seguindo a tradição inglesa, o *Copyright* se atrela diretamente à ideia de um direito exclusivo de propriedade da pessoa do autor, confeccionado para configurar como parte do seu patrimônio e protegê-lo de competição, em especial da competição desleal manifestada na forma de pirataria e plágio[393].

Destarte, qualquer demanda envolvendo direitos autorais tem de conter os seguintes elementos: (1) a existência de uma obra original derivada do esforço de um autor; (2) ser objeto de tutela jurídica (no caso, o rol do *§ 102 US Copyright Law*); (3) ser de propriedade do reclamante (seja por autoria própria ou por aquisição); e (4) o réu ter se apropriado da obra sem autorização do autor[394].

Nesse contexto, o *Copyright* impõe uma racionalidade de mercado para os direitos autorais, considerando-os como direitos patrimoniais decorrentes de uma modalidade de investimento feita pelo autor na obra realizada, não havendo espaço para a proteção daquilo que não se materializa.

Basicamente, a proteção jurídica consiste em garantir um monopólio temporário desse investimento para o autor explorá-lo livre de competição, é a proteção do valor comercial existente na criação e não a proteção de qualquer vinculação pessoal entre o criador e sua obra[395].

Por outro lado, a tradição do *civil Law* ou da Europa continental vai desenvolver o Direito autoral como uma ramificação da personalidade do indivíduo, possuindo seu ponto de partida na *Déclaration des Droits de l'Homme et du Citoyen* de 1789 (Declaração dos Direitos do Homem e do

---

393 PATTERSON, L. Ray. Copyright and "the Exclusive Right" of Authors. **The Journal of Intellectual Property Law,** v. 1, n. 1, Fall 1993. Disponível em: https://digitalcommons.law.uga.edu/fac_artchop/343. Acesso em: 1 set. 2019.

394 PATRY, William. Choice of Law and International Copyright. **The American Journal of Comparative Law,** American Society of Comparative Law, v. 48, n. 3, Summer 2000, p. 383-470. Disponível em: http://www.jstor.org/stable/840860. Acesso em: 6 set. 2019.

395 KERVÉGANT, Christopher. Are Copyright and Droit d'auteur in the light of information technology? **International Review of Law, Computers and Technology,** v. 10, n. 1, p. 55-77, 1996. Disponível em: https://doi.org/10.1080/13600869.1996.9966432. Acesso em: 6 set. 2019.

Cidadão), quando define em seu art. 11. "*La Libre communication des pensées et des opinions est un des droits les plus précieux de l'Homme: tout Citoyen peut donc parler, écrire, imprimer librement, sauf à répondre de l'abus de cette liberté dans le cas déterminés para la Lois*"[396] ("A livre expressão do pensamento e das opiniões é um dos direitos mais preciosos do homem: todo cidadão pode falar, escrever, imprimir livremente, exceto pelo abuso dessa liberdade, caso em que responderá conforme os casos determinados pela lei").

Na esteira do movimento revolucionário francês, *la Convention* irá iniciar o processo de criação legislativa que vai reinventar os direitos autorais, mais precisamente os *Décret-loi des 13.19 Janvier 1791, des 19-24 juillet 1793,* e *du 1er septembre 1793,* da qual podemos destacar a seguinte regulamentação:

Décret-Loi

Des 19-24 juillet 1793

> **Art. 7.** Les héritiers de l'auteur d'un ouvrage de littérature ou de gravure, ou de toute autre production de l'esprit ou du génie, qui appartient aux beaux-arts, en auront la propriété exclusive pendant dix années.

***

Decreto-Lei

De 19-24 julho de 1793

> **Art. 7.** Os herdeiros do autor de uma obra de literatura ou de gravura, ou de toda outra produção do espírito ou do gênio, que pertencem às belas artes, gozarão da propriedade exclusiva por 10 anos.

Ao consagrar a liberdade de expressão e imprensa, garantir ao autor a propriedade exclusiva de sua obra durante sua vida, a legislação francesa inovou ao incluir na proteção jurídica desse direito as produções ainda não materializadas, conforme verificamos na leitura do *Code de la propriété intellectuelle* francês:

Article L111-1

> L'auteur d'une œuvre de l'esprit jouit sur cette œuvre, du seul fait de sa création, d'un droit de propriété incorporelle exclusif et opposable à tous.
>
> Ce droit comporte des attributs d'ordre intellectuel et moral ainsi que des attributs d'ordre patrimonial, qui sont déterminés par les livres Ier

396 FRANCE. Déclaration des Droits de l'Homme et du Citoyen de 1789. **Journal officiel de la République Française.** Disponível em: https://www.legifrance.gouv.fr/Droit-francais/Constitution/Declaration-des-Droits-de-l-Homme-et--du-Citoyen-de-1789. Acesso em: 6 set. 2019.

et III du présent code. L'existence ou la conclusion d'un contrat de louage d'ouvrage ou de service par l'auteur d'une œuvre de l'esprit n'emporte pas dérogation à la jouissance du droit reconnu par le premier alinéa, sous réserve des exceptions prévues par le présent code. Sous les mêmes réserves, il n'est pas non plus dérogé à la jouissance de ce même droit lorsque l'auteur de l'œuvre de l'esprit est un agent de l'Etat, d'une collectivité territoriale, d'un établissement public à caractère administratif, d'une autorité administrative indépendante dotée de la personnalité morale ou de la Banque de France.

Les dispositions des articles L. 121-7-1 et L. 131-3-1 à L. 131-3-3 ne s'appliquent pas aux agents auteurs d'œuvres dont la divulgation n'est soumise, en vertu de leur statut ou des règles qui régissent leurs fonctions, à aucun contrôle préalable de l'autorité hiérarchique.

Article L111-2

L'oeuvre est réputée créée, indépendamment de toute divulgation publique, du seul fait de la réalisation, même inachevée, de la conception de l'auteur.

Article L111-3

La propriété incorporelle définie par l'article L. 111-1 est indépendante de la propriété de l'objet matériel.

L'acquéreur de cet objet n'est investi, du fait de cette acquisition, d'aucun des droits prévus par le présent code, sauf dans les cas prévus par les dispositions des deuxièmes et troisièmes alinéas de l'article L. 123-4.

Ces droits subsistent en la personne de l'auteur ou de ses ayants droit qui, pourtant, ne pourront exiger du propriétaire de l'objet matériel la mise à leur disposition de cet objet pour l'exercice desdits droits.

Néanmoins, en cas d'abus notoire du propriétaire empêchant l'exercice du droit de divulgation, le tribunal de grande instance peut prendre toute mesure appropriée, conformément aux dispositions de l'article L. 121-3.

***

Artigo L111-1

O autor de uma obra de espírito tem sobre essa obra, desde sua mera criação, um direito exclusivo de propriedade incorpórea e oponível contra todos.

Esse direito inclui todos os atributos de ordem intelectual e moral, bem como os de ordem patrimonial, que são regulamentados pelo livro I e III do presente código. A existência ou a conclusão de um contrato de locação da obra ou serviço do autor para realização de uma obra intelectual não prejudica o gozo do direito reconhecido na primeira alínea, estando sujeito às exceções previstas no presente código. Sujeito às

> mesmas reservas, não há exceção ao gozo do presente direito ao autor de obra intelectual que é um agente do Estado, de uma coletividade territorial, de um estabelecimento público de característica administrativa, de uma autoridade administrativa independente dotada de personalidade moral ou do Banco da França.
>
> As disposições dos artigos L. 121-7 e L. 131-3-1 a L. 131-3-3 não se aplicam aos agentes-autores de obras cuja divulgação não está submetida, em virtude de seu *status* ou de regras que regem suas funções, a qualquer forma de controle prévio por autoridade hierárquica.
>
> **Artigo L111-2**
>
> A obra é considerada criada, independentemente de qualquer divulgação pública, simplesmente pela sua realização, mesmo que incompleta, desde o momento de sua concepção pelo autor.
>
> **Artigo L111-3**
>
> A propriedade intelectual definida pelo artigo L. 111-1 é independente da propriedade do objeto material.
>
> O adquirente desse objeto material não é investido, pelo ato dessa aquisição, de nenhum dos direitos previstos neste Código, exceto nos casos previstos no artigo L. 123-4, segunda e terceira alíneas.
>
> Esses direitos subsistem na pessoa do autor ou de seus herdeiros, os quais, no entanto, não podem exigir do proprietário do objeto material a disposição desse objeto para o exercício dos direitos intelectuais sobre ele.
>
> Não obstante, em caso de abuso notório do proprietário de modo a dificultar ou impedir o exercício de divulgação da obra, o Tribunal de grande instância pode tomar as medidas apropriadas para conter esse abuso, de acordo com o disposto no artigo L. 121-3.

O *Droit d'auteur*, apesar de manter a característica de propriedade, estabelece uma proteção jurídica atrelando o autor a sua obra, como se existisse um vínculo personalíssimo entre ambos e que não se limita à mera materialização da ideia, mas à própria ideia.

É uma forma de reconhecer a obra como uma contribuição do autor para com a sociedade, procurando preservar o valor educativo contido na obra, rompendo com a visão de se tratar de uma relação de investimento do autor-obra para substituí-la como uma relação de contribuição do autor-sociedade, como se o espírito, o gênio do autor, fosse parte do patrimônio cultural de uma sociedade[397].

---

[397] KERVÉGANT, Christopher. Are Copyright and Droit d'auteur in the light of information technology? **International Review of Law, Computers and Technology,** v. 10, n. 1, p. 55-77, 1996. Disponível em: https://doi.org/10.1080/13

Simplificando, o *Droit d'auteur* concebe o direito autoral sob duas esferas distintas: a moral e a patrimonial. A esfera moral se manifesta com a tutela da personalidade do autor que se reflete em sua obra, sendo um direito perpétuo, inalienável, imprescritível e transmissível aos herdeiros do autor – um direito de proteção[398].

A esfera patrimonial é a que manifesta o valor comercial, a possibilidade de dispor sobre a obra (alienar ou licenciar), ou, de forma mais ampla, realizar a exploração comercial dos direitos patrimoniais.

Aqui é importante ressaltarmos que, em essência, esses direitos patrimoniais são idênticos à concepção do *Copyright*, porém existe uma diferença fundamental. Enquanto no *Copyright* o direito do autor se resume ao direito patrimonial, no *Droit d'auteur* esse direito patrimonial é somente uma composição dos direitos autorais, não podendo ser interpretados ou analisados sem considerar os direitos morais da personalidade[399].

Para facilitar a compreensão, imaginemos a seguinte situação:

Ratel, dono de um estúdio de cinema, contrata Carcaju para ser ator principal de um filme que está produzindo. Temos um contrato de trabalho entre Ratel e Carcaju para este último atuar no filme do primeiro.

Na concepção do *Copyright*, o filme produzido por Ratel será, em sua plenitude, sua propriedade, inclusive sobre a imagem de Carcaju utilizada no filme. Carcaju não tem direito algum sobre o filme ou, mais precisamente, sobre a personagem que interpretou. Ratel é proprietário não só do filme, mas da atuação do Carcaju nele.

Ou, como bem explica a doutrina: *"C'est comme si Louis XIV était considéré comme étant le seul auteur de toutes les aeuvres contenues dans le Château de Versailles,*

600869.1996.9966432. Acesso em: 6 set. 2019.

398 BAUDEL, Jules-Marc. Le droit d'auteur français et le copyright américain: les enjeux. **Revue française de d'études américaines,** n. 78, octobre (L'édition américaine en mouvement), Editions Belin, 1998, p. 48-59. Disponível em: http://www.jstor.org/stable/20874562. Acesso em: 1 set. 2019.

399 BAUDEL, Jules-Marc. Le droit d'auteur français et le copyright américain: les enjeux. **Revue française de d'études américaines,** n. 78, octobre (L'édition américaine en mouvement), Editions Belin, 1998, p. 48-59. Disponível em: http://www.jstor.org/stable/20874562. Acesso em: 1 set. 2019.

parce qu'il en a commandité la construction"[400] ("É como se Louis XIV fosse considerado o autor de todas as obras contidas no Palácio de Versalhes, porque ele foi quem ordenou a construção daquele Palácio").

Na concepção do *Droit d'auteur*, Ratel é proprietário somente do filme em si, produto de exploração comercial, ao passo que do direito de imagem do personagem no qual Carcaju atuou é somente cessionário. Basicamente, Carcaju retém seus direitos morais, pois não pode o Ratel explorar sua imagem de qualquer forma só por ser detentor dos direitos patrimoniais sobre o produto da atuação do Carcaju.

Diante desse arcabouço teórico, o Direito autoral brasileiro acabou sofrendo influência de ambas as correntes e acabou gerando uma regra *suis generis* para a solução de conflitos de leis envolvendo direito autoral, consagrada no art. 2° da Lei n. 9.610/1998.

11.8.2.2 Os Direitos autorais no Brasil: uma visão geral

Apesar de o Título CII do Quinto Livro das Ordenações Filipinas ratificadas em 1603[401], bem como o Código Criminal do Império (Lei n. 16, de dezembro de 1830) preverem como furto a impressão não autorizada de

---

400 BAUDEL, Jules-Marc. Le droit d'auteur français et le copyright américain: les enjeux. **Revue française de d'études américaines,** n. 78, octobre (L'édition américaine en mouvement), Editions Belin, 1998, p. 48. Disponível em: http://www.jstor.org/stable/20874562. Acesso em: 1 set. 2019.

401 "Que se não imprimão Livros em licença del Rey. Por se evitarem os inconvenientes, que se podem seguir de se imprimirem em nossos Reinos e Senhorios, ou de se mandarem imprimir fora deles Livros, ou obras feitas per nossos Vassallos, sem primeiro serem vistas e examinadas, mandamos, que nenhum morador nestes Reinos imprima, nem mande imprimir nelles, nem fora deles obra alguma, de qualquer materia que seja, sem primeiro ser vista e examinada pelos Dezembargadores do Paço, depois do ser vista e approvada pelos Officiaes do Santo Officio da Inquisição. E achando os ditos Dezembargadores do Paço, que a obra he útil para se dever imprimir, darão per seu despacho licença que se imprima, e não o sendo, a negarão. E qualquer Impressor livreiro, ou pessoa, que sem dita licença imprimir, ou mandar imprimir algum Livro, ou obra, perderá todos os volumes, que se acharem impressos, e pagará cincoenta cruzados, a metade para os Captivos, e a outra para o accusador." ALMEIDA, Candido de Menezes. **Ordenações e leis do Reino de Portugal.** Rio de Janeiro: Typ. do Instituto Philomathico, 1870, p. 1249. Disponível em: http://www2.senado.leg.br/bdsf/handle/id/242733.

obras feitas por cidadãos brasileiros[402] e o Código Penal de 1890 tratar no Capítulo V dos "Crimes contra a Propriedade Literária, Artística, Industrial e Commercial", é somente com o art. 72 da Constituição da República dos Estados Unidos do Brasil, de 24 de fevereiro de 1891[403], que a matéria de direitos autorais começa a tomar forma no ordenamento jurídico brasileiro.

Na esteira da previsão Constitucional de 1891 é que surge, efetivamente, a primeira legislação brasileira a tutelar os Direitos do autor: a Lei n. 496, de 1898, a qual não atrelou diretamente ao Direito de propriedade exclusiva o Direito do autor, mas sim o concebeu como uma "faculdade" que o autor de obra literária, científica ou artística tem de "reproduzir ou autorizar a reproducção do seu trabalho pela publicação, tradução, representação, execução ou de qualquer outro modo" (art. 1º) – tratou-o como um direito pessoal.

Nesse contexto, inaugurou a tradição de considerar o Direito do Autor como "moveis, cessíveis e transmissíveis no todo ou em parte e passam aos herdeiros, segundo as regras do Direito" (art. 4º), assim como a necessidade de registro na Biblioteca Nacional das obras de arte, literatura, ciência, impressões, fotografias, litografias, gravuras, pinturas, esculturas arquitetônicas, desenhos, esboços entre outras para o gozo do Direito autoral sobre elas (art. 13).

Temos a impressão de que, nesse primeiro momento de regulamentação do Direito autoral por parte da legislação brasileira, ocorreu uma aproximação com a tradição do *Copyright* da tradição do *common Law*, impressão que se reforça quando verificamos que o Código Civil de 1916 acabou regulamentando os Direitos autorais como parte do Direito da Propriedade, destinando o Capítulo VI do Título II para a sua regulamentação, definindo-o como um direito de propriedade exclusiva do autor quanto a sua reprodução

---

402 "Art. 261. Imprimir, gravar, lithographar, ou introduzir quaesquer escriptos, ou estampas, que tiverem sido feitos, compostos, ou traduzidos por cidadãos brasileiros, emquanto estes viverem, e dez annos depois da sua morte, se deixarem herdeiros. Penas – de perda de todos os exemplares para o autor, ou traductor, ou seus herdeiros; ou na falta delles, do seu valor, e outro tanto, e de multa igual ao tresdobro do valor dos exemplares. Se os escriptos, ou estampas pertencerem a Corporações, a prohibição de imprimir, gravar, lithographar, ou introduzir, durará sómente por espaço de dez anos."

403 "Art. 72. A Constituição assegura a brasileiros e a estrangeiros residentes no País a inviolabilidade dos direitos concernentes à liberdade, à segurança individual e à propriedade, nos termos seguintes: (...) § 26 aos autores de obras literárias e artísticas é garantido o direito exclusivo de reproduzi-las, pela imprensa ou por qualquer outro processo mecânico. Os herdeiros dos autores gozarão desse direito pelo tempo que a lei determinar."

(art. 649) e, mais interessante, a possibilidade de cessão do direito, "que assiste ao autor, em ligar o nome a todos os seus produtos intelectuais" (art. 667).

Assim, até a década de 70 do século XX o Direito brasileiro se aproximava do *Copyright* pois ignorava qualquer valor moral entre o autor e a sua criação, pois não era tratado como um direito da personalidade, mas puramente um Direito patrimonial, o que levou a doutrina brasileira a tecer a severa crítica de que, sob a legislação do Código Civil de 1916, ocorreu uma "verdadeira alienação jurídica", um "notório retrocesso subjetivo" pois ignorava o óbvio: os direitos autorais não se resumem ao seu valor patrimonial[404].

Essa aproximação com a tradição do *common Law* vai começar a desaparecer na década de 70 do século XX, especialmente por influência de normas internacionais sobre a matéria de Direitos autorais, em especial, a Convenção Internacional para proteção aos artistas e intérpretes ou executantes, aos produtores de fonogramas e aos organismos de radiodifusão, conhecida como Convenção de Roma de 1961, ratificada pelo Brasil por meio do Decreto n. 57.125 de 19 de outubro de 1965.

Sob influência das normativas internacionais vai surgir uma nova concepção para o Direito autoral no Brasil, sacramentada com a Lei n. 5.988/1973, a qual estabelece os alicerces da concepção contemporânea do Direito autoral, como podemos verificar na comparação a seguir:

Lei n. 5.988/1973	Lei n. 9.610/1998
Art. 1º Esta Lei regula os direitos autorais, entendendo-se sob esta denominação os direitos de autor e direitos que lhe são conexos. § 1º Os estrangeiros domiciliados no exterior gozarão da proteção dos acordos, convenções e tratados ratificados pelo Brasil. § 2º Os apátridas equiparam-se, para os efeitos desta Lei, aos nacionais do país em que tenham domicílio.	**Art. 1º** Esta Lei regula os direitos autorais, entendendo-se sob esta denominação os direitos de autor e os que lhes são conexos. **Art. 2º** Os estrangeiros domiciliados no exterior gozarão da proteção assegurada nos acordos, convenções e tratados em vigor no Brasil. Parágrafo único. Aplica-se o disposto nesta Lei aos nacionais ou pessoas domiciliadas em país que assegure aos brasileiros ou pessoas domiciliadas no Brasil a reciprocidade na proteção aos direitos autorais ou equivalentes.

404 DIAS, Kacerine R. Direito autoral: como a lei inibe o acesso ao conhecimento. **Revista Eletrônica do Curso de Direito da UFSM,** Santa Maria, RS, Brasil, v. 3, n. 2, jun. 2008, p. 67-81. Disponível em: https://periodicos.ufsm.br/revistadireito/article/view/6859. Acesso em: 12 set. 2019.

Art. 2º Os direitos autorais reputam-se, para os efeitos legais, bens móveis. (...) **Art. 21.** O autor é titular de direitos morais e patrimoniais sobre a obra intelectual que produziu.	**Art. 3º** Os direitos autorais reputam-se, para os efeitos legais, bens móveis. (...) **Art. 22.** Pertencem ao autor os direitos morais e patrimoniais sobre a obra que criou.

Temos assim, uma transformação legislativa na compreensão dos Direitos do autor, consolidando o entendimento doutrinário contemporâneo de que o Direito autoral é composto de duas ordens: a moral, consistindo em uma proteção da personalidade do autor manifestada na obra, impedindo que terceiros omitam sua autoria; e a patrimonial, que se manifesta na exploração econômica da obra, da "retribuição econômica" ao autor pelo seu investimento na criação da obra[405].

Diante desse novo arcabouço legislativo-teórico, o Direito autoral realizou um processo de "fusão", isto é, deixou de ser um direito puramente associado à esfera da propriedade e do patrimônio econômico, e inseriu partes de seus elementos na esfera dos direitos da personalidade, gerando um debate doutrinário sobre sua natureza contemporânea, havendo doutrina defendendo a manutenção de direito da propriedade, havendo doutrina defendendo a sua concepção como direito da personalidade; e, por fim, a doutrina que o defende como um direito *suis generis*[406].

Diante dessa situação, o Direito brasileiro se aproximou da tradição do *Droit D'auteur*, da tradição jurídica continental europeia, gerando a definição:

> Juridicamente, o direito autoral é um tipo de propriedade intelectual, como as marcas e patentes, e figura abrigando as prerrogativas de natureza moral e pessoal como o direito à paternidade da obra, integridade, ineditismo, modificação, arrependimento e acesso, assim como os direitos de ordem patrimonial, ou seja, um monopólio temporário (no

405 ARAUJO, Elayne C. M. de; LIMA, Luiza R. B. I. Direito constitucional à informação e proteção à propriedade intelectual no ciberespaço: (in)eficácia do regime jurídico do direito de autor no ciberespaço. **Revista Direito e Desenvolvimento,** João Pessoa, PB, v. 5, n. 10, p. 63, jun./dez. 2014. Disponível em: https://periodicos.unipe.br/index.php/direitoedesenvolvimento/article/view/259. Acesso em 12 set. 2019.

406 COSTA, Álvaro M. da. A tutela penal dos direitos autorais. **Revista da EMERJ,** RJ, v. 11, n. 42, 2008, p. 45-69. Disponível em: http://www.emerj.tjrj.jus.br/revistaemerj_online/edicoes/revista42/Revista42_45.pdf.

caso brasileiro de setenta anos) que permite utilização econômica da obra. Ele inclui o direito do autor e direitos conexos, devidos aos contribuintes da criação, como intérpretes[407].

11.8.2.3 O regime internacional dos Direitos autorais: o art. 2º da Lei n. 9.610/1998 e o Código de Bustamante

> Art and literature have always been international in spirit. The law has sometimes tried to keep out books made abroad, but it could not keep out the thoughts in those books. Roman poetry was revolutionized by the study of Greek. Dante was influenced by Mohammedan philosophers. Shakespeare got his plots from Italian novels. English writers borrowed from French in the seventeenth century, and French writers from English in the eighteenth. British drama since Shaw is the child of Ibsen. Numberless American novels are indebted to either Proust or Freud[408].
>
> ***
>
> A arte e a literatura sempre tiveram espírito internacional. Algumas vezes o Direito tentou manter livros estrangeiros longe, mas não pôde conter a expansão das ideias neles contidos. A poesia romana foi revolucionada pelo estudo do Grego. Dante foi influenciado por filósofos muçulmanos. Shakespeare inspirou suas peças em novelas italianas. Os escritores ingleses se inspiraram nos franceses do século XVII, e os escritores franceses nos ingleses do século XVIII – O drama britânico desde Shaw é um filho de Ibsen. Inúmeras obras americanas têm uma dívida com Proust ou com Freud.

Como vimos, o Direito autoral brasileiro tem particularidades que o tornam *suis generis,* não só para sua conceituação, mas também para a análise da solução de conflitos de leis envolvendo obras sob sua tutela, devido ao fato de a legislação brasileira não ser das mais felizes quanto a sua regulamentação.

O ponto de partida para compreender o complexo regime internacional dos Direitos autorais no ordenamento jurídico brasileiro é compreender que a regra do art. 115 do Código de Bustamante referente à ampla propriedade intelectual não mais rege a matéria.

Sendo este tratado incorporado e ainda vigente no Direito brasileiro, a norma deve ser considerada uma norma de caráter residual em matéria de

---

407 BISCALCHIN, Ana Carolina S.; ALMEIDA, Marco A. de. Direitos autorais, informação e tecnologia: impasses e potencialidades. **LIINC em Revista,** RJ, v. 7, n. 2, set. 2011, p. 641. Disponível em: http://revista.ibict.br/liinc/article/view/3310. Acesso em: 12 set. 2019.

408 CHAFEEE JR., Zechariah. Reflections on the Law of Copyright. **Columbia Law Review,** New York (USA), v. 45, n. 4, jul. 1945, p. 506. Disponível em: http://www.jstor.org/stable/1117985.

Direitos autorais, pois ainda está ancorada na crença da proteção pelo registro, situação superada pelo art. 18 da Lei n. 9.610/1998, o qual define que "A proteção aos direitos de que trata esta Lei independe de registro".

Estabelecido esse posicionamento da anciã regra do Código de Bustamante, surge a necessidade de compreender que, diferentemente da definição da legislação vigente, para o Direito Internacional Privado os direitos autorais não são bens móveis (art. 3º da Lei n. 9.610/1998), mas sim, bens culturais – concepção *conditio sine qua non* para entender a regra do art. 2º da Lei n. 9.610/1998 e evitar distorções bizarras em sua interpretação.

Apesar do art. 2º da Lei n. 9.610/1998 praticamente reproduzir o art. 1º da Lei n. 5.988/1973, o seu contexto legislativo é extremamente distinto da legislação anterior, devido ao fato de que tanto o desenvolvimento internacional, como o advento da Constituição Federal do Brasil de 1988 estabeleceram uma nova dinâmica na concepção dos Direitos autorais, atribuindo-lhes um fator cultural, uma função social de auxiliar no desenvolvimento pleno de uma pessoa, além de serem instrumentos de "promoção da cultura e o desenvolvimento econômico e social"[409].

Nessa concepção, a criação do autor protegida pelo Direito autoral não se resume à categoria dos bens móveis, no sentido de bem-mercadoria, mas sim no sentido de bem cultural-artístico, pois contém em sua natureza jurídica a manifestação de um direito fundamental da personalidade[410].

Esta situação faz com que as obras literárias, artísticas e científicas não se enquadrem mais em uma categorização objetiva como as associadas aos bens-mercadoria, mas sim em uma categorização subjetiva na avaliação de seus conteúdos, sempre sujeita a uma medida localizada, nunca universal[411].

Como bem cultural-artístico, não nos espantamos com a opção de o legislador ter, conscientemente ou não, optado por uma regra colisional complexa, cuja interpretação demanda uma atenção especial:

---

409 DE BARROS, Carolina Geissler Miranda; SANT'ANNA, Leonardo da Silva; VAZ E DIAS, José Carlos. Novas propriedades e sua funcionalização: a intersecção entre os direitos culturais e dos direitos de autor na atual realidade brasileira. **RFD – Revista da Faculdade de Direito da UERJ,** RJ, n. 32, p. 26, dez. 2017. ISSN 2236-3475. Disponível em: https://www.e-publicacoes.uerj.br/index.php/rfduerj/article/view/31916.

410 FARIA, Heitor M. de. **Licenças livres e direitos fundamentais.** Rio de Janeiro: Brasport, 2011, p. 8-9.

411 BISCALCHIN, Ana Carolina S.; ALMEIDA, Marco A. de. Direitos autorais, informação e tecnologia: impasses e potencialidades. **LIINC em Revista**, RJ, v. 7, n. 2, set. 2011, p. 642. Disponível em: http://revista.ibict.br/liinc/article/view/3310. Acesso em: 12 set. 2019.

> **Art. 2º** Os estrangeiros domiciliados no exterior gozarão da proteção assegurada nos acordos, convenções e tratados em vigor no Brasil.
> **Parágrafo único.** Aplica-se o disposto nesta Lei aos nacionais ou pessoas domiciliadas em país que assegure aos brasileiros ou pessoas domiciliadas no Brasil a reciprocidade na proteção aos direitos autorais ou equivalentes.

Em sua primeira parte, o *caput* do art. 2º estabelece que para o conflito de leis envolver direito autoral de propriedade de estrangeiro domiciliado fora do Brasil, o direito aplicável serão as normas internacionais ratificadas pelo Brasil sobre o assunto, a saber[412]:

Decreto n. 26.675/1949	Promulga a Convenção Interamericana sôbre os Direitos de Autor em Obras Literárias, Científicas e Artísticas, firmada em Washington, a 22 de junho de 1946.
Decreto n. 57.125/1965	Promulga a Convenção Internacional para Proteção aos Artistas Intérpretes ou Executantes, aos Produtores de Fonogramas e aos Organismos de Radiodifusão. (Convenção de Roma)
Decreto n. 76.906/1975	Promulga a Convenção sobre Proteção de Produtores de Fonogramas contra a Reprodução não Autorizada de seus Fonogramas.
Decreto n. 75.541/1975	Promulga a Convenção que Institui a Organização Mundial da Propriedade Internacional.
Decreto n. 75.699/1975	Promulga a Convenção de Berna para a Proteção das Obras Literárias e Artísticas, de 9 de setembro de 1886, revista em Paris, 24 de julho de 1971.
Decreto n. 76.905/1975	Promulga a Convenção Universal sobre Direito de Autor, revisão de Paris, 1971.
Decreto Legislativo n. 74/1977	Aprova o texto da Convenção Relativa à Proteção do Patrimônio Mundial, Cultural e Natural.
Decreto n. 80.978/1977	Promulga a Convenção Relativa à Proteção do Patrimônio Mundial, Cultural e Natural de 1972.
Decreto n. 5.753/2006	Promulga a Convenção para a Salvaguarda do Patrimônio Cultural Imaterial, adotada em Paris, em 17 de outubro de 2003, e assinada em 3 de novembro de 2003.
Decreto n. 6.177/2007	Promulga a Convenção sobre a Proteção e Promoção da Diversidade das Expressões Culturais, assinada em Paris, em 20 de outubro de 2005.

412 A presente lista está conforme os tratados ratificados pelo Brasil em seu *profile* na *WIPO*. Disponível em: https://wipolex.wipo.int/en/legislation/profile/BR. Acesso em: 15 set. 2019.

Podemos dizer que, nesse aspecto, o legislador brasileiro adotou o que a doutrina denomina método direto, isto é, a resolução do conflito de leis em matéria de direito de autor é resolvida diretamente pelo Direito Internacional Privado ao estabelecer regramento internacional para o mesmo, não recorrendo a nenhuma legislação nacional propriamente dita.

Em sua segunda parte, o parágrafo único do art. 2º estabelece uma curiosa situação de unilateralidade da Lei n. 9.610/1998 para as hipóteses em que: (1) se tenha nacionais de países que oferecem reciprocidade ao Brasil em matéria de direito de autor; (2) aos brasileiros ou estrangeiros domiciliados no exterior em país que oferece reciprocidade; e (3) aos brasileiros ou aos estrangeiros domiciliados no Brasil.

Diante dessa situação, verificamos que para o Direito Internacional Privado brasileiro, o Direito aplicável será sempre o próprio Direito brasileiro, seja na forma indireta pela aplicação de normas internacionais ratificadas pelo Brasil, seja de forma direta pela extensão da aplicação unilateral da própria Lei n. 9.610/1998.

Em suma, o art. 2º simplesmente regulamenta a própria extensão da Lei n. 9.610, não criando possibilidade de aplicação de Direito estrangeiro, simplesmente restringindo o Direito aplicável aos Tratados ratificados pelo Brasil ou aos Tratados ratificados e à própria Lei n. 9.610. É um dispositivo unilateral... e muito mal redigido.

Aqui é importante lembrarmos que não se pode confundir essa curiosa regulamentação do art. 2º da Lei n. 9.610/1998 com a regra para os bens móveis em deslocamento (art. 8º, § 1º, da LINDB), pois não se trata da *lex domicilii* do proprietário do bem, pois não existe a possibilidade de haver aplicação de direito estrangeiro em matéria de direito de autor por este dispositivo.

O domicílio do proprietário do direito de autor somente determina se haverá a incidência de tratados ou se haverá a incidência da Lei n. 9.610/1998 e os tratados – e nem é o único critério, pois se o proprietário for de nacionalidade brasileira ou de país que tenha reciprocidade com o Brasil (critério da nacionalidade), independentemente de onde esteja domiciliado, ele gozará da aplicação da referida lei.

É importante ressaltarmos que a presente análise somente ofereceu uma visão geral sobre os Direitos de autor no Direito Internacional Privado brasileiro, havendo sempre a necessidade de se verificar a modalidade de obra que está se analisando para determinar a aplicação da regra geral ou de regra específica em legislação própria – como, por exemplo, os direitos de autor referentes a programas de computador, os quais são regulamentados pela Lei n. 9.609/1998, a qual define:

> **Art. 2º** O regime de proteção à propriedade intelectual de programa de computador é o conferido às obras literárias pela legislação de direitos autorais e conexos vigentes no País, observado o disposto nesta lei.
>
> (...)
>
> § 4º **Os direitos atribuídos por esta Lei ficam assegurados aos estrangeiros domiciliados no exterior, desde que o país de origem do programa conceda, aos brasileiros e estrangeiros domiciliados no Brasil, direitos equivalentes.** (Grifamos.)

Isto significa que para Direito Autoral referente a programas de computador (*software*) a solução do conflito de leis se desdobra em dois: (1) uma no princípio da reciprocidade entre o país origem do *software* e o Brasil; e (2) a unilateralidade das regras de proteção do Direito Autoral brasileiro para os proprietários brasileiros e estrangeiros domiciliados no Brasil.

11.8.3 A propriedade industrial

11.8.3.1 Noções elementares sobre propriedade industrial

Diferentemente dos Direitos de autor, o campo de estudos da propriedade industrial não sofre com a questão de diferentes arcabouços teóricos para sua concepção e sua natureza. De forma bem simples, trata-se do instituto jurídico que visa tutelar os direitos decorrentes de artefatos resultantes de invenções que apresentam inovações, modelos de utilidade, as marcas e desenhos industriais, além de servir de proteção contra a falsa indicação geográfica e combater a concorrência desleal[413].

A doutrina costuma afirmar que a propriedade industrial se materializa por meio da concessão de patentes e registros, bem como pela repressão à falsificação de marcas geográficas e à concorrência desleal – hipóteses previstas no art. 2º da Lei n. 9.279/1996[414].

---

413 MARTINS, Renata Gontijo S. S. **As (im)possibilidades da proteção legal ao design no Brasil contemporâneo.** Tese (Doutorado – Design) – Universidade Federal de Pernambuco, Recife, 2014, p. 66. Disponível em: https://repositorio.ufpe.br/handle/123456789/13252. Acesso em: 20 set. 2019.

414 VENOSA, Silvio de S. RODRIGUES, Claudia. **Direito empresarial.** 9. ed. São Paulo: Atlas, 2019, p. 84.

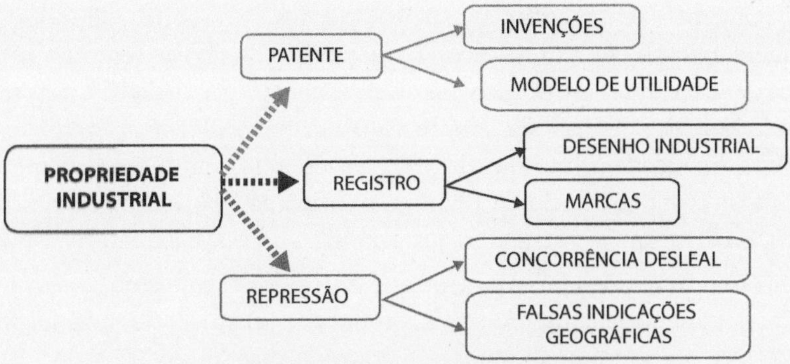

Visão geral da propriedade industrial

Assim como o Direito de autor, a Propriedade Intelectual é um campo de estudo com forte presença do direito uniforme, a qual se manifesta por uma gama de tratados internacionais, a ponto de a própria expressão ter origem na Convenção da União de Paris para a Proteção da Propriedade Industrial – CUP, de 1883, a qual também serve de parâmetro para compreender a própria evolução de seu significado[415]:

Paris (1883) Decreto n. 9.233/1884	**Revisão de Haia (1925) Decreto n. 19.056/1929**	**Revisão de Estocolmo (1967) Decreto n. 75.572/1975 Decreto n. 639/1992**
Protocolo de Encerramento 1. As palavras propriedade industrial devem ser entendidas em sua acepção mais lata, no sentido de que se applicam não só aos productos da indústria propriamente dita, mas igualmente aos productos da agricultura (vinhos, cereaes, fructas, gado, etc.) e aos productos mineraes entregues ao commercio (águas mineraes, etc.).	Artigo 1º (...) 3. A propriedade industrial compreende-se em sua acepção mais lata e se aplica não só à indústria e ao comércio propriamente ditos, mas também ao domínio das indústrias agrícolas (vinhos, grãos, folhas de fumo, frutas, gado, etc.) e extrativas (minerais, águas minerais, etc.).	Artigo 1º (...) 3. A propriedade industrial entende-se na mais ampla acepção e aplica-se não só a indústria e ao comércio propriamente ditos, mas também às indústrias agrícolas e extrativas e a todos os produtos manufaturados ou naturais, por exemplo: vinhos, cereais, tabaco em folha, frutas, animais, minérios, águas minerais, cervejas, flores, farinhas.

415 O quadro comparativo foi inspirado no que existe no sítio oficial do INPI (Instituto Nacional de Propriedade Industrial). Disponível em: http://www.inpi.gov.br/legislacao-1/cup.pdf.

Podemos compreender as particularidades da propriedade industrial e suas diferenças dos Direitos de autor, começando pelo fato de se tratar da tutela jurídica de um campo estratégico para toda e qualquer sociedade: o desenvolvimento tecnológico. Tutela esta sempre destacada pela doutrina, quando verificamos que a finalidade primordial da propriedade industrial "é importante ferramenta para a promoção do desenvolvimento em um país, pois decorre diretamente da capacidade inventiva ou criadora de tecnologia de seus habitantes"[416].

Não é temerário afirmarmos que é um dos campos que possui forte influência e ingerência da política nacional de um país, podendo ser inserida, em larga margem, na doutrina do domínio reservado do Estado.

Desse contexto, podemos localizar a principal particularidade da propriedade industrial: a obrigatoriedade do registro ou da patente. Não há de se cogitar em recorrer a proteção da propriedade industrial sem a existência de registro ou da patente – atos constitutivos por excelência do direito de proteção da propriedade industrial[417].

Por consequência, a propriedade industrial sempre terá caráter de direito patrimonial, não se enquadrando como um direito da personalidade e nem possuindo direitos conexos de natureza moral, pois os bens que são tutelados por esse ramo da propriedade intelectual são considerados bens de caráter utilitário "isto é, eles são aplicáveis na indústria, na vida prática e instrumentalizam funções necessárias ao dia a dia, tendo caráter de bens de consumo, cuja circulação gera contrapartida patrimonial"[418].

Outra particularidade relevante para nós, é que a propriedade industrial, de certo modo, tem um arcabouço legislativo mais centralizado do que os Direitos de autor, existindo como pilar central a Lei n. 9.279/1996

---

416 MARTINS, Renata Gontijo S. S. **As (im)possibilidades da proteção legal ao design no Brasil contemporâneo.** Tese (Doutorado – Design) – Universidade Federal de Pernambuco, Recife, 2014, p. 64. Disponível em: https://repositorio.ufpe.br/handle/123456789/13252. Acesso em: 20 set. 2019.

417 CARNEIRO, Fernanda Maria A.; MAGALHÃES, Fabiano R. Propriedade intelectual: conceito, proteção jurídica e espécies. **Essentia: Revista de Cultura, Ciência e Tecnologia,** Acaraú, CE, v. 18, n. 1, 2017, p. 129. Disponível em: http://www.uvanet.br/essentia/index.php/revistaessentia/article/view/102. Acesso em: 20 set. 2019.

418 CARNEIRO, Fernanda Maria A.; MAGALHÃES, Fabiano R. Propriedade intelectual: conceito, proteção jurídica e espécies. **Essentia: Revista de Cultura, Ciência e Tecnologia,** Acaraú, CE, v. 18, n. 1, 2017, p. 129. Disponível em: http://www.uvanet.br/essentia/index.php/revistaessentia/article/view/102. Acesso em: 20 set. 2019.

– Regula Direitos e obrigações relativos à propriedade industrial – a qual configura como uma espécie de código brasileiro da propriedade intelectual, como fontes complementares os tratados internacionais (o direito uniforme sobre a matéria) e, para as questões mais técnicas, existem as resoluções e demais atos administrativos do Instituto Nacional de Propriedade Industrial (INPI).

11.8.3.2 O regime internacional dos Direitos autorais: o art. 3º da Lei n. 9.279 e o Código de Bustamante

A simplicidade teórica da propriedade industrial (comparada ao Direito de autor), infelizmente, não se repete na regulamentação das regras de Direito Internacional Privado, regulamentação que possui como pilar central os arts. 3º e 4º da Lei n. 9.279/1996 e, como suporte complementar, o art. 115 do Código de Bustamante.

A dificuldade surge quando verificamos que os arts. 3º e 4º seguem a mesma técnica legislativa aplicada para os Direitos de autor, ou melhor, que estes dispositivos inspiraram a regra existente para solução de conflitos de leis em matéria de Direito de autor.

Inexplicavelmente, o legislador de 1996, em vez de simplesmente centralizar a solução do conflito de leis em matéria de propriedade industrial no favorecimento da aplicação de normas internacionais em vigor no Brasil (regras internacionais de uniformização), e, como critério subsidiário, centralizar a solução no ato constitutivo da proteção intelectual, optou por criar um critério disforme, conforme verificamos da leitura do art. 3º:

> **Art. 3º** Aplica-se também o disposto nesta Lei:
>
> I – ao pedido de patente ou de registro proveniente do exterior e depositado no País por quem tenha proteção assegurada por tratado ou convenção em vigor no Brasil; e
>
> II – aos nacionais ou pessoas domiciliadas em país que assegure aos brasileiros ou pessoas domiciliadas no Brasil a reciprocidade de direitos iguais ou equivalentes.

Parece-nos que o legislador quis adotar uma solução unilateral para a questão, porém, por algum motivo, não queria fazê-lo de forma incisiva, logo, por consequência, o art. 3º cria duas soluções possíveis para o conflito de leis em propriedade industrial:

(1) quando envolver pedido de patente estrangeira, aplicar os tratados internacionais e a Lei n. 9.279 como arcabouço jurídico aplicável àquela propriedade industrial; e

(2) quando a proteção da propriedade industrial envolver titular nacional estrangeiro ou brasileiro domiciliado no estrangeiro, adotar o princípio da reciprocidade de tratamento, além, óbvio, do próprio direito brasileiro.

Não satisfeito, o legislador de 1996 ainda acrescentou uma terceira solução, por meio do art. 4º: "As disposições dos tratados em vigor no Brasil são aplicáveis, em igualdade de condições, às pessoas físicas e jurídicas nacionais ou domiciliadas no País".

Em suma, pela Lei n. 9.279 a solução do conflito de leis em matéria de propriedade industrial terá com direito aplicável: (1) o próprio direito brasileiro; (2) tratados internacionais; e (3) direito decorrente de reciprocidade entre países.

Ocorre que essa mirabolante técnica legislativa possui uma redundância quanto à aplicabilidade de normas internacionais na matéria, pois interpretando os dispositivos em conjunto podemos questionar: a proteção da propriedade industrial de titularidade de estrangeiro (não brasileiro) e do não domiciliado no Brasil gozará da aplicação de tratados e normas internacionais na matéria?

Sem mencionar a questão: as normas internacionais em vigor já não são parte do Direito nacional brasileiro? Então qual o motivo de associá-las ao domicílio ou à nacionalidade da pessoa (física ou jurídica)?

Mas nossa maior crítica que fazemos a essas disposições é a de que não disciplina todos os problemas envolvendo a proteção da propriedade industrial no plano do Direito Internacional Privado, pois ignora o simples fato de que nem tudo se resume a tratado internacional, domicílio ou nacionalidade dos envolvidos.

A propriedade industrial, pela simples análise do art. 2º da Lei n. 9.279/1996 se divide em três grupos: (1) o de caráter notarial; (2) as práticas e (3) o de caráter criminal.

O grupo da propriedade industrial de **caráter notarial** engloba todos aqueles aspectos que têm por centro o ato constitutivo da propriedade industrial, mais precisamente, o Direito das Patentes para invenções e modelos de utilidades, e, a concessão de registro para marcas e desenhos industriais.

Por consequência, esse grupo não pode estar associado simplesmente a nacionalidade ou domicílio do titular da propriedade industrial, pois o ato constitutivo é formalidade administrativa, regida por regras administrativas de cada país para sua concessão ou não – possui um elemento de direito público.

> Para facilitar, a substância da proteção fica a cargo do Direito da concessão do ato constitutivo (patente/registro), enquanto formalidades essenciais têm de obedecer às regras da lei brasileira.

Consciente dessa característica, o art. 115 do Código de Bustamante estabeleceu que a solução do conflito de leis para essa modalidade de propriedade industrial estará sempre sujeita aos tratados internacionais em vigor no país e, na ausência deles, pelo direito do local da concessão do ato constitutivo.

Portanto, outra diferença surge entre a propriedade industrial e o Direito de autor, pois para a primeira o art. 115 do Código de Bustamante ainda é regra essencial para solução do conflito de leis, enquanto para o segundo é, no máximo, regra acessória.

Porém, somos da opinião que mesmo ainda sendo essencial para o Direito Internacional Privado em matéria de propriedade industrial, o art. 115 sofreu uma considerável restrição pela unilateralidade manifesta na Lei n. 9.279/1996, destarte, parece-nos que a melhor interpretação para a infeliz situação legislativa sobre a matéria é a de transformar a Lei n. 9.279/1996 em uma norma de aplicação imediata. Por consequência, a propriedade industrial que envolva concessão de patente ou de registro estará regida por:

(1) tratados internacionais em vigor no Brasil sobre a matéria e pelas formalidades essenciais previstas na Lei n. 9.279/1996;

(2) lei do local da concessão do registro naquilo que não ofender a Lei n. 9.279/1996;

(3) a própria Lei n. 9.279/1996, ou, o próprio direito brasileiro, em não havendo tratados internacionais, nem sendo aplicável a lei do local da concessão do registro.

Por sua vez, o grupo da propriedade industrial que denominamos **práticas** são o grupo que envolve determinada ação, determinado uso comercial que se manifesta sobre produtos ou que envolvem a dinâmica dos mercados. Fazem parte desse grupo as indicações geográficas e a concorrência.

A indicação geográfica, conforme o art. 176 da Lei n. 9.279/1996, é a "indicação de procedência ou a denominação de origem" de um produto, logo sua aplicação e proteção é regida por (1) tratados internacionais e (2) Direito da origem da indicação geográfica, lembrando-nos sempre da aplicação concomitante da Lei n. 9.279/1996.

A concorrência, por sua vez, é um fenômeno decorrente da liberalização do mercado, uma característica para um livre-mercado saudável, e objeto de um microssistema próprio: o Direito da concorrência, cujo órgão principal de atuação é o Conselho Administrativo de Defesa Econômica (CADE).

Para maiores informações sobre o microssistema da concorrência e sua variante internacional, recomendo a leitura da dissertação de Mestrado de Marcelo César Guimarães sobre Cartéis Internacionais, pois a concorrência em si não é objeto de estudo, mas sim refere-se às práticas que visam coibi-la ou restringi-la. Não cabe, pois, maiores detalhamentos, sob pena de distorção do campo de estudos lotado de especialidades.

Em regra geral, o Direito da concorrência é regido pelo princípio da territorialidade – "aplicação da lei brasileira aos comportamentos anticoncorrenciais que sejam praticados no território nacional" – acrescido da concepção de que também estão sujeitos a leis brasileiras os atos que criam efeitos no Brasil: a teoria dos efeitos – "a aplicação extraterritorial do direito nacional quando os efeitos das condutas antitruste tiverem ocorrido ou tenham a potencialidade de ocorrer em território brasileiro"[419].

O último grupo envolvendo propriedade industrial é o que denominamos **caráter criminal**, não se trata de um grupo como os dois anteriores, mas um aspecto da propriedade industrial que envolve a tipificação penal de determinadas condutas envolvendo os dois grupos anteriores. Podemos dizer que estamos diante da confluência da proteção da propriedade industrial com o Direito penal, englobando os seguintes crimes previstos na Lei n. 9.279/1996:

(a) Dos crimes contra as patentes – arts. 183 a 186;

(b) Dos crimes contra os desenhos industriais – arts. 187 e 188;

(c) Dos crimes contra as marcas – arts. 189 e 190;

(d) Dos crimes cometidos por meio de marca, título de estabelecimento e sinal de propaganda – art. 191;

(e) Dos crimes contra indicações geográficas e demais indicações – art. 192 a 194;

(f) Dos crimes de concorrência desleal – art. 195.

Para esse aspecto penal da propriedade industrial, a solução do conflito de leis está ancorada na territorialidade/extraterritorialidade das leis penais (as

419 GUIMARÃES, Marcelo C. **Cartéis internacionais:** desafios e perspectivas para a internacionalização do direito da concorrência. Dissertação (Mestrado – Direito) – Universidade Federal de Pernambuco, Recife, 2017, p. 57. Disponível em: https://repositorio.ufpe.br/handle/123456789/29852. Acesso em: 22 set. 2019.

regras de Direito Internacional Privado penal), prevista nos arts. 5º a 7º do Código Penal – cuja regra geral é a lei do local da prática do crime. Diante desse contexto, podemos visualizar as regras de Direito Internacional Privado para a propriedade industrial da seguinte forma:

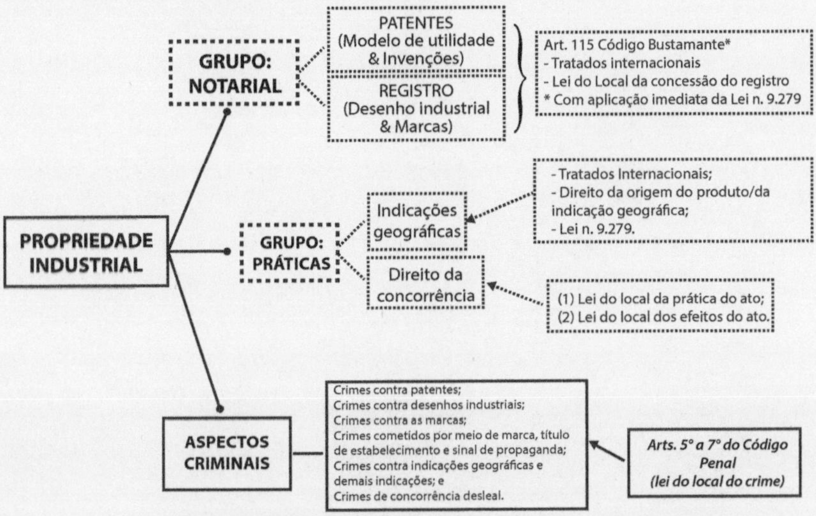

Simplificação da Propriedade Industrial para o Direito Internacional Privado

Para encerrarmos nossos breves comentários sobre a propriedade industrial no Direito Internacional Privado brasileiro, é imperioso lembrar que o fato da legislação prever no art. 5º da Lei n. 9.279 a equiparação dos direitos de propriedade industrial a bens móveis, não faz com que tal equiparação tenha alguma relevância direta para o Direito Internacional Privado, pois esses direitos não são corpóreos, nem se enquadram no conceito de mercadoria e, portanto, não têm como figurar como *res in transitu* e seu regime jurídico próprio.

Capítulo 12

O ESTATUTO AÉREO

12.1 A AVIAÇÃO CIVIL

> Minos may control the land, and he may control the seaways; but the sky is beyond his reach – Daedalus to Icarus[420].
>
> ***
>
> Minos pode controlar a terra e, até certo ponto, controlar o mar, mas o céu está além de seu alcance – disse Daedalus para Icaro.

O sonho da humanidade em conquistar os céus remonta às eras antigas, mas foi no século XX que esse sonho começou a se concretizar, quando o espírito criativo da humanidade começou a dominar a engenharia aeronáutica possibilitando a criação dos aviões, ou mais precisamente, das aeronaves.

A conquista dos céus acabou manifestando um dos poucos campos em que a humanidade concordou com a necessidade da existência de uma regulamentação internacional.

Não há como conceber o tráfego e o transporte aéreo sem uma regulamentação internacional, uma cooperação internacional. Cooperação internacional que ultrapassa o "bem" aeronave e atinge todos os níveis da infraestrutura aérea – da gestão de aeroportos até previsão meteorológica[421].

---

420 WATERFIELD, Robin. WATERFIELD, Kathryn. **The Greek Myths:** stories of the Greek gods and heroes vividly retold. New York and London: Quercus, 2012, p. 123.

421 MACKENZIE, David. **ICAO:** a history of the international civil aviation organization. Toronto: University of Toronto Press Inc., 2010, p. 5.

O Direito aeronáutico tem natureza internacional, uma espécie de Direito público internacional, pois procura superar o atributo principal dos Estados modernos e nacionais que é a soberania, demonstrando ser um campo jurídico sujeito ao domínio do direito uniforme internacional[422].

Essa natureza internacional do Direito aeronáutico já é demonstrada pelas primeiras legislações sobre aeronaves, começando pela Convenção de Paris de 1919 (*Convention Relating to the Regulation of Aerial Navigation*), tratado internacional que assentou as regras sobre tráfego aéreo, o direito de navegação aérea, as regras sobre nacionalidade das aeronaves, as normativas de segurança de voo, as aeronaves estatais, além de estabelecer a Comissão Internacional de Aviação Aérea (CINA ou, em inglês, ICAN – *International Commission for Air Navigation*).

Também foi com a Convenção de Paris de 1919 que se iniciou a aproximação das regras aeronáuticas com as regras marítimas, pois a Convenção utilizou como referencial teórico para sua confecção as regras de navegação naval (regras de Direito marítimo), resultando, atualmente, em uma profunda semelhança entre os procedimentos do arcabouço jurídico-administrativo geral aplicável à marinha mercante e os procedimentos do arcabouço jurídico-administrativo geral aplicável à aviação civil (ou comercial)[423].

Não é temerário afirmar que o Direito aeronáutico se atrelou à Convenção de Paris de 1919 com a política internacional dos Estados, ou melhor, seu desenvolvimento no disciplinamento do espaço aéreo, do tráfego de aeronaves e do transporte aéreo se tornou diretamente vinculado às relações internacionais, a ponto de, com a eclosão da Segunda Grande Guerra Mundial e o espantoso desenvolvimento na engenharia aeronáutica naquele conflito (ex.: o advento dos aviões com propulsão a jato e propulsão de foguete), ter resultado na necessidade de novas regras para a aviação, um novo pilar normativo internacional: a Convenção de Chicago de 1944.

Diferentemente do que o nome pode sugerir, esse novo pilar normativo não foi um simples tratado como a Convenção de Paris de 1919, mas sim um conjunto de documentos normativos, compostos por uma parte contendo os princípios gerais da aviação (a parte geral) e, no momento de realização

---

422 POLETTI, Ronaldo. A questão da autonomia do direito aeronáutico. **Revista de Informação Legislativa,** Brasília, v. 31, n. 213, p. 103-112. Disponível em: http://www2.senado.leg.br/bdsf/handle/id/176260.

423 GUSMÃO, Roberto J. F. de. História da aviação. In: LAENDER, Alessandro A.; MOURÃO, Sérgio L.; LEITE E SILVA, Juliano V. **Direito aeronáutico.** Belo Horizonte: D'Plácido, 2018, p. 23.

da presente obra, 19 anexos contendo regras específicas para: licenças de pessoal (anexo 1); regras do ar (anexo 2); serviço meteorológico para a navegação aérea internacional (anexo 3); cartas aeronáuticas (anexo 4); unidades de medida a serem usadas nas operações aéreas e terrestres (anexo 5); operação de aeronaves (anexo 6); marcas de nacionalidade e de matrícula de aeronaves (anexo 7); aeronavegabilidade (anexo 8); facilitação (anexo 9); telecomunicações aeronáuticas (anexo 10); serviços de tráfego aéreo (anexo 11); busca e salvamento (anexo 12); investigação de acidentes de aviação (anexo 13); aeródromos (anexo 14); serviços de informação aeronáutica (anexo 15); proteção ao meio ambiente (anexo 16); segurança: proteção da aviação civil internacional contra atos de interferência ilícita (anexo 17); transporte de mercadorias perigosas (anexo 18); e sistema de gerenciamento da segurança operacional (anexo 19).

É uma estrutura que remonta à *Ausklammerung Technik* (técnica de colocar entre parêntesis), na qual estabelece-se uma regra geral (parte geral) para as diferentes regras específicas (partes específicas). No Brasil, essa técnica é denominada "arquitetura binária"[424].

Foi também pela Convenção de Chicago de 1944 que surge a principal organização internacional da aviação civil: a Organização Aviação Civil Internacional (OACI ou, em inglês, ICAO – *Internacional Civil Aviation Organization*) – criada sob o manto do espírito internacionalista e cuja existência é considerada um imperativo para a comunidade internacional, pois "*so long as there remained a perceived direct connection between miliatry and civil aviation, the calls for an international aviation organization to oversee, regulate, or control civil aviation would continue*"[425] ("enquanto permanecer a percepção da existência de uma conexão direta entre a aviação civil e a aviação militar, a necessidade de uma organização internacional para supervisionar, regulamentar ou controlar a aviação civil vai continuar").

É diante do contexto de profunda influência de normas de direito internacional público que surge o campo temático que denominamos Estatuto Aéreo ou Estatuto das Aeronaves, referente àquele conjunto de regras de Direito Internacional Privado que busca estudar a solução do conflito de leis envolvendo aeronaves e, nos limites de nossos estudos, aviões.

---

424 VIGLINO, Mickael R. Transporte aéreo e direito transnacional: da convergência à uniformidade. **Revista de Direito Internacional,** Brasília, Uniceub, v. 13, n. 3, 2016, p. 163. Disponível em: https://www.publicacoesacademicas.uniceub.br/rdi/article/view/4374. Acesso em: 4 out. 2019.

425 MACKENZIE, David. **ICAO:** a history of the international civil aviation organization. Toronto: University of Toronto Press Inc., 2010, p. 24.

Mas antes de podermos adentrar no nosso campo temático, é preciso que entendamos que o Estatuto Aéreo somente se aplica às aeronaves da aviação civil, as aeronaves civis, não se aplicando às aeronaves do Estado – distinção que é um dos princípios gerais do Direito aeronáutico, consagrada no art. 30 da Convenção de Paris de 1919 e na Convenção de Chicago de 1944.

Convenção de Paris de 1919	Convenção de Chicago de 1944
Ch.VIII State Aircraft Article 30. The following shall be deemed to be State aircraft: (a) Military aircraft. (b) Aircraft exclusively employed in State service, such as posts, customs, police. Every other aircraft shall be deemed to be a private aircraft. All State aircraft other than military, customs and police aircraft shall be treated as private aircraft and as such shall be subject to all the provisions of the present Convention. Article 31. Every aircraft commanded by a person in military service detailed for purpose shall be demmed to be a military aircraft. Article 32. No military aircraft of a contracting State shall fly over the territory of another contracting State nor land thereon without special authorization. In case of such authorization the military aircraft shall enjoy, in principle, in the absence of special stipulations the privileges which are customarily accorded to foreign ships of war. A military aircraft which is forced to land or which is requested or summoned to land shall by reason thereof acquire no right to the privileges referred to in the above paragraph.	Artigo 3º Aeronaves civis e do Estado a) Esta Convenção será aplicável unicamente a aeronaves civis, e não a aeronaves de propriedades do Govêrno. b) São considerados aeronaves de propriedades do Govêrno aquelas usadas para serviços militares, alfandegários ou policiais. c) Nenhuma aeronave governamental pertencente a um estado contratante poderá voar sobre o território de outro Estado, ou aterrissar no mesmo sem autorização outorgada por acordo especial ou de outro modo e de conformidade com as condições nele estipuladas. d) Os Estados contratantes, quando estabelecerem regulamentos para aeronaves governamentais se comprometem a tomar em devida consideração a segurança da navegação das aeronaves civis.

O princípio internacional da separação das aeronaves foi recepcionado pelo Brasil e é adotado como principal vetor para distinção entre aviação civil e aviação pública, conforme podemos verificar no Decreto-lei n. 483, de 8 de julho de 1938 – o Código Brasileiro do Ar – e no art. 107 da Lei n. 7.565:

Decreto-lei n. 483	Lei n. 7.565
Art. 19. As aeronaves se classificam em públicas e privadas: I – Consideram-se aeronaves públicas: a) as militares; b) as que forem utilizadas pelo Estado em serviço público. II – Todas as demais se consideram aeronaves privadas. Parágrafo único. Não obstante, considera-se militar toda aeronave comandada por pessoa incorporada às forças armadas nacionais em serviço ativo; e se assimilam, às aeronaves privadas as públicas empregadas exclusivamente em tráfego comercial ou postal, quando dirigidas por civís.	**Art. 107.** As aeronaves classificam-se em civis e militares. § 1º Consideram-se militares as integrantes das Forças Armadas, inclusive as requisitadas na forma da lei, para missões militares (artigo 3º, I). § 2º As aeronaves civis compreendem as aeronaves públicas e as aeronaves privadas. § 3º As aeronaves públicas são as destinadas ao serviço do Poder Público, inclusive as requisitadas na forma da lei; todas as demais são aeronaves privadas. § 5º Salvo disposição em contrário, os preceitos deste Código não se aplicam às aeronaves militares, reguladas por legislação especial (artigo 14, § 6º).

Para simplificar a questão, as aeronaves públicas, independentemente de serem militares ou não, não estão na esfera de estudos do Direito Internacional Privado por consistirem em bens públicos, isto significa que são coisas corpóreas ou incorpóreas, imóveis ou móveis, semoventes, créditos, ações que são de propriedade da União, dos Estados, Municípios ou respectivas autarquias e fundações de Direito público, e que se encontram sob regime de Direito público[426].

Essas aeronaves contém um elemento de soberania do Estado, estando atreladas a regras públicas daquele Estado – normalmente, Direito administrativo para as aeronaves civis públicas e o Direito militar/Direito dos conflitos armados para as aeronaves militares, estas últimas sujeitas a fiscalização direta da Força Aérea Brasileira (Ministério da Defesa).

Isto significa que qualquer incidente envolvendo essas aeronaves não irão configurar um conflito de leis do Direito Internacional Privado, mas sim um incidente diplomático envolvendo a soberania dos Estados envolvidos. Portanto, não são objeto de nosso estudo.

---

426 UCHOA, A. Propriedade Pública: funcionalização e sustentabilidade. **Revista Controle** – doutrina e artigos, v. 13, n. 2, p. 14-31, 31 dez. 2015. Disponível em: http://revistacontrole.ipc.tce.ce.gov.br/index.php/RCDA/article/view/1. Acesso em: 4 out. 2019.

12.2 AS AERONAVES

12.2.1 Visão geral das aeronaves e a delimitação necessária para nosso estudo

Quando estudamos o Estatuto Aéreo, temos de compreender que seu campo de atuação é centrado no conceito de aeronave – o Estatuto das Aeronaves –, um conceito amplo que não pode ser confundido com o de avião, o qual é a principal modalidade de aeronave.

Diferentemente da natureza e da vocação internacional, o conceito de aeronave não se encontra consolidado em tratados e normas internacionais, sendo competência das legislações internas de cada país estabelecê-lo, de forma a garantir a aviação civil sobre seu espaço aéreo.

No Brasil, o ponto de partida para compreender o conceito de aeronave está no Código Brasileiro de Aeronáutica (CBA) – instituído pela Lei n. 7.565:

> **Art. 106.** Considera-se aeronave todo aparelho manobrável em vôo, que possa sustentar-se e circular no espaço aéreo, mediante reações aerodinâmicas, apto a transportar pessoas ou coisas.
>
> Parágrafo único. A aeronave é bem móvel registrável para o efeito de nacionalidade, matrícula, aeronavegabilidade (artigos 72, I, 109 e 114), transferência por ato entre vivos (artigos 72, II e 115, IV), constituição de hipoteca (artigos 72, II e 138), publicidade (artigos 72, III e 117) e cadastramento geral (artigo 72, V).

Notamos que o dispositivo adota uma conceituação bem ampla de aeronave, não realizando nenhuma distinção entre os diferentes engenhos que se enquadram nesse conceito (ex.: aviões, helicópteros, balões, dirigíveis, ultraleves, *drones* etc.). Em nenhum momento o legislador emprega o termo avião no CBA.

Nessa técnica legislativa, constatamos que o legislador procurou oferecer diretrizes gerais por meio da Lei, conferindo ampla liberdade para os agentes administrativos realizarem as necessárias distinções e regulamentações específicas – a exemplo das regras administrativas emitidas pela ANAC, pois não há como compreender o sentido de aeronaves sem compreender aquelas normas.

Na dinâmica administrativa, temos como referência principal o Regulamento Brasileiro de Aviação Civil n. 01 (RBAC n. 01) e suas emendas (Emenda 01 e 03), os quais mantém o conceito amplo da legislação, definindo a aeronave como "dispositivo que é usado ou que se pretenda usar para voar na atmosfera, capaz de transportar pessoas e/ou coisa", porém estabelece o conceito dos demais engenhos/dispositivos que se enquadram nesse conceito, possibilitando que possamos realizar uma classificação das aeronaves:

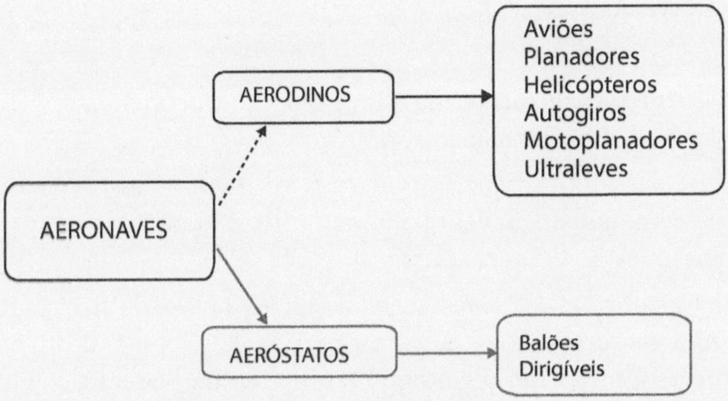

Conforme o RBAC n. 01 (Emenda 01), são **aerodinos** todas aquelas aeronaves que têm sua sustentação no ar graças a reações/forças aerodinâmicas, com motor ou não, englobando:

(1) aviões: aeronaves mais pesadas com asa fixa, que são propelidas por motor e sustentadas por reações aerodinâmicas "contra sua superfície de sustentação que permanecem fixas sob determinadas condições de voo";

(2) planadores: aeronaves mais pesadas que o ar, as quais se mantêm em voo por reações aerodinâmicas "contra suas superfícies fixas de sustentação e para o qual o voo livre não depende principalmente de um motor";

(3) helicópteros: aeronaves dotadas de asas rotativas "que dependem principalmente de seus rotores, movidos a motor, para deslocamentos horizontais";

(4) autogiros: aeronaves de asas rotativas sem rotores (ex.: girocópteros, giroplanadores);

(5) motoplanadores: planadores equipados com um ou mais motores que se mantêm em voo sem precisar acioná-los; e

(6) ultraleves: denominação genérica para aeronaves experimentais de finalidade recreativa ou esportiva de pequeno porte, podendo ser autopropulsadas ou não, além de serem regidas por resoluções específicas.

Por outro lado, o mesma RBAC n. 01 (Emenda 03) define os **aeróstatos** como todas aquelas aeronaves que são mais leves que o ar e que decolam e se mantêm em voo pelo "emprego de invólucros cheios de gás, com o conjunto pesando menos que o ar deslocado por tais invólucros", englobando:

(1) balão: "aeronave mais leve que o ar que não dispõe de propulsão própria"; e

(2) dirigível: "aeronave mais leve que o ar, propelida a motor e possuindo dirigibilidade própria".

Diante dessa classificação, podemos verificar a existência de um importante aspecto nas aeronaves que possui reflexo dentro do estudo do Estatuto Aéreo: a questão do **aerosporto**.

Pela Resolução ANAC RBAC n. 01, **aerosporto** é definido como "toda atividade não comercial voltada para a prática do esporte, do turismo e do lazer" e que está prevista no Código Desportivo da Federação Aeronáutica Internacional (FAI).

Logo, as aeronaves que se enquadrarem como integrantes da prática de **aerosporto** estão sujeitas a regras específicas, possuindo um tratamento mais simples e distinto das aeronaves de cunho comercial. Em regra, somente as aeronaves do tipo **ultraleve** é que possibilitam a prática de **aerosporto** e, portanto, são inseridas no conceito de **aeronave leve esportiva**:

> Aeronave leve esportiva significa uma aeronave, excluindo helicóptero ou aeronave cuja sustentação dependa diretamente da potência do motor (powered-lift), que desde a sua certificação original, tem continuamente cumprido com as seguintes características:
>
> (1) peso máximo de decolagem menor ou igual a:
>
> (i) 600 quilogramas para aeronave a ser operada a partir do solo apenas; ou
>
> (ii) 650 quilogramas para aeronave a ser operada a partir da água.
>
> (2) velocidade máxima em voo nivelado com potência máxima contínua (VH) menor ou igual a 120 knots CAS, sob condições atmosféricas padrão ao nível do mar.
>
> (3) velocidade nunca exceder (VNE) menor ou igual a 120 knots CAS para um planador.
>
> (4) velocidade de estol (ou velocidade mínima em voo estabilizado), sem o uso de dispositivos de hipersustentação (VS1), menor ou igual a 45 knots CAS no peso máximo de decolagem certificado e centro de gravidade mais crítico.
>
> (5) assentos para não mais do que duas pessoas, incluindo o piloto.
>
> (6) apenas um (1) motor alternativo caso a aeronave seja motorizada.
>
> (7) uma hélice de passo fixo, ou ajustável no solo, caso a aeronave seja motorizada, mas não seja um motoplanador.
>
> (8) uma hélice de passo fixo ou auto-embandeirável, caso a aeronave seja um motoplanador.
>
> (9) um sistema de rotor de passo fixo, semirrígido, tipo gangorra, de duas pás, caso a aeronave seja um girocóptero.
>
> (10) uma cabine não pressurizada, caso a aeronave tenha uma cabine.

> (11) trem de pouso fixo, exceto para aeronave a ser operada a partir da água ou planador.
> (12) trem de pouso fixo ou retrátil, ou um casco, para aeronave a ser operada a partir da água.
> (13) trem de pouso fixo ou retrátil, para planador[427].

Nesse contexto, fica evidenciado que a compreensão das regras jurídicas de uma aeronave está diretamente ligada ao tipo de dispositivo que estamos analisando, não havendo como estabelecer um conjunto normativo rígido e único para todos esses diferentes tipos de engenhos voadores.

Portanto, para os limites do nosso estudo das regras de Direito Internacional Privado, vamos nos restringir a analisar os aviões: as aeronaves de médio a grande porte, de propulsão a motor, capazes de transportar pessoas ou coisas e que configuram o principal meio de transporte internacional por via aérea e, além disso, são referência para as regras envolvendo demais engenhos voadores, ou seja, os aviões são a **regra geral** do Estatuto Aéreo.

12.2.2 Uma consideração necessária: os *drones*

Uma temática que está em ascendência no Estatuto Aéreo é a regulamentação das aeronaves não tripuladas, os popularmente denominados *drones* – expressão que foi empregada pela primeira vez pelo oficial da marinha americana Delmer Fahrney ao fazer um relatório sobre o emprego de aeronaves não tripuladas controladas via remota[428].

Apesar dessa modalidade de aeronave não configurar uma inovação tecnológica recente, devido ao fato de se ter notícia do emprego de engenhos voadores não tripulados no século XIX na guerra entre a Espanha e o Estados Unidos da América para fins de fotografia aérea[429], trata-se da modalidade de aeronave que está se demonstrando o futuro da aviação no século XXI.

---

427 ANAC. Definições, regras de redação e unidades de medida para uso no RBAC – Emenda n. 03 de 07 junho de 2018. **Regulamento brasileiro da aviação civil RBAC n. 01.** Disponível em: https://www.anac.gov.br/assuntos/legislacao/legislacao-1/rbha-e-rbac/rbac/rbac-01/@@display-file/arquivo_norma/RBAC01_EMD03.pdf. Disponível em: 6 out. 2019.

428 HODGKINSON, David; JOHNSTON, Rebecca. **Aviation Law and Drones:** unmanned Aircraft and the future of Aviation. New York: Routledge, 2018, p. 1.

429 WAGNER, Markus. Unmanned Aerial Vehicles. In: WOLFRUM, Rüdiger. **Max Planck Encyclopedia of Public International Law.** Oxford University Press, 2015, p. 6. Disponível em: https://ssrn.com/abstract=2584652. Acesso em: 10 out. 2019.

O primeiro passo para compreender a situação especial dos *drones* é, justamente, compreender o seu significado, ou, melhor, os diversos conceitos que a palavra designa envolvendo aeronaves não tripuladas, dos quais podemos destacar: *pilotless aircraft* e *Unmanned Aircraft System* (UAS).

A expressão *pilotless aircraft* (aeronave sem piloto) foi a primeira conceituação jurídica empregada para designar os *drones*, remontando à redação do art. 8º da Convenção de Chicago de 1944 – Decreto n. 21.713, a qual regulamenta o tráfego internacional de aeronaves não tripuladas[430].

Esse conceito não faz nenhuma distinção entre a modalidade de aeronaves não tripuladas e nem estabelece para elas qualquer categorização para as mesmas, simplesmente considerando qualquer aeronave que não tenha piloto para navegação aérea como se enquadrando na categoria de *drone* ou, como a própria convenção diz: aeronave sem piloto.

Com o desenvolvimento tecnológico em matéria de sensores e de lentes para fins de reconhecimento aéreo militar, a partir de 1960 começou a surgir uma nova nomenclatura para os *drones*[431]. Não se limitava mais a aeronaves sem piloto, mas passava a se tratar de um vasto novo campo de estudo da engenharia aérea militar: *Unmanned Aircraft System* (sistemas de aeronaves não tripuláveis).

Nesse contexto surge a segunda expressão abarcada pelos *drones*, o microssistema dos *Unmanned Aircraft Systems* (sistemas aéreos não tripulados), uma expressão técnica que engloba qualquer engenho voador que não utilize tripulação para sua navegação, incluindo desde mísseis balísticos até torpedos e minas[432].

Ocorre que com a revolução eletrônica do final do século XX e, porque não, cibernética do início do século XXI, esse microssistema compreendido

---

430 "Artigo 8º Aeronaves sem piloto. Nenhuma aeronave, capaz de navegar sem pilôto, poderá sobrevoar sem pilôto o território de um Estado contratante sem autorização especial do citado Estado e de conformidade com os têrmos da mesma autorização. Cada Estado contratante se compromete a tomar as disposições necessárias para que o vôo sem piloto de tal aeronave nas regiões acessíveis de aeronaves civis seja controlada de modo a evitar todo perigo para as aeronaves civis."

431 HOBBS, Alan. Unmanned Aircraft Systems. In: SALAS, E.; MAURINO, D. (eds.). **Human factors in aviation.** 2. ed. San Diego: Elsevier, 2010, p. 506.

432 WAGNER, Markus. Unmanned Aerial Vehicles. In: WOLFRUM, Rüdiger. **Max Planck Encyclopedia of Public International Law.** Oxford University Press, 2015, p. 1. Disponível em: https://ssrn.com/abstract=2584652. Acesso em: 10 out. 2019.

pela expressão *Unmanned Aircraft Systems* (UAS) passou a não estar somente relacionado ao campo puramente militar, tendo se atrelado também com um campo civil.

É nesse contexto que a ICAO procurou desenvolver seus estudos e regulamentação: em vez de englobar todos os UAS militares, se limitou àqueles que têm seu uso para fins civis, surgindo o significado mais comum de *drones*, os *Unmanned Aircraft* (UA) – que variam de brinquedos que voam a baixa altitude e curto alcance a aeronaves comerciais de transporte de carga internacional[433].

Portanto, quando utilizamos a palavra *drone*, estamos designando na aviação civil os veículos aéreos não tripulados (VANT), sendo sua categorização competência das jurisdições nacionais de cada país.

No Brasil, os VANT são regulamentados na RBAC-E n. 94 – Requisitos gerais para aeronaves não tripuladas de uso civil[434], a qual categoriza os *drones* em três categorias: aeromodelos, aeronaves remotamente pilotadas (*Remote Piloted Aircraft* – RPA) e aeronaves autônomas.

Os aeromodelos são "toda aeronave não tripulada com finalidade de recreação". Podemos associá-los aos brinquedos e à atividade de hobby envolvendo aeromodelismo, sendo eles equiparados a RPA de classe 3, não havendo necessidade para licenciamento, nem cadastro para aqueles com peso de decolagem inferior a 250 gramas, e não podem ter finalidade comercial.

As aeronaves remotamente pilotadas (*Remote Piloted Aircraft* – RPA) são as aeronaves não tripuladas que são pilotadas "a partir de uma estação de pilotagem remota com finalidade diversa de recreação"; são divididas em 3 classes de acordo com o peso máximo de decolagem (PMD)[435] e têm finalidade comercial.

---

433 HOBBS, Alan. Unmanned Aircraft Systems. In: SALAS, E.; MAURINO, D. (eds.). **Human factors in aviation.** 2. ed. San Diego: Elsevier, 2010, p. 506.

434 Disponível em: https://www.anac.gov.br/assuntos/legislacao/legislacao-1/rbha-e-rbac/rbac/rbac-e-94.

435 "**E94.5 Classificação do RPAS e da RPA** (a) O RPAS e a RPA são classificados de acordo com o peso máximo de decolagem (PMD) da RPA da seguinte maneira: (1) Classe 1: RPA com peso máximo de decolagem maior que 150 kg; (2) Classe 2: RPA com peso máximo de decolagem maior que 25 kg e menor ou igual a 150 kg; e (3) Classe 3: RPA com peso máximo de decolagem menor ou igual a 25 kg."

As RPA obrigatoriamente têm de ser cadastradas, portar marca de identificação, ter certificado de autorização de voo e demais documentos necessários conforme a E94.501[436], sendo proibidas de carregar pessoas, animais ou cargas consideradas perigosas conforme a E94.103[437].

Por fim, as aeronaves autônomas, as quais não são consideradas uma modalidade de *drone* pela ANAC por serem proibidas no Brasil para uso na aviação civil[438], são aquelas aeronaves não tripuladas que não são pilotadas remotamente, tendo sua navegação toda programada previamente e agindo autonomamente, sem intervenção humana alguma, em seu voo.

E aqui aproveitamos para entrar na questão envolvendo o Direito Internacional para essas modalidades de aeronaves, pois constata-se que ainda não existe um arcabouço jurídico-legal consolidado para os *drones*, normalmente ocorrendo para eles a aplicação das mesmas regras aplicadas para as

---

436 "**E94.501 Disposições gerais** (a) Exceto como previsto em (c), nenhuma aeronave não tripulada poderá voar sem possuir um certificado de aeronavegabilidade válido. (b) Os seguintes tipos de certificado de aeronavegabilidade podem ser emitidos para uma RPA: (1) Certificado de Autorização de Voo Experimental – CAVE; (2) Autorização Especial de Voo – AEV; (3) Certificado de Aeronavegabilidade Especial para RPA – CAER; (4) Certificado de Aeronavegabilidade categoria restrita; e (5) Certificado de Aeronavegabilidade padrão. (c) As RPAs Classe 3 que se destinam unicamente a operações VLOS até 400 pés AGL e os aeromodelos não necessitam possuir qualquer certificado de aeronavegabilidade."

437 "**E94.103 Regras gerais para a operação de aeronaves não tripuladas** (a) É proibido o transporte de pessoas, animais, artigos perigosos referidos no RBAC n. 175 ou carga proibida por autoridade competente, em aeronaves não tripuladas. (1) Essa proibição não se aplica aos artigos perigosos transportados por uma aeronave não tripulada, quando tais artigos: (i) se destinem a lançamentos relacionados a atividades de agricultura, horticultura, florestais, controle de avalanche, controle de obstrução por gelo e deslizamentos de terra ou controle de poluição; (ii) sejam equipamentos eletrônicos que contenham baterias de lítio necessárias para seu funcionamento, desde que sejam destinadas para uso durante o voo, tais como câmeras fotográficas, filmadoras, computadores etc. Este item não isenta o cumprimento de requisitos de certificação exigidos por outros regulamentos da ANAC; (iii) sejam transportados por aeronaves não tripuladas pertencentes a entidades controladas pelo Estado, sob total responsabilidade das referidas entidades, desde que cumpram os dispositivos aplicáveis do RBAC n. 175; ou (iv) forem requeridos a bordo da aeronave não tripulada, de acordo com os requisitos pertinentes de aeronavegabilidade e/ou de operações."

438 "**E94.103 Regras gerais para a operação de aeronaves não tripuladas** (...) (c) É proibida a operação autônoma de aeronaves não tripuladas."

aeronaves tripuladas, analogia criadora de sérias dificuldades para os juristas diante desse tipo de situação envolvendo *drones*[439].

Essas dificuldades podem ser categorizadas em questões envolvendo *drones* militares e *drones* civis.

Os *drones* militares, ou UAS, estão cada vez mais presentes nas forças armadas dos países e, neste início de século XXI, estão em contínuo emprego nas mais diferentes tarefas em campo de batalha – variando desde as tarefas de reconhecimento aéreo até mesmo agindo como bombardeiros.

Sob aspecto de instrumento de guerra, a situação jurídica dos *drones* configura um desafio para os estudiosos do Direito da Guerra ou Direito Internacional dos Conflitos Armados, gerando várias questões humanitárias pelo seu emprego.

Nessa faceta, os *drones* militares são desafio do Direito Internacional Público, não havendo muito espaço para seu estudo no Direito Internacional Privado.

Os *drones* civis, ou UA, ainda não são uma realidade consolidada no dia a dia da maioria dos países, porém, sem sombra de dúvida, é uma questão de tempo para que eles se tornem uma poderosa ferramenta não só de transporte de pessoas e coisas, como também repercutirem no campo da privacidade das pessoas.

É nesse contexto que os *drones* surgem como um objeto do Direito Internacional Privado e parte do Estatuto Aéreo: como regulamentar as questões de *drones* utilizados como ferramentas de violação de privacidade das pessoas? Como regulamentar questões de segurança de voo e de transporte para essas modalidades de aeronave? Qual a sua natureza jurídica para o Direito como coisa, bem?

Por enquanto, a maioria dessas questões conseguimos responder nos socorrendo à analogia com as aeronaves tripuladas (os "aviões"), porém, as questões envolvendo privacidade ainda consistem em um campo complicado e, no Brasil, lacunoso, pois não há como nos socorrermos nas regras da aviação tradicional, pois, sob esse aspecto, o *drone* passa de uma aeronave de transporte para uma **câmera voadora**.

Em todo caso, não é objeto de nosso estudo alongar ou dissecar esse campo pouco explorado dos drones, pois essa questão está além da finalidade da nossa obra, a qual é servir de introdução para o Direito Internacional Privado.

---

439 HODGKINSON, David; JOHNSTON, Rebecca. **Aviation Law and Drones:** unmanned Aircraft and the future of Aviation. New York: Routledge, 2018, p. 27.

12.3 AS REGRAS DE DIREITO INTERNACIONAL PRIVADO

12.3.1 Aeronave como território: arts. 3º, 4º e 5º do Código Aeronáutico

O primeiro aspecto de Direito Internacional Privado referente às aeronaves é a questão da extensão territorial que elas representam, ou melhor, é a situação da aeronave como local do acontecimento de um ato e não como uma coisa, um bem em si.

Nesse aspecto, a aeronave se transforma em uma modalidade de território, de local geográfico no qual aconteceu determinado ato, determinada conduta, determinada obrigação que figura como objeto de conflito de leis. Esse aspecto trabalha com duas variáveis: a do espaço aéreo como território do Estado e a natureza jurídica da aeronave.

A primeira variável está na compreensão do espaço aéreo como parte do território do Estado, ou melhor, devemos ter em mente que o elemento **território** na composição da ideia de Estado não abrange somente a zona geográfica, o espaço geográfico no qual uma população e seu governo existem – o território físico, o *"lugar onde a autoridade deve agir"*[440].

Também abrange os limites de atuação de um Estado, isto é, os limites de atuação do poder soberano de determinado Estado, podendo ultrapassar o espaço físico no qual ele existe (ex.: embaixadas), configurando a "esfera imaterial do poder soberano, isto é, da competência atinente a determinadas matérias"[441].

Destarte, a expressão **território de um Estado** é uma expressão figurativa que não se refere somente ao espaço físico (terrestre-geográfico) onde o Estado se estabelece e é soberano, mas sim à esfera de validade da ordem jurídica que este Estado manifesta e representa[442].

A partir dessa noção de território é que se elaborou e desenvolveu a regulamentação do espaço aéreo por parte do Direito Internacional Público e, por consequência, a sua inserção como um dos domínios soberanos do

---

440 CASTRO, Amilcar de. Conceito de território. **Revista da Faculdade de Direito da UFMG,** Belo Horizonte, n. 1, p. 98-106, 1962, Disponível em: https://www.direito.ufmg.br/revista/index.php/revista/article/view/661. Acesso em: 28 out. 2019.

441 CASTRO, Amilcar de. Conceito de território. **Revista da Faculdade de Direito da UFMG,** Belo Horizonte, n. 1, p. 98-106, 1962, Disponível em: https://www.direito.ufmg.br/revista/index.php/revista/article/view/661. Acesso em: 28 out. 2019.

442 KELSEN, Hans. **Principles of international law.** New Jersey: The Lawbook Exchange Ltd., 2004, p. 216.

Estado, em conjunto com o domínio terrestre e o domínio marítimo – a conhecida "tridimensionalidade do território de um Estado"[443].

O espaço aéreo consiste, assim, no território jurídico que o Estado possui não só sobre a zona aérea de seu território geográfico (terrestre), como engloba também o espaço aéreo sobre os seus domínios marítimos, como o mar territorial e a zona de exploração econômica exclusiva.

Para facilitar, podemos compreender essa situação por meio do mapa do espaço aéreo brasileiro, o qual demonstra a sua extensão tanto terrestre como marítima:

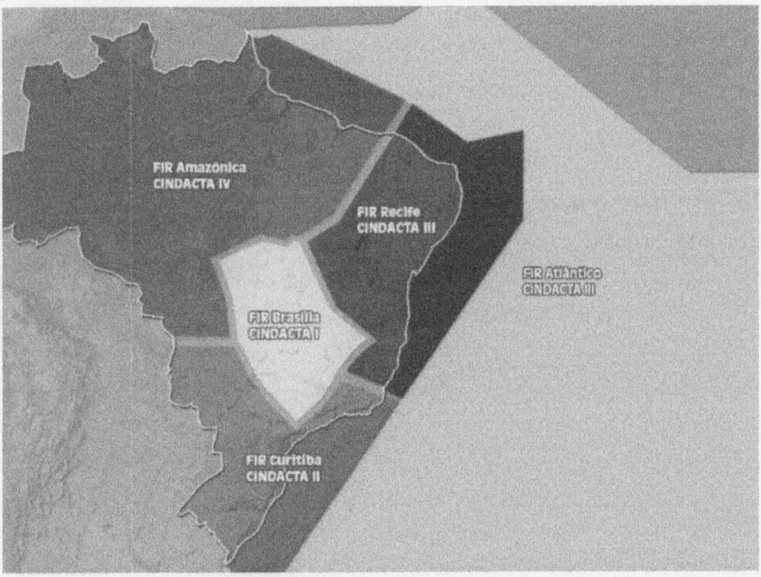

O Espaço Aéreo Brasileiro e as regiões de informação aérea (CINDACTAs[444])

443 MAZZUOLI, Valério de O. **Curso de direito internacional público.** 12. ed. Rio de Janeiro, 2019, p. 738.

444 Mapa disponível via Google Maps no sítio do DCEA-FAB. Disponível em: https://www.decea.gov.br/?i=quem-somos&p=espaco-aereo-brasileiro. Acesso em: 31 out. 2019. O DCEA-FAB é o Departamento de Controle do Espaço Aéreo Brasileiro, vinculado à Força Aérea Brasileira e o espaço aéreo brasileiro é subdivido em quatro zonas de informação aérea ou, mais precisamente, centros de defesa aérea e controle de tráfego aéreo, conhecidas como CINDACTA. Existem 4 CINDACTAs no Brasil: o CINDACTA I (Brasília-DF) responsável pela região central, o CINDACTA II (Curitiba-PR) responsável pelo centro-sul do Brasil, o CINDACTA III (Recife-PE) responsável pelo Nordeste e o sobrejacente ao Atlântico e o CINDACTA IV (Manaus-AM) responsável por grande parte da região amazônica brasileira.

Esse espaço é considerado território do Estado brasileiro e, por isso, parte integrante da esfera jurisdicional soberana do Brasil – qualquer ato praticado nesse espaço, a princípio, é considerado ato que ocorreu no território brasileiro.

Dessa constatação, podemos concluir que a aeronave que se desloca sobre o espaço aéreo de um Estado é, a princípio, parte integrante daquele território. Isto significa que uma aeronave, ao se deslocar sobre um território, em regra, está sob a jurisdição do Estado detentor do domínio soberano daquele território, porém, essa regra não é absoluta, adentrando aqui outra variável necessária para nossa análise.

A outra variável é a natureza da aeronave, partindo da distinção clara e importante no tratamento jurídico conflitual-internacional entre aeronaves públicas e aeronaves privadas, ou melhor, para simplificar, entre a aviação militar e a aviação civil.

As aeronaves militares, por se tratarem de bens públicos e instrumentos de guerra, são consideradas a extensão territorial do Estado a qual "ostentam armas", ou seja, elas são consideradas extensão do território do Estado de sua nacionalidade, não importando a localização geográfica no espaço aéreo em que se encontram – elas gozam de imunidade jurisdicional equivalente às repartições diplomáticas.

Por terem esse vínculo estreito com uma soberania, essas aeronaves não gozam das conhecidas liberdades do ar (passagem inocente, livre desembarque e embarque de pessoas e mercadorias e abastecimento), isto significa que para entrarem no espaço aéreo de outro país, obrigatoriamente, devem ter autorização especial do Estado cujo território desejam se deslocar[445].

A desobediência dessas regras é considerada uma afronta à soberania do Estado soberano do território e, dependendo da gravidade, um ato de agressão ou, até mesmo, ensejador de conflito armado.

Para essas aeronaves, prevê o art. 3º, I e II, do Código Aeronáutico que elas sempre estarão situadas no Estado de sua nacionalidade, conforme verificamos:

---

445 A respeito, o art. 3º da Convenção de Aviação Civil: "b) São consideradas aeronaves de propriedade do Governo aquelas usadas para serviços militares, alfandegários ou policiais. c) Nenhuma aeronave governamental pertencente a um Estado contratante poderá voar sobre o território de outro Estado ou aterrissar no mesmo, sem autorização outorgada por acordo especial ou de outro modo, e de conformidade com as condições nele estipuladas."

> **Art. 3º** Consideram-se situadas no território do Estado de sua nacionalidade:
>
> I – as aeronaves militares, bem como as civis de propriedade ou a serviço do Estado, por este diretamente utilizadas (artigo 107, §§ 1º e 3º);
>
> II – as aeronaves de outra espécie, quando em alto mar ou região que não pertença a qualquer Estado.

Destarte, os atos praticados a bordo de aeronaves públicas-militares são regidos pela lei da nacionalidade da aeronave, incluindo condutas tipificadas penalmente – a respeito é paradigmático o art. 5º do Código Penal brasileiro:

> **Art. 5º** Aplica-se a lei brasileira, sem prejuízo de convenções, tratados e regras de direito internacional, ao crime cometido no território nacional.
>
> § 1º Para os efeitos penais, consideram-se como extensão do território nacional as embarcações e aeronaves brasileiras, de natureza pública ou a serviço do governo brasileiro onde quer que se encontrem, bem como as aeronaves e as embarcações brasileiras, mercantes ou de propriedade privada, que se achem, respectivamente, no espaço aéreo correspondente ou em alto-mar.
>
> § 2º É também aplicável a lei brasileira aos crimes praticados a bordo de aeronaves ou embarcações estrangeiras de propriedade privada, achando-se aquelas em pouso no território nacional ou em voo no espaço aéreo correspondente, e estas em porto ou mar territorial do Brasil.

Por outro lado, as aeronaves civis não possuem essa especialidade de serem continuidade do território de um país, pois não são bens públicos e não são de propriedade de um Estado. Novamente, podemos recorrer ao art. 3º do Código Aeronáutico:

> **Art. 3º** (...)
>
> Parágrafo único. Salvo na hipótese de estar a serviço do Estado, na forma indicada no item I deste artigo, não prevalece a extraterritorialidade em relação à aeronave privada, que se considera sujeita à lei do Estado onde se encontre.

Para atos cometidos a bordo dessa modalidade de aeronaves é necessário responder duas questões:

(i) **Onde a aeronave se encontrava no momento do ato?**

Esse questionamento pode ter três respostas:

(a) a aeronave estava em espaço aéreo internacional, isto é, ela estava se deslocando sobre zona aérea que **não está sujeita a nenhuma soberania nacional** – ex.: o espaço aéreo sobre o alto mar;

(b) a aeronave estava em espaço aéreo estrangeiro, estava em **território de um Estado estrangeiro;**

(c) a aeronave estava em espaço aéreo brasileiro, estava em **território do Estado brasileiro**.

Se a resposta for "a" ou "b", temos de continuar a análise e proceder para o questionamento sobre o ato em si. Se a resposta for "c", aplicamos do supramencionado parágrafo único do art. 3º (lei do local onde se encontra, logo, direito brasileiro) e o art. 4º (origem do ato no Brasil) do Código Aeronáutico.

(ii) O ato teve efeitos no Brasil?

Se a aeronave estava em espaço aéreo internacional ou espaço aéreo estrangeiro, surge a necessidade de compreender a relação do ato praticado com o Brasil, logo podemos visualizar três hipóteses:

(a) o ato **não** se originou no Brasil, **nem** teve efeitos no Brasil;

Nesse caso, se a aeronave estava em espaço aéreo internacional, aplicar-se-á a lei da nacionalidade da aeronave para o ato, sendo a nacionalidade da aeronave o vetor determinante do lugar onde se encontra. Se a aeronave estava em espaço aéreo estrangeiro, aplicar-se-á para o ato praticado a lei do Estado no qual ela se encontrava no momento do ato (interpretação inteligente do art. 3º, parágrafo único, do Código Aeronáutico).

(b) o ato **se** originou no Brasil, mas **não** teve efeitos no Brasil; ou

Nessa hipótese, o direito brasileiro terá aplicação imediata, isto é, o Direito brasileiro irá reger o ato, porém haverá necessidade de aplicar o Direito estrangeiro onde ocorreram efeitos daquele ato (seja o da nacionalidade da aeronave ou do local onde a mesma se encontrava no momento do ato), havendo incidência concomitante entre os dois direitos – interpretação do art. 5º do Código Aeronáutico: "Os atos que, provenientes da aeronave, tiverem início no Território Nacional, regem-se pelas leis brasileiras, respeitadas as leis do Estado em que produzirem efeito".

(c) o ato **não** se originou no Brasil e **teve** efeitos no Brasil

Para esse caso, mesmo o ato sendo praticado fora do espaço aéreo brasileiro, por ter gerado efeitos no Brasil, será regulamentado pelo Direito brasileiro – por força do art. 4º do Código Aeronáutico: "Os atos que, originados de aeronave, produzirem efeito no Brasil, regem-se por suas leis, ainda que iniciados no território estrangeiro".

12.3.2 Aeronave como bem (coisa): arts. 6º e 7º do Código Aeronáutico

12.3.2.1 Direitos reais: o art. 6º do Código Aeronáutico e a nacionalidade da aeronave

O segundo aspecto de Direito Internacional Privado envolvendo as aeronaves é a sua situação como bem móvel de natureza especial, como uma coisa propriamente dita, e a questão dos direitos reais decorrentes dela.

Com fundamento em normativa internacional, a aeronave como bem móvel sempre será regida por sua nacionalidade, conforme se verifica no art. 19 da Convenção da Aviação Civil (Chicago, 1944) ao prever: "Legislação nacional sobre registro. O registro ou transferência de registro de uma aeronave de um Estado Contratante se fará de conformidade com as suas leis e regulamentos".

No Direito brasileiro, o referencial normativo da solução de conflitos de leis envolvendo as aeronaves como bens é o art. 6º do Código Aeronáutico, o qual estabelece: "Os direitos reais e os privilégios de ordem privada sobre aeronaves regem-se pela lei de sua nacionalidade". E para compreender esse dispositivo precisamos entender três elementos que compõem a essência da norma em questão: os direitos reais e os privilégios de ordem privada sobre aeronaves, o conceito de aeronaves e a nacionalidade.

Quando lemos a expressão "direitos reais e os privilégios de ordem privada", é comum associá-la ao instituto dos Direitos reais existentes no Código Civil, porém aqui é necessário entender que a norma colisional aeronáutica não está se limitando a reproduzir a legislação civilista, mas também as regras referentes ao registro desses direitos e privilégios, o Registro Aéreo Brasileiro (RAB).

O RAB é uma espécie de "cartório" das aeronaves no Brasil, sob tutela da ANAC, que tem por competências manter e atualizar o *status* das aeronaves brasileiras, além dos atos praticados sobre elas – competências listadas no art. 2º da Resolução n. 293/ANAC, de 19 de novembro de 2013[446].

---

[446] Art. 2º São atividades do RAB, no que se refere a aeronaves civis: I – fazer registro de aeronave; II – conceder e controlar marcas de nacionalidade e matrícula; III – emitir certificado de matrícula; IV – emitir certificado de aeronavegabilidade; V – emitir certificado de marca experimental; VI – emitir Certificado Provisório de Registro e Licenciamento em favor da instituição à qual tenha sido judicialmente deferido o uso, nos termos da Lei n. 11.343, de 23 de agosto de 2006; VII – prenotar documentos; VIII – promover o cadastramento geral de aeronaves e dos respectivos proprietários ou exploradores; IX – reconhecer a aquisição do domínio na transferência de aeronave; X – averbar comunicação de venda da aeronave remetida pelo vendedor; XI – averbar Declaração de Extravio emitida pelo proprietário ou operador; XII – reconhecer os direitos reais de gozo e garantia sobre aeronaves ou seus componentes; XIII – inscrever projetos de construção ou contratos de construção de aeronave; XIV – inscrever títulos, instrumentos ou documentos em que se institua, reconheça, transfira, modifique ou extinga o domínio ou os demais direitos reais sobre aeronave, como hipoteca, alienação fiduciária, anticrese, créditos privilegiados, adjudicações, arrematações e permutas; XV – inscrever atos ou contratos de exploração ou utilização de aeronaves, em que se instituam, reconheçam, transfiram, modifiquem ou extingam os direitos de uso sobre aeronave, como contrato de arrendamento e subarrendamento operacional e mercantil, fretamento, intercâmbio, cessão temporária, consórcio, compra e venda com reserva de domínio; XVI – inscrever documentos relativos ao abandono, perda, extinção ou alteração essencial, que modifique certificados de aeronavegabilidade, de aeronaves; XVII – inscrever sentenças de divórcio, de nulidade ou anulação de casamento, quando nas respectivas partilhas existirem aeronaves; de extinção de condomínio, de dissolução ou liquidação de sociedade em que haja aeronave a partilhar; de inventário, arrolamento, assim como formais ou certidões de partilha na sucessão legítima ou testamentária, inclusive nas que adjudiquem aeronaves em pagamento de dívidas de herança e declaratórias de usucapião; XVIII – inscrever arrolamentos de bens pela autoridade tributária; mandados judiciais, sentenças ou demais atos de adjudicação, como arresto, sequestro, penhora, apreensão, indisponibilidade e demais determinações; XIX – inscrever as sentenças de perdimento de aeronaves e as decisões judiciais que autorizem a utilização por órgãos ou entidades que atuam na prevenção do uso indevido, na atenção e reinserção social de usuários e dependentes de drogas e na repressão à produção não autorizada e ao tráfico ilícito de drogas das aeronaves consistentes em produtos de crimes, nos termos da Lei n. 11.343, de 2006; XX – averbar seguros, na forma do art. 283 do CBAer; XXI – cancelar matrículas,

Na esteira da regulamentação administrativa, os direitos reais compreendem a propriedade (matrícula, condomínio, atos translativos de propriedade e perda de propriedade), os direitos de uso (cessão temporária, locação, arrendamento, intercâmbio etc.) e as garantias reais (hipoteca, alienação fiduciária, anticrese).

Por outro lado, os privilégios de ordem privada compreendem os créditos privilegiados (ex.: direito de retenção e aqueles que se inserem nos arts. 963 a 965 do CC) e os decorrentes de atos judiciais (ex.: usucapião, penhora e hipoteca legal).

Todos os atos englobando direitos reais e os privilégios de ordem privada, para serem validos no Brasil, terão de ser obrigatoriamente registrados no RAB – art. 24 da Resolução n. 293/2013, levando à conclusão de que os direitos reais sobre aeronaves brasileiras, obrigatoriamente, estarão sujeitos ao direito brasileiro.

O segundo elemento de interpretação é o conceito de aeronave que é similar ao do Código Aeronáutico, conforme verificamos no art. 48 da Res. n. 293/2013[447], gerando a impressão de que toda e qualquer aeronave tem de estar registrada no RAB e estará sujeita às garantias reais das aeronaves.

Não é toda aeronave que exige registro no RAB.

Para fins de interpretação do art. 6º do Código Aeronáutico Brasileiro, não se enquadra no conceito de aeronaves: as aeronaves não tripuladas de uso civil com peso máximo de decolagem de até 250 gramas, conforme Resolução RBAC-E n. 94 (requisitos gerais para aeronaves não tripuladas de uso civil)[448] e as aeronaves ultraleve e balão que se enquadram como veículos de

---

registros, inscrições e averbações; XXII – emitir 2ª via de certificados; XXIII – assegurar a publicidade, autenticidade, inalterabilidade e conservação de documentos inscritos, averbados, autenticados e arquivados; XXIV – autenticar Diário de Bordo de aeronave brasileira; XXV – anotar os usos e práticas aeronáuticas que não contrariem a lei, a ordem pública e os bons costumes; e XXVI – fornecer certidão, mediante requerimento, do que tiver sido levado ao registro, bem como fornecer aos requerentes as informações solicitadas.

447 Art. 48. A aeronave é um bem móvel registrável para efeito de propriedade, nacionalidade, matrícula, aeronavegabilidade, constituição de direitos reais de gozo e garantia, publicidade e cadastramento geral.

448 **E94.301 Registro e cadastro.** (...) (d) As aeronaves não tripuladas de peso máximo de decolagem de até 250 gramas não precisam ser cadastradas junto à ANAC ou identificadas – Resolução RBAC-E n. 94, Requisitos Gerais para aeronaves não tripuladas de uso civil.

operação aerodesportiva, conforme a RBAC n. 103 (operação aerodesportiva em aeronaves sem certificado de aeronavegabilidade)[449].

Acrescentamos que essas duas modalidades de aeronaves não necessitam ostentar marca de nacionalidade, não estão sujeitas à hipoteca e estão proibidas de realizar deslocamento internacional, devido ao fato de somente poderem navegar em espaços autorizados pelo DECEA-FAB.

Por fim, o último elemento para compreendermos as regras do art. 6º do Código Aeronáutico é a questão da nacionalidade da aeronave, uma das características que compõem sua natureza especial.

A nacionalidade de uma aeronave nada mais é que o local de seu registro, o local de sua matrícula, conforme entendimento do art. 17 da Convenção de Aviação Civil (Chicago, 1944), o qual estabelece que: "As aeronaves terão a nacionalidade do Estado em que estejam registradas". E do art. 108 do Código Aeronáutico: "A aeronave é considerada da nacionalidade do Estado em que esteja matriculada".

Em regra, a nacionalidade é o prefixo da marca de identificação da aeronave em sua fuselagem, o prefixo aeronáutico (ou marca de identificação) que é composto pela marca de nacionalidade e a matrícula da aeronave.

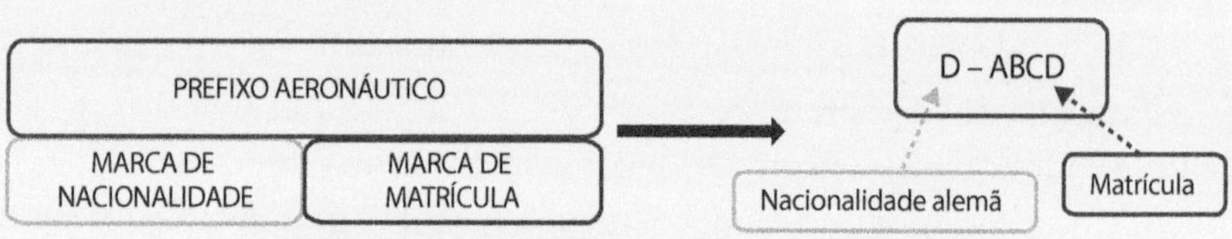

Visualizando a nacionalidade de uma aeronave em sua fuselagem

As marcas de nacionalidade são regidas por tratados internacionais e são de responsabilidade exclusiva da Organização Internacional para Aviação Civil (ICAO), cabendo a cada Estado nacional requerer da organização a confecção de novas marcas de nacionalidade conforme suas necessidades.

449 **103.1 Aplicabilidade** (a) Este regulamento é aplicável a operação aerodesportiva em: (1) veículo ultraleve; e (2) balão livre tripulado que não seja detentor de um certificado de aeronavegabilidade. (b) Para os propósitos deste regulamento, é considerado veículo ultraleve aquela aeronave que: (1) tem propósito exclusivo de desporto e recreação; (2) não seja detentora de um certificado de aeronavegabilidade emitido segundo o RBAC n. 21; (3) possui peso vazio de no máximo 80 kg se não motorizado ou 200 kg se motorizado; e (4) possui: (i) velocidade máxima em voo nivelado com potência máxima contínua (VH) menor ou igual a 100 knots calibrado (CAS), sob condições atmosféricas padrão ao nível do mar; ou (ii) no caso de planador ou motoplanador, velocidade nunca exceder (VNE) menor ou igual a 100 Knots CAS.

É vedado uma aeronave possuir duas ou mais nacionalidades (ou seja, dois ou mais locais de registro), como também é vedada a ausência da marca de nacionalidade em sua fuselagem – são proibidas de voar internacionalmente aeronaves que não possuem registro e, por consequência, não possuem marca de nacionalidade.

Encerrando, temos que quando a norma internacional determina o elemento conexão nacionalidade como solução para o conflito de leis envolvendo aeronaves, está determinando que o direito do local de seu registro determinará o direito aplicável para direitos reais e privilégios de ordem privada.

É comum meus alunos indagarem se aeronaves recém construídas saem de fábrica com o prefixo aeronáutico, especialmente quando a aeronave é construída em um país para um proprietário em outro país (local de fabricação diferente do local onde será utilizada). A resposta é sim, toda aeronave que realizar voo internacional tem de obrigatoriamente ostentar prefixo aeronáutico, inclusive aeronaves militares – porém estas últimas têm regras próprias que não têm relevância para o nosso estudo no momento.

Também é importante ressaltarmos que o projeto de modernização do Código Aeronáutico (Projeto de Lei do Senado n. 258, de 2016) até o momento de publicação da nossa obra não apresentou mudanças nessa temática da aeronave como bem.

12.3.2.2 As medidas assecuratórias: o art. 7º do Código Aeronáutico

Um tema acessório ao Direito Internacional Privado, mas que também envolve as aeronaves como bens, é a questão do art. 7º do Código Aeronáutico e o direito aplicável às medidas assecuratórias sobre elas.

É uma temática acessória pelo fato de que as medidas assecuratórias consistem em incidentes processuais que surgem quando da necessidade de garantir a reparação de dano ou o pagamento de custas processuais, ou, em uma concepção doutrinária: "são providências tomadas, no processo penal, para garantir futura indenização ou reparação à vítima de infração legal, e o pagamento das despesas processuais ou das penas pecuniárias ao Estado ou mesmo para evitar que o acusado tenha lucro com a prática criminosa"[450].

---

450 NUCCI, Guilherme de S. **Curso de direito processual penal.** 16. ed. Rio de Janeiro: Forense, 2019, p. 468.

No processo penal brasileiro são três as modalidades de medidas assecuratórias: o sequestro, o arresto e a especialização da hipoteca (conhecida como hipótese de hipoteca legal do art. 1.489, III, do CC[451]), cada uma com procedimento autônomo e de decisão em apartado[452].

Lembramos que apesar de sua normativa principal estar no Código de Processo Penal (arts. 125 a 144-A), essas medidas não se limitam ao processo penal, possuindo aplicabilidade também como medidas de tutela de urgência no processo civil (art. 301 do CPC[453]).

Como incidentes processuais, nada mais natural que seja a solução do conflito de leis sempre resultar na aplicação da *lex fori* ou, na sua manifestação no art. 7º do Código Aeronáutico, do direito do local onde se encontrar a aeronave, ou, como o próprio dispositivo estabelece: "As medidas assecuratórias de direito regulam-se pela lei do país onde se encontrar a aeronave".

Isso decorre da constatação de que regras processuais sempre serão unilaterais, quer dizer: não há espaço para a extraterritorialidade de normas processuais, estando seus efeitos e sua aplicação limitada à esfera jurisdicional do Estado em que existem. Porém, apesar da singeleza do dispositivo normativo e do "princípio da territorialidade jurisdicional", é importante advertir que a sua interpretação demanda alguns cuidados.

O primeiro cuidado é referente ao sequestro, mais precisamente o sequestro preventivo de aeronaves definido no art. 2º da Convenção para Unificação de Certas Regras Relativas ao Sequestro Preventivo de Aeronaves – Decreto n. 3.391/1939: ato "pelo qual uma aeronave é detida, no interesse privado, por intermédio dos agentes de justiça ou de administração pública" em favor de credor ou proprietário ou titular de direito real onerado na aeronave "sem que o embargante possa invocar uma sentença executória previamente obtida no processo ordinário, ou algum título de execução equivalente".

Esse sequestro não se confunde com o sequestro penal e demais medidas assecuratórias que existem em matéria de falência, conforme o art. 7º

---

451 Art. 1.489. A lei confere hipoteca: (...) III – ao ofendido, ou aos seus herdeiros, sobre os imóveis do delinqüente, para satisfação do dano causado pelo delito e pagamento das despesas judiciais.

452 NUCCI, Guilherme de S. **Curso de direito processual penal.** 16. ed. Rio de Janeiro: Forense, 2019, p. 469.

453 Art. 301. A tutela de urgência de natureza cautelar pode ser efetivada mediante arresto, sequestro, arrolamento de bens, registro de protesto contra alienação de bem e qualquer outra medida idônea para asseguração do direito.

do Decreto n. 3.391/1939[454] e, portanto, só é submetido à regra do art. 7º do Código Aeronáutico quando envolver Estado nacional que não aderiu à referida Convenção, caso contrário, aplica-se a regra da norma internacional ratificada.

O segundo cuidado é referente ao arresto e à recomendação 8.2 do Anexo 9 da Convenção sobre Aviação Civil Internacional (conhecida como Facilitação), a qual define que:

Versão brasileira (8ª edição)	Versão espanhol (14ª edição)
8.2 Recomendação – A aeronave, equipamento de terra, equipamento de segurança, peças sobressalentes e suprimentos técnicos de uma empresa de transporte aéreo situados em um Estado Contratante (que não aquele em que a empresa esteja estabelecida), para uso na operação de um serviço aéreo internacional que esteja servindo tal Estado, não deverão estar sujeitos às leis desse Estado relativamente à requisição ou arresto da aeronave, equipamento, peças ou suprimentos para uso público, sem prejuízo do direito de arresto por infração de leis do Estado Contratante em causa.	**8.2 Método recomendado** – Las aeronaves, equipo terrestre, equipo de seguridad, piezas de repuesto y suministros técnicos de una empresa explotadora de aeronaves que se hallen en un Estado contratante (que no sea el Estado contratante en el cual la empresa esté establecida) y que deban ser usados para la explotación de un servicio aéreo internacional que preste servicios a dicho Estado contratante, deberían ser exceptuados de aquellas leyes que autoricen la requisa o el embargo de la aeronave, equipo, piezas o suministros para uso público, sin perjuicio del derecho de embargo por infracción de las leyes de dicho Estado contratante.

Apesar de não encontramos norma legal referente a esse Anexo 9 da Convenção sobre Aviação Civil, é importante lembrar que se trata de direito uniforme em matéria de aviação civil, portanto, ao solicitar arresto, é necessário lembrar dessa recomendação.

O terceiro cuidado é quanto à especialização da hipoteca de aeronave, a qual também é medida assecuratória mas não está submetida à regra do *lex rei sitae*, pois trata-se de ato de constrição a ser averbado no registro da aeronave, logo, devemos interpretar que a especialização de hipoteca é regida pelo direito da nacionalidade da aeronave – o local onde ela está registrada.

---

454 Art. 7. A presente Convenção não se aplica nem às medidas assecuratórias em matéria de falência nem às medidas preventivas tomadas em caso de infração as regras aduaneiras, penais ou policiais.

Por fim, as medidas assecuratórias, bem como qualquer ato ou decisão processual, terão de ser realizadas mediante cooperação jurídica internacional, auxílio direto, carta rogatória ou por ajuizamento de ação própria no foro do local onde a aeronave se encontra e, portanto, sempre regidos pela lei do foro de execução do ato (*lex fori*) – a respeito, *vide infra* item 20.3.

Reiteramos a natureza internacional da aviação civil! Conhecer normas internacionais é condição *sine qua non* para compreender o Direito Internacional Privado das aeronaves (o Estatuto Aéreo).

Como nota, o projeto de modernização do Código Aeronáutico (Projeto de Lei do Senado n. 258 de 2016) não prevê mudanças no dispositivo, somente alterando sua numeração – deixa de ser o art. 7º para ser o art. 8º).

12.3.3 A aeronave como meio de transporte ou breves considerações sobre os demais aspectos do Código Aeronáutico de Direito Internacional Privado

Além de território e de bem, as aeronaves possuem um terceiro aspecto de Direito Internacional Privado que surge quando desempenham suas funções de transportar pessoas e coisas: quando são meios de transporte.

Como meio de transporte, as aeronaves acabam por se inserir em um microssistema do Direito Internacional Privado que é o transporte internacional de passageiros e mercadorias, cujo pilar central é contrato de transporte.

Esse microssistema é extremamente amplo e dotado de particularidades que variam conforme o transporte realizado, variando desde o objeto do transporte (passageiros ou coisas) até as diferentes situações jurídicas que surgem no ato de transportar (consumidor, comércio, trabalho, aduana etc.), a ponto de não ser possível para nós realizarmos uma análise desse aspecto de forma profunda e detalhada – aliás, nem é a proposta de nossa obra.

Para não deixarmos a temática em aberto, vamos nos limitar a analisar os arts. 8º a 10 do Código Aeronáutico, os quais inserem a aeronave nesse contexto e nos permite encerrar o estudo do Estatuto Aéreo contido no Código Aeronáutico.

Feita esta delimitação, podemos começar pela questão das avarias que podem ocorrer no transporte aéreo envolvendo tanto bagagem (normalmente a bagagem desacompanhada), como carga e cuja regra geral está no art. 8º do Código Aeronáutico.

Avarias são mais uma influência do direito marítimo no direito aeronáutico e têm uma definição geral comum entre os dois ramos, sendo definidas como o dano, o prejuízo ocasionado ao bem (coisa) objeto do contrato de transporte, ou, pegando emprestado da doutrina marítima, as avarias são, em sentido amplo, "o dano havido ao bem confiado para transporte, ou seja, o prejuízo material resultante do transporte"[455].

Não podemos confundir as avarias com a violação da carga ou violação da bagagem, pois a avaria pressupõe que o prejuízo é decorrente de um acidente no transporte, seja no deslocamento ou no manuseio da carga, pressupondo boa-fé do agente transportador. Enquanto a violação é ato doloso pelo qual existe a intenção de gerar prejuízo a carga ou a bagagem, sendo normalmente acompanhada da subtração de bens existentes na carga ou na bagagem.

Para o Direito Internacional Privado brasileiro, as avarias no transporte aéreo têm como regra geral o art. 8º do Código Aeronáutico, o qual estabelece que: "As avarias regulam-se pela lei brasileira quando a carga se destinar ao Brasil ou for transportada sob o regime de trânsito aduaneiro (art. 244, § 6º)".

Esse dispositivo tem natureza unilateral e, novamente, de aparente simples interpretação, uma vez que impõe a aplicação do Direito brasileiro às cargas destinadas ao Brasil e em trânsito aduaneiro no Brasil. Porém é necessário ter dois cuidados na interpretação dessa regra.

O primeiro cuidado é o perigo de esquecermos que existe normativa internacional regulamentando o transporte internacional (ex.: Convenção de Montreal, Incoterms etc.), como já comentamos no regime jurídico conflitual das *res in transictu* (*supra* item 11.3.2) – logo, a regra do art. 8º do Código Aeronáutico possui mitigações em normativas internacionais.

Essa normativa internacional é lembrada no § 6º do art. 244 do Código Aeronáutico, o qual estabelece: "O dano ou avaria e o extravio de carga importada ou em trânsito aduaneiro serão apurados de acordo com a legislação específica (artigo 8º)". E é do trânsito aduaneiro que surge outro cuidado na aplicação do art. 8º do Código Aeronáutico.

O trânsito aduaneiro é um regime tributário especial para o transporte de mercadorias, ou seja, não se aplica a bagagens, que está previsto no art. 315 e seguintes do Regulamento Aduaneiro – Decreto n. 6.759, de 5 de fevereiro de 2009[456].

---

455 GIBERTONI, Carla Adriana C. **Teoria e prática do direito marítimo**. 3. ed. Rio de Janeiro: Renovar, 2014, p. 289.

456 Art. 315. O regime especial de trânsito aduaneiro é o que permite o transporte

O trânsito aduaneiro é separado em modalidades, existindo o trânsito aduaneiro de entrada, o de saída, o nacional, o de passagem, o internacional – todas regulamentadas atualmente pela Instrução Normativa da Secretaria da Receita Federal (SRF) n. 248, de 25 de novembro de 2002, a qual também fornece-lhes uma definição:

> **Art. 4º** Para os efeitos desta Instrução Normativa, define-se como:
>
> (...)
>
> XII – trânsito aduaneiro de entrada, aquele referente às seguintes modalidades de transporte sob controle aduaneiro:
>
> a) de mercadoria procedente do exterior, do ponto de descarga no território aduaneiro até o local onde deva ocorrer o próximo despacho; e
>
> b) de mercadoria procedente do exterior e destinada ao País, quando conduzida em veículo terrestre, em viagem internacional, até o local, no território aduaneiro, onde deva ocorrer o próximo despacho;
>
> XIII – trânsito aduaneiro de passagem, o transporte, pelo território aduaneiro, de mercadoria procedente do exterior e ao exterior destinada;
>
> XIV – trânsito aduaneiro nacional, aquele sob o qual as mercadorias sujeitas a controle aduaneiro são transportadas de um recinto aduaneiro a outro no território nacional, numa mesma operação;
>
> XV – trânsito aduaneiro internacional, aquele sob o qual as mercadorias sujeitas a controle aduaneiro são transportadas de um recinto aduaneiro a outro, numa mesma operação, no curso da qual se cruzam uma ou várias fronteiras internacionais, segundo acordos bilaterais ou multilaterais;
>
> (...)
>
> XXV – trânsito aduaneiro de saída, amparado por MIC-DTA, o transporte sob controle aduaneiro de mercadoria despachada para exportação ou reexportação, pelo território aduaneiro, conduzida em veículo com destino ao exterior.

Nesse aspecto, parece-nos que a regra do art. 8º do Código Aeronáutico é mais apropriada para questões de inspeção e aduana, enquanto as questões de responsabilidade do transportador pela avaria estão sujeitas às normativas internacionais e ao campo obrigacional do contrato de transporte.

Nossa opinião se fundamenta, num primeiro momento, no art. 10 do Código Aeronáutico, o qual estabelece:

---

de mercadoria, sob controle aduaneiro, de um ponto a outro do território aduaneiro, com suspensão do pagamento de tributos.

> **Art. 10.** Não terão eficácia no Brasil, em matéria de transporte aéreo, quaisquer disposições de direito estrangeiro, cláusulas constantes de contrato, bilhete de passagem, conhecimento e outros documentos que:
>
> I – excluam a competência de foro do lugar de destino;
>
> II – visem à exoneração de responsabilidade do transportador, quando este Código não a admite;
>
> III – estabeleçam limites de responsabilidade inferiores aos estabelecidos neste Código (artigos 246, 257, 260, 262, 269 e 277).

É uma norma de ordem pública internacional brasileira, a qual não procura regulamentar questões do transporte internacional em si, mas sim impedir que determinadas estipulações contratuais sejam realizadas no Brasil.

E, no segundo momento, no Projeto de Lei do Senado n. 258, de 2016, o qual dispõe:

> **Art. 9º** As avarias regulam-se pelas normas dos Tratados, Convenções e Atos Internacionais firmados pela República Federativa do Brasil ou, na inexistência destas ou na omissão, pelas partes contratantes quanto à lei aplicável, regem-se as mesmas pela lei brasileira quando a carga se destina ao Brasil ou for transportada sob regime aduaneiro.

Destarte, o art. 8º do Código Aeronáutico tem mais aplicação para questões de direito público envolvendo a avaria, do que propriamente a questão indenizatória advinda da responsabilidade civil decorrente do contrato de transporte.

Por fim, existe a questão dos acidentes aéreos, os quais não se confundem com avarias, além de também serem um campo complexo e amplo. No que tange ao Direito Internacional Privado, o Código Aeronáutico estipulou que:

> **Art. 9º** A assistência, o salvamento e o abalroamento regem-se pela lei do lugar em que ocorrerem (artigos 23, § 2º, 49 a 65).
>
> Parágrafo único. Quando pelo menos uma das aeronaves envolvidas for brasileira, aplica-se a lei do Brasil à assistência, salvamento e abalroamento ocorridos em região não submetida a qualquer Estado.

É a regra da nacionalidade para acidentes quc ocorrem em espaços aéreos internacionais e a regra da territorialidade quando ocorre em espaços aéreos de domínio de determinado Estado. Cabendo somente lembrar que a investigação do acidente em si é feita pela ICAO e é regida, além de pela normativa nacional, por normativa internacional.

Desculpamo-nos pela superficialidade da análise, mas é importante lembrar que são assuntos complexos que compõe microssistemas jurídicos, cuja análise não cabe ser realizada em nossos comentários, e que demandam conhecimento de diversas resoluções administrativas de diferentes órgãos administrativos.

Sobre o projeto de modernização do Código Aeronáutico, a parte de Direito Internacional Privado não sofre mudanças profundas, podendo estas serem resumidas:

a) à alteração da numeração de alguns dispositivos;

b) à inserção de norma colisional para contratos envolvendo aeronaves, consagrando a autonomia da vontade (art. 7º do atual projeto); e

c) à maior ênfase nas normativas internacionais e sua influência nas questões de Direito Internacional Privado.

Capítulo 13

O ESTATUTO NAVAL

13.1 NAVIOS OU EMBARCAÇÕES? UMA QUESTÃO DE CONCEITOS

A outra modalidade de bem móvel de natureza especial que demanda especial atenção no estudo do tratamento dos bens no Direito Internacional Privado são os navios, ou melhor, as embarcações que permitiram ao ser humano expandir pelos mares.

Porém, assim como ocorre no Estatuto Aéreo, não podemos confundir navios com embarcações, surgindo a necessidade de realizarmos um esclarecimento conceitual sobre este assunto, para não induzirmos o leitor a eventuais confusões.

A legislação brasileira não estabelece qualquer distinção entre navios e embarcações, utilizando de forma indiscriminada ambas as expressões como equivalentes e, às vezes, como sinônimos, como podemos verificar:

Lei n. 2.180, de 5 de fevereiro de 1954 *Dispõe sôbre o Tribunal Marítimo*	**Lei n. 9.966, de 28 abril de 2000** *Dispõe sobre a prevenção, o controle e a fiscalização da poluição causada por lançamento de óleo e outras substâncias nocivas ou perigosas em águas sob jurisdição nacional e dá outras providências*
Art. 11. Considera-se embarcação mercante tôda construção utilizada como meio de transporte por água, e destinada à indústria da navegação, quaisquer que sejam as suas características e lugar de tráfego. Parágrafo único. Ficam-lhe equiparados:	**Art. 2º** Para os efeitos desta Lei são estabelecidas as seguintes definições: (...) V – navio: embarcação de qualquer tipo que opere no ambiente aquático, inclusive hidrofólios, veículos a colchão de ar, submersíveis e outros engenhos flutuantes;

a) os artefatos flutuantes de habitual locomoção em seu emprêgo; b) as embarcações utilizadas na praticagem, no transporte não remunerado e nas atividades religiosas, cientificas, beneficentes, recreativas e desportivas; c) as empregadas no serviço público, exceto as da Marinha de Guerra; d) as da Marinha de Guerra, quando utilizadas total ou parcialmente no transporte remunerado de passageiros ou cargas; e) as aeronaves durante a flutuação ou em vôo, desde que colidam ou atentem de qualquer maneira contra embarcações mercantes. f) os navios de Estados estrangeiros utilizados para fins comerciais.	

Essa sinonímia também se encontra na análise das Normas da Autoridade Marítima brasileira (NORMAM), quando verificamos que predomina o uso de embarcação:

> **3 – Definições**
>
> **a) Embarcação** – qualquer construção, inclusive as plataformas flutuantes e, quando rebocadas, as fixas, sujeitas à inscrição na Autoridade Marítima e suscetível de se locomover na água, por meios próprios ou não, transportando pessoas ou cargas[457];

Sob aspecto legislativo-administrativo, não é errado associar navio com embarcação ou vice-versa, porém, essa associação precisa considerar que a expressão "navio" é utilizada como um gênero, pois existem inúmeras espécies de embarcações e boa parte não se enquadra no imaginário comum associado à palavra "navio".

Para visualizar essa situação, novamente podemos recorrer a NORMAM-01 – DPC, a qual lista as seguintes modalidades de embarcação no Item 0216, alínea d:

---

457 MARINHA DO BRASIL. **Normas da autoridade marítima para embarcações empregadas na navegação em mar aberto – NORMAM-01/DPC.** 2005. Disponível em: https://www.marinha.mil.br/dpc/sites/www.marinha.mil.br.dpc/files/NORMAM-01_DPC.Mod39.pdf. Acesso em: 10 nov. 2019.

Tipo	Definição
Alvarenga	Embarcação de fundo chato destinada ao auxílio na carga e descarga de navios fundeados. O mesmo que batelão e barcaça.
Anfíbia	Veículo capaz de operar tanto em terra, quanto na água com meios próprios.
Apoio à manobra	Embarcação empregada nas atividades de auxílio à movimentação de outras embarcações.
Apoio a mergulho	Embarcação empregada no auxílio às atividades de mergulho.
Apoio a ROV	Embarcação empregada nas atividades de operação de *Remotely Operated Vehicle* (ROV).
Balsa	Embarcação de fundo chato, com ou sem propulsão própria, destinada ao transporte de cargas ou passageiros.
Barcaça	O mesmo que alvarenga e batelão.
Batelão	O mesmo que alvarenga e barcaça.
Bote	Barco de tamanho curto, sem convés, usado para pequenos serviços de transporte.
Cábrea	Embarcação usada na elevação e movimentação de carga por meio de aparelho de força próprio.
Caiaque	Pequena embarcação com proa e popa semelhantes, dotada de um pequeno poço ao meio onde se assenta o remador.
Caique	Pequeno bote a remos, com proa e popa cortadas em painel. Possui três bancadas, uma central para o remador e as outras pequenas na proa e na popa para passageiros.
Canoa pequena	Embarcação a remos de formato afilado, com popa fechada em painel e não dotada de leme.
Carga de alta velocidade (HSC Carga) *High Speed Craft*	Embarcação destinada ao transporte de diversos tipos de cargas, capaz de se deslocar em velocidade superior à obtida por meio da seguinte fórmula: Vmax ≥ 3,7 x Volume do deslocamento em metros cúbicos elevado a 0,1667 (Vmax ≥ 3,7 x D 0,1667).
Carga geral	Navios que possuem aberturas retangulares no convés principal e cobertas de carga chamadas escotilhas de carga, por onde a carga é embarcada para ser arrumada nos porões.
Chata	Embarcação de fundo chato, com ou sem propulsão própria destinada ao transporte de granéis líquidos ou secos. Quando sem propulsão, seu movimento é provido por um rebocador ou empurrador. O mesmo que alvarenga e batelão.
Cisterna (FSO) *Floating Storage and Offloading*	É uma embarcação para armazenamento de petróleo bruto, retirado do leito do mar.

Carga viva	Embarcação para transporte de animais vivos (em pé).
Dique flutuante	Dique de reparos navais, constituído de uma construção flutuante e bombas de esgotamento para proporcionar às embarcações serem trabalhadas nos respectivos cascos ou locais que normalmente fiquem submersos.
Draga	Embarcação própria para retirar depósitos do fundo do mar ou de rios, em portos ou canais, a fim de aumentar a profundidade nesses locais.
Empurrador	Embarcação destinada a empurrar uma ou um conjunto de barcaças que formam um comboio.
Escuna	Tradicionalmente, é um barco a vela com dois mastros. Atualmente há adaptações com motor de centro e acomodações para servirem de embarcações de esporte e recreio ou transporte de passageiros.
Estimulador de poço	Navio empregado na otimização do processo de extração de petróleo em poços no mar.
FPSO *Floating, Production, Storage and Off-Loading Unit*	É uma embarcação para processamento (separação do óleo da água) e armazenamento de petróleo bruto, retirado do leito do mar.
Flotel	É uma embarcação que presta serviços de apoio às atividades das plataformas marítimas (*Offshore*) como geração de energia elétrica, hotelaria e facilidades de manutenção.
Flutuante	Plataforma flutuante sem propulsão própria para emprego diverso.
FSRU *Floating Storage Regasification Unit*	É uma embarcação empregada no recebimento e armazenamento de gás natural liquefeito (GNL) e que efetua a transferência da carga no estado gasoso.
Graneleiro	Navio construído para o transporte de cargas em granel.
Gaseiro/GNL	Navio tanque especialmente projetado e construído para o transporte de gases e gases liquefeitos a granel.
Hidroavião	Avião que pousa e decola da água.
Hovercraft	Veículo anfíbio que se movimenta em consequência de um jato de ar dirigido para baixo, que produz um colchão de ar que sustenta a embarcação sem contato físico com o solo ou a água.
Iate	Embarcação de esporte e/ou recreio com comprimento igual ou superior a 24 metros.

Jangada	Embarcação a vela, típica do nordeste brasileiro, normalmente feita da ligação de cinco ou seis toros (paus) flutuantes, armando um só mastro com vela latina triangular, grande retranca ultrapassando a popa, leme de esparrela e bolina móvel no centro.
Jet Boat	Tipo de lancha cuja propulsão é gerada por meio de um jato de água ejetado da parte traseira da embarcação. A água é extraída sob o barco e expelida com alta velocidade por uma bomba jato.
Moto aquática	Embarcação que não possui leme e sua propulsão é gerada por meio de um jato da água ejetado da parte traseira da embarcação.
Lançador de linhas (PLV)	*Pipe Laying Vessel* – Embarcação construída especialmente para o lançamento, instalação e conservação de cabos e linhas submarinas.
Lancha	Embarcação rápida, de vários formatos e portes, com propulsão mecânica, normalmente utilizada para transporte de pessoal ou no esporte e/ou recreio.
Navio de manuseio de âncora (AHTS) *Anchor Handling Tug Supply*	Embarcações caracterizadas pelo manuseio de âncoras e espias, reboque e suprimento das plataformas, transporte de pessoal, resgaste, combate a incêndios, recuperação de óleo derramado no mar e assistência durante o carregamento de navios aliviadores.
Multicasco (catamarã, trimarã etc.)	Embarcação constituída de dois ou três cascos paralelos ligados por uma estrutura rígida. As de dois cascos são chamadas de catamarã e as de três cascos chamadas de trimarã.
Multipropósito	Embarcação destinada ao transporte de carga com características de diversos outros tipos de navios, podendo transportar as mais variadas cargas.
Oceanográfico	Embarcação equipada com aparelhos e laboratórios para pesquisar o mar e o leito marinho.
Passageiros	Embarcação destinada a transportar passageiros.
Passageiros/ carga geral	Embarcação que transporta simultaneamente passageiros e carga.
Passageiros de alta velocidade (HSC passageiros)	Embarcação destinada a transportar passageiros, no mínimo doze, cuja velocidade atingida ultrapassa a velocidade obtida pela fórmula: Vmax ≥ 3,7 x Volume do deslocamento em metros cúbicos elevado a 0,1667.

Pesqueiro	É toda embarcação de carga destinada exclusiva e permanentemente à captura dos seres vivos que tenham nas águas seu meio natural ou mais frequente de vida.
Pesquisa	Embarcação projetada e equipada para realização de pesquisas no mar ligadas às mais diversas áreas de conhecimento, sendo as mais comuns: sísmicas, geológicas, hidrográficas, oceanográficas etc.
Petroleiro	Embarcação tanque de construção especial, adequada ao transporte de petróleo bruto ou refinado, dotado de diversos tanques separados por compartimentagem, a fim de evitar a oscilação perigosa da carga.
Plataforma autoelevável	Tipo de plataforma dotada de três ou mais pernas com até 150 metros de comprimento, que se movimentam verticalmente através do casco. Só podem operar em águas rasas (até 90 metros). Servem como plataformas de produção e perfuração.
Plataforma TLP (*Tension Legs Platform*)	Trata-se de uma estrutura flutuante ancorada verticalmente por meio da qual se produz petróleo e gás natural. É especialmente utilizada em casos de reservatórios de mais de 300 metros de profundidade.
Plataforma semi-submersível	Tipo de plataforma que se apoia em flutuadores submarinos, cuja profundidade pode ser alterada por meio do bombeio de água para dentro ou para fora dos tanques de lastro. Isso permite que os flutuadores fiquem posicionados sempre abaixo da zona de ação das ondas.
Porta-contentor	Embarcação concebida especificamente para o transporte de *containers*. Seus porões são equipados com guias ou celas para receber e estivar os contentores "à medida", agilizando as operações de carga e descarga.
Quebra-gelo	Embarcação especialmente concebida para navegar por águas cobertas por gelo.
Químico	Embarcação tanque projetada e construída para o transporte de produtos químicos a granel.
Rebocador	Embarcação projetada para empurrar, puxar e rebocar outras embarcações. Auxilia em manobras delicadas como atracação e desatracação. É caracterizada por ter pequeno porte, motores potentes e alta capacidade de manobra.
***Roll-on/Roll-off* passageiros (*Ferry Boat*)**	Embarcação em que a carga entra e sai dos porões na horizontal e geralmente sobre rodas (como os automóveis, ônibus e caminhões) ou sobre outros veículos capazes de transportar veículos e passageiros. Utilizado em viagens curtas.
Saveiro	Embarcação construída normalmente em madeira. Nas originais e mais antigas até os pregos eram feitos de madeira.
Sonda	Embarcação projetada especialmente para fazer perfuração de poços no fundo do mar, na prospecção e extração de petróleo.

Supridor (*Supply*)	Embarcação utilizada no apoio às plataformas de petróleo, transportando material de suprimento, tais como cimento, tubos, lama, salmoura, água doce, óleo, granéis. Possui impelidores laterais (*thrusters*).
Tanque (transporte de granéis líquidos)	Embarcação tanque projetada para o transporte de líquidos a granel. Os tipos principais são os petroleiros, navio de transporte de produtos químicos e navio de transporte de gases liquefeitos.
Traineira	Embarcação de pesca pequena, com a popa reta, destinada à utilização de redes (trainas) como instrumento para capturar peixes.
Veleiro	Embarcação propelida por um velame (conjunto de velas de tecido de corte e cálculo apropriados) em um ou mais mastros e controlados por um conjunto de cabos chamado cordoalha. Possui quilha e leme apropriados que impedem a deriva e forçam o conjunto deslocar-se avante.

Diante desse quadro legislativo, a doutrina marítima aponta a existência de duas correntes teóricas quanto à relação embarcação-navio, na qual a primeira segue o entendimento de se tratar de sinônimos, enquanto a outra defende o navio como uma espécie de navio, vinculando o seu conceito a atividade que realiza no ambiente marítimo[458].

Para manter o assunto didático, optamos por seguir a teoria que defende a distinção entre embarcação e navio, considerando a primeira como se referindo a qualquer engenho capaz de navegar em ambientes marítimos (lagos, rios ou mar) enquanto os navios configuram uma espécie de embarcação[459], mais precisamente, os engenhos aquáticos de grande porte capazes de transportar coisas e/ou pessoas por vias marítimas, configurando meio de transporte de cargas e passageiros.

Ao estabelecermos nosso conceito de navio para fins de nosso estudo, podemos delimitar a modalidade de navio objeto de normas de Direito Internacional Privado: o navio mercante.

Assim como as aeronaves, os navios também se dividem em marinha de guerra e marinha mercante, sendo os pertencentes da marinha de guerra

---

458 MARTINS, Eliane M. Octaviano. **Curso de direito marítimo.** v. I: Teoria Geral. 4. ed. Barueri: Manole, 2013, p. 122.

459 GIBERTONI, Carla A. Comitre. **Teoria e prática do direito marítimo.** 3. ed. Rio de Janeiro: Renovar, 2014, p. 60.

sujeitos a regramento específico de Direito militar, estando sujeitos ao Comando Geral da Marinha – Ministério da Defesa, regidos internacionalmente por regras de Direito Internacional Público. Ou seja: por se tratarem de bens públicos, eles não interessam ao Direito Internacional Privado.

Por outro lado, a Marinha Mercante é, "no sentido coloquial", o oposto à Marinha de Guerra, referindo-se aos diferentes navios civis-comerciais que não pertencem à Marinha de Guerra; e, em um sentido mais técnico-costumeiro, é tratada como "um conjunto heterogêneo das atividades no comércio marítimo internacional, da indústria *shipping*, integrada a mercados concernentes, ao transporte marítimo de mercadoria" e à exploração comercial do ambiente aquático[460]. É o navio como meio de transporte com a finalidade de desenvolvimento da atividade mercantil em ambiente aquático que surge o objeto específico do Direito Internacional Privado.

Destarte, o Estatuto naval consiste no estudo dos diferentes aspectos de Direito Internacional Privado que envolvem as embarcações, tendo por paradigma (referencial principal) os navios mercantes. Novamente, como acontece com as aeronaves, os navios possuem três aspectos principais de Direito Internacional Privado: o local de um ato (território), o bem (coisa) e o meio de transporte (fonte de obrigações).

13.2 O NAVIO NO DIREITO INTERNACIONAL PRIVADO

13.2.1 O navio como extensão do território de um Estado

O primeiro aspecto de Direito Internacional Privado que envolve os navios (as embarcações) é o fato de eles configurarem como local onde ocorrem determinadas situações jurídicas. Assim como ocorre nas aeronaves, os navios também se associam à ideia de território de um Estado, porém no ambiente aquático.

A compreensão desse primeiro aspecto internacional dos navios pressupõe o conhecimento do que podemos denominar "territorialização" dos mares e oceanos pelos Estados nacionais – assunto objeto do Direito Internacional do Mar ("Direito do Mar").

Ao tempo da elaboração da nossa obra, a principal referência para compreender a divisão dos mares em territórios-domínios estatais e internacionais é a Convenção das Nações Unidas sobre o Direito do Mar

---

460 MARTINS, Eliane M. Octaviano. **Curso de direito marítimo.** v. I: Teoria Geral. 4. ed. Barueri: Manole, 2013, p. 48.

(Convenção de *Montego Bay* de 1982), ratificada pelo Brasil por meio do Decreto n. 1.530, de 22 de junho de 1995.

A Convenção de *Montego Bay* de 1982 procura estabelecer uma ordem e divisão equitativa dos mares de forma a não só positivar as diferentes normas costumeiras existentes entre os Estados partilhando os oceanos em diferentes zonas jurisdicionais, como também proteger o interesse de nações que não têm acesso ao mar ou que são "geograficamente desfavorecidas"[461].

> A ratificação da Convenção de *Montego Bay* de 1982 é um exemplo de quão bizarro o processo de incorporação de tratados pode ser no Brasil. Em primeiro momento, o País se antecipou à própria vigência internacional da mencionada Convenção e a incorporou por meio do Decreto n. 99.165, de 12 de março de 1990. Porém, a referida Convenção somente se tornou disponível para ratificação pelos países aderentes a partir de 1994, ano posterior ao deposito da 60ª ratificação por Estado nacional – quando a norma entrou em vigor pelo Direito Internacional. Logo, tivemos o decreto de incorporação, o decreto de revogação (Decreto n. 99.263/1990) e um novo decreto de incorporação (o Decreto n. 1.530/1995).

Não é objeto e nem interesse de nosso estudo analisar as diferentes formas de tratamento e responsabilidades que a Convenção de *Montego Bay* de 1982 define para os Estados nacionais em ambiente marítimo, porém, é *conditio sine qua non* para nós os zoneamentos que estabelece nos mares, nos oceanos, pois é a pedra fundamental para compreender a noção de território de Estado aplicado ao ambiente marítimo e, por consequência, compreender como isso afeta os navios.

Nessa matéria, a Convenção estabelece seis grandes zonas marítimas: as águas interiores (art. 8º), o mar territorial (Seção 2), a zona contígua (art. 33), a zona econômica exclusiva (art. 55), a plataforma continental (art. 76) e o alto-mar (art. 86), sendo considerados território marítimo de um Estado o mar territorial (englobando as águas interiores), a zona contígua, a zona econômica exclusiva e a plataforma continental[462]; o alto-mar é território internacional (*res communis*).

---

461 WEIGERT, Fernanda; BADARÓ, Rui Aurélio de L. A convenção das nações unidas para o direito do mar e a instituição do Tribunal Internacional para o direito do mar. **Revista de Direito Internacional,** Brasília, v. 9, n. 1, jan./jun. 2012, p. 42. Disponível em: https://www.publicacoesacademicas.uniceub.br/rdi/article/view/1614. Acesso em: 15 nov. 2019.

462 MARTINS, Eliane M. Octaviano. **Curso de direito marítimo.** v. III: Contratos e processos. Barueri: Manole, 2015, p. 4.

No Brasil, o território marítimo tem um nome especial denominado "Amazônia Azul", compreendendo essas quatro zonas sob as quais o País estende sua soberania, conforme podemos visualizar na imagem a seguir, de autoria da Marinha do Brasil:

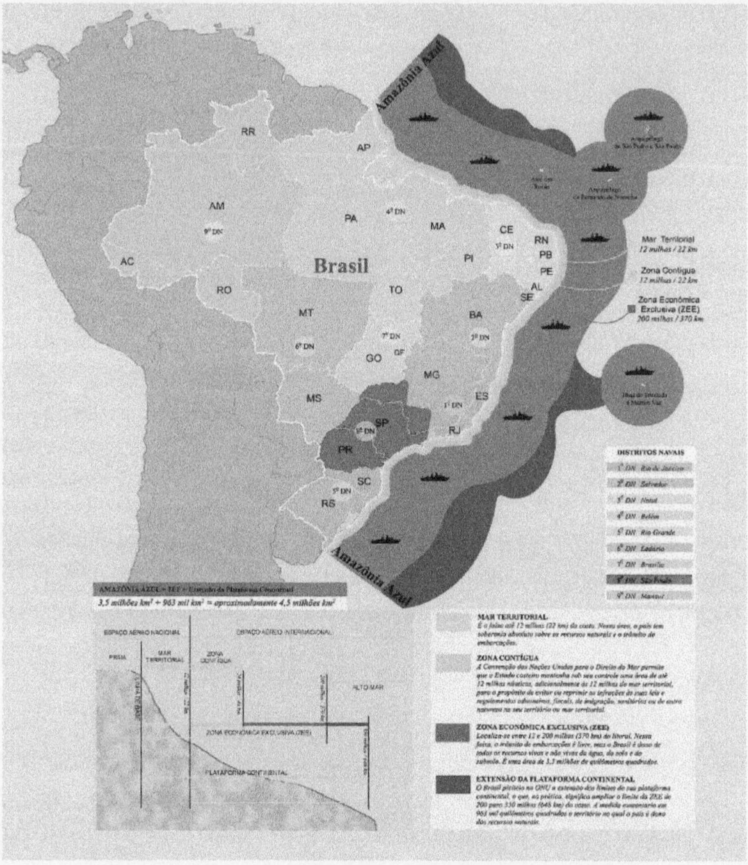

A "Amazônia Azul"[463]

Efetivamente, podemos afirmar que nos limites do Direito Internacional Privado o mar se separa em duas grandes zonas: uma sujeita à territorialidade do Direito e a outra sujeita à nacionalidade do navio.

Compreendido o que significa o território marítimo de um Estado, podemos então adentrar na fórmula de solução de conflitos de leis para atos

---

463 MARINHA DO BRASIL. **Amazônia Azul.** Disponível em: https://www.marinha.mil.br/delareis/?q=amazoniazul. Acesso em: 17 nov. 2019.

praticados a bordo de um navio, fórmula que é composta por três variáveis principais: (1) natureza do navio; (2) localização do navio; e (3) a existência do direito de passagem inocente.

Novamente, como ocorre nas aeronaves, a primeira variável para determinar o direito aplicável a um ato praticado em um navio é a natureza do navio, que pode se enquadrar em três tipos seguintes: navios de guerra, navios de Estado sem fins comerciais e navios mercantes.

Os navios de guerra estão definidos no art. 29 da Convenção de *Montego Bay* de 1982, consistindo nas embarcações que são pertencentes "às forças armadas de um Estado, que ostente[m] sinais exteriores próprios de navios de guerra de sua nacionalidade" e que possuem comandante e tripulação enquadrada no regime militar do Estado que ostenta Bandeira.

Os navios de Estado sem fins comerciais estão disciplinados na Convenção Internacional para Unificação de Certas Regras Concernentes às Imunidades dos Navios de Estado – conhecida como Convenção de Bruxelas de 1926 –, compreendendo todas as embarcações que pertencem a um Estado nacional, porém não estão vinculadas às forças armadas e não apresentam tripulação sujeita a regime militar daquele Estado – são "navios públicos civis destinados a serviço do Estado"[464].

Esses navios gozam de imunidade plena (civil e penal – art. 33 da Convenção de *Montego Bay* de 1982) e os atos praticados a bordo deles estarão sujeitos ao direito da nacionalidade do navio (a Bandeira, o pavilhão), independentemente da zona marítima na qual se encontrem.

> Atenção! A imunidade pode ser plena, mas não é absoluta. Navios de guerra ou de Estado sem fins comerciais que violem regras do Estado costeiro podem ser "mandados embora" – isto é, podem ser expulsos das águas do Estado costeiro em que se encontrem. Também atentar a situações específicas que o ato praticado pode conferir a situação e quebrar a imunidade (ex.: crime contra o presidente do Brasil).

Por sua vez, os navios mercantes são qualquer navio (embarcação) que transita nos mares com finalidade de mercancia, exploração econômica ou, mais simples, pratica transporte internacional de mercadorias ou passageiros, independentemente de serem de propriedade, de armação particular-privada ou Estatal-pública.

---

464 MARTINS, Eliane M. Octaviano. **Curso de direito marítimo.** v. III: Contratos e processos. Barueri: Manole, 2015, p. 43.

Esses navios compõem a Marinha Mercante de um Estado, não possuindo tripulação sujeita à disciplina militar e nem ostentando os sinais característicos da militaria daquele Estado.

Esses navios não gozam de imunidade jurisdicional e para determinar qual direito aplicável para um ato praticado a bordo dele é necessário localizar o ponto geográfico no qual o navio estava quando o ato aconteceu.

Se o ato foi praticado quando o navio navegava na zona territorial de um Estado, a regra é que o direito aplicável será o do território do Estado (*locus regit actum*); se o navio navegava por zona internacional, a regra é a de que o direito aplicável será o da nacionalidade do navio (direito da Bandeira).

Porém, aqui existe uma particularidade da navegação marítima quando o navio atravessa mar territorial de determinado país, a qual rompe a regra da territorialidade do Direito e, portanto, configura a terceira variável: a passagem inocente.

Quando um ato é praticado a bordo de um navio que navega por águas territoriais de um Estado costeiro, fazendo-o sob a proteção do direito de passagem nos termos dos arts. 17 a 19 da Convenção de *Montego Bay* de 1982, haverá uma mitigação do poder jurisdicional do Estado costeiro (da territorialidade do Direito).

A primeira mitigação é referente à jurisdição penal, disciplinada no art. 27 da Convenção de *Montego Bay* de 1982:

> Artigo 27
>
> Jurisdição penal a bordo de navio estrangeiro
>
> 1. A jurisdição penal do Estado costeiro não será exercida a bordo de navio estrangeiro que passe pelo mar territorial com o fim de deter qualquer pessoa ou de realizar qualquer investigação, com relação à infração criminal cometida a bordo desse navio durante a sua passagem, salvo nos seguintes casos:
>
> a) se a infração criminal tiver consequências para o Estado costeiro;
>
> b) se a infração criminal for de tal natureza que possa perturbar a paz do país ou a ordem no mar territorial;
>
> c) se a assistência das autoridades locais tiver sido solicitada pelo capitão do navio ou pelo representante diplomático ou funcionário consular do Estado de bandeira;
>
> ou
>
> d) se essas medidas forem necessárias para a repressão do tráfico ilícito de estupefacientes ou de substâncias psicotrópicas.
>
> 2. As disposições precedentes não afetam o direito do Estado costeiro de tomar as medidas autorizadas pelo seu direito interno, a fim de proceder a apresamento e investigações a bordo de navio estrangeiro que passe pelo seu mar territorial procedente de águas interiores.

3. Nos casos previstos nos parágrafos 1º e 2º, o Estado costeiro deverá, a pedido do capitão, notificar o representante diplomático ou o funcionário consular do Estado de Bandeira antes de tomar quaisquer medidas, e facilitar o contato entre esse representante ou funcionário e a tripulação do navio. Em caso de urgência, esta notificação poderá ser feita enquanto as medidas estiverem sendo tomadas.

4. Ao considerar se devem ou não proceder a um apresamento e à forma de o executar, as autoridades locais devem ter em devida conta os interesses da navegação.

5. Salvo em caso de aplicação das disposições da Parte XII ou de infração às leis e regulamentos adotados de conformidade com a Parte V o Estado costeiro não poderá tomar qualquer medida a bordo de um navio estrangeiro que passe pelo seu mar territorial, para a detenção de uma pessoa ou para proceder a investigações relacionadas com qualquer infração de caráter penal que tenha sido cometida antes do navio ter entrado no seu mar territorial, se esse navio, procedente de um porto estrangeiro, se encontrar só de passagem pelo mar territorial sem entrar nas águas interiores.

Por sua vez, para a jurisdição civil haverá a previsão do art. 28 da referida Convenção:

ARTIGO 28

Jurisdição civil em relação a navios estrangeiros

1. O Estado costeiro não deve parar nem desviar da sua rota um navio estrangeiro que passe pelo mar territorial, a fim de exercer a sua jurisdição civil em relação a uma pessoa que se encontre a bordo.

2. O Estado costeiro não pode tomar contra esse navio medidas executórias ou medidas cautelares em matéria civil, a não ser que essas medidas sejam tomadas por força de obrigações assumidas pelo navio ou de responsabilidades em que o mesmo haja incorrido, durante a navegação ou devido a esta quando da sua passagem pelas águas do Estado costeiro.

3. O parágrafo precedente não prejudica o direito do Estado costeiro de tomar, em relação a navio estrangeiro que se detenha no mar territorial ou por ele passe procedente das águas interiores, medidas executórias ou medidas cautelares em matéria civil conforme o seu direito interno.

Por fim, achamos importante alertar que estamos somente oferecendo uma visão geral do aspecto territorial existente em um navio, não exaurindo o assunto, o qual é extremamente vasto, pois existe uma quarta variável que é a natureza do ato praticado, que remete aos mais diversos ramos do Direito (especialmente o Direito ambiental). Para aqueles com maiores interesses neste aspecto, recomendamos o estudo de obras e legislações referentes ao Direito marítimo e ao Direito do mar.

13.2.2 O navio como bem (coisa)

13.2.2.1 "*Res conexa*" ou uma unidade jurídica personalizada: a complexa natureza jurídica do navio

O segundo aspecto de Direito Internacional Privado envolvendo navios é o seu tratamento jurídico como bem (coisa), mais precisamente as questões sobre a solução de conflitos de leis envolvendo direitos reais sobre navios.

Quando estudamos esses aspectos, em essência, estamos explorando uma das facetas da complexa natureza jurídica dos navios, cujas particularidades lhes conferem a categorização de bem de natureza especial.

O ponto de partida da nossa análise é a imperiosa lembrança de que os navios são, antes de qualquer classificação, uma espécie de bem móvel e, sob hipótese alguma, poderão ser confundidos ou inseridos na categoria dos bens imóveis. Todo navio é concebido, construído, estruturado para a mobilidade, para o transporte, ou melhor, para desempenhar sua função e destinação econômica[465].

Como bem móvel, os navios se distinguem dos demais por via de três elementos que compõem sua natureza especial, os quais são referência para compreender seu tratamento jurídico de Direito Internacional Privado: a *res conexa*, a nacionalidade e os direitos reais (a hipoteca naval).

Denominar um navio de bem (coisa) é uma afirmação enganosa, pois aparenta que ele é uma coisa só, como uma cadeira ou um automóvel, mas em realidade, quando atribuímos a qualificação de *res conexa* aos navios significa que eles são "um todo indivisível composto por várias partes e de diversos acessórios"[466].

Por consequência, o próprio conceito de navio é transitório, pois somente se aplica àquelas estruturas completamente construídas, aptas à navegação e capazes de realizarem suas funções econômicas de transporte – "o navio é uma unidade ou coisa jurídica personalizada"[467]. Sim, o navio se caracteriza mais como uma personalização jurídica específica de um conjunto de coisas do que propriamente uma coisa, um bem em si. Não sem razão,

---

[465] MARTINS, Eliane M. O. **Curso de direito marítimo.** v. I: Teoria Geral. 4. ed. Barueri: Manole, 2013, p. 125.

[466] MARTINS, Eliane M. O. **Curso de direito marítimo.** v. I: Teoria Geral. 4. ed. Barueri: Manole, 2013, p. 125.

[467] MARTINS, Eliane M. O. **Curso de direito marítimo.** v. I: Teoria Geral. 4. ed. Barueri: Manole, 2013, p. 126.

navios em construção ou navios naufragados não são considerados, juridicamente, navios – sua natureza jurídica variando conforme a situação (ex.: um navio naufragado pode ser considerado cemitério).

Ao compreendermos essa situação específica dos navios como unidades jurídicas personalizadas, abre-se o espaço para analisarmos os dois elementos decorrentes das particularidades inerentes a essa unidade: a flutuabilidade e a navegabilidade.

O elemento da flutuabilidade se manifesta por meio do casco (*membra navis* ou *hull*), casco que engloba as partes intrínsecas do navio ou, mais precisamente, a quilha (*keel*) e o costado (*ship side*), porém exclui qualquer acessório que configure indispensável para navegabilidade[468].

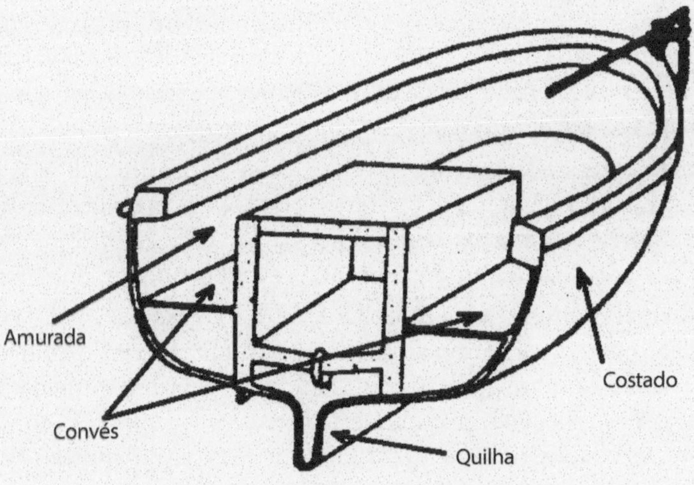

Imagem simplificando um casco de Navio.[469]

O elemento da navegabilidade (*seaworthiness*) se manifesta no amplo grupo dos acessórios, englobando as partes extrínsecas do navio referentes e destinados à navegação marítima e as *seaworthy conditions*[470]. A navegabilidade é um termo amplo e, comumente, é desdobrado em dois aspectos: *physical seaworthiness* e *cargo worthiness*.

---

468 MARTINS, Eliane M. O. **Curso de direito marítimo.** v. I: Teoria Geral. 4. ed. Barueri: Manole, 2013, p. 134.

469 Blog do Capitão Lazaro. Disponível em: https://capitaolazaro.wordpress.com/2010/03/27/costado-e-amurada/. Acesso em 29 nov. 2019.

470 MARTINS, Eliane M. O. **Curso de direito marítimo.** v. I: Teoria Geral. 4. ed. Barueri: Manole, 2013, p. 134.

Physical seaworthiness tem por referência os parâmetros técnicos e funcionais do navio, é o *status* absoluto de sua navegabilidade[471]; enquanto *cargo worthiness* tem por referência a operabilidade do navio, ou os aspectos operativos[472] – é o *status* relativo de sua navegabilidade, isto é, a capacidade de operar dentro daquela função que está desempenhando.

Diante dessas distinções, os acessórios variam conforme o navio e são, em larga margem, o motivo de cada um configurar uma unidade jurídica própria que não se confunde com as demais – cada navio tende a ser único.

A título de exemplo, podem configurar como acessórios de um navio: botes, lanchas, escaleres, aparelhos, aprestos, máquinas, instalações e maquinário referente ao transporte de pessoas/carga, fretes, armas, provisões, instrumentos náuticos, entre muitos outros – variando sempre conforme o navio *in foco*.

Diferentemente do casco, os acessórios são o motivo de um navio não ser um bem típico, mas um conjunto, pois estes são variáveis de um navio para outro e, mais importante, a necessidade de determinação exata do que compõe o acessório de um navio é essencial nos estudos da alienação e da hipoteca naval.

Também é imperioso ressaltarmos que esses acessórios não se confundem com os acessórios de Direito Civil (art. 92 do CC), pois enquanto os acessórios civis sempre exigem a existência do principal, os acessórios marítimos podem ser objeto de relações jurídicas próprias e independentes do navio[473].

O principal exemplo dessa especialidade dos acessórios marítimos é a figura do contêiner, o qual, como vimos anteriormente, quando empregado como instrumento de transporte, é considerado parte (acessório) do veículo transportador, mas isso não significa que a alienação ou a hipoteca sobre um navio englobe os contêineres que eventualmente esteja transportando.

Em suma, o navio é um tipo de bem móvel de natureza especial que se caracteriza mais pela personalização específica de um conjunto de bens para exercer determinada atividade e pelo seu contínuo deslocamento para desempenhá-la.

Destarte, não nos surpreendemos que os navios não sejam regidos pela regra geral *lex rei sitae*, pois em decorrência de sua unidade jurídica, advém a sua segunda particularidade: assim como pessoas, navios possuem nacionalidade.

---

471 MARTINS, Eliane M. O. **Curso de direito marítimo.** v. I: Teoria Geral. 4. ed. Barueri: Manole, 2013, p. 127.

472 MARTINS, Eliane M. O. **Curso de direito marítimo.** v. I: Teoria Geral. 4. ed. Barueri: Manole, 2013, p. 127.

473 MARTINS, Eliane M. O. **Curso de direito marítimo.** v. I: Teoria Geral. 4. ed. Barueri: Manole, 2013, p. 134.

13.2.2.2 A nacionalidade do navio

13.2.2.2.1 Visão geral

Ao caracterizarmos o navio como uma unidade jurídica personalizada, **um bem com aspectos de personalidade jurídica**, entenderemos melhor a segunda particularidade desse bem de natureza especial: a nacionalidade.

A nacionalidade de um navio é uma das suas duas marcas de individualização (a outra é o seu nome)[474], sendo associada a bandeira ou pavilhão, que tem de ser sempre ostentada de forma visível na popa[475].

Porém, é importante que não confundamos a bandeira ou pavilhão com a nacionalidades, pois a primeira é decorrente da segunda, isto é, a bandeira ou pavilhão é marca de exteriorização da nacionalidade, enquanto a nacionalidade do navio é relacionada ao registro dele, ou seja, a nacionalidade é sinônimo de local do registro do navio – "a nacionalidade, por sua vez, está atrelada ao registro"[476].

Destarte, ao estudarmos a nacionalidade do navio estamos, em realidade, estudando o seu registro de propriedade, registro esse que possui um disciplinamento dúplice: um geral, consagrado em normas internacionais, e outro específico, previsto na legislação interna de cada Estado nacional.

Quanto às regras gerais consagradas sobre registro de propriedade de navios, podemos destacar a (várias vezes mencionada) Convenção de *Montego Bay* de 1982, em especial:

> Artigo 91
>
> Nacionalidade dos Navios.
>
> 1. Todo Estado deve estabelecer os requisitos necessários para atribuição da sua nacionalidade a navios, para o registro de navios no seu território e para o direito de arvorar a sua bandeira. Os navios possuem a nacionalidade do Estado cuja bandeira estejam autorizados a arvorar. Deve existir um vínculo substancial entre o Estado e o navio.
>
> 2. Todo Estado deve fornecer aos navios a que tenha concedido o direito de arvorar a sua bandeira os documentos pertinentes.

Todo navio tem de possuir uma nacionalidade e esta tem de manifestar um vínculo efetivo entre o navio e o Estado onde se encontra registrado

---

474 GIBERTONI, Carla A. Comitre. **Teoria e prática do direito marítimo.** 3. ed. Rio de Janeiro: Renovar, 2014, p. 78.

475 MARTINS, Eliane M. O. **Curso de direito marítimo.** v. I: Teoria Geral. 4. ed. Barueri: Manole, 2013, p. 154.

476 MARTINS, Eliane M. O. **Curso de direito marítimo.** v. I: Teoria Geral. 4. ed. Barueri: Manole, 2013, p. 154.

e autorizado a ostentar bandeira – "ao mesmo tempo em que o hasteamento é um dever, este é também um direito, o qual se adquire com o registro da embarcação e consequente aquisição da nacionalidade"[477].

Ocorre que nem sempre a nacionalidade exteriorizada pelo navio configura como sendo a sua nacionalidade efetiva, pois é recorrente a prática de registrar navios mercantes em Estados tão-somente por determinado benefício ou evasão fiscal, gerando o fenômeno das "Bandeiras de Conveniência (também denominadas de *Flags of Convenience*, Bandeiras de necessidade, Bandeiras Independentes, bandeiras de aluguel ou pavilhões de conveniência)" cuja definição mais comum é "prática de registrar navio mercante em um Estado que não seja o do proprietário ou armador"[478].

> Como não estamos elaborando um estudo de Direito Marítimo, nos limitamos somente a dar uma visão geral das regras internacionais no assunto nacionalidade do navio. Existem inúmeros tipos de registros, além das vantagens e desvantagens das bandeiras de conveniência. A respeito, verificar a doutrina especializada sobre o assunto.

A prática de bandeiras de conveniência decorre de inúmeros fatores, sendo os mais comuns: (i) evitar controles e taxação fiscal; (ii) evadir de normas trabalhistas mais severas; (iii) diminuir os riscos decorrentes de instabilidades políticas; (iv) diminuir a possibilidade de confisco/nacionalização do navio mercante; e (v) diminuir a burocracia nas operações navais[479].

Por consequência, a nacionalidade do navio ostentada pela sua bandeira somente se aplicará se efetivamente refletir um vínculo entre aquele bem e o Estado nacional de registro, sob pena de não vir a ser respeitado o princípio da nacionalidade do navio.

---

477 DUARTE, Carolina Piacentre. **Bandeiras de conveniência.** Monografia de conclusão de curso para Formação de Oficiais de Náutica/Máquinas da Marinha Mercante. Rio de Janeiro: Centro de Instrução Almirante Graça Aranha, 2013, p. 10. Disponível em: http://www.redebim.dphdm.mar.mil.br/vinculos/000005/00000536.pdf. Acesso em: 29 de nov. 2019.

478 DUARTE, Carolina Piacentre. **Bandeiras de conveniência.** Monografia de conclusão de curso para Formação de Oficiais de Náutica/Máquinas da Marinha Mercante. Rio de Janeiro: Centro de Instrução Almirante Graça Aranha, 2013, p. 10. Disponível em: http://www.redebim.dphdm.mar.mil.br/vinculos/000005/00000536.pdf. Acesso em: 29 de nov. 2019.

479 METAXAS, B. N. Flags of convenience. **Marine Policy,** v. 5, n. 1, jan. 1981, p. 52-66. Disponível em: http://10.1016/0308-597x(81)90073-7.

A nacionalidade substancial também impõe a vedação aos navios de possuírem mais de uma nacionalidade, isto significa que mesmo havendo a possibilidade de um segundo registro nacional para o navio, nunca um navio irá ostentar dupla nacionalidade – "Todavia, a adoção de um segundo registro não consagra a dupla nacionalidade do navio. O registro inicial, isto é, o primeiro registro da propriedade marítima será suspenso e o navio passará a integrar a frota mercante do Estado de segundo registro"[480].

Por outro lado, existem as regras específicas sobre o registro dos navios para obtenção de nacionalidade, essas regras variam conforme a legislação marítima de cada país, situação que faz surgirem os diferentes critérios para a aquisição da nacionalidade por parte de um navio, ou melhor, existem diferentes critérios que as legislações utilizam para conceder o registro e o direito de arvorar sua bandeira/pavilhão.

Os critérios mais comuns para aquisição da nacionalidade por parte de um navio são quatro: (i) do estaleiro; (ii) nacionalidade dos proprietários; (iii) composição da equipagem; e (iv) misto.

> Não confunda proprietário com armador.
> Armador é quem explora comercialmente o navio, proprietário é o dono do navio.
> Não confunda equipagem com maquinário (equipamento).
> Equipagem são as pessoas, maquinário são as máquinas.

O critério de aquisição pelo estaleiro se traduz na determinação de que a nacionalidade daquele Estado nacional somente poderá ser ostentada por navios construídos em seu território ou em seus estaleiros. É um dos critérios mais antigos e originário na França, mas desde meados do século XVI vem em constante declínio e crescente mitigação para incorporação de navios construídos em estaleiros estrangeiros às marinhas mercantes nacionais[481].

O critério de aquisição pela nacionalidade dos proprietários é, em sua essência, o trato de que o navio é parte constituinte do patrimônio de uma pessoa (física ou jurídica) e, portanto, está sujeita ao regime de nacionalidade dessa pessoa.

---

480 MARTINS, Eliane M. O. **Curso de direito marítimo.** v. I: Teoria Geral. 4. ed. Barueri: Manole, 2013, p. 164-165.

481 GIBERTONI, Carla A. Comitre. **Teoria e prática do direito marítimo.** 3. ed. Rio de Janeiro: Renovar, 2014, p. 79.

O critério de aquisição pela composição da equipagem se traduz na necessidade de o navio possuir uma determinada porcentagem de nacionais como integrantes de sua tripulação, devido ao fato de que a própria equipagem se define como sendo "o conjunto de pessoas empregadas a serviço do navio mercante"[482] – mesmo sentido do art. 564 *in fine* do Código Comercial brasileiro[483].

Por outro lado, o critério de aquisição misto é o mais comum e se configura pela combinação de diferentes critérios como, por exemplo, o estaleiro e o domicílio dos proprietários, da nacionalidade dos proprietários e a equipagem etc.

Por fim, é importante ressaltar que independentemente do critério estabelecido pela legislação nacional de um Estado, essas regras de aquisição de nacionalidade sempre serão de domínio reservado dos Estados, isto é, cada Estado está livre para deliberar sobre quais critérios vai adotar. Essa natureza de domínio reservado se traduz no Direito Internacional Privado na natureza de ordem pública internacional dessas regras referentes à nacionalidade, sendo no Brasil paradigmáticos os arts. 283 e 284 do Código de Bustamante[484].

13.2.2.2.2 A nacionalidade brasileira

Como não é objeto de nosso estudo delinear os diferentes critérios de aquisição de nacionalidade por parte dos navios nas diferentes legislações nacionais, vamos nos concentrar em analisar a legislação brasileira sobre a matéria para assim termos uma noção elementar de como funciona a aquisição de nacionalidade por parte dos navios.

---

482 GIBERTONI, Carla A. Comitre. **Teoria e prática do direito marítimo.** 3. ed. Rio de Janeiro: Renovar, 2014, p. 127.

483 Art. 564. Todos os indivíduos da equipagem têm hipoteca tácita no navio e fretes para serem pagos das soldadas vencidas na última viagem com preferência a outras dívidas menos privilegiadas; e em nenhum caso o réu será ouvido sem depositar a quantia pedida.
Entender-se-á por equipagem ou tripulação para o dito efeito, e para todos os mais dispostos neste Título, o capitão, oficiais, marinheiros e todas as mais pessoas empregadas no serviço do navio, menos as sobrecargas.

484 Art. 283. São de ordem publica internacional as regras sobre a nacionalidade dos proprietarios de navios e aeronaves e dos armadores, assim como dos officiaes e da tripulação.
Art. 284. Tambem são de ordem publica internacional as disposições sobre nacionalidade de navios e aeronaves para o commercio fluvial, lacustre e de cabotagem e entre determinados lugares do territorio dos Estados contractantes, assim como para a pesca e outras industrias submarinas no mar territorial.

O ponto de partida para compreender a concessão da nacionalidade brasileira aos navios mercantes é ter consciência de que o Brasil adota um sistema de duplo registro: o registro de propriedade marítima e o registro especial brasileiro (REB). Ambos possuem regras distintas para considerar o navio como brasileiro.

Desse sistema de duplo registro podemos concluir que o critério da legislação brasileira é misto e que, assim como ocorre com os brasileiros natos e naturalizados, existem navios mais brasileiros que outros.

Começando pela regra geral, a aquisição da nacionalidade brasileira por um navio mercante está regulamentada na Lei n. 9.432, de 8 de janeiro de 1997:

> **Art. 3º** Terão o direito de arvorar a bandeira brasileira as embarcações:
>
> I – inscritas no Registro de Propriedade Marítima, de propriedade de pessoa física residente e domiciliada no País ou de empresa brasileira;
>
> II – sob contrato de afretamento a casco nu, por empresa brasileira de navegação, condicionado à suspensão provisória de bandeira no país de origem.

Verificamos que a legislação brasileira adotou a regra da residência e do domicílio dos proprietários no caso de serem pessoas físicas e o da nacionalidade para o caso de pessoas jurídicas. Ressaltamos que essa regra possui uma exceção para as embarcações classificadas como esportivas ou recreativas, admitindo-se para estas o registro no Brasil mesmo se o proprietário for estrangeiro e não residente, nem domiciliando no Brasil (art. 8º da Lei n. 7.652/1998[485]).

Conforme a Lei n. 7.652, o pedido de registro[486] deve ser protocolado na Capitania dos Portos quando o navio possuir menos de 100 toneladas de

---

485 Art. 8º Ao estrangeiro que não seja residente e domiciliado no País poderá ser deferido o registro de embarcação classificada na atividade de esporte ou recreio.

486 Art. 9º O pedido de registro da propriedade de embarcação, inicial ou por transferência, bem como o da averbação da promessa de compra e venda, será feito pelo adquirente, no prazo máximo de 15 (quinze) dias, contados da data:
I – do termo de entrega pelo estaleiro, quando se tratar de embarcação construída no Brasil;
II – da chegada ao porto onde deverá ser inscrita a embarcação, quando adquirida ou construída no estrangeiro; e
III – do ato translativo da propriedade ou, no caso de promessa de compra e venda, do direito e ação.
§ 1º O requerimento deverá conter:

arqueação bruta (TAB) e no Tribunal Marítimo[487] quando o navio possuir 100 ou mais toneladas de arqueação bruta (TAB). É vedado ao navio realizar nova viagem sem ter, ao menos, protocolado o pedido de registro[488].

Apesar de relativa clareza legislativa no que se refere ao critério geral de nacionalidade para os navios mercantes brasileiros, verificamos que existe uma questão controversa envolvendo a nacionalidade do proprietário.

Como no Brasil a atualização das leis é governada pelo alinhamento das estrelas e de suas constelações, existe legislação do século XIX ainda em vigor e que acaba por gerar problemas para o jurista mais desatento – a polêmica da nacionalidade do proprietário do navio é uma delas.

---

a) certidão de registro civil de nascimento do adquirente ou prova equivalente;
b) documentos que atendam às exigências dos arts. 6º e seus parágrafos e 7º desta lei;
c) título de aquisição ou, em caso de construção, a respectiva licença e a prova e a prova de quitação do preço, sendo admitida a ressalva quanto ao pagamento da parcela de garantia;
d) prova de quitação de ônus fiscais e de encargos sociais;
e) certificado de arqueação; e
f) desenhos, especificações e memorial descritivo.
§ 2º Sendo a embarcação adquirida em condomínio, o pedido será assinado por qualquer dos condôminos, fazendo referência aos demais e às respectivas quotas.
§ 3º Quando se tratar de órgão ou entidades da administração direta ou indireta federal, estadual ou municipal, o pedido será feito por ofício.
Parágrafo único. O requerimento deverá conter:
a) certidão de registro civil de nascimento do adquirente ou prova equivalente;
b) título de aquisição ou, em caso de construção, a respectiva licença e a prova de quitação do preço, sendo admitida a ressalva quanto ao pagamento da parcela de garantia;
c) prova de quitação de ônus fiscais e de encargos sociais;
d) certificado de arqueação; e
e) desenhos, especificações e memorial descritivo.

487 Art. 3º As embarcações brasileiras, exceto as da Marinha de Guerra, serão inscritas na Capitania dos Portos ou órgão subordinado, em cuja jurisdição for domiciliado o proprietário ou armador ou onde for operar a embarcação.
Parágrafo único. Será obrigatório o registro da propriedade no Tribunal Marítimo, se a embarcação possuir arqueação bruta superior a cem toneladas, para qualquer modalidade de navegação.

488 Art. 10. Quando a embarcação for adquirida no estrangeiro, a autoridade consular brasileira fornecerá documento provisório de propriedade que valerá até a chegada ao porto onde tiver de ser inscrita.
Parágrafo único. Em nenhuma hipótese será iniciada nova viagem antes de feito o pedido de registro.

Quando o Brasil ainda era um Império, estabeleceu que somente seriam embarcações brasileiras aquelas que pertencessem a nacionais brasileiros, então súditos do Império, conforme lemos no Código Comercial:

> **Art. 457.** Somente podem gozar das prerrogativas e favores concedidos a embarcações brasileiras, as que verdadeiramente pertencerem a súditos do Império, sem que algum estrangeiro nelas possua parte ou interesse.
>
> Provando-se que alguma embarcação, registrada debaixo do nome de brasileiro, pertence no todo ou em parte a estrangeiro, ou que este tem nela algum interesse, será apreendida como perdida; e metade do seu produto aplicado para o denunciante, havendo-o, e a outra metade a favor do cofre do Tribunal do Comércio respectivo.
>
> Os súditos brasileiros domiciliados em país estrangeiro não podem possuir embarcação brasileira; salvo se nela for com parte alguma casa comercial brasileira estabelecida no Império.
>
> **Art. 458.** Acontecendo que alguma embarcação brasileira passe por algum título domínio de estrangeiro no todo ou em parte, não poderá navegar com a natureza de propriedade brasileira, enquanto não for alienada a súdito do Império.

A legislação em si não é merecedora de críticas, pois no século XIX era comum o critério da nacionalidade dos proprietários determinar a nacionalidade dos navios, o problema é quando se passa mais de um século e meio e a legislação não foi alterada.

Mas como no Brasil, quando a matéria é legislação, o legislador sempre encontra um jeito de piorar o que já está ruim ou desatualizado, a Constituição Federal de 1988 acabou por recepcionar os ditos dispositivos do Código Comercial ao estabelecer na redação original do art. 178:

> **Art. 178.** A lei disporá sobre:
>
> I – a ordenação dos transportes aéreo, aquático e terrestre;
>
> II – a predominância dos armadores nacionais e navios de bandeira e registros brasileiros e do país exportador ou importador;
>
> III – o transporte de granéis;
>
> IV – a utilização de embarcações de pesca e outras.
>
> § 1º A ordenação do transporte internacional cumprirá os acordos firmados pela União, atendido o princípio da reciprocidade.
>
> § 2º Serão brasileiros os armadores, os proprietários, os comandantes e dois terços, pelo menos, dos tripulantes de embarcações nacionais.
>
> § 3º A navegação de cabotagem e a interior são privativas de embarcações nacionais, salvo caso de necessidade pública, segundo dispuser a lei.

Ocorre que o dito dispositivo foi revogado pela Emenda Constitucional n. 7 de 1995, mas ficou a regra do Código Comercial. Portanto, não devemos nos surpreender se encontrarmos doutrina que defenda que a nacionalidade dos proprietários (mesmo pessoa física) tenha de ser brasileira para poder realizar o registro, como podemos constatar, por exemplo, em "Para arvorar a bandeira brasileira, o navio precisa preencher os seguintes requisitos: a) ser o seu proprietário ou armador brasileiro ou empresa brasileira, entendida esta como a pessoa jurídica segundo as leis brasileiras"[489].

Importante ressaltar que os arts. 456 e 457 do Código Comercial de 1850 caducaram, não sendo mais aplicáveis. Essa afirmação podemos fundamentar no próprio fato de não haver menção à nacionalidade do proprietário pessoa física na legislação concernente ao Registro da Propriedade Marítima e nas regulamentações sobre a Nacionalidade do Proprietário da Marinha do Brasil ser admitida a figura do estrangeiro, conforme verificamos na NORMAM-01:

> **0209 – NACIONALIDADE DO PROPRIETÁRIO**
>
> O registro de propriedade de embarcação será deferido, exceto nos casos previstos na legislação pertinente, à pessoa física residente e domiciliada no País ou à entidade pública ou privada sujeitas às leis brasileiras.
>
> A prova de nacionalidade se constituirá de:
>
> a) Pessoa Física:
>
> Carteira de Identidade, Certidão de Nascimento ou Casamento ou Certificado de Reservista para brasileiro e Carta de Naturalização para brasileiro naturalizado. Para estrangeiro, passaporte ou carteira de identidade;
>
> b) Firma Individual:
>
> Declaração do Registro na Junta Comercial e comprovante de nacionalidade do titular da firma;
>
> c) Firma em Nome Coletivo:
>
> Contrato Social com as alterações ocorridas, prova de arquivamento na Junta Comercial e prova de nacionalidade dos dirigentes e dos quotistas que tenham o controle no percentual fixado em lei;
>
> d) Sociedade Anônima:
>
> Estatuto Social arquivado na Junta Comercial e prova de nacionalidade dos dirigentes e dos acionistas detentores do controle acionário no percentual fixado em lei; e
>
> e) Empresa Pública:
>
> Ato Constitutivo com cópia do Diário Oficial que o publicou e o Ato de Nomeação dos dirigentes[490].

---

489 GIBERTONI, Carla A. Comitre. **Teoria e prática do direito marítimo.** 3. ed. Rio de Janeiro: Renovar, 2014, p. 79.

490 MARINHA DO BRASIL. **Normas da autoridade marítima para embarcações empregadas na navegação em mar aberto.** NORMAM-01/DPC – alteração de 09/10/2019. Disponível em: https://www.marinha.mil.br/dpc/normas. Acesso em: 29 de nov. 2019.

Mas, podemos afirmar que a doutrina que defende esse critério está equivocada? A resposta é: depende. Como mencionamos, o Brasil adota o sistema de duplo registro, logo existem regras específicas para o navio ser considerado brasileiro para o registro complementar, o Registro Especial Brasileiro – regulamentado pelo Decreto n. 2.256, de 17 de junho de 1997.

Destarte, nas **regras específicas**, ou melhor, para fins de REB, o navio somente será considerado brasileiro quando for de propriedade de empresa brasileira ou se estiver operando sob contrato de afretamento a casco nu envolvendo empresa brasileira (art. 2º do Decreto n. 2.256[491]).

Também é nas especificidades que encontramos a regra de a equipagem do navio dever ser predominantemente brasileira, quando no art. 4º da Lei n. 9.432 de 1997[492] encontramos a "ressureição" da regra contida na redação original do art. 178 Constituição Federal (revogada pela Emenda Constitucional n. 07/1995). Diante desse confuso quadro, podemos concluir que existem as regras de nacionalidade para fins de arvorar a bandeira brasileira (domicílio e residência no Brasil para proprietários pessoas físicas e nacionalidade brasileira para proprietários pessoas jurídicas); e para fins de REB (nacionalidade brasileira do proprietário pessoa jurídica, comandante brasileiro, dois terços da tripulação brasileira e chefe de máquinas brasileiro).

---

491 Art. 2º Poderão ser registradas no REB, em caráter facultativo, as embarcações brasileiras, operadas por empresas brasileiras de navegação, nos termos da Lei n. 9.432, de 1997.
Parágrafo único. As embarcações estrangeiras afretadas a casco nu, com suspensão de bandeira, poderão ser registradas no REB, nas seguintes condições:
a) para a navegação de longo curso e interior de percurso internacional, até o dobro da tonelagem de porte bruto das embarcações de tipo semelhante, encomendadas a estaleiros brasileiros instalados no País, pela empresa brasileira afretadora, com contrato de construção em eficácia, adicionado da tonelagem de porte bruto das embarcações brasileiras de tipo semelhante de sua propriedade;
b) para a navegação de cabotagem, navegação interior de percurso nacional e navegação de apoio marítimo, na forma prevista no inciso III do art. 10 da Lei n. 9.432, de 1997.

492 Art. 4º Nas embarcações de bandeira brasileira serão necessariamente brasileiros o comandante, o chefe de máquinas e dois terços da tripulação.

Existe um erro crasso na redação legislativa sobre a nacionalidade brasileira, tanto sobre o critério geral quanto sobre o critério específico. O legislador e a Marinha do Brasil cometeram o equívoco de utilizar a expressão "empresa brasileira" sem qualquer consideração técnica sobre ela. Empresa é uma atividade que pode ser exercida por qualquer pessoa (física ou jurídica). Destarte, toda vez que lemos "empresa brasileira" devemos **dar o jeitinho** de entender a expressão como sinônimo de pessoa jurídica. Caso contrário, teríamos uma omissão legislativa quanto a navios de propriedade de organizações não governamentais brasileiras – as quais são pessoas jurídicas, mas não são empresas.

13.2.2.3 A nacionalidade e os direitos reais: a propriedade e a hipoteca marítima

A última particularidade relevante para o nosso estudo decorrente da natureza especial dos navios e a qual encerra nossa análise do aspecto de direito real dos navios (tratamento do bem navio no Direito Internacional Privado) é a questão da solução dos conflitos de leis referentes aos direitos reais sobre um navio ou, mais simples, o princípio da nacionalidade, da bandeira.

Constatamos que a nacionalidade de um navio é, em sua essência, sinônimo de seu registro, sendo que a bandeira ou pavilhão, é a sua marca de exteriorização, o sinal distintivo aparente dessa nacionalidade, desse vínculo do navio para com determinado Estado nacional.

É a partir dessa premissa que nasce o elemento de conexão nacionalidade para solucionar os conflitos de leis envolvendo direitos reais sobre navios – a "lei da bandeira, a lei do pavilhão".

No intuito de simplificar a análise, quando nos referimos aos Direitos reais sobre navios no Direito Internacional Privado, podemos destacar os dois principais e mais comuns de serem objeto de enfrentamento prático pelos juristas: a propriedade e a garantia real, conhecida como a hipoteca marítima.

Tanto o Direito real de propriedade quanto a hipoteca marítima são regidas pela lei da bandeira do navio, não havendo espaço para qualquer outro direito aplicável por força do caráter notarial que possuem. Neste sentido, não há comprovação, nem transmissão de propriedade sem a certidão do registro de propriedade[493], não há constituição da hipoteca marítima sem sua averbação no registro do navio.

[493] Nesse sentido, o Código de Bustamante: Art. 274. A nacionalidade dos navios prova-se pela patente de navegação e a certidão do registro, e tem a bandeira como signal distinctivo apparente.
Art. 275. A lei do pavilhão regula as formas de publicidade requeridas para a transmissão da propriedade de um navio.

A consagração da bandeira do navio como direito aplicável a regulamentar a hipoteca também encontra ressonância nas principais convenções internacionais sobre a temática: a Convenção Internacional para a Unificação de Certas Regras Relativas aos Privilégios e Hipotecas Marítimas (Convenção de Bruxelas de 1926); a *International Convention for Unification of Certain Rules Relating to Maritime Liens and Mortgages* (Convenção de Bruxelas de 1967); e a Convenção Internacional sobre Ônus e Hipotecas Marítimas (Convenção de Genebra de 1993).

Convenção de Bruxelas de 1926	Convenção de Bruxelas de 1967	Convenção de Genebra de 1993
Artigo 3º As hypothecas, amortizações, cauções sobre navios previstas no artigo 1º são admittidas imediatamente depois dos creditos privilegiados, mencionados, no artigo precedente.	Article 1 Mortgages and "hypothèques" on sea-going vessels shall be enforceable in Contracting States provided that: (a) such mortgages and "hypothèques" have been effected and registered in accordance with the law of the State where the vessel is registered;	Artículo 1 **Reconocimiento y ejecución de hipotecas, mortgages y gravámenes** Las hipotecas y **mortgages**, y los gravámenes reales inscribiles del mismo género, que en lo sucesivo se denominrán "gravámenes", constituidos sobre buques de navegación marítima serán reconocidos y ejecutables en los Estados Partes, a condición de que:
As leis nacionaes podem conceder privilegio a outros creditos além dos previstos no dito artigo, sem modificar, porém, a categoria reservada aos creditos garantidos por hypotheca, amortização e caução e aos privilegios que sobre elles têm precedencia. (...)	(b) the register and any instruments required to be deposited with the registrar in accordance with the law of the State where the vessel is registered are open to public inspection, and that extracts of the register and copies of such instruments are obtainable from the registrar, and	a) tales hipotecas, **mortgages** y gravámenes hayan sido constituidos e inscritos en un registro de conformidad con la legislación del Estado en que esté matriculado el buque; b) el registro y los documentos que se hayan de presentar al registrador de conformidad con las leyes del Estado en que esté matriculado el buque puedan ser libremente consultados por el público y de que se pueda solicitar al registrador el libramiento de extractos del registro y copias de esos documentos; y

(...)
Art. 278. A hypotheca maritima e os privilegios e garantias de caracter real, constituidos de accôrdo com a lei do pavilhão, têm offeitos extraterritoriaes, até nos paizes cuja legislação não conheça ou não regule essa hypotheca ou esses privilegios.

Artigo 12 As leis nacionaes devem determinar a natureza e forma dos documentos que se acham a bordo, nos quaes se deverão mencionar as hypothecas, amortizações e cauções previstas no artigo 1º, sem que, entretanto, o credor que requereu esta menção nas fórmas previstas possa ser responsavel pelas omissões, erros ou atrazos na inscripção desses documentos.	(c) either the register or any instruments referred to in paragraph (b) above specifies the name and address of the person in whose favour the mortgage or "hypothèque" has been effected or that it has been issued to bearer, the amount secured and the date and other particulars which, according to the law of the State of registration, determine the rank as respects other registered mortgages and "hypothèques". Article 2 The ranking of registered mortgages and "hypothèques" as between themselves and, without prejudice to the provisions of this Convention, their effect in regard to third parties shall be determined by the law of the State of registration; however, without prejudice to the provisions of this Convention, all matters relating to the procedure of enforcement shall be regulated by the law of the State where enforcement takes place.	c) el registro o alguno de los documentos mencionados en el apartado b) especifique, por lo menos, el nombre y la dirección de la persona a favor de la cual se haya constituido la hipoteca, el **mortgage** o el gravamen, o el hecho de que esa garantía ha sido constituida al portador, el importe máximo garantizado, si la legislación del estado de matrícula estableciere ese requisito o si ese importe se especificare en el documento de constitución de la hipoteca, el **mortgage** o el gravamen, y la fecha y otras circunstancias que, de conformidad con la legislación del estado de matrícula, determinen su rango respecto de otras hipotecas, **mortgages** y gravámenes inscritos. Artículo 2 **Rango y efectos de hipotectas, mortgages y gravámenes** La prelación de las hipotecas, **mortgages** o gravámenes inscritos entre sí y, sin prejuicio de lo dispuesto en el presente Convenio, sus efectos respecto de terceros serán los que determine la legislación del Estado de matrícula; no obstante, sin perjuicio de lo dispuesto en el presente Convenio, todas las cuestiones relativas al procedimiento de ejecución se regirán por la legislación del Estado donde ésta tenga lugar.

Dessas Convenções Internacionais, como podemos notar pelo idioma, apenas a de Bruxelas, de 1926, havia sido ratificada e incorporada pelo Brasil até o momento da realização do presente estudo – incorporação que ocorreu por meio do Decreto n. 351, de 1º de outubro de 1935.

Diante desse quadro normativo, em primeiro momento podemos afirmar que os referidos direitos reais sobre navios mercantes brasileiros são regidos unilateralmente pela Lei n. 7.652, sendo esta o arcabouço legislativo principal para as regras do registro da propriedade marítima – não há transmissão da propriedade de um navio brasileiro sem a averbação do título aquisitivo de propriedade no Registro de Propriedade marítima[494].

Não sem razão, a mesma lei estabelece para o caso de a aquisição do navio ocorrer fora do Brasil e o navio não tiver bandeira, que o adquirente deve solicitar à repartição diplomática brasileira localizado no Estado onde o navio está em construção que emita documento provisório de propriedade para possibilitar a viagem do navio para o Brasil e proceder com o registro permanente do navio[495].

Atenção! Não confunda a tradição da propriedade com o contrato de compra e venda de navios. A tradição da propriedade é o efeito de direito real do contrato de compra e venda, e não o contrato como um todo. Uma coisa é a obrigação constituída, a outra são os efeitos de direito real por ela criada.

Também é na Lei n. 7.652 que encontraremos as regras para a hipoteca marítima sobre os navios mercantes brasileiros, estabelecendo o referido diploma normativo que a oneração do navio deve ocorrer no registro da propriedade marítima, sendo a autoridade competente (em regra) o Tribunal Marítimo brasileiro (art. 12[496]), ressaltando que se trata de *conditio sine qua non* para a constituição da hipoteca e sua oponibilidade perante terceiros.

---

494 Art. 4º A aquisição de uma embarcação pode ser feita através de sua construção ou de outro meio regular em direito permitido, mas a transmissão de sua propriedade só se consolida pelo registro no Tribunal Marítimo ou, para aquelas não sujeitas a esta exigência, pela inscrição na Capitania dos Portos ou órgão subordinado.

495 Art. 10. Quando a embarcação for adquirida no estrangeiro, a autoridade consular brasileira fornecerá documento provisório de propriedade que valerá até a chegada ao porto onde tiver de ser inscrita.
Parágrafo único. Em nenhuma hipótese será iniciada nova viagem antes de feito o pedido de registro.

496 Art. 12. O registro de direitos reais e de outros ônus que gravem embarcações brasileiras deverá ser feito no Tribunal Marítimo, sob pena de não valer contra terceiros.
§ 1º Enquanto não registrados, os direitos reais e os ônus subsistem apenas entre as partes, retroagindo a eficácia do registro à data da prenotação do título.
§ 2º Os direitos reais e os ônus serão registrados em livro próprio, averbados à margem do registro de propriedade e anotados no respectivo título, devendo o interessado promover previamente o registro das embarcações ainda não registradas ou isentas.

Porém, devemos ressaltar que apesar de a legislação brasileira seguir as práticas internacionais referentes aos direitos reais envolvendo navios com a adoção do princípio da nacionalidade como regra geral, não nos espantamos com a constatação de que, recentemente, surgiu um grave problema na temática da hipoteca marítima, mais precisamente no reconhecimento de extraterritorialidade dos efeitos de hipotecas marítimas realizadas em navios estrangeiros mas de propriedade de pessoas jurídicas empresárias brasileiras – assunto enfrentado no Recurso Especial n. 1.705.222-SP.

13.2.2.4 O Recurso Especial n. 1.705.222-SP (2017/00654899-5)

Em 3 de fevereiro de 2016, a 13ª Câmara de Direito Privado do Tribunal de Justiça do Estado de São Paulo estabeleceu um cenário de insegurança jurídica para toda a indústria de *shipping* no Brasil quando procedeu de forma absurda no julgamento do Agravo de Instrumento n. 2153991-40-2015.8.26.0000, envolvendo a Nordic Trustee Asa (agravante) e o Banco BTG Pactual S/A – Cayman Branch (agravado).

O caso envolvia a penhora de um navio de bandeira liberiana de propriedade da OSX 3 Leasing B.V., decorrente de execução de título extrajudicial por parte do Banco BTG Pactual S/A – Cayman Branch contra a OSX 3 Leasing B.V., por meio da qual o juízo de primeira instância (a 29ª Vara Cível do Foro Central de São Paulo) julgou improcedente o pedido de preferência da Nordic Trustee Asa que era detentora de hipoteca marítima sobre o navio objeto da penhora – hipoteca que foi constituída na República da Libéria.

Inconformada com a decisão da primeira instância, a Nordic Trustee Asa interpôs agravo de instrumento. Dos vários argumentos, podemos destacar:

(i) que a questão de bandeira de conveniência não se sustenta, devido ao fato de não prosperar a alegação de que o navio em questão fora construído somente para operar em águas brasileiras – "mesmo porque a embarcação FPSO OSX-3 ingressou no país sob regime de importação temporária de bens" e o contrato de afretamento celebrado com a OGX é por tempo determinado, cujo encerramento possibilitará a alocação da plataforma para qualquer lugar do Globo[497].

---

[497] TRIBUNAL DE JUSTIÇA DE SÃO PAULO. **Acordão do Agravo de Instrumento n. 2153991-40-2015.8.26.0000.** Desembargador Relator Nelson Jorge Junior. 13ª Câmara de Direito Privado. Diário Eletrônico 2054 de 12/02/2016, p. 7 (fls. 1965).

(ii) a não existência de regra no Direito brasileiro referente a registro de hipoteca de navio mercante estrangeiro por autoridade brasileira (o Tribunal Marítimo não realiza registro de navios estrangeiros)[498]; e

(iii) que o Direito brasileiro consagra a lei do pavilhão como regra para direitos reais de garantia sobre navios e embarcações, por força do art. 278 do Código de Bustamante e do Decreto n. 531/1935[499].

Em vista disso, a Nordic Trustee Asa solicitou ao Tribunal de Justiça de São Paulo que reformasse a decisão da primeira instância aplicando a lei do pavilhão à hipoteca marítima em questão e concedesse a ela efeitos extraterritoriais, pois se trata de costume marítimo básico[500]. E, caso o Tribunal de Justiça de São Paulo não entendesse aplicável a regra do pavilhão, aplicasse subsidiariamente o direito holandês à referida hipoteca marítima, por força do art. 8º, § 1º, da LINDB[501].

O Tribunal de Justiça de São Paulo acabou julgando o agravo de instrumento improcedente, apresentando uma motivação, com perdão da expressão, risível.

Inicialmente, entendeu que a não possibilidade de registro de hipoteca por autoridade brasileira não gera o reconhecimento automático de efeitos extraterritoriais a hipoteca estrangeira[502], acrescentando que como a

---

498 TRIBUNAL DE JUSTIÇA DE SÃO PAULO. **Acordão do Agravo de Instrumento n. 2153991-40-2015.8.26.0000.** Desembargador Relator Nelson Jorge Junior. 13ª Câmara de Direito Privado. Diário Eletrônico 2054 de 12/02/2016, p. 5 (fls. 1963).

499 TRIBUNAL DE JUSTIÇA DE SÃO PAULO. **Acordão do Agravo de Instrumento n. 2153991-40-2015.8.26.0000.** Desembargador Relator Nelson Jorge Junior. 13ª Câmara de Direito Privado. Diário Eletrônico 2054 de 12/02/2016, p. 6 (fls. 1964).

500 TRIBUNAL DE JUSTIÇA DE SÃO PAULO. **Acordão do Agravo de Instrumento n. 2153991-40-2015.8.26.0000.** Desembargador Relator Nelson Jorge Junior. 13ª Câmara de Direito Privado. Diário Eletrônico 2054 de 12/02/2016, p. 7 (fls. 1965).

501 TRIBUNAL DE JUSTIÇA DE SÃO PAULO. **Acordão do Agravo de Instrumento n. 2153991-40-2015.8.26.0000.** Desembargador Relator Nelson Jorge Junior. 13ª Câmara de Direito Privado. Diário Eletrônico 2054 de 12/02/2016, p. 7-8 (fls. 1965-1966).

502 TRIBUNAL DE JUSTIÇA DE SÃO PAULO. **Acordão do Agravo de Instrumento n. 2153991-40-2015.8.26.0000.** Desembargador Relator Nelson Jorge

República da Libéria não é signatária nem do Código de Bustamante, nem da Convenção de Bruxelas de 1926, não existiria entre a República Federativa do Brasil e a República da Libéria uma obrigação de "reconhecer, reciprocamente, a eficácia e validade de ônus reais incidentes sobre embarcações que arvoram sua bandeira e constituídos sob sua lei"[503].

Para piorar, o Tribunal de Justiça entendeu que não existe costume internacional no que se refere à aplicação do princípio do pavilhão às hipotecas marítimas, ignorando pareceres de juristas estrangeiros sob o argumento de que não possuem o efeito de "demonstrar a existência do direito consuetudinário, especialmente porque estes invocam seu direito interno"[504], associando essa situação de que a opção por ter constituído a hipoteca na República da Libéria estaria enquadrada como um risco contratual assumido pelos *Bondholders*:

> Ora, tendo a agravante – sabedora de que a embarcação estava destinada a vir para o Brasil – aceitado seu registro e a constituição estava destinada a vir para o Brasil – aceitado o seu registro e a constituição de ônus real na Libéria, conhecedora dos riscos daí decorrentes (em especial com relação a possíveis complicações quando de eventual excussão da garantia hipotecária), certamente tal opção pareceu-lhe, ainda, conveniente. Não pode agora, portanto, lograr êxito quando pretende interpretação que lhe garanta apenas os bônus, e não os ônus de tal opção[505].

Por fim, entendeu também pela não aplicação subsidiária da lei holandesa por não haver incidência do art. 8º, § 1º, da LINDB, pois:

> Em que pese o § 1º se referir à aplicação aos bens móveis, da lei do país em que domiciliado o proprietário, tal comando dirige-se àqueles bens móveis facilmente transportáveis de um lugar a outro, o que não se confunde com a hipótese sob exame. Como bem conhecido, trata-se de

Junior. 13ª Câmara de Direito Privado Diário Eletrônico 2054 de 12/02/2016, p. 15 (fls. 1973).

503 TRIBUNAL DE JUSTIÇA DE SÃO PAULO. **Acordão do Agravo de Instrumento n. 2153991-40-2015.8.26.0000.** Desembargador Relator Nelson Jorge Junior. 13ª Câmara de Direito Privado Diário Eletrônico 2054 de 12/02/2016, p. 17 (fls. 1975).

504 TRIBUNAL DE JUSTIÇA DE SÃO PAULO. **Acordão do Agravo de Instrumento n. 2153991-40-2015.8.26.0000.** Desembargador Relator Nelson Jorge Junior. 13ª Câmara de Direito Privado Diário Eletrônico 2054 de 12/02/2016, p. 18 (fls. 1976).

505 TRIBUNAL DE JUSTIÇA DE SÃO PAULO. **Acordão do Agravo de Instrumento n. 2153991-40-2015.8.26.0000.** Desembargador Relator Nelson Jorge Junior. 13ª Câmara de Direito Privado Diário Eletrônico 2054 de 12/02/2016, p. 19 (fls. 1977).

> embarcação construída em Cingapura e que, quando finalizada, deslocou-se do estaleiro diretamente para o Brasil, em cuja costa permanecerá pelo prazo de 20 anos[506].

Entendo pela aplicação da regra geral do *caput* do art. 8º da LINDB e aplicação da *lex rei sitae*, isto é, aplicação do Direito brasileiro à hipoteca marítima em questão – mesmo sabendo que não há regras no Direito brasileiro para o registro de hipotecas marítimas de navios estrangeiros (nem em nenhum Direito do mundo existem tais regras).

Em 19 páginas, o Tribunal de Justiça de São Paulo colocou em risco toda a indústria de *shipping* no Brasil, ao estabelecer um entendimento absurdo sobre os efeitos extraterritoriais das hipotecas marítimas estrangeiras no Brasil[507] e uma insegurança jurídica na matéria pois como bem lembrou

---

506 TRIBUNAL DE JUSTIÇA DE SÃO PAULO. **Acordão do Agravo de Instrumento n. 2153991-40-2015.8.26.0000.** Desembargador Relator Nelson Jorge Junior. 13ª Câmara de Direito Privado. Diário Eletrônico 2054 de 12/02/2016, p. 20 (fls. 1978).

507 Eis a ementa final da decisão ortodoxa: HIPOTECA MARÍTIMA Embarcação destinada à exploração de petróleo na costa brasileira Bandeira liberiana, com hipoteca em favor da agravante, registrada sob a lei liberiana Bem que é penhorado em execução movida por terceiro Credora hipotecária que pretende a preferência sobre o produto da arrematação Reconhecimento da hipoteca estrangeira no Brasil Impossibilidade Estado da Libéria que não é signatário de tratados e convenções internacionais a esse respeito, a que o Brasil tenha aderido Costume internacional nesse sentido não verificado: Inviável o reconhecimento da validade no Brasil de hipoteca registrada sob as leis liberianas, incidente sobre embarcação de bandeira liberiana, para o fim de garantir ao credor hipotecário a preferência sobre o produto da alienação da embarcação, penhorada em execução ajuizada por outro credor, uma vez que a Libéria não é signatária de tratados e convenções internacionais a esse respeito a que o Brasil tenha aderido, e que não se verifica a existência de costume internacional nesse sentido. HIPOTECA MARÍTIMA Proprietária do bem móvel que é pessoa jurídica estrangeira, pertencente a grande grupo societário brasileiro Pretensão de aplicação da lei holandesa Impossibilidade Inteligência do art. 8º, § 1º, da Lei de Introdução às Normas do Direito Brasileiro Embarcação que não se amolda ao dispositivo, por permanecer imobilizada na costa brasileira por duas décadas, afretada a pessoa jurídica integrante do mesmo grupo societário, a fim de explorar petróleo: Não se mostra possível a aplicação da lei da nacionalidade da proprietária do bem móvel, pessoa jurídica holandesa, uma vez que a embarcação sob exame não se amolda ao quanto previsto no art. 8º, § 1º, da Lei de Introdução às Normas de Direito Brasileiro, uma vez que afretada a pessoa jurídica pertencente ao mesmo grupo societário integrado pela proprietária, a fim de permanecer imobilizada na costa brasileira, por duas décadas, para exploração de petróleo. RECURSO NÃO PROVIDO.

a *Nordic Trustee* SA: "há mais de 200 navios em águas brasileiras arvorando a bandeira liberiana, e dentre eles, cerca de 141 encontram-se hipotecados em favor dos credores que financiaram sua construção"[508].

Insatisfeita com a decisão, a *Nordic Trustee* SA recorreu ao Superior Tribunal de Justiça, resultando no Recurso Especial n. 1.705.222-SP, apresentando a seguinte fundamentação:

> Sobreveio recurso especial da agravante Nordic, com fundamento no artigo 105, inciso III, alínea *a*, da Constituição Federal, sustentando omissão e violação aos arts. (I) 125, inciso I, e 398, § 1º, do Código de Processo Civil de 1973 (vigente ao tempo da prolação do primeiro Aresto); (II) 370 e 1.022, incisos I, II e III 13, do Novo Código de Processo Civil (vigentes ao tempo da interposição dos embargos de declaração e da prolação do segundo V. Aresto); (III) 82 do Código Civil e 478 do Código Comercial; (IV) 129, *caput*, § 6º, e 148, da Lei n. 6.015/1973; (V) 278 do Código Bustamante (Decreto n. 18.871, de 13 de agosto de 1929); (VI) artigos 1º e 8º da Convenção de Bruxelas para Unificação de Certas Regras Relativas aos Privilégios e Hipotecas Marítimas (Decreto n. 351/1935); (VII) artigos 11 e 38 da Convenção de Viena sobre o Direito dos Tratados (Decreto n. 7.030/2009); (VIII) artigos 2º, 3º, 33, 55, 56, 57, 60 e 94 da Convenção das Nações Unidas sobre o Direito do Mar (Decreto n. 1530/1995); e (IX) 8º, § 1º, da Lei de Introdução às Normas do Direito Brasileiro ("LINDB")[509].

Abstraindo a parte técnico-processual, a Quarta Turma do Superior Tribunal de Justiça começou o julgamento estabelecendo duas premissas principais: o dualismo moderado e o papel do Direito Internacional Privado na Ciência Jurídica.

Sufragando entendimento do Supremo Tribunal Federal, a Quarta Turma definiu que o Brasil adota um sistema de dualismo moderado no que tange à incorporação de tratados e à dinâmica entre normas internacionais e as normas nacionais brasileiras[510], resultando na premissa de que os atos

---

508 TRIBUNAL DE JUSTIÇA DE SÃO PAULO. **Acordão do Agravo de Instrumento n. 2153991-40-2015.8.26.0000.** Desembargador Relator Nelson Jorge Junior. 13ª Câmara de Direito Privado. Diário Eletrônico 2054 de 12/02/2016, p. 7 (fls. 1965).

509 SUPERIOR TRIBUNAL DE JUSTIÇA. REsp: 1705222SP 2017/0065899-5. Relator Min. Luís Felipe Salomão. Data de Julgamento: 16/11/2017, T4 – Quarta Turma, DJe 01/02/2018, p. 3. Disponível em: https://stj.jusbrasil.com.br/jurisprudencia/549846396/recurso-especial-resp-1705222-sp-2017-0065899-5/inteiro-teor-549846405.

510 SUPERIOR TRIBUNAL DE JUSTIÇA. REsp: 1705222SP 2017/0065899-5. Relator Min. Luís Felipe Salomão. Data de Julgamento: 16/11/2017, T4 – Quarta

internacionais, em regra, não possuem preferência ou são hierarquicamente superiores às normas nacionais brasileiras, como podemos ler:

> No sistema jurídico brasileiro, os atos internacionais não dispõem de primazia hierárquica sobre as normas de direito interno. A eventual precedência dos tratados ou convenções internacionais sobre as regras infraconstitucionais de direito interno somente se justificará quando a situação de antinomia com o ordenamento doméstico impuser, para a solução do conflito, a aplicação alternativa do critério cronológico ("lex posterior derogat priori") ou, quando cabível, do critério da especialidade[511].

Adotando a teoria do dualismo moderado, a Quarta Turma procedeu delimitando o papel que o Direito Internacional Privado exerce na Ciência Jurídica, expondo o entendimento de que não se trata de um Direito Internacional, mas de um Direito transnacional, cuja missão é a de "ser método judicial-auxiliar para a localização da norma substancial (interna ou estrangeira) indicada a resolver a questão concreta *sub judice*"[512].

A Quarta Turma deixa claro que a questão da hipoteca marítima *in foco* não é uma questão puramente de aplicabilidade de tratados ou costumes internacionais, mas sim na determinação de qual é o direito aplicável à hipoteca marítima de um navio estrangeiro na ótica do Direito Internacional Privado brasileiro.

Ratificou o entendimento de que a regra vigente no Direito Internacional Privado brasileiro referente ao assunto estava expressa nos dispositivos do Código de Bustamante, na Convenção de Bruxelas de 1926, bem como na própria Convenção de *Montego Bay* de 1982:

Turma, DJe 01/02/2018, p. 12. Disponível em: https://stj.jusbrasil.com.br/jurisprudencia/549846396/recurso-especial-resp-1705222-sp-2017-0065899-5/inteiro-teor-549846405.

511 SUPERIOR TRIBUNAL DE JUSTIÇA. REsp: 1705222SP 2017/0065899-5. Relator Min. Luís Felipe Salomão. Data de Julgamento: 16/11/2017, T4 – Quarta Turma, DJe 01/02/2018, p. 13. Disponível em: https://stj.jusbrasil.com.br/jurisprudencia/549846396/recurso-especial-resp-1705222-sp-2017-0065899-5/inteiro-teor-549846405.

512 SUPERIOR TRIBUNAL DE JUSTIÇA. REsp: 1705222SP 2017/0065899-5. Relator Min. Luís Felipe Salomão. Data de Julgamento: 16/11/2017, T4 – Quarta Turma, DJe 01/02/2018, p. 15. Disponível em: https://stj.jusbrasil.com.br/jurisprudencia/549846396/recurso-especial-resp-1705222-sp-2017-0065899-5/inteiro-teor-549846405.

> Assim, não bastasse a clareza do art. 278 do Código Bustamante ao estabelecer que a hipoteca marítima e os privilégios e garantias de caráter real, constituídos de acordo com a lei do pavilhão, têm efeitos extraterritoriais, até nos países cuja legislação não conheça ou não regule essa hipoteca ou esses privilégios, o art. 1º da Convenção de Bruxelas para a Unificação de Certas Regras Relativas aos Princípios e Hipotecas Marítimas, na mesma linha, também estabelece que as hipotecas sobre navios regularmente estabelecidas segundo as leis do Estado contratante a cuja jurisdição o navio pertencer, e inscritas em um registro público, tanto pertencente à jurisdição do porto de registro, como de um ofício central, serão consideradas válidas e acatadas em todos os outros países contratantes[513].

Destarte, afasta o entendimento de que seria possível o registro de hipoteca de embarcação de propriedade de sociedade empresária estrangeira no Brasil, devido ao fato da legislação brasileira, em especial a Lei n. 7.652/1998 que se limita a disciplinar direitos reais envolvendo embarcações brasileiras[514], assim como podemos destacar a menção ao art. 462 do Código Comercial, o qual "estabelece que, se a embarcação for de construção estrangeira, deverá declarar-se no registro a nação a que pertencia, o nome que tinha e o que tomou, e o título por que passou a ser de propriedade brasileira"[515].

Observou que a legislação brasileira está em consonância com as convenções internacionais ratificadas pelo Brasil, havendo uma clara constatação de respeito à soberania dos países no que tange ao registro de navios e suas respectivas hipotecas[516].

---

513 SUPERIOR TRIBUNAL DE JUSTIÇA. REsp: 1705222SP 2017/0065899-5. Relator Min. Luís Felipe Salomão. Data de Julgamento: 16/11/2017, T4 – Quarta Turma, DJe 01/02/2018, p. 18. Disponível em: https://stj.jusbrasil.com.br/jurisprudencia/549846396/recurso-especial-resp-1705222-sp-2017-0065899-5/inteiro-teor-549846405.

514 SUPERIOR TRIBUNAL DE JUSTIÇA. REsp: 1705222SP 2017/0065899-5. Relator Min. Luís Felipe Salomão. Data de Julgamento: 16/11/2017, T4 – Quarta Turma, DJe 01/02/2018, p. 18. Disponível em: https://stj.jusbrasil.com.br/jurisprudencia/549846396/recurso-especial-resp-1705222-sp-2017-0065899-5/inteiro-teor-549846405.

515 SUPERIOR TRIBUNAL DE JUSTIÇA. REsp: 1705222SP 2017/0065899-5. Relator Min. Luís Felipe Salomão. Data de Julgamento: 16/11/2017, T4 – Quarta Turma, DJe 01/02/2018, p. 19. Disponível em: https://stj.jusbrasil.com.br/jurisprudencia/549846396/recurso-especial-resp-1705222-sp-2017-0065899-5/inteiro-teor-549846405.

516 SUPERIOR TRIBUNAL DE JUSTIÇA. REsp: 1705222SP 2017/0065899-5. Relator Min. Luís Felipe Salomão. Data de Julgamento: 16/11/2017, T4 – Quarta

Neste diapasão, também observou a conveniência econômica do reconhecimento da extraterritorialidade das hipotecas marítimas, devido ao fato de haver a "necessidade de oferecer segurança a quem financie o construtor ou o proprietário que explore atividade com a embarcação"[517].

Isto posto, a Quarta Turma, por unanimidade, concluiu que "Ao negar a eficácia à hipoteca, *data máxima vênia*, o Tribunal local não observa as diversas convenções internacionais e causa insegurança jurídica, com possíveis restrições e aumento de custo para o afretamento de embarcações utilizadas no Brasil"[518].

Constatamos que coube à Quarta Turma do Superior Tribunal de Justiça, em julgamento do dia 16 de novembro de 2017 e publicação em 1º de fevereiro de 2018, ratificar o princípio da bandeira, da nacionalidade do navio e corrigir o equívoco cometido pelo Tribunal de Justiça de São Paulo[519].

Turma, DJe 01/02/2018, p. 19. Disponível em: https://stj.jusbrasil.com.br/jurisprudencia/549846396/recurso-especial-resp-1705222-sp-2017-0065899-5/inteiro-teor-549846405.

517 SUPERIOR TRIBUNAL DE JUSTIÇA. REsp: 1705222SP 2017/0065899-5. Relator Min. Luís Felipe Salomão. Data de Julgamento: 16/11/2017, T4 – Quarta Turma, DJe 01/02/2018, p. 19. Disponível em: https://stj.jusbrasil.com.br/jurisprudencia/549846396/recurso-especial-resp-1705222-sp-2017-0065899-5/inteiro-teor-549846405.

518 SUPERIOR TRIBUNAL DE JUSTIÇA. REsp: 1705222SP 2017/0065899-5. Relator Min. Luís Felipe Salomão. Data de Julgamento: 16/11/2017, T4 – Quarta Turma, DJe 01/02/2018, p. 20. Disponível em: https://stj.jusbrasil.com.br/jurisprudencia/549846396/recurso-especial-resp-1705222-sp-2017-0065899-5/inteiro-teor-549846405.

519 Ementa final do REsp. n. 1.705.222 – SP (2017/0065899-5): EMENTA RECURSO ESPECIAL. HIPOTECA NAVAL. OMISSÃO, CONTRADIÇÃO OU OBSCURIDADE. INEXISTÊNCIA. NULIDADE SEM EXISTÊNCIA DE PREJUÍZO. INVIABILIDADE. TRATADOS INTERNACIONAIS E LEGISLAÇÃO INTERNA. INEXISTÊNCIA DE PRIMAZIA HIERÁRQUICA. PLATAFORMA PETROLÍFERA ESTRANGEIRA. HIPOTECA. DISCIPLINA DO CÓDIGO BUSTAMANTE. REGISTRO REALIZADO NO PORTO DE ORIGEM DO NAVIO. EFICÁCIA NO ÂMBITO NACIONAL. 1. A Corte local perfilhou o entendimento de que os documentos colacionados aos autos nada acrescentaram de novo que já não tivesse sido informado pela própria parte que invoca a nulidade ao Juízo *a quo*. Com efeito, "[o] sistema processual é informado pelo princípio da instrumentalidade das formas, de modo que somente a nulidade que sacrifica os fins de justiça do processo deve ser declarada (pas de nullité sans grief)" (REsp. 1.051.728/ES, Rel. Ministro Luiz Fux, Primeira Turma,

Podemos acrescentar que a celeuma ora analisada decorreu do estado lastimável da legislação de Direito Internacional Privado sobre navios e embarcações no Brasil, havendo recurso a diplomas do século XIX, bem como a normativas da metade inicial do século XX. Ou seja, a legislação mais "recente" no debate, já possui mais de setenta anos (a LINDB).

A decisão do Tribunal de Justiça de São Paulo demonstra bem o estado lastimável do Direito Internacional Privado no Brasil, sendo o sinal desse estado o embasamento da decisão em manual de Direito Internacional Público e Privado, dando a falsa impressão de que ambos os ramos consistiriam em um campo de estudo unificado.

Também podemos constatar que o TJ-SP simplesmente esqueceu o óbvio: (1) não é o credor hipotecário que escolhe a bandeira de um navio – é o proprietário; e (2) o Direito brasileiro não possui regras para hipoteca marítima de navios estrangeiros.

Aliás, a própria existência de tratados internacionais consagrando a bandeira como direito aplicável as embarcações e navios já deveria ter sido suficiente para configurar o costume internacional desse elemento de conexão para direitos reais envolvendo essa modalidade peculiar de bem. Louvável a decisão do STJ sobre a matéria, não só restaurando a segurança jurídica na indústria de *shipping* mas também evitando que essa decisão lastimável do TJ-SP pudesse irradiar para as academias jurídicas e distorcer um assunto já pouco analisado no Brasil.

---

julgado em 17/11/2009, DJe 2/12/2009). 2. O STF, à luz da Constituição Federal, sufragou o entendimento, por ocasião do julgamento, pelo Pleno daquela Corte, da ADI 1.480 MC/DF, de que os tratados ou convenções internacionais, uma vez regularmente incorporados ao direito interno, situam-se, no sistema jurídico brasileiro, nos mesmos planos de validade, eficácia e autoridade em que se posicionam as leis ordinárias, havendo, em consequência, entre estas e os atos de direito internacional público, relação de paridade normativa. 3. É da tradição do direito brasileiro e de legislações estrangeiras a admissão da hipoteca a envolver embarcação de grande porte, em razão do vulto dos financiamentos a sua construção e manutenção. A instabilidade e o risco marítimo oriundos do constante deslocamento se compensa com a estabilidade dos registros em portos de origem. 4. No tocante a navio de nacionalidade estrangeira, o art. 278 do Código Bustamante estabelece que a hipoteca marítima e os privilégios e garantias de caráter real, constituídos de acordo com a lei do pavilhão, têm efeitos extraterritoriais até nos países cuja legislação não conheça ou não regule essa hipoteca ou esses privilégios. 5. O registro hipotecário é ato de soberania do Estado da nacionalidade da embarcação, estando sob sua jurisdição as respectivas questões administrativas. Dessarte, o ato tem eficácia extraterritorial, alcançando o âmbito interno nacional. 6. Recurso especial parcialmente provido.

13.2.3 O navio como meio de transporte: as "obrigações marítimas"

O terceiro e último aspecto de Direito Internacional Privado envolvendo navios e embarcações é o que abrange os vastos campos obrigacionais que envolvem a indústria de *shipping* como um todo, conhecido como obrigações de direito marítimo ou, simplesmente, obrigações marítimas.

Trata-se de um aspecto vastíssimo estudado pelo microssistema do Direito Marítimo, tanto que para termos uma noção das temáticas que abrange, podemos distinguir seis diferentes grupos temáticos: (i) os contratos marítimos; (ii) os conhecimentos marítimos; (iii) os fatos da navegação; (iv) os seguros marítimos; (v) a atividade portuária; e (vi) os marítimos.

Os contratos marítimos são aqueles que são típicos da indústria *shipping*, não consistindo em contratos nominados propriamente ditos, mas que possuem autonomia jurídica perante seus homônimos no Direito Civil e Comercial. Esse grupo temático engloba, essencialmente: as diversas modalidades de vendas marítimas, de afretamentos e de transporte marítimo – e os seguros marítimos.

Sob ótica do Direito Internacional Privado, são contratos internacionais do comércio e, portanto, sua interpretação possui forte influência do fenômeno da nova *lex mercatoria*, das Incoterms e a problemática da autonomia da vontade.

A nova *lex mercatoria* (*new Law Merchant*) é uma variante teórica da concepção do fenômeno da *lex mercatoria* como uma espécie *sui generis* de fonte do Direito, sendo um corpo normativo próprio baseado nas regras privadas entre os comerciantes, ou seja, um corpo normativo internacional de natureza espontânea "composta de normas *ad hoc* transnacionais e de natureza costumeira" excluindo qualquer fonte estatal ou interestatal[520].

As Incoterms (*International Commercial Terms*) são regras internacionais quanto a exportação e importação de mercadorias aplicáveis aos diferentes modais de transporte, consistindo em diferentes grupos de cláusulas *standards* para utilização entre importadores, transportadores e exportadores de mercadorias com a finalidade de simplificar, ou objetivar, a

---

520 COSTA, Cynara de B. BOAVIAGEM, Aurélio A. da. **A verdadeira *lex mercatoria*:** o direito além do Estado – um estudo sobre as antigas e novas teorias da *lex mercatoria*. Dissertação (Mestrado) – Programa de Pós-Graduação em Direito da Universidade Federal de Pernambuco, Recife, 2011, p. 33. Disponível em: https://repositorio.ufpe.br/handle/123456789/4772. Acesso em: 8 dez. 2019.

regulamentação contratual referente a deveres e obrigações entre importadores e exportadores.

A criação, interpretação e revisão das Incoterms são de responsabilidade da *International Chamber of Commerce*[521], e, por isso, não podem ser interpretadas fora do contexto em que se inserem, pois são uma iniciativa de uniformização internacional e, portanto, sujeitas aos princípios da internacionalidade e uniformidade. Simplificando, a existência de uma "cláusula Incoterms" força tanto ao arbitro quanto ao juiz nacional a sua interpretação em conformidade com as regras internacionais existentes sobre ela (as edições da ICC).

E, por fim, esses contratos também estão inseridos no polêmico campo do art. 9º da LINDB e na questão da autonomia da vontade no Direito Internacional Privado brasileiro.

Os conhecimentos marítimos são documentos essenciais para o transporte de cargas, dos quais podemos destacar: (a) o conhecimento de embarque; (b) *Mate's receipt*; e (c) *Booking note.*

Conhecimento de embarque (*Bill of Landing*) é considerado o documento marítimo mais importante do comércio marítimo internacional, pois é "ele que representa a carga, fazendo com que toda mecânica de movimentação o tome por base"; trata-se do documento comprobatório de propriedade da carga[522], além de ser o "instrumento representativo do contrato de transporte, recibo de entrega das mercadorias e título de crédito"[523].

O *Mate's receipt* é um documento provisório de conhecimento de embarque, consubstanciado em um recibo emitido pelo responsável do navio (normalmente o imediato) e que contém "todas as informações sobre as mercadorias carregadas à [sic] bordo do navio que deverão constar posteriormente no conhecimento de embarque"[524], sendo no Brasil um costume, possuindo finàlidade de comprovar a existência de um contrato de transporte na carga embarcada[525].

---

521 Disponível em: https://iccwbo.org.

522 GIBERTONI, Carla A. Comitre. **Teoria e prática do direito marítimo.** 3. ed. Rio de Janeiro: Renovar, 2014, p. 277.

523 GIBERTONI, Carla A. Comitre. **Teoria e prática do direito marítimo.** 3. ed. Rio de Janeiro: Renovar, 2014, p. 279.

524 GIBERTONI, Carla A. Comitre. **Teoria e prática do direito marítimo.** 3. ed. Rio de Janeiro: Renovar, 2014, p. 283.

525 GIBERTONI, Carla A. Comitre. **Teoria e prática do direito marítimo.** 3. ed. Rio de Janeiro: Renovar, 2014, p. 284.

Por fim, o *Booking note*, ou nota de reserva de praça, é o documento pelo qual se realiza a reserva de determinado espaço em um navio para fins de transporte, contendo as condições da reserva, o transportador, a mercadoria (quantidade, embalagem, destino), o embarcador, entre outras informações essenciais ao transporte[526].

Os conhecimentos marítimos em geral são regidos pelo direito aplicável ao contrato o qual os originou, além de demandarem conhecimento das normas internacionais vigentes sobre eles, com destaque para as Regras de Haia (1921), as Regras de Haia-Visby, as Regras de Hamburgo (Convenção das Nações Unidas sobre o Transporte Marítimo), de Cogsa (1936) e as Regras de Roterdã (2009). E mesmo o Brasil não participando atualmente de nenhuma delas, essas normativas devem ser consideradas na hora de proceder com a solução de conflito de leis envolvendo essa modalidade de documento marítimo.

Os fatos de navegação, de forma simples, podem ser definidos como acontecimentos que ocorrem com o navio ou embarcação durante o seu trajeto marítimo, e, para fins de nossos breves comentários, podemos separar em três grupos: as avarias, os acidentes e o socorro e salvamento.

O primeiro grupo de fatos da navegação são as avarias, as quais, essencialmente, designam os prejuízos materiais decorrentes do transporte de cargas seja de danos ocasionados ao veículo transportador, a carga ou a ambos. No Direito Marítimo, o seu significado é um pouco mais amplo, pois engloba também "as despesas extraordinárias feitas para prevenir ou reparar esse dano"[527], significado esse consolidado na legislação brasileira no art. 761 do Código Comercial: "Todas as despesas extraordinárias feitas a bem do navio ou da carga, conjunta ou separadamente, e todos os danos acontecidos àquele ou a esta, desde o embarque e partida até a sua volta e desembarque, são reputadas avarias".

Da extensão de seu conceito, as avarias possuem várias classificações e modalidades, sendo a mais comum a encontrada no art. 763 do Código Comercial, que as divide em avarias grossas ou comuns e avarias simples ou particulares.

É notório no Direito Internacional Privado brasileiro a inexistência de regras específicas para regulamentar a solução de conflito de leis que

---

526 GIBERTONI, Carla A. Comitre. **Teoria e prática do direito marítimo.** 3. ed. Rio de Janeiro: Renovar, 2014, p. 284.

527 GIBERTONI, Carla A. Comitre. **Teoria e prática do direito marítimo.** 3. ed. Rio de Janeiro: Renovar, 2014, p. 289.

envolvam avarias, ou melhor, da existência de regras extremamente antigas sobre a matéria, como por exemplo, o art. 288 do Código Bustamante[528], o qual define que cabe à lei do pavilhão determinar a natureza da avaria.

A única regra expressa que pudemos encontrar foi o art. 762 do Código Comercial, o qual define: "Não havendo entre as partes convenção especial exarada na carta partida ou no conhecimento, as avarias hão de qualificar-se, e regular-se pelas disposições deste Código".

Esse dispositivo possibilita interpretar que as avarias serão regidas sempre pelo direito escolhido pelas partes envolvidas no transporte da mercadoria, independentemente da sua origem ou destino, e, caso não haja a escolha expressa das partes manifesta nos documentos referenciados, aplica-se, unilateralmente, o direito brasileiro – novamente, independe da origem ou destino das mercadorias.

Essa solução legislativa é bastante datada e, por isso, pode gerar inconvenientes ou surpresas desagradáveis se aplicada de forma literal, em especial, a parte da unilateralidade do Direito brasileiro.

Somos da opinião que, em termos de Direito Internacional Privado, ocorrendo um conflito de leis envolvendo avarias, deve primeiro o jurista verificar se as partes escolheram o direito aplicável; não havendo a escolha, proceder a aplicação de normas internacionais sobre a matéria (em especial as Regras de York-Antuérpia[529]) e só aplicar o Direito brasileiro em consonância com essas normativas internacionais, mesmo se esses diplomas não se encontram ratificados pelo Brasil.

Essa opinião decorre da constatação de que a legislação marítima brasileira é extremamente arcaica, tendo seu principal pilar uma legislação da época das caravelas, e cuja aplicação unilateral e isolada da regulamentação internacional vigente pode gerar situações absurdas e caóticas para o transporte marítimo brasileiro.

O segundo grupo de fatos da navegação são os acidentes marítimos, também conhecidos como sinistros marítimos, sendo configurados por acontecimentos que geram prejuízo ou atrapalham o bom andamento da navegação marítima, por isso, são um amplo campo englobando diferentes acontecimentos, dos quais os principais são a arribada, a borrasca, a presa, o naufrágio, o abalroamento e colisão e o alijamento.

---

528 Art. 288. Para determinar se a avaria é simples ou grossa e a proporção em que devem contribuir para a suportar o navio e a carga, aplica-se a lei do pavilhão.

529 Disponíveis em: https://comitemaritime.org/work/york-antwerp-rules-yar/.

Um estudo aprofundado de cada um desses acidentes marítimos ensejaria uma obra própria. Portanto, restringimo-nos a lembrar que, em regra, a solução de conflito de leis que envolva tais acidentes gira em torno do elemento territorial, o elemento nacionalidade da bandeira e, especialmente em caso de indenizações e consequências, o elemento contratual-volitivo.

Essa conclusão decorre das poucas regras específicas de Direito Internacional Privado existente sobre a matéria, como, por exemplo, em matéria de naufrágio, alijamento e encalhe, a Lei n. 7.542, de 26 de setembro de 1986, define a territorialidade da jurisdição brasileira sobre "as coisas ou bens afundados, submersos, encalhados e perdidos em águas sob jurisdição nacional, em terreno de marinha e seus acrescidos e em terrenos marginais".

Quanto ao abalroamento, se acontecer em mar territorial será regido pela lei do pavilhão comum entre as embarcações envolvidas (art. 289 do Código de Bustamante[530]); sendo o pavilhão diferente, a lei do lugar do abalroamento (art. 290 do mesmo código[531]). Por sua vez, se o abalroamento acontecer em alto mar, aplica-se a lei do pavilhão comum das embarcações (art. 292[532]); não havendo pavilhão comum, a lei do pavilhão do navio abalroado (art. 293[533]).

O elemento volitivo se demonstra relevante quando presente cláusula contratual que define o arcabouço jurídico a disciplinar as consequências de determinado sinistro marítimo, como, por exemplo, a *jetission clause*, clausula que procura disciplinar as condições e os procedimentos a serem adotados em caso de alijamentos[534].

Não é desnecessário relembrar que, novamente, existe vasta normativa internacional sobre os diferentes tipos e modalidades de sinistros marítimos, havendo necessidade do jurista conhecê-los, mesmo em caso de não ratificação pelo Brasil.

---

530 Art. 289. O abalroamento fortuito, em aguas territoriaes ou no espaço aereo nacional, submette-se á lei do pavilhão, se este fôr commum.

531 Art. 290. No mesmo caso, se os pavilhões differem, applica-se a lei do lugar. Art. 291. Applica-se essa mesma lei local a todo caso de abalroamento culpavel, em aguas territoriaes ou no espaço aereo nacional.

532 Art. 292. A lei do pavilhão applicar-se-á nos casos de abalroamento fortuito ou culpavel, em alto mar ou no livre espaço, se os navios ou aeronaves tiverem o mesmo pavilhão.

533 Art. 293. Em caso contrario, regular-se-á pelo pavilhão do navio ou aeronave abalroado, se o abalroamento fôr culpavel.

534 GIBERTONI, Carla A. Comitre. **Teoria e prática do direito marítimo.** 3. ed. Rio de Janeiro: Renovar, 2014, p. 331.

O último grupo de fatos da navegação são o socorro e salvamento, cuja definição legal encontramos no art. 1º, § 1º, da Lei n. 7.273/1984: "a expressão 'busca e salvamento' significa todo ato ou atividade efetuados para prestar auxílio à vida humana em perigo no mar, nos portos e nas vias navegáveis interiores". É um ato humanitário de solidariedade universal no ambiente marítimo para salvaguardar a vida humana das intempéries dos oceanos, mares e rios.

A princípio, a segurança da navegação é responsabilidade do comandante da embarcação, logo está sujeita às leis do pavilhão, porém, os procedimentos de auxílio são regidos pelas regras da autoridade marítima a qual se está solicitando. No Brasil o procedimento de socorro e salvamento está sujeito às regras do SALVAMAR[535] (Serviço de Busca e Salvamento da Marinha brasileira).

Novamente, encontramos forte influência das normativas internacionais nessa matéria, com destaque para a Convenção Internacional para a Salvaguarda da Vida Humana no Mar (Convenção SOLAS, 1974); a Convenção Internacional de Busca e Salvamento Marítimo (Hamburgo, 1979); e a Convenção das Nações Unidas sobre o Direito do Mar (CNUDM – Jamaica, 1982). Demonstra-se mais uma vez a importância do conhecimento de tratados internacionais para situações envolvendo o navio como instrumento de transporte.

Além desses diferentes aspectos envolvendo a navegação e transporte de mercadorias, ainda existe a questão que envolve os portos e a atividade neles exercida (regulada pela Lei n. 12.815), a qual considera os portos como bens públicos e as instalações regidas pelo ato de concessão pública. Existe também a questão processual, em especial o processo marítimo previsto na Lei n. 2.180.

Em todo caso, para mais aspectos envolvendo o navio e as embarcações recomendamos a leitura de obra específica sobre o assunto, devido ao fato de existir todo o microssistema do Direito marítimo, o qual tem profunda influência no Direito do Comércio Internacional.

13.2.4 Um adendo: o Projeto de Lei do Senado (PLS) n. 487/2013

Apesar da reforma de codificações no Brasil ser um processo longo e de resultados imprevisíveis, especialmente no que tange à eventual

535 Informações básicas sobre esse importante serviço da Marinha do Brasil estão disponíveis em seu sítio oficial: https://www.marinha.mil.br/salvamarbrasil/Informacao/faq-perguntas-frequentes.

promulgação do novo Código, achamos importante realizar um adendo sobre o Estatuto naval, em especial referência ao Projeto de Lei do Senado (PSL) n. 487/2013 – o qual pode vir a se tornar o novo Código, ou se perder nos arquivos do Congresso Nacional.

Quanto ao primeiro aspecto, a embarcação ou navio como local de prática de um ato, o projeto mantém a regra atual associando a embarcação ou navio à noção do domínio marítimo existente na noção de território de Estado, mantendo o alinhamento da legislação brasileira às convenções internacionais sobre Direito do Mar, conforme verificamos:

> **Art. 779.** Para os efeitos deste Código, consideram-se águas sob jurisdição nacional as águas compreendidas pelo mar territorial, as águas situadas nos limites da Zona Econômica Exclusiva e, além desta, as águas sobrejacentes à Plataforma Continental.
>
> **Art. 780.** Consideram-se situados no território do Estado de sua nacionalidade:
>
> I – as embarcações militares, bem como as civis de propriedade ou a serviço do Estado, por este diretamente utilizadas;
>
> II – as embarcações de outra espécie, quando em alto mar ou região que não pertença a qualquer Estado.
>
> **Parágrafo único.** Salvo na hipótese de estar a serviço do Estado, na forma indicada no inciso I deste artigo, não prevalece a extraterritorialidade em relação à embarcação privada, que se considera sujeita à lei do Estado onde se encontre.

No mesmo sentido, o projeto mantém a aplicabilidade da teoria dos efeitos para a solução de conflitos de leis envolvendo atos praticados em embarcações ou navios, conforme os artigos abaixo:

> **Art. 781.** Os fatos e atos originados em embarcações que produzirem efeitos no Brasil regem-se pelas leis brasileiras, ainda que iniciados no território estrangeiro ou em alto mar.
>
> **Art. 782.** Os fatos e atos provenientes de embarcações que tiverem início em águas sob jurisdição nacional regem-se pelas leis brasileiras, respeitadas as leis do Estado em que produzirem efeito.

Destarte, temos que quanto ao aspecto de embarcação como território de um Estado não há novidades no Projeto de Lei, mantendo o alinhamento do Brasil às normas, práticas e costumes internacionais dominantes no Direito do Mar e Marítimo.

Por outro lado, quanto ao aspecto do tratamento internacional do navio ou da embarcação como bem (coisa), o PLS atualiza a legislação brasileira e sacramenta o entendimento exposto pelo STJ, adotando o princípio da bandeira (do pavilhão ou da nacionalidade) como elemento de conexão para determinação do direito aplicável aos direitos reais sobre navios ou embarcações, conforme o: "Art. 783. Os direitos reais e os privilégios de ordem privada sobre embarcações regem-se pela lei de sua nacionalidade".

Novamente, excluindo o fator de consolidação de entendimento dominante, não há grande novidade nesse assunto envolvendo o Direito Internacional Privado.

Por fim, quanto ao aspecto do navio ou das embarcações como meio de transporte, como fonte de obrigações (as obrigações marítimas) e, em especial, o microssistema do contrato internacional de transporte, temos o surgimento de um fator de ineficácia para determinadas cláusulas no art. 787:

> **Art. 787.** Não têm eficácia no Brasil, em matéria de transporte marítimo, quaisquer disposições de direito estrangeiro, cláusulas constantes de contrato, bilhete de passagem, conhecimento e outros documentos que:
>
> I – excluam a competência de foro do lugar de destino;
>
> II – visem à exoneração de responsabilidade do transportador, quando este Código não a admita;
>
> III – estabeleçam limites de responsabilidade inferiores aos estabelecidos neste Código.

Na matéria de avarias o Projeto procura estabelecer aplicação unilateral do direito brasileiro baseando-se no critério da origem e destino da carga, conforme temos no art. 785 do Projeto:

> **Art. 785.** As avarias regulam-se pela lei brasileira quando a carga se originar ou se destinar ao Brasil ou for transportada sob o regime de trânsito aduaneiro.

Também é relevante para nossa disciplina as regras colisionais para salvamento e abalroamento, agrupadas no art. 786 do Projeto:

> **Art. 786.** A assistência e salvamento e o abalroamento regem-se pela lei do lugar em que ocorrerem, salvo acordo em contrário das partes nas matérias de direitos disponíveis.

> Parágrafo único. Quando pelo menos uma das embarcações envolvidas for de bandeira brasileira, aplica-se a lei do Brasil à assistência e salvamento e ao abalroamento ocorridos em águas sob jurisdição nacional ou região não submetida a qualquer Estado.

Para encerrar, o Projeto mantém a regra da territorialidade da jurisdição em questões de medidas assecuratórias sobre navios e embarcações, conforme: "Art. 784. As medidas assecuratórias de direito regulam-se pela lei do país onde se encontrar a embarcação".

Capítulo 14

LOCUS REGIT ACTUM: O DIREITO DAS OBRIGAÇÕES NO DIREITO INTERNACIONAL PRIVADO BRASILEIRO

14.1 NOÇÕES ELEMENTARES SOBRE AS OBRIGAÇÕES JURÍDICAS

O terceiro grande campo de análise da teoria colisional é o direito das obrigações, as obrigações jurídicas como fato extranacional, o Direito das obrigações na diversidade legislativa. Um campo que se destaca pela diversidade de situações e da complexidade dos diversos elementos que nelas interagem, resultando na constatação de que as obrigações não se inserirem na clássica divisão dos estatutos pessoais e reais.

As obrigações são a principal manifestação de uma terceira e mais problemática modalidade de estatuto: os estudos mistos. Estatutos que interpolam aspectos pessoais e aspectos reais em uma relação jurídica, mas não se confundido com nenhum deles.

Porém, antes de analisarmos a regulamentação das obrigações no Direito Internacional Privado brasileiro, é importante delimitarmos o que significa o Direito das obrigações, ou melhor, precisamos qualificar o significado de "obrigação".

Não encontramos na legislação brasileira qualquer norma que estabeleça uma definição para o que é **obrigação**, havendo múltiplos empregos do termo, cabendo especialmente à doutrina oferecer uma conceituação mais geral, sendo esta associada a dever[536].

Em uma conceituação mais técnica, ou definição *stricto senso*, a obrigação é definida como uma relação jurídica na qual uma das partes assume

---

536 SCHREIBER, Anderson. TEPEDINO, Gustavo (org.). **Fundamentos de direito civil.** v. 2: Obrigações. Rio de Janeiro: Forense, 2020, p. 1.

a posição de devedora do cumprimento de uma pretensão perante a outra, denominada de credora por possuir o direito de exigir juridicamente o seu cumprimento[537]. Ou, em resumo: "obrigação é um *vínculo jurídico* em virtude do qual uma pessoa fica adstrita a satisfazer uma prestação em proveito de outra"[538].

A partir desse conceito podemos delimitar os nascedouros desse vínculo jurídico, as denominadas fontes das obrigações, sendo as principais: o ato ilícito, o negócio jurídico e a lei[539].

O ato ilícito é definido como a ação humana que está em desacordo com a ordem jurídica, sendo sua manifestação fato gerador de deveres para o agente da ação, deveres centralizados na existência de um dano e na sua reparação[540]. É o ato ilícito a essência da responsabilidade civil.

O negócio jurídico é um conceito forjado na doutrina alemã do século XIX para designar "*das Geschäft des Privaten*"[541] ("os negócios entre particulares"), consistindo em uma abstração jurídica que compreende uma modalidade de atos ("*Aktstypen*") que, pela ordem jurídica, possibilita a criação de vínculos jurídicos a partir da vontade do indivíduo[542].

Na doutrina brasileira, o negócio jurídico é definido como "as declarações de vontade destinadas à produção de efeitos jurídicos queridos pelo agente"[543], manifestando uma "convergência entre a vontade e o ordenamento

---

537 SCHREIBER, Anderson. TEPEDINO, Gustavo (org.). **Fundamentos de direito civil.** v. 2: Obrigações. Rio de Janeiro: Forense, 2020, p. 1.

538 GOMES, Orlando. **Obrigações.** 19. ed. Atualizado por Edvaldo Brito. Rio de Janeiro: Forense, 2019, p. 9.

539 SCHREIBER, Anderson. TEPEDINO, Gustavo (org.). **Fundamentos de direito civil.** v. 2: Obrigações. Rio de Janeiro: Forense, 2020, p. 3.

540 PEREIRA, Caio Mario. **Instituições de direito civil:** introdução ao direito civil. Teoria geral de direito civil. 28. ed. Atualizado por Maria Celina Bodin de Moraes. Rio de Janeiro: Forense, 2015, p. 547.

541 FLUME, Werner. **Allgemeiner Teil des bürgerlichen Rechts.** Zweiter Band. Das Rechtsgeschäft. 4. aufl. Berlin, Heidelberg & New York: Springer Verlag, 1992, p. 34.

542 FLUME, Werner. **Allgemeiner Teil des bürgerlichen Rechts.** Zweiter Band. Das Rechtsgeschäft. 4. aufl. Berlin, Heidelberg & New York: Springer Verlag, 1992, p. 24.

543 PEREIRA, Caio Mario. **Instituições de direito civil:** introdução ao direito civil. Teoria geral de direito civil. 28. ed. Atualizado por Maria Celina Bodin de Moraes. Rio de Janeiro: Forense, 2015, p. 399-400.

jurídico"[544]. São negócios jurídicos: os contratos e os negócios unilaterais (ex.: testamento, procurações, outorgas, renúncias).

Diante deste arcabouço teórico, podemos estabelecer que obrigações no Direito Internacional Privado abrange a determinação do direito aplicável para a responsabilidade civil, para os contratos, os negócios unilaterais, os atos jurídicos e as obrigações legais.

14.2 A REGRA GERAL: O PROBLEMÁTICO ART. 9º DA LINDB

14.2.1 O art. 9º da LINDB como resultado de um processo de simplificação

As obrigações consistem em um campo de estudo extremamente complexo do Direito Internacional Privado, a ponto de ser considerado um permanente problema insolúvel para a doutrina e jurisprudência pela diversidade e alteridade existente na matéria, existindo inúmeras abordagens doutrinárias, cada uma propondo um modelo próprio de conexão[545].

No Direito Internacional Privado brasileiro a solução proposta pelo legislador foi recorrer à territorialidade como elemento de conexão principal, estabelecendo no art. 9º da LINDB a regra geral de que as obrigações serão regidas pela lei do local onde se constituírem (*locus regit actum*), conforme expresso em seu *caput*: "Para qualificar e reger as obrigações, aplicar-se-á a lei do país em que se constituírem".

Como se tornou uma espécie de particularidade inerente da LINDB, a regulamentação ali estabelecida para as obrigações é extremamente econômica, estabelecendo somente a regra geral ancorada na territorialidade e nada mais, ignorando as inúmeras modalidades, espécies de obrigações existentes e de suas diferentes particularidades.

O legislador de 1942 rompeu a tradição legislativa brasileira de estabelecer regras gerais para diferentes modalidades de obrigação, que remonta à proposta do Esboço de Teixeira de Freitas, a qual oscila entre a utilização do

---

544 PEREIRA, Caio Mario. **Instituições de direito civil:** introdução ao direito civil. Teoria geral de direito civil. 28. ed. Atualizado por Maria Celina Bodin de Moraes. Rio de Janeiro: Forense, 2015, p. 403.

545 CASTRO, Amilcar de. **Direito internacional privado.** 5. ed. Atualizado por Osiris Rocha. Rio de Janeiro: Forense, 2004, p. 432.

domicílio ou do local da constituição para determinar o direito aplicável, dependendo da obrigação e do aspecto a ser analisado (arts. 850 a 854[546]).

Em nossa opinião, constatamos que o disciplinamento das obrigações na LINDB resulta em uma legislação extremamente fragmentada sobre a matéria, além de deficitária para algumas modalidades de obrigações. Não sem razão, existem inúmeras especificidades na interpretação e aplicação do art. 9º da LINDB.

Para compreendermos melhor essa **economia legislativa** no diploma de 1942, podemos remontar ao capítulo Introdução do Código Civil de 1916 (ICC), o qual foi um dos capítulos mais contestados e objeto de críticas na elaboração do Código Civil de 1916.

Inicialmente, na Lei de Introdução ao Código Civil brasileiro do Projecto Primitivo do Código Civil de 1916, a proposta compreendia estabelecer regulamentação específica para duas modalidades de obrigações: as voluntárias ("convencionaes") e as decorrentes de atos ilícitos.

Para as obrigações voluntárias ("convencionaes"), Clóvis Beviláqua propôs a adoção dos elementos de conexão do local da celebração e da autonomia da vontade (substância dos atos); o local da execução (efeitos dos atos); e a imposição unilateral do direito brasileiro quando a obrigação fosse exequível somente no Brasil – nos parece que a estrutura foi inspirada no art. 4º do Código Commercial Portuguez, de 18 de setembro de 1833:

---

546 **Art. 850.** No que respeita à capacidade ou incapacidade de direito (arts. 21, 23, 789, n. 3, e 790, n. 2) e ao objeto, modo e vícios de substância dos atos jurídicos (arts. 789, ns. 4, 5, e 6, e 790, ns. 2 e 3); sua validade ou nulidade será sempre julgada pelas leis dêste Código (arts. 5º, n. 2 e 29).
Art. 851. No que respeita à forma dos atos jurídicos, e solenidades dos respectivos instrumentos públicos ou particulares (arts. 789, ns. 7 e 8, e 790, n. 4); sua validade ou nulidade será julgada pelas leis ou usos do lugar em que os atos se realizaram, se as partes não houverem observado a forma e solenidades das leis do país de seu domicílio.
Art. 852. Os atos revestidos da forma e solenidades usadas no lugar em que se realizaram não perdem sua validade, ainda que as partes tenham regressado para o país de seu domicílio.
Art. 853. Estão compreendidos no art. 851 os livros de comércio, cuja fé também se julgará segundo as leis do lugar em que foram escriturados.
Art. 854. Estão igualmente compreendidos quaisquer outros fatos, que não forem atos jurídicos, uma vez que tenham sido reduzidos a instrumento público destinado a servir de prova, como nos casos de nascimento e falecimento (arts. 234, ns. 3 e 4, e 241, n. 1).

Código Commercial Portuguez	**Lei de Introdução ao Código Civil brasileiro – Projecto primitivo**
Art. 4º Lei reguladora dos actos de comércio Os actos de comércio serão regulados: 1º Quanto à substância e efeitos das obrigações, pela lei do lugar onde forem celebrados, salva convenção em contrário; 2º Quanto ao modo do seu cumprimento, pela do lugar onde este se realizar; 3º Quanto à forma externa, pela lei do lugar onde forem celebrados, salvo nos casos em que a lei expressamente ordenar o contrário. § único. O disposto no n. 1º deste artigo não será aplicável quando da sua execução resultar ofensa ao direito público português ou aos princípios de ordem pública.	**Art. 35.** As obrigações convencionaes, assim como as que se originam de declaração unilateral da vontade, serão reguladas: A) quanto a substancia, pela lei do logar onde foram celebrados os actos que as originaram, salvo estipulação em contrario, offensa ao Direito nacional dos pactuantes ou á ordem publica; B) quanto ao seus effeitos e ao modo de execução pela lei do logar onde se cumprirem. Seguirão, porém, a lei brasileira as obrigações que, pelo seu objecto, só no Brasil forem exequíveis.

Já para as obrigações decorrentes de atos ilícitos, a proposta manteve a tradição de consagrar o elemento de conexão territorial manifesto no local onde ocorreram os fatos geradores do ilícito, ou, conforme o art. 36: "As obrigações resultantes de acto illicitos são regidos pela do logar onde se houverem realizados os factos que lhe deram causa"[547].

Pela leitura das atas das reuniões sobre a elaboração do Código Civil, ficou notório que houveram intensos e calorosos debates sobre a Lei de Introdução ao Código Civil, a qual se tornou durante esses debates o Título Preliminar do Código Civil, a ponto de ser sugerida uma completa reformulação da proposta contida no Projecto Primitivo, a destacar a submetida por Andrade Figueira na 7ª Reunião em 4 de outubro de 1901, na qual a matéria obrigações foi exposta da seguinte forma:

> **Art. 10.** A fórma extrinseca dos documentos publicos ou particulares, dos testamentos e dos contractos, e sua permanencia, como dos quasi contractos, delictos e quasi delictos, é regulada pela lei do logar em que se verificaram, salvo os casos exceptuados nas leis, os actos que tenham por objecto bens de raiz situados no Brasil e os contractos exequiveis no Brasil, sendo celebrados por brasileiros nos respectivos Consulados ou Legações.

547 CAMARA DOS DEPUTADOS. **Código civil brasileiro:** trabalhos relativos à sua elaboração. Rio de Janeiro: Imprensa Nacional, 1917, p. 94-95, v. 1.

> **Art. 11.** A matéria e os effeitos das obrigações serão regulados pela lei do logar onde foram contrahídos, salvo a expressa convenção das partes contractantes.
> Serão, porém, regulados e julgados pela legislação brasileira os contractos ajustados em paíz estrangeiro, mas exequiveis no Brasil, bem como as obrigações contrahidas entre brasileiros em paiz estrangeiro, os actos relativos a bens de raiz situados no Brasil e ao seu regimen hypothecario[548].

Podemos notar que não há mais o cuidado de estabelecer a regra de conexão conforme a modalidade de obrigação, mas inserir a modalidade conforme os elementos de conexão propostos, *in casu*, o local da constituição (ou verificação), local da execução e a autonomia da vontade.

É essa característica de alterar a "mentalidade" da interação legislativa entre elemento de conexão e modalidade de obrigação que torna essa emenda substitutiva extremamente relevante para a questão, pois a ICC acabou consagrando essa interação:

> **Art. 11.** A forma extrínseca dos atos, públicos ou particulares, reger-se-á segundo a lei do lugar em que se praticarem.
> (...)
> **Art. 13.** Regulará, salvo estipulação em contrário, quanto à substância e aos efeitos das obrigações, a lei do lugar, onde forem contraídas.
> Parágrafo único. Mas sempre se regerão pela lei brasileira:
> I – Os contratos ajustados em países estrangeiros, quando exeqüíveis no Brasil.
> II – As obrigações contraídas entre brasileiros em país estrangeiro.
> III – Os atos relativos a imóveis situados no Brasil.
> IV – Os atos relativos ao regime hipotecário brasileiro[549].

Por consequência, podemos considerar que o legislador de 1942 seguiu essa tendência de simplificação da regra para as obrigações ao confeccionar o art. 9º da LINDB, ignorando os problemas que dela derivariam. Como resultado, o Direito Internacional Privado brasileiro é refém de uma regra geral que ignora as diferentes modalidades de obrigações, forçando artifícios hermenêuticos em sua interpretação e, em muitos casos, a

---

548 CAMARA DOS DEPUTADOS. **Código civil brasileiro:** trabalhos relativos à sua elaboração. Rio de Janeiro: Imprensa Nacional, 1917, p. 53-54, v. 3. Disponível em: http://bd.camara.gov.br/bd/handle/bdcamara/14356.

549 REPÚBLICA DOS ESTADOS UNIDOS DO BRASIL. **Lei n. 3.071, de 1º janeiro de 1916.** Código Civil dos Estados Unidos do Brasil. Disponível em: http://www.planalto.gov.br/ccivil_03/leis/l3071.htm.

necessidade de legislação específica estabelecer regra própria distinta da estabelecida na LINDB (as quais são muitas).

Ao resumir a regra geral no local da constituição da obrigação, o art. 9º da LINDB se omitiu em regulamentar uma pletora de diferentes modalidades obrigacionais, as quais, muitas vezes, põem em dúvida até o significado de local da constituição.

> Importante lembrar: a Lei de Introdução às Normas do Direito Brasileiro não pode ser considerada ponto de partida para a análise das regras de Direito Internacional Privado para vários temas, especialmente no que tange às obrigações. Esse diploma legislativo deve sempre ser considerado "ponto de chegada", isto é, só se aplica caso não existam regras específicas em outro diploma normativo.

14.2.2 O ininteligível e o "ajeitadinho": os §§ 1º e 2º do art. 9º da LINDB

Os problemas do art. 9º da LINDB começam pelo seu próprio § 1º, o qual carinhosamente denominamos de "o ininteligível" ao estabelecer uma complexa exceção à regra do local da constituição da obrigação, dispondo: "Destinando-se a obrigação a ser executada no Brasil e dependendo de forma essencial, será esta observada, admitidas as peculiaridades da lei estrangeira quanto aos requisitos extrínsecos do ato".

É uma regra específica que foca, especialmente, negócios jurídicos e que demonstra uma evidente tentativa do legislador em estabelecer um caráter unilateral as obrigações a serem executadas no Brasil, porém sua redação aponta para uma série de dilemas hermenêuticos que agrupamos em três questionamentos:

(1) É qualquer obrigação a ser executada no Brasil?

(2) O que significa "forma essencial"?

(3) O que significa "peculiaridades da lei estrangeira quanto aos requisitos extrínsecos do ato"?

O primeiro questionamento parece de resposta óbvia, mas uma leitura apressada ou superficial do § 1º pode levar equivocadamente à conclusão de que a sua aplicabilidade é para qualquer obrigação a ser executada no Brasil, promovendo a completa substituição do *locus regit actum* pelo *lex loci executionis*.

A regra estipulada no § 1º somente se aplica nas obrigações que (i) tenham sua execução no Brasil **e** (ii) tenham, na legislação brasileira, a previsão de uma "forma essencial" a ser cumprida.

Isto significa que as obrigações a serem executadas no Brasil, mas que ***não*** demandam "forma essencial" prevista na legislação brasileira, ***não*** estão sujeitas à regra do § 1º.

Também não se aplica a regra do § 1º às obrigações que, por algum motivo, tenham como foro de solução de disputas/litígios o judiciário brasileiro, as denominadas "obrigações acionáveis no Brasil", pois essa modalidade de obrigação tem seu vínculo com a jurisdição brasileira pelo fato de o direito de ação das partes poder ser exercido no Brasil, e não que essas obrigações sejam exequíveis no Brasil – "*acionável* concerne a autoridade que vai julgar o caso, ao *foro da ação e não ao da obrigação*"[550].

Essa resposta acaba levando ao segundo questionamento: o que significa "forma essencial"?

Esse questionamento é o maior problema hermenêutico que reside atualmente no art. 9º da LINDB (uma "questão tormentosa"[551]), devido ao fato de o legislador ter empregado uma terminologia que remonta ao século XIX e que gera uma ausência de uniformidade na sua compreensão e definição.

Informa Pontes de Miranda[552] que o § 1º teve sua redação inspirada no Tratado de Direito Civil Internacional – Congresso de Montevideo de 1889, especificamente o art. 32: "*La ley del lugar donde los contratos deben cumplirse decide si es necesario que se hagan por escrito y la calidad del documento correspondiente*", regra que foi repetida no Tratado de Direito Civil Internacional de 1940, no artigo 36: "*La ley que rige los actos jurídicos decide sobre la calidad del documento correspondiente. Las formas y solemnidades de los actos jurídicos se rigen por la ley del lugar en donde se celebran u otorgan. Los medios de publicidad, por la ley de cada Estado*".

A Introdução do Código Civil de 1916 adotava uma redação mais sintética e mais fácil de compreender, ao estipular que:

> **Art. 11.** A forma extrínseca dos atos, públicos ou particulares, reger-se-á segundo a lei do lugar em que se praticarem.
>
> (...)
>
> **Art. 13.** Regulará, salvo estipulação em contrário, quanto à substância e aos efeitos das obrigações, a lei do lugar, onde forem contraídas.

---

550 MAZZUOLI, Valério de O. **Curso de direito internacional privado.** 2. ed. São Paulo: Forense, 2017, p. 365.

551 DOLINGER, Jacob; TIBURCIO, Carmen. **Direito internacional privado.** 15. ed. Rio de Janeiro: Forense, 2020, p. 674.

552 MIRANDA, Pontes de. **Fontes e evolução do direito civil.** 2. ed. Rio de Janeiro: Forense, 1981, p. 113.

Parágrafo único. Mas sempre se regerão pela lei brasileira:

I – Os contratos ajustados em países estrangeiros, quando exeqüíveis no Brasil.

II – As obrigações contraídas entre brasileiros em país estrangeiro.

III – Os atos relativos a imóveis situados no Brasil.

IV. Os atos relativos ao regime hipotecário brasileiro.

O texto estabelece clara distinção entre a forma (requisitos extrínsecos do ato) e a substância (requisito intrínseco do ato), regulamentando de forma mais objetiva e uniforme a questão obrigacional no Direito Internacional Privado brasileiro. Aliás, o único momento em que o Código Civil de 1916 associa o termo "essencial" com o direito das obrigações é ao elencar as causas de nulidades: "art. 145. É nulo o ato jurídico: (...) IV. Quando for preterida alguma solenidade que a lei considere essencial para a sua validade".

No Código Civil de 2002 encontramos duas associações entre o termo "essencial" e as obrigações:

Art. 108. Não dispondo a lei em contrário, a escritura pública é essencial à validade dos negócios jurídicos que visem à constituição, transferência, modificação ou renúncia de direitos reais sobre imóveis de valor superior a trinta vezes o maior salário mínimo vigente no País.

(...)

Art. 166. É nulo o negócio jurídico quando:

(...)

V – for preterida alguma solenidade que a lei considere essencial para a sua validade;

Diante desse contexto legislativo, é tentador inferirmos que a "forma essencial" é associada aos requisitos de validade da obrigação/negócio jurídico, como faz parte da doutrina conflitualista brasileira[553].

O equívoco dessa concepção reside, justamente, no fato de compreender superficialmente o elemento "forma" nas obrigações, mais precisamente nos negócios jurídicos, incorrendo no mesmo erro do legislador de 1942: simplificação equivocada de algo complexo.

Quando estudamos no Direito Civil a forma das obrigações, ou melhor, a forma dos negócios jurídicos, estamos analisando as solenidades necessárias

---

553 BASSO, Maristela. **Curso de direito internacional privado.** 5. ed. São Paulo: Atlas, 2016, p. 364.

para que a vontade do indivíduo possa criar as consequências jurídicas almejadas, ou como define a doutrina: "a *forma* do negócio jurídico é o meio técnico, que o direito institui, para exteriorização da vontade"[554].

Ocorre que é princípio norteador do direito das obrigações moderno consagrar como regra geral a liberdade das formas (a forma livre) para os negócios jurídicos, sendo as formas especiais exceções expressamente tipificadas na legislação para determinadas modalidades de negócios jurídicos.

Por consequência, as formas especiais possuem diferentes finalidades no ordenamento jurídico, não necessariamente limitadas à validade do negócio jurídico.

Dentre as inúmeras formas especiais tipificadas, a doutrina moderna acabou desenvolvendo uma classificação de especial relevância para o Direito Internacional Privado brasileiro: a forma *ad solemnitatem* e a forma *ad probationem*.

A forma *ad solemnitatem* é aquela que consiste como requisito formal da própria existência do negócio jurídico, de tal maneira a se confundir com o próprio elemento volitivo, configurando um requisito essencial (forma essencial) para a vontade poder existir juridicamente da forma almejada pelas partes – "diz-se que predomina sobre o fundo, não tendo valor a vontade que deixa de revestir a forma de emissão imposta pelo ordenamento jurídico (*forma dat esse rei*)"[555].

A violação ou não observância de forma *ad solemnitatem* imposta por lei a um negócio jurídico é causa de nulidade do negócio jurídico.

Por sua vez, a forma *ad probationem* é aquela que se estabelece como condição de eficácia para o negócio jurídico, sendo o requisito formal associado comumente aos meios de comprovação do negócio jurídico – "a declaração de vontade existe e é válida, mas a produção de seus efeitos pode vir a depender do requisito formal"[556].

A violação de forma *ad probationem* possui diferentes consequências, variando conforme a previsão legal.

---

554 PEREIRA, Caio Mario. **Instituições de direito civil:** introdução ao direito civil. Teoria geral de direito civil. 28. ed. Atualizado por Maria Celina Bodin de Moraes. Rio de Janeiro: Forense, 2015, p. 409.

555 PEREIRA, Caio Mario. **Instituições de direito civil:** introdução ao direito civil. Teoria geral de direito civil. 28. ed. Atualizado por Maria Celina Bodin de Moraes. Rio de Janeiro: Forense, 2015, p. 413.

556 PEREIRA, Caio Mario. **Instituições de direito civil:** introdução ao direito civil. Teoria geral de direito civil. 28. ed. Atualizado por Maria Celina Bodin de Moraes. Rio de Janeiro: Forense, 2015, p. 413.

Importante ressaltarmos que não devemos confundir a forma *ad probationem* com o formalismo de publicidade, outra modalidade de requisito formal que configura uma condição de publicação do negócio jurídico para assegurar efeitos *erga omnes* ao seu conteúdo, de forma a torná-lo oponível perante terceiro – "consequentemente, a preterição dela não atinge a validade do negócio jurídico, mas afeta a sua oponibilidade a quem dele não tenha participado"[557].

Para facilitar a compreensão dessa dicotomia existente entre formas, podemos recorrer à questão da forma escrita nos contratos internacionais, a qual pode ora configurar forma *ad solemnitatem* para determinados tipos contratuais (os contratos formais), como pode ser forma *ad probationem* quando tem finalidade comprobatória da existência do negócio jurídico (os contratos consensuais ou não formais)[558].

A partir dessa classificação, outra parte da doutrina conflitualista vai interpretar a "forma essencial" como sendo a forma *ad solemnitatem* estabelecida para aquela obrigação pela legislação brasileira, isto é, a forma cujo descumprimento é causa de nulidade do negócio jurídico e, por consequência, requisito de existência da obrigação[559].

Portanto, a "forma essencial" do § 1º deve ser interpretada como a forma que a legislação brasileira impõe como requisito de existência da obrigação, gerando nulidade absoluta o seu descumprimento, e não como requisito de validade.

Porém, mesmo decifrado o significado de "forma essencial", o § 1º ainda estabelece uma outra excepcionalidade ao admitir que mesmo observada a forma essencial do Direito brasileiro, a aplicação das "peculiaridades do direito estrangeiro para os requisitos extrínsecos do ato", gerando a terceira questão hermenêutica: o que seriam esses "requisitos extrínsecos do ato"?

Quando estudamos a doutrina contratualista, encontramos diversas nomenclaturas para o que o legislador de 1942 definiu como requisitos extrínsecos do ato, sendo ora denominados de elementos constitutivos, ora requisitos de validade ou requisitos extrínsecos de validade, gerando uma certa confusão sobre a terminologia e seu conteúdo.

---

557 PEREIRA, Caio Mario. **Instituições de direito civil:** introdução ao direito civil. Teoria geral de direito civil. 28. ed. Atualizado por Maria Celina Bodin de Moraes. Rio de Janeiro: Forense, 2015, p. 414-415.

558 BAPTISTA, Luiz O. **Contratos internacionais.** São Paulo: Lex Magister, 2011, p. 122.

559 CASTRO, Amilcar de. **Direito internacional privado.** 5. ed. Atualizado por Osiris Rocha. Rio de Janeiro: Forense, 2004, p. 447.

Na nossa opinião, o modo mais simples de compreender o significado de requisitos extrínsecos mencionados no § 1º é recorrer às lições sobre a diferença entre os pressupostos jurídicos do ato/negócio jurídico e os requisitos jurídicos do ato/negócio jurídico.

Os pressupostos jurídicos são definidos como os elementos que constituem a própria estrutura jurídica do ato/negócio jurídico, compondo as condições para que a vontade consiga se desenvolver no negócio jurídico, ou como ensina Orlando Gomes: "são as condições sob as quais se desenvolve e pode desenvolver-se"[560].

Os pressupostos jurídicos, também denominados de requisitos extrínsecos, são compostos (em regra) de: capacidade, idoneidade do objeto e legitimação do interesse[561].

Já os requisitos jurídicos são as condições estabelecidas em lei para que o conteúdo do ato/negócio jurídico possa gerar consequências jurídicas, ou, como ensina Orlando Gomes, são condições complementares para que o negócio jurídico possa cumprir suas finalidades socioeconômicas[562].

Os requisitos jurídicos, também denominados de requisitos intrínsecos, são normalmente compostos de: consentimento, causa, objeto e forma (*ad solemnitatem*).

Diante desse arcabouço teórico, podemos interpretar com segurança que "as peculiaridades da lei estrangeira quanto aos requisitos extrínsecos do ato" estabelecidas no § 1º se referem a capacidade (regida pela lei do domicílio – art. 7º da LINDB), a idoneidade do objeto (sua licitude, possibilidade e determinabilidade) e a legitimidade do interesse da parte pleiteante sobre o objeto do negócio jurídico (ou "a posição do sujeito"[563] em relação ao negócio jurídico).

Em suma, mesmo adotando uma redação "ininteligível", o legislador de 1942 pretendeu no art. 9º, § 1º, da LINDB determinar que para as obrigações a serem cumpridas no Brasil deverão obedecer às formas *ad solemnitatem* (requisito intrínseco) se existentes na legislação brasileira para aquele negócio

---

560 GOMES, Orlando. **Contratos.** Atualizado por Edvaldo Brito, Reginalda Paranhus de Brito. 27. ed. Rio de Janeiro: Forense, 2019, p. 42.

561 GOMES, Orlando. **Contratos.** Atualizado por Edvaldo Brito, Reginalda Paranhus de Brito. 27. ed. Rio de Janeiro: Forense, 2019, p. 42.

562 GOMES, Orlando. **Contratos.** Atualizado por Edvaldo Brito, Reginalda Paranhus de Brito. 27. ed. Rio de Janeiro: Forense, 2019, p. 42.

563 GOMES, Orlando. **Contratos.** Atualizado por Edvaldo Brito, Reginalda Paranhus de Brito. 27. ed. Rio de Janeiro: Forense, 2019, p. 42.

jurídico, porém os requisitos extrínsecos (consentimento, causa etc.) continuarão sendo regidas pelo direito estrangeiro eventualmente incidente – seja pela regra do art. 9º, *caput*, da LINDB ou por outra regra colisional brasileira.

Dessa forma, ao decifrarmos o § 1º, podemos estabelecer uma posição quanto a uma velha polêmica que existe na doutrina conflitualista brasileira sobre a questão de se possuir uma escritura pública lavrada no Brasil, mas com requisitos extrínsecos governados por leis estrangeiras.

Essa polêmica normalmente é resumida no contrato de compra e venda de um imóvel situado no Brasil, mas celebrado no exterior, gerando a necessidade da existência do cumprimento da forma *ad solemnitatem* da escritura pública.

A primeira interpretação doutrinária tem como expoente Amilcar de Castro, para quem "deve o contrato ser feito por escritura pública, de acordo com a exigência do direito brasileiro, mas os requisitos extrínsecos (forma) devem obedecer às peculiaridades euremáticas do país onde a escritura foi lavrada"[564].

Ou seja, por essa interpretação a forma da escritura pública obedece à lei do local do ato, porém a condição de publicidade (formalismo de publicidade) está sujeita ao direito brasileiro, pois "há de ser escritura pública a escritura em questão, pois essa essencialidade é determinante para que, no Brasil, se possa vender imóvel com valor superior a trinta vezes o maior salário mínimo vigente do País"[565].

Em discordância a essa interpretação, outra parte da doutrina defende que a interpretação do § 1º deve ser compreendida dentro do "divisor" entre a questão obrigacional e a questão de direito real existente no contrato, sendo a questão obrigacional (o contrato em geral) e a questão de direito real (especialmente o registro cartorial) – "ou seja, *locus regit actum v. lex rei sitae*"[566].

Portanto, as peculiaridades da lei estrangeira se referem à questão obrigacional, enquanto a forma essencial, à questão de direito real.

Na nossa opinião, essa polêmica só se mantém pela má-redação do § 1º, pois uma vez decifrado o seu significado, evidencia-se que a posição externada

---

564 CASTRO, Amilcar de. **Direito internacional privado.** 5. ed. Atualizado por Osiris Rocha. Rio de Janeiro: Forense, 2004, p. 447.

565 MAZZUOLI, Valério de O. **Curso de direito internacional privado.** 2. ed. São Paulo: Forense, 2017, p. 364.

566 DOLINGER, Jacob. **Contratos e obrigações no direito internacional privado.** Rio de Janeiro: Renovar, 2007, p. 521.

por Jacob Dolinger é mais coerente com a regulamentação de obrigações a serem executadas no Brasil e que possuam forma essencial no direito brasileiro, pois não caberia a lavratura da escritura nos moldes do Direito Civil brasileiro, mas sim que o contrato celebrado no exterior se enquadre nas condições necessárias para, uma vez traduzido, ser transcrito para o registro cartorial brasileiro.

14.3 A PRIMEIRA ESPECIFICIDADE: A RESPONSABILIDADE CIVIL

O primeiro campo obrigacional que configura uma especialidade do art. 9º da LINDB e, por consequência, exige atenção especial quando analisado no Direito Internacional Privado brasileiro, são as obrigações decorrentes de atos ilícitos, campo de pesquisa que é conhecido como a Teoria da Responsabilidade Civil.

A Teoria da Responsabilidade Civil é definida na doutrina como "a imputação do resultado da conduta antijurídica, e implica necessariamente a obrigação de indenizar o mal causado"[567].

Basicamente, é estudo do dever de reparação decorrente da existência de um dano.

Como campo de estudo do dever de reparação decorrente de um dano, a Teoria da Responsabilidade Civil é um campo vastíssimo, englobando as mais diferentes modalidades e categorias, variando desde as tradicionais contidas no Direito Privado (arts. 186[568], 187[569] e 927[570] do Código Civil) até as existentes em ramos específicos do Direito Público (ex.: o dano ambiental decorrente de poluição em águas previsto na Lei n. 9.966/2000).

---

567 PEREIRA, Caio Mário da Silva. **Instituições de Direito Civil:** v. I: Introdução ao direito civil. Teoria geral do direito civil. 28. ed. Atualizado por Maria Celina Bodin de Moraes. Rio de Janeiro: Forense, 2015, p. 553.

568 Art. 186. Aquele que, por ação ou omissão voluntária, negligência ou imprudência, violar direito e causar dano a outrem, ainda que exclusivamente moral, comete ato ilícito.

569 Art. 187. Também comete ato ilícito o titular de um direito que, ao exercê-lo, excede manifestamente os limites impostos pelo seu fim econômico ou social, pela boa-fé ou pelos bons costumes.

570 Art. 927. Aquele que, por ato ilícito (arts. 186 e 187), causar dano a outrem, fica obrigado a repará-lo. Parágrafo único. Haverá obrigação de reparar o dano, independentemente de culpa, nos casos especificados em lei, ou quando a atividade normalmente desenvolvida pelo autor do dano implicar, por sua natureza, risco para os direitos de outrem.

A diversidade de modalidades de responsabilidade existentes na Teoria da Responsabilidade Civil é reflexo da estrutura, os requisitos essenciais para a existência do dever de reparação: a conduta antijurídica, o dano e o nexo de causalidade[571].

Fica evidente com esses requisitos essenciais que a Teoria da Responsabilidade Civil opera, essencialmente, com o trinômio ação-resultado-efeito, no qual a ação ilícita desenvolve um resultado danoso e que gera efeitos para a esfera jurídica.

Logo, sob perspectiva espacial, a responsabilidade civil pode ser desdobrada em três locais distintos: o local da conduta (ação), o local do dano (resultado) e o local dos efeitos do dano (efeitos).

Infelizmente, o legislador de 1942 ignorou as implicações desse trinômio existente na Teoria da Responsabilidade Civil e não estabeleceu regramento próprio para ela.

Isto não significa que exista um vácuo legislativo na questão, até porque em uma rápida consulta ao Código de Bustamante encontramos regras gerais sobre obrigação oriunda de ato ilícito nos arts. 167 e 168[572], dispositivos que determinam que o direito aplicável seja o do local do delito ou do local da culpa/negligência, consagrando o elemento de conexão conhecido como *lex loci delicti commissi* ou, abreviado, *lex loci delicti* (lei do local onde o delito foi cometido).

A territorialidade consagrada no Código de Bustamante converge com a tradição brasileira sobre o direito aplicável ao delito ser sempre de natureza territorial, podendo ser verificado desde o Projeto Primitivo do Código Civil de 1916, o qual continha regra própria de Direito Internacional Privado para atos ilícitos: "Art. 36. As obrigações resultantes de actos illicitos são regidas pela do logar onde se houverem realizado os factos que lhe deram causa"[573].

---

571 PEREIRA, Caio Mário da Silva. **Instituições de direito civil.** v. I: Introdução ao direito civil. Teoria geral do direito civil. 28. ed. Atualizado por Maria Celina Bodin de Moraes. Rio de Janeiro: Forense, 2015, p. 554.

572 Art. 167. As obrigações originadas por delictos ou faltas estão sujeitas ao mesmo direito que o delicto ou falta de que procedem.
Art. 168. As obrigações que derivem de actos ou omissões, em que intervenha culpa ou negligencia não punida pela lei, reger-se-ão pelo direito do lugar em que tiver occorrido a negligencia ou culpa que as origine.

573 CAMARA DOS DEPUTADOS. **Código civil brasileiro:** trabalhos relativos à sua elaboração. Rio de Janeiro: Imprensa Nacional, 1917, p. 95, v. 1. Disponível em: https://bd.camara.leg.br/bd/handle/bdcamara/14356.

Essa regra não foi inserida na Introdução do Código Civil de 1916, porém, segundo a doutrina, o art. 9º da LINDB, ao consagrar o local da constituição, acabou consagrando, para os delitos civis, a regra do *lex loci delicti*, devido ao fato de se considerar o local do delito como sendo o "critério seguro e justo para aplicar-se"[574].

Ocorre que a Teoria da Responsabilidade Civil é um dos campos que mais sofre evoluções e desdobramentos dentro do Direito Privado, ou melhor, da Ciência Jurídica, a ponto de que a territorialidade manifesta no *lex loci delicti* não mais configura como de entendimento uniforme, pois onde é, juridicamente, o local do delito? É o local onde a conduta antijurídica foi realizada? É o local do dano? Ou é o local dos efeitos do dano?

Por não haver regra geral para servir de referência para estabelecer o local do delito, surgiu uma diversidade de elementos de conexão em matéria de Responsabilidade Civil.

Assim, não podemos mais recorrer ao art. 9º da LINDB para determinar qual o direito aplicável, mas sim às eventuais legislações específicas e, quando ausente legislação específica, à analogia. Para exemplificar essa problemática, podemos destacar a responsabilidade civil decorrente de acidentes de trânsito.

A princípio, acidentes de trânsito ocorridos no Brasil são regidos pelo Código de Trânsito Brasileiro (CTB) conforme os arts. 1º e 3º da Lei n. 9.503[575], mesmo o CTB não estabelecendo a definição para acidente de trânsito e nem o lugar de sua ocorrência; por consequência, não há regra colisional para acidentes de trânsito ocorridos no Brasil no CTB, devido ao fato de sua aparente unilateralidade.

Nessa situação, podemos deduzir que quando o acidente ocorrer no território brasileiro, as obrigações oriundas desse acidente estarão sujeitas ao Direito brasileiro.

---

574 MARQUES, Claudia Lima. Novos rumos do direito internacional privado quanto às obrigações resultantes de atos ilícitos, em especial de acidentes de trânsito. In: BAPTISTA, Luís O.; MAZZUOLI, Valério de O. **Doutrinas essenciais de direito internacional.** v. 4: Direito internacional privado: teoria e prática. São Paulo: Revista dos Tribunais, 2012, p. 999.

575 Art. 1º O trânsito de qualquer natureza nas vias terrestres do território nacional, abertas à circulação, rege-se por este Código.

(...)

Art. 3º As disposições deste Código são aplicáveis a qualquer veículo, bem como aos proprietários, condutores dos veículos nacionais ou estrangeiros e às pessoas nele expressamente mencionadas.

Ocorre que o Brasil é signatário do Protocolo de São Luiz sobre Matéria de Responsabilidade Civil Emergente de Acidentes de Trânsito entre os Estados Partes do Mercosul – Protocolo de São Luiz de 2001 – ratificado pelo Decreto n. 3.856, de 3 de julho de 2001, o qual dispõe:

> Direito Aplicável
>
> Artigo 3
>
> A responsabilidade civil por acidentes de trânsito será regida pelo direito interno do Estado Parte em cujo território ocorreu o acidente.
>
> Se no acidente participarem ou resultarem atingidas unicamente pessoas domiciliadas em outro Estado Parte, o mesmo será regido pelo direito interno deste último.
>
> Artigo 4
>
> A responsabilidade civil por danos sofridos nas coisas alheias aos veículos acidentados como conseqüência do acidente de trânsito, será regida pelo direito interno do Estado Parte no qual se produziu o fato.

No primeiro momento, constatamos a consagração da regra geral de territorialidade do direito aplicável para os acidentes de trânsito e responsabilidade, que é o local onde ocorreu o acidente, mas logo estamos diante de uma regra colisional própria e, no primeiro momento, ortodoxa: o domicílio comum dos envolvidos no acidente.

Isto significa que não é a *lex loci delicti* aplicável à responsabilidade civil oriunda de acidente de trânsito quando se verificar que os envolvidos possuem domicílio no mesmo país estrangeiro. Neste caso, aplica-se a *lex domicilii* comum – a qual não tem nenhuma relação nem com a conduta, nem com o dano e nem com os efeitos do ato ilícito.

Outro exemplo de regra colisional destoante da *lex loci delicti* é a referente à responsabilidade civil existente no Direito marítimo, em especial nas regras referentes a dano ambiental marinho resultante de transporte marítimo, sobre o qual a legislação brasileira é omissa, mas as diferentes interpretações possibilitam estabelecer regras específicas[576].

---

576 LOPES, Inez. O direito internacional privado e a responsabilidade civil extracontratual por danos ambientais causados por transportes marítimos à luz do direito brasileiro. **Revista de direito internacional,** Brasília, v. 12, n. 1, 2015, p. 236-237. Disponível em: https://www.publicacoesacademicas.uniceub.br/rdi/article/view/3364/pdf.

A primeira modalidade de dano existente no Direito Marítimo é o decorrente de abalroação, regulamentado no arcaico Código Comercial de 1850 (arts. 750 a 752), o qual não estabelece uma regra colisional de forma direta, porém estabelece que os casos de abalroação serão decididos em conformidade às disposições do regulamento do porto e às práticas aplicáveis (art. 750) – ou seja, à lei do local do porto, determinada pela nacionalidade do navio que sofreu danos da abalroação.

Se o abalroamento ocorrer em alto-mar, o Código Comercial equipara o dano de abalroamento ao de avaria, a qual, segundo analisamos no tópico 13.3.3, é regulada pela convenção estabelecida pelas partes, pelas normas internacionais e pela lei do pavilhão do navio.

Logo, danos decorrentes de abalroamento, mesmo não havendo regra expressa no Código Comercial, são regidos, por analogia às avarias, pela lei do pavilhão do navio que sofreu o dano.

A mesma situação normativa encontramos na questão da responsabilidade civil em danos causados por poluição de óleo, a qual é regulamentada pela Convenção Internacional de mesmo nome de 1969 (Decreto n. 79.437/1977).

A Convenção em si não estabelece regra colisional para a questão da responsabilidade civil, mas determina:

> Artigo IX
>
> 1. Quando um incidente tiver causado dano por poluição num território, incluindo o mar territorial de um ou mais Estados contratantes, ou quando em tal território, incluindo o mar territorial, foram tomadas medidas preventivas para evitar ou minimizar o dano pela poluição, as ações para indenização somente poderão ser impetradas nos tribunais desse ou desses Estados Contratantes.
>
> A existência de tais ações deverá ser comunicada, dentro de um prazo razoável, ao demandado.
>
> 2. Cada Estado Contratante deverá se assegurar de que seus tribunais são competentes para conhecer tais ações de indenização.
>
> 3. Após a constituição do fundo de acordo com as disposições do Artigo V, os tribunais onde o fundo for constituído serão os únicos competentes para doutrinar sobre todas as questões de partilha e de distribuição do fundo.

Estamos diante de uma regra de competência processual, mas, novamente recorrendo à analogia, teremos que o direito aplicável será estabelecido pelos efeitos da poluição no ambiente marítimo de cada país afetado – logo, o elemento de conexão é a *lex damni*, não a *lex loci delicti*.

Diante desse contexto confuso do Direito marítimo brasileiro quanto à regulamentação do direito aplicável aos diferentes danos existentes, a doutrina chegou à conclusão de que a regra aplicável aos danos ambientais é a *lex damni* e não a regra do art. 9º da LINDB:

> De acordo com a análise jurisprudencial dos tribunais brasileiros, a lei aplicável é a lei local onde o dano ocorreu, *Lex damni*. Assim, aplica-se a lei nacional aos casos de poluição marinha ocorridos em águas brasileiras (mar territorial, zona econômica exclusiva e as águas sobrejacentes à plataforma continental) causados por transportes marítimo (sic), nacionais ou estrangeiras (sic), independentemente da lei da bandeira do navio. A *lex damni* é a regra de maior aproximação do fato para não penas punir os poluidor [sic] mas principalmente reparar o dano[577].

Encerrando a questão, esses dois temas-exemplos demonstram o quanto a Teoria da Responsabilidade Civil se distanciou da regra do art. 9º da LINDB e como a própria concepção de *lex loci delicti* se manifesta ambígua em várias situações.

A melhor forma de analisar a Teoria da Responsabilidade Civil no Direito Internacional Privado brasileiro é compreendendo que há diversidade de modalidades de responsabilidade existentes e diferentes elementos existentes para sua regulamentação.

Uma tentativa de ordenação da questão do Direito aplicável à responsabilidade civil no Direito Marítimo está no Projeto de Lei da Câmara n. 1.572/2011, que é o projeto de novo Código Comercial.

Desta forma, normalmente existe o traço comum de adotar sempre o direito mais próximo envolvido ou reduzir o fato soberania e amplificar o foco no efetivo ressarcimento, no efetivo cumprimento do dever de reparação dos danos sofridos[578].

---

577 LOPES, Inez. O direito internacional privado e a responsabilidade civil extracontratual por danos ambientais causados por transportes marítimos à luz do direito brasileiro. **Revista de direito internacional,** Brasília, v. 12, n. 1, 2015, p. 237. Disponível em: https://www.publicacoesacademicas.uniceub.br/rdi/article/view/3364/pdf.

578 MARQUES, Cláudia Lima; ZANCHET, Marília. Proposta de Redação de Nova Lei de Introdução ao Código Civil Brasileiro. **Cadernos do Programa de Pós-Graduação em Direito – PPGDir./UFRGS,** Porto Alegre, n. 1, nov. 2013. ISSN 2317-8558. Disponível em: https://seer.ufrgs.br/ppgdir/article/view/43500. Acesso em: 31 ago. 2020.

14.4 A SEGUNDA ESPECIFICIDADE: AS OBRIGAÇÕES TRABALHISTAS

O segundo grupo de obrigações que demandam atenção quanto as suas particularidades e, por consequência, não se adequam propriamente ao art. 9º da LINDB é o das obrigações trabalhistas, em especial os contratos internacionais do trabalho.

É cediço que as obrigações trabalhistas têm forte vinculação com a territorialidade do direito, conforme verificamos no art. 198 do Código de Bustamante, o qual estabelece que tanto a legislação sobre acidentes do trabalho quanto a de proteção social do trabalhador estão regidas pelo território no qual acontecem, no qual trabalham[579].

Porém existem duas particularidades do Direito do Trabalho que fazem essa territorialidade destoar da regra do art. 9º da LINDB, transformando as obrigações trabalhistas em um campo próprio de interpretação. São essas particularidades:

(I) a expressiva existência de normas internacionais trabalhistas; e

(II) a dinâmica diferenciada dos negócios jurídicos trabalhistas.

É uma constante na doutrina brasileira afirmar que o Direito do Trabalho possui vocação universal, a ponto de se considerar a existência de um Direito Internacional do Trabalho, um microssistema composto pelas normas e princípios internacionais aplicáveis a todos os trabalhadores, "independentemente dos Estados, de que são nacionais, e mesmo àqueles sem Estado, apátridas, refugiados e outros, marginais do mundo globalizado"[580].

A profundidade dessa vocação universal do Direito do Trabalho é expressiva quando analisamos as normativas internacionais ratificadas pelo Brasil, a ponto de considerarmos que o estudo do Direito do Trabalho brasileiro não há de ser possível sem a compreensão do papel dessas normas internacionais e dos Organismos Internacionais, a destacar a Organização Internacional do Trabalho (OIT).

Para oferecer um exemplo da magnitude da presença de normas internacionais, observe as compiladas abaixo pelo Decreto n. 10.088, de 5 de novembro de 2019:

---

579 Art. 198. Tambem é territorial a legislação sobre accidentes do trabalho e protecção social do trabalhador.

580 HUSEK, Carlos R. **Curso básico de direito internacional público e privado do trabalho.** 3. ed. São Paulo: 2015, p. 62.

→ Convenção n. 6 da OIT relativa ao Trabalho Noturno das Crianças na Indústria;

→ Convenção n. 16 da OIT relativa ao Exame Médico Obrigatório das Crianças e Menores Empregados a Bordo dos Vapores;

→ Convenção n. 11 da OIT concernente aos Direitos de Associação e de União dos Trabalhadores Agrícolas;

→ Convenção n. 12 da OIT concernente à Indenização por Acidentes no Trabalho na Agricultura;

→ Convenção n. 14 da OIT concernente à Concessão do Repouso Semanal nos Estabelecimentos Industriais;

→ Convenção n. 19 da OIT concernente à Igualdade de Tratamento dos Trabalhadores Estrangeiros e Nacionais em Matéria de Indenização por Acidentes no Trabalho;

→ Convenção n. 22 da OIT concernente ao Contrato de Engajamento de Marinheiros;

→ Convenção n. 26 da OIT concernente à Instituição de Métodos de Fixação de Salários Mínimos;

→ Convenção n. 29 da OIT concernente a Trabalho Forçado ou Obrigatório;

→ Convenção n. 42 da OIT concernente à Indenização das Moléstias Profissionais;

→ Convenção n. 45 da OIT relativa ao Emprego das Mulheres nos Trabalhos Subterrâneos nas Minas de Qualquer Categoria;

→ Convenção n. 53 da OIT relativa ao Mínimo de Capacidade Profissional dos Capitães e Oficiais da Marinha Mercante;

→ Convenção n. 81 da OIT concernente à Inspeção do Trabalho na Indústria e no Comércio;

→ Convenção n. 88 da OIT concernente à Organização do Serviço de Emprego;

→ Convenção n. 89 da OIT relativa ao Trabalho Noturno das Mulheres Ocupadas na Indústria;

→ Convenção n. 92 da OIT, relativa ao Alojamento da Tripulação a Bordo;

→ Convenção n. 94 da OIT sobre as Cláusulas de Trabalho nos Contratos Firmados por Autoridade Pública;

→ Convenção n. 95 da OIT concernente à Proteção do Salário;

→ Convenção n. 97 da OIT sobre os Trabalhadores Migrantes;

→ Convenção n. 98 da OIT, relativa à Aplicação dos Princípios do Direito de Organização e de Negociação Coletiva;

→ Convenção n. 99 da OIT concernente aos Métodos de Fixação de Salário Mínimo na Agricultura;

→ Convenção n. 100 da OIT concernente à Igualdade de Remuneração para a Mão de Obra Masculina e a Mão de Obra Feminina por um Trabalho de Igual Valor;

→ Convenção n. 103 da OIT relativa ao Amparo à Maternidade;

→ Convenção n. 105 da OIT concernente à Abolição do Trabalho Forçado;

→ Convenção n. 106 da OIT, relativa ao Repouso Semanal no Comércio e nos Escritórios;

→ Convenção n. 111 da OIT sobre Discriminação em Matéria de Emprego e Profissão;

→ Convenção n. 113 da OIT relativa ao Exame Médico dos Pescadores;

→ Convenção n. 115 da OIT relativa à Proteção dos Trabalhadores contra as Radiações Ionizantes;

→ Convenção n. 116 da OIT sobre Revisão dos Artigos Finais;

→ Convenção n. 117 da OIT sobre Objetivos e Normas Básicas da Política Social;

→ Convenção n. 118 da OIT sobre Igualdade de Tratamento dos Nacionais e Não Nacionais em Matéria de Previdência Social;

→ Convenção n. 119 da OIT sobre Proteção das Máquinas;

→ Convenção n. 120 da OIT sobre a Higiene no Comércio e nos Escritórios;

→ Convenção n. 122 da OIT sobre Política de Emprego;

→ Convenção n. 124 da OIT concernente ao Exame Médico para Determinação da Aptidão dos Adolescentes a Emprego em Trabalhos Subterrâneos nas Minas;

→ Convenção n. 125 da OIT sobre Certificados de Capacidade dos Pescadores;

→ Convenção n. 126 da OIT sobre Alojamento a Bordo dos Navios de Pesca;

→ Convenção n. 127 da OIT relativa ao Peso Máximo das Cargas que Podem ser Transportadas por um só Trabalhador;

→ Convenção n. 131 da OIT sobre a Fixação de Salários Mínimos, com Referência Especial aos Países em Desenvolvimento;

→ Convenção n. 132 da OIT sobre Férias Anuais Remuneradas;

→ Convenção n. 133 da OIT sobre Alojamento a Bordo de Navios;

→ Convenção n. 134 da OIT sobre Prevenção de Acidentes de Trabalho dos Marítimos;

→ Convenção n. 135 da OIT sobre a Proteção de Representantes de Trabalhadores;

→ Convenção n. 136 da OIT sobre a Proteção contra os Riscos de Intoxicação;

→ Convenção n. 137 da OIT sobre as Repercussões Sociais dos Novos Métodos de Processamento de Carga nos Portos;

→ Convenção n. 138 da OIT sobre Idade Mínima de Admissão ao Emprego;

→ Convenção n. 139 da OIT sobre a Prevenção e o Controle de Riscos Profissionais Causados pelas Substâncias ou Agentes Cancerígenos;

→ Convenção n. 140 da OIT sobre Licença Remunerada para Estudos;

→ Convenção n. 141 da OIT relativa às Organizações de Trabalhadores Rurais e sua Função no Desenvolvimento Econômico e Social;

→ Convenção n. 142 da OIT relativa à Orientação Profissional e à Formação Profissional no Desenvolvimento de Recursos Humanos;

→ Convenção n. 144 da OIT sobre Consultas Tripartites para Promover a Aplicação das Normas Internacionais do Trabalho;

→ Convenção n. 145 da OIT sobre a Continuidade do Emprego da Gente do Mar;

→ Convenção n. 146 da OIT sobre Férias Remuneradas Anuais da Gente do Mar;

→ Convenção n. 147 da OIT sobre Normas Mínimas da Marinha Mercante;

→ Convenção n. 148 da OIT sobre a Proteção dos Trabalhadores contra os Riscos Profissionais Devidos à Contaminação do Ar, ao Ruído e às Vibrações no Local de Trabalho;

→ Convenção n. 151 e a Recomendação n. 159 da OIT sobre as Relações de Trabalho na Administração Pública;

→ Convenção n. 152 da OIT relativa à Segurança e Higiene nos Trabalhos Portuários;

→ Convenção n. 154 da OIT sobre o Incentivo à Negociação Coletiva;

→ Convenção n. 155 da OIT sobre Segurança e Saúde dos Trabalhadores e o Meio Ambiente de Trabalho;

→ Convenção n. 159 da OIT sobre Reabilitação Profissional e Emprego de Pessoas Deficientes;

→ Convenção n. 160 da OIT sobre Estatísticas do Trabalho;

→ Convenção n. 161 da OIT relativa aos Serviços de Saúde do Trabalho;

→ Convenção n. 162 da OIT sobre a Utilização do Asbesto com Segurança;

→ Convenção n. 163 da OIT sobre o Bem-Estar dos Trabalhadores Marítimos no Mar e no Porto;

→ Convenção n. 164 da OIT sobre a Proteção da Saúde e a Assistência Médica aos Trabalhadores Marítimos;

→ Convenção n. 166 da OIT sobre a Repatriação dos Trabalhadores Marítimos;

→ Convenção n. 167 e a Recomendação n. 175 da OIT sobre a Segurança e Saúde na Construção;

→ Convenção n. 168 da OIT relativa à Promoção do Emprego e à Proteção contra o Desemprego;

→ Convenção n. 169 da OIT sobre Povos Indígenas e Tribais;

→ Convenção n. 170 da OIT relativa à Segurança na Utilização de Produtos Químicos no Trabalho;

→ Convenção n. 171 da OIT relativa ao Trabalho Noturno;

→ Convenção n. 174 e, seu complemento, a Recomendação n. 181 da OIT sobre a Prevenção de Acidentes Industriais Maiores;

→ Convenção n. 176 e Recomendação n. 183 da OIT sobre Segurança e Saúde nas Minas;

→ Convenção n. 178 da OIT relativa à Inspeção das Condições de Vida e de Trabalho dos Trabalhadores Marítimos;

→ Convenção n. 182 e a Recomendação n. 190 da OIT sobre a Proibição das Piores Formas de Trabalho Infantil e a Ação Imediata para sua Eliminação;

→ Convenção n. 185 da OIT (revisada) e anexos que trata do novo Documento de Identidade do Trabalhador Marítimo.

Novamente, somente se aplicará a regra do art. 9º da LINDB caso não exista regra específica ou norma internacional comum aplicável à obrigação trabalhista em foco.

Destarte, diante desse expressivo quadro de normas internacionais ratificadas pelo Brasil, as obrigações trabalhistas extracontratuais, apesar de em teoria submetidas à territorialidade, muitas vezes, na prática, serão regidas por normativa internacional própria, não havendo surgimento de conflito de leis, pois o fato é regulado por uma norma internacional comum entre os ordenamentos jurídicos incidentes.

Ressaltamos que não significa que não exista a possibilidade de ocorrer a manifestação de um fato extranacional em obrigações trabalhistas extracontratuais, mas somente alertamos para a real possibilidade de a questão estar submetida à norma internacional ratificada pelos países cujos direitos estão procurando regulamentar a questão.

A outra particularidade das obrigações trabalhistas é a dinâmica própria que os negócios jurídicos trabalhistas assumem diante do elemento de subordinação existente nas relações trabalhistas, estabelecendo tanto uma dinâmica normativa específica, como uma hermenêutica própria manifestada pela existência de duas modalidades de contratos: os contratos coletivos e os contratos individuais de trabalho.

Os contratos coletivos ou as convenções coletivas de trabalho são uma modalidade de contrato que consiste em uma das fontes normativas do Direito do Trabalho criada a partir da negociação coletiva entre as categorias, estando definida no art. 611 da Consolidação das Leis do Trabalho (CLT): "Convenção Coletiva de Trabalho é o acordo de caráter normativo, pelo qual dois ou mais Sindicatos representativos de categorias econômicas e profissionais estipulam condições de trabalho aplicáveis, no âmbito das respectivas representações, às relações individuais de trabalho".

Apesar de possuir toda a formatação de um negócio jurídico, a convenção coletiva de trabalho consiste mais em um documento normativo criado pelas categorias laborais dentro de sua autonomia e competência para melhorar a regulamentação das condições de trabalho, daí sua definição doutrinária ser um "documento que possui normas genéricas reguladoras de todas as relações de trabalho das categorias representadas na negociação"[581].

Essa modalidade de contrato não está sujeita à regra do art. 9º da LINDB, pois é uma normativa própria do Direito do Trabalho originada de um negócio jurídico especial previsto naquele direito e quando verificada sua existência, sobrepõe-se a qualquer normativa de Direito Internacional Privado brasileiro, pois é consagrado no Direito brasileiro que as convenções coletivas sobrepõem-se à lei (art. 611-A da CLT[582]).

A convenção coletiva configura um tema pouco recorrente no Direito Internacional Privado brasileiro devido ao fato de que a única questão que pode surgir sob o aspecto da diversidade legislativa é se ela viola o princípio da ordem pública internacional brasileira. Em caso positivo, significa que se afasta a sua aplicabilidade e aplica-se o direito do trabalho brasileiro.

Mais complexa é a outra modalidade de negócio jurídico trabalhista que se manifesta no contrato individual de trabalho, o qual é um contrato propriamente dito, mas tem uma regulamentação extremamente complexa sob o aspecto da jurisprudência dominante no Brasil.

Se interpretarmos a lei brasileira literalmente, o contrato individual de trabalho, ou melhor, o contrato internacional individual de trabalho, é regido pelo direito escolhido entre as partes envolvidas, existindo como normas de aplicação imediata as normas brasileiras referentes à proteção do trabalho e, quando houver, às normas estipuladas em convenção coletiva – é a interpretação literal do art. 444 da CLT:

> **Art. 444.** As relações contratuais de trabalho podem ser objeto de livre estipulação das partes interessadas em tudo quanto não contravenha às disposições de proteção ao trabalho, aos contratos coletivos que lhes sejam aplicáveis e às decisões das autoridades competentes.
>
> Parágrafo único. A livre estipulação a que se refere o *caput* deste artigo aplica-se às hipóteses previstas no art. 611-A desta Consolidação, com a mesma eficácia legal e preponderância sobre os instrumentos coletivos, no caso de empregado portador de diploma de nível superior e que perceba salário mensal igual ou superior a duas vezes o limite máximo dos benefícios do Regime Geral de Previdência Social.

---

581 PIRES, Marcelo V. A legitimação para o afastamento da aplicação de instrumentos coletivos de trabalho. **Revista do Tribunal Regional do Trabalho da 10ª Região,** Brasília, v. 22, n. 2, 10 dez. 2018, p. 86. Disponível em: https://revista.trt10.jus.br/index.php/revista10/article/view/235.

582 Art. 611-A. A convenção coletiva e o acordo coletivo de trabalho têm prevalência sobre a lei quando, entre outros, dispuserem sobre: (...).

Estaríamos diante da consagração do elemento de conexão da autonomia da vontade nos contratos internacionais individuais de trabalho, situação que se opõe à regra territorial do art. 9º da LINDB – "as regras do dito artigo, ora em análise, não podem ser adequadas às obrigações oriundas do contrato laboral"[583].

Porém, essa interpretação literal do art. 444 CLT nunca prosperou.

A Jurisprudência trabalhista brasileira sempre manteve um apego à territorialidade ao compreender o contrato internacional de trabalho, especialmente pela legislação específica que começou a surgir na temática a partir de fins da década de 60 do século XX, quando do advento do Decreto-lei n. 691, de 18 de julho de 1969 estabeleceu a unilateralidade da legislação trabalhista para serviços executados no Brasil:

> **Art. 1º Os contratos de técnicos estrangeiros domiciliados ou residentes no exterior, para execução, no Brasil,** de serviços especializados, em caráter provisório, com estipulação de salários em moeda estrangeira, serão, obrigatòriamente, celebrados por prazo determinado e prorrogáveis sempre a têrmo certo, ficando excluídos da aplicação do disposto nos artigos ns. 451, 452, 453, no Capítulo VII do Título IV da Consolidação das Leis do Trabalho e na Lei n. 5.107, de 13 de setembro de 1966, com as alterações do Decreto-lei n. 20, de 14 de setembro de 1966, e legislação subseqüente. (Grifamos.)

Por meio desse dispositivo abre-se o entendimento de que os contratos internacionais individuais de trabalho teriam como elemento de conexão o local de execução do serviço (*lex loci executionis*).

Esse entendimento acabou sendo sacramentado na Súmula 207 do Tribunal Superior do Trabalho (TST) de 1985: "CONFLITOS DE LEIS TRABALHISTAS NO ESPAÇO. PRINCÍPIO DA 'LEX LOCI EXECUTIONIS'. A relação jurídica trabalhista é regida pelas leis vigentes no país da prestação de serviço e não por aquelas do local da contratação"[584].

Explica a doutrina que essa súmula 207 do TST decorreu de um apego excessivo ao territorialismo nas questões trabalhistas, na crença de que todas as normas trabalhistas configurariam como parte do princípio da ordem pública internacional do país e que ao considerar como aplicável do direito

---

583 DEL'OLMO, Florisbal de Souza; ARAÚJO, Luiz Ivani de Amorim. **Lei de Introdução ao Código Civil brasileiro comentada.** 2. ed. Rio de Janeiro: Forense, p. 122.

584 TRIBUNAL SUPERIOR DO TRABALHO. **Súmulas do Tribunal Superior do Trabalho.** Disponível em: http://www.tst.jus.br/sumulas.

do local da execução do serviço estaria harmonizando essa concepção e, ao mesmo tempo, promovendo maior isonomia entre os empregados de uma mesma empresa[585].

Ocorre que que houve uma mudança de entendimento do TST a partir de 2011 quanto à questão do direito aplicável aos contratos internacionais individuais de trabalho, sendo considerado o *leading case* dessa mudança o Embargo de Recurso de Revista (E-RR) n. 21900-93.2000.5.01.0019 envolvendo a *Braspetro Oil Service Company* – Brasoil e outra contra Amado Rosa (caso *Brasoil x Rosa*).

De forma sucinta, a *Brasoil* não concordava com a aplicação do direito brasileiro para o contrato individual de trabalho em litígio, argumentando que o direito aplicável seria o da República de Angola, local onde o serviço fora realizado, indicando que no decisório das instâncias anteriores houve violação do art. 14 da Lei n. 7.064/82[586] e da Súmula 207 do TST – a aplicação do direito angolano acarretaria na prescrição do pleito[587].

Ocorre que a Subseção I Especializada em Dissídios Individuais do TST entendeu que o princípio da territorialidade não possuía mais a totalidade de outrora, abrindo espaço para a aplicação do princípio da lei mais favorável ao trabalhador, recorrendo a diversas obras e reformas legislativas estrangeiras para fundamentar teoricamente esse entendimento.

A partir desse arcabouço teórico de transformação hermenêutica, passou a interpretar a Lei n. 7.064/1982 sob ótica de que a *Braspetro Oil Service Company* era uma empresa subsidiária da Petrobrás, compondo o mesmo grupo empresarial-econômico, além da contratação ter ocorrido no Brasil; logo, aplicar-se-ia a hipótese de interpretação sistêmica do art. 3º, II, da Lei n. 7.064/82[588], resultando na seguinte decisão:

---

585 HUSEK, Carlos R. **Curso básico de direito internacional público e privado do trabalho.** 3. ed. São Paulo: 2015, p. 192.

586 Art. 14. Sem prejuízo da aplicação das leis do país da prestação dos serviços, no que respeita a direitos, vantagens e garantias trabalhistas e previdenciárias, a empresa estrangeira assegurará ao trabalhador os direitos a ele conferidos neste Capítulo.

587 TRIBUNAL SUPERIOR DO TRABALHO. E-RR: 2190009320005010019 219000-93.2000.5.01.0019, Relator: Maria Cristina Irigoyen Peduzzi. Data de Julgamento: 22/09/2011, Subseção I Especializada em Dissídios Individuais. Data de publicação: DEJT 07/10/2011. Disponível em: https://tst.jusbrasil.com.br/jurisprudencia/20559311/embargo-em-recurso-de-revista-e-rr-2190009320005010019-219000-9320005010019.

588 TRIBUNAL SUPERIOR DO TRABALHO. E-RR: 2190009320005010019 219000-93.2000.5.01.0019, Relator: Maria Cristina Irigoyen Peduzzi. Data de

PRESTAÇÃO DE SERVIÇOS NO EXTERIOR – CONFLITO DE LEIS TRABALHISTAS NO ESPAÇO – EMPRESA ESTRANGEIRA SUBSIDIÁRIA DE EMPRESA ESTATAL BRASILEIRA

1. Em harmonia com o princípio da *Lex loci execucionis*, esta Eg. Corte editou em 1985 a Súmula n. 207, pela qual adotou o princípio da territorialidade, sendo aplicável a legislação protetiva do local da prestação dos serviços aos trabalhadores contratados para laborar no estrangeiro.

2. Mesmo antes da edição do verbete, contudo, a Lei n. 7.064, de 1982, instituiu importante exceção ao princípio da territorialidade, prevendo normatização específica para os trabalhadores de empresas prestadoras de serviços de engenharia no exterior.

3. Segundo o diploma, na hipótese em que o empregado inicia a prestação dos serviços no Brasil e, posteriormente, é transferido para outro país, é aplicável a legislação mais favorável (art. 3º, II). Por outro lado, quando o empregado é contratado diretamente por empresa estrangeira para trabalhar no exterior, aplica-se o princípio da territorialidade (art. 14).

4. Apesar de o diploma legal ter aplicação restrita às empresas prestadoras de serviços de engenharia, a jurisprudência desta Eg. Corte Superior passou, progressivamente, a se posicionar favoravelmente à sua aplicação a outras empresas, como se pode observar em vários precedentes.

Essa tendência também tem sido verificada no ordenamento jurídico de outros países.

5. Atento à jurisprudência que veio se firmando no âmbito desta Eg. Corte, o legislador, por meio da Lei n. 11.962/2009, alterou a redação do art. 1º da Lei n. 7.064/82, estendendo o diploma a todos os trabalhadores contratados no Brasil ou transferidos por seus empregadores para prestar serviços no exterior.

6. No caso concreto, o empregado foi contratado pela Braspetro Oil Service Company, empresa subsidiária da Petrobras constituída em outro país, para prestar serviços nas águas territoriais da Angola.

7. Por se tratar de empresa subsidiária da maior empresa estatal brasileira, que tem suas atividades estritamente vinculadas ao país, entendo aplicável a legislação mais favorável ao trabalhador – no caso, a brasileira –, em razão dos estreitos vínculos do empregador com o ordenamento jurídico nacional.

Embargos conhecidos e desprovidos[589].

Julgamento: 22/09/2011, Subseção I Especializada em Dissídios Individuais. Data de publicação: DEJT 07/10/2011. Disponível em: https://tst.jusbrasil.com.br/jurisprudencia/20559311/embargo-em-recurso-de-revista-e-rr-2190009320005010019-219000-9320005010019.

589 TRIBUNAL SUPERIOR DO TRABALHO. E-RR: 2190009320005010019 219000-93.2000.5.01.0019, Relator: Maria Cristina Irigoyen Peduzzi. Data de Julgamento:

A partir desse entendimento pela aplicação do direito mais favorável ao trabalhador decorrente da interpretação sistêmica da Lei n. 7.064/82, em 2012 o TST decidiu cancelar a Súmula 207.

Entendimento este que não deveria ser considerado uma novidade, aliás, veio com certo atraso, devido ao fato de que a doutrina especializada já afirmava desde a promulgação da Lei n. 7.064/1982 que esta adotava a regra do *favor laboris*, não mais a *lex loci executionis*, e que fora um erro do legislador de 1982 restringir a sua aplicação somente às atividades de engenharia[590], erro esse que foi corrigido parcialmente em 2009 por meio da Lei n. 11.962, que alterou o art. 1º de forma a abranger todas as relações trabalhistas, de contratados no Brasil ou transferidos para prestar serviço no exterior.

Afirmamos que a correção foi parcial, pois a referida lei não abrange todas as hipóteses que manifestam um contrato internacional de trabalho, somente se restringindo a três, conforme verificamos no art. 2º da Lei n. 7.064:

> **Art. 2º** Para os efeitos desta Lei, considera-se transferido:
>
> I – o empregado removido para o exterior, cujo contrato estava sendo executado no território brasileiro;
>
> II – o empregado cedido à empresa sediada no estrangeiro, para trabalhar no exterior, desde que mantido o vínculo trabalhista com o empregador brasileiro;
>
> III – o empregado contratado por empresa sediada no Brasil para trabalhar a seu serviço no exterior.

Logo, o cancelamento da Súmula 207 abriu margem para interpretação de qual seria o elemento de conexão para os contratos internacionais individuais do trabalho que não estão sob o manto da Lei n. 7.064. Estariam esses contratos regidos pelo art. 9º da LINDB? Pela autonomia da vontade do art. 444 da CLT? Pela lei mais favorável ao trabalhador? Atualmente não há uma resposta segura para essa questão pois a mudança jurisprudencial é, relativamente, recente.

22/09/2011, Subseção I Especializada em Dissídios Individuais. Data de Publicação: DEJT 07/10/2011. Disponível em: https://tst.jusbrasil.com.br/jurisprudencia/20559311/embargo-em-recurso-de-revista-e-rr-2190009320005010019-219000-9320005010019.

590 DUARTE, Carlos Adolfo T. A lei aplicável ao contrato internacional de trabalho. **Revista de Ciência Política,** Rio de Janeiro, v. 29, n. 3, p. 89-102, jul. 1986. ISSN 0034-8023. Disponível em: http://bibliotecadigital.fgv.br/ojs/index.php/rcp/article/view/60196/58513. Acesso em: 22 ago. 2020.

Nossa resposta pessoal seria a consagração da autonomia da vontade, sendo o *favor laboris* parâmetro para evitar distorções e quando ausente a escolha.

14.5 A TERCEIRA ESPECIFICIDADE: AS OBRIGAÇÕES CAMBIÁRIAS

Assim como ocorre com o instituto da capacidade (*vide* tópico 10.3.5), as obrigações vinculadas ao Direito cambiário, aos títulos de créditos, consistem em um campo específico de estudo no Direito Internacional Privado, merecendo especial atenção quanto a sua análise e configurando a terceira especificidade ao art. 9º da LINDB.

A especificidade das obrigações cambiárias é decorrente da característica da autonomia inerente aos títulos de créditos, autonomia a qual é um assunto de relativa complexidade na própria doutrina cambiária por designar diferentes fenômenos.

Os significados mais comuns para a característica da autonomia dos títulos de crédito consiste na clássica distinção proposta por Ascarelli sobre autonomia do direito cartular e da autonomia do direito do titular do título – a primeira se referindo a possiblidade (ou não) de se opor exceções fundamentadas em concessões extra-cartulares feitas ao portador perante o titular subsequente do direito cartular; e a segunda se referindo a não possibilidade de se opor exceções ao possuidor do direito cartular fundamentadas na falta de titularidade de quem lhe transferiu o título[591].

Esse debate inerente ao Direito Cambiário sobre autonomia não é do nosso interesse, pois, para nós do Direito Internacional Privado, a autonomia dos títulos de créditos compreende o fenômeno no qual a obrigação existente no título de créditos se "descola" do negócio jurídico causa de sua existência. Isto significa que os títulos de créditos estabelecem uma "vida própria" da obrigação que os fez surgirem (o "saque do título").

Nesse sentido, autonomia se associa à facilidade de circulação dos títulos de crédito, como explica Ascarelli:

> É autônomo, porque não deriva do direito do titular anterior, mas da propriedade do título e, por isso, pode subsistir embora não existisse direito do alienante; é, apenas, necessário e suficiente que exista a

591 ASCARELLI, Tullio. **Teoria geral dos títulos de crédito.** Campinas: Servanda, 2013, p. 358.

> propriedade do título. Esta, por seu turno é disciplinada pelas regras que regulam a circulação das coisas móveis e, por isso, subsiste (no nosso direito, quando concorra à boa-fé), mesmo quando o alienante tenha sido apenas possuidor e não proprietário.
>
> É assim que o direito cartular pode, verdadeiramente, "circular", quero dizer, transferir-se, de acordo com as regras peculiares às coisas móveis e não com as do direito comum relativas à transferência dos direitos; com efeito, a circulação refere-se diretamente ao título e é da propriedade do título que decorre a titularidade do direito[592].

É por causa de autonomia que confere a facilidade de circulação que os títulos de créditos não podem ser limitados como sendo uma só obrigação, mas sim uma complexa cadeia de atos que criam obrigações, cada qual configurando um fenômeno autônomo distinto do outro.

Para melhor compreender os reflexos dessa autonomia no Direito Internacional Privado, vamos adotar como referencial da análise das obrigações cambiárias as normas estipuladas para a letra de câmbio e para as notas promissórias, as ditas regras gerais, consolidadas na Convenção destinada a regular certos conflitos de leis em matéria das letras de câmbio e notas promissórias e protocolo – Decreto n. 57.663/1966.

Quanto à aquisição do direito ao crédito pelo portador do título, ela é regida sempre pelo direito do lugar onde o título foi emitido (sacado, criado) – "art. 6º A lei do lugar de emissão do título determina se o portador de uma letra adquire o crédito que originou a emissão do título" segundo consta no Decreto n. 57.663/1966.

Importante ressaltarmos que o termo "emissão" deve ser compreendido como de "criação", significando que é o lugar onde o título foi criado que serve de localização para o direito aplicável para a constituição do direito de crédito, conforme a teoria da criação – "a declaração cambiária é perfeita com a simples criação do título. Que ele saia das mãos do devedor é uma *conditio juris* para a eficácia da obrigação"[593] – e não o mero lugar da emissão da cártula que materializa o referido direito.

---

592 ASCARELLI, Tullio. **Teoria geral dos títulos de crédito.** Campinas: Servanda, 2013, p. 376-377.

593 ASCARELLI, Tullio. **Teoria geral dos títulos de crédito.** Campinas: Servanda, 2013, p. 426-427.

Destarte, podemos afirmar que o saque (ato de pôr o título em circulação[594]) é regido sempre pela lei do lugar da criação do referido título. Por curiosidade, a indicação de lugar imaginário ou inexistente invalida o título de crédito e, não havendo indicação precisa, considera-se o lugar da emissão o domicílio do sacador – art. 2º da Lei Uniforme relativa às letras de câmbio e notas promissórias.

Quanto às formalidades das obrigações contraídas, o direito aplicável é o do local onde a obrigação foi assumida, porém a Convenção adota uma fórmula legislativa complexa para essa regra, conforme:

> **Art. 3º** A forma das obrigações contraídas em matéria de letras e notas promissórias é regulada pela lei do país em cujo território essas obrigações tenham sido assumidas.
>
> No entanto, se as obrigações assumidas em virtude de uma letra ou nota promissória não forem válidas nos termos da alínea precedente, mas o forem em face da legislação do país em que tenha posteriormente sido contraída uma outra obrigação, o fato de as primeiras obrigações serem irregulares quanto à forma não afeta a validade da obrigação posterior.
>
> Qualquer das Altas Partes Contratantes tem a faculdade de determinar que as obrigações contraídas no estrangeiro por algum dos seus nacionais, em matéria de letras e notas promissórias, serão válidas no seu próprio território, em relação a qualquer outro dos seus nacionais, desde que tenham sido contraídas pela forma estabelecida na lei nacional.

Aqui fica evidente a complexidade que a circulação dos títulos de créditos apresenta para o Direito Internacional Privado, pois para manter a facilidade de circulação, a simples invalidade de uma obrigação contraída não contamina as demais obrigações contraídas em sequência.

Por isso, recorreu-se novamente à nacionalidade, mas agora de ambos os envolvidos no pólo obrigacional, para ser o critério final de validade ou não das obrigações estabelecidas em uma cadeia obrigacional, na qual existem obrigações anteriores que podem ser consideradas inválidas.

Podemos verificar que a solução proposta é de aplicação confusa, sendo a melhor resolução encontrada na Convenção Interamericana sobre Conflitos de Leis em Matéria de Letras de Câmbio, Notas Promissórias e Faturas, a qual dispõe:

---

594 MARTINS, Fran. **Curso de direito comercial:** títulos de crédito. Atualizada por Joaquim P. Santos e Paulo P. Santos. 18. ed. Rio de Janeiro: Forense, 2019, p. 66.

> Artigo 3
>
> Todas as obrigações resultantes de uma letra de câmbio regem-se pela lei do lugar onde forem contraídas.
>
> Artigo 4
>
> Se uma ou mais obrigações contraídas numa letra de câmbio não forem válidas perante a lei aplicável segundo os artigos anteriores, tal invalidade não se estenderá às outras obrigações validamente assumidas de acordo com a lei do lugar onde tiverem sido contraídas.

E mesmo com essa simplificação, existe o problema da generalização, pois não se separa a constituição do título das obrigações contraídas por meio de atos de circulação.

Quanto ao aceite, isto é, o "ato formal segundo o qual o sacado se obriga a efetuar, no vencimento, o pagamento da ordem que lhe é dada"[595], a regra geral é a aplicação do direito do lugar do pagamento do título, porém quando existirem coobrigados, os efeitos da coobrigação do aceite serão regidos pelo direito do local da assinatura, conforme dispõe o Decreto:

> **Art. 4º** Os efeitos das obrigações do aceitante de uma letra e do subscritor de uma nota promissória são determinados pela lei do lugar onde esses títulos sejam pagáveis.
>
> Os efeitos provenientes das assinaturas dos outros coobrigados por letra ou nota promissória são determinados pela lei do país em cujo território as assinaturas forem apostas.
>
> (...)
>
> **Art. 7º** A lei do país em que a letra é pagável determina se o aceite pode ser restrito a uma parte da importância a pagar ou se o portador é ou não obrigado a receber um pagamento parcial.
>
> A mesma regra é aplicável ao pagamento de notas promissórias.

É importante lembrar que qualquer modalidade de pagamento, seja por via de título de crédito ou por outro instrumento, sempre está atrelada ao direito do lugar do pagamento, devido ao fato de nenhuma instituição financeira ser obrigada a realizar transações em desconformidade à lei do lugar onde opera, daí a solução das Leis Uniformes atrelar o aceite ao local do pagamento.

Por consequência, também é o direito do lugar do pagamento que rege as medidas necessárias para inutilização, destruição, proteção do

---

595 MARTINS, Fran. **Curso de direito comercial:** títulos de crédito. Atualizada por Joaquim P. Santos e Paulo P. Santos. 18. ed. Rio de Janeiro: Forense, 2019, p. 118.

crédito em caso de roubo ou perda do título – pois é justamente com o pagamento que se encerra a circulação e se extingue o título, logo, qualquer medida necessária para sua extinção fica atrelada ao lugar do pagamento.

Quanto ao protesto, "ato solene destinado principalmente a comprovar a falta ou recusa do aceite ou do pagamento da letra"[596] e único ato de natureza cambial que não consta na cártula do título, o direito aplicável é o da praça comercial onde este deve ser praticado, como dispõe o Decreto n. 57.663/1966:

> **Art. 8º** A forma e os prazos do protesto, assim como a forma dos outros atos necessários ao exercício ou à conservação dos direitos em matéria de letras e notas promissórias, são regulados pelas leis do país em cujo território se deva fazer o protesto ou praticar os referidos atos.

Aqui surge um elemento comum do Direito Comercial que são os usos e costumes da praça de comércio, sendo o protesto regido pelo direito da praça comercial onde deva ser realizado, podendo ser o local o da criação do título, o do pagamento do título ou o disposto expressamente na cártula do título. Por curiosidade, na ausência de indicação específica para o local do pagamento será considerado o lugar do pagamento o domicílio do sacado (art. 2º da Lei Uniforme relativa às letras de câmbio e notas promissórias).

Quanto ao endosso, aval e intervenção, o Decreto n. 57.633/1966 não estabelece regra colisional própria, mas podemos adotar como referência a Convenção Interamericana sobre Conflitos de Leis em Matéria de Letras de Câmbio, Notas Promissórias e Faturas, dispondo que estes serão regidos pelo direito do lugar onde o ato seja praticado – *locus regit actum*.

Por curiosidade, a adoção do *locus regit actum* pela Convenção Interamericana é o seu maior diferencial em relação às Leis Uniformes consagradas no Decreto n. 57.663/1966, pois enquanto as últimas procuram estabelecer maior rigor quanto à localização geográfica de cada ato (e com isso gerando certo grau de complexidade em determinados momentos), a Convenção Interamericana peca por simplificar demais a regulamentação, não atentando para eventuais diferenças entre o local da realização do ato, do local dos efeitos daquele ato – problema que pode ser desastroso para o Brasil se ratificar a referida Convenção, pois gerará múltiplos critérios de conexão para os mesmos atos.

---

596 MARTINS, Fran. **Curso de direito comercial:** títulos de crédito. Atualizada por Joaquim P. Santos e Paulo P. Santos. 18. ed. Rio de Janeiro: Forense, 2019, p. 185.

No que tange ao Direito brasileiro, não encontramos mudanças e nem regulamentação de normas de Direito Internacional Privado no atual projeto de Código Comercial (PLS n. 487/2013).

> Atenção! O Direito Cambiário, é um dos poucos microssistemas do Direito que demandam especial atenção, por causa da existência de um grande número de diferentes tipos de título de crédito e sua regulamentação em legislação específica e fragmentada. O que oferecemos aqui foi uma visão geral, as regras gerais que comumente se associam aos títulos de crédito como obrigação no Direito Internacional Privado. Por consequência, quando diante de uma questão envolvendo Direito cambiário, imperativo analisar a legislação respectiva do título de crédito em questão!

14.6 O ESTATUTO VOLITIVO

14.6.1 A autonomia da vontade

> O princípio da autonomia da vontade, cujo estudo, na esfera do Direito Internacional Privado, ressurge intenso em nossos dias, tem constituído sempre uma séria preocupação para os doutrinadores desse Direito.
>
> De que ele é admitido e reconhecido, como uma das realidades mais certas no Direito Interno, não resta menor dúvida. Mas, e no âmbito do Direito Internacional Privado?[597].

O último tópico das obrigações jurídicas no Direito Internacional Privado brasileiro a analisarmos é a complexa temática do papel da vontade como elemento de conexão em contratos internacionais, normalmente conhecida como a autonomia da vontade ou, de forma mais simples, o Estatuto Volitivo.

O Estatuto Volitivo é um dos inúmeros Estatutos mistos que surgiram durante o período estatutário, remontando ao século XVI e às lições de Charles Dumoulin sobre a questão de qual o direito aplicável aos contratos de matrimônio. Porém, é com a ascensão dos Estados nacionais e a consolidação da diversidade legislativa decorrente da igualdade soberana entre eles que o Estatuto Volitivo vai ressurgir no Direito Internacional Privado como a questão da vontade como elemento de conexão em contratos internacionais.

---

[597] LORETO, Sylvio. O direito internacional privado e a autonomia da vontade: seu estudo na Faculdade de Direito do Recife na primeira metade do século XX. In: **Anuário do curso de pós-graduação em direito.** Recife: Edição do Programa de pós-graduação em Direito da UFPE, n. 12, 2002, p. 414-415.

A complexidade na questão da vontade como elemento de conexão em contratos internacionais está na dificuldade que existe em delimitar um significado preciso para a vontade, ou melhor, para a autonomia da vontade e sua posição no Direito, gerando uma desnecessária polissemia de interpretações (ex.: autonomia da vontade, autonomia privada, autoregramento da vontade, autonomia das partes etc.) e, por consequência, desenvolvendo diferentes doutrinas sobre essas interpretações, muitas delas equivocadas ou contraditórias.

A melhor explicação para a origem dessa polissemia é oferecida por Veronique Ranouil, ao estabelecer que, essencialmente, autonomia da vontade designa o poder da vontade em estabelecer, criar suas próprias regras/leis (*"le pouvoir qu'a la volonté de se donner sa propre loi"*), concepção ampla que possibilita o surgimento de duas interpretações principais: uma própria da filosofia e outra própria do direito[598].

Para maior aprofundamento desse aspecto filosófico da autonomia da vontade recomendamos a leitura da obra de Kant: *Grundlegung zur Metaphysik der Sitten* (*Fundamentos para a metafísica dos costumes*).

A concepção filosófica remonta às lições de Immanuel Kant, nas quais a própria vontade é construída como um imperativo da moral, sendo a sua autonomia associada ao agir e os princípios existentes no indivíduo, sendo o nascedouro das leis, diferenciando-se do arbítrio e servindo de elemento fundamental para o surgimento *"konstituirende rechtliche Akte"* ("atos juridicamente constituintes")[599].

Pensamento que foi, junto da filosofia hegeliana, pilar para a base formalista do Direito e tem forte presença na Jurisprudência dos Conceitos por meio da escola histórica do Direito[600].

Não consiste em objeto de nosso estudo aprofundar essa concepção filosófica da vontade, portanto limitamo-nos a analisar a sua concepção jurídica, uma tarefa que não é a das mais simples pelo estado lastimável em que se encontra a doutrina brasileira no assunto.

---

598 RANOUIL, Veronique. **L'autonomie de la volonté:** naissance et évolution d'un concept. Paris: PUF, 1980, p. 9.

599 KANT, Immanuel. **Werke in sechs Bände.** Herausgegeben Wilhelm Weischedel. Darmstadt: WBG-Darmstad, 2005, p. 383.

600 EBEL, Friedrich; THIELMANN, Georg. **Rechtsgeschichte:** von der römischen antike bis zur Neuzeit. 3. ed. Heidelberg: C. F. Müller, 2003, p. 325.

O estado lastimável da doutrina brasileira em matéria de autonomia da vontade decorre da constatação de que a expressão é empregada sem nenhum rigor técnico, assumindo significados que ora deveriam designar o mesmo fenômeno, ora designam fenômenos distintos e, até significados contraditórios.

Para simplificar essa problemática, podemos resumir que existem quatro grandes denominações associadas à autonomia da vontade: a autonomia das partes, a autonomia privada, o autoregramento da vontade e a própria autonomia da vontade. Três dessas expressões designam o mesmo fenômeno, enquanto uma só designa um significado próprio e especial para a nossa disciplina – residindo aí o maior problema de compreensão do assunto.

A autonomia das partes é, na nossa opinião, um estrangeirismo criado a partir da tradução da expressão inglesa *party autonomy* e da expressão alemã *Parteiautonomie*, ambas designando o fenômeno amplo autonomia privada. A autonomia privada tem uma definição doutrinária de se tratar do "poder que os particulares têm em regular, pelo exercício de sua própria vontade, as relações que participam, estabelecendo-lhes o conteúdo e a respectiva disciplina jurídica"[601].

Nesse sentido, autonomia privada é uma outra denominação para liberdade das partes nos contratos (*Freedom of Contracts* ou *Vertragsfreiheit*), designando a própria vontade como fonte das obrigações – ou seja, seria uma transposição do significado filosófico de autonomia da vontade para o Direito.

Nesse mesmo sentido de autonomia privada surge a "expressão autoregramento da vontade", a qual é uma terminologia peculiar encontrada na doutrina de Pontes de Miranda, consistindo no "espaço deixado às vontades, sem se repelirem do jurídico tais vontades"[602] – mas, em essência, é sinônima de autonomia privada.

Nesse contexto, autonomia privada, autonomia das partes e autoregramento da vontade deveriam ser tratados como sinônimos, designando o fenômeno maior da liberdade das partes nos contratos, a vontade como fonte de obrigações contratuais.

Só que isso não ocorre, pois parte da doutrina civilista insiste em acrescentar a autonomia da vontade como sendo, também, um sinônimo de autonomia

---

601 AMARAL, Francisco. **Direito civil:** uma introdução. 6. ed. Rio de Janeiro: Renovar, 2006, p. 345.

602 MIRANDA, Francisco C. P. de. **Tratado de direito privado.** Campinas: Bookseller, 2001, t. III, p. 81.

privada[603], ou decompor a autonomia da vontade da autonomia privada como sendo dois fenômenos distintos de um só fenômeno: a liberdade de contratar.

> Em bom português, essa distinção entre liberdade contratual e liberdade de contratar é o famoso "render páginas de conhecimento inútil".

Nessa concepção, designa-se a autonomia da vontade como a manifestação da liberdade de contratar (contratar ou deixar de; determinar quem; determinar o que; estabelecer as cláusulas; e exigibilidade judiciária), enquanto autonomia privada seria a liberdade contratual (celebração; relatividade; consensualismo; confiança; e autorresponsabilidade)[604].

A contradição reside justamente que ao empregar dessas duas expressões (autonomia privada/autonomia da vontade) para compreender o mesmo fenômeno: o princípio da vontade, essência da liberdade das partes nos contratos (*Freedom of contracts/Vertragsfreiheit*), enquanto que somente autonomia privada tem essa amplitude conceitual.

Quando estudamos a autonomia privada, nada mais estudamos do que o princípio da vontade e sua manifestação no Direito como fonte criadora de obrigações, direitos e deveres – é a autonomia da vontade no sentido filosófico se manifestando no Direito.

Por sua vez, o princípio da autonomia da vontade é um conceito próprio do Direito Internacional Privado, pois existe na evolução histórica da disciplina desde o século XVI, quando Charles Dumoulin, em suas obras *Consilium 53* (1525) e *Summa Trinitate* (1554), vai analisar a questão da interpretação dos contratos matrimoniais envolvendo diferente estatutos e propor a utilização da vontade como parâmetro para determinar as regras aplicáveis – nascimento do estatuto volitivo[605].

---

603 A respeito: LÔBO, Paulo L. N. Princípios contratuais. In: LÔBO, Paulo L. N.; LYRA JR., Eduardo M. G. de (coord.). **A teoria do contrato e o novo código civil.** Recife: Nossa Livraria, 2003, p. 11. GAMA, Guilherme C. Nogueira da.; PEREIRA, Daniel Q. Função social do contrato. In: GAMA, Guilherme C. N. da. **Função social no direito civil.** São Paulo: Atlas, 2007, p. 70-71.

604 FIÚZA, Cesar. **Direito civil:** curso completo. 4. ed. Belo Horizonte: Del Rey, 2001, p. 214-215.

605 LORETO, Sylvio. Do princípio da autonomia da vontade no direito internacional privado (perspectivas históricas). In: ADEODATO, João M. (coord.). **Anuário dos cursos de pós-graduação em direito.** n. 10, Recife: Edição da PPGD/UFPE, 2000, p. 262.

A própria expressão "autonomia da vontade" vai surgir na doutrina internacionalista por meio de obras sobre o Direito Internacional Privado, em especial destaque o *Traité du Droit International privé* de Foelix (*autonomie de l'homme/autonomie des citoyen*) e na tradução francesa do volume VIII do *System des heutigen Römischen Rechts de Savigny* de Savigny (*Freiwillige Unterwerfung*)[606].

> Uma abordagem um pouco mais longa sobre a evolução da vontade e da autonomia da vontade pode ser encontrada em minha tese, disponível online no ATTENA, repositório digital da UFPE (disponível em: https://repositorio.ufpe.br/handle/123456789/4201).

Antes do advento da doutrina internacionalista, não encontramos notícia do emprego da expressão "autonomia da vontade" nas obras jurídicas do Direito Privado, apesar de existir farta análise do papel da vontade como base da liberdade contratual – o princípio da vontade próprio do direito contratual.

Não sem razão, já em fins do século XIX surgem críticas do tratamento da autonomia da vontade na doutrina internacionalista, devido ao fato de que se está estabelecendo uma confusão entre a questão de "saber qual a lei aplicável aos efeitos do contrato, com as questões de interpretação propriamente dita" ("*la question de savoir quelle est la loi qui régit loi effets du contrat avec les question d'interpretation propriement dites*")[607].

Essa confusão se mantém em razão da má compreensão da relação entre o princípio da vontade (autonomia privada, liberdade das partes nos contratos, *Freedom of contracts, Vertragsfreiheit*) e o princípio da autonomia da vontade (o elemento de conexão próprio do Direito Internacional Privado) – o princípio da vontade sendo o estudo da vontade no contrato como um todo ("*interpretation propriamente dites*") e o princípio da autonomia da vontade o estudo da vontade como elemento de conexão ("*la loi qui régit*").

Diante deste contexto, podemos visualizar a relação da seguinte forma:

---

606 RANOUIL, Veronique. **L'autonomie de la volonté:** naissance et évolution d'un concept. Paris: PUF, 1980, p. 20-21.

607 ROLIN, Alberic. **Principes du Droit International privé et applications aux diverses matières du Code Civil (Code Napoleon).** Paris: Libraire Marescq-Ainé chevalier-marescq et ecie. Editeurs, 1897, t. 1, p. 421-422.

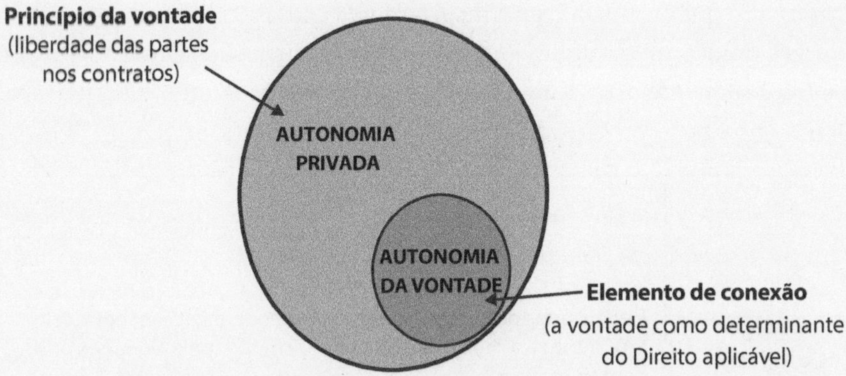

Estabelecido que a autonomia da vontade é um conceito próprio do Direito Internacional Privado e que não se confunde nem com o princípio maior da vontade, nem com o significado filosófico da expressão, podemos esboçar uma definição para ela.

Doutrinariamente, talvez a mais conhecida definição para autonomia da vontade é a de se tratar de uma "faculdade concedida aos indivíduos de exercer sua vontade, tendo em vista a escolha e a determinação de uma lei aplicável a certas relações jurídicas internacionais, derivando ela da confiança que a comunidade internacional concede ao indivíduo no interesse da sociedade" sendo limitada pelo princípio da ordem pública internacional e demais normas imperativas[608].

Ou, de forma mais simples, a autonomia da vontade se refere à possibilidade de os indivíduos escolherem qual o arcabouço jurídico aplicável aos seus negócios jurídicos – a vontade como elemento de conexão.

14.6.2 Uma omissão complicada: a polêmica do art. 9º da LINDB

Se existe um tema no Direito Internacional Privado brasileiro que mais expõe a fragilidade da LINDB, sem sombras de dúvidas é a questão da (não) admissibilidade da autonomia da vontade sob a égide do seu art. 9º ou, como optamos por denominar, a polêmica do art. 9º da LINDB.

O ponto de partida da polêmica remonta à controversa elaboração da Introdução do Código Civil de 1916 (o título preliminar do Projecto

---

608 STRENGER, Irineu. **Da autonomia da vontade:** direito interno e internacional. 2. ed. São Paulo: LTr, 2000, p. 83.

Primitivo), a qual se inicia com a inspiração de Clóvis Bevilaqua no art. 4º do Código Comercial Português de 1833, gerando o art. 34 do Projecto Primitivo e o subsequente art. 11 da emenda substitutiva de Andrade Figueira, resultando no art. 13 da Introdução do Código Civil de 1916.

Código Comercial Português de 1833	Art. 4º Lei reguladora dos actos de comércio Os actos de comércio serão regulados: 1º Quanto a substância e efeitos das obrigações pela lei do lugar onde forem celebrados, salve convenção em contrário; 2º Quanto ao modo do seu cumprimento, pela do lugar onde este se realizar; 3º Quanto â forma externa, pela lei do lugar onde forem celebrados, salve nos casos em que a lei expressamente ordenar o contrário. § único. O disposto no n. lº não será aplicável quando da sua execução resultar ofensa ao direito público português ou aos princípios de ordem pública.
Projecto Primitivo	Art. 34. As obrigações convencionaes, assim como as que se originam de declaração unilateral de vontade, serão reguladas: a) quanto a substância, pela lei do logar onde foram celebrados os actos que as originaram, salvo estipulação em contrario, offensa ao Direito nacional dos pactuantes ou á ordem publica; b) quanto ao seus effeitos e ao modo de execução pela lei do logar onde se cumprirem; Seguirão, porém, a lei brasileira as obrigações que, pelo seu objecto, só no Brasil forem exequíveis.
Emenda substitutiva de Andrade Figueira	Art. 11. A materia e os efeitos das obrigações serão regulados pela lei do logar onde foram contrahidos, salvo a expressa convenção das partes contractantes. Serão, porém, regulados e julgados pela legislação brasileira, os contractos ajustados em paiz estrangeiro, mas exequíveis no Brasil, bem como as obrigações contrahidas entre brasileiros em paiz estrangeiro, os actos relativos a bens de raiz situados no Brasil e ao seu regimen hypothecario.
Introdução do Código Civil de 1916	Art. 13. Regulará, salvo estipulação em contrário, quanto à substância do ato e aos efeitos das obrigações, a lei do lugar onde foram constituídas. Parágrafo único. Mas sempre se regerão pela lei brasileira: I – Os contratos ajustados em países estrangeiros, quando exequíveis no Brasil. II – As obrigações contraídas entre brasileiros em país estrangeiro. III – Os atos relativos a imóveis situados no Brasil. IV. Os atos relativos ao regime hipotecário brasileiro.

É possível verificar que os quatro dispositivos adotam o mesmo critério para determinar o direito aplicável às obrigações: *locus regit actum* e, caráter subsidiário, a autonomia da vontade pela expressão "salvo estipulação/ convenção em contrário" – demonstrando o pensamento doutrinário dominante no fim do século XIX e início do século XX em harmonizar o direito aplicável aos negócios jurídicos entre o local da constituição, o local da execução e a autonomia da vontade, desde que não ofendessem normas imperativas e o princípio da ordem pública internacional[609].

Esses dispositivos também corroboram para a afirmação de parte da doutrina internacionalista brasileira em defender que é uma tradição histórica do Direito Internacional Privado brasileiro a aceitação da autonomia da vontade em matéria de negócios jurídicos[610].

Ocorre que o legislador de 1942 não replicou essa fórmula legislativa, procedendo com uma simplificação na regulamentação da matéria de obrigações, aglutinado todas sob o manto do *locus regit actum* – simplesmente, suprimiu (ou omitiu?) a expressão "salvo estipulação em contrário", e com isso abriu dúvida quanto à permanência da autonomia da vontade no Direito Internacional Privado brasileiro: abrindo a polêmica do art. 9º da LINDB.

Em sua essência, tal polêmica consiste em determinar se existe a possibilidade de as partes escolherem o direito aplicável aos seus negócios jurídicos. Se a autonomia da vontade continua existindo em matéria de negócios jurídicos internacionais sob a ótica do Direito Internacional privado brasileiro.

Preciso é Aurélio Boaviagem ao afirmar que em matéria de autonomia da vontade a "doutrina brasileira, na ótica própria do DIPr, tem apresentado opiniões divergentes quanto ao exercício da autonomia da vontade para a escolha da lei aplicável para a regência das relações obrigacionais"[611].

Para a doutrina majoritária, composta em sua maioria por leigos em Direito Internacional Privado, não existe a possibilidade das partes escolherem o

---

609 BEVILAQUA, Clóvis. **Principios elementares de direito internacional privado.** Campinas: RED Livros, 2002 (1906), p. 260.

610 VALLADÃO, Haroldo. **Direito internacional privado em base histórica e comparativa, positiva e doutrinária, especialmente dos Estados americanos:** introdução e parte geral. São Paulo: Livraria Freitas Bastos, 1968 p. 370.

611 BOAVIAGEM, Aurélio Agostinho. A autonomia da vontade na escolha da lei aplicável à doutrina e ao direito brasileiros. In: ADEODATO, João Maurício (coord.). **Anuário dos cursos de pós-graduacão em direito.** Recife: PPGD/UFPE, n. 12, p. 122.

Direito aplicável ao seus negócios jurídicos, devido ao fato do art. 9º da LINDB não possuir tal previsão e estabelecer a regra do local a constituição – é a interpretação literal do dispositivo em foco, ou como afirma Pontes de Miranda: " o art. 9º afastou-se do princípio da autonomia da vontade, de modo que riscou o que constava no art. 13 e parágrafo único da Introdução"[612].

Dentro dessa corrente, ainda existem posicionamentos mais radicais que afirmam não existir nem a própria autonomia da vontade, recorrendo a uma argumentação retórico-filosófica que se inicia da confusão entre o princípio da vontade e o princípio da autonomia da vontade e resultando em um posicionamento *sui generis*, tendo como expoente Amilcar de Castro[613].

O problema dessa concepção da não aceitação da autonomia da vontade por força da redação do art. 9º da LINDB é o de partir da premissa de que a LINDB fora elaborada de forma a regular de forma satisfatória as obrigações no Direito Internacional Privado brasileiro, o que já demonstramos que é uma falácia.

A outra corrente doutrinária, que surge logo após a promulgação da LINDB em 1942, defende que a autonomia da vontade é aceita no Direito Internacional Privado brasileiro em matéria de negócios jurídicos, e que a simples omissão de um legislador ditatorial (o Estado Novo de Getúlio Vargas) não poderia consistir em óbice para a autonomia da vontade no Brasil[614].

Esta corrente sofreu por muito tempo para se estabelecer, pois invariavelmente o Brasil acabou perpassando períodos turbulentos e autoritários, baseados em políticas e em uma mentalidade ufanista envolvendo o binômio nacionalismo-desenvolvimento, mentalidade esta que também contribuiu para a longevidade da própria LINDB.

Porém, desde o final do século XX a situação da autonomia da vontade começou a surgir como um real problema para a Jurisprudência brasileira, devido às transformações tecnológicas criarem um mundo cada vez mais interligado e terem transformado a existência de negócios jurídicos internacionais em algo comum do dia a dia da sociedade brasileira – o anormal se transformou na nova normalidade.

---

612 MIRANDA, Pontes de. **Fontes e evolução do direito civil.** 2. ed. Rio de Janeiro: Forense, 1981, p. 113.

613 CASTRO, Amilcar de. **Direito internacional privado.** 5. ed. Atualizado por Osiris Rocha. Rio de Janeiro: Forense, 2004, p. 447.

614 VALLADÃO, Haroldo. **Direito internacional privado em base histórica e comparativa, positiva e doutrinária, especialmente dos Estados americanos:** introdução e parte geral. São Paulo: Livraria Freitas Bastos, 1968, p. 371.

Na esteira dessas transformações que se iniciam no final do século XX, começaram a surgir institutos jurídicos com profundo vínculo com a autonomia da vontade, como a arbitragem e a sua consolidação como normativa internacional como elemento de conexão principal em matéria de contratos internacionais.

Essa tensão entre normas internacionais e o art. 9º da LINDB não é uma novidade, pois o próprio Código de Bustamante, apesar de índole territorial, não excluía totalmente a possibilidade de o direito aplicável decorrer da vontade das partes, como verificamos no:

> **Art. 184.** A interpretação dos contractos deve effectuar-se, como regra geral, de accôrdo com a lei que os rege.
> Comtudo, quando essa lei fôr discutida e deva resultar da vontade tacita das partes, applicar-se-á, por presumpção, a legislação que para esse caso se determina nos arts. 185 e 186, ainda que isso leve a applicar ao contracto uma lei distincta, como resultado da interpretação da vontade.

Porém, houve um exponencial aumento nessa tensão com o advento de normas internacionais ratificadas pelo Brasil, com destaque para a Convenção das Nações Unidas sobre Compra e Venda Internacional de Mercadorias de 1980 e o Protocolo de Buenos Aires sobre Jurisdição em Matéria Contratual de 1994; acrescentando as normas internacionais não ratificadas pelo Brasil, com destaque para a Convenção Interamericana sobre Direito Aplicável aos Contratos Internacionais (CIDIP V, México – 1994), esta sendo a mais completa legislação interamericana disponível em regulamentar a autonomia da vontade em contratos internacionais, destacando os dispositivos:

> **CAPÍTULO SEGUNDO**
> **Determinação do direito aplicável**
> **Artigo 7**
> O contrato rege-se pelo direito escolhido pelas partes. O acordo das partes sobre esta escolha deve ser expresso ou, em caso de inexistência de acordo expresso, depreender-se de forma evidente da conduta das partes e das cláusulas contratuais, consideradas em seu conjunto. Essa escolha poderá referir-se à totalidade do contrato ou a uma parte do mesmo.
> A eleição de determinado foro pelas partes não implica necessariamente a escolha do direito aplicável.
>
> **Artigo 8**
> As partes poderão, a qualquer momento, acordar que o contrato seja total ou parcialmente submetido a um direito distinto daquele pelo qual se regia anteriormente, tenha este sido ou não escolhido pelas

partes. Não obstante, tal modificação não afetará a validade formal do contrato original nem os direitos de terceiros.

Artigo 9

Não tendo as partes escolhido o direito aplicável, ou se a escolha do mesmo resultar ineficaz, o contrato reger-se-á pelo direito do Estado com o qual mantenha os vínculos mais estreitos.

O tribunal levará em consideração todos os elementos objetivos e subjetivos que se depreendam do contrato, para determinar o direito do Estado com o qual mantém os vínculos mais estreitos. Levar-se-ão também em conta os princípios gerais do direito comercial internacional aceitos por organismos internacionais.

Não obstante, se uma parte do contrato for separável do restante do contrato e mantiver conexão mais estreita com outro Estado, poder-se-á aplicar a esta parte do contrato, a título excepcional, a lei desse outro Estado.

Artigo 10

Além do disposto nos artigos anteriores, aplicar-se-ão, quando pertinente, as normas, costumes e princípios do direito comercial internacional, bem como os usos e práticas comerciais de aceitação geral, com a finalidade de assegurar as exigências impostas pela justiça e a equidade na solução do caso concreto.

Artigo 11

Não obstante o disposto nos artigos anteriores, aplicar-se-ão necessariamente as disposições do direito do foro quanto revestirem caráter imperativo.

Ficará à discrição do foro, quando este o considerar pertinente, a aplicação das disposições imperativas do direito de outro Estado com o qual o contrato mantiver vínculos estreitos.

Concomitantemente, consolidava-se a autonomia da vontade como pedra fundamental para o desenvolvimento das normas do comércio internacional de natureza *soft Law*, como os Princípios Contratuais do UNIDROIT.

Porém, o principal fator de demolição do argumento da interpretação literal do art. 9º da LINDB como óbice da autonomia da vontade no Direito Internacional Privado brasileiro não adveio de normativa internacional, mas da própria legislação interna brasileira: a avalanche conhecida como Arbitragem desencadeada pela Lei n. 9.307, de 23 de setembro de 1996 dispondo:

Art. 2º A arbitragem poderá ser de direito ou de eqüidade, a critério das partes.

§ 1º Poderão as partes escolher, livremente, as regras de direito que serão aplicadas na arbitragem, desde que não haja violação aos bons costumes e à ordem pública.

> § 2º Poderão, também, as partes convencionar que a arbitragem se realize com base nos princípios gerais de direito, nos usos e costumes e nas regras internacionais de comércio.
>
> § 3º A arbitragem que envolva a administração pública será sempre de direito e respeitará o princípio da publicidade. (Grifos nossos.)

Diante dessa dinâmica normativa do início do século XXI, dificilmente podemos considerar que a autonomia da vontade não existe no Direito Internacional Privado brasileiro; isto por força da omissão do art. 9º da LINDB, que se demonstra arcaica e desconexa com a realidade internacional.

Existem duas curiosidades sobre a autonomia da vontade que merecem pequenos comentários: a omissão histórica existente na doutrina brasileira sobre a segunda função da expressão "salvo estipulação em contrário" do art. 13 da Introdução do Código Civil de 1916: permitir à legislação posterior estabelecer exceções à regra contida na Introdução. Isto significa que, existindo estipulação legal específica para determinado negócio jurídico, prevalecerá esta sobre a regra contida no art. 13 da Introdução.

A outra é referente aos argumentos absurdos que surgem em matéria de autonomia da vontade, algumas vezes envolvendo nomes de doutrinadores famosos entre seus adeptos.

Um exemplo desses argumentos absurdos é o de associar a existência da autonomia da vontade ao princípio da legalidade ("se não é proibido, é permitido"). Sob essa argumentação absurda defende-se que a autonomia da vontade existe porque a LINDB não expressamente proibiu sua utilização, apesar de expressamente sacramentar a lei do local da constituição como elemento de conexão para as obrigações.

O absurdo reside justamente em interpretar de forma extremamente restritiva o dispositivo, como se a norma tivesse de estabelecer não só elemento de conexão, como também proibir o emprego de outro – recorrendo a um exemplo absurdo: é como se fosse permitido matar porque o Código Penal não expressamente proíbe o homicídio.

14.6.3 O aspecto instrumental da autonomia da vontade

14.6.3.1 A cláusula de solução de controvérsias: a eleição de foro

Diferentemente dos demais elementos de conexão, a autonomia da vontade tem um relevante aspecto instrumental que se faz imperioso analisar para melhor compreensão dos contratos internacionais e na distinção entre o papel da vontade como vetor de fixação de competência do vetor de escolha do direito aplicável.

Esse aspecto instrumental pode ser sintetizado na cláusula de solução de controvérsias existente em todos os contratos internacionais.

A cláusula de solução de controvérsias é a denominação dada para o agrupamento de duas modalidades de cláusulas contratuais típicas: (i) cláusula de escolha do direito aplicável (*choice of law*) e (ii) cláusula de fixação de competência processual (*choice of forum*).

A cláusula de direito aplicável (*choice of law*) se refere ao papel da vontade das partes em escolher o direito material aplicável ao contrato, inserindo-se na polêmica do art. 9º da LINDB analisada no tópico anterior.

Já o aspecto instrumental da autonomia da vontade se manifesta na cláusula de fixação de competência processual (*choice of forum*), podendo assumir duas facetas: (i) a eleição de foro; e (ii) a arbitragem.

Nesse primeiro momento, vamos nos limitar à questão da eleição de foro ou foro contratual, cuja função primeira é determinar qual o órgão judiciário competente para solucionar controvérsias decorrentes do contrato.

Até 2015, essa escolha pelas partes do foro contratual possuía uma série de restrições, a ponto de não existir qualquer menção expressa sobre essa possibilidade de determinar competência pelo acordo de vontades, levando a doutrina à conclusão de que se trata de uma legislação extremamente retrógrada na matéria e "na medida em que ante as lacunas deixadas pela lei, os juízes nacionais, assim como parte significativa da doutrina, valoravam mais o princípio da inafastabilidade da jurisdição nacional"[615] – prevalecia a concepção de soberania sobre a vontade das partes.

Não sem razão, parte da tradicional doutrina conflitualista brasileira estabeleceu a relação direta entre a má aceitação da autonomia da vontade na, então, Lei de Introdução ao Código Civil de 1942, devido ao fato de que o Código de Processo Civil de 1939 também era silente quanto à possibilidade de eleição de foro pelas partes[616].

Essa tradição de silêncio na codificação processual quanto à eleição de foro foi rompida com o advento do Código de Processo Civil de 2015, o qual estipulou:

---

615 VIEIRA, Luciane Klein; FERNANDES, Matheus Lúcio Pires. Os acordos de eleição de foro nos contratos internacionais: perspectivas a partir da entrada em vigor do novo Código de Processo Civil brasileiro. **Rev. secr. Trib. perm. revis.**, Asunción, v. 5, n. 9, p. 224-243, mar. 2017. Disponível em: http://scielo.iics.una.py/scielo.php?script=sci_arttext&pid=S2304-78872017000100224&lng=en&nrm=iso. Acesso em: 3 dez. 2020.

616 VALLADÃO, Haroldo. **Direito internacional privado em base histórica e comparativa, positiva e doutrinária, especialmente dos Estados americanos:** introdução e parte geral. São Paulo: Livraria Freitas Bastos, 1968, p. 371.

> **Art. 25.** Não compete à autoridade judiciária brasileira o processamento e o julgamento da ação quando houver cláusula de eleição de foro exclusivo estrangeiro em contrato internacional, arguida pelo réu na contestação.
> § 1º Não se aplica o disposto no *caput* às hipóteses de competência internacional exclusiva previstas neste Capítulo.
> § 2º Aplica-se à hipótese do caput o art. 63, §§ 1º a 4º.

Ocorre que, apesar do significativo avanço na matéria eleição de foro, o dispositivo e, por consequência, o sistema normativo implementado pelo CPC 2015 apresenta uma fragilidade e uma situação bizarra.

A fragilidade está no próprio art. 25 do CPC ao empregar a expressão "contrato internacional" como se fosse simples defini-lo ou como se existisse um significado unívoco para a expressão, como podem pensar os mais desatentos.

Ou, como bem define Irineu Strenger: "Tentar conceituações abrangentes, em relação aos contratos do comércio internacional, seria lançar-se em densa floresta, na qual as picadas continuam sendo abertas, sem que o ponto de chegada tenha sido determinado"[617].

Para exemplificar essa problemática, é comum a doutrina apontar como referência legislativa em matéria de contratos internacionais o Decreto-lei n. 857/1969 – Consolida e altera a legislação sobre a moeda de pagamento em obrigações exequíveis no Brasil[618] –, o qual adota diferentes critérios para

---

617 STRENGER, I. Aspectos da contratação internacional. **Revista da Faculdade de Direito, Universidade de São Paulo,** [S. l.], v. 96, p. 455-474, 2001. Disponível em: http://www.revistas.usp.br/rfdusp/article/view/67512. Acesso em: 3 dez. 2020.

618 Art. 1º São nulos de pleno direito os contratos, títulos e quaisquer documentos, bem como as obrigações que exeqüíveis no Brasil, estipulem pagamento em moeda estrangeira, ou, de alguma forma, restrinjam ou recusem, nos seus efeitos, o curso legal do cruzeiro.
Art. 2º Não se aplicam as disposições do artigo anterior:
I – aos contratos e títulos referentes a importação ou exportação de mercadorias;
II – aos contratos de financiamento ou de prestação de garantias relativos às operações de exportação de bens de produção nacional, vendidos a crédito no exterior;
III – aos contratos de compra e venda de câmbio;
IV – aos empréstimos e quaisquer outras obrigações cujo credor ou devedor seja pessoa residente e domiciliada no exterior, excetuados os contratos de locação de imóveis situados em território nacional;
V – aos contratos que tenham por objeto a cessão, transferência, delegação, assunção ou modificação das obrigações referidas no item anterior, ainda que ambas as partes contratantes sejam pessoas residentes e domiciliadas no país.

estabelecer um contrato internacional para fins de exceção admitindo o pagamento em moeda estrangeira, sobre a qual existe o critério econômico nos incisos I e II do art. 2º; o critério jurídico nos incisos IV e V do art. 2º; e o eclético quando interpretamos o art. 2º como um todo.

Logo, na aplicação do art. 25 do CPC é provável que haja discrepância até que a jurisprudência brasileira se consolide em determinar os elementos componentes do conceito de contrato internacional.

E, provavelmente, encontraremos decisões contraditórias no Judiciário sobre considerar ou não determinado contrato como internacional.

A situação bizarra envolvendo a matéria de eleição de foro em contratos internacionais sob a égide do CPC 2015 está na sistemática ortodoxa do art. 63, §§ 1º a 4º, do CPC, o qual dispõe:

> **Art. 63.** As partes podem modificar a competência em razão do valor e do território, elegendo foro onde será proposta ação oriunda de direitos e obrigações.
>
> § 1º A eleição de foro só produz efeito quando constar de instrumento escrito e aludir expressamente a determinado negócio jurídico.
>
> § 2º O foro contratual obriga os herdeiros e sucessores das partes.
>
> § 3º Antes da citação, a cláusula de eleição de foro, se abusiva, pode ser reputada ineficaz de ofício pelo juiz, que determinará a remessa dos autos ao juízo do foro de domicílio do réu.
>
> § 4º Citado, incumbe ao réu alegar a abusividade da cláusula de eleição de foro na contestação, sob pena de preclusão.

Em leitura superficial, o dispositivo parece não apresentar nenhuma anomalia digna de nota, especialmente quanto ao seu *caput* e aos §§ 1º e 2º, mas quando refletimos sobre os §§ 3º e 4º encontramos duas anomalias bizarras na legislação processual. A redação do § 3º apresenta uma situação juridicamente impossível e uma incongruência com o § 4º.

A situação juridicamente impossível é que, em sede de contrato internacional, se o réu for domiciliado em país estrangeiro, tornando impossível a remessa dos autos para o "juízo do domicílio do réu", nenhuma jurisdição nacional é obrigada a processar ou aceitar a remessa de autos oriundos de jurisdição estrangeira: é a territorialidade da jurisdição e a sua soberania na esfera jurídica do Estado que impedem a extraterritorialidade em matéria processual.

Nas aulas de mestrado do Programa de Pós-Graduação em Direito da Universidade Federal de Pernambuco (PPGD-UFPE), ao debaterem a eleição de foro, a mestranda Renata Cristina C. de Barros e Paula Guimarães defendeu que o remédio para essa aparente impossibilidade está no art. 46, § 3º, do CPC, que define: "Quando o réu não tiver domicílio ou residência no Brasil, a ação será proposta no foro do domicílio do autor, e, se este também residir fora do Brasil, a ação será proposta em qualquer foro".

> Parece ser a solução mais correta no caso. Mas novamente vemos que uma legislação "nova" não consegue atingir o mínimo de tecnicidade para lidar com questões internacionais – a ponto de domicílio do réu virar domicílio do autor.

Nesse entendimento, verificado que o réu não tenha domicílio ou residência no Brasil, por interpretação extensiva do art. 46, § 3º, do CPC, a remessa seria para o domicílio do autor – a regra de competência específica teria de dar lugar para regra de competência geral.

Quanto à incongruência com o § 4º, está, justamente, na natureza processual da eleição de foro: matéria de fato ou matéria de direito?

Pelo § 3º entendemos que a eleição de foro é matéria de direito, portanto a aferição da abusividade deve ser realizada *ex officio* pelo magistrado; porém, de forma ortodoxa, o § 4º transforma a eleição de foro em matéria de fato, ou seja, somente pode ser apreciada a abusividade se alegada pelas partes (mais precisamente réu).

Conjugando ambos os parágrafos, constatamos que o legislador processualista não tem a menor noção da diferença entre determinado assunto ser matéria de fato ou matéria de direito, simplesmente criando um ornitorrinco processual de que a abusividade é matéria de direito até a citação do réu, depois da qual se transforma em matéria de fato.

Diante dessa breve análise, podemos concluir que apesar da recepção expressa da eleição de foro no CPC 2015, o assunto ainda demandará uma consolidação na jurisprudência e na doutrina no que tange à interpretação dos dispositivos referentes à matéria.

14.6.3.2 A cláusula de solução de controvérsias: a arbitragem

O outro aspecto instrumental da autonomia da vontade que se manifesta na cláusula de solução de controvérsias é a arbitragem, estabelecida por cláusula compromissória ou por via de pacto arbitral – um dos métodos extrajudiciais mais utilizados no Direito do Comércio Internacional para resolução de conflitos e controvérsias[619].

A relação entre a autonomia da vontade e a arbitragem remonta até a origem do próprio instituto; a doutrina especializada aponta que é através da arbitragem que ocorre "o exercício máximo da autonomia da vontade, visto que as partes buscam a aplicação e interpretação de regras contratuais que mais lhes convenham" podendo ser considerada uma "fórmula de nivelar oportunidades, colocando as partes em condição de igualdade"[620].

Não sem razão existe doutrina que afirma que a arbitragem é o instrumento pelo qual a vontade afasta a jurisdição estatal na apreciação do mérito da controvérsia, restando ao Poder Judiciário nacional o papel de executar a decisão arbitral[621].

Essa profunda relação entre a vontade das partes e a arbitragem surge nos dois planos: (i) é o princípio da vontade (autonomia privada) que possibilita o estabelecimento, a opção pela arbitragem no negócio jurídico; e (ii) no princípio da autonomia da vontade em determinar o arcabouço jurídico pelo qual se desenvolverá o procedimento arbitral.

O princípio da vontade (autonomia privada) se manifesta nas partes acordarem em seu negócio jurídico que este estará sujeito ao procedimento arbitral para solução de controvérsias, sendo obrigatório que a opção pela arbitragem seja expressa e estabelecida por escrito no próprio instrumento contratual (cláusula compromissória) ou em documento separado anexo (compromisso arbitral) – art. 4º da Lei n. 9.307/1996[622].

---

619 MENDANHA, Rhayanne D. M.; DEL'OLMO, Florisbal de S. Desafios do multiculturalismo para o direito arbitral e os negócios internacionais. **Homa Publica – Revista Internacional de Direitos Humanos e Empresas,** v. 3, n. 2, p. 117, 21 dez. 2019. Disponível em: https://periodicos.ufjf.br/index.php/HOMA/article/view/30585.

620 OLIVEIRA, Roberta Maropo de. **Arbitragem internacional em investimentos estrangeiros:** um estudo das alternativas aplicáveis ao direito brasileiro. Dissertação (Mestrado) – Programa de Pós-Graduação em Direito da Universidade Federal de Pernambuco, Recife, 2010, p. 13. Disponível em: https://repositorio.ufpe.br/handle/123456789/3922.

621 REZENDE, Renato Horta. Terceira onda e arbitragem: a arbitragem como expoente da autonomia privada e do acesso à justiça. **Revista Justiça do Direito,** v. 30, n. 1, p. 182, 28 maio 2016. Disponível em: http://seer.upf.br/index.php/rjd/article/view/5680.

622 Art. 4º A cláusula compromissória é a convenção através da qual as partes em um contrato comprometem-se a submeter à arbitragem os litígios que possam vir a surgir, relativamente a tal contrato.

Apesar dos percalços da aceitação da arbitragem no Brasil, com o advento do CPC 2015 o instituto adquiriu um grau moderado de robustez dentro do ordenamento jurídico brasileiro, sendo permitido expressamente no art. 3º, § 1º, do CPC[623] e a sentença arbitral (*Award*) ter natureza de título executivo judicial conforme o art. 515, VII, do CPC[624].

> Arbitragem é uma temática ampla e complexa, não cabendo em nossa obra adentrar no seu estudo. Portanto, recomendamos que os interessados no assunto procurem obras específicas sobre o tema, especialmente aqueles que pretendem estudar o campo dos contratos internacionais do comércio.

Nosso princípio da autonomia da vontade vai se manifestar na estipulação de como se realizará o procedimento arbitral, ou seja, estabelecido pela autonomia privada que as controvérsias envolvendo determinado contrato internacional estão submetidas à arbitragem, surge a questão da escolha da modalidade de arbitragem pactuada.

Como define o art. 2º da Lei n. 9.703/1996: "A arbitragem poderá ser de direito ou de equidade, a critério das partes". Isto significa que, no primeiro momento, as partes, ao pactuarem a arbitragem, têm de escolher se ela ocorrerá com recurso a determinado(s) direito(s) ou se ela ocorrerá por equidade.

Na opção pela arbitragem de direito, as partes terão de delimitar e determinar as normas jurídicas que os árbitros utilizarão como referência para resolver as controvérsias – sendo comum ocorrer o *depeçage*, isto é, as partes estabelecerem diferentes direitos como regentes das diferentes cláusulas do contrato internacional.

---

§ 1º A cláusula compromissória deve ser estipulada por escrito, podendo estar inserta no próprio contrato ou em documento apartado que a ele se refira.

§ 2º Nos contratos de adesão, a cláusula compromissória só terá eficácia se o aderente tomar a iniciativa de instituir a arbitragem ou concordar, expressamente, com a sua instituição, desde que por escrito em documento anexo ou em negrito, com a assinatura ou visto especialmente para essa cláusula.

623 § 1º É permitida a arbitragem, na forma da lei.

624 Art. 515. São títulos executivos judiciais, cujo cumprimento dar-se-á de acordo com os artigos previstos neste Título: (...) VII – a sentença arbitral;

Na opção pela arbitragem de equidade, as partes estão determinando que suas controvérsias serão interceptadas e resolvidas à luz dos princípios gerais do direito, usos e costumes e demais regras consolidadas no comércio internacional (art. 2º, § 2º, da Lei n. 9.703/1996).

14.6.4 A função negativa da autonomia da vontade (breves considerações)

Enquanto a polêmica do art. 9º da LINDB se mantém em pauta na Jurisprudência brasileira, o estudo da autonomia da vontade nos contratos internacionais (do comércio) está desenvolvendo um novo campo de estudo: a autonomia da vontade como elemento de negação da incidência de determinadas leis/direitos e, por consequência, a ramificação processual na questão da declinação de competência judiciária baseada em cláusula contratual.

Esse papel da vontade como barreira para aplicação de determinado direito é denominado de função negativa da autonomia da vontade – negativa por ser por meio da vontade das partes que se decide negar a sujeição de determinado contrato a determinada legislação.

Em estudo pioneiro na matéria, Erica Pinto Evangelista estabelece que esse modo de exclusão pode ser visualizado, ao menos, por duas maneiras: pela cláusula contratual de eleição de lei aplicável ou pela inserção "de uma cláusula de exclusão na parte concernente às Condições Gerais de compra e venda"[625].

Essa função negativa da autonomia da vontade tem sua origem no art. 6º da Convenção das Nações Unidas sobre a Compra e Venda Internacional de Mercadorias (CISG), o qual estabelece: "As partes podem excluir a aplicação desta Convenção, derrogar qualquer de suas disposições ou modificar-lhes os efeitos, observando-se o disposto no Artigo 12", bem como foi consagrado em termos de *soft Law* contratual nos Princípios Contratuais do UNIDROIT:

---

625 EVANGELISTA, Érica. **O art. 6º da Convenção de Viena de 1980 e o direito brasileiro:** a concepção brasileira da autonomia da vontade e o princípio da natureza dispositiva da Convenção de 1980. Dissertação (Mestrado) – Programa de Pós-Graduação em Direito da Universidade Federal de Pernambuco, Recife, 2018, p. 110. Disponível em: https://repositorio.ufpe.br/handle/123456789/32739.

Artigo 1.5

(Exclusões ou modificações efetuadas pelas partes)

As partes podem excluir a aplicação dos presentes Princípios, derrogar quaisquer de suas disposições, ou modificar-lhes os efeitos, salvo previsão contrária naqueles contida[626].

É o princípio da natureza dispositiva que configura a essência da função negativa da autonomia da vontade, conferindo a vontade das partes em não só escolher o direito aplicável (função positiva), como excluir a aplicabilidade de determinado direito (função negativa) – ou como bem define a doutrina: possibilitar aos contratantes moldarem a legislação que considerem mais adequada para o seu negócio jurídico[627].

Inicialmente, parte da doutrina pode alegar que tal função seria absurda, pois a vontade individual não tem o poder de impedir a incidência de leis, porém esse pensamento somente vale para aquelas normas consideradas imperativas, as quais, por sua vez, são de difícil delimitação prática.

A função negativa da autonomia da vontade já se encontra presente no dia a dia das *EULA* (*End User License Agreement*), quando encontramos a expressa exclusão das normas de Direito Internacional Privado de determinado país na cláusula de eleição de lei aplicável, como podemos verificar:

Condições de uso da amazon.com.br (disponível em: https://www.amazon.com.br/gp/help/customer/display.html?nodeId=201909000)	Ao utilizar qualquer Serviço Amazon e desde que tais serviços sejam prestados diretamente pela entidade brasileira Amazon Serviços de Varejo do Brasil Ltda., você concorda que as leis do Brasil regerão estas Condições de Uso e qualquer controvérsia que possa surgir entre você e a Amazon. **Afasta-se expressamente a aplicação da Convenção de Viena sobre a Venda de Mercadorias.**

626 Disponível em: https://www.unidroit.org/english/principles/contracts/principles2010/translations/blackletter2010-portuguese.pdf.

627 EVANGELISTA, Érica. **O art. 6º da Convenção de Viena de 1980 e o direito brasileiro:** a concepção brasileira da autonomia da vontade e o princípio da natureza dispositiva da Convenção de 1980. Dissertação (Mestrado) – Programa de Pós-Graduação em Direito da Universidade Federal de Pernambuco, Recife, 2018, p. 108-109. Disponível em: https://repositorio.ufpe.br/handle/123456789/32739.

Privacidade e termos de utilização do Google (disponível em: https://policies.google.com/terms?hl=pt-br)	Soluções de disputas, legislação aplicável e tribunais Para obter informações sobre como entrar em contato com o Google, por favor visite nossa página de contato. **As leis da Califórnia vão reger todas as disputas que surgirem com relação a qualquer um destes termos, dos termos adicionais específicos do serviço ou qualquer serviço relacionado, mesmo se houver conflito nas regras das leis.** Essas disputas serão resolvidas exclusivamente nos tribunais federais ou estaduais do condado de Santa Clara, Califórnia, EUA, e você e o Google concordam com a jurisdição pessoal nesses tribunais.
Termos de Serviço do Facebook (disponível em: https://www.facebook.com/terms)	Se você for um consumidor, as leis do país em que você reside serão aplicáveis a qualquer reivindicação, causa de ação ou conflito que você tiver contra nós decorrente de ou relacionado a estes Termos ou aos Produtos do Facebook, e você poderá resolver sua reivindicação em qualquer tribunal competente nesse país que tenha jurisdição para tanto. Em todos os outros casos, você concorda que a reivindicação deverá ser resolvida exclusivamente no Tribunal Distrital dos Estados Unidos para o Distrito Norte da Califórnia ou em um tribunal estadual localizado no Condado de San Mateo. Você também concorda em se submeter à jurisdição pessoal de qualquer um desses tribunais com a finalidade de **litigar qualquer reivindicação e que as leis do Estado da Califórnia regerão estes Termos e qualquer reivindicação, sem levar em conta disposições de conflito de leis.**

Como verificamos nas partes grifadas, é boa técnica de redação contratual retirar a incidência de normas de direito internacional privado do país o qual as partes estão escolhendo, para dar ênfase que é o direito material do país está sendo escolhido. Logo, através da vontade das partes está se afastando a aplicação de leis do país cujo direito fora escolhido.

Na esteira desse pensamento, como é peculiar da autonomia da vontade, existe a ramificação processual envolvendo a questão da competência internacional envolvendo a determinação do foro aplicável para dirimir disputas contratuais: podem as partes acordar que determinado contrato não pode ser acionado em determinado foro?

Em sede de processo, a resposta parece ser mais simples, pois é pedra angular de todo sistema processual possibilitar a livre disposição sobre competências relativas, só havendo óbice se o foro denegado for de competência absoluta.

14.6.5 Perspectivas legislativas sobre as obrigações no Direito Internacional Privado brasileiro

É senso comum na doutrina conflitualista brasileira que as mudanças legislativas em matéria de Direito Internacional Privado brasileiro não constam como uma prioridade para a agenda do legislador brasileiro, parecendo descaso ou falta de interesse no assunto[628]. Mas não por isso podemos ignorar algumas perspectivas legislativas importantes na matéria da autonomia da vontade.

Talvez a mais relevante alteração legislativa possível de ocorrer é a completa reformulação do art. 9º da LINDB em três dispositivos, por meio do Projeto do Senado Federal n. 1.038, de 2020 de autoria e iniciativa do Senador Rodrigo Cunha (PSDB/AL).[629]

O primeiro dispositivo dispõe:

> **Art. 9º** O contrato internacional entre profissionais, empresários e comerciantes rege-se pela lei escolhida pelas partes.
>
> § 1º A escolha da lei aplicável deve ser expressa. Na ausência de cláusula específica, a escolha das partes deve aparecer de forma clara das disposições contratuais ou das circunstâncias do contrato.
>
> § 2º O contrato será considerado internacional quando uma das partes tiver seu estabelecimento em outro país, ou quando houver elementos relacionados ao contrato em mais de um país.
>
> § 3º A escolha pode referir-se à totalidade do contrato ou a parte dele.
>
> § 4º Não é necessário haver conexão entre a lei escolhida e as partes ou a transação.
>
> § 5º A escolha poderá ser modificada a qualquer tempo, e não prejudicará sua validade ou o direito de terceiros.
>
> § 6º Na escolha a que se refere o *caput*, a referência à lei inclui também a indicação como aplicável ao contrato de um conjunto de regras jurídicas de caráter internacional, aceitas no plano internacional,

628 CAPUCIO, Camilla; CAETANO, Fernanda A. Kallas e. **Revista da Secretaria do Tribunal Permanente de Revisão,** ano 4, n. 7, maio 2016, p. 293. ISSN 2304-7887. Disponível em: http://www.revistastpr.com/index.php/rstpr/article/view/165.

629 Disponível em: https://www25.senado.leg.br/web/atividade/materias/-/materia/141234.

supranacional ou regional como neutras e equilibradas, desde que não contrárias à ordem pública.

§ 7º Na ausência ou invalidade da escolha, o contrato será regido pelo direito do Estado com o qual mantenha os vínculos mais estreitos.

§ 8º Não obstante o disposto neste artigo, em se tratando de contrato standard ou de adesão, celebrado no Brasil ou que aqui tiver de ser executado, aplicar-se-ão necessariamente as disposições do direito brasileiro quanto revestirem caráter imperativo.

§ 9º A lei escolhida pelas partes deve governar todos os aspectos do contrato, inclusive no que diz respeito à sua interpretação, direitos e obrigações dele decorrentes, questões relativas à extinção da obrigação, prescrição e decadência, validade e invalidade do contrato, ônus da prova, e obrigações pré- contratuais. Se houver mais de uma lei aplicável ao contrato por escolha das partes, cada uma governará a parcela relativa ao seu âmbito de aplicação.

Podemos constatar que existe a expressa consagração da autonomia da vontade, porém a redação proposta é sofrível sob aspecto técnico, iniciando pelo próprio *caput*, pela infeliz inserção da palavra "profissionais", a qual não deixa claro se está regulamentando só os contratos internacionais do comércio ou se estão inclusos os contratos internacionais do trabalho.

A infelicidade continua quando estabelece que a escolha do direito deve ser expressa, mas que pode ser implícita se as "circunstâncias do contrato" assim possibilitarem aferir a escolha.

Acrescentamos a temerária opção em permitir a escolha de qualquer direito, mesmo que não possua qualquer relação com o contrato no § 4º, abertura legislativa que, invariavelmente, aumentará exponencialmente os casos de fraude à lei. Para não afirmarmos que existe evidente contradição entre o § 4º e o § 7º – pois ausente a escolha o dispositivo substitui a regra geral do *locus regit actum* vigente pelo "direito do Estado com o qual mantenha os vínculos mais estreitos".

Finalizando as infelicidades, o § 8º emprega a ambígua e obtusa expressão "disposições do direito brasileiro que revestirem caráter imperativo", não definindo em que consiste esse caráter imperativo e, o mais problemático, adota essa unilateralidade para contratos *standards* e de adesão celebrados ou executados no Brasil – sendo que *standards* e a adesão são fenômenos contratuais comuns em ambiente de contatos internacionais do comércio e que não são tipos contratuais.

Como pontos positivos, a consagração da autonomia da vontade (*caput*), a adoção de um critério claro para definir em que consiste o contrato internacional inspirado na Convenção da ONU de 1980 (§ 2º) e a consagração da possibilidade de *depeçage* (§ 3º) demonstram claro avanço na regulamentação de contratos internacionais do comércio.

O segundo dispositivo proposto é o art. 9º-A:

> **Art. 9º-A.** Os contratos internacionais de consumo, entendidos como aqueles realizados entre um consumidor, pessoa física, com fornecedor de produtos e serviços cujo domicílio ou estabelecimento envolvido na contratação esteja situado em um país distinto do domicílio do consumidor, regem-se pela lei do domicílio do consumidor ou pela lei do lugar da celebração, aplicando-se sempre a lei que for mais favorável ao consumidor.
>
> § 1º Nas contratações à distância realizadas por meios eletrônicos ou similares pelos consumidores domiciliados no Brasil, sem sair do país, aplica-se a lei brasileira, ou a norma estatal escolhida pelas partes em contrato, desde que mais favorável ao consumidor, assegurando igualmente o seu acesso à Justiça.
>
> § 2º Aos contratos de fornecimento de produtos e serviços celebrados pelo consumidor turista, estando fora de seu país de domicílio ou residência habitual e executados integralmente em outros países que o seu país de domicílio, será aplicada a lei do lugar da celebração, ou a lei escolhida pelas partes, dentre a lei do lugar da execução ou a lei do domicílio do consumidor.
>
> § 3º Os contratos de pacotes de viagem internacionais, com grupos turísticos ou conjuntamente com serviços de hotelaria e turismo, ou viagens combinadas com transporte e mais um serviço, com cumprimento fora do Brasil, contratados com agências de turismo e operadoras situadas no Brasil regem-se pela lei brasileira.
>
> § 4º Tratando-se de contrato celebrado no Brasil, em especial se a contratação for precedida de qualquer atividade negocial ou de marketing, do fornecedor ou seus representantes, dirigida ao ou realizada no território brasileiro, em especial envio de publicidade, correspondência, e-mails, mensagens comerciais, convites, de prêmios ou ofertas, aplicar-se-ão as disposições da lei brasileira quanto revestirem caráter imperativo, sempre que mais favoráveis ao consumidor.

Interessante que ao regulamentar os contratos internacionais do consumo, a proposta é adotar o critério da lei mais favorável a ser determinada entre a lei do domicílio do consumidor e o local da celebração – ignorando o direito eventualmente pactuado pelas partes no contrato.

Sobre esse dispositivo é necessário tecermos duas observações.

A primeira é quanto à limitação do consumidor à pessoa física, destoando do art. 2º do CDC, que engloba tanto pessoa física como pessoa jurídica. Essa limitação pode ser um grave empecilho no processo legislativo sobre o projeto de lei.

A outra observação é a constatação, infelizmente, de que as pessoas envolvidas na elaboração do projeto de lei sobre contratação na *internet* possuem a tendência de nacionalizar esses contratos, ignorando as particularidades cosmopolitas do ambiente virtual, consagrando o que chamo de "nacionalização" dos contratos eletrônicos, ao estipular que a escolha da lei mais favorável deve ocorrer entre o direito brasileiro (unilateralidade) e o direito eventualmente pactuado (autonomia da vontade).

O problema surge quando verificamos que o CDC é extremamente reticente quanto à admissibilidade de cláusulas que envolvam a vontade das partes, sendo o exemplo maior desse caráter refratário o art. 51, VII, do CDC[630], sendo provável que a jurisprudência dos tribunais acabe por tornar o dispositivo (se promulgado) em unilateral em favor da aplicação o direito brasileiro.

O último dispositivo envolvendo o PLS n. 1.038/2020 é o art. 9º-B:

> **Artigo 9º-B.** Para reger as obrigações não previstas no art. 9º-A e em caso de ocorrência de atos ilícitos, aplicar-se-á a lei do país em que se constituírem as obrigações ou em que tenha ocorrido o ato ilícito.
>
> § 1º A obrigação resultante do contrato reputa-se constituída no lugar em que residir o proponente.
>
> § 2º Caso nenhuma das partes envolvidas possua domicílio ou sede no país em que tenha ocorrido o acidente, dano, fato ou ato ilícito, poderá ser aplicável a lei do lugar onde os efeitos se fizeram sentir, se for mais favorável à vítima do acidente, dano, fato ou ato ilícito.
>
> § 3º Em caso de acidentes de trânsito, se no acidente participarem ou resultarem atingidas unicamente pessoas domiciliadas em outro país, o magistrado pode, excepcionalmente, considerar aplicável a lei deste outro país à responsabilidade civil, respeitadas as regras de circulação e segurança em vigor no lugar e no momento do acidente.
>
> § 4º Este artigo não se aplica às obrigações provenientes de títulos de crédito, aos acordos sobre arbitragem ou eleição de foro e à falência e recuperação judicial.

---

630 Art. 51. São nulas de pleno direito, entre outras, as cláusulas contratuais relativas ao fornecimento de produtos e serviços que: (...) VII – determinem a utilização compulsória de arbitragem;

Essencialmente, trata-se da regulamentação das obrigações não contratuais e, novamente, temos uma redação ortodoxa, especialmente no § 2º, que se refere ao domicílio enquanto todo o dispositivo adota regra territorial do local da constituição do ato (*caput*), local do acontecimento do ilícito (*caput*), havendo somente menção ao domicílio no § 3º.

Em todo caso, o projeto é melhor (ou menos pior?) do que o atual art. 9º da LINDB.

Outros dois projetos de lei merecem nossa atenção em matéria de obrigações contratuais, os quais também caminham para a consagração da autonomia da vontade como elemento de conexão para contratos internacionais: o PLS n. 258/2016 e o PLS n. 487/213.

O PLS n. 258/2016 tem por objeto a modernização do Código Brasileiro de Aeronáutica, o qual dispõe no texto original:

> **Art. 7º** A lei aplicável aos contratos de compra e venda internacional, aos contratos com garantia internacional e aos contratos de subordinação internacional pode ser acordada entre as partes contratantes, desde que não contrarie norma da Constituição Federal ou de Tratados, Convenção ou Ato Internacional firmados pela República Federativa do Brasil[631].

Enquanto o PLS n. 487/2013 tem por objeto a reforma do Código Comercial, o qual dispõe no texto original:

> **Art. 17.** São princípios aplicáveis aos contratos empresariais:
>
> I – autonomia da vontade;
>
> (...)
>
> **Art. 21.** Na omissão do instrumento contratual, presume-se que as partes acordaram em se submeter aos usos e costumes praticados no lugar de execução do contrato.
>
> (...)
>
> **Art. 407.** São válidas e eficazes as cláusulas do contrato empresarial em que as partes contraem obrigações de acordo com os usos e costumes do comércio, local ou internacional[632].

Esses projetos de lei demonstram que existe uma tendência do Direito brasileiro aceitar cada vez mais a autonomia da vontade nos contratos

---

631 Disponível em: https://www25.senado.leg.br/web/atividade/materias/-/materia/126231.

632 Disponível em: https://www25.senado.leg.br/web/atividade/materias/-/materia/115437.

internacionais, mesmo que estabelecendo limites específicos, dependendo do contrato envolvido. Agora restam as dúvidas: os projetos serão promulgados? E se forem, esses dispositivos serão mantidos?

O leitor mais experiente em Direito Internacional Privado deve estar questionando o motivo de não termos abordado projetos legislativos mais clássicos da matéria, mais especificamente a proposta de lei geral de aplicação das normas jurídicas proposta por Haroldo Valladão publicada no *Diário Oficial* de 15 de maio de 1964 e, o mais famoso, o Projeto de Lei da Câmara n. 4.905/1995 (dispõe sobre a aplicação das normas jurídicas), este sendo, provavelmente, o mais técnico dos projetos de lei envolvendo o Direito Internacional Privado já produzido no Brasil.

Ocorre que o projeto de Valladão nunca prosperou, enquanto o PLC n. 4.905/1995 foi arquivado em 1997, não havendo mais notícia legislativa sobre ele – apesar de reiteradas menções na doutrina brasileira.

Portanto, considero que ambos os projetos são mais parte da história legislativa brasileira do que propriamente dispositivos que regulamentam algo em matéria de obrigações – e como não é nossa proposta traçar um histórico profundo da legislação brasileira, optamos por não analisá-los na presente obra, pois suas influências foram, no máximo, no campo doutrinário, sem reflexo visível algum na legislação (ao menos não no momento de elaboração de nossos comentários).

Capítulo 15

DA APLICAÇÃO DO DIREITO ESTRANGEIRO

15.1 INFORMAÇÃO ("PROVA") DO DIREITO ESTRANGEIRO[633]

15.1.1 A natureza processual do Direito estrangeiro incidente: o pseudodebate "fato ou direito?"

Quando analisamos o procedimento de como deve ser aplicado o Direito estrangeiro incidente a primeira questão que surge é a natureza processual que a lei, a norma estrangeira, incidente possui no ordenamento jurídico nacional – como a *lex fori* compreende a norma estrangeira: como fato ou como direito?

Essa questão se tornou fonte de uma série de equívocos no estudo do Direito Internacional Privado na academia brasileira e gerando um pseudodebate em torno da natureza do Direito estrangeiro ser fato ou ser direito, havendo doutrina defendendo ambas as posições, como também defendendo posições ecléticas[634].

É um pseudodebate pois a norma jurídica estrangeira incidente foi, é e sempre será direito, ou melhor, matéria de direito, sendo a concepção de tratá-la como fato, ou melhor, matéria de fato, um equívoco que persiste assolar parte da doutrina brasileira.

---

633 O presente capítulo é uma expansão e revisão do artigo que publiquei em 2019, com a mestra Ariadnée Abreu de França, O art. 376 CPC e a prova do direito estrangeiro: as idas e vindas de um equívoco na legislação processual brasileira, na **Revista Eletrônica de Direito Processual da UERJ.** Disponível em: https://www.e-publicacoes.uerj.br/index.php/redp/article/view/38016/30562.

634 A respeito, *vide* CINTRA, Antônio Carlos de Araújo. Prova do direito estrangeiro. In: BAPTISTA, Luís O.; MAZZUOLI, Valério de O. **Doutrinas essenciais de direito internacional.** v. 4: Direito internacional privado: teoria e prática. São Paulo: Revista dos Tribunais, 2012, p. 869-893.

Para compreender a origem desse debate, devemos retornar ao século XIX e na omissão do Código Napoleônico em regulamentar a aplicação do direito estrangeiro na França, tendo como consequência do desenvolvimento na jurisprudência francesa de que o direito estrangeiro incidente seria um fato e, portanto, sujeito à prova pelas partes que invocassem sua aplicação[635].

O desenvolvimento dessa concepção do direito estrangeiro como matéria de fato em uma jurisprudência da tradição do *civil Law* tem duas razões principais: a primeira, o nacionalismo exacerbado existente nas civilizações europeias que influenciava o consciente jurídico em favorecer o direito nacional em detrimento do direito estrangeiro; e a outra, a confusa evolução da jurisprudência do *common Law* entrelaçando territorialismo, *Comity* e, posteriormente, a confusa doutrina do *Vested Rights* como base do *Conflict of Laws*.

O nacionalismo exacerbado parece ter perdido sua influência no pensamento jurídico dos países da tradição do *civil Law*, não sendo mais fator para compreensão dos institutos do Direito Internacional Privado em geral – tanto que é dominante no *civil Law* o direito estrangeiro ser considerado direito.

Porém, a influência da confusa jurisprudência do *Conflict of Laws* da tradição do *common Law* permanece como elemento norteador em considerar o direito estrangeiro como fato, pois o próprio sistema colisional dessa família jurídica é extremamente precário diante das complexidades que se propõe a solucionar.

Para compreender essa concepção ortodoxa de considerar direito estrangeiro como fato no *common Law*, assim como termos uma noção da precariedade do *Conflict of Laws*, podemos recorrer à questão da prova do Direito estrangeiro nos Estados Unidos da América e a sua transformação na esfera processual federal.

Inicialmente, precisamos destacar que no processo estadunidense existem duas grandes modalidades de julgamento, uma sendo o conhecido julgamento pelo júri (*"Trial by jury"*) e a outra conhecida como julgamento pela Corte/juiz (*Bench Trial*), sendo a regra mais conhecida de fixação de competência a estabelecida pela *Amendment VII*, a qual determina que existirá o direito de julgamento pelo júri sobre qualquer questão de fato que tenha valor maior que 20,00 USD (vinte dólares americanos), direito este que, na

---

635 BEVILAQUA, Clóvis. **Princípios elementares do direito internacional privado.** Campinas: RED Livros, 2002, p. 69.

esfera federal, encontramos regulamentado no *§ 38 US Federal Rules of Civil Procedure*[636].

Essa peculiaridade na fixação de competências no processo federal estadunidense tem especial relevância no debate da natureza do Direito estrangeiro incidento pelo fato de acrescentar um elemento à questão que inexiste no Direito brasileiro: a natureza do direito estrangeiro não se limita à questão de prova e aplicação *ex officio*, mas também à fixação de competência no *common Law* estadunidense.

Destarte, desde o século XIX a jurisprudência estadunidense enfrentava a indagação de quem seria competente para julgar a matéria envolvendo a aplicação de norma jurídica estrangeira: seria uma matéria restrita aos juízes ou também estaria sujeita à competência do júri?

Não sem razão, a primeira resposta para essa indagação foi a de separar a questão da aplicação do direito estrangeiro em dois temas, o primeiro seria a delimitação do objeto do direito estrangeiro incidente, este a cargo de julgamento por juiz; e o segundo quanto aos meios de prova e valoração da prova do direito estrangeiro ficaram sob tutela do júri[637].

---

636 "Rule 38. Right to a Jury Trial; Demand (a) Right Preserved. The right of trial by jury as declared by the Seventh Amendment to the Constitution – or as provided by a federal statute – is preserved to the parties inviolate. (b) Demand. On any issue triable of right by a jury, a party may demand a jury trial by: (1) serving the other parties with a written demand – which may be included in a pleading – no later than 14 days after the last pleading directed to the issue is served; and (2) filing the demand in accordance with Rule 5(d). (c) Specifying Issues. In its demand, a party may specify the issues that it wishes to have tried by a jury; otherwise, it is considered to have demanded a jury trial on all the issues so triable. If the party has demanded a jury trial on only some issues, any other party may – within 14 days after being served with the demand or within a shorter time ordered by the court – serve a demand for a jury trial on any other or all factual issues triable by jury. (d) Waiver; Withdrawal. A party waives a jury trial unless its demand is properly served and filed. A proper demand may be withdrawn only if the parties consent. (e) Admiralty and Maritime Claims. These rules do not create a right to a jury trial on issues in a claim that is an admiralty or maritime claim under Rule 9(h)." (UNITED STATES OF AMERICA. Federal Rules of Civil Procedure: rule 44.1 Determining Foreign Law. In: **Legal Information Institute.** Disponível em: https://www.law.cornell.edu/rules/frcp/rule_38.

637 STORY, Joseph. **Commentaries on the conflict of laws, foreign and domestic, in regard to contracts, rights, and remedies, and especially in regard to marriages, divorces, wills, successions, and Judgments.** 2. ed. New Jersey: The Lawbook Exchange Ltd., 2005, p. 895.

Ao ser efetivamente praticada pelos tribunais estadunidenses essa solução inicial desenvolveu uma série de problemas, pois mesmo havendo a delimitação por juiz do objeto do Direito estrangeiro envolvido no caso, os diferentes meios de produção da prova disponíveis para os litigantes acabavam resultando em uma batalha de provas, mais precisamente, em uma série de testemunhos de peritos sobre o direito estrangeiro elencados pelos litigantes, acarretando um aumento nos custos processuais, maior lentidão no processo e, invariavelmente, a aplicação equivocada pelo júri da norma estrangeira incidente.

Esses problemas, associados à restrição das Cortes de revisarem decisões tomadas pelo júri, resultavam na impossibilidade de revisão das decisões equivocadas, gerando sentenças imprecisas e incorretas a inúmeros casos, transformando o direito estrangeiro como sinônimo de dor de cabeça para os litigantes[638].

Ocorre que diante dos problemas que começaram a surgir, essa solução inicial de considerar o direito estrangeiro como fato começou a ser desconsiderada até o advento da alteração no *Federal Rules of Civil Procedure*, estabelecendo:

> **Rule 44.1. Determining Foreign Law.** A party who intends to raise an issue about a foreign country's law must give notice by a pleading or other writing. In determining foreign law, the court may consider any relevant material or source, including testimony, whether or not submitted by a party or admissible under the Federal Rules of Evidence. The court's determination must be treated as a ruling on a question of law[639].
>
> ***
>
> **Regra 44.1. Determinando o Direito estrangeiro.** A parte que intenciona alegar questão envolvendo direito de país estrangeiro deve notificar através de petição ou outro instrumento escrito. Em determinar o direito estrangeiro, a corte pode considerar relevante qualquer material ou fonte, incluindo testemunho, arrolado ou não pela parte ou admitida sob as regras federais sobre provas. A determinação da corte deve ser tratada como decisão sobre questão de direito.

---

638 WILSON, Mathew J. Demystifying the determination of foreign law in U.S. courts: opening the door to a greater global understanding. **Akron Law Publications.** Paper 227, 2014. Disponível em: http://ideaexchange.uakron.edu/ua_law_publications/227.

639 UNITED STATES OF AMERICA. Federal Rules of Civil Procedure: rule 44.1 Determining Foreign Law. In: **Legal Information Institute.** Disponível em: https://www.law.cornell.edu/rules/frcp/rule_44.1.

Foi estabelecido que o direito estrangeiro é considerado matéria de direito (*"matter of Law"*) para os procedimentos civis federais, portanto, sendo competência das Cortes julgar sobre.

Essa alteração legislativa tem como origem o caso *Siegelmann v. Cunard White Star* de 1951, o qual teve como objeto uma indenização decorrente de ferimentos ocorridos a bordo do navio *S.S. Queen Elizabeth* proposta na Corte Estadual de Nova Iorque.

O processo foi redistribuído para o juízo distrital local (federal), com recomendação de arquivamento do caso baseada na constatação de que existia um aditamento contratual que estabelecia o prazo decadencial de 1 (um) ano contado da data do ferimento para pleitos indenizatórios decorrentes da viagem, sendo que a data do ferimento foi em 1949 e o pleito ajuizado em 1951, dois anos depois; portanto, ocorrera a decadência do pedido no entendimento da Corte Estadual[640].

O juízo distrital ignorou a recomendação de arquivamento e prosseguiu com o julgamento da indenização baseando seu entendimento na aplicação do Direito inglês e na sua equivalência ao Direito do Estado de Nova Iorque, como explica:

> The District Court relied upon neither of these presumptions and based its opinion upon the language of the contract which provided for the one year limitation for suits and which made invalid any changes in the contract unless signed by the chief agent at the port of embarkation, and which required all questions arising on the contract to be decided according to English Law.
>
> The only question which the court considered decisive was whether a claim agent could, under British law, waive the one-year contractual limitation. After pointing out that under New York law, the modification of a contractual limitation must be in writing and signed by the chief agent at the port of embarkation, the opinion states: "There has been no allegation or proof that the law of England is different from that of New York," and English precedent is cited to show that the law of England is allegedly in accord with the law of New York, as stated.
>
> The opinion further states that if either of the parties contended that the law of England has been misinterpreted by the court, they could submit additional affidavits to experts on the subject of English law within ten days from the date of the decision. The record of the case

640 BUSCH, Benjamin. When Law is Fact. **Fordham Law Review,** v. 24. Issue 646, 1955, p. 647. Disponível em: http://ir.lawnet.fordham.edu/flr/vol24/iss4/8.

> fails to show that any affidavits were submitted by any of the parties on the subject of English law[641].
>
> ***
>
> A corte distrital não recorreu a nenhuma dessas presunções e baseou sua opinião na linguagem do contrato que regulamentava a limitação de um ano para indenizações e que invalidava quaisquer mudanças no contrato a menos que fosse assinado pelo agente-chefe do porto de embarcação, e que estabelecia o direito inglês como aplicável para solucionar todas as controvérsias contratuais.
>
> A única questão que a Corte considerou decisiva foi a envolvendo a possibilidade de um agente representante, sob direito britânico, poder alterar a limitação contratual de um ano. Após aferir que sob as leis do Estado de Nova Iorque a modificação de limitações contratuais tem de ser por escrito e assinada pelo agente-chefe do porto de embarque, a corte chegou à seguinte opinião: "Não foram feitas nenhuma alegação ou prova de que o Direito inglês é diferente das leis de Nova Iorque", e existia precedente inglês confirmando a alegada concordância entre o Direito britânico e o Direito de Nova Iorque.
>
> O parecer afirma ainda que, se qualquer uma das partes alegasse que o direito inglês foi mal interpretado pelo tribunal, elas poderiam submeter *affidavit* adicionais para especialistas no assunto no Direito inglês no prazo de dez dias a partir da data da decisão. Os registros do caso não mencionam que qualquer desses *affidavit* sobre o Direito inglês tenha sido submetido pelas partes.

Diante desse entendimento, a *Cunard White Star* protocolou *motion to dismiss* ("pedido de dispensa da ação"), a qual foi concedida pelo juízo distrital, gerando recurso para a Corte de Apelações do Circuito ("*United States Court of Appeals*").

Por sua vez, a Corte de Apelações estabeleceu um novo entendimento para o caso, por decisão majoritária, "*and fired, with complete abandon, the edict that it was within its competence to apply English law, because pleading foreign law is unnecessary and because judicial notice could be taken of foreign law, whether or not pleaded or proved*"[642] ("e atirou, sem qualquer pudor, o édito de que estava em sua esfera de competência aplicar o direito inglês, porque a alegação de direito estrangeiro era desnecessária e porque era possível

---

641 BUSCH, Benjamin. When Law is Fact. **Fordham Law Review,** v. 24. Issue 646, 1955, p. 648. Disponível em: http://ir.lawnet.fordham.edu/flr/vol24/iss4/8.

642 BUSCH, Benjamin. When Law is Fact. **Fordham Law Review,** v. 24. Issue 646, 1955, p. 649. Disponível em: http://ir.lawnet.fordham.edu/flr/vol24/iss4/8.

tomar notícia jurídica do direito estrangeiro, sendo este alegado ou não, provado ou não").

Esse entendimento foi a "pedra fundamental" na mudança de concepção da natureza processual do Direito estrangeiro no *common Law* estadunidense, pois ao ser concebido como matéria de direito (*"matter of law"*), não só removeu sua análise do tormentoso julgamento pelo júri, como também a aplicação *ex officio* e de informação judicial obrigatória pelas Cortes.

Essencialmente, com um atraso de quase um século, o *common Law* estadunidense conseguiu, ao menos na esfera jurisdicional federal, eliminar a concepção de que direito estrangeiro era fato e, efetivamente, consagrar as regras de *Conflict of Laws* como cogentes e obrigatórias.

Quando mencionamos o atraso de quase um século, estamos nos referindo à constatação de que na tradição do *civil Law*, desde 1877, já havia se consolidado a concepção do Direito estrangeiro ser matéria de direito, pois é nesse ano que foi promulgado o *Zivilprozessordnung* (ZPO – Ordenanças Processuais Civis), o qual estabeleceu:

> § 265. Das in einem anderen Staate geltende Recht, die Gewohnheitsrechte und Statuten bedürfen des Beweises nur insofern, als sie dem Gericht unbekannt sind. Bei Ermittlung dieser Rechtsnormen ist das Gericht auf die von den Parteien beigebrachten Nachweise nicht beschränkt; es ist befugt, auch andere Erkenntnißquellen zu benutzen und zum Zwecke einer solchen Benutzung das Erforderliche anzuordnen[643].
>
> ***
>
> § 265. O Direito vigente em outro Estado, os costumes e os estatutos só demandam prova na medida em que forem desconhecidos do Juízo. Na informação dessas normas jurídicas, o juízo não está limitado às provas apresentadas pelas Partes, podendo recorrer a outras fontes do conhecimento e determinar as medidas necessárias para sua obtenção.

Verificamos que desde o século XIX a doutrina germânica do *civil Law* já havia constatado a inerente contradição existente quanto à associação do direito estrangeiro incidente como matéria de fato, pois este direito estrangeiro incidente só estava sendo aplicado pelo juiz nacional por força de norma jurídica nacional que determinava essa aplicação – as normas de Direito Internacional Privado.

---

643 DEUTSCHER REICHSANZEIGEN. **Amtliches Mitteilungsblatt des Deutschen Reiches.** Civilprozeßordnung Buch 2. Disponível em: https://deutscher-reichsanzeiger.de/Gesetze/blog/1877/02/19/cpo-buch-2/.

Destarte, conceber o Direito estrangeiro como fato, sujeito à alegação pelas partes e produção probatória, resultava na negação do carácter cogente das normas de Direito Internacional Privado e, por consequência, haveria negação de toda e qualquer manifestação de extraterritorialidade do Direito. Daí existir na doutrina alemã um dos brocardos jurídicos mais antigos em matéria de aplicação do direito estrangeiro: "*kein Fakultatives kollisionsrecht*" ("Direito colisional não é facultativo")[644].

Em suma, a norma estrangeira incidente sempre terá natureza processual de **matéria de direito**, sua aplicação é *ex officio*, porém existe a possibilidade de recorrer à produção de informação sobre sua interpretação e aplicação. Essa natureza processual de **matéria de direito** decorre da constatação de que o direito estrangeiro somente está incidindo no caso por força de norma de Direito Internacional Privado, norma esta a qual tem a mesma cogência que as demais existentes no ordenamento jurídico nacional.

15.1.2 A "prova" que não é prova: sobre a informação acerca do Direito estrangeiro

Quando estudamos o Processo Civil brasileiro é comum lembrarmos do Direito estrangeiro como uma das exceções ao princípio do *iura novit curia* ("os tribunais conhecem o direito"), sendo objeto de prova processual: é o instituto da "prova" do Direito estrangeiro.

Essa denominação é infeliz, pois gera a tentação de associar o instituto prova do Direito estrangeiro como sendo uma temática específica do campo das provas processuais, tentação que aumenta quando verificamos que o seu principal referencial normativo está localizado no livro das provas no Código de Processo Civil, no art. 376 do CPC (em cuja análise adentramos mais adiante).

Para entendermos a infelicidade dessa denominação e, ao mesmo tempo, propormos uma nova para o instituto, podemos recorrer a uma distinção de natureza analítica do significado da palavra "prova" no Direito.

O primeiro significado que prova assume no Direito é o de ser um instrumento de convencimento do juiz sobre a veracidade dos fatos alegados pelos litigantes no processo – definição clássica da prova processual (*vide* tópico 19.2.1). O outro significado, de menor ressonância, é de ser um meio de informação sobre

---

644 VON BAR, Christian; MANKOWSKI, Peter. **Internationales Privatrecht.** Band I Allgemeine Lehren. 2. aufl. München: Verlag C. H. Beck, 2003, p. 393.

algo desconhecido, instrumento de informação – este sendo o significado para a palavra "prova" no instituto da prova do Direito estrangeiro.

A partir da constatação desses dois significados existentes da palavra "prova", podemos constatar que a melhor denominação para o nosso instituto é a expressão "informação acerca do direito estrangeiro", utilizada na Convenção Interamericana sobre Prova de Informação acerca do Direito Estrangeiro – Uruguai, 1979, ratificada pelo Brasil pelo Decreto n. 1.925, de 10 junho de 1996.

Essa denominação também auxilia a compreender que a informação do Direito estrangeiro é, no processo, parte da temática da Cooperação Judicial Internacional (CJI), não das provas processuais. As provas processuais são o instrumento principal pelo qual se procede a realização da informação sobre o Direito estrangeiro, só sendo utilizadas quando desconhecidas pelo juiz nacional.

Sem mencionar que afasta de uma vez por todas, qualquer possibilidade de confusão do instituto de Direito Internacional Privado como uma modalidade específica de prova processual, ou, pior, como prova processual estrangeira.

15.1.3 Uma breve consideração sobre o desenvolvimento legislativo no Brasil da informação acerca do Direito estrangeiro

Quando analisamos o desenvolvimento da legislação brasileira referente à informação acerca do Direito estrangeiro, é comum encontrar doutrina apontando as Ordenações Filipinas do Reino de Portugal de 1603 como o primeiro diploma a tratar da matéria, mais especificamente as disposições nos itens 7, 8 e 9 do Título LIII do Livro III, as quais transcrevemos:

> TITULO LIII
>
> *Em que modo se farão os artigos, para as partes erem obrigadas depôr a elles.*
>
> (...)
>
> 7. A *quarta cousa*, que se requere, he, que os artigos sejam fundados em cousa, que consista em feito, e não em ponto de Direito; e por tanto, se o artigo fòr fundado em Direito, não seria a parte obrigada depor a elle, e respondendo elle a tal artigo, se seu depoimento não fòr conforme á disposição do Direito, tal depoimento não terá effeito algum.
>
> 8. Porém, se o artigo não fòr fundado em Direito Commum, mas em Direito de algum Reino, Cidade, ou Villa, onde a demanda se trata, se tal Direito não he escripto, assi como costume usado por longo tempo, póde-se dele articular, e a parte será obrigada depor a elle; e se tal Direito fòr escripto, postoque dele se possa articular, não será a parte

> obrigada depòr a elle, assi como não he obrigada depòr ao artigo fundado em Direito Commum.
>
> 9. E articulando-se do Direito de outro Reino, ou Cidade, onde a demanda se não trata, deporá e responderá a parte a tal artigo. Póde-se pòr exemplo. Em Florença há Statuto, que o menor de dezoito annos não possa fazer testamento; se a parte fizer artigo do dito Statuto, por entender ajudar-se dele em seu feito, responderá e deporá parte contraria a elle. Porque por ser Direito de lugar certo, póde-se provar; e tudo o que se póde provar, se póde per Direito articular, e por conseguinte a parte deporá a elle, porque o depoimento foi introduzido para que pela confissão feita per elle aos artigos, seja a parte relevada de dar a elles prova[645].

Os **artigos** regulamentados por esse título do Código Filipino se perderam no linguajar jurídico brasileiro, porém podem ser compreendidos "como pontos arguidos por uma das partes ou para serem provados por ela ou para serem contraditadas pela outra parte; é a articulação ou enunciação dos fatos que se devem provar ou demonstrar em juízo"[646].

Podemos associar os "artigos", para fins didáticos, à figura dos fatos que a parte em litígio elencava como sendo fundamento de sua pretensão e, a grosso modo, disciplinavam os fundamentos das alegações das partes (os "artigos") e da necessidade ou não de depoimento e refutação sobre a veracidade deles; por consequência, assiste razão à crítica de Pontes de Miranda ao afirmar que esse dispositivo não tem relação alguma com o instituto da prova do Direito estrangeiro[647].

Afastando-nos dessa legislação histórica do período em que Brasil e Portugal consistiam em um só reinado, o desenvolvimento legislativo da informação acerca do direito estrangeiro no Brasil tem uma curiosidade: existe a evolução da matéria no Direito Civil Internacional Privado e existe a evolução na seara do Processo Civil.

---

645 ALMEIDA, Candido M. de. **Código Philippino ou ordenações e leis do reino de Portugal** recompiladas por mandado d'el-rey D. Philippe I. 14. ed. Rio de Janeiro: Typhographia do Instituto Philomathico, 1870, t. 3, p. 638-639. Disponível em: http://www2.senado.leg.br/bdsf/handle/id/242733.

646 BARBOSA, Conceição Aparecida. **Termos e conceitos da Ordem do juízo nas Ordenações do Reino:** permanências e mudanças. Tese (Doutorado em Filologia e Língua Portuguesa) – Faculdade de Filosofia, Letras e Ciências Humanas da Universidade de São Paulo, São Paulo, 2012, p. 119. Disponível em: https://teses.usp.br/teses/disponiveis/8/8142/tde-22022013-151936/pt-br.php.

647 PONTES DE MIRANDA, Francisco C. **Tratado de direito internacional privado.** t. I: Fundamentos e parte geral. Rio de Janeiro: José Olympio, 1935, p. 365.

A evolução no campo da legislação de Direito Civil Internacional Privado foi a primeira a surgir e não é temerário afirmarmos que se deu pelo monumental esboço do Código Civil de Teixeira de Freitas, em seu art. 6º "A aplicação de leis estrangeiras nos caos, em que êste Código a autorisa, nunca terá lugar senão a requerimento das partes interessadas; incumbindo á estas, como prova de um facto allegado, a da existência de tais leis"[648].

O sistema proposto por Teixeira de Freitas se baseava na premissa inicial de que as leis estrangeiras eram de aplicação facultativa, isto é, somente seriam aplicáveis se alegadas e provadas pelas partes, demonstrando a influência da corrente da equiparação fática dominante em meados do século XIX – "lei nacional é *direito*, que simplesmente se alega sem depender de prova. Uma lei estrangeira é um *facto* que deve ser provado"[649].

Ocorre que continuando a análise do esboço de Teixeira de Freitas, encontramos uma contradição ao se verificar que existe uma exceção à regra estabelecida no art. 6º, o qual estabelecia: "Art. 7. Exceptuão-se aquellas leis estrangeiras, que no Imperio se tornarem obrigatórias, ou em virtude de lei especial, ou por convenções diplomáticas"[650].

Inicialmente, há uma confusão entre tratados internacionais e leis estrangeiras no dispositivo, mas o essencial na análise dos arts. 6º e 7º é a constatação de que o sistema de Teixeira de Freitas quanto à informação do Direito estrangeiro é, em realidade, um confuso sincretismo entre a doutrina da equiparação fática e a da teoria da recepção – esta se configura pela premissa de que "uma regra qualquer de direito estrangeiro só teria valor se fosse incorporada ao direito local – ou seja, recebida por esta"[651].

---

648 FREITAS, Augusto Teixeira de. **Código Civil:** esboço por A. Teixeira de Freitas. Rio de Janeiro:
Ministério da Justiça e Negócios Interiores, 1952, p. 6.

649 FREITAS, Augusto Teixeira de. **Código Civil:** esboço por A. Teixeira de Freitas. Rio de Janeiro:
Ministério da Justiça e Negócios Interiores, 1952, p. 6.

650 FREITAS, Augusto Teixeira de. **Código Civil:** esboço por A. Teixeira de Freitas. Rio de Janeiro:
Ministério da Justiça e Negócios Interiores, 1952, p. 6.

651 BAPTISTA, Luiz Olavo. Aplicação do direito estrangeiro pelo juiz brasileiro. In: BAPTISTA, Olavo; MAZZUOLI, Valério de O. (orgs.). **Doutrinas essenciais de direito internacional:** direito internacional privado: teoria e prática. São Paulo: Revista dos Tribunais, 2012, p. 1350.

Parece-nos que essa confusão já no século XIX foi uma premonição do que viria a acontecer no século XX.

A confusão reside, justamente, na situação de conceber o Direito estrangeiro como fato, mas estabelecer uma exceção bem ampla na qual este mesmo Direito estrangeiro deve ser considerado como direito e, por consequência, de aplicação *ex officio*.

Em primeiro momento do século XX, ocorre o que podemos denominar de iluminação no legislador brasileiro e, por consequência, o Código Civil de 1916 não regulamentou a informação acerca do Direito estrangeiro, omissão motivada na concepção dos legisladores de que a regulamentação dessa matéria seria um retrocesso legislativo, pois é princípio básico do Direito Internacional Privado moderno que a lei estrangeira seja de aplicação obrigatória.

> Restam as leis estrangeiras, cuja prova o artigo exige também. Quanto a estas leis, admitidos os princípios de direito internacional privado, já consignado no Título Preliminar do Projecto, as leis estrangeiras – diz o orador – que corresponderem ao nosso direito, devem ser leis observadas aqui tão inteiramente como o são as nossas próprias leis. Si, por exemplo, se disser que o brasileiro, nascido na Itália, tem a capacidade dada pela lei brasileira, comprehende-se, pelo mesmo principio que o italiano, nascido no Brasil, tem a capacidade reconhecida pela lei italiana. Este é um princípio do direito internacional privado. Esta publicidade e obrigatoriedade da lei internacional é um consectário necessário do princípio da adopção do direito internacional privado. Dir-se-há: mas há dificuldade de prova. Esta dificuldade é nula. Si na Secretaria de Estrangeiros não existem hoje collecções destas leis, é porque se tem abandonado, se tem emprestado, se tem dado mesmo. Sabe que, de paizes estrangeiros, eram remetidas officialmetne collecções de suas leis e sabe também que o Brasil por sua vez, remetia a das suas[652].

Ainda na seara da legislação civil-internacional, podemos destacar o surgimento do Código de Bustamante da 6ª Convenção Internacional Americana

---

652 ANDRADE FIGUEIRA. 14ª Reunião em 21 de outubro de 1901. In: BRASIL. **Código Civil brasileiro:** trabalhos relativos à sua elaboração. Rio de Janeiro: Imprensa Nacional, p. 291, v. 3. 1919. Disponível em: http://bd.camara.gov.br/bd/handle/bdcamara/14356.

de 1929, o qual aderiu à doutrina da aplicação *ex officio* do Direito estrangeiro, concebendo o Direito estrangeiro como direito, conforme:

> **Art. 408.** Os juízes e tribunaes de cada Estado contractante applicarão de officio, quando fôr o caso, as leis dos demais, sem prejuízo dos meios probatórios a que este capitulo se refere.
>
> **Art. 409.** A parte que invoque a aplicação do direito de qualquer Estado contractante em um dos outros, ou della divirja, poderá justificar o texto legal, sua vigencia e sentido mediante certidão, devidamente legalizada, de dois advogados em exercicio no paiz de cuja legislação se trate.

Aliás, o Código de Bustamante inaugura a tradição interamericana em adotar a aplicação *ex officio* do direito estrangeiro, pois a mesma fórmula legislativa se repete na Convenção Interamericana sobre Prova de Informação acerca do Direito Estrangeiro de 1979 em seu artigo 2º: "Os juízes e as autoridades dos Estados Partes ficarão obrigados a aplicar o direito estrangeiro tal como o fariam os juízes do Estado cujo direito seja aplicável, sem prejuízo de que as partes possam alegar e provar a existência e o conteúdo da lei estrangeira invocada".

Mais interessante é que ambos os diplomas interamericanos foram incorporados ao Direito brasileiro, porém ignorados pelo legislador brasileiro, pois a fórmula vigente na LINDB atual tem como origem mais próxima o Código de Processo Civil de 1939, mais precisamente o que denominamos de **critério da necessidade da prova**.

O critério da necessidade da prova (outro nome para a prova do Direito estrangeiro em âmbito processual) remonta ao Regulamento n. 737 de 25 de novembro de 1850 e a sua expansão para o processo civil por meio do Decreto n. 763, de 19 de setembro de 1890, quando da regulamentação do depoimento via carta de inquirição: "art. 134 § 2º Quando o contrato, ou facto que forem objeto da demanda, tiver acontecido no logar para a o qual se pode carta de inquirição, e ao Juiz parecer essa prova necessária".

Não era regulamentação da prova de Direito estrangeiro!

A carta de inquirição referenciada no dispositivo era um instrumento de prova testemunhal a ser utilizada nos casos em que as testemunhas não se encontrassem na jurisdição do Tribunal de Comércio, sendo aplicável tanto em casos dentro do Brasil como fora dele – em analogia grosseira, é um dos antepassados jurídicos das atuais cartas precatórias e cartas rogatórias.

Então, o dispositivo regulamentava uma modalidade de prova processual estrangeira, porém sua relevância para o nosso estudo está na constatação de que o dispositivo conferia uma liberdade ao Tribunal do Comércio em produzir a prova conforme a sua necessidade ou não.

É nessa liberdade que se manifesta o "critério da necessidade da prova", o qual vai encontrar ressonância na Consolidação das Leis de Processo Civil de 1876, a qual estipula: "Art. 333. O direito só se precisa provar, quando é singular, municipal, estrangeiro ou não escripto"[653].

Com o advento da Republica dos Estados Unidos do Brazil com a Constituição da Republica de 1891, inicia-se o período das legislações processuais estaduais, havendo para cada Estado federado brasileiro uma legislação própria – eram os Códigos Processuais Estaduais.

De uma breve análise dos Códigos que encontramos, verificamos que o critério da necessidade da prova foi amplamente adotado, até porque vários deles simplesmente adaptaram a regra do art. 333 da Consolidação das Leis de Processo Civil de 1876, como, por exemplo, o Código de Processo Civil e Commercial do Distrito Federal (Decreto Estadual n. 16.752, de 31 de dezembro de 1924: "Aquelle que alegar direito singular, estadual, estrangeiro, ou costumeiro deve provar sua vigência e teor, salvo se o juiz dele tiver conhecimento dispensar a prova"[654]; e o Código de Processo Civil e Commercial do Estado de São Paulo (Lei Estadual n. 2.421, de 14 de janeiro de 1930): "Art. 274. O juiz poderá exigir a prova da lei municipal estrangeira ou de Estado diverso, invocada pela parte"[655].

Sobre essa regulamentação, Pontes de Miranda fez uma curiosa observação acerca da situação surgida pela fragmentação estadual da matéria:

> No Brasil, em princípio, a lei estrangeira é lei, e não só facto, se bem que se trate como facto, por ser preciso prova dela. Aliás, cada um dos Códigos do Processo podia, a-respeito, adotar o sistema anglo-americano, ou o

---

653 RIBAS, Antonio J. **Consolidação das leis do processo civil.** Com collaboração de seu filho Dr. Julio A. Ribas. Rio de Janeiro: Dias da Silva Junior Typographo-editor, 1879, p. 248, v. 1. Disponível em: http://www2.senado.leg.br/bdsf/item/id/220533.

654 DISTRITO FEDERAL. Decreto n. 16.752, de 31 de dezembro de 1924. Põe em execução o Código do Processo Civil e Commercial no Distrito Federal. Disponível em: http://www2.camara.leg.br/legin/fed/decret/1920-1929/decreto-16752-31-dezembro-1924-516249-publicacaooriginal-139889-pe.html.

655 SÃO PAULO. Lei n. 2.421, de 14 de janeiro de 1930. Código de Processo Civil e Commercial. Disponível em: https://www.al.sp.gov.br/repositorio/legislacao/lei/1930/lei-2421-14.01.1930.html.

> alemão, ou o intermédio, que é o mais vulgar, pôsto-que o mais perigoso pela elasticidade, pela vaguidade e pela imprecisão dos seus critérios[656].

Era a estranheza de verificar que a legislação civil-internacional vigente no Brasil da época tratava o Direito estrangeiro como direito, mas as legislações processuais abriam entendimento para o mesmo direito estrangeiro ser tratado como fato.

O distanciamento entre a então Introdução do Código Civil e do Código de Bustamante e a legislação processual se consolidou com o advento do Código de Processo Civil de 1939, o qual marcou o fim da fragmentação estadual da matéria processual civil e, novamente, repetiu e consagrou o critério da necessidade da prova: "Art. 212. Aquele que alegar direito estadual, municipal, costumeiro, singular ou estrangeiro, deverá provar-lhe o teôr e a vigência, salvo si o juiz dispensar a prova".

O Código de Processo Civil de 1939 teve forte influência da Consolidação de 1876 e da doutrina de Guiseppe Chiovenda nessa questão, cujas lições seguiram o entendimento do direito estrangeiro e o direito consuetudinário como exceções ao *iura novit curia*, e, portanto, seriam matéria de prova processual[657].

Destarte, diante deste contexto, a então Lei de Introdução ao Código Civil de 1942 (renomeada para LINDB) ignorou a tradição civilista-internacionalista, e utilizou a fórmula processual para disciplinar o instituto da informação acerca do direito estrangeiro: "Art. 14. Não conhecendo a lei estrangeira, poderá o juiz exigir de quem a invoca prova do texto e da vigência".

Mesma fórmula legislativa que se repetiu no art. 337 do Código de Processo Civil de 1973 ("A parte, que alegar direito municipal, estadual, estrangeiro ou consuetudinário, provar-lhe-á o teor e a vigência, se assim o determinar o juiz"); e, atualmente, no art. 376 do CPC/2015 ("A parte que alegar direito municipal, estadual, estrangeiro ou consuetudinário provar-lhe-á o teor e a vigência, se assim o juiz determinar").

Essencialmente, a legislação brasileira estagnou na mera reprodução da fórmula legislativa consolidada no Código de Processo Civil de 1939, cujas origens remontam às doutrinas de meados do século XIX, as quais concebiam o direito estrangeiro como fato.

Diante da estagnação legislativa nas principais normativas do Direito brasileiro, a doutrina e a jurisprudência estabeleceram o entendimento dominante de que a interpretação dos art. 14 da LINDB e art. 376 do

---

656 PONTES DE MIRANDA, Francisco C. **Tratado de direito internacional privado.** t. I: Fundamentos e parte geral. Rio de Janeiro: José Olympio, 1935, p. 365.

657 CHIOVENDA, Giuseppe. **Instituições de direito processual civil.** Tradutor: Paolo Capitanio. 3. ed. Campinas: Bookseller, 2002, p. 113, v. III.

CPC/2015 quanto à aplicação do direito estrangeiro é *ex officio*[658], havendo suporte jurisprudencial no REsp. n. 254.544 MG-2000/0033853-2, decisão na qual consolidou-se a doutrina de que o Direito Internacional Privado não é direito facultativo:

> Não há dúvida alguma de que, em certas circunstâncias, a Justiça brasileira haverá de aplicar o direito estrangeiro. Isso resulta de normas de Direito Internacional Privado que, apesar do nome, são de direito interno. Caso deixasse de fazê-lo, estaria negando a aplicação de tais normas, integrantes do ordenamento nacional[659].

Destarte, somente será realizada a "prova" do Direito estrangeiro incidente por iniciativa das partes quando:

(i) a parte discordar da interpretação realizada pelo juiz; ou

(ii) o juiz determinar a informação por incapacidade de obtê-la por via de Cooperação Jurídica Internacional (CJI).

Nossa principal crítica ao CPC/2015 é quanto à repetição da fórmula legislativa ultrapassada e à ausência de melhor regulamentação no procedimento de informação acerca do Direito estrangeiro, tanto quando realizada em matéria de CJI quanto quando incumbir às partes realizar.

Omissão legislativa que cria uma espécie de costume em deixar a informação acerca do Direito estrangeiro como um ônus às partes, quando, muitas vezes, a sua produção por CJI seria muito mais rápida e menos onerosa.

15.1.4 Do procedimento para obtenção da informação do Direito estrangeiro

No Direito brasileiro a obtenção da informação acerca do Direito estrangeiro pode ocorrer através de duas modalidades principais: por iniciativa da autoridade judiciária (*ex officio* pelo juiz) ou por iniciativa das partes.

---

658 A respeito: RAMOS, André de C. **Curso de direito internacional privado.** São Paulo: Saraiva, 2018, p. 283; MAZZUOLI, Valério de O. **Curso de direito internacional privado.** 2. ed. São Paulo: Forense, 2017, p. 185.

659 SUPERIOR TRIBUNAL DE JUSTIÇA. REsp: 254544 MG 2000/0033853-2, Relator: Ministro Eduardo Ribeiro. Data de Julgamento: 18/05/2000, T3 – Terceira Turma. Data de publicação: DJ 14/08/2000, p. 170. LEXSTJ v. 135, p. 239, RSTJ v. 137, p. 380. Disponível em: https://stj.jusbrasil.com.br/jurisprudencia/342346/recurso-especial-resp-254544-mg-2000-0033853-2.

Quando é realizada por iniciativa da autoridade judiciária brasileira, o procedimento acontecerá conforme as regras da Cooperação Jurídica Internacional (CJI) aplicável, sendo sua fundamentação legal geral o art. 27, II, *in fine*, do CPC[660].

Se existir tratado de cooperação entre o Brasil e o Estado estrangeiro sobre o qual se necessita a informação do Direito estrangeiro, o procedimento será o estabelecido na normativa internacional bilateral, normalmente conhecida como auxílio direto, e sendo seu fundamento legal geral o art. 30, I, do CPC[661].

Infelizmente, o CPC/2015 não regulamentou qualquer modalidade de procedimento ordinário de obtenção da informação acerca do Direito estrangeiro quando realizado pela autoridade judiciária, fornecendo somente a possibilidade de ser objeto de CJI e auxílio direto (quando este for possível).

Para compensar essa omissão do CPC/2015, podemos recorrer à Convenção Interamericana sobre a Prova e Informação Acerca do Direito estrangeiro – ratificada pelo Decreto n. 1.925, de 10 de junho de 1996.

A norma interamericana estabelece que o procedimento de obtenção da informação do Direito estrangeiro deve ser simples, bastando a solicitação da autoridade competente do Estado requerente para autoridade competente do Estado requerido – art. 3 e 4 da Convenção:

> Artigo 3
>
> A cooperação internacional na matéria de que trata esta Convenção será prestada por qualquer dos meios de prova idôneos previstos tanto na lei do Estado requerente como na do Estado requerido.
>
> Serão considerados meios idôneos para os efeitos desta Convenção, entre outros, os seguintes:
>
> a) a prova documental, consistente em cópias autênticas de textos legais com indicação de sua vigência, ou precedentes judiciais;
>
> b) a prova pericial, consistente em pareceres de advogados ou de técnicos na matéria;
>
> c) as informações do Estado requerido sobre o texto, vigência, sentido e alcance legal do seu direito acerca de aspectos determinados.

---

660 Art. 27. A cooperação jurídica internacional terá por objeto: (...) II – colheita de provas e obtenção de informações;

661 Art. 30. Além dos casos previstos em tratados de que o Brasil faz parte, o auxílio direto terá os seguintes objetos: (...) I – obtenção e prestação de informações sobre o ordenamento jurídico e sobre processos administrativos ou jurisdicionais findos ou em curso;

Artigo 4

As autoridades jurisdicionais dos Estados Partes nesta Convenção poderão solicitar as informações a que se refere a alínea c do artigo 3.

Os Estados Partes poderão estender a aplicação desta Convenção aos pedidos de informações de outras autoridades.

Sem prejuízo do acima estipulado, poder-se-á atender às solicitações de outras autoridades que se refiram aos elementos de prova indicados nas alíneas a e b do artigo 3.

No caso brasileiro, da autoridade judiciária que necessite de informações acerca do Direito estrangeiro, inicia-se o procedimento por meio de envio de ofício-requerimento para o Ministério da Justiça, para que este realize a solicitação da informação ao Estado estrangeiro.

O ofício-requerimento deve conter as informações necessárias para que o Ministério da Justiça possa elaborar a solicitação em conformidade com o art. 5° da Convenção, que são:

Artigo 5

Das solicitações a que se refere esta Convenção deverá constar o seguinte:

a) autoridade da qual provêm e a natureza do assunto;

b) indicação precisa dos elementos de prova que são solicitados;

c) determinação de cada um dos prontos a que se referir a consulta, com a indicação do seu sentido e do seu alcance, acompanhada de uma exposição dos fatos pertinentes para a sua devida compreensão.

A autoridade requerida deverá responder a cada um dos pontos que forem objeto da consulta, de conformidade com o que for solicitado e na forma mais completa possível.

As solicitações serão redigidas no idioma oficial do Estado requerido ou serão acompanhadas de tradução para o referido idioma. A resposta será redigida no idioma do Estado requerido.

A presença do Ministério da Justiça no procedimento de obtenção da informação acerca do Direito estrangeiro decorre da constatação de que este foi designado na autoridade central conforme o art. 9 da Convenção e conforme designação de 26 de janeiro de 2007 enviada pela República Federativa do Brasil para a Organização dos Estados Americanos (OEA)[662].

---

662 Informação disponível no *site* em espanhol da OEA: http://www.oas.org/juridico/spanish/firmas/b-43.html.

Apesar de servir o propósito de assentar o procedimento de obtenção da informação acerca do Direito estrangeiro, a Convenção Interamericana abre dois questionamentos para os quais, até o presente momento, a Jurisprudência brasileira não possui respostas: (i) pode a autoridade judiciária ignorar o Ministério da Justiça e proceder com a solicitação diretamente à autoridade estrangeira?; e (ii) podem as partes do processo requerer ao Ministério da Justiça a obtenção da informação acerca do Direito estrangeiro sem prévia solicitação da autoridade judiciária?

Como curiosidade, as regras gerais estabelecidas nesta Convenção de 1979 influenciaram na regulamentação da matéria no Protocolo de Cooperação e Assistência Jurisdicional em Matéria Civil, Comercial, Trabalhista e Administrativa entre Estados Partes do Mercosul, a República da Bolívia e a República do Chile – Decreto n. 6.891, de 2 de julho de 2009.

Sob o Protocolo de Cooperação e Assistência, além do procedimento via autoridade central, também é possível utilizar dos canais diplomáticos para que autoridade judiciária possa obter informações do Direito estrangeiro dos Países Partes, conforme:

> CAPÍTULO VII
>
> Informação do Direito Estrangeiro
>
> Artigo 28
>
> As Autoridades Centrais dos Estados Partes fornecer-se-ão mutuamente, a título de cooperação judicial, e desde que não se oponham às disposições de sua ordem pública, informações em matéria civil, comercial, trabalhista, administrativa e de direito internacional privado, sem despesa alguma.
>
> Artigo 29
>
> A informação a que se refere o artigo anterior poderá também ser prestada por meio de informes fornecidos pelas autoridades diplomáticas ou consulares do Estado Parte de cujo direito se trata.
>
> Artigo 30
>
> O Estado Parte que fornecer as informações sobre o sentido e alcance legal de seu direito não será responsável pela opinião emitida, nem estará obrigado a aplicar seu direito, segundo a resposta fornecida.
>
> O Estado Parte que receber as citadas informações não estará obrigado a aplicar, ou fazer aplicar, o direito estrangeiro segundo o conteúdo da resposta recebida.

A outra modalidade de procedimento para obtenção da informação acerca do Direito estrangeiro é por inciativa das partes, a qual é a regra geral dos procedimentos envolvendo aplicação do Direito estrangeiro.

É um equívoco comum considerar que a obtenção da informação do Direito estrangeiro por inciativa das partes tenha seu fundamento no art. 376 do CPC, porém, a realidade é que o CPC, mais uma vez, é omisso quanto a como as partes devem proceder com a obtenção da informação estrangeira.

A legislação que orienta as partes quanto à obtenção da informação é o Código de Bustamante de 1929, o qual, infelizmente, se resume a definir que a parte pode justificar ou divergir da aplicação do Direito estrangeiro por meio de fornecimento de certidão de vigência do texto legal e da certidão "devidamente legalizada" de dois advogados que atuem no país estrangeiro cujo Direito está sendo aplicado (art. 409).

Nossa opinião é a de que a regra do Código de Bustamante caducou, pois limita a informação do Direito estrangeiro à prova documental, sendo consagrada atualmente a possibilidade de as partes utilizarem de qualquer meio de prova para realizar a informação do Direito estrangeiro, podendo ser tanto as recomendáveis provas documentais e periciais, como também a prova testemunhal.

E é nesse ponto que reside a maior problemática envolvendo a informação acerca do Direito estrangeiro no processo brasileiro, pois a omissão do legislador em estabelecer regras ao menos gerais para o assunto possibilitou que um problema existente no *common Law* se transplantasse para o Direito brasileiro: a batalha de provas.

Se considerarmos o Código de Bustamante caduco na matéria de informação acerca do Direito estrangeiro, e que deve predominar a liberdade das provas, invariavelmente as partes se utilizarão de quaisquer meios de prova possível para determinar o Direito estrangeiro conforme a interpretação que mais lhes convém na causa.

Para evitar essa situação, recomendamos que havendo necessidade de obtenção da informação do Direito estrangeiro ou ocorra divergência em sua interpretação, recorra-se ao Ministério da Justiça ou aos canais diplomáticos para obtenção da informação ou a solução da divergência – nada melhor do que a autoridade estrangeira deliberar sobre divergências envolvendo seu próprio direito.

15.1.5 A questão do recurso de cassação

Outro aspecto ainda correlato ao instituto da informação acerca do Direito estrangeiro que não foi regulamentado pelo CPC/2015 é a situação em que a autoridade judiciária realiza interpretação errônea ou equivocada da informação do Direito estrangeiro obtida, ou melhor, a situação em que ocorre um erro na aplicação do Direito estrangeiro incidente.

A única referência legislativa que menciona um remédio processual específico para essa situação, novamente, é o Código de Bustamante, o qual prevê o recurso de cassação:

> Título Oitavo
>
> Do recurso de cassação
>
> **Art. 412.** Em todo Estado contractante onde existir o recurso de cassação, ou instituição correspondente, poderá elle interpôr-se, por infracção, interpretação errônea ou applicação indevida de uma lei de outro Estado contractante, nas mesmas condições e casos em que o possa quanto ao direito nacional.
>
> **Art. 413.** Serão applicaveis ao recurso de cassação as regras estabelecidas no capitulo segundo do titulo anterior, ainda que o juiz ou tribunal inferior já tenha feito uso dellas.

Nesses dois dispositivos se consolidou o entendimento de que ocorre aplicação errônea do direito estrangeiro quando: (i) ocorre violação da informação obtida; (ii) interpretação equivocada do direito estrangeiro; e (iii) aplicação indevida do direito estrangeiro para além dos limites em que foi informado.

O recurso de cassação nunca foi implementado na legislação processual brasileira e, por consequência, nunca foi utilizado, implementado no judiciário brasileiro, apesar de existir doutrina afirmando se tratar do recurso de apelação[663].

Talvez essa ausência de ressonância da implementação de um recurso típico para a questão da aplicação errônea do direito estrangeiro incidente tenha ocorrido em mais países além do Brasil, pois na Convenção Interamericana sobre Normas Gerais de Direito Internacional Privado (Decreto n. 1.979/1996) não se estabeleceu uma modalidade recursal própria, optando-se por uma regulamentação mais ampla e flexível: "art. 4. Todos os recursos previstos na lei processual no lugar do processo serão igualmente admitidos para os casos de aplicação da lei de qualquer dos outros Estados Partes que seja aplicável".

A doutrina e, especialmente, a jurisprudência brasileira, estabeleceram uma regulamentação para essa situação *suis generis* envolvendo a aplicação de

---

663 MAZZUOLI, Valério de O. **Curso de direito internacional privado.** 2. ed. São Paulo: Forense, 2017, p. 204.

Direito estrangeiro no Brasil, firmando o entendimento de que a aplicação errônea do Direito estrangeiro incidente é hipótese de violação de lei federal por parte da autoridade judiciária.

É famosa e recorrente na doutrina a citação do Recurso Extraordinário n. 93.131 MG/1981 de relatoria do Ministro Moreira Alves, cuja ementa dispõe:

> Equiparação da lei estrangeira, aplicada no Brasil, a legislação federal brasileira, para efeito de admissibilidade de Recurso extraordinário. Dação em cumprimento. Sub-rogação legal. Código Civil português (arts. 592, 593 e 837). Inexistência de negativa de vigência do artigo 9 da Lei de Introdução ao Código Civil. Dissidio de jurisprudência não demonstrado. A lei estrangeira, aplicada por força de dispositivo de direito internacional privado brasileiro (na espécie, o artigo 9. Da Lei de Introdução ao Código Civil), se equipara à legislação federal brasileira, para efeito de admissibilidade de recurso extraordinário. Não ocorrência, no caso, de dação em cumprimento (*datio in solutum*) e de sub-rogação legal. Negativa de vigência dos artigos 837, 592 e 593 do Código Civil português. Recurso extraordinário conhecido e provido[664].

Necessário explicar que pela data do julgamento, 1981, a sistemática recursal brasileira era distinta da existente atualmente, não existindo o Recurso Especial nos moldes com destaque à inovação constitucional de 1988 em atribuir ao Superior Tribunal de Justiça julgar recurso especial quando ocorrer decisão judicial que contrarie tratado ou lei federal – art. 105, III, *a*, da CF[665].

Porém, apesar da consolidação doutrinária do entendimento exposto nessa decisão[666], a jurisprudência mais recente do STJ se demonstra oscilante quanto à questão, havendo destaque para o entendimento esboçado no REsp. n. 1.173.960-RS (2009/0248099-4), cujo item 1 da ementa destacamos:

---

664 SUPREMO TRIBUNAL FEDERAL. Recurso Extraordinário: 93131 MG. Min. Rel. Moreira Alves. Data de Julgamento: 17//12/1981, Segunda Turma. Data de publicação: DJ 23/04/1982 p. 03669 EMT v. 01251-02 p. 00328 RTJ v. 00101-03 p. 01149. Disponível em: https://stf.jusbrasil.com.br/jurisprudencia/14690748/recurso-extraordinario-re-93131-mg.

665 Art. 105. Compete ao Superior Tribunal de Justiça: (...) III – julgar, em recurso especial, as causas decididas, em única ou última instância, pelos Tribunais Regionais Federais ou pelos tribunais dos Estados, do Distrito Federal e Territórios, quando a decisão recorrida: a) contrariar tratado ou lei federal, ou negar-lhes vigência;

666 Nesse sentido RAMOS, André de C. **Curso de direito internacional privado.** São Paulo: Saraiva, 2018, p. 286-287; MAZZUOLI, Valério de O. **Curso de direito internacional privado.** 2. ed. São Paulo: Forense, 2017, p. 198.

> ADMINISTRATIVO. TRÂNSITO. MULTAS. VEÍCULO LICENCIADO FORA DO TERRITÓRIO BRASILEIRO.
> 1. Sobre a aventada ofensa ao artigo 337 do Código de Processo Civil (CPC), ao contrário do que o recorrente alega, houve a prova do direito estrangeiro por meio de outros elementos colhidos dos autos, conforme as premissas de fato fixadas pela corte de origem. Assim inviável é o recurso para a revisão dessa questão, porquanto ela demanda o revolvimento de **matéria fático-probatória a fim de verificar o teor e a vigência do direito estrangeiro no território do respectivo Estado, o que encontra óbice no Enunciado Sumular n. 7 desta Corte**[667]. (Grifamos.)

No caso, a Súmula 7 STJ define: "A pretensão de simples reexame de prova não enseja recurso especial"[668].

Neste entendimento, não consiste em hipótese de violação de lei federal a dúvida quanto à informação obtida, pois esta, pasmem, consiste em matéria de fato e não é cabível em sede de Recurso Especial análise de matéria de fato.

Porém, esse entendimento é equivocado, pois se existe dúvida quanto à informação do Direito estrangeiro, a aplicação duvidosa resultaria *in abstrato* de violação da lei federal, pois havendo duas ou mais interpretações para a aplicação do direito estrangeiro, existir a necessidade de se solucionar esta dúvida ou considerar a ocorrência de falha na informação obtida – uma "lacuna".

Por isso, aconselhamos cuidado quanto à análise da questão recursal envolvendo a aplicação do Direito estrangeiro, devido ao fato de que, concretamente, a jurisprudência oscila em posicionamentos que variam da normalidade até a ortodoxia, além de ser extremamente escasso o decisório e, conforme a melhor doutrina, consistir em um amplo espaço em construção[669] – sem referência legislativa sólida.

---

667 SUPERIOR TRIBUNAL DE JUSTIÇA. REsp: 1173960 RS2009/0248099-4 Min. Rel. Mauro Campbell Marques. Data de Julgamento: 07/05/2013, T2 – Segunda Turma. Data de publicação: DJe 13/05/2013. Disponível em: https://stj.jusbrasil.com.br/jurisprudencia/23293685/recurso-especial-resp-1173960-rs-2009-0248099-4-stj.

668 Disponível em: http://www.stj.jus.br/docs_internet/VerbetesSTJ_asc.pdf.

669 GLITZ, Frederico. A aplicação do direito estrangeiro pelo juiz nacional: o caso da jurisprudência brasileira. **RSTPR,** Asunción, v. 4, n. 7, p. 280-291, maio 2016. Disponível em: http://dx.doi.org/10.16890/rstpr.a4.n7.p280.

Em todo caso, se diante de uma situação envolvendo aplicação errônea do Direito estrangeiro incidente, o melhor caminho, na nossa opinião, é proceder com o pré-questionamento de violação de lei federal, normalmente realizado via embargos de declaração; caso não seja reformada a decisão, reiterar o pedido de reforma em sede de apelação e, caso novamente não ocorra a reforma, interpor recurso especial sob fundamento do art. 105, III, *a*, da CF.

15.2 O PROBLEMA DAS LACUNAS DO DIREITO ESTRANGEIRO

A teoria das lacunas é o maior legado da Jurisprudência dos Interesses, sendo resultado direto da virada promovida no pensamento jurídico com a quebra do dogma da perfeição conceitual legislativa e a ascensão do *rechtsfreien Raum* no século XIX[670] – o nascimento da hermenêutica jurídica propriamente dita.

Como produto da quebra do dogma da perfeição conceitual da lei, a teoria das lacunas é uma das problemáticas mais complexas da teoria geral do Direito, existindo as mais diversas explicações e modalidades.

Não é objeto de nosso estudo analisar e decifrar as nuances e complexidades da teoria das lacunas, porém é necessário que desmistifiquemos uma concepção muito comum de que a lacuna seria uma ausência normativa ou, mais precisamente, a ausência de deliberação legislativa sobre determinado caso[671].

Essa associação, apesar de didática, tem a indesejável consequência de associar lacunas à existência ou não de legislação, quando lacuna não é ausência de leis, mas sim uma falha no plano de regulamentação estabelecido em um sistema jurídico, ou como explica.

> Es kann nicht genug betont werden, daß eine "Lücke" des Gesetzes nicht etwa ein "Nichts" darstellt, sondern das Fehlen einer bestimmten, nach dem Gesamtzusammenhang des Gesetzes zu erwartenden Regel bedeutet. Das wird häufig verkannt. Ein Gesetz ist "lückenhaft" oder unvollständig immer nur im Hinblick auf die von ihm erstrebte,

---

670 LARENZ, Karl. **Methodenlehre der Rechtswissenschaft.** 6. aufl. Berlin-Heidelberg-New York: Springer Verlag, 1991, p. 376.

671 VILLELA, João Batista. O problema das lacunas do ordenamento jurídico e os métodos para resolvê-lo. **Revista da Faculdade de Direito da UFMG,** Belo Horizonte (MG), v. 12, 1961, p. 221. Disponível em: https://www.direito.ufmg.br/revista/index.php/revista/article/view/1042.

> sachlich erschöpfende und in diesem Sinne "vollständige" sowie sachgerechte Regelung[672].
>
> ***
>
> Nunca é demais enfatizar que uma "lacuna" nas leis não representa um "nada", mas sim a ausência (falha) de determinada normativa no contexto geral do sistema normativo. Isso é geralmente esquecido. Uma lei é "lacunosa" ou incompleta apenas no que diz respeito as suas aspirações, factualmente exaustivas, em seu objetivo de regulamentar determinado campo fático e, neste sentido, se considera "completa" em sua regulamentação.

Essa concepção auxilia na compreensão de que lacuna não é sinônimo de "silêncio das leis" ("*Schweigen des Gesetzes*"), mas uma falha na regulamentação do sistema jurídico, e a ausência de legislação é somente um de seus componentes.

Destarte, ressaltando que estamos limitando a análise para fins de nosso Direito Internacional Privado, podemos esboçar a lacuna como uma falha no sistema jurídico que pode ocorrer de diferentes maneiras, das quais podemos destacar duas principais que denominamos de:

(i) vácuo jurídico; e

(ii) insuficiência jurídica.

A lacuna decorrente de vácuo jurídico ocorre quando da constatação de que o sistema jurídico não possui qualquer regulamentação para aquela situação; aquele caso é, até seu surgimento, desconhecido para o sistema jurídico.

Isto significa que não só não existe legislação regulamentando, mas também não existe doutrina e nem jurisprudência, sendo, efetivamente, uma situação desconhecida para aquele sistema jurídico.

A lacuna decorrente de insuficiência jurídica ocorre quando da constatação de que o sistema jurídico não regula aquela situação de forma satisfatória, de forma suficiente; a origem dessa insuficiência pode ser:

(i) a verificação da existência de normas incompletas (existe uma normativa geral, mas ausente a normativa que a regulamenta);

(ii) a constatação de antinomia naquele assunto; ou,

(iii) contradição na doutrina e jurisprudência, quando inexistente legislação sobre o tema.

---

672 LARENZ, Karl. **Methodenlehre der Rechtswissenschaft.** 6. aufl. Berlin-Heidelberg-New York: Springer Verlag, 1991, p. 375.

A partir desse arcabouço teórico, podemos estabelecer que a lacuna do Direito estrangeiro incidente é a inserção da teoria das lacunas no Direito Internacional Privado, existindo três grandes modalidades de lacunas que podem ocorrer:

(a) instituição completamente desconhecida;

(b) insuficiência do Direito estrangeiro; e

(c) falha na informação ("prova") do Direito estrangeiro.

A lacuna por vácuo jurídico é conhecida no Direito Internacional Privado como a instituição completamente desconhecida, mais precisamente, o fato extranacional em análise configura uma instituição completamente desconhecida para o Direito estrangeiro incidente, não havendo nem legislação, nem doutrina e nem jurisprudência sobre a questão – o Direito estrangeiro literalmente não conhece aquela situação.

A lacuna por insuficiência do Direito estrangeiro é idêntica à da teoria geral das lacunas, se manifestando quando o direito estrangeiro tem regulamentação incompleta ou contraditória para aquele fato extranacional.

Já a falha da informação ("prova") do Direito estrangeiro é uma lacuna própria do Direito Internacional Privado, tratando-se mais de uma inviabilidade ou impossibilidade procedimental do que propriamente de uma falha no Direito estrangeiro.

Isto significa que a lacuna decorre da impossibilidade do jurista de ter acesso à regulamentação do Direito estrangeiro incidente sobre aquela matéria, seja pela sua inviabilidade (ex.: inexistem relações diplomática entre o país do foro e o país do direito incidente), seja pela impossibilidade (ex.: não há tradutor disponível para o idioma daquele país ou aquele país não existe mais), não por falha constatada naquele Direito – é uma lacuna procedimental.

Diante dessas particularidades da teoria das lacunas no Direito Internacional Privado, a solução varia conforme a modalidade de lacuna no Direito estrangeiro incidente verificada.

A legislação brasileira é omissa quanto à questão, não existindo regra na LINDB para a situação em que o Direito estrangeiro incidente seja lacunoso, havendo um "silêncio das leis" nessas questões, porém, a doutrina elenca uma série de opções que podem ser utilizadas na solução dessas lacunas, sendo as principais[673]:

---

673 RAMOS, André de C. **Curso de direito internacional privado.** São Paulo: Saraiva, 2018, p. 287-289.

(i) excluir o direito estrangeiro incidente e substituí-lo pelo direito nacional (*lex fori*);

(ii) utilizar de norma colisional subsidiária para determinar a aplicação de outro direito estrangeiro;

(iii) julgar conforme a analogia, princípios gerais, costumes ou equidade;

(iv) julgar conforme o direito estrangeiro incidente hipoteticamente válido;

(v) impor ônus da informação do direito estrangeiro às partes;

(vi) converter o julgamento em diligência.

Importante salientarmos que a opção tem de ser compatível com a modalidade de lacuna verificada, sendo a única viável para todas as modalidades de lacuna do direito estrangeiro incidente a de excluí-lo e substituí-lo pelo direito nacional (*lex fori*), opção esta que é pensamento dominante na jurisprudência brasileira, a qual tem o *leading case* o REsp. n. 254.544/MG-STJ publicado no DJ em 14/08/2000, que foi resumido no Informativo de Jurisprudência do STJ n. 58:

> Em contrato celebrado no exterior por instituição financeira sob a égide de leis de direito alienígena, via de regra, o ônus da prova recai sobre a parte que invocar a sua aplicação (art. 337 do CPC e art. 14 da LICC), cabendo ao Juiz aplicá-las de ofício. **Entretanto, na impossibilidade da produção da referida prova, o autor não está obrigado a produzi-la. Nesse caso, o Juiz aplicará as normas do direito interno que a seu juízo considerar mais adequadas.** Com esse entendimento, a Turma deu parcial provimento ao recurso da BB *Leasing Company* Ltda. que, em ação de cobrança contra a empresa Edificadora S/A e outros, interpôs agravo contra decisão do Juiz que determinou a juntada de prova das leis do Estado de New York (EUA) – em que se baseou o contrato de *leasing.* REsp. 254.544-MG, Rel. Min. Eduardo Ribeiro, julgado em 18/5/2000[674]. (Grifamos.)

A opção de recorrer à norma colisional subsidiária somente é possível quando se constatar no caso a existência de um direito subsidiário que pode ser aplicável, hipótese que pode ocorrer no emprego da técnica do *depeçage* (ex.: em um contrato internacional de compra e venda temos o costume de

---

674 BRASIL. **Informativo de jurisprudência.** Superior Tribunal de Justiça, n. 58, Brasília, 15 a 19 de maio de 2000, p. 4. Disponível em: https://scon.stj.jus.br/SCON/SearchBRS?b=INFJ&tipo=informativo&livre=@COD=%270058%27.

a cláusula de pagamento ser regida pela lei do local do pagamento; sendo este lacunoso, aplica-se a regra geral ao contrato – a qual pelo art. 9º da LINDB seria a lei do local da constituição).

A opção de julgar conforme a analogia, princípios gerais e costumes surge quando é possível recorrer às fontes do Direito Internacional Público para o caso, sendo seu referencial legal o art. 38 do Estatuto da Corte Internacional de Justiça (Decreto n. 19.841/1945).

Aqui estamos discordando da doutrina que defende tal opção devido ao fato de que a doutrina brasileira a fundamenta no art. 4º da LINDB[675], ou seja, nacionaliza a lacuna para solucioná-la conforme o direito nacional. Isto é um equívoco, pois a lacuna do direito estrangeiro segue a dinâmica do Direito Internacional Privado, portanto, segue dinâmica internacional, não nacional.

A opção de recorrer a princípios gerais e costumes é comum em arbitragens e em contratos internacionais do comércio, os quais têm como arcabouço normativo complementar os usos e costumes internacionais, além do fenômeno da *lex mercatoria*.

A opção de julgar conforme o direito estrangeiro incidente hipoteticamente válido é uma opção complexa e, na nossa opinião, somente utilizável quando a lacuna do direito estrangeiro incidente é na modalidade de insuficiência normativa decorrente de constatação de antinomia ou divergência doutrinária/jurisprudencial verificada no Direito estrangeiro. Nesse caso, o juiz escolhe a interpretação normativa mais adequada à questão, optando entre as interpretações existentes.

Importante salientarmos que essa opção não se aplica à lacuna na modalidade de instituição completamente desconhecida (vácuo jurídico), pois não cabe ao juiz tentar adivinhar como o direito estrangeiro incidente irá regulamentar o que lhe é desconhecido.

É escolher o que existe, não criar algo do nada.

[675] BAPTISTA, Luiz Olavo. Aplicação do direito estrangeiro pelo juiz brasileiro. **Revista de Informação Legislativa.** Brasília, v. 36, n. 142, p. 271-272, abr./jun. 1999. Disponível em: http://www2.senado.leg.br/bdsf/handle/id/490.

No tocante às opções de impor ônus da informação do direito estrangeiro às partes ou converter o julgamento em diligência, somente são possíveis em caso de falha da informação do direito estrangeiro incidente, ou seja, na impossibilidade ou inviabilidade de se realizar a "prova" do direito estrangeiro – a lacuna peculiar da nossa disciplina.

Essas são opções para solucionar questão procedimental, não se aplicando às demais modalidades de lacunas.

Um último tópico que surge na questão da lacuna do Direito estrangeiro incidente é se existe a possibilidade de o juiz rejeitar o pedido baseando-se na existência de lacuna no Direito estrangeiro ou se isto configura violação da proibição do *non-liquet*?

A proibição do *non-liquet* está assentada no art. 5, XXXV, da CF e se justifica pela crença de que "o Estado disponha de instrumentos jurídicos para a pacificação social" e que na possibilidade do juiz em "deixar de decidir, os conflitos sociais não seriam solucionados e a própria configuração do Estado restaria comprometida"[676]. Por consequência o *non-liquet* se configura quando existe recusa em decidir por parte da autoridade judiciária, comprometendo a função jurisdicional do Estado.

Portanto, podemos afirmar desde logo que não há violação à proibição do *non-liquet* quando o juiz rejeita o pedido baseando-se na lacuna do direito estrangeiro incidente, devido ao fato de estar decidindo algo.

Questão mais complicada é o problema de rejeitar o pedido baseado somente na lacuna do Direito estrangeiro, algo que diante do rol de opções para solucionar a lacuna seria impossível – em especial, a substituição do Direito estrangeiro incidente pelo direito nacional (*lex fori*).

Porém, é possível, pelo menos em hipótese abstrata, ocorrer uma situação em que a lacuna do Direito estrangeiro incidente é insolúvel: quando a questão é instituição desconhecida para a *lex fori* e é instituição completamente desconhecida no Direito estrangeiro incidente, não havendo possibilidade de aplicar norma colisional subsidiária ou recorrer a analogia, costumes e princípios gerais do Direito.

Nessa situação estamos diante de um caso de impossibilidade jurídica do pedido, pois é constatada uma lacuna tanto no Direito estrangeiro como no Direito nacional, o que implicaria a rejeição do pedido decorrente da dupla lacuna.

---

[676] KOATZ, Rafael Lorenzo-Fernandez. A proibição do *non liquet* e o princípio da inafastabilidade do controle jurisdicional. **Revista de Direito Administrativo,** Rio de Janeiro, v. 270, p. 171-205, set. 2015. Disponível em: http://bibliotecadigital.fgv.br/ojs/index.php/rda/article/view/58741/57534.

É uma hipótese que se assemelharia a um ornitorrinco jurídico. Pode acontecer, mas é improvável que ocorra.

15.3 A TEORIA DO REENVIO

15.3.1 A teoria do reenvio: uma questão hermenêutica (ou um sofisma?)

Se pudéssemos escolher um tema para ser removido dos anais da nossa disciplina, como toda certeza a nossa escolha recairia sobre a teoria do reenvio, teoria que gera tamanha confusão e dificuldade teórica e prática a ponto de, em minha opinião, se tornar uma inutilidade acadêmica.

A confusão já surge pela miscelânea de conceitos que se misturam sob seu manto, com diferentes denominações que por vezes aparecem como sinônimos (reenvio, devolução, retorno), mas que designam fenômenos distintos.

Na tentativa de facilitar a compreensão desse verdadeiro caos conceitual, optamos por analisar a teoria do reenvio a partir desses diferentes fenômenos que a compõem, de modo a ordená-los como uma sequência lógica de construções teóricas.

O primeiro fenômeno é manifesto pelo conceito de aplicação integral do Direito estrangeiro, o qual abrange uma questão da amplitude na interpretação do significado de Direito estrangeiro, isto é, trata-se da inserção de uma nova etapa no método colisional de forma a utilizar mais partes do Direito estrangeiro incidente; no caso, utilizar as normas colisionais estrangeiras como vetor de chancela/validação da solução do conflito de leis.

Na hermenêutica tradicional (e dominante) do Direito Internacional Privado, o método colisional é composto por duas etapas (qualificar + conectar = solução), resultando na indicação direta do Direito material (primário ou substancial) estrangeiro a ser aplicado ao fato extranacional, ignorando nessa solução as normas de Direito formal (secundárias) – exclui da incidência, do "conceito" de Direito estrangeiro, as normas processuais e normas colisionais ali contidas.

Na hermenêutica da aplicação integral do Direito estrangeiro incidente é acrescentada uma terceira etapa ao método colisional que é, justamente, a de utilizar as normas colisionais daquele Direito para validar/chancelar a solução apontada. Temos assim o método colisional composto (qualificar + conectar + aferir a conexão = solução).

Podemos notar que nessa nova metodologia colisional existe uma ampliação das normas estrangeiras incidentes, não havendo mais a limitação ao Direito material, mas também o uso de normas colisionais estrangeiras (não são usadas normas processuais, pois sua natureza é sempre unilateral).

Ocorre uma ampliação no significado de Direito estrangeiro incidente e, por consequência, sua aplicação "mais integral" ao fato extranacional, aplicação que remete à teoria da referência global ao Direito estrangeiro originada no século XIX, no julgamento *Krebs x Rosalino* de 1861, no Tribunal de Apelação de *Lübeck* (Alemanha). Essa teoria desconsidera a dicotomia normas materiais-normas formais e adota a concepção unitária do Direito estrangeiro, isto é, o Direito estrangeiro é sinônimo de ordenamento jurídico estrangeiro e, portanto, o máximo possível de normas deste ordenamento deve ser aplicado[677].

Porém, nenhuma alteração hermenêutica ou metodológica é implementada sem o surgimento de problemas específicos dessa alteração. No caso da aplicação integral do Direito estrangeiro incidente, o problema que surge são os denominados pela doutrina de conflitos espaciais de normas colisionais.

Constatamos assim, o segundo fenômeno existente na teoria do reenvio que são os conflitos espaciais positivos de normas colisionais e os conflitos negativos de normas colisionais.

Segundo a doutrina, o conflito espacial positivo de normas colisionais ocorre "quando cada um dos ordenamentos jurídicos em causa indica *a sua própria norma* para reger a questão jurídica com conexão internacional"[678], isto significa que o Direito Internacional Privado do país A indica seu próprio direito A, enquanto o Direito Internacional Privado do país B indica seu próprio direito B.

Aqui observamos uma das confusões que a temática da teoria do Reenvio desenvolve na nossa disciplina: esse conflito espacial positivo de normas colisionais é, simplesmente, impossível de acontecer por uma constatação óbvia de que não é possível ocorrer um choque entre normas de países diferentes – a soberania de cada país impede que tal conflito ocorra.

Para facilitar a compreensão dessa impossibilidade, podemos recorrer ao mesmo exemplo que a doutrina que defende a existência de tal conflito

---

677 RAMOS, André de C. **Curso de direito internacional privado.** São Paulo: Saraiva, 2018, p. 270.

678 MAZZUOLI, Valério de O. **Curso de direito internacional privado.** 2. ed. São Paulo: Forense, 2017, p. 95.

utiliza ao explicá-lo: "um juiz brasileiro tem que decidir questão relativa à capacidade, aos direitos de família e à sucessão de um português domiciliado no Brasil"[679].

A partir desse exemplo, o pensamento doutrinário tradicional terá a tendência de constatar a existência de um conflito entre a norma colisional brasileira contida no art. 7º da LINDB (elemento de conexão domicílio) e a norma colisional portuguesa contida no art. 25 do Código Civil português de 1966[680] (elemento de conexão nacionalidade) e apresentar como conclusão que, diante de tal modalidade de conflito, a "solução" seria por via da harmonização das normas envolvidas, ou melhor:

> Assim, havendo conflito espacial positivo de normas de DIPr, a solução atualmente mais consentânea está na harmonização coerente das normas em conflito para atender à justiça do caso concreto, sem que se imponham soluções rígidas, como, *v. g.*, seria a aplicação da *lex fori* ou a renúncia desta em benefício da lei estrangeira. Tudo, nesse campo, deve estar coordenado à luz do critério *pro homine* de solução de antinomias[681].

De forma simples: é uma bizarrice teórica para encher livros de páginas com conteúdo inútil e de confusa interpretação.

Só que esse pensamento ignora um elemento básico da questão: o prisma sob o qual analisamos o problema do português domiciliado no Brasil é o do **juiz brasileiro**, e o juiz brasileiro aplica **direito internacional privado brasileiro**, portanto, irá aplicar o art. 7º da LINDB, adotando o elemento de conexão domicílio e resultando na aplicação do **direito brasileiro**.

Em nenhum momento existe recurso, necessidade, utilidade ou diálogo com o direito internacional privado português, não havendo nenhuma

679 MAZZUOLI, Valério de O. **Curso de direito internacional privado.** 2. ed. São Paulo: Forense, 2017, p. 95.

680 Art. 25. (Âmbito da lei pessoal). O estado dos indivíduos, a capacidade das pessoas, as relações de família e as sucessões por morte são regulados pela lei pessoal dos respectivos sujeitos, salvas as restrições estabelecidas na presente secção. Decreto-lei n. 47.344, Diário do Governo n. 274/1966. Disponível em: https://dre.pt/legislacao-consolidada/-/lc/34509075/view.

681 MAZZUOLI, Valério de O. **Curso de direito internacional privado.** 2. ed. São Paulo: Forense, 2017, p. 97.

antinomia entre as regras colisionais, sendo sua referência inócua ou, até mesmo, inútil, pois não há *link* com aquele direito.

Destarte, o conflito espacial positivo de normas colisionais nada mais é do que uma construção puramente teórica que procura visualizar antinomias entre normas jurídicas de diferentes ordenamentos nacionais, ignorando a situação de que essa antinomia é impossível de acontecer por se tratarem de ordenamentos jurídicos distintos e, cada qual, protegido pela respectiva soberania nacional.

Superada a mal-fadada construção teórica do conflito espacial positivo de normas colisionais, podemos analisar o conflito espacial negativo de normas colisionais, o qual é um conceito essencial para compreender a teoria do reenvio e suas ramificações.

Novamente recorrendo à doutrina, o conflito espacial negativo de normas colisionais ocorre "quando cada um dos ordenamentos em causa *exclui* a aplicação de suas normas internas para a resolução da questão jurídica com conexão internacional, fazendo incumbir a outro sistema jurídico esse mister"[682].

Essencialmente, o conflito espacial negativo de normas colisionais é o fundamento para a existência da teoria do reenvio, pois no momento em que um determinado Direito Internacional Privado indica Direito estrangeiro como incidente ao fato extranacional surge, para os adeptos da aplicação integral do Direito estrangeiro, a necessidade de verificar se o Direito Internacional Privado estrangeiro confirma ou "reenvia" a solução do conflito de leis para outro Direito.

Na esteira dessas diferentes manifestações e soluções para esse "conflito espacial negativo de normas colisionais" é que se desenvolve a teoria do reenvio, mais especificamente as modalidades de reenvio e particularidades delas decorrentes.

A primeira dessas modalidades é o **reenvio de primeiro grau**, em que o Direito Internacional Privado nacional remete a solução do conflito ao Direito Internacional Privado estrangeiro, que podemos visualizar da seguinte maneira:

É o reenvio mais simples e é denominado de primeiro grau por somente ocorrer a consulta a um só Direito Internacional Privado estrangeiro para determinar a solução do conflito de leis (o Direito material incidente).

---

682 MAZZUOLI, Valério de O. **Curso de direito internacional privado.** 2. ed. São Paulo: Forense, 2017, p. 97.

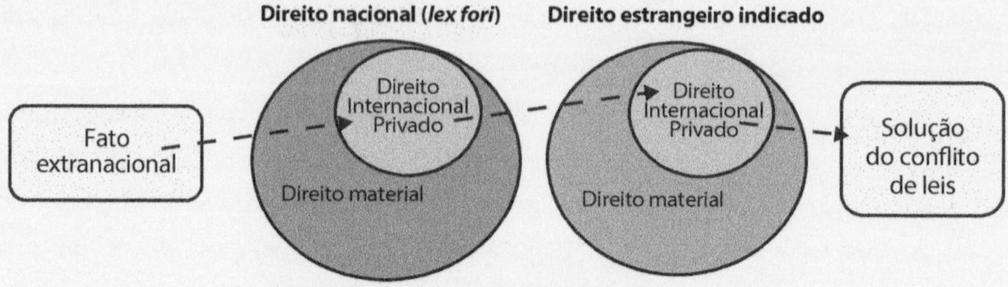

Exemplo de reenvio de primeiro grau

A outra modalidade é o **reenvio de segundo grau**, no qual ocorre a remissão a dois Direitos Internacionais Privados estrangeiros para determinar a solução do conflito de leis – ou, mais tecnicamente, aceita-se o reenvio por parte do Direito Internacional Privado estrangeiro para o Direito Internacional Privado de um terceiro Estado.

Exemplo de reenvio de segundo grau

Constatamos que a teoria do reenvio apresenta a possibilidade de reenvios de múltiplos graus, sendo cada grau a representação de um **Direito Internacional Privado estrangeiro** envolvido na solução do conflito de leis (na determinação do Direito material aplicável) – daí um reenvio de terceiro grau significar o envolvimento de três direitos internacionais privados estrangeiros na solução do conflito de leis.

É a partir dessas modalidades de reenvio, ou da estrutura teorética do reenvio, que surge uma verdadeira gama de conceitos, cada qual procurando descrever um fenômeno, uma particularidade dessas estruturas, sendo os principais conceitos: o retorno, o reenvio oculto, o reenvio de ordem pública e a *Foreign court Theory*.

O retorno, a *priori*, consiste na particularidade de o Direito Internacional Privado estrangeiro (em qualquer grau) determinar a solução do conflito de leis como sendo o próprio Direito material nacional (Direito material do foro), gerando um "retorno" da regulamentação ao Direito originário do conflito de leis.

Na doutrina brasileira é comum associar o retorno como sendo o reenvio de primeiro grau simples, baseando-se, principalmente, nos exemplos existentes na doutrina alemã sobre *Rückverweisung* e *Weiterverweisung*.

Ocorre que o retorno não se caracteriza pelo grau do reenvio, mas sim pela solução do conflito de leis que resultar no reenvio ao próprio Direito nacional do foro, como bem exemplifica Martin Wolff:

> Ein in Warschau wohnhafter Däne stirbt. Da er Nachlaßstücke in Berlin-W. hinterlässt, wird zwischen den Erbprätendenten in Berlin geklagt. Nach deutschem internationalem Privatrecht gilt für die Beerbung dänisches Recht als das Heimatrecht; nach dänischem internationalem Privatrecht gilt das Domizilrecht, demnach polnisches Recht, dessen Internationalprivatrecht aber wieder auf dänisches Recht verweist. Die Frage ist, ob der deutsche Richter die Weiterverweisung auf Polen (und dessen Rückverweisung auf Dänemark, sowie Dänemarks erneute Verweisung auf Polen) zu beachten hat[683].
>
> ***
>
> Um dinamarquês domiciliado em Varsóvia falece, deixando bens a herdar na cidade de Berlim-Ocidental, os quais são reivindicados por pretendentes da sucessão em Berlim. Segundo o Direito Internacional Privado alemão, é aplicável a lei da nacionalidade indicando o direito dinamarquês, o qual por via de seu Direito Internacional Privado adota a lei do domicílio como incidente, por consequência o Direito polonês, sendo que o Direito Internacional Privado polonês adota a lei da nacionalidade remetendo ao Direito dinamarquês. Assim, questiona-se o juiz alemão deve aceitar a *Weiterverweisung* ao Direito polonês (e a consequente *Rückverweisung* deste para o Direito dinamarquês, assim como o novo reenvio da Dinamarca para a Polônia) ou não.

Esse binômio entre *Rückverweisung* e *Weiterverweisung* é muito comum na doutrina alemã no estudo da teoria do reenvio, sendo a *Rückverweisung* a remessa pelo Direito Internacional Privado estrangeiro ao direito material nacional como solução (o que equivale ao retorno), enquanto a *Weiterverweisung* é a remessa do Direito Internacional Privado estrangeiro para o Direito material de um terceiro direito estrangeiro como solução[684].

---

683 WOLFF, Marin. **Das Internationale Privatrecht Deutschlands.** 3. aufl. Berlin-Göttigen-Heidelberg: Springer Verlag, 1954, p. 73.

684 WOLFF, Marin. **Das Internationale Privatrecht Deutschlands.** 3. aufl. Berlin-Göttigen-Heidelberg: Springer Verlag, 1954, p. 72.

Essencialmente, são aspectos que envolvem a solução do conflito de leis na teoria do reenvio, não se relacionando ao grau do reenvio, pouco importando quantos Direitos Internacionais Privados estrangeiros se envolveram no procedimento de solução.

> De forma simples: mais uma elucubração doutrinária para dificultar a temática do reenvio.

Destarte, consideramos um equívoco associar a ideia de retorno como um reenvio de primeiro grau, pois, novamente, não é o grau que determina o retorno, mas sim o fato de o Direito nacional ser a solução do conflito de leis.

O reenvio oculto é definido pela doutrina brasileira como sendo uma "simulação do reenvio, caso não haja regra de DIPr no Estado estrangeiro"[685], como era o caso da República Popular da China, a qual até 1980 não possuía normas de Direito Internacional Privado e julgava casos extranacionais recorrendo ao princípio da reciprocidade, aos costumes internacionais e, especialmente, à ideia de ordem pública pautada pelas diretrizes nacionalistas do Partido Comunista Chinês[686].

Portanto, o reenvio oculto é uma construção teórica engenhosa cuja finalidade é possibilitar a aplicação da teoria do reenvio para casos em que o Direito estrangeiro não possuir normas de Direito Internacional Privado.

> Se já é difícil aplicar o Direito material estrangeiro, imagine aplicar um princípio estrangeiro.

O reenvio de ordem pública, por sua vez, também não é um reenvio propriamente dito, não tendo por objeto da remissão que o Direito Internacional Privado estrangeiro possa realizar, mas de uma extensão da teoria do reenvio ao campo da interpretação e aplicação do princípio da ordem

---

685 RAMOS, André de C. **Curso de direito internacional privado.** São Paulo: Saraiva, 2018, p. 271.

686 CERQUEIRA, Gustavo V. da C. O novo direito internacional privado chinês: aspectos gerais e contratuais (a propósito da nova lei da República Popular da China, de 28.11.2010). In: BAPTISTA, Luiz O.; MAZZUOLI, Valério de O. (orgs.). **Direito internacional privado:** teoria geral. São Paulo: Revista dos Tribunais, 2012, Coleção Doutrinas Essenciais: Direito Internacional, v. 4, p. 1112.

pública internacional, como podemos deduzir de sua definição doutrinária: "consiste na aceitação do reenvio desde que a lei material ao final indicada não viole a ordem pública do Estado estrangeiro cuja lei material, sem o reenvio, regularia hipoteticamente a situação"[687].

De modo mais simples, o reenvio de ordem pública significa a aplicação do princípio da ordem pública internacional estrangeira como parâmetro para aferir a aplicabilidade do Direito material indicado como a solução do conflito de leis – um diálogo de princípios de ordem pública internacional para verificar a existência de limites ou da não aplicação do Direito estrangeiro incidente por reenvio.

Para encerrarmos nossa análise da teoria do reenvio, resta analisarmos a *foreign court Theory* (*Double Renvoi, Total Renvoi*), de inconstante existência no *common Law* do Reino Unido e comumente conhecido no Brasil como duplo reenvio.

Ordinariamente, o duplo reenvio é definido como "atividade de replicar no Estado do foro a solução que seria dada pelos tribunais do país cujo direito"[688] foi indicado como aplicável pelo Direito Internacional Privado nacional.

O duplo reenvio é uma complexa construção jurisprudencial britânica que pode ser melhor compreendida ao ser denominada de reenvio total (*Total Renvoi*), propondo que o juiz nacional não deve somente se limitar a reproduzir as normas colisionais estrangeiras, mas efetivamente se colocar na posição do juiz estrangeiro para encontrar a solução do conflito de leis.

Tentando esboçar uma visualização do método proposto por essa teoria a partir da estrutura de um reenvio de primeiro grau[689]:

É uma teoria que busca incorporar o que podemos denominar de engenharia reversa como etapa necessária ao método colisional, utilizando o reenvio como um instrumento não só de apreciação de normas, mas também de "cultura" jurídica, procurando estabelecer a solução do conflito de leis por meio de uma conjugação de aplicações de reenvio.

---

687 RAMOS, André de C. **Curso de direito internacional privado.** São Paulo: Saraiva, 2018, p. 272.

688 RAMOS, André de C. **Curso de direito internacional privado.** São Paulo: Saraiva, 2018, p. 271.

689 Para uma visualização mais completa e com variantes possíveis desse tipo de pensamento, recomendo a leitura do artigo de Stanley B. Stein, Choice of Law and the doctrine of Renvoi. **McGill Law Journal,** Montreal (Canadá), v. 17, n. 3, 1971, p. 581-593. Disponível em: https://lawjournal.mcgill.ca/wp-content/uploads/pdf/246462-stein.pdf.

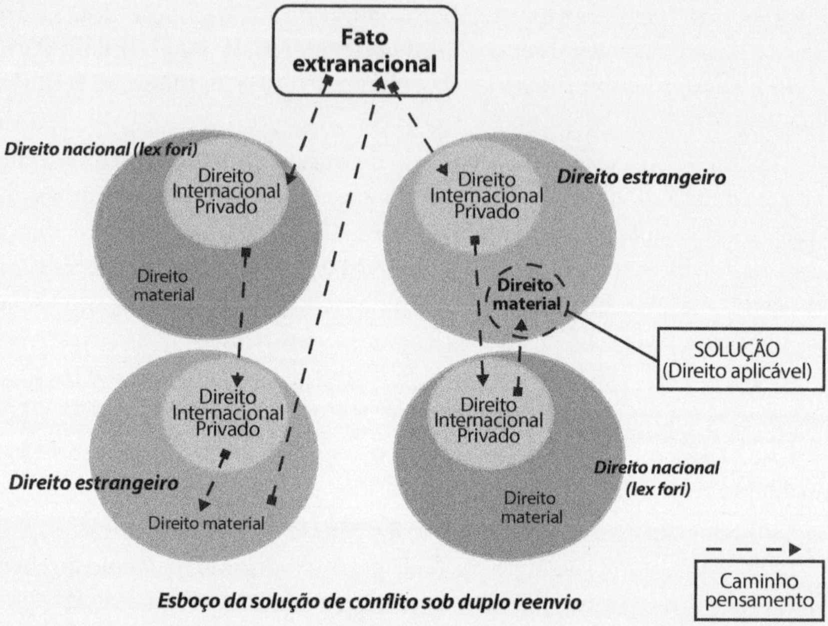

Esboço da solução de conflito sob duplo reenvio

É diante deste quadro teórico da teoria do reenvio que o principal argumento a favor de sua existência é o de que ela oferece "um mar de regulamentações nacionais de DIPr, uma forma de coordenação entre os sistemas"[690], conferindo um vasto arcabouço teórico para o surgimento das mais diversas teorias e inovações em metodologia de solução de conflitos de leis.

Porém, esse "mar de regulamentações nacionais" também apresenta a real ameaça de servir de fundamento para criação de técnicas de manipulação da solução do conflito de leis, sendo especialmente graves as constatações de que a sua aplicação se baseia na premissa duvidosa de serem possíveis a ocorrência de conflitos de segundo grau negativos e que estes seriam passíveis de solução, ignorando o óbvio de que cada judiciário aplica seu próprio direito internacional privado, ou como explica Amilcar de Castro:

> O retorno origina-se de equívoco: seus adeptos supõem estar resolvendo conflitos de segundo grau negativos, quando não há, nem pode haver, conflitos de direitos, nem de primeiro, nem de segundo grau. A vocação histórica do direito internacional privado é a de organizar no *forum*

690 RAMOS, André de C. **Curso de direito internacional privado.** São Paulo: Saraiva, 2018, p. 277.

> direito indígena especial adequado à apreciação de fatos anormais, e por isso mesmo não pode o juiz nacional deixar de obedecer a suas normas, para observar disposições estrangeiras[691].

Além desse problema teórico, também constatamos que existe uma tendência de a teoria do Reenvio gerar o eterno retorno ao direito material nacional (*lex fori*) como solução do conflito de leis, gerando uma metodologia colisional recheada de incertezas e imprevisibilidades – particularidades indesejáveis para qualquer norma jurídica[692].

Sob ponto de vista legislativo brasileiro, a Introdução ao Código Civil de 1916 foi omissa em sua regulamentação, apesar de existir na época de sua elaboração uma expressiva doutrina favorável a sua inserção, mas, na nossa opinião, um dos pouco acertos da LINDB de 1942 foi vedar expressamente a aplicabilidade dessa teoria no Direito Internacional Privado brasileiro: "Art. 16. Quando, nos termos dos artigos precedentes, se houver de aplicar a lei estrangeira, ter-se-á em vista a disposição desta, sem considerar-se qualquer remissão por ela feita a outra lei".

Sinceramente, a teoria do reenvio é um grande sofisma do Direito Internacional Privado e sua fecundidade é, principalmente, resultado do *common Law* britânico ter graves problemas jurisprudenciais quando tem de solucionar conflito de leis envolvendo estatutos pessoais (especialmente sucessão).

É uma construção teórica fundamentada em argumentos utópicos e, em boa parte, contraditórios. O principal exemplo dessa contraditoriedade é acreditar que o Direito estrangeiro é sinônimo de toda a ordem jurídica estrangeira, mas ao final retomar a dicotomia direito material-direito formal para estabelecer a solução do conflito de leis – pois sem ela o reenvio se torna um círculo insolúvel.

15.3.2 O reenvio prejudicial

É importante salientarmos que existe um reenvio que não tem vinculação alguma com a teoria do reenvio que acabamos de analisar: o reenvio prejudicial ou o reenvio a título prejudicial.

Com o desenvolvimento do Direito comunitário europeu, surgiu em âmbito de jurisprudência comunitária o princípio da subsidiariedade dos

---

691 CASTRO, Amilcar de. **Direito internacional privado.** 5. ed. Atualizado por Osiris Rocha. Rio de Janeiro: Forense, 2004, p. 246.

692 STEIN, Stanley B. Choice of Law and the doctrine of Renvoi. **McGill Law Journal,** Montreal (Canadá), v. 17, n. 3, 1971, p. 581-593. Disponível em: https://lawjournal.mcgill.ca/wp-content/uploads/pdf/246462-stein.pdf.

tribunais nacionais, determinando que também é atribuição de cada judiciário nacional dos Estados-membros da União Europeia (UE) o papel de "guardiões dos direitos fundamentais que integram o patrimônio valorativo da UE", determinando que cada judiciário nacional tem competência genérica para aplicar as normas comunitárias europeias[693].

É sob o manto desse dever geral de guardar o Direito comunitário europeu que se desenvolve o reenvio a título prejudicial, se tratando de um mecanismo para estruturar e uniformizar a relação entre as normas comunitárias e as normas nacionais em âmbito de jurisprudência, sendo consagrado no art. 267 do Tratado sobre o Funcionamento da União Europeia (TFUE):

> Artigo 267º
> (ex-artigo 234º TCE)
>
> O Tribunal de Justiça da União Europeia é competente para decidir, a título prejudicial:
>
> a) Sobre a interpretação dos Tratados;
>
> b) Sobre a validade e a interpretação dos atos adotados pelas instituições, órgãos ou organismos da União.
>
> Sempre que uma questão desta natureza seja suscitada perante qualquer órgão jurisdicional de um dos Estados-Membros, esse órgão pode, se considerar que uma decisão sobre essa questão é necessária ao julgamento da causa, pedir ao Tribunal que sobre ela se pronuncie.
>
> Sempre que uma questão desta natureza seja suscitada em processo pendente perante um órgão jurisdicional nacional cujas decisões não sejam suscetíveis de recurso judicial previsto no direito interno, esse órgão é obrigado a submeter a questão ao Tribunal.
>
> Se uma questão desta natureza for suscitada em processo pendente perante um órgão jurisdicional nacional relativamente a uma pessoa que se encontre detida, o Tribunal pronunciar-se-á com a maior brevidade possível[694].

A partir dessa regulamentação, a doutrina europeia aponta duas modalidades de reenvio prejudicial: o reenvio de validade e o reenvio de interpretação.

---

693 PACHECO, Maria de Fátima de C. T. M. O reenvio prejudicial enquanto instrumento de sensibilização dos juízes nacionais no quadro da proteção dos direitos fundamentais. In: **Cadernos de Derecho Actual,** v. extraordinário, n. 5, p. 351, 2017. Disponível em: http://cadernosdedereitoactual.es/ojs/index.php/cadernos/article/viewFile/134/99.

694 Disponível em: https://eur-lex.europa.eu/resource.html?uri=cellar:9e8d52e1-2c70-11e6-b497-01aa75ed71a1.0019.01/DOC_3&format=PDF.

O reenvio prejudicial de validade tem seu fundamento na alínea *b* do art. 267 do TFUE, sendo seu objeto a "apreciação de validade dos atos das Instituições" com a finalidade de verificar a compatibilidade dos atos institucionais nacionais de um Estado membro da EU com o Direito comunitário europeu, com intuito de proteger os indivíduos de eventual violação de seus direitos fundamentais comunitários contra atos nacionais inválidos – configura como um "meio complementar" para arguição de nulidade do ato quando inexistente recurso específico na seara nacional[695].

O reenvio prejudicial de interpretação tem por objeto sanar dúvidas quanto à interpretação das normas comunitárias europeias, com a finalidade de "indicar o sentido material de uma norma europeia ambígua e determinar o seu sentido e alcance concreto" de modo a garantir a uniformidade e unidade na aplicação do Direito comunitário europeu[696].

Em todo caso, ambas as modalidades possuem o mesmo procedimento, podendo este ser invocado por iniciativa das partes ou por ato *ex officio* do tribunal nacional.

Como regra geral, a utilização do reenvio prejudicial é uma faculdade dos tribunais nacionais, não havendo uma expressa obrigatoriedade em recorrer a ele ou ser de deferimento automático para as partes.

Porém, quando o processo no qual surge a questão comunitária prejudicial estiver em tribunal nacional do qual não cabe recurso segundo o Direito nacional (ex.: tribunais de instância única ou de última instância), a utilização do reenvio prejudicial para sanar a questão comunitária é de uso obrigatório pelo tribunal – hipótese do terceiro parágrafo do art. 267 do TFUE.

Em suma, apesar de ser denominado de reenvio, o reenvio prejudicial existente no Direito Comunitário europeu é uma temática de processo comunitário, não de Direito Internacional Privado, e, novamente, não possuindo relação alguma com a teoria do reenvio.

---

695 PACHECO, Maria de Fátima de C. T. M. O reenvio prejudicial enquanto instrumento de sensibilização dos juízes nacionais no quadro da proteção dos direitos fundamentais. In: **Cadernos de Dereito Actual,** v. extraordinário, n. 5, p. 354, 2017. Disponível em: http://cadernosdedereitoactual.es/ojs/index.php/cadernos/article/viewFile/134/99.

696 PACHECO, Maria de Fátima de C. T. M. O reenvio prejudicial enquanto instrumento de sensibilização dos juízes nacionais no quadro da proteção dos direitos fundamentais. In: **Cadernos de Dereito Actual,** v. extraordinário, n. 5, p. 354, 2017. Disponível em: http://cadernosdedereitoactual.es/ojs/index.php/cadernos/article/viewFile/134/99.

15.4 O PRINCÍPIO DA INTERPRETAÇÃO AUTÔNOMA DAS NORMAS INTERNACIONAIS

Das minhas aulas sobre Direito Internacional Privado, na Faculdade de Direito do Recife, constatei que existe uma tendência na academia jurídica de conceber as normas internacionais, ou melhor, as normas não nacionais como uma espécie de complemento, de apêndice das normas nacionais e, por consequência, a extensão da interpretação nacional às normas não nacionais.

Uma situação denominada de nacionalização de normas internacionais e que ignora as particularidades, a estrutura e a dinâmica das normas jurídicas internacionais, de forma a dificultar o seu próprio estudo.

Por esse motivo optei por inserir nos nossos comentários um tema que não pertence à parte geral do Direito Internacional Privado, mas é recorrente, quiçá fundamental, para os estudiosos do microssistema do Direito do Comércio Internacional: o princípio da interpretação autônoma das normas internacionais.

Em um esboço conceitual, o princípio da interpretação autônoma das normas internacionais (ou princípio da internacionalidade e uniformização) consiste em um imperativo jurídico pelo qual o jurista, ao interpretar normas internacionais, deve considerá-las dotadas de autonomia hermenêutica perante as normas nacionais, especialmente por serem produto de um peculiar processo legislativo e, mais importante, serem manifestação da comunidade internacional em determinada matéria – significa que as disposições contidas na norma internacional devem ser interpretadas "independentemente de qualquer concepção prévia de direito interno"[697].

Ressaltamos que essa autonomia hermenêutica não significa a exclusão do direito nacional ou de isolamento hermenêutico da norma internacional, mas sim de que os conceitos e doutrinas elaborados em âmbito normativo nacional não controlam, não se aplicam *ipsis litteris* às normas internacionais, havendo a necessidade de se estabelecerem critérios específicos para a internacionalidade e uniformidade contida nessas normas internacionais.

O primeiro desses critérios de interpretação é a observância da estrutura textual (*Text*) da norma internacional para estabelecer os limites e a compreensão dos conceitos nela empregados, de forma a entender as distinções terminológicas e conceituais entre o plano nacional e o plano internacional.

---

[697] SCHWENZER, Ingeborg; GREBLER, Eduardo; FRADERA, Véra; PEREIRA, Cesar A. Guimarães. **Schlechtriem & Schwenzer:** comentários à Convenção das Nações Unidas sobre Contratos de Compra e Venda Internacional de Mercadorias. São Paulo: Revista dos Tribunais, 2014, p. 250.

Esse critério é extremamente importante quando a norma internacional possui versões oficiais em diferentes idiomas sem preferência entre os mesmos (ex.: a Convenção para a Resolução de Conflitos Relativos a Investimentos entre Estados e Nacionais de outro Estrados – Washington, 1965), ocasionando a necessidade de análise comparativa entre as versões para determinar a unidade conceitual contida na norma[698].

O segundo critério é o contexto (*Context*) que gerou a criação da norma internacional, mais precisamente os motivos de sua criação, motivos estes normalmente estabelecidos no preâmbulo[699].

O terceiro critério é o histórico de elaboração (*Drafting history*) da norma internacional, o qual é composto pelos trabalhos preparatórios (*travaux preparatoire*), os esboços e as versões provisórias que antecederam o surgimento da norma, possibilitando compreender o processo legislativo pelo qual a norma passou e o espírito de que a redação final está imbuída[700].

O quarto critério é a finalidade da norma (*Purpose*), o escopo que a norma internacional procurar atingir com sua regulamentação, ou melhor, a racionalidade jurídica que a norma procura imprimir na mentalidade jurídica sobre determinada área de regulamentação – a unidade e a uniformidade em sua interpretação e aplicação naquele campo regulatório[701].

E o último critério são os argumentos de política legislativa (*Policy Arguments*), o qual é o critério mais pragmático que busca analisar as consequências da aplicação da norma internacional em vista dos valores que esta contém e procura promover[702].

---

698 VOGENAUER, Stefan (ed.). **Commentary on the Unidroit Principles of International commercial contracts (PICC).** 2. ed. Oxford: Oxford University Press, 2015, p. 190.

699 VOGENAUER, Stefan (ed.). **Commentary on the Unidroit Principles of International commercial contracts (PICC).** 2. ed. Oxford: Oxford University Press, 2015, p. 190-191.

700 VOGENAUER, Stefan (ed.). **Commentary on the Unidroit Principles of International commercial contracts (PICC).** 2. ed. Oxford: Oxford University Press, 2015, p. 193.

701 VOGENAUER, Stefan (ed.). **Commentary on the Unidroit Principles of International commercial contracts (PICC).** 2. ed. Oxford: Oxford University Press, 2015, p. 194.

702 VOGENAUER, Stefan (ed.). **Commentary on the Unidroit Principles of International commercial contracts (PICC).** 2. ed. Oxford: Oxford University Press, 2015, p. 195.

A doutrina especializada costuma definir que esse critério é composto pela conjugação de três linhas de argumento:

(i) a interpretação da norma deve considerar as possíveis consequências jurídicas e econômicas da implementação da norma;

(ii) impedir que a interpretação resulte em *argumentum ad absurdum*, devendo a aplicação não gerar absurdos, incoerências ou demais irracionalidades; e

(iii) que a interpretação da norma internacional produza resultados justos e equitativos[703].

É desenvolver uma mentalidade internacional na apreciação dessas normas, evitando "nacionalização" de conceitos, a qual frustraria o intuito de toda norma internacional: a unidade internacional.

Podemos constatar que, em essência, esses critérios procuram estabelecer e reafirmar o caráter internacional da norma e da necessidade de sua interpretação/aplicação ser dotada de uniformidade entre os diferentes direitos nacionais aos quais foi incorporada.

Destarte, é da conjugação e balanceamento desses critérios que surge o "grosso" da interpretação da norma internacional, não da sua inserção por semelhança a doutrina, conceitos e normas nacionais.

No Brasil, esse princípio ainda está restrito a determinados "nichos" jurídicos, não havendo um amplo debate sobre ele, pelo motivo de a legislação brasileira ainda apresentar problemas básicos quanto a lidar com normativas internacionais.

Porém essa situação tende a se alterar, especialmente com a ratificação da Convenção das Nações Unidas sobre Contratos de Compra e Venda Internacional de Mercadorias (Convenção de Viena de 1980), ratificada pelo Brasil por meio do Decreto n. 8.327, de 16 de outubro de 2014, a qual consagra expressamente o princípio da interpretação autônoma:

> Artigo 7
>
> (1) Na interpretação desta Convenção ter-se-ão em conta seu caráter internacional e a necessidade de promover a uniformidade de sua aplicação, bem como de assegurar o respeito à boa fé no comércio internacional.

---

703 VOGENAUER, Stefan (ed.). **Commentary on the Unidroit Principles of International commercial contracts (PICC).** 2. ed. Oxford: Oxford University Press, 2015, p. 197.

> (2) As questões referentes às matérias reguladas por esta Convenção que não forem por ela expressamente resolvidas serão dirimidas segundo os princípios gerais que a inspiram ou, à falta destes, de acordo com a lei aplicável segundo as regras de direito internacional privado.

Em suma, quando se aplica direito estrangeiro ou normas internacionais é importante salientar que a interpretação não é da "mera letra da lei", mas sim de toda a mentalidade e estrutura teórica da qual essas normas, esses direitos, são produto. Ignorar esses elementos de internacionalidade (ou particularidades do direito estrangeiro) é flertar com a produção de interpretações absurdas, irracionais e, ultimamente, injustas.

15.5 A QUESTÃO PRÉVIA

Em um desenvolvimento recente no Direito Internacional Privado, mais precisamente a partir da década de 30 do século XX, emergiu um novo instituto, princípio relacionada à aplicação do Direito estrangeiro incidente: a questão prévia.

A questão prévia (prejudicial, incidental, preliminar ou "questão de fundo") é definida como o fenômeno que emerge quando na solução do conflito de leis ocorre o surgimento de uma situação uma situação inesperada que resulta na fragmentação da solução do conflito de leis em questão principal e questão prévia – esta última sendo de necessária solução para possibilitar a solução da questão principal e questão prévia – esta última sendo de necessária solução para possibilitar a solução da questão principal[704].

A partir desse conceito, a doutrina estabeleceu três condições para a sua manifestação, como ensina:

> 1. As regras de conexão do foro indicam a aplicação de determinado direito estrangeiro para a questão principal;
>
> 2. Surge uma questão prévia, de cuja solução depende a questão principal, e segundo o Direito Internacional Privado do foro, esta questão prévia deve ser julgada pelo direito de outra jurisdição que não aquela indicada para a questão principal;

---

704 Nesse sentido: DOLINGER, Jacob; TIBURCIO, Carmen. **Direito internacional privado.** 14. ed. Rio de Janeiro: Forense, 2018, p. 508; DEL'OMO, Florisbal de Souza; JAEGER JUNIOR, Augusto. **Curso de direito internacional privado.** 12. ed. Rio de Janeiro: Forense, 2017, p. 39; RAMOS, André de C. **Curso de direito internacional privado.** São Paulo: Saraiva, 2018, p. 289; MAZZUOLI, Valério de O. **Curso de direito internacional privado.** 2. ed. São Paulo: Forense, 2017, p. 121.

3. A indicação do DIP do foro relativa a lei aplicável à questão prévia é diferente da indicação do DIP do país cuja lei foi determinada como aplicável para solução da questão principal[705].

Não sem razão, considerando que as condições para sua manifestação não são simples, a própria doutrina reconhece que se trata de um instituto muito pouco estudado e de ocorrência extremamente rara nas jurisprudências nacionais[706].

Porém, mesmo sendo um instituto de rara manifestação, quando este ocorre surge uma delicada controvérsia sobre a relação entre a questão prévia e a questão principal no que tange às regras colisionais aplicáveis, evidenciando-se duas correntes doutrinárias distintas na explicação dessa relação: a corrente da conexão subordinada e a corrente da conexão autônoma.

A corrente da conexão subordinada defende que a relação entre a questão prévia e a questão principal é de subordinação, isto é, essa doutrina defende a tese de que as regras colisionais aplicáveis à questão principal abrangem as questões prévias a ela atreladas, pois, em abstrato, a solução de conflitos de leis é uma só[707].

Enquanto a corrente da conexão autônoma defende que existe uma autonomia entre a questão prévia e a questão principal, isto é, defende a tese de que a relação questão principal-questão prévia surge por motivo de direito material; por consequência, não há relação com as regras colisionais entre as questões, devendo cada uma ser tratada como uma situação própria – adotando a técnica do *Depeçage*[708].

Ambas as correntes de pensamento têm seus méritos e suas críticas e, na nossa opinião, no Direito Internacional Privado contemporâneo a corrente da conexão autônoma se enquadra melhor para o estudo da questão prévia, pois, novamente, a questão prévia é oriunda de situação de direito material, não de regras colisionais, sendo uma situação própria que emerge como preliminar para compreender a situação inicialmente em foco.

---

705 DOLINGER, Jacob; TIBURCIO, Carmen. **Direito internacional privado.** 14. ed. Rio de Janeiro: Forense, 2018, p. 509.

706 DOLINGER, Jacob; TIBURCIO, Carmen. **Direito internacional privado.** 14. ed. Rio de Janeiro: Forense, 2018, p. 512.

707 RAMOS, André de C. **Curso de direito internacional privado.** São Paulo: Saraiva, 2018, p. 290.

708 RAMOS, André de C. **Curso de direito internacional privado.** São Paulo: Saraiva, 2018, p. 290.

Para facilitar, podemos utilizar um exemplo comum da doutrina para a questão prévia: precisa existir um casamento para possibilitar a existência de um divórcio[709], portanto, a questão prévia do divórcio é a existência do casamento – porém, no Direito Internacional Privado, o direito que rege a constituição do casamento nem sempre é o mesmo que rege o divórcio.

Sob o prisma da legislação brasileira, como a questão prévia é uma instituição recente, não é de se surpreender que tanto a Introdução ao Código Civil de 1916 como a Lei de Introdução de 1942 não estipulassem regras para ela, sendo a única legislação que a regula a Convenção Interamericana sobre Normas Gerais de Direito Internacional Privado (Decreto n. 1.979/1996):

> Artigo 8
>
> As questões prévias, preliminares ou incidentes que surjam em decorrência de uma questão principal não devem necessariamente ser resolvidas de acordo com a lei que regula esta última.

É um dispositivo extremamente amplo e aberto à interpretação, não permitindo aferir qualquer posicionamento sobre autonomia-subordinação nas conexões envolvendo questão prévia, sendo a doutrina unânime em afirmar que a única interpretação sólida é a de que o dispositivo confere ao juiz ampla liberdade para escolher como resolver a questão prévia, seja pelo Direito Internacional Privado do foro (*lex fori*) ou de acordo com o Direito Internacional Privado da questão principal (*lex causæ*)[710].

---

709 Exemplo retirado de MAZZUOLI, Valério de O. **Curso de direito internacional privado.** 2. ed. São Paulo: Forense, 2017, p. 121.

710 DOLINGER, Jacob; TIBURCIO, Carmen. **Direito internacional privado.** 14. ed. Rio de Janeiro: Forense, 2018, p. 512.

Capítulo 16

DOS LIMITES E DAS EXCLUDENTES DA APLICAÇÃO DO DIREITO ESTRANGEIRO

16.1 REFLEXO DA SOBERANIA NO DIREITO INTERNACIONAL PRIVADO

Antes de analisarmos os limites e as excludentes da aplicação do direito estrangeiro, é importante que contextualizemos o fenômeno que dá origem a esses institutos que, de algum modo, interferem na solução de conflito de leis: a soberania do Estado nacional.

É um dos pilares do pensamento jurídico contemporâneo que cada ordem jurídica nacional é soberana, isto é, cada Direito nacional é revestido por um "manto místico" que confere independência ao Estados e, no Direito, confere a igualdade jurídica entre eles, igualdade esta que se manifesta em dois grandes princípios das relações internacionais modernas: a não intervenção e a autodeterminação dos povos.

Ocorre que a soberania é um conceito místico de origem política que remonta ao século XVI e tinha por finalidade justificar a separação do poder eclesiástico (a Igreja) do poder do príncipe (o Estado), consolidando-se na teoria do Estado moderno como elemento do poder a partir da Paz de Vestefália de 1648, momento em que se tornou intrinsicamente relacionada à própria ideia de Estado.

No século XIX, essa associação se tornou ainda mais profunda, em especial no momento em que apareceria uma nova forma de agir político dos soberanos no campo internacional, a passagem da *raison d'état* para a *Realpolitik*, tendo por consequência a expansão do Estado como figura central das relações internacionais em detrimento dos indivíduos, das pessoas – é a consolidação do Direito Internacional Público como Direito entre Soberanias, Direito entre Estados.

É nesse contexto que vai emergir o que é concebido como a doutrina do Domínio reservado dos Estados, a expressão jurídica principal da soberania em configurar como um instrumento do poder estatal de fazer suspender e, até mesmo, impedir a aplicabilidade de normas jurídicas não nacionais (sejam internacionais ou estrangeiras), sob fundamento da conveniência política daquelas normas.

Simplificando, o domínio reservado dos Estados é a plataforma sobre a qual se desenvolveu o que podemos denominar de política jurídica, a criação de normas jurídicas excessivamente indeterminadas (conceitos jurídicos indeterminados), cuja interpretação está sujeita a fatores políticos, servindo dessa forma de instrumentos de legitimação jurídica para agendas políticas.

Não sem razão, atualmente não contamos com uma jurisdição internacional compulsória, forte o suficiente para impor-se sobre os Estados nacionais, a ponto de encontrarmos na própria Carta das Nações Unidas o alicerce legal para a doutrina do domínio reservado: o art. 2 (7)[711], também conhecido como a cláusula de jurisdição doméstica.

A cláusula de jurisdição doméstica é a manifestação máxima de que, em última instância, caberá exclusivamente a cada Estado nacional deliberar sobre determinados assuntos, independentemente de sua natureza, a ponto de ignorar qualquer interferência externa ou tomar em consideração qualquer normativa internacional envolvida[712].

Os limites e a excludente de aplicação do Direito estrangeiro são um desdobramento dessa cláusula, dessa doutrina do Direito Internacional Público

---

711 Artigo 2. A Organização e seus Membros, para a realização dos propósitos mencionados no Artigo 1, agirão de acordo com os seguintes princípios: (...) 7. Nenhum dispositivo da presente Carta autorizará as Nações Unidas a intervirem em assuntos que dependam essencialmente da jurisdição de qualquer Estado ou obrigará os Membros a submeterem tais assuntos a uma solução, no termos da presente Carta; este princípio, porém, não prejudicará a aplicação das medidas coercitivas constantes no Capítulo VII.

712 A respeito dos desdobramentos dessa doutrina, sugerimos a leitura da minha dissertação: WEBERBAUER, Paul Hugo; AGOSTINHO DA BOAVIAGEM, Aurélio. **O Estado-Nação e a jurisdição internacional:** análise das barreiras para implementação de uma jurisdição compulsória no direito internacional. Dissertação (Mestrado) – Programa de Pós-Graduação em Direito da Universidade Federal de Pernambuco, Recife, 2006. 174 p. Disponível em: https://repositorio.ufpe.br/handle/ 123456789/4554.

no Direito Internacional Privado, sendo melhor denominado de o problema da imperatividade das normas jurídicas na diversidade legislativa.

O problema da imperatividade das normas jurídicas na diversidade legislativa é uma questão envolvendo a hierarquia entre as normas emanadas de um poder estatal nacional diante das normas internacionais, a problemática das normas emanadas por um órgão legislativo nacional possuírem maior imperatividade que as normas decorrentes de compromissos internacionais daquele Estado a ponto de a própria extraterritorialidade de um direito somente ser aceita (ou "obrigatória") se forem ratificadas, incorporadas ou, simplesmente, aceitas por aquela própria ordem jurídica nacional.

Os limites e a excludente de aplicação do Direito estrangeiro são manifestações desse problema, pois consistem em reservas soberanas que cada ordem jurídica nacional (*lex fori*) possui para interferir na aplicação do direito estrangeiro por motivos de conveniência política, social, econômica ou incompatibilidade jurídica com a ordem nacional.

Nesse contexto podemos delimitar duas categorias de proteção ordenamento jurídico nacional na solução do conflito de leis: a excludente do Direito estrangeiro e as limitantes na aplicação do Direito estrangeiro.

A excludente do direito estrangeiro consiste naqueles impedimentos existentes em determinada ordem jurídica nacional que afastam, impedem os efeitos ou excluem por completo a extraterritorialidade da norma estrangeira e o substituem pela norma nacional.

É pela excludente de direito estrangeiro que a jurisdição nacional pode ignorar a própria solução do conflito de leis, impondo o direito nacional do foro sob argumento de existir violação a valores, costumes, normas ou, simplesmente, a soberania nacional.

A excludente de Direito estrangeiro é agrupada em nossa disciplina sob a designação do princípio da ordem pública internacional.

Quanto aos limites da aplicação do direito estrangeiro, consistem em determinadas situações as quais interferem ou no processo de solução de conflito de leis ou na própria aplicação do direito estrangeiro incidente, interferência que não exclui a solução do conflito de leis, mas impõe limites a sua atuação na jurisdição nacional por motivos de conveniência política, social ou econômica.

Configuram como limites à aplicação do direito estrangeiro os institutos das normas de aplicação imediata, a fraude à lei, o controle de constitucionalidade do direito estrangeiro, o controle de convencionalidade e a instituição desconhecida.

16.2 A EXCLUDENTE DE APLICAÇÃO DO DIREITO ESTRANGEIRO: O PRINCÍPIO DA ORDEM PÚBLICA INTERNACIONAL

16.2.1 Ordem pública: nacional, internacional e universal

O princípio da ordem pública internacional é o principal instrumento de proteção de determinada jurisdição nacional contra Direito estrangeiro indesejável. Essa afirmação tem singular importância pois, por um lado, responde o que são as excludentes de Direito estrangeiro, mas, por outro, esconde o altíssimo grau de complexidade que envolve esse campo temático da nossa disciplina.

Para compreendermos o princípio da ordem pública internacional, precisamos deixar claro que esse princípio não se confunde com os diversos homônimos que existem em outros ramos da Ciência Jurídica, a ponto de a doutrina da solução do conflito de leis ter agrupado a ideia de ordem pública em três grandes aspectos: a ordem pública de Direito interno (nacional), a ordem pública universal e a ordem pública internacional.

Os três aspectos possuem a mesma origem epistemológica: a manifestação da soberania do Estado em determinadas situações, gerando uma imperatividade normativa específica baseada em interesse não jurídico. Porém, cada aspecto tem uma dinâmica própria, um significado próprio e uma funcionalidade peculiar, os quais não podem ser confundidos uns com os outros, sob pena de sujeitar o direito à conveniência política.

O primeiro aspecto é o mais comum da academia jurídica: a ordem pública de direito interno (nacional), a qual se associa aos limites normativos existentes para situações específicas no dia a dia de uma sociedade nacional, sendo sua manifestação normalmente ocultada por expressões como "interesse social" ou "interesse público".

Exemplificando: no Direito privado é considerado de ordem pública todos aqueles limites à "manifestação da vontade individual, às disposições e convenções particulares"[713], portanto, a expressão "ordem pública" é empregada,

[713] VALLADÃO, Haroldo. **Direito internacional privado em base histórica e comparativa, positiva e doutrinária, especialmente dos Estados americanos:** introdução e parte geral. São Paulo: Livraria Freitas Bastos, 1968, p. 496.

[714] Art. 20. Salvo se autorizadas, ou se necessárias à administração da justiça ou à manutenção da ordem pública, a divulgação de escritos, a transmissão da palavra, ou a publicação, a exposição ou a utilização da imagem de uma pessoa poderão ser proibidas, a seu requerimento e sem prejuízo da indenização que

por exemplo, no arts. 20[713], 122[715], 606[716], 1.125[717] e 2.035[718] do Código Civil compreendida dentro desse aspecto nacional da ordem pública, limitando o exercício de direitos e interferindo nas relações jurídicas da sociedade brasileira, não havendo qualquer ressonância ou influência na solução do conflito de leis, na questão da extraterritorialidade de uma norma estrangeira.

A ordem pública nacional no Direito Privado corresponde, essencialmente, ao estudo dos limites da autonomia privada e da liberdade individual nas relações jurídicas do dia a dia da sociedade.

Exemplificando: no Direito público, a ordem pública assume um vasto campo de significados, todos associados ao interesse da Administração Pública no exercício de suas diferentes funções de poder. A principal manifestação desse aspecto da ordem pública nacional é a ordem pública processual, a qual corresponde aos princípios atrelados "à missão e à função jurisdicional do Estado"[719].

---

couber, se lhe atingirem a honra, a boa fama ou a respeitabilidade, ou se se destinarem a fins comerciais.

715 Art. 122. São lícitas, em geral, todas as condições não contrárias à lei, à ordem pública ou aos bons costumes; entre as condições defesas se incluem as que privarem de todo efeito o negócio jurídico, ou o sujeitarem ao puro arbítrio de uma das partes.

716 Art. 606. Se o serviço for prestado por quem não possua título de habilitação, ou não satisfaça requisitos outros estabelecidos em lei, não poderá quem os prestou cobrar a retribuição normalmente correspondente ao trabalho executado. Mas se deste resultar benefício para a outra parte, o juiz atribuirá a quem o prestou uma compensação razoável, desde que tenha agido com boa-fé. Parágrafo único. Não se aplica a segunda parte deste artigo, quando a proibição da prestação de serviço resultar de lei de ordem pública.

717 Art. 1.125. Ao Poder Executivo é facultado, a qualquer tempo, cassar a autorização concedida a sociedade nacional ou estrangeira que infringir disposição de ordem pública ou praticar atos contrários aos fins declarados no seu estatuto.

718 Art. 2.035. A validade dos negócios e demais atos jurídicos, constituídos antes da entrada em vigor deste Código, obedece ao disposto nas leis anteriores, referidas no art. 2.045, mas os seus efeitos, produzidos após a vigência deste Código, aos preceitos dele se subordinam, salvo se houver sido prevista pelas partes determinada forma de execução.
Parágrafo único. Nenhuma convenção prevalecerá se contrariar preceitos de ordem pública, tais como os estabelecidos por este Código para assegurar a função social da propriedade e dos contratos.

719 APRIGLIANO, Ricardo de Carvalho; CARMONA, Carlos Alberto. **A ordem pública no direito processual civil.** Universidade de São Paulo, São Paulo, 2010, p. 7. Disponível em: https://repositorio.usp.br/single.php?_id=001852179.

A ordem pública processual se manifesta por meio das "matérias de ordem pública", englobando desde o estudo da cognição *ex officio* no processo, na existência ou não do instituto da preclusão em determinado ato processual, no grau de jurisdição de arguição de determinada matéria, até o estudo da validade-eficácia da convenção arbitral, sendo sua definição mais conhecida a de se tratar de um "conjunto de normas, contidas no ordenamento jurídico, pelos quais se exerce o controle tempestivo da regularidade do processo, normas estas voltadas a permitir que a jurisdição atinja seus objetivos, de decidir o mérito, atribuir o bem da vida e gerar pacificação"[720].

No Processo Penal, a ordem pública assume ainda a feição de ordem social, como verificamos em seu emprego nos arts. 7º e 312 do CPP[721]. Novamente, esse aspecto da ordem pública interna, manifestação do interesse público e do interesse social na pacificação social penal, não possuindo nenhuma relação com o nosso princípio da ordem pública internacional.

> Essa concepção de ordem pública processual é tão confusa e indeterminada quanto ao nosso princípio que para aqueles que desejam ter maior aprofundamento na temática, em especial sobre a doutrina que a associa ao "tû-tû" de Alf Ross, recomendamos a leitura do artigo de Márcio de Oliveira Rocha: Doutrina brasileira e a ordem pública processual, essa desconhecida, da *Revista Eletrônica de Direito Processual – REDP*, disponível em: https://www.e-publicacoes.uerj.br/index.php/redp/article/view/44560/30280.

O segundo aspecto da ordem pública, a ordem pública universal (ou verdadeiramente internacional), está associado à construção de um direito global, ou melhor, à concepção de uma unificação das diferentes ordens públicas internacionais existentes na diversidade legislativa de forma a construir uma ordem pública única, verdadeiramente global.

---

720 APRIGLIANO, Ricardo de Carvalho; CARMONA, Carlos Alberto. **A ordem pública no direito processual civil.** Universidade de São Paulo, São Paulo, 2010, p. 291. Disponível em: https://repositorio.usp.br/single.php?_id=001852179.

721 Art. 7º Para verificar a possibilidade de haver a infração sido praticada de determinado modo, a autoridade policial poderá proceder à reprodução simulada dos fatos, desde que esta não contrarie a moralidade ou a ordem pública.
(...)
Art. 312. A prisão preventiva poderá ser decretada como garantia da ordem pública, da ordem econômica, por conveniência da instrução criminal, ou para assegurar a aplicação da lei penal, quando houver prova da existência do crime e indício suficiente de autoria.

A melhor forma de compreender esse aspecto é compreender as ideias do jurista Jacob Dolinger, um dos pioneiros dessa concepção no Brasil, que esclarece:

> 45 – A doutrina está dividida entre os que são prognósticos a redução da ordem pública no Direito Internacional Privado e os que entendem que ainda permanecerá por muito tempo sem alteração.
>
> 46 – Este benefício se materializará com o reconhecimento da "ordem pública verdadeiramente internacional" ou "universal", que reforçará o respeito internacional pela ordem pública interna de cada soberania.
>
> 47 – Esta ordem pública verdadeiramente internacional, aludida por alguns autores de forma inadequada, não foi ainda conceituada nem compreendida pela Doutrina. Ela abrange, além do direito penal internacional, uma série de medidas e criações convencionais, como o FMI e o GATT, que visam criar uma ordem pública positiva, de caráter universal, garantido de bem estar e dos interesses de cada uma das comunidades que compõem a sociedade internacional.
>
> 48 – A ordem pública universal comandará o respeito de cada jurisdição pela ordem pública dos outros Estados, poderá fazer com que as jurisdições abdiquem de aplicar seu próprio direito e até seu princípio de ordem pública, numa nova e ampliada *comitas gentium*, criará um sistema de reconhecimento e aplicação de leis fiscais de outras soberanias, introduzirá na arbitragem internacional o respeito pela ordem pública dos Estados interessados na decisão, patrocinará um Código de conduta para as empresas multinacionais, ocupar-se-á com a ecologia universal e com todas as questões em que estejam indissoluvelmente ligados os interesses de cada nacionalidade e da sociedade internacional[722].

Na nossa opinião, a ordem pública universal é uma sadia dose de utopia na nossa disciplina, cuja proposta é, em essência, criar uma intersecção entre a concepção de *ius cogens* do Direito Internacional Público, dos diversos microssistemas em surgimento (ex.: Direito do Comércio Internacional) e a imperatividade dos Direitos humanos e sua irradiação universal na diversidade legislativa, de modo a criar uma nova concepção tanto na solução, quanto na aplicação do Direito estrangeiro.

É um conceito em desenvolvimento, não havendo uma certeza quanto a sua delimitação e significado no Direito Internacional geral, sendo uma proposta de interesse transversal, procurando desenvolver não só o Direito Internacional Privado, mas todos os aspectos internacionais da Ciência Jurídica.

---

722 DOLINGER, Jacob. **A evolução da ordem pública no direito internacional privado.** Imprensa: Rio de Janeiro, Graf. Luna, 1979, p. 262-263.

Encerrando, temos o terceiro aspecto da ordem pública: a ordem pública internacional, que se manifesta como o agrupamento de todos os impedimentos, causas de exclusão e de afastamento do Direito estrangeiro, servindo como uma antepara, uma cláusula de barreira de determinada jurisdição nacional para aplicação de normas jurídicas alienígenas, possuindo como fundamentação argumentos de ordem político-social, como os costumes ou a própria soberania do Direito nacional.

Estamos diante de um instituto-princípio cuja finalidade maior é evitar o surgimento de anomalias em uma determinada jurisdição nacional por força da aplicação de direito estrangeiro que, de alguma forma, seja inócuo, seja inconveniente para aquela jurisdição.

Também é denominada de aspecto externo da ordem pública, ordem pública de Direito Internacional Privado[723] ou, simplesmente, ordem social[724], e configura objeto de estudo imprescindível para nossa disciplina.

16.2.2 O princípio da ordem pública internacional

Estudar a excludente do Direito estrangeiro é estudar o fenômeno do princípio da ordem pública internacional, um tema único quanto ao seu "rico manancial teórico-dogmático" que produziu e ainda produz dentro da nossa disciplina[725].

Podemos afirmar, sem temeridade alguma, que o princípio da ordem pública internacional é um dos assuntos mais complexos da nossa disciplina, complexidade decorrente de sua natureza interdisciplinar com a existência de elementos políticos e sociais em sua compreensão, além de envolver a questão da imperatividade normativa diante da realidade fático-social, da conveniência política de determinada ordem jurídica para afastar, impedir ou excluir a extraterritorialidade de um Direito.

---

723 VALLADÃO, Haroldo. **Direito internacional privado em base histórica e comparativa, positiva e doutrinária, especialmente dos Estados americanos:** introdução e parte geral. São Paulo: Livraria Freitas Bastos, 1968, p. 496.

724 CASTRO, Amilcar de. **Direito internacional privado.** 5. ed. Atualizado por Osiris Rocha. Rio de Janeiro: Forense, 2004, p. 275.

725 DOLINGER, Jacob. **A evolução da ordem pública no direito internacional privado.** Imprensa: Rio de Janeiro, Graf. Luna, 1979, p. 3.

A sua existência pode ser considerada atemporal pois não há consenso quanto a sua origem, mas é comum encontrar doutrina que a considera na lição sobre os estatutos odiosos da escola estatutária italiana dos séculos XIII e XIV[726].

Porém, parece-nos que existe uma certa harmonia doutrinária em estabelecer que a base conceitual do princípio da ordem pública internacional é fruto da Jurisprudência dos Conceitos dominante no fim do século XVIII até meados do século XIX, havendo destaque para as lições de Joseph Story e de Friedrich Carl von Savigny – apesar de nenhum dos dois utilizar a expressão "ordem pública" em suas obras[727].

O conceito da ordem pública internacional nas lições de Joseph Story se manifesta como um desdobramento natural da soberania no Direito Internacional Privado, mais precisamente, na premissa de que nenhuma nação pode ser obrigada a abandonar suas políticas e instituições fundamentais em favor de outra nação (*"No nation can be justly required to yield up its own fundamental policy and institutions, in favour of those of another nation"*)[728].

A partir dessa premissa, Joseph Story vai procurar resolver o problema do fundamento do próprio Direito Internacional Privado (*Conflict of Laws*), de modo a conciliar o fato de como uma lei nacional pode gerar efeitos extraterritoriais, gerar efeitos em outra jurisdição, mas ao mesmo tempo não violar a soberania e a igualdade dos Estados, além de, ao mesmo tempo, não transformar a jurisdição nacional em um algo absoluto – *"That a nation ought not to make its own jurisprudence an instrument of injustice to other nations, or to their subjects"*[729] ("Que uma

---

726 VALLADÃO, Haroldo. **Direito internacional privado em base histórica e comparativa, positiva e doutrinária, especialmente dos Estados americanos:** introdução e parte geral. São Paulo: Livraria Freitas Bastos, 1968, p. 493; DOLINGER, Jacob. **A evolução da ordem pública no direito internacional privado.** Imprensa: Rio de Janeiro, Graf. Luna, 1979, p. 65.

727 VALLADÃO, Haroldo. **Direito internacional privado em base histórica e comparativa, positiva e doutrinária, especialmente dos Estados americanos:** introdução e parte geral. São Paulo: Livraria Freitas Bastos, 1968, p. 494; DOLINGER, Jacob. **A evolução da ordem pública no direito internacional privado.** Imprensa: Rio de Janeiro, Graf. Luna, 1979, p. 256-7.

728 STORY, Joseph. **Commentaries on the conflict of laws, foreign and domestic, in regard to contracts, rights, and remedies, and especially in regard to marriages, divorces, wills, successions, and Judgments.** 2. ed. New Jersey: The Lawbook Exchange Ltd., 2005, p. 31.

729 STORY, Joseph. **Commentaries on the conflict of laws, foreign and domestic, in regard to contracts, rights, and remedies, and especially in regard to**

Nação não pretenda transformar sua própria jurisprudência em um instrumento de injustiça para com outras nações ou seus súditos").

Simplificando, podemos destacar dois momentos nos quais Jospeh Story nos oferecerá um aprofundamento dessas premissas: 1) na questão dos casamentos celebrados no exterior; e 2) na questão dos contratos celebrados no exterior.

Na questão dos casamentos celebrados no exterior, Joseph Story estabelece que essa modalidade de casamento estaria sujeita ao direito do local da celebração do ato matrimonial, concluindo que sendo o casamento válido no local de sua celebração, este seria válido em qualquer outro lugar, mas que haveria exceções para essa regra, conforme explica:

> The most prominent, if not the only known, exceptions to the rule are those marriages involving polygamy and incest; those positively prohibited by the public law of a country, from motives of policy; and those celebrated in foreign countries by subjects entitling themselves, under special circumstances, to the benefit of the laws of their own country[730].
>
> ***
>
> As mais conhecidas, senão as únicas conhecidas, exceções para a regra são aqueles casamentos envolvendo poligamia e incesto; aqueles positivamente proibidos pelo direito público de um país, por motivo político; e aqueles celebrados em país estrangeiro por indivíduos que procuram burlar, sob circunstâncias específicas, as regras de seu próprio país.

Isto significa que o casamento celebrado no exterior que violasse bons costumes, a lei ou realizado com intuito fraudulento, não gozaria de efeitos extraterritoriais, portanto, não seria aceito e nem reconhecido pela jurisdição nacional por violar seus interesses fundamentais.

Na questão dos contratos celebrados no exterior, Joseph Story repete o mesmo raciocínio exposto na questão do casamento, assentando que os contratos, em regra, seriam regidos pelo local onde foram celebrados (*locus regit actum*), regra de que seria a manifestação do Direito das Gentes geral – *"The validity of a contract is to be decided by the law of the place where it is made.*

---

marriages, divorces, wills, successions, and Judgments. 2. ed. New Jersey: The Lawbook Exchange Ltd, 2005, p. 38-39.

730 STORY, Joseph. **Commentaries on the conflict of laws, foreign and domestic, in regard to contracts, rights, and remedies, and especially in regard to marriages, divorces, wills, successions, and Judgments.** 2. ed. New Jersey: The Lawbook Exchange Ltd., 2005, p. 174.

If valid there, it is, by general law of nations, (jure gentium), held valid every where, by tacit or implied consent of the parties"[731] ("A validade de um contrato é regida pelo direito do lugar onde foi celebrado. Se válido ali, o é também, pelas regras gerais do Direito das Gentes, válido em qualquer outro lugar, por consentimento tácito ou implícito das partes").

Porém, novamente, Joseph Story vai ressaltar que essa regra possui exceções, em especial na premissa de que nenhuma nação é obrigada a conceder efeitos, reconhecer ou homologar contratos que vão contra os seus interesses ou contra os interesses de seus súditos. Sintetizando esses interesses:

> Contracts, therefore, which are in evasion, or fraud of the laws of a country, or of the rights duties of its subjects, – contracts against good morals, or against religion, or against public rights, and contracts opposed to the national policy or national institutions, are deemed nullities in every country affected by such considerations, although they may be valid by the laws of the place where they are made[732].
>
> ***
>
> Contratos, portanto, que estão em evasão, ou fraudam as leis de um país, ou os deveres legais de seus súditos, – contratos contra a boa moral, ou contra a religião, ou contra direitos públicos, e contratos contrários a política ou instituições nacionais, são considerados nulos por todo o país que seja afetado por eles, ainda que possam ser considerados válidos pela lei do país onde foram constituídos.

Em ambas as questões, tanto o matrimônio quanto o contrato que violasse bons costumes, a lei ou o interesse de uma nação não produziriam efeitos em determinada jurisdição nacional, mesmo se válidos conforme o direito do local de sua celebração.

Joseph Story esboça dessa forma que a solução dos conflitos de leis não estaria limitada a simples procedimento normativo colisional, mas condicionada a elementos fático-sociais presentes na questão, os quais, se configurassem

---

731 STORY, Joseph. **Commentaries on the conflict of laws, foreign and domestic, in regard to contracts, rights, and remedies, and especially in regard to marriages, divorces, wills, successions, and Judgments.** 2. ed. New Jersey: The Lawbook Exchange Ltd., 2005, p. 319.

732 STORY, Joseph. **Commentaries on the conflict of laws, foreign and domestic, in regard to contracts, rights, and remedies, and especially in regard to marriages, divorces, wills, successions, and Judgments.** 2. ed. New Jersey: The Lawbook Exchange Ltd., 2005, p. 323.

contrários aos interesses de um país, possibilitariam a não concessão de efeitos a esses atos – mesmo se não ilegais ou válidos pelo direito estrangeiro.

Por esses argumentos, parte expressiva da doutrina brasileira atribui a Joseph Story a paternidade sobre o princípio da ordem pública internacional[733], a ponto de Jacob Dolinger afirmar que "causar espécie não tenham os europeus reconhecido até hoje a anterioridade de Story na enunciação do princípio da ordem pública no direito internacional privado"[734].

O não reconhecimento da "paternidade" de Joseph Story em matéria de princípio da ordem pública internacional não deveria causar espécie, pois analisando a obra de Story é de fácil verificação que o pensamento de Story não se desenvolve a partir da exclusão ou impedimento do direito estrangeiro na jurisdição nacional por força de elementos político-sociais, mas sim no não reconhecimento de atos estrangeiros que violam a igualdade soberana dos Estados e, de alguma forma, prejudicam os interesses de um Estado ou de um súdito daquele Estado.

De forma simplificada, Joseph Story faz um desenvolvimento direto do domínio reservado da jurisdição estadunidense em questões envolvendo atos celebrados no exterior, procurando proteger os interesses dos EUA e dos cidadãos estadunidenses nesses atos mais do que propriamente estabelecer uma dinâmica normativa para a exclusão do Direito estrangeiro.

Sua teoria é um desdobramento do direito exclusivo de cada nação de regular pessoas e coisas sob sua jurisdição em conformidade com sua vontade soberana e com suas políticas públicas[735], não a criação de uma reserva normativa contra incidência de direito estrangeiro inconveniente aos interesses nacionais – é uma questão político-social, não uma questão jurídica própria.

A feição normativa do princípio da ordem pública internacional vai surgir, efetivamente, nas lições de Friedrich Carl von Savigny e sua concepção da

---

733 VALLADÃO, Haroldo. **Direito internacional privado em base histórica e comparativa, positiva e doutrinária, especialmente dos Estados americanos:** introdução e parte geral. São Paulo: Livraria Freitas Bastos, 1968, p. 494.

734 DOLINGER, Jacob. **A evolução da ordem pública no direito internacional privado.** Imprena: Rio de Janeiro, Graf. Luna, 1979, p. 65.

735 STORY, Joseph. **Commentaries on the conflict of laws, foreign and domestic, in regard to contracts, rights, and remedies, and especially in regard to marriages, divorces, wills, successions, and Judgments.** 2. ed. New Jersey: The Lawbook Exchange Ltd., 2005, p. 30.

existência de leis de natureza rigorosamente positiva, coativa[736] (*"Gesetze von streng positiver, zwingender Natur"*[737]), as quais seriam uma das duas restrições a comunhão de Direito (*Rechtsgemeinschaft*) existente entre os povos e, por consequência, consistem em um obstáculo a extraterritorialidade das leis.

A premissa central do pensamento de Savigny sobre as leis de natureza positiva é a de que o jurista, ao analisar uma relação jurídica na qual existe um conflito territorial de leis (o conflito de leis do DIPr), está obrigado a colocar o Direito estrangeiro em igualdade de condições com o Direito nacional, sem qualquer preferência ou preconceito, como explica:

> Unsere Untersuchung hat bisher dahin geführt, daß auch bei der Entscheidung über solche Rechtsverhältnisse, welche mit verschiedenen unabhängigen Staaten in Berührung kommen, der Richter dasjenige örtliche Recht anzuwenden hat, dem das streitige Rechtsverhältnis angehört, ohne Unterschied, ob dieses örtliche Recht das einheimische Recht dieses Richters, oder das Recht eines fremden Staates sein mag (§ 348)[738].
>
> ***
>
> Até aqui fomos levados a reconhecer que, para decidir sobre relações jurídicas que entram em contato com diferentes Estados independentes, o juiz deveria aplicar o direito local, ao qual pertence a relação de direito litigioso, sem distinguir se esse direito é aquele de seu país ou aquele de um Estado estrangeiro (§ 348)[739].

A possibilidade de extraterritorialidade de uma norma vai decorrer dessa igualdade normativa, porém como as leis podem ter natureza diferente, haverá situações de exceção, nas quais uma lei pode ser tão cogente, tão absoluta, que ela não tem sentido e nem aplicabilidade fora de sua

---

736 SAVIGNY, Friedrich Carl von. **Sistema de direito romano atual.** Trad. Ciro Mironanza. Ijuí: Unijuí, 2004, p. 54, v. VIII.

737 SAVIGNY, Friedrich Carl von. **System des heutigen Römischen Rechts.** Achter Band. Berlin: bei Veit und Comp, 1849, p. 33 (§ 349). Disponível em: http://www.deutschestextarchiv.de/book/show/savigny_system08_1849. Acesso em: 30 dez. 2019.

738 SAVIGNY, Friedrich Carl von. **System des heutigen Römischen Rechts.** Achter Band. Berlin: bei Veit und Comp, 1849, p. 32 (§ 349). Disponível em: http://www.deutschestextarchiv.de/book/show/savigny_system08_1849. Acesso em: 30 dez. 2019.

739 SAVIGNY, Friedrich Carl von. **Sistema de direito romano atual.** Trad. Ciro Mironanza. Ijuí: Unijuí, 2004, p. 53, v. VIII.

esfera territorial, a ponto de gerar uma excepcionalidade (*Ausnahmefälle*) no conflito de leis[740].

Dessa excepcionalidade decorrente da imperatividade de uma das leis envolvidas em conflito, Savigny vai desenvolver duas classes de leis: as leis imperativas *in abstrato* e as leis imperativas *in concreto*.

As leis imperativas *in abstrato* são aquelas cuja imperatividade é capaz de gerar extraterritorialidade, "cujo único motivo e exclusivo objetivo é garantir as normas certas ao exercício dos direitos e que, por conseguinte, são emanadas unicamente no interesse das pessoas que gozam desses direitos"[741].

São as normas jurídicas que versam sobre o indivíduo em particular, regrando situações de seu próprio interesse e, normalmente, decorrentes da sua condição de sujeito de Direitos e que não se insere em uma excepcionalidade na comunhão de Direitos[742].

Por sua vez, as leis imperativas *in concreto* são aquelas cuja imperatividade é absoluta e configura um impedimento para a extraterritorialidade, não estando restritas ao plano do Direito abstrato (o plano deontológico), mas aos costumes, a *publica utilitas* (interesse geral da sociedade), a economia e a política do Estado[743].

São normas jurídicas de imperatividade *in concreto*, pois sua manifestação está atrelada à realidade político-social de um Estado, consistindo em normas que são particularidades, excepcionalidades da ordem jurídica nacional, não partindo da premissa de comunhão de direitos, mas sim do interesse nacional do Estado em isolamento[744].

As leis de natureza rigorosamente positiva, coativa, consistem em normas de tutela de interesses sociais, políticos ou econômicos de determinado Estado nacional, sendo uma reserva soberana daquele ordenamento

---

740 SAVIGNY, Friedrich Carl von. **System des heutigen Römischen Rechts.** Achter Band. Berlin: bei Veit und Comp, 1849, p. 34 (§ 349). Disponível em: http://www.deutschestextarchiv.de/book/show/savigny_system08_1849. Acesso em: 30 dez. 2019.

741 SAVIGNY, Friedrich Carl von. **Sistema de direito romano atual.** Trad. Ciro Mironanza. Ijuí: Unijuí, 2004, p. 55, v. VIII.

742 SAVIGNY, Friedrich Carl von. **Sistema de direito romano atual.** Trad. Ciro Mironanza. Ijuí: Unijuí, 2004, p. 55, v. VIII.

743 SAVIGNY, Friedrich Carl von. **Sistema de direito romano atual.** Trad. Ciro Mironanza. Ijuí: Unijuí, 2004, p. 55, v. VIII.

744 SAVIGNY, Friedrich Carl von. **Sistema de direito romano atual.** Trad. Ciro Mironanza. Ijuí: Unijuí, 2004, p. 55, v. VIII.

jurídico nacional que impossibilita a aplicação de direito estrangeiro motivado na excepcionalidade constatada no caso concreto.

Savigny desenvolve a ideia de ordem pública como uma manifestação excepcional de uma determinada sociedade (um Estado), que ao ser verificada *in concreto* afasta a extraterritorialidade do Direito, afasta a comunhão de Direito e estabelece sua substituição pela norma nacional.

Não nos espanta que a doutrina de Savigny acabou se tornando preponderante no estudo do desenvolvimento do princípio da ordem pública internacional, devido ao fato de se tratar de uma doutrina na qual a extraterritorialidade é colocada no mesmo patamar da territorialidade, sendo a manifestação da imperatividade soberana uma excepcionalidade; enquanto que na doutrina de Story transparece o contrário: a territorialidade é a regra e a extraterritorialidade seria uma excepcionalidade, sujeita não só às regras jurídicas, mas também às conveniências políticas, aos interesses da nação.

Essa predominância constatamos no próprio desenvolvimento do princípio da ordem pública internacional, quando verificamos que este se tornou uma exceção na doutrina da solução de conflito de leis, pois a autonomia científica do Direito Internacional Privado acabou sacramentando a igualdade de condições entre o fenômeno da extraterritorialidade com o da territorialidade das normas, não sendo sem razão que a definição mais comum do princípio da ordem pública internacional é o de ser uma "válvula de escape que pode auxiliar a dar ao sistema do conflito de leis a flexibilidade necessária à sua própria manutenção"[745] e não um desdobramento natural da soberania do Estado no Direito.

Cada sistema colisional possui sua própria concepção do princípio da ordem pública internacional (sua própria "válvula de escape"), portanto possui três características que lhe são inerentes: conceito indeterminado, singularidade e temporalidade.

Como conceito indeterminado, o princípio da ordem pública tem de ser interpretado de forma holística, pois sua manifestação foge do campo jurídico abstrato e se insere no campo dos elementos sociais e políticos que envolvem a situação *in foco*. Não há, portanto, uma possibilidade de estabelecermos critérios jurídicos objetivos para sua aplicação e interpretação, somente apreendermos os mesmos por meio de sua manifestação *in concreto* – podemos compreender sua essência jurídica, mas não fornecer uma explicação puramente jurídica.

---

745 ARAUJO, Nádia de. **Direito internacional privado:** teoria e prática brasileira. 2. ed. Rio de Janeiro: Renovar, 2004, p. 96.

A norma jurídica que compreende o princípio da ordem pública internacional sempre empregará signos, palavras e expressões de cunho genérico e vagas para conferir ao jurista a tarefa de aferir, a partir dos elementos fáticos da relação jurídica, se deve ou não ocorrer sua manifestação – ou, basicamente, "cabe ao juiz, no momento de fazer a subsunção do fato à norma, preencher os claros e dizer se a norma atua ou não no caso concreto"[746].

Isto significa que a violação ao princípio da ordem pública internacional sempre será aferida *in concreto*, jamais *in abstrato*, pois bem lembra von Bar e Mankowski: "*Eine abstrakte Kontrolle ausländischer Normen wäre absurd und sinnlos*"[747] ("Um controle abstrato das normas estrangeiras é absurdo e sem sentido").

A característica de ser um conceito indeterminado demonstra que o princípio da ordem pública internacional tem a finalidade de evitar consequências fáticas indesejáveis, ofensivas à realidade social daquela jurisdição, e não de ser mais um instrumento puramente de controle normativo abstrato.

Também pela característica de ser um conceito indeterminado, o princípio da ordem pública internacional sempre terá de ser interpretado em conformidade com a dinâmica político-social do momento da relação jurídica extranacional, situação que estabelece sua segunda característica: a contemporaneidade com a relação jurídica e não de sua criação normativa.

A característica da contemporaneidade importa que o princípio da ordem pública internacional é dotado de mutabilidade temporal, seu conceito, sua interpretação e sua aplicação estão sujeitas à variação temporal. Essa mutabilidade temporal decorre da existência de valores sociais na manifestação do princípio da ordem pública internacional, valores sociais que possuem uma dinâmica extremamente diferente da dinâmica normativa (costumes mudam sem qualquer formalidade, as leis não).

Para exemplificar essa característica, podemos recorrer à situação de um contrato de compra e venda de escravos celebrado no Reino de Onim a ser executado no Brasil. Se interpretarmos essa relação jurídica sob o contexto brasileiro anterior à Lei Eusébio de Queirós (1850), estamos diante de um contrato internacional de compra e venda de mercadorias. Porém, se analisarmos essa mesma relação jurídica no Brasil contemporâneo, estamos diante de uma relação que viola o princípio da ordem pública internacional brasileira, quiçá diante do tipo penal tráfico internacional de pessoas (Lei n. 13.344 e art. 149 do CP).

---

[746] NERY JR., Nelson; NERY, Rosa Maria de Andrade. **Novo código civil e legislação extravagante anotado.** São Paulo: RT, 2002, p. 5.

[747] VON BAR, Christian; MANKOWSKI, Peter. **Internationales Privatrecht.** Band I Allgemeine Lehrenp. 2. aufl. München: Verlag C. H. Beck, 2003, p. 718.

Nesse campo da mutabilidade temporal, a doutrina internacionalista vai estabelecer diferentes momentos temporais para a fixação do conteúdo do princípio da ordem pública, existindo entendimentos do ponto temporal ser o momento, a formação da relação jurídica (momento do ato) ou do momento da decisão judicial[748] – invariavelmente, deverá ser observado o Direito Intertemporal do foro para determinar o ponto temporal da interpretação[749].

A última característica geral do princípio da ordem pública internacional é a sua singularidade. Por não se tratar de um fenômeno puramente jurídico e por ser dotado de mutabilidade temporal, o princípio da ordem pública internacional possui mutabilidade espacial, ele se manifesta de formas distintas em cada país, em cada Estado nacional.

Não existem dois princípios da ordem pública internacional idênticos, assim como não existem dois sistemas de Direito Internacional Privado idênticos. Cada Estado nacional, cada ordem jurídica soberana tem sua própria concepção, interpretação e manifestação do princípio da ordem pública internacional – situação decorrente da constatação de que cada sociedade tem seus próprios valores e suas próprias peculiaridades políticas, divergindo umas das outras.

E é justamente por ser uma manifestação singular de cada país, que o nosso estudo se despede das generalidades envolvendo o instituto e passa a analisar sua manifestação no ordenamento jurídico brasileiro: a ordem pública internacional brasileira.

16.2.3 A ordem pública internacional brasileira

16.2.3.1 A peculiar evolução legislativa da ordem pública internacional brasileira

Quando analisamos o princípio da ordem pública internacional é comum encontramos como referência legislativa única o art. 17 da LINDB e a doutrina se resumir a afirmar que a aplicação do Direito estrangeiro está sujeita à aprovação do Estado brasileiro (quando este é o foro da lide), sendo a ordem pública uma forma de inutilizar a solução do conflito de leis[750].

---

748 KEGEL, Gerhard; SCHURIG, Klaus. **Internationales Privatrecht:** ein Studienbuch. 9. aufl. München: Verlag C. H. Beck, 2004, p. 537.

749 VALLADÃO, Haroldo. **Direito internacional privado em base histórica e comparativa, positiva e doutrinária, especialmente dos estados americanos:** introdução e parte geral. Rio de Janeiro-São Paulo: Livraria Freitas Bastos, 1968, p. 503.

750 DEL'OLMO, Florisbal de S.; ARAÚJO, Luis I. de A. Lei de Introdução ao Código Civil brasileiro comentada. 2. ed. Rio de Janeiro: Forense, 2004, p. 169.

Ocorre que o art. 17 da LINDB é produto de uma evolução legislativa bem peculiar, a qual mistura um desenvolvimento legislativo no direito material (mais precisamente, no Direito civil) e outra no Direito processual civil.

O desenvolvimento legislativo no Direito material remonta ao esboço do Código de Teixeira de Freitas de 1860, em especial ao seu art. 5º, que definia:

> Não serão aplicadas as leis estrangeiras:
>
> 1º Quando sua aplicação se opuser ao direito público e criminal do Império, à religião do Estado, tolerância de cultos e à moral e bons costumes.
>
> 2º Nos casos em que sua aplicação fôr expressamente proibida neste Código, ou fôr incompatível com o espirito da legislação deste Código.
>
> 3º Se forem de mero privilégio.
>
> 4º Quando as leis deste Código, em colisão com as estrangeiras forem mais favoráveis à validade dos atos[751].

Ainda em sede de projetos da codificação civil, podemos destacar na matéria do princípio da ordem pública internacional o art. 17 do Projeto de Lei Preliminar de Coêlho Rodrigues e o art. 48 do Projeto de Felício dos Santos, os quais compilamos no quadro abaixo:

Projeto de Coêlho Rodrigues	Projeto de Felício dos Santos
Da publicação da lei e dos seus effeitos em relação ao tempo, ao espaço e ao seu objecto (...) **Art. 17.** Não será applicada no Brazil lei estrangeira contraria aos principios constitutivos da unidade da familia e da igualdade civil, ou á lei federal positiva e absoluta.	CAPITULO II Dos effeitos das leis (...) Secção II DOS EFFEITOS DAS LEIS QUANTO ÁS PESSOAS E LOGAR (...) **Art. 48.** Não obstante as disposições dos artigos precedentes, as leis, os julgamentos, os actos e contractos, havidos em paiz estrangeiro, em nenhum caso valerão no Brazil sendo contrarios às leis prohibitivas da Republica, ou de interesse e ordem publica.

A peculiaridade da evolução legislativa no Brasil começa a surgir quando verificamos que dos diplomas normativos promulgados referentes ao nosso princípio, os primeiros foram normas processuais, mais precisamente o Decreto n. 6.982/1878 que versa sobre a homologação de sentenças e a Lei n. 221/1894 sobre a organização da justiça federal brasileira na República:

751 BRASIL. **Código Civil:** esboço por A. Teixeira de Freitas. Rio de Janeiro: Ministério da Justiça e Negócios Interiores (serviço de documentação), 1952, p. 25.

Decreto n. 6.982, de 27 de Julho de 1878 Regula a execução das sentenças, cíveis ou comerciaes, dos tribunaes estrangeiros	**Lei n. 221, de 20 de Novembro de 1894 Completa a organisação da Justiça Federal da Republica**
(...) **Art. 2º** Não obstante concorrerem os requisitos do artigo antecedente, as ditas sentenças não serão executadas se contiverem decisão contraria: § 1º Á Soberania Nacional, como si por exemplo, subtrahissem algum brasileiro á competência dos Tribunaes do Imperio. § 2º Ás leis rigorosamente obrigatorias, fundadas em motivos de ordem publica, como são as que vedam a instituição da alma e das corporações de mão-morta por herdeiras. § 3º Ás que regulam a organização da propriedade territorial, como são as que proíbem o estabelecimento de morgados e vinculos, a inalienabilidade perpetua. § 4º Ás leis da moral, como si a sentença consagrar a polygamia, ou convenções reprovadas.	**Art. 12.** Além das causas mencionadas no art. 15, do decreto n. 848 de 11 de outubro de 1890, e no art. 60 da Constituição, compete mais aos juizes seccionaes processar e julgar em primeira instancia as que versarem sobre marcas de fabrica, privilegios de invenção e propriedade litteraria. A competencia destes juizes será regulada, do modo seguinte: (...) § 4º As rogatorias emanadas de autoridades extrangeiras serão cumpridas sómente depois que obtiverem o exequatur do Governo Federal, sendo exclusivamente competente o juiz seccional do Estado, onde tiverem de ser executadas as diligencias deprecadas. As cartas de sentença, porém, de tribunaes extrangeiros, não serão exequiveis sem prévia homologação do Supremo Tribunal Federal com audiencia das partes e do procurador geral da Republica, salvo si outra cousa estiver estipulada em tratado. No processo de homologação observar-se-ha o seguinte: (...) b) póde servir de fundamento para opposição: (...) 5º, conter a sentença disposição contraria á ordem publica ou ao direito publico interno da União.

Por influência desses dois dispositivos processuais, vamos encontrar na Nova Consolidação das Leis Civis de 1899 a primeira positivação do princípio da ordem pública internacional que combina tanto o aspecto material quanto o aspecto processual em sua estrutura normativo-positivada:

> **Art. 25.** O estado e a capacidade civil dos estrangeiros residentes no Brazil são regulados pelas leis da nação a que pertencem. (...)
>
> § 3º Em todo o caso nenhuma disposição prevalecerá contra as lei rigorosamente obrigatorias fundadas em motivos de ordem publica, as prohibitivas e as da moral
>
> (...)

> **Art. 31.** A successão legitima e testamentaria regula-se pela lei que rege o estado e a capacidade civil do estrangerio, qualquer que seja a natureza dos bens, respeitadas as leis rigorosamente obrigatorias, fundadas em motivos de ordem publica, as prohibitivas, as que regulão a organisação da propriedade territorial e as da moral
>
> (...)
>
> **Art. 43.** Não será homologada a sentença quando (...) g) contiver decisão contraria:
>
> I – à soberania nacional ou á ordem publica ou ao direito publico interno da União;
>
> II – às leis rigorosamente obrigatorias, fundadas em motivos de ordem publica;
>
> III – às leis da moral ou ás prohibitivas ou ás que regulão a propriedade territorial[752].

Essa particularidade "híbrida" no Direito positivo brasileiro quanto ao princípio da ordem pública internacional vai ser objeto de um tormentoso debate no processo de criação do Código Civil de 1916[753], quando em seu projeto original, Clóvis Beviláqua entendeu em não manter a técnica legislativa de unificar os efeitos e as funções do princípio da ordem pública internacional do Direito Internacional Privado com os do Processo, optando por criar uma legislação puramente voltada para as questões do Direito Civil e realizar remissão para a legislação processual quando o assunto envolvesse homologação ou ato processual, como podemos constatar:

> **Art. 14.** Ninguem pode derogar, por convenção, as leis que regulam a constituição da família, nem as que interessam à Ordem publica e aos bons costumes.
>
> (...)
>
> **Art. 17.** São reconhecidos, no Brasil, os direitos adquiridos no estrangeiro, em virtude de um acto praticado no estrangeiro, segundo a lei estrangeira, comtanto que o seu exercicio não importe offensa à soberania nacional brasileira, à ordem publica e aos bons costumes.
>
> **Art. 18.** Não será applicada, no Brasil, lei estrangeira contraria á soberania nacional, offensiva aos bons costumes ou directamente incompativel com uma lei federal brasileira fundada em motivo de ordem publica.

---

752 CARVALHO, Carlos Augusto de. **Direito civil brasileiro recompilado,** ou, **Nova consolidação das leis civis vigentes em 11 de agosto de 1899.** Rio de Janeiro: Livraria de Francisco Alves, 1899, p. 11. Disponível em: http://www2.senado.leg.br/bdsf/handle/id/227295.

753 DOLINGER, Jacob. **A evolução da ordem pública no direito internacional privado.** Imprensa: Rio de Janeiro, Graf. Luna, 1979, p. 83.

> (...)
> **Art. 41.** As sentenças dos tribunaes estrangeiros serão exequiveis no Brasil depois de homologadas pelo Supremo Tribunal Federal, mediante as condições estabelecidas pela lei brasileira[754].

Essa distinção da regulamentação do princípio da ordem pública internacional entre Direito Civil e Processo no Projeto Primitivo não sobreviveu à promulgação do capítulo de Introdução do Código Civil de 1916, o qual regulamentou a matéria no art. 17: "As leis, atos, sentenças de outro país, bem como as disposições e convenções particulares, não terão eficácia, quando ofenderem a soberania nacional, a ordem pública e os bons costumes".

Essa redação foi produto das emendas substitutivas do dia 4 de outubro de 1901, que propunham alteração ao Título Preliminar como um todo do projeto de Beviláqua e baseou-se no parecer de Azevedo Marques, que confessa durante os debates que a redação foi inspirada no Código italiano de 1865[755].

Consolidada estava a tríade composta pelos bons costumes, a soberania e a ordem pública como elementos componentes da técnica legislativa referente ao princípio da ordem pública internacional brasileira, sendo repetida no art. 792 do Código de Processo Civil de 1939[756] e no art. 17 da LINDB.

Interessante observarmos que o Código de Processo Civil de 1973 não utilizou a expressão "ordem pública", remetendo a questão da homologação de sentenças, atos e laudos arbitrais para o regimento interno do Supremo Federal de 1970; este sim repetiu a tríada soberania, ordem pública e bons costumes em seu art. 211[757] do RISTF[758].

---

754 CAMARA DOS DEPUTADOS. **Código Civil brasileiro:** trabalhos relativos à sua elaboração. Rio de Janeiro: Imprensa Nacional, 1917, p. 92, 93 e 95, v. 3.

755 CAMARA DOS DEPUTADOS. **Código Civil brasileiro:** trabalhos relativos à sua elaboração. Rio de Janeiro: Imprensa Nacional, 1917, p. 92, 93 e 95, v. 3.

756 Art. 792. Não obstante satisfeitos os requisitos do artigo antecedente, as sentenças não serão homologadas, se contiverem decisão contrária á soberania nacional, á ordem pública ou aos bons costumes.

757 Art. 211. Não se homologará sentença cujos efeitos atentem contra a soberania nacional, a ordem pública ou os bons costumes.

758 SUPREMO TRIBUNAL FEDERAL. Regimento Interno. **Diário da Justiça.** Brasília: Imprensa Nacional, 4 de setembro de 1970, a. XLV, n. 167, p. 3953-3983. Disponível em: http:// www.stf.jus.br/arquivo/cms/bibliotecaConsultaProdutoBibliotecaRI/anexo/RegimentoInterno1970Original.pdf.

A tríade foi repetida também no art. 6º da Resolução n. 9 de 4 de maio de 2005 do Superior Tribunal de Justiça[759], quando da alteração de competência do STF para o STJ em matéria de homologação de sentença, ato e laudo arbitral estrangeiro promovida pela Emenda Constitucional n. 45 da Constituição Federal.

Aliás, foi no deslocamento da competência para o STJ da matéria de homologação que vai surgir a única novidade em matéria legislativa referente ao princípio da ordem pública internacional, quando na reforma do regimento interno do STJ, por meio da Emenda Regimental n. 18 de 17 de dezembro de 2014, promoveu-se a revogação da Resolução n. 9/2005, a inserção da matéria de homologação no art. 216 do RISTJ e a adoção de uma nova tríade para o princípio da ordem pública internacional: desapareceu a expressão "bons costumes" e inseriu-se a "dignidade da pessoa humana":

Redação original da Emenda Regimental n. 18	**Redação atual do Regimento Interno do STJ (RISTJ)**
Art. 216-F. Não será homologada a sentença estrangeira que ofender a soberania nacional, a dignidade da pessoa humana e/ou a ordem pública. (...) **Art. 216-P.** Não será concedido *exequatur* à carta rogatória que ofender a soberania nacional, a dignidade da pessoa humana e/ou a ordem pública.	**Art. 216-F.** Não será homologada a decisão estrangeira que ofender a soberania nacional, a dignidade da pessoa humana e/ou a ordem pública. (...) **Art. 216-P.** Não será concedido *exequatur* à carta rogatória que ofender a soberania nacional, a dignidade da pessoa humana e/ou a ordem pública.

O novo Código de Processo Civil foi mais econômico em sua redação e optou por somente utilizar a expressão "ordem pública" como impedimento para a cooperação internacional (art. 39)[760] e como impedimento para homologação (art. 963, VI[761]).

---

759 Art. 6º Não será homologada sentença estrangeira ou concedido *exequatur* a carta rogatória que ofendam a soberania ou a ordem pública.

760 Art. 39. O pedido passivo de cooperação jurídica internacional será recusado se configurar manifesta ofensa à ordem pública.

761 Art. 963. Constituem requisitos indispensáveis à homologação da decisão: (...) VI – não conter manifesta ofensa à ordem pública.

Diante desse contexto histórico, podemos afirmar que apesar da consolidação no século XX da tríade bons costumes-soberania-ordem pública por meio do art. 17 da LINDB, a interpretação e a aplicação do princípio da ordem pública internacional não se limitam a esse dispositivo e, muito menos, sua interpretação é literal.

16.2.3.2 A interpretação do princípio da ordem pública internacional brasileira

A legislação brasileira, seguindo os fundamentos lançados no art. 17 da LINDB, estabelece três diferentes papéis para o princípio da ordem pública internacional brasileira: (1) a excludente de aplicação do Direito estrangeiro; (2) impedimento processual; e (3) fator de ineficácia de ato obrigacional estrangeiro.

O primeiro papel do princípio da ordem pública internacional é a sua tradicional função de excludente de aplicação do Direito estrangeiro, configurando um impedimento, uma reserva que a jurisdição nacional impõe a qualquer solução de conflito de leis que ocorra em seu território.

Nessa vertente, além do art. 17 da LINDB, podemos destacar duas normas internacionais que reforçam esse papel do princípio da ordem pública internacional, a primeira sendo o Código de Bustamante de 1928 e Convenção Interamericana sobre Normas Gerais de Direito Internacional Privado de Montevidéu de 1979:

Código de Bustamante	Convenção Interamericana de 1979
Art. 1º Os estrangeiros que pertençam a qualquer dos Estados contractantes gozam, no territorio dos demais, dos mesmos direitos civis que se concedam aos nacionaes. Cada Estado contractante pode, por motivo de ordem publica, recusar ou sujeitar a condições especiaes o exercicio de determinados direitos civis aos naciones dos outros, e qualquer desses Estados pode, em casos identicos, recusar ou sujeitar a condições especiais o mesmo exercicio aos nacionaes do primeiro. (...)	**Artigo 5** A lei declarada aplicável por uma convenção de Direito Internacional Privado poderá não ser aplicada no território do Estado Parte que a considerar manifestamente contrária aos princípios da sua ordem pública. (...) **Artigo 7** As situações jurídicas validamente constituídas em um Estado Parte, de acordo com todas as leis com as quais tenham conexão no momento de sua constituição, serão reconhecidas nos Estados Partes, desde que não contrárias aos princípios da sua ordem pública.

Art. 3º Para o exercicio dos direitos civis e para o gozo das garantias individuaes identicas, as leis e regras vigentes em cada Estado contractante consideram-se divididas nas tres categoria seguintes: (...) II – As que obrigam por igual a todos os que residem no territorio, sejam ou não nacionaes, – denominadas territoriaes, locaes ou de ordem publica internacional; (...) Art. 4º Os preceitos constitucionaes são de ordem publica internacional. Art. 5º Todas as regras de protecção individual e collectiva, estabelecida pelo direito politico e pelo administrativo, são tambem de ordem publica internacional, salvo o caso de que nellas expressamente se disponha o contrario. (...) Art. 8º Os direitos adquiridos segundo as regras deste Codigo têm plena efficacia extraterritorial nos Estados contractantes, salvo se se oppuzer a algum dos seus effeitos ou consequencias uma regra de ordem publica internacional.	

Esses dispositivos configuram os referências legislativas principais do papel de excludente do direito estrangeiro exercido pela ordem pública internacional brasileira, havendo um especial destaque à constatação de que normas constitucionais, como normas de direito público em geral, devem ser consideradas como parte integrante da manifestação legislativa da ordem pública internacional e, portanto, o direito estrangeiro que não se harmonize com esses dispositivos não será aplicado pela jurisdição brasileira.

O segundo papel do princípio da ordem pública internacional é seu aspecto processual ou, parafraseando o art. 17 da LINDB, o papel de impedir a produção de efeitos por parte de atos, sentenças e laudos estrangeiros que ofendam a soberania, os bons costumes (dignidade da pessoa humana) e a ordem pública.

Nessa vertente processual, o nosso princípio se demonstra como um impedimento para eficácia de atos processuais estrangeiros, desde a possibilidade de cooperação internacional até a concessão de *exequatur* para cartas rogatórias e a homologação de sentenças e laudos estrangeiros.

Por consequência, quando a autoridade judiciária brasileira competente (atualmente o STJ) verificar que determinado ato processual procura *exequatur* (cartas rogatórias) ou homologação (sentenças, laudos arbitrais) ofender a ordem pública internacional brasileira, não haverá concessão desse *exequatur* e a homologação será julgada improcedente.

Diferentemente da dinâmica colisional, a dinâmica processual do princípio da ordem pública internacional brasileira possui um entendimento para além do art. 17 da LINDB, incluindo as noções de dignidade da pessoa humana (arts. 216-F e 216-P do RISTJ), as competências internacionais exclusivas do judiciário brasileiro (art. 23 do CPC) e o art. 781 do CPP.

A dignidade da pessoa humana é, sob aspecto legislativo, um dos princípios fundamentais da República Federativa do Brasil (art. 1º, III, da CF) e, por consequência, é um conceito jurídico extremamente indeterminado, fruto do advento da Jurisprudência dos Valores no pensamento jurídico brasileiro e, para a nossa disciplina, uma redundância.

É uma redundância devido ao fato de que se trata de um princípio positivado em uma norma constitucional, logo, automaticamente, está inserido no princípio da ordem pública internacional brasileira, pois como verificado no art. 4º do Código de Bustamante, é entendimento consolidado que nenhum ato ou direito estrangeiro tem eficácia no Brasil se violar norma constitucional.

Portanto, a inserção da dignidade da pessoa humana no Regimento do STJ tem mais efeito estético, procurando fornecer uma redação mais contemporânea à legislação do que a tradicional expressão "bons costumes" (a qual possui uma conotação mais tradicional-conservadora), do que o intuito de oferecer uma maior objetividade conceitual, pois ambas as expressões possuem mais o mesmo grau de indeterminação conceitual e de aferição casuística do que o de conceituação abstrato-teórica.

Ressaltamos que, pela natureza constitucional da dignidade da pessoa humana, a faceta processual de nosso princípio da ordem pública internacional ratifica o mesmo entendimento de sua faceta de Direito Internacional Privado: ato processual estrangeiro não será homologado, nem concedido *exequatur* se violar a Constituição brasileira.

Por outro lado, as competências processuais exclusivas do Judiciário brasileiro configuram uma particularidade própria do papel processual do princípio da ordem pública internacional, tanto que sua origem e desenvolvimento são típicos do próprio processo (só existem na legislação processual), configurando um "a parte" do Direito Internacional Privado brasileiro.

Quando nos referimos à competência processual, é importante lembrarmos que estamos adentrando no estudo dos limites de atuação de determinado poder judiciário, mais precisamente, no "âmbito em que um juiz pode exercer a sua jurisdição"[762], sendo a competência internacional mais conhecida como os limites impostos à atuação do poder judiciário nacional em atuar dentro da comunidade internacional de Estados – são os limites internacionais da atuação de um poder judiciário nacional.

A doutrina aponta três principais fatores para que um Estado nacional estabeleça limites para sua competência internacional: (1) a natureza unilateral decorrente da soberania intrinsicamente existente nos atos processuais: (2) o não interesse estatal (ou irrelevância) em solucionar lides estrangeiras que não possuem qualquer relação com seus nacionais ou com o seu território; e (3) a busca da boa convivência e respeito mútuo de soberanias entre os Estados[763].

A competência internacional pode ser fixada com base de critério de cidadania ou nacionalidade das pessoas envolvidas na lide (critério *in persona*); ou o critério territorial, mais comum, associando os limites da atuação judiciária ao território, o local do conflito ou da coisa em disputa (critério *in rem*). Também pode ser relativa, quando admite a concorrência de atuação de outros poderes judiciários; ou exclusiva (absoluta), quando a atuação do judiciário se torna um imperativo da soberania do Estado, inadmitindo que outro Estado venha a resolver aquela lide, sob pena de não reconhecimento da decisão estrangeira sobre a matéria.

É na competência internacional exclusiva (ou absoluta) que se manifesta o papel processual do princípio da ordem pública internacional brasileira,

---

762 BERNARDI, Vanessa de O. Competência internacional: as soluções propostas pelo novo Código de Processo Civil. **Revista Eletrônica de Direito Processual – REDP,** Rio de Janeiro, RJ, v. 13, n. 13, jan./ jun. 2014, ISSN 1982-7636, p. 863. Disponível em: https://www.epublicacoes.uerj.br/index.php/redp/article/view/11938. Acesso em: 13 fev. 2020.

763 BERNARDI, Vanessa de O. Competência internacional: as soluções propostas pelo novo Código de Processo Civil. **Revista Eletrônica de Direito Processual – REDP,** Rio de Janeiro, RJ, v. 13, n. 13, jan./ jun. 2014, ISSN 1982-7636, p. 863. Disponível em: https://www.epublicacoes.uerj.br/index.php/redp/article/view/11938 Acesso 13 fevereiro 2020.

pois são as únicas hipóteses em que a violação de competência gera um impedimento para a extraterritorialidade de ato processual estrangeiro.

No Brasil, a competência internacional absoluta tem sua primeira manifestação relevante no art. 12, § 1º, da LINDB, o qual determinou que "Só à autoridade judiciária brasileira compete conhecer das ações relativas a imóveis situados no Brasil". Consagra o critério da territorialidade da competência internacional absoluta brasileira sobre os direitos reais envolvendo bens imóveis situados no Brasil e procurou gerar uma identidade entre o direito material aplicável (a regra *lex rei sitae*) com o foro, a autoridade judiciária competente para resolver lides decorrentes desse direito.

Com a unificação federal da legislação processual civil brasileira com o Código de Processo Civil de 1939, essa competência internacional absoluta consagrada na LINDB não teve respaldo, pois o legislador de 1939 procurou regulamentar a questão da competência sobre ações relativas sobre bens imóveis de forma conciliadora com eventual competência judiciária estrangeira, estabelecendo a regra geral de que o foro competente sempre será o do local onde se encontra o bem imóvel, porém estabeleceu duas exceções: o inventário e o domicílio do réu quando de bem imóvel localizado no estrangeiro.

> **Art. 135.** O foro do domicílio do *de cujus* será o competente para o inventário, a partilha e todas as ações relativas à herança.
>
> § 1º Si o obito houver ocorrido no estrangeiro, será competente o foro do último domicílio do *de cujus* no Brasil.
>
> § 2º Na falta de domicílio certo, será competente o foro da situação do imovel deixado pelo *de cujus* e, na falta, o do lugar do falecimento, si ocorrido no Brasil.
>
> **Art. 136.** Nas ações relativas a imovel, será competente o foro da sua situação, salvo o disposto no artigo anterior.
>
> Parágrafo único. Quando o imovel, sobre que versar a lide, for situado em território estrangeiro, será competente o foro do domicílio do réu.

A competência internacional absoluta foi resgatada no Código de Processo Civil de 1973, cuja índole extremamente nacionalista em voga nos tempos de sua confecção ("O Código de Processo Civil se destina a servir ao Brasil"[764]), também alargou as hipóteses de competência exclusiva:

---

764 BRASIL. **Código de Processo Civil:** histórico da lei. Brasília: Senado Federal, Subsecretaria de Edições Técnicas, 1974, t. 1, p. 19, v. 1. Disponível em: http://www2.senado.leg.br/bdsf/handle/id/177828.

Projeto do CPC de 1973	CPC de 1973 promulgado
Art. 94. Compete à autoridade judiciária brasileira, com exclusão de qualquer outra: I - conhecer de ações relativas a imóveis situados no Brasil; II - proceder a inventário e partilha de bens, situados no Brasil, ainda que o autor da herança seja estrangeiro e tenha residido fora do território nacional.	**Art. 89.** Compete à autoridade judiciária brasileira, com exclusão de qualquer outra: I - conhecer de ações relativas a imóveis situados no Brasil; II - proceder a inventário e partilha de bens, situados no Brasil, ainda que o autor da herança seja estrangeiro e tenha residido fora do território nacional.

A exposição de motivos da legislação processual de 1973 não explica a adoção dessa sistemática, simplesmente se limitando a lecionar que a "competência é regulada no plano interno e internacional"[765].

Não nos surpreendemos que também é com o CPC de 1973 que inaugurou o equívoco de empregar a expressão "competência internacional" no pensamento jurídico brasileiro, quando, sob aspecto da técnica legislativa, a expressão correta é: "limites da jurisdição nacional"[766].

O atual CPC de 2015 corrigiu o erro de técnica legislativa utilizando "dos limites da jurisdição nacional", mas manteve a estrutura do CPC de 1973 e, para piorar, alarga o rol de hipóteses de competência internacional exclusiva, incluindo uma terceira hipótese: a partilha de bens oriundos de divórcio, separação ou dissolução de união estável.

> **Art. 23.** Compete à autoridade judiciária brasileira, com exclusão de qualquer outra:
>
> I – conhecer de ações relativas a imóveis situados no Brasil;
>
> II – em matéria de sucessão hereditária, proceder à confirmação de testamento particular e ao inventário e à partilha de bens situados no Brasil, ainda que o autor da herança seja de nacionalidade estrangeira ou tenha domicílio fora do território nacional;
>
> III – em divórcio, separação judicial ou dissolução de união estável, proceder à partilha de bens situados no Brasil, ainda que o titular seja de nacionalidade estrangeira ou tenha domicílio fora do território nacional.

---

765 BRASIL. **Código de Processo Civil:** histórico da lei. Brasília: Senado Federal, Subsecretaria de Edições Técnicas, 1974, t. 1, p. 21, v. 1. Disponível em: http://www2.senado.leg.br/bdsf/handle/id/177828.

766 BERNARDI, Vanessa de O. Competência internacional: as soluções propostas pelo novo Código de Processo Civil. **Revista Eletrônica de Direito Processual – REDP,** Rio de Janeiro, RJ, v. 13, n. 13, jan./ jun. 2014, ISSN 1982-7636, p. 862. Disponível em: https://www.epublicacoes.uerj.br/index.php/redp/article/view/11938. Acesso em: 13 fev. 2020.

A doutrina processualista não demorou em apontar o retrocesso de tal alargamento, devido ao fato de que questões envolvendo divórcio, separação ou dissolução de união estável são multifacetadas, envolvendo diversos aspectos que confluem e influenciam na partilha de bens, não havendo cabimento para o judiciário brasileiro ignorar essa peculiaridade e arrogar para si essa questão – "Não haveria um interesse estatal qualificado para justificar que essas questões sejam discutidas apenas pelos tribunais pátrios"[767].

No processo penal, o princípio da ordem pública internacional se manifesta no art. 781 do CPP ("As sentenças estrangeiras não serão homologadas, nem as cartas rogatórias cumpridas, se contrárias à ordem pública e aos bons costumes"), não havendo grande inovação como o RISTJ, mas uma supressão da soberania da tríade do art. 17 da LINDB.

Destarte, em seu papel processual, o princípio da ordem pública internacional brasileira se insere na temática dos limites jurisdicionais do poder judiciário brasileiro, sendo sua função impedir a eficácia de atos e decisões estrangeiras na jurisdição brasileira, bem como impedir a assunção de competência por judiciário estrangeiro de matéria exclusiva nacional.

Evidencia-se que nesse papel o princípio opera no plano da eficácia dos atos processuais, não atuando como uma excludente, devido ao fato de que o Poder Judiciário brasileiro não tem competência nem poder para revogar uma decisão judicial estrangeira.

O último papel do princípio da ordem pública internacional no ordenamento jurídico brasileiro é a sua função de impedir a eficácia de atos jurídicos estrangeiros, parafraseando novamente o art. 17 da LINDB *in fine*, "bem como quaisquer declarações de vontade, não terão eficácia no Brasil".

Essa vertente é o papel mais complexo da ordem pública internacional brasileira, pois é muito comum na academia jurídica confundirem esse papel com a ordem pública nacional brasileira, como também no surgimento da equivocada expressão das "leis de ordem pública".

Quando uma norma, um instituto de Direito Internacional Privado, desempenha o papel de impedir que nenhuma declaração de vontade terá eficácia no Brasil se ofender a soberania, os bons costumes ou ordem pública brasileira, este dispositivo é conhecido como a ordem pública internacional brasileira, um instituto de cunho "filosófico, moral, indefinível, elástico, relativo, alterável, volúvel, sempre na dependência do conceito, da opinião, do

---

767 DEL'OMO, Florisbal de Souza; JAEGER JUNIOR, Augusto. **Curso de direito internacional privado.** 12. ed. Rio de Janeiro: Forense, 2017, p. 70.

sentimento, da sensibilidade média de um grupo social em determinada época que vai encontrar sua expressão clássica na sentença judicial"[768].

Sob hipótese alguma podemos confundir esse instituto com as leis imperativas que existem na ordem jurídica interna brasileira, comumente associada às leis de direito público e às normas inderrogáveis pela vontade das partes; estas são, equivocadamente, denominadas de leis de ordem pública por boa parte da doutrina brasileira – "leis de ordem pública são aquelas que, em um Estado, estabelecem os princípios, cuja manutenção se considera indispensável á organisação da vida social"[769].

As leis de ordem pública são manifestações do interesse social, do interesse público nas relações nacionais de uma determinada sociedade, compondo o conceito "ordem pública nacional" e seus efeitos variam conforme o ramo jurídico que estão inseridas.

Abstendo-nos de dissecar os equívocos da concepção das "leis de ordem pública", entendemos que a melhor forma de compreender a distinção entre o nosso princípio e seu papel nas obrigações voluntárias da noção de ordem pública interna, está em compreender os efeitos que a violação de cada um gera sobre a declaração da vontade.

Quando uma declaração de vontade ofende o princípio da ordem pública internacional brasileira, sua **eficácia jurídica** será afastada na jurisdição brasileira, isto é, a declaração de vontade não gerará os efeitos jurídicos desejados no Brasil.

Recorrendo à analogia, podemos utilizar o que a doutrina civilista denomina de "ineficácia do ato válido", a qual se manifesta quando determinado ato possui fatores condicionantes para gerar efeitos, como explica Antônio J. de Azevedo: "muitos negócios, para a produção de seus efeitos, necessitam dos fatores de eficácia, entendida a palavra *fatores* como algo extrínseco ao negócio, algo que dele não participa, que não o integra, mas contribui para obtenção do resultado visado"[770].

A ordem pública internacional brasileira consiste em um desses fatores extrínsecos à declaração de vontade, não adentrando na existência, nem na validade da declaração da vontade, somente configurando um fator impeditivo para essa declaração gerar efeitos jurídicos no Brasil.

---

768 DOLINGER Jacob. **A evolução da ordem pública no direito internacional privado.** Imprensa: Rio de Janeiro, Graf. Luna, 1979, p. 10-11.

769 BEVILAQUA, Clóvis. **Princípios elementares de direito internacional privado.** Campinas: RED Livros, 2002, p. 75.

770 AZEVEDO, Antônio J. de. **Negócio jurídico:** existência, validade e eficácia. 4. ed. São Paulo: Saraiva, 2002, p. 55.

Para exemplificar, lembremos do caso Susemihl (*vide* tópico 11.6.2.2): o testamento (ato de declaração de vontade) realizado em 1943 e executado na década de 1990 foi considerado existente, válido e eficaz pelo Judiciário alemão, porém, se sua execução fosse realizada no Brasil, dificilmente escaparia da restrição imposta pelo princípio da ordem pública internacional brasileira; portanto, seria ineficaz em nosso País.

As leis de ordem pública, ou melhor, a ordem pública interna, opera em todos os planos da declaração da vontade, seja no da existência, da validade ou da eficácia. As consequências da violação da lei imperativa serão determinadas conforme o plano violado, resultando invariavelmente ou na nulidade do ato ou em sua anulabilidade.

Para exemplificar, não se celebra casamento entre pais e filhos no Brasil por ofender a ordem pública nacional manifesta no art. 1.521 do CC[771] – esse casamento é **nulo**, não existindo na ordem jurídica brasileira, não gerando qualquer efeito. Enquanto um casamento dessa modalidade realizado no exterior **não será reconhecido no Brasil**, não significando que ele não exista no país em que foi celebrado.

Em suma, podemos visualizas os papeis desempenhados pela ordem pública internacional brasileira da seguinte forma:

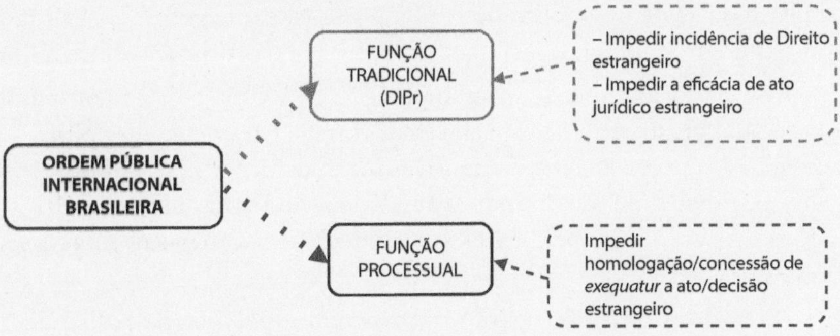

16.2.3.3 Direitos humanos e o princípio da ordem pública internacional

A relação entre Direitos humanos e o princípio da ordem pública internacional pode parecer um situação óbvia, em especial sob a constatação de que normas constitucionais compõem a ordem pública internacional de um país,

---

771 Art. 1.521. Não podem casar: I – os ascendentes com os descendentes, seja o parentesco natural ou civil;

porém existe uma particularidade nessa temática que boa parte dos juristas brasileiros costuma ignorar: Direitos humanos são um campo temático que tem de ser interpretado em conformidade às regras gerais do Direito Internacional (Público), não pelas Constituições nacionais de cada país. Essa constatação tem especial relevância em países com forte presença de normas comunitárias, o que não é o caso do Brasil, algo que atrapalha a compreensão do fenômeno.

Sim, é correto afirmarmos que se determinada relação jurídica extranacional violar Direitos humanos, automaticamente ocorrera a ofensa à ordem pública internacional brasileira e esse ato sofrerá as consequências específicas. Mas isso não significa que a violação da ordem pública internacional brasileira decorre da violação de norma constitucional brasileira, pois o arcabouço normativo dos Direitos humanos, até mesmo no Brasil, ultrapassa a Constituição Federal de 1988.

Diante dessa situação, estamos lidando com um campo transitório entre princípio da ordem pública internacional e a concepção de ordem pública universal (ou verdadeiramente internacional), retirando o fundamento da violação do arcabouço legislativo nacional e deslocando-o para os tratados internacionais de Direitos humanos ratificados pelo Brasil, com destaque à Declaração Universal do Direitos Humanos de 1948 e a Convenção Americana sobre Direitos Humanos, conhecida como o Pacto de San José da Costa Rica de 22 de novembro de 1969 – pacto este que gerou uma situação *sui generis* no ordenamento jurídico brasileiro (a respeito, *vide* tópico 18.6).

Esse deslocamento de fundamentação da violação da ordem pública internacional brasileira é de especial importância para nossa disciplina, pois insere nela a importância das normativas internacionais para a compreensão do fato extranacional, quebrando a tendência hodierna de nacionalizar as questões extranacionais pelo excesso de indeterminação nas normas constitucionais brasileiras.

Além de abrir espaço para um princípio específico da realidade dos microssistemas do Direito Internacional Privado: o princípio da uniformidade e internacionalidade na interpretação e aplicação de normas jurídicas internacionais (a respeito, *vide* tópico 17.2 *infra*).

16.3 OS LIMITES PARA APLICAÇÃO DO DIREITO ESTRANGEIRO

16.3.1 O fenômeno das normas de aplicação imediata (*Eingriffsrecht*)

O fenômeno das normas de aplicação imediata no Direito Internacional Privado é, essencialmente, um produto da confusão teórica que se instalou no debate sobre a imperatividade das leis, mais precisamente entre leis imperativas e o princípio da ordem pública internacional, de modo a fazer emergir uma nova categoria de normas jurídicas, de uma reinvenção das famigeradas leis de ordem pública.

No Brasil, esse fenômeno assume uma complexidade maior graças à infeliz técnica legislativa empregada pelo legislador brasileiro, predominando mais o aspecto literário (facilidade de leitura) das leis, do que o aspecto técnico (maior exatidão interpretativa).

Inicialmente, a própria expressão "normas de aplicação imediata" é polissêmica no Direito, podendo designar: (1) as normas jurídicas que não necessitam de regulamentação posterior para serem aplicadas; (2) a situação temporal da norma jurídica se tornar aplicável a todas a relações jurídicas a partir do momento de sua vigência; e (3) designar aquelas normas jurídicas excessivamente unilaterais que geram uma excepcionalidade na solução de conflito de leis do DIPr[772].

É essa terceira acepção que interessa para a nossa disciplina, em especial quando se associa à expressão francesa *lois de police* (leis de policiamento), àquelas normas jurídicas que desempenham o papel de policiar o ordenamento jurídico de tal modo que incidem em todas as relações jurídicas existentes na esfera jurisdicional nacional, independentemente das regras de Direito Internacional Privado, porém, não são fatores impeditivos para a incidência do Direito estrangeiro, para a solução do conflito de leis em si.

Diferenciam-se da ordem pública internacional pelo fato de não serem uma exceção propriamente dita ao Direito estrangeiro, não serem uma excludente do Direito estrangeiro, mas sim uma modalidade de norma que manifesta o "domínio de regulamentação estatal e que por todos deve ser seguido, para salvaguardar a organização política, social ou econômica do país", determinando seu próprio campo de atuação no espaço[773].

Essa capacidade de determinar seu próprio campo de atuação gera uma situação excepcional na solução do conflito de leis, cujas consequências ainda são sujeitas a debates e interpretações diversas, pois não há uma consolidação dogmática sobre o assunto.

---

772 SANTOS, António Marques dos. **As normas de aplicação imediata no direito internacional privado:** esboço para uma teoria geral. Coimbra: Almedina, 1991, p. 2.

773 ARAÚJO, Nádia de. **Direito internacional privado:** teoria e prática brasileira. 2. ed. Rio de Janeiro: Renovar, 2004, p. 97-98.

Essa indefinição decorre da excepcionalidade gerada, da conturbada relação que essas normas possuem com as normas colisionais, de modo a gerar a confusão entre essas normas e o princípio da ordem pública internacional (quando a norma de aplicação imediata ignora por completo a solução do conflito); ou quando agem como uma espécie de filtro para aplicação do Direito estrangeiro, criando uma situação particular em que tanto o Direito estrangeiro como o Direito nacional se aplicam concomitantemente[774].

Em ambas as situações, a derrogação ou influência sobre a solução do conflito de leis vai resultar no fenômeno particular da existência de uma norma jurídica nacional específica ser considerada de aplicação imediata, consideração decorrente não de sua estrutura normativa ou redação, mas sim do contexto fático envolvido na questão.

Na nossa opinião, a melhor forma de compreender essa confusa modalidade de norma jurídica unilateral é por meio da constatação de que elas se caracterizam pela finalidade de policiar a aplicação do Direito estrangeiro, não de excluí-lo ou de afastá-lo do fato extranacional. Essa finalidade de policiamento gera a criação de filtros para aplicação do Direito estrangeiro, de modo a gerar a excepcionalidade do Direito estrangeiro ser aplicado, mas parte do Direito nacional também o ser – o afastamento do Direito estrangeiro seria, no máximo, parcial.

Fundamentamos nossa opinião por meio da doutrina da ordem pública internacional positiva, isto é, da doutrina que visualiza duas modalidades de normas protetoras de uma ordem jurídica nacional no Direito Internacional Privado: (1) as que desempenham função negativa, isto é, protegem o ordenamento jurídico como um todo; e (2) as que desempenham uma função positiva, isto é, é uma modalidade específica de normas protetivas para uma modalidade específica de relação jurídica extranacional.

Essa divisão funcional nos possibilita visualizar o fenômeno moderno do *Eingriffsrecht* ("Direito de intervenção")[775], o qual se configura quando em determinadas circunstâncias especiais envolvendo o fato extranacional surge o direito do foro em intervir nele, independentemente do Direito aplicável,

---

774 NORD, Nicolas. **Ordre public et lois de police en Droit International privé.** These pour le doctorat en Droit – Université Robert Schuman (Strasbourg, III), p. 410. Disponível em: https://pdfs.semanticscholar.org/e2ce/5bf9363fd353ba63ec2a89a426dc809a1855.pdf?_ga=2.149625654.1237544702.1581965885845017801.1581965885.

775 A tradução está literal, pois em traduções oficiais (documentos europeus) para o português, essa expressão é traduzida como "normas de aplicação de imediata".

devido ao fato da intervenção surgir, normalmente, de um interesse social relevante que se manifestou em determinado momento, exigindo uma adequação, um equacionamento do fato extranacional para evitar a criação de uma anomalia na sua solução.

Ficou evidente que esse fenômeno está intrinsicamente relacionado às obrigações contratuais e, em especial, à metodologia do *depeçage* – o desmembramento do contrato em diferentes cláusulas com regimes jurídicos próprios.

A principal referência legislativa que encontramos referente às normas de aplicação imediata estão no art. 9º do Regulamento (CE) n. 593/2008 do Parlamento Europeu e do Conselho de 17 de junho de 2008 sobre lei aplicável às obrigações contratuais, conhecida juridicamente como Convenção Roma I, que dispõe:

> Artigo 9º
>
> Normas de aplicação imediata
>
> 1. As normas de aplicação imediata são disposições cujo respeito é considerado fundamental por um país para a salvaguarda do interesse público, designadamente a sua organização política, social ou económica, ao ponto de exigir a sua aplicação em qualquer situação abrangida pelo seu âmbito de aplicação, independentemente da lei que de outro modo seria aplicável ao contrato, por força do presente regulamento.
>
> 2. As disposições do presente regulamento não podem limitar a aplicação das normas de aplicação imediata do país do foro.
>
> 3. Pode ser dada prevalência às normas de aplicação imediata da lei do país em que as obrigações decorrentes do contrato devam ser ou tenham sido executadas, na medida em que, segundo essas normas de aplicação imediata, a execução do contrato seja ilegal. Para decidir se deve ser dada prevalência a essas normas, devem ser tidos em conta a sua natureza e o seu objecto, bem como as consequências da sua aplicação ou não aplicação[776].

É um fenômeno de imperatividade normativa específica a ser utilizado em situações especiais ou em particularidades específicas existentes na relação jurídica extranacional as quais demandam uma intervenção específica, intervenção que o princípio da ordem pública internacional não é capaz de fornecer – a especificidade não deriva do conteúdo do direito estrangeiro *per si*, mas a sua finalidade e consequências na aplicação da situação jurídica *in foco*[777].

---

776 Versão oficial em português (Portugal). Disponível em: https://eur-lex.europa.eu/legal-content/PT/TXT/PDF/?uri=CELEX:32008R0593&from=BG.

777 VON BAR, Christian; MANKOWSKI, Peter. **Internationales Privatrecht.** Band I Allgemeine Lehren. 2. aufl. München: C. H. Beck, 2003, p. 723-724.

Destarte, enquanto o princípio da ordem pública internacional desempenha a função negativa, removendo drasticamente o direito estrangeiro como um todo e impedindo sua aplicação; as normas de aplicação imediata desempenham uma função positiva, incidindo concomitantemente com o Direito estrangeiro para garantir que não ocorra um desvio de finalidade ou que o mesmo infrinja uma proteção especial existente naquela ordem jurídica nacional, infração não decorrente necessariamente do conteúdo da norma estrangeira, mas sim do interesse social ali existente.

Para uma melhor compreensão, podemos recorrer, no Direito brasileiro, à análise do art. 1º do Código de Defesa do Consumidor (CDC), o qual é um exemplo de má redação legislativa no emprego da expressão "ordem pública" por parte do legislador brasileiro, ao determinar: "O presente código estabelece normas de proteção e defesa do consumidor, de **ordem pública** e interesse social, nos termos dos arts. 5º, inciso XXXII, 179, inciso V, da Constituição Federal e art. 48 de suas Disposições Transitórias" (grifamos).

Na ausência de uma interpretação autêntica, podemos recorrer à interpretação oferecida pelos próprios autores do anteprojeto do CDC, os quais nos informam que a expressão "ordem pública" foi utilizada como sinônimo de "ordem pública interna", mais precisamente, no intuito de estabelecer que as normas ali contidas não poderiam ser derrogadas pela vontade das partes, como explicam: "destaque-se que as normas ora instituídas são de ordem pública e interesse social, o que equivale a dizer que são inderrogáveis por vontade das partes em determinada relação de consumo, embora se admita a livre disposição em alguns interesses de caráter patrimonial"[778].

Observamos que os autores do anteprojeto não estavam necessariamente preocupados com as repercussões do emprego da expressão "ordem pública" na doutrina da solução de conflito de leis quando da elaboração do CDC, situação justificável diante da realidade brasileira de 1990, quando a economia e o mercado brasileiro praticamente se encontravam isolados do mercado internacional, em especial no que se refere a bens de consumo.

Ocorre que a abertura do mercado comercial brasileiro no governo Fernando Collor de Melo, acrescida da própria evolução do Direito do consumidor, fez emergir uma corrente de pensamento que defende que as

---

[778] GRINOVER, Ada Pellegrini; BENJAMIM, Antônio Herman de V.; FINK, Daniel R.; FILOMENO, José G. B.; WATANABE, Kazuo; NERY JR., Nelson; DENARI, Zelmo. **Código de Defesa do Consumidor:** comentado pelos autores do anteprojeto. 8. ed. Rio de Janeiro: Forense Universitária, 2004, p. 24.

regras do CDC seriam de ordem pública internacional, fundamentando esse pensamento não só na expressão "ordem pública" do art. 1º, mas também no art. 3º do CDC e a questão a palavra "estrangeira":

> **Art. 3º** Fornecedor é toda pessoa física ou jurídica, pública ou privada, nacional ou estrangeira, bem como os entes despersonalizados, que desenvolvem atividade de produção, montagem, criação, construção, transformação, importação, exportação, distribuição ou comercialização de produtos ou prestação de serviços.

Essa corrente de pensamento ignora a teoria das normas de aplicação imediata e acaba por consagrar o dogma de que "qualquer lei estrangeira indicada aplicável em qualquer questão de consumo passaria ofender a nossa ordem pública internacional (art. 17 da LICC)"[779] incorrendo em um pensamento simplista de associar que toda norma imperativa resultaria em uma norma de ordem pública (a confusão da lei de ordem pública), acarretando na aplicação obrigatória das regras do foro (*lex fori*), afastando toda e qualquer norma de solução do conflito de leis[780].

É dessa modalidade de pensamento que surge o que denomino de "mentalidade nacionalista" das relações de consumo na *internet*, mentalidade comum a alunos e juristas pouco versados em Direito Internacional Privado, que costumeiramente associam a incidência do CDC às relações de consumo realizadas na *internet* em sítios estrangeiros, em idioma estrangeiro, envolvendo produto estrangeiro.

Por outro lado, a corrente de pensamento mais moderna e mais consciente do funcionamento da solução do conflito de leis na Ciência Jurídica parte da premissa de que o CDC é uma norma de aplicação imediata, ignorando a redação do art. 1º do CDC para fins de relações do consumidor extranacionais. O CDC, pelo interesse social e a proteção especial que o consumidor demanda no ordenamento jurídico brasileiro, gera na solução do conflito de leis o *Eingriffsrecht* por parte do juiz nacional.

---

779 MARQUES, Claudia L. Por um direito internacional de proteção dos consumidores: sugestões para a nova Lei de Introdução ao Código Civil brasileiro no que se refere à lei aplicável a alguns contratos e acidentes e consumo. In: MENEZES, Wagner (org.). **O direito internacional e o direito brasileiro:** homenagem a José Francisco Rezek. Ijuí: Unijuí, 2004, p. 724.

780 SÉRGIO TENÓRIO DE AMORIM, Fernando; LUIZ NETTO LÔBO, Paulo. **A autonomia da vontade nos contratos eletrônicos internacionais de consumo.** 2006. Dissertação (Mestrado) – Programa de Pós-Graduação em Direito da Universidade Federal de Pernambuco, Recife, 2006, p. 146. Disponível em: https://repositorio.ufpe.br/handle/123456789/4616. Acesso em: 20 fev. 2020.

Ao correlacionar o CDC como norma de aplicação imediata, o pensamento se fundamenta na constatação da sua natureza imperativa decorrer mais do CDC do interesse social que nele existe, não de sua natureza de ordem pública, ordem pública que, para os estudiosos da nossa disciplina deve ser ignorada.

Portanto, ao enquadrarmos as normas de aplicação imediata como limite da aplicação do Direito estrangeiro, estamos demonstrando que não se tratam de impedimentos a ele, mas sim de "filtros" que uma ordem jurídica nacional possui em nome do interesse social que representa para que a aplicação do Direito estrangeiro não traga consequências indesejáveis ou anomalias à ordem social.

16.3.2 A fraude à lei: o combate ao *forum shopping*

Por mais que o legislador se esforce, não existe sistema legislativo perfeito. Por mais técnica e específica que seja uma legislação, invariavelmente haverá brechas e situações que escaparão de sua disciplina normativa. É a partir dessa constatação que surge outro limite à aplicação do Direito estrangeiro: a exceção de fraude à lei ou, simplesmente, a fraude à lei.

A exceção de fraude à lei se manifesta quando o juiz ou árbitro identifica que a solução do conflito de leis envolvendo o fato extranacional apresenta uma solução artificialmente criada pela vontade de uma ou ambas as partes; isto significa que a conexão foi artificialmente criada por uma das partes ou ambas as partes com o intuito de conseguir uma vantagem ou favorecimento indevido, prejudicando o interesse de uma das partes ou de terceiro – configurando o fenômeno do *forum shopping*.

O *forum shopping* é, essencialmente, uma estratégia de redução de custos em contratos por meio da qual as partes procuram estabelecer o regime jurídico de seu contrato de forma a reduzir custos com tributos, procedimentos burocráticos e, eventualmente, custos processuais.

Essa estratégia começa a se tornar problemática quando são constatadas arbitrariedades nessa redução de custos, se tornando um *zero sum game* (jogo de soma 0), no qual o *forum shopper* procura estabelecer a jurisdição que lhe for mais conveniente em prejuízo do interesse da outra parte ("*Es bietet dem Kläger die Chance zum partiellen Externalisierung von Kosten zu Lasten des Beklagten*"[781] / "Possibilita ao autor a chance de externalizar parcialmente

---

[781] VON BAR, Christian; MANKOWSKI, Peter. **Internationales Privatrecht.** Band I Allgemeine Lehren. 2. aufl. München: Verlag C. H. Beck, 2003, p. 460-461.

seus custos, as custas do réu") – para remediar essa situação é que surgiu a exceção de fraude à lei.

A exceção de fraude à lei é um processo técnico de violação indireta da lei (*in fraudem agere*), violando-se a finalidade, o interesse existente em uma normal; não se confundindo com a violação direta (*contra legem agere*), a qual configura o ato ilícito[782].

Fraude à lei não é uma conduta ilegal, mas o mal uso das brechas da legislação com a motivação ou intenção de prejudicar a outra parte ou terceiro – a violação não é da norma, a violação é da finalidade do sistema legislativo.

Diante dessa particularidade da fraude à lei, sua manifestação obrigatoriamente deverá conter dois elementos: (1) o elemento subjetivo na intenção de prejudicar a outra parte ou terceiro e (2) o elemento objetivo que é a ocorrência de prejuízo efetivo para a outra parte ou terceiro decorrente dessa intenção fraudulenta.

Como se trata de um fenômeno associado à intenção das partes, a fraude à lei está intrinsecamente relacionada com os contratos internacionais, com destaque especial de sua manifestação poder ocorrer tanto na questão da solução do conflito de leis (intenção de prejudicar criando uma conexão artificial com determinado direito – *law shopping*), como na questão de fixação da autoridade competente para julgar litígios decorrentes do contrato (malícia na cláusula de eleição de foro ou no emprego da cláusula compromissória – *forum shopping*) – isto não significa que não possa ocorrer em outras áreas como casamentos, sucessão etc.

Em sede de legislação brasileira, não encontramos qualquer referência ao instituto na LINDB e nem no Código de Bustamante, sendo sua principal manifestação na Convenção Interamericana sobre Normas Gerais de Direito Internacional Privado – Montevidéu 1979:

> Artigo 6º
>
> Não se aplicará como direito estrangeiro o direito de um Estado Parte quando artificiosamente se tenham burlado os princípios fundamentais da lei do outro Estado Parte.
>
> Ficará a juízo das autoridades competentes do Estado receptor determinar a intenção fraudulenta das partes interessadas.

---

782 VALLADÃO, Haroldo. **Direito internacional privado em base histórica e comparativa, positiva e doutrinária, especialmente dos Estados americanos:** introdução e parte geral. Rio de Janeiro-São Paulo: Livraria Freitas Bastos, 1968, p. 509.

Diferentemente do princípio da ordem pública internacional, a exceção de fraude à lei não tem por finalidade excluir ou impedir os efeitos de direito ou ato estrangeiro na jurisdição nacional, mas sim desfazer o prejuízo decorrente da intenção fraudulenta na utilização dos elementos de conexão ou nos critérios de fixação de competência existente – "há o afastamento da aplicação da lei que foi fraudulentamente apontada como aplicável, devendo ser utilizada, em seu lugar, a lei que incidiria se não houvesse a manipulação artificial"[783].

Outro ponto importante a ressaltarmos é que a fraude à lei não pode ser confundida com outras modalidades de conduta fraudulenta previstas no Direito brasileiro, as quais configuram ato ilícito e possuem consequências diferentes. Dessas modalidades podemos destacar a fraude contra credores e a fraude à execução.

A fraude contra credores é um instituto clássico do Direito Privado e se configura na conduta por parte do devedor dolosamente praticar atos com a intenção de frustrar crédito ou direito de credores. É um ato de má-fé na gestão do patrimônio e está regulamentada nos arts. 158 a 165 do Código Civil. As consequências da fraude contra credores é a anulabilidade dos negócios considerados fraudulentos por meio da proposição de ação revocatória (pauliana).

A fraude à execução é um ato atentatório contra administração da justiça, configurando tipo penal previsto no art. 179 do Código Penal[784] e, comumente, está associada (mas não limitada) à prática pelo réu das hipóteses previstas no art. 792 do Código de Processo Civil[785], sendo sua principal

---

783 RAMOS, André de C. **Curso de direito internacional privado.** São Paulo: Saraiva, 2018, p. 339.

784 Art. 179. Fraudar execução, alienando, desviando, destruindo ou danificando bens, ou simulando dívidas: Pena – detenção, de seis meses a dois anos, ou multa. Parágrafo único – Somente se procede mediante queixa.

785 Art. 792. A alienação ou a oneração de bem é considerada fraude à execução: I – quando sobre o bem pender ação fundada em direito real ou com pretensão reipersecutória, desde que a pendência do processo tenha sido averbada no respectivo registro público, se houver; II – quando tiver sido averbada, no registro do bem, a pendência do processo de execução, na forma do art. 828; III – quando tiver sido averbado, no registro do bem, hipoteca judiciária ou outro ato de constrição judicial originário do processo onde foi arguida a fraude; IV – quando, ao tempo da alienação ou da oneração, tramitava contra o devedor ação capaz de reduzi-lo à insolvência; V – nos demais casos expressos em lei.
§ 1° A alienação em fraude à execução é ineficaz em relação ao exequente.
§ 2° No caso de aquisição de bem não sujeito a registro, o terceiro adquirente tem o ônus de provar que adotou as cautelas necessárias para a aquisição,

consequência a possibilidade de prisão do fraudador, além da nulidade das alienações e onerações consideradas fraudulentas.

Essas condutas fraudulentas não têm relação com o nosso instituto da fraude à lei, pois este não tem condão de anular negócios jurídicos, muito menos ensejar a prisão do fraudador. É um mecanismo que nossa disciplina desenvolveu para evitar que se manipulem as normas colisionais de forma a causar prejuízos para uma das partes ou para com terceiros.

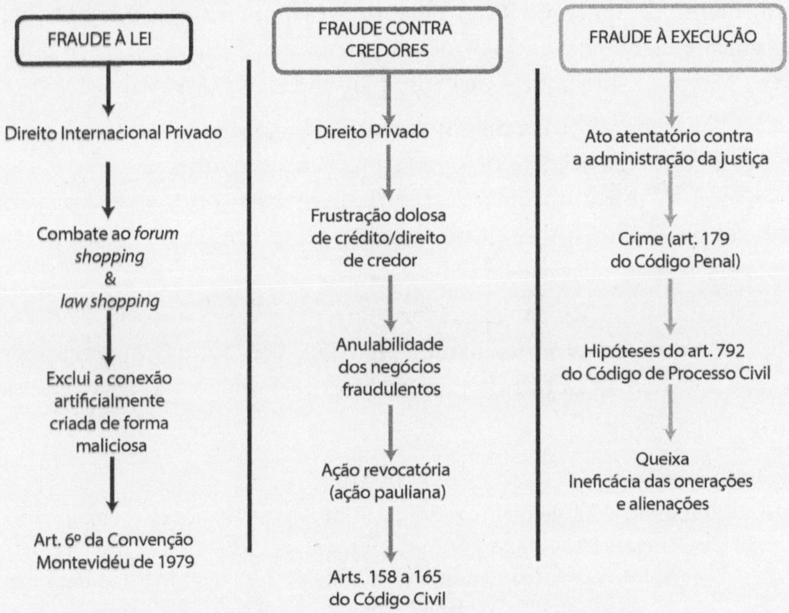

Resumo das diferenças entre fraudes

16.3.3 A Instituição Desconhecida

Apesar dos ordenamentos jurídicos nacionais possuírem um determinado grau de similitude, eles não são idênticos e possuem profundas distinções

---

mediante a exibição das certidões pertinentes, obtidas no domicílio do vendedor e no local onde se encontra o bem.

§ 3º Nos casos de desconsideração da personalidade jurídica, a fraude à execução verifica-se a partir da citação da parte cuja personalidade se pretende desconsiderar.

§ 4º Antes de declarar a fraude à execução, o juiz deverá intimar o terceiro adquirente, que, se quiser, poderá opor embargos de terceiro, no prazo de 15 (quinze) dias.

entre si, e quando essas diferenças se manifestam na diversidade legislativa, estamos diante da Instituição Desconhecida.

A Instituição Desconhecida ocorre quando o Direito estrangeiro incidente pela solução de conflito de leis apresenta uma regulamentação, um instituto jurídico que o direito nacional do foro não possui – o instituto é desconhecido pela *lex fori*[786].

O núcleo da Instituição Desconhecida é a constatação pelo juiz do foro de estar diante da aplicação de um instituto estrangeiro que é inédito para o Direito nacional, não havendo legislação, nem jurisprudência e nem doutrina pátria recorrente sobre aquele instituto para lhe servir de orientação.

Não podemos confundir a instituição desconhecida com a instituição proibida. A primeira decorre de o instituto não ser conhecido, não existir na esfera nacional, portanto, não há regulamentação sobre este. Enquanto a Instituição proibida é um instituto conhecido, existente na esfera nacional, porém a legislação o proíbe de ser aplicado.

Atualmente, a única referência legislativa sobre a Instituição Desconhecida no ordenamento jurídico brasileiro é o art. 3º da Convenção Interamericana de Normas Gerais de Direito Internacional Privado (Montevidéu, 1979), que dispõe:

> Artigo 3
>
> Quando a lei de um Estado parte previr instituições ou procedimento essenciais para a sua aplicação adequada e que não sejam previstos na legislação de outro Estado Parte, este poderá negar-se a aplicar a referida lei, desde que não tenha instituições ou procedimentos análogos.

Por esse dispositivo, constatamos que outra particularidade da Instituição Desconhecida é sua aplicação facultativa. Significa que se o Direito estrangeiro incidente apresenta regulamentação desconhecida pelo Direito do foro, a sua aplicação estará sujeita a condicionantes as quais em caso de não cumprimento excluem a incidência desse Direito estrangeiro desconhecido.

É esse caráter facultativo que insere a Instituição Desconhecida como um limite da aplicação do Direito estrangeiro e estabelece uma dupla interpretação ao jurista quando de sua ocorrência: (1) a adaptação do instituto desconhecido ou (2) a exclusão do instituto desconhecido.

---

786 MAZZUOLI, Valério de O. **Curso de direito internacional privado.** 2. ed. São Paulo: Forense, 2017, p. 238.

A adaptação é uma técnica do Direito Internacional Privado que visa possibilitar ao jurista proceder com a transposição do instituto desconhecido para a *lex fori*, de forma a possibilitar a manutenção de sua aplicação ao caso[787].

Nesse aspecto, a Instituição Desconhecida se atrela ao livre convencimento do juiz e à possibilidade de a adaptação ser possível, porém quando esta se demonstra impraticável, ao jurista cabe afastá-la a Instituição Desconhecida – "Sendo, contudo, verdadeiramente impossível ao juiz do foro adaptar ou aproximar a questão jurídica por meio de instituição ou procedimento análogo, a única alternativa viável será a negativa da aplicação da lei estrangeira indicada"[788].

Porém, não podemos ignorar que a Instituição Desconhecida tem suas origens atreladas ao princípio da ordem pública internacional, desde a sua primeira manifestação nas lições de Savigny no século XIX.

Nessa opção, o juiz do foro ignora a possiblidade de adaptação e exclui a incidência do direito estrangeiro desconhecido, alegando que este ofenderia o princípio da ordem pública internacional – esse fundamento atrela a instituição desconhecida como uma manifestação da ordem pública internacional, logo, uma excludente de aplicação do Direito estrangeiro.

No momento em que a Instituição Desconhecida assume a feição de excludente de aplicação do Direito estrangeiro, seja por impossibilidade de adaptação, seja por equiparação ao princípio da ordem pública internacional, vai surgir um curioso problema teórico para o juiz brasileiro.

No caso da simples violação do princípio da ordem pública internacional na solução do conflito de leis, a consequência é a substituição do Direito estrangeiro pelo Direito nacional, porém, na Instituição Desconhecida nos deparamos com a constatação de que o Direito nacional não regulamenta aquela situação, ou melhor, não há Direito nacional capaz de substituir o Direito estrangeiro.

Em termos processuais, a inaplicabilidade do Direito estrangeiro por ser Instituição Desconhecida configura um caso de impossibilidade jurídica do pedido, enquadrando-se como um fenômeno de carência de ação sob o ponto de vista das teorias processuais mais tradicionais sobre as condições da ação.

Mas com o advento do Código de Processo Civil de 2015, houve profunda mudança no assunto de modo a não se falar mais em condição de

---

787 RAMOS, André de C. **Curso de direito internacional privado.** São Paulo: Saraiva, 2018, p. 292.

788 MAZZUOLI, Valério de O. **Curso de direito internacional privado.** 2. ed. São Paulo: Forense, 2017, p. 240.

ação[789], apesar de o art. 485, VI, do CPC[790] ainda manter a legitimidade e o interesse processual como condições para resolução do mérito.

O novo Código de Processo Civil elevou a possibilidade jurídica do pedido; este deixou de ser uma condição da ação e se tornou uma questão de mérito, conforme a exposição de motivos do referido diploma explica:

> Com o objetivo de se dar maior **rendimento** a cada processo, individualmente considerado, e atendendo a críticas tradicionais da doutrina, deixou, a possibilidade jurídica do pedido, de ser condição da ação. A sentença que, à luz da lei revogada seria de carência de ação, à luz do novo CPC é de improcedência e resolve definitivamente a controvérsia[791].

A doutrina, mais cautelosa, acabou desenvolvendo entendimento de que a possibilidade jurídica é uma categoria autônoma no processo, porém a impossibilidade estaria atrelada como ausência de interesse de agir:

> A possibilidade jurídica do pedido não mais constitui categoria autônoma capaz de obstaculizar o julgamento do mérito. O Código de 2015 afastou-se da regulação das condições da ação, peculiar ao Código de 1973, que não só falava em condições da ação, mas também previa, ao lado da legitimidade para a causa e do interesse de agir, a possibilidade jurídica do pedido. Contudo, a impossibilidade jurídica do pedido, além de rara, pode ser encartada na ausência de interesse de agir[792].

Uma posição mambembe, pois se a questão da possibilidade jurídica do pedido é uma categoria autônoma, como pode a impossibilidade enquadrar-se em outra categoria processual (no caso, o interesse de agir)?

A jurisprudência brasileira mantém o entendimento de se tratar de uma questão de mérito, a ponto de configurar hipótese de recurso de agravo do art. 1.015, II, do CPC, conforme entendimento:

---

789 MARINONI, Luiz Guilherme; MITIDIERO, Daniel. **Comentários ao Código de Processo Civil:** arts. 1° ao 69. 2. ed. São Paulo: Thompson Reuters Brasil, 2018, p. 306.

790 Art. 485. O juiz não resolverá o mérito quando: (...) VI – verificar ausência de legitimidade ou de interesse processual;

791 BRASIL. **Código de processo civil e normas correlatas.** 7. ed. Brasília: Senado Federal, 2015, p. 34-35. Disponível em: https://www2.senado.leg.br/bdsf/handle/id/512422.

792 MARINONI, Luiz Guilherme; MITIDIERO, Daniel. **Comentários ao Código de Processo Civil:** arts. 1° ao 69. 2. ed. São Paulo: Thompson Reuters Brasil, 2018, p. 306.

CIVIL. PROCESSUAL CIVIL. AÇÃO DE EXIGIR CONTAS. DECISÃO INTERLOCUTÓRIA DE MÉRITO. NECESSIDADE DE EXAME DOS ELEMENTOS QUE COMPÕEM O PEDIDO E DA POSSIBILIDADE DE DECOMPOSIÇÃO DO PEDIDO. ASPECTOS DE MÉRITO DO PROCESSO. ALEGAÇÃO DE IMPOSSIBILIDADE JURÍDICA DO PEDIDO. CONDIÇÃO DA AÇÃO AO TEMPO DO CPC/73. SUPERAÇÃO LEGAL. ASPECTO DO MÉRITO APÓS O CPC/15. RECORRIBILIDADE IMEDIATA DA DECISÃO INTERLOCUTÓRIA QUE AFASTA A ALEGAÇÃO DE IMPOSSIBILIDADE JURÍDICA DO PEDIDO. ADMISSIBILIDADE. ART. 1.015, II, CPC/15.

(...)

2 – O propósito recursal é definir se cabe agravo de instrumento, com base no art. 1.015, II, do CPC/15, contra a decisão interlocutória que afasta a arguição de impossibilidade jurídica do pedido.

3 – Ao admitir expressamente a possibilidade de decisões parciais de mérito quando uma parcela de um pedido suscetível de decomposição puder ser solucionada antecipadamente, o CPC/15 passou a exigir o exame detalhado dos elementos que compõem o pedido, especialmente em virtude da possibilidade de impugnação imediata por agravo de instrumento da decisão interlocutória que versar sobre mérito do processo (art. 1.015, II, CPC/15).

(...)

5 – O enquadramento da possibilidade jurídica do pedido, na vigência do CPC/73, na categoria das condições da ação, sempre foi objeto de severas críticas da doutrina brasileira, que reconhecia o fenômeno como um aspecto do mérito do processo, tendo sido esse o entendimento adotado pelo CPC/15, conforme se depreende de sua exposição de motivos e dos dispositivos legais que atualmente versam sobre os requisitos de admissibilidade da ação.

6 – A possibilidade jurídica do pedido após o CPC/15, pois, compõe uma parcela do mérito em discussão no processo, suscetível de decomposição e que pode ser examinada em separado dos demais fragmentos que o compõem, de modo que a decisão interlocutória que versar sobre essa matéria, seja para acolher a alegação, seja também para afastá-la, poderá ser objeto de impugnação imediata por agravo de instrumento com base no art. 1.015, II, CPC/15.

7 – Recurso especial conhecido e provido[793].

---

793 SUPERIOR TRIBUNAL DE JUSTIÇA. REsp. 1757123/SP, Rel. Ministra Nancy Andrighi, Terceira Turma, julgado em 13/08/2019, DJe 15/08/2019. Disponível em: https://ww2.stj.jus.br/websecstj/cgi/revista/REJ.cgi/ITA?seq=1849095&tipo=0&nreg=201801908669&SeqCgrmaSessao=&CodOrgaoJgdr=&dt=20190815&formato=PDF&salvar=false.

Sob prisma da Instituição desconhecida, se depararmos com uma ação que verse sobre uma questão de Instituição desconhecida que não seja possível a adaptação, qual será a modalidade de coisa julgada que a decisão irá gerar?

Se enquadrarmos como hipótese de ausência de interesse de agir (interesse processual – art. 485, VI, *in fine*, do CPC), a sentença não julgará o mérito e não haverá problemas para proposição da ação em outro momento (art. 486, § 1º, do CPC) e, por consequência, não irá influenciar se ação for proposta em foro estrangeiro.

Porém, se considerarmos a hipótese como sendo de julgamento do mérito, sendo a impossibilidade jurídica do pedido fundamento para improcedência do pedido, a sentença acabará por gerar efeitos internacionais, devido ao fato de sua homologação em judiciário estrangeiro impedir a propositura de ação naquele judiciário.

Não há resposta firme para tal situação.

Novamente, encontramos um descompasso entre a legislação brasileira e a legislação processual. Nesse caso, somos da opinião de que a impossibilidade de aplicação do Direito estrangeiro em decorrência da Instituição desconhecida (impossibilidade de adaptação), acarretará em julgamento sem resolução do mérito, seguindo o "jeitinho" de inserir a impossibilidade jurídica criada *in casu* como uma hipótese de ausência de interesse processual – apesar de tal pensamento ser mambembe no contexto processualístico brasileiro.

16.4 A QUESTÃO DO CONTROLE DE CONSTITUCIONALIDADE

16.4.1 *BVerfGE* 31, 58 – *Spanier-Beschluß*

Para compreendermos a questão do controle de constitucionalidade na aplicação da norma estrangeira por parte do juiz brasileiro, temos de compreender o"*leading-case* que se criou dessa temática no Direito Internacional Privado brasileiro: o julgamento 31, 58 – Caso Espanhol julgado pelo Tribunal Federal Constitucional Alemão (*Bundesverfassungserichtshoff – BVerfGE*) de 4 de maio de 1971 ou, simplesmente, *BVerfGE* 31,58 – *Spanier Beschluß*.

Em síntese, esse caso foi instaurado por uma reclamação constitucional ajuizada por uma alemã (Hilde L.) e um espanhol (José Castello G.) se insurgindo contra a decisão do *Oberlandesgericht* ("Tribunal Regional") de *Hamm*, o qual em 3 de setembro de 1968 decidiu que não era possível celebrar o casamento entre ambos os reclamantes por existência de impedimento dirimente por parte do nubente espanhol.

A decisão do tribunal regional se fundamentou na previsão de ser aplicável o direito espanhol para a habilitação do nubente espanhol, por força do então § 13 (1) EBGB, que determinava: *"Die Eingehung der Ehe wird, sofern auch nur einer der Verlobten ein Deutscher ist, in Ansehung eines jeden der Verlobten nach den gesetz des Staates beurtheilt, dem er angehört. Das Gleiche gilt für Ausländer, die im Inland eine Ehe eingehen"*[794] ("A habilitação para o casamento é, mesmo que somente um dos nubentes seja alemão, regida pela Lei do Estado ao qual pertence o nubente. O mesmo vale para os estrangeiros que desejam se casar na Alemanha").

Como o elemento de conexão consagra a nacionalidade do nubente, o juízo regional aplicou o Direito espanhol para a habilitação do reclamante espanhol, mais precisamente, os seguintes dispositivos do Código Civil espanhol (antes da reforma de 1981):

> **Artículo 42** La Ley reconoce dos clases de matrimonios: el canónico y el civil.
> El matrimonio habrá de contraerse canónicamente cuando uno al menos de los contrayentes profese la religión católica.
> Se autoriza el matrimonió civil cuando se pruebe que ninguno de los contrayentes profesa la religión católica.
> (...)
> **Artículo 51** No producirá efectos civiles el matrimonio canónico o civil cuando cualquiera de los cónyuges estuviese ya casado legítimamente.
> (...)
> **Artículo 83** No pueden contraer matrimonio:
> (...)
> 5° Los que se hallen ligados con vínculo matrimonial[795].

Ocorre que a autoridade alemã verificou que o Direito espanhol adotava dois tipos de casamentos, o religioso e o civil, sendo que os dispositivos em

---

794 Texto da Einführungsgesetz aplicado pela Corte na época. Disponível em: https://de.wikisource.org/wiki/Einführungsgesetz_zum_Bürgerlichen_Gesetzbuche. A redação atual manteve o mesmo elemento de conexão, porém, simplificou a estrutura da norma. A versão atual é acessível em DEUTSCHLAND. **Einführungsgesetz zum Bürgerlichen Gestzbuche.** Bundesministerium der Justiz und für Verbraucherschutz. Disponível em: https://www.gesetze-im-internet.de/bgbeg/index.html. Acesso em: 15 out. 2019.

795 ESPAÑA. **Real Decreto de 24 de julio de 1889 por el que se publica el código Civil.** Agencia Estatal – Boletín Oficial del Estado (España). BOE-A-1889-4763. Disponível em: https://www.boe.es/eli/es/rd/1889/07/24/(1)/. Acesso em: 15 out. 2019.

foco estavam sujeitos à interpretação canônica quando se tratasse de casamento religioso. Por consequência, pelo fato de um dos nubentes ser espanhol, a interpretação dos dispositivos tinha de ser conforme o Direito canônico vigente, mais precisamente o *Codex Iuris Canonici Pii X Pontificis Maximi, iussu digestus, Benedicti Papae XV, auctoritate promulgatus, Acta Apostolicae Sedis 9/2* ou, simplesmente, Código de Direito Canônico de 1917 e seu cânone 1099 (2):

> Canon 1099
>
> § 1. [The Following] are bound to observe the above-stated form:
>
> 1º All those baptized into the Catholic Church or converted to her from heresy or schism, even if these or the others have left her later, as long as they enter marriage among themselves;
>
> 2º All of those mentioned above if they contract marriage with non-Catholics, whether baptized or non-baptized, even after obtaining a dispensation from the impediment of mixed religion or disparity of cult;
>
> 3º Orientals, when they contract with latins bound to this form.
>
> § 2. With due regard for the prescription of § 1, n. 1, non-Catholics, whether baptized or non-baptized, if they contract among themselves, are not in any way bound to observe the Catholic form of marriage; likewise, those born of non-Catholics, even if they are baptized in the Church, [but] who from infancy grow up in heresy or schism of infidelity or without any religion, as often as they contract marriage with a non-Catholic[796].
>
> ***
>
> Cânone 1099
>
> § 1 [O seguinte] são obrigados a observar a forma acima estabelecida:
>
> 1º Todos os batizados na Igreja Católica ou convertidos a ela por heresia ou cisma, mesmo se estes ou outros tenham a deixado posteriormente, enquanto eles ainda mantiverem casamento entre eles;
>
> 2º Todos aqueles mencionados acima, se eles entrarem em matrimônio com não Católicos, batizados ou não, mesmo após tendo obtido dispensa de impedimento de mistura de religião ou disparidade de culto;
>
> 3º Orientais, quando contraem com latinos vinculados a esta forma.
>
> § 2 Respeitada a previsão do § 1, n. 1, os não Católicos, batizados ou não, se contraírem entre eles, não estão obrigados a observar o rito católico de casamento; igualmente se aplica àqueles nascidos de não Católicos, mesmo se batizados na Igreja, (mas) aqueles que desde a infância cresceram em heresia ou cisma de infidelidade ou sem qualquer religião, enquanto contraiam matrimônio com não Católicos.

---

796 PETERS, Edward N. (curator). **The 1917 or Pio-Benedictine Code of Canon Law in English translation with extensive scholarly apparatus.** San Francisco: Ignatius Press, 2001, p. 379.

Destarte, entendeu a autoridade alemã que, por força da interpretação canônica, a nubente alemã ainda estaria com vínculo matrimonial pois não se aplicava o conceito de casamento tridentino – paradigma de casamento para os católicos – resultando na constatação de que, pelo direito canônico, quando o matrimônio envolve não católicos, qualquer forma de matrimônio era considerado válido.

Por consequência, por ser válido sob a ótica canônica, o divórcio realizado na Alemanha pela nubente evangélica não produzia efeitos na Espanha, pois violava a ordem pública daquele país[797].

Ou seja, pela interpretação canônica do art. 81 (5) do Código Civil espanhol e a constatação de que o Código Civil espanhol daquela época não previa a figura do divórcio como forma de dissolução do casamento[798], temos por resultado que uma decisão puramente nacional por parte da autoridade regional alemã de celebrar divórcio de casamento alemão não superava o impedimento espanhol para com o nubente espanhol, pois este estava procurando contrair matrimônio com uma pessoa que, pelo Direito espanhol, ainda possuía um vínculo matrimonial, mesmo que divorciada na Alemanha.

Diante dessa situação, o Tribunal Federal Constitucional (*BVerfG*) foi acionado para se manifestar sobre a questão da liberdade de casar, mais precisamente, sobre a possibilidade da decisão do tribunal regional ter violado o § 6 (1) da *Grundgesetz* (Lei Fundamental – Constituição) de 1949 o qual define que *"Ehe und Familie stehen unter dem besonderen Schutze der staatlichen Ordnung"*[799] ("O casamento e a família estão sob proteção especial da ordem estatal"), conhecido também como *Eheschließungsfreiheit* (liberdade de casar).

De início, o *BVerfG* deixou claro que não estava realizando um *"Sprung ins Dunkle"* ("um pulo para o desconhecido"), que os direitos fundamentais consagrados na *Grundgesetz* são uma parte intrínseca do ordenamento jurídico alemão e que a aplicação das normas colisionais alemães, invariavelmente, estava sujeita a esses direitos, no sentido de que não era o Direito estrangeiro

---

797 BUNDESVERFASSUNGSGERICHT. **BVerfGE 31, 58** – Spanier-Beschluß. Disponível em: http://www.servat.unibe.ch/dfr/bv031058.html. Acesso em: 15 out. 2019.

798 "Artículo 104. La separación produce la suspensión de la vida común de los casados y los demás efectos previstos en el artículo setenta y tres." ESPAÑA. **Real Decreto de 24 de julio de 1889 por el que se publica el código Civil.** Agencia Estatal – Boletín Oficial del Estado (España). BOE-A-1889-4763. Disponível em: https://www.boe.es/eli/es/rd/1889/07/24/(1)/. Acesso em: 15 out. 2019.

799 DEUTSCHLAND. **Grundgesetz für die Bundesrpublik Deutschland vom 23. Mai 1949.** Disponível em: http://www.documentarchiv.de/brd/1949/grundgesetz.html. Acesso em: 15 out. 2019.

que estava sendo objeto do controle de constitucionalidade, mas sim o resultado da aplicação do sistema colisional alemão[800].

Portanto, não cabia uma extensão dos direitos fundamentais alemães para dentro do Direito estrangeiro ou para fora dos limites jurisdicionais da ordem alemã, mas sim proteger a ordem alemã de eventual dano aos direitos fundamentais nela consagrada, ou como o próprio *BVerfG* explica:

> Die herrschende Auffassung läßt sich auch nicht damit rechtfertigen, daß der ausländische Gesetzgeber nur an die Verfassung seines eigenen Staates gebunden ist und nach der herrschenden Meinung das von einer deutschen Kollisionsnorm berufene ausländische Recht durch die Anwendung im Inland seine Natur als ausländisches Recht nicht verliert. Auch wenn man von dieser Auffassung ausgeht, handelt es sich bei der Rechtsanwendung durch die deutschen Behörden und Gerichte um die Ausübung deutscher Staatsgewalt, die unter den Geboten des Art. 1 Abs. 3 und Art. 20 Abs. 3 GG steht.
>
> Diese Anerkennung des Geltungsanspruchs der Grundrechte auch für die Anwendung des berufenen ausländischen Rechts bedeutet keine unzulässige Ausweitung des Geltungsbereichs des Grundgesetzes gegenüber dem fremden Staat oder ein Oktroi deutscher Wertvorstellungen gegenüber dem Ausland. Das ausländische Recht wird nicht losgelöst von der dortigen Verfassung und den Gegebenheiten seines nationalen Geltungsbereichs generell auf eine Übereinstimmung mit dem Grundgesetz geprüft. Vielmehr kommt es allein darauf an, ob eine innerstaatliche Rechtshandlung deutscher Staatsgewalt in bezug auf einen konkreten Sachverhalt, der eine mehr oder weniger starke Inlandsbeziehung aufweist, zu einer Grundrechtsverletzung führt. Ergibt sich dabei, daß sich die Anwendung des ausländischen Rechts an einer Grundrechtsnorm "bricht", so liegt hierin keine generelle Zensur der fremden Regelung, die nicht für die Anwendung durch deutsche Hoheitsträger geschaffen worden ist und im eigenen Bereich vertretbar oder sinnvoll sein mag, sondern allein die Feststellung, daß ihre konkrete Anwendung sich in einem bestimmten Punkt mit unserer Verfassungsordnung nicht verträgt.
>
> ***
>
> A posição dominante não pode ser justificada pelo simples fato de que o legislador estrangeiro somente está sujeito à Constituição do próprio país e, pela doutrina dominante, o direito estrangeiro incidente por força de norma colisional alemã não perde seu caráter de direito estrangeiro,

800 BUNDESVERFASSUNGSGERICHT. **BVerfGE 31, 58** – Spanier-Beschluß. Disponível em: http://www.servat.unibe.ch/dfr/bv031058.html. Acesso em: 15 out. 2019.

> mesmo aplicado na jurisdição alemã. Mesmo seguindo esse entendimento, a aplicação do direito estrangeiro por autoridade judicial alemã continua sendo um ato de soberania alemão, portanto, sujeita à previsão do art. 1, § 3 e art. 20, § 3, da Constituição.
>
> O reconhecimento da reivindicação de validade da aplicabilidade dos direitos fundamentais também para a aplicação do direito estrangeiro incidente não significa uma expansão inadmissível da esfera de validade da Constituição perante o Estado estrangeiro ou uma imposição dos valores alemães perante o estrangeiro. O Direito estrangeiro não é separado de sua Constituição e das peculiaridades de seu campo nacional de validade para ser sujeitado às previsões da nossa Constituição. Em vez disso, a única coisa importante é aferir se a aplicação do direito pela autoridade judiciária alemã em relação a determinado caso concreto, o qual em maior ou menor grau tem vinculação doméstica, está em violação ou não com os direitos fundamentais. Se for verificada a "quebra" de um direito fundamental na aplicação da lei estrangeira, não configura uma censura ao direito estrangeiro, o qual não foi criado para aplicação pelas autoridades alemãs e que pode estar de acordo com a ordem jurídica que o criou, mas tão somente da constatação de que a sua aplicação no caso concreto, em determinado aspecto, não é admitida pela ordem constitucional.

Ou seja, em nenhum momento a autoridade judiciária alemã defende que o Direito estrangeiro esteja sujeito ao controle de constitucionalidade alemão, defende que o controle de constitucionalidade é uma forma de verificar se o resultado do sistema colisional é compatível com a ordem social-jurídica estabelecida, ou, de forma mais simples: se a aplicação do Direito estrangeiro não gera um resultado que viole a ordem pública internacional alemã.

Logo, o problema em questão não era a inconstitucionalidade do Direito espanhol aplicável, mas até que ponto do Direito espanhol poderia negar a eficácia de um ato jurisdicional soberano alemão, *in casu*, o não reconhecimento pela Espanha do divórcio feito na Alemanha de um casamento entre dois alemães, tanto que isso fica evidente ao lermos a ementa da decisão final do *BVerfG*:

> **1. Das Grundrecht aus Art. 6 Abs. 1 GG gewährleistet jedermann – auch einem Ausländer – die Freiheit, die Ehe mit einem selbst gewählten Partner einzugehen (Eheschließungsfreiheit).**
>
> **2. Die Vorschriften des deutschen internationalen Privatrechts und die Anwendung des durch sie berufenen ausländischen Rechts im Einzelfall sind an den Grundrechten zu messen.**
>
> **3. a) Art. 13 Abs. 1 EGBGB wonach die Ehefähigkeit jedes Verlobten nach seinem Heimatrecht zu beurteilen ist, verstößt nicht gegen Art. 6 Abs. 1.**

> **b) Art. 6 Abs. 1 GG ist verletzt, wenn einem Spanier, der eine Deutsche heiraten will, deren frühere Ehe mit einem Deutschen durch ein deutsches Gericht geschieden worden ist, die Befreiung von der Beibringung des Ehefähigkeitszeugnisses verweigert wird, weil das spanische Recht diese Ehescheidung nicht anerkennt.**
>
> ***
>
> 1. A Constituição, a partir do art. 6, § 1, GG, possibilita a qualquer pessoa – incluindo estrangeiros – a liberdade, o casamento com um parceiro escolhido pela própria pessoa (liberdade de contrair matrimônio).
>
> 2. As determinações do direito internacional privado alemão e a aplicação do direito estrangeiro dele resultante estão sujeitas à apreciação em conformidade com a Constituição.
>
> 3. a) o art. 13, § 1, EGBGB, pelo qual a capacidade de casar deve ser regida pela nacionalidade do nubente, não viola o art. 6, § 1, GG.
>
> 4. b) Ocorre violação do art. 6, § 1, GG, quando se impede o casamento de um espanhol com uma alemã sob a alegação de que o matrimônio anterior, celebrado e dissolvido no judiciário alemão, não possibilita a emissão da certidão de capacidade matrimonial pois essa dissolução não é reconhecida pelo direito espanhol.

O *BVerfG* não apenas manteve a constitucionalidade do § 13 (1) EBGB como também não se pronunciou sobre a constitucionalidade ou não dos dispositivos do Código Civil espanhol, mas somente estabeleceu que os dispositivos de Direito Internacional Privado alemão, bem como a solução por ele apontada, são passíveis de controle de constitucionalidade e que a aplicação do direito estrangeiro não pode violar direito fundamental da sociedade alemã.

In caso, o que ocasionou a violação do direito fundamental da liberdade de casar foi a constatação de que o Direito espanhol não reconheceu um ato soberano alemão no que tange ao divórcio da alemã, fazendo surgir a questão do *"Prinzip des äußeren Entscheidungseinklangs"* ("Princípio da harmonia externa das sentenças"), como explica o Tribunal:

> Der Eingriff in die Eheschließungsfreiheit der Beschwerdeführerin kann auch nicht mit dem Bestreben nach allseitiger Anerkennung einer Eheschließung und der Vermeidung einer "hinkenden" Ehe gerechtfertigt werden.
>
> Das "Prinzip des äußeren Entscheidungseinklangs" ist im Internationalen Privatrecht ein weithin unerfülltes Ideal, solange nicht alle Staaten wenigstens in ihrem Internationalen Privatrecht gleiche Regeln anwenden oder entsprechende vertragliche Verpflichtungen eingehen. "Hinkende" Rechtsverhältnisse kommen bei Sachverhalten mit Auslandsbeziehung häufig vor, besonders wenn die Anwendung des durch

eine Kollisionsnorm berufenen ausländischen Rechts durch den ordre public oder eine spezielle Vorbehaltsklausel ausgeschlossen ist. So ergeben sich etwa aus der Anwendung des Art. 13 Abs. 3 und Art. 17 Abs. 3 EGBGB nicht selten "hinkende" Ehen oder "hinkende" Scheidungen. Gewiß würde eine Anerkennung der beabsichtigten Ehe in beiden Heimatstaaten der Verlobten dem Verfassungsgebot des Bestandsschutzes der Ehe besser entsprechen; läßt sich aber dieses Ziel wegen der fremden Wertvorstellungen nicht erreichen, so darf nicht um eines Prinzips willen den Beschwerdeführern eine Heirat überhaupt verwehrt werden, obwohl eine solche Ehe nicht nur in der Bundesrepublik, sondern in fast allen Drittstaaten als rechtswirksam anerkannt würde.

Das Prinzip der äußeren Entscheidungsharmonie gerät hier zudem in unüberwindlichen Gegensatz zu dem Grundsatz des inneren Entscheidungseinklangs, d. h. der einheitlichen Beurteilung der Scheidung und des familienrechtlichen Status der Beschwerdeführerin durch die inländischen Behörden und Gerichte, an der sowohl seitens der beteiligten Bürger wie seitens der staatlichen Ordnung ein ebenso beachtliches Interesse besteht.

Der Oberlandesgerichtspräsident, das Oberlandesgericht und der durch deren Entscheidung gebundene Standesbeamte betrachten die Beschwerdeführerin im Verhältnis zum Beschwerdeführer als noch verheiratet, während sie in allen anderen Rechtsbeziehungen – Familienstand, Unterhalts- und Versorgungsansprüche, Erbrecht usw. – im Rechtsverkehr und von jedem deutschen Hoheitsträger als rechtskräftig geschieden behandelt wird.

***

A intervenção na Liberdade de contrair matrimônio da Reclamante também não pode ser justificada pela busca de reconhecimento universal do casamento e a prevenção de um casamento "manco".

O "princípio da harmonia externa das sentenças" ainda é uma utopia no Direito Internacional Privado, enquanto todos os Estados não adotarem, ao menos em Direito Internacional Privado, a aplicação isonômica das regras ou cumprirem as obrigações correspondentes assumidas contratualmente. Relações jurídicas "mancas" são comuns quando envolvem relações estrangeiras, em especial quando o Direito estrangeiro incidente por norma colisional é excluído por motivo de ordem pública internacional ou outra excludente ou limitadora de sua aplicação. Por consequência, não é incomum na aplicação do art. 13, § 3, e art. 17, § 3, EGBGB, surgirem casamentos "mancos" ou divórcios "mancos". Certamente, o reconhecimento do casamento pretendido em ambos os Estados de origem dos noivos corresponderia melhor à previsão constitucional de proteção da existência do casamento; entretanto, não sendo possível atingir tal objetivo por causa de valores estrangeiros não deve ser proibido o casamento aos reclamantes por questão de princípio,

> embora tal casamento seja reconhecido não só na República Federativa, como também na maioria de outros países terceiros.
>
> O princípio da harmonia externa das sentenças acaba esbarrando em um obstáculo intransponível que se manifesta no princípio da harmonia interna das sentenças, ou seja, a unidade de julgamento sobre o divórcio e o *status* familiar perante as autoridades e tribunais internos, os quais manifestam interesse considerável por parte dos cidadãos envolvidos e da própria ordem estatal.
>
> O Presidente do Tribunal Regional, os juízos estaduais e os escrivães vinculados por suas decisões ainda percebem a Reclamante como casada perante o Reclamado, entretanto nas demais relações de Direito de Família – estado civil, alimentos, direitos sucessórios etc. – no trato jurídico e na perspectiva das demais autoridades alemãs a consideram divorciada.

Como verificamos, não há nada nessa decisão sobre controle de constitucionalidade do Direito estrangeiro, mas sim a determinação de que um ato jurisdicional soberano alemão sob sua própria esfera de atuação não foi reconhecido, devido ao fato de o Direito estrangeiro ter uma sistemática peculiar, resultando em uma situação de anomalia ao se aplicar esse Direito estrangeiro peculiar ao caso derivado desse não reconhecimento.

Portanto, essa decisão não justifica o controle constitucional do Direito estrangeiro, mas traz que o sistema colisional de um país tem de atentar para que o Direito estrangeiro aplicável não viole os valores fundamentais de sua sociedade, ou ainda viole letra de lei expressa.

Nesse sentido explicou Friedrich K. Juenger que a violação aos direitos fundamentais consagrados no § 6 (1), GG, não se deu pela aplicação do art. 13 (1), EBGB, ou, até mesmo, dos dispositivos do Código Civil espanhol, mas sim pelo fato de que o Direito espanhol não reconheceu o divórcio da nubente alemã – *"However, application of the non-recognition rule of Spanish Law did violate art. 6, para. 1 of the Basic Law"*[801] ("Porém, a aplicação da regra do Direito espanhol de não reconhecimento violava o art. 6º, § 1º, da Lei Fundamental").

Na Alemanha, podemos apontar que essa decisão foi o ponto de partida para a reforma da *Einführungsgesetz zum Bürgerlichen Gesetzbuche*, pois o sistema colisional alemão ainda estava assentado na mentalidade do século

---

801 JUENGER, Friedrich K. The german constitutional Court and the Conflict of Laws. **The American Journal of Comparative Law,** v. 20, n. 1, p. 294, Spring 1972. Disponível em: http://www.jstor.org/stable/838984. Acesso em: 15 out. 2019.

XIX, havendo um excesso de regras unilaterais, as quais eram transformadas em regras bilaterais por recurso da analogia[802].

Destarte, quando lemos na doutrina alemã que as previsões constitucionais não estão limitadas ao Direito local alemão, abrangendo também o Direito Internacional Privado alemão e a essência do Direito estrangeiro[803], isto significa que o sistema colisional não pode gerar uma situação de anomalia na sociedade alemã, ou melhor, o resultado da solução do conflito de leis não pode gerar a aplicação de normas jurídicas que são incompatíveis com os valores da sociedade alemã.

Essa interpretação é reforçada quando verificamos que a EBGB foi reformada e, ao tempo da presente obra, a ideia de ordem pública internacional do Direito Internacional Privado alemão tem como essência a proteção dos direitos fundamentais consagrados na sociedade alemã.

Einführungsgesetz zum Bürgerlichen Gesetzbuche	
Redação original	**Redação atual**
Artikel 30 Die Anwendung eines ausländischen Gesetzes ist ausgeschlossen, wenn die Anwendung gegen die guten Sitten oder gegen den Zweck eines deutschen Gesetzes verstoßen würde.	**Artikel 6** **Öffentliche Ordnung (ordre public).** Eine Rechtsnorm eines anderen Staates ist nicht anzuwenden, wenn ihre Anwendung zu einem Ergebnis führt, das mit wesentlichen Grundsätzen des deutschen Rechts offensichtlich unvereinbar ist. Sie ist insbesondere nicht anzuwenden, wenn die Anwendung mit den Grundrechten unvereinbar ist.
Tradução livre **Artigo 30** A aplicação de leis estrangeiras é excluída quando da sua aplicação resultar ofensa contra os bons costumes ou contra a finalidade da legislação alemã.	**Tradução livre** **Artigo 6** **Ordem pública.** Uma norma jurídica de um outro Estado não deve ser aplicada quando o resultado de sua aplicação for manifestamente incompatível com os fundamentos do Direito alemão. Ela não é para ser aplicada, especialmente, quando a sua aplicação for incompatível com os direitos fundamentais.

---

802 JUENGER, Friedrich K. The german constitutional Court and the Conflict of Laws. **The American Journal of Comparative Law,** v. 20, n. 1, p. 297, Spring 1972. Disponível em: http://www.jstor.org/stable/838984. Acesso em: 15 out. 2019.

803 JUENGER, Friedrich K. The german constitutional Court and the Conflict of Laws. **The American Journal of Comparative Law,** v. 20, n. 1, p. 297, Spring 1972. Disponível em: http://www.jstor.org/stable/838984. Acesso em: 15 out. 2019.

Sei que essa parte teve um número gigantesco de citações diretas e longas, coisa que procurei evitar, mas quando lidamos com decisões estrangeiras, quanto mais as deixarmos acessíveis e "falando por si mesmas", mais provável de o leitor verificar que, como veremos mais adiante, essa história de controle de constitucionalidade de Direito estrangeiro é, em vários aspectos, conversa para acalentar bovinos. Ou, sendo mais formalista, mais técnico, mais um problema que existe no pensamento jurídico brasileiro ao lidar com valores e princípios – a Jurisprudência dos Valores. Jurisprudência que ganhava força justamente nessa década de 60 do século XX, na Alemanha pós-guerra.

Até a decisão em foco, a ordem pública internacional alemã era baseada nos pilares dos bons costumes (*guten Sitten*) e na finalidade da lei (*Zweck eines deutschen Gesetzes*), enquanto hoje o pilar principal da ideia de ordem pública internacional alemã é o arcabouço moral-axiológico consubstanciado nos direitos fundamentais.

Não há qualquer menção doutrinária ou jurisprudencial no sentido de que o *BVerfG* tenha competência para proceder ao controle de constitucionalidade do Direito estrangeiro para declarar sua constitucionalidade ou não, mas sim de ressaltar a responsabilidade do Judiciário alemão verificar se o Direito estrangeiro aplicável irá ou não resultar em uma violação da ordem pública internacional alemã – seja na modalidade de violar direito posto ou de violar um valor fundamental consagrado.

16.4.2 A questão do controle de constitucionalidade no Direito Internacional Privado brasileiro

16.4.2.1 A "constitucionalização do Direito Internacional Privado brasileiro"

Quando analisamos a doutrina conflitualista brasileira, podemos verificar rapidamente que, apesar de reiteradas referências a *Spanier-Beschluß* e de doutrinas estrangeiras, a temática do controle de constitucionalidade no Direito Internacional Privado brasileiro está atrelada ao fenômeno maior da constitucionalização do Direito à brasileira, ou, nos termos empregados pela doutrina brasileira: a "constitucionalização do Direito Internacional Privado"[804].

A constitucionalização do Direito Internacional Privado pode ser compreendida como o estudo do conflito de leis à luz dos princípios da Constituição

[804] RAMOS, André de C. **Curso de direito internacional privado.** São Paulo: Saraiva, 2018, p. 314.

Federal, da "análise crítica da relação existente entre os direitos fundamentais contidos nos axiomas constitucionais e o conflito de leis e de jurisdições"[805].

O fenômeno da constitucionalização do Direito Privado não é uma novidade, suas raízes remontam à doutrina alemã e, em especial, à atuação do Tribunal Constitucional Federal alemão em decisões envolvendo casos nos quais a interpretação tradicional de normas do Direito Privado alemão foram mitigadas, ou melhor, reestruturadas pela inserção de elementos axiológicos conhecidos como direitos fundamentais, como explica Jörg Neuner:

> Die Grundrechten können das Privatrecht ergänzen oder abändern. Die komplementäre Funktion setz eine Lückenhaftigkeit der Privatrechtskodifikation sowie eine korrespondierende privatrechtliche Wirkkraft der Grundrechte voraus; die korrektive Funktion beding eine Vorrangstellung der Grundrechte im Stufenbau der Rechtsordnung. Im Folgenden wird zunächst die Lückenhaftigkeit der einfach-gesetzlichen Privatrechtsordnung und die Entwicklung der Grundrechte als Referenzordnung skizziert[806].
>
> ***
>
> Os direitos fundamentais podem complementar ou modificar o Direito privado. A função complementar implica que a codificação do Direito privado possui lacunas e que os direitos fundamentais tem um correspondente efeito no Direito privado. A função corretiva requer uma primazia dos direitos fundamentais na hierarquia do sistema jurídico. Destarte, delineia-se uma ordem de referência para o caso de se constatarem lacunas na legislação do Direito privado e no desenvolvimento de uma ordem de referência dos Direitos fundamentais.

O problema do fenômeno da constitucionalização reside na constatação de que esta se desenvolveu de duas formas distintas quando comparamos a doutrina germânica à doutrina Brasileira.

---

805 CARVALHO DE VASCONCELOS, Raphael. Constitucionalização e direito internacional privado no Brasil. **Revista da Secretaria do Tribunal Permanente de Revisão,** p. 197, maio 2016. ISSN 2304-7887. Disponível em: http://www.revistastpr.com/index.php/rstpr/article/view/178. Acesso em: 17 out. 2019.

806 NEUNER, Jörg. Die Einwirkung der Grundrechte auf das deutsche Privatrecht. In: NEUNER, Jörg (orgs.). **Grundrechte und Privatrecht aus rechtsvergleichender Sicht.** Heidelberg: Mohr Siebeck Verlag, 2007, p. 159.

Na doutrina alemã, a constitucionalização é um fenômeno legislativo que se manifesta por meio da atividade judiciária, isto significa que o debate é voltado para reforçar os métodos de interpretação e argumentação dos tribunais alemães na aplicação das leis pela eficácia direta de princípios e valores constitucionais ao indivíduo, criando uma espécie de função corretiva, ou melhor, função de ser instrumento delineador do conceito mais apropriado quando ocorrer a aplicação de conceitos indeterminados ou diante de uma situação de anomalia legislativa – anomalia que pode acontecer pela ausência de atualização da legislação.

Os motivos que fizeram os alemães conceber essa forma de integração direitos fundamentais – esfera privada dos indivíduos em nível de legislativo decorre da constatação de que um isolamento dessas esferas uma da outra pode gerar um esvaziamento axiológico da Constituição.

Esse esvaziamento aconteceu sob a vigência da Constituição de Weimar e o mau uso dos conceitos indeterminados e dos direitos fundamentais naquele período, situação que resultou em uma ordem jurídica bajuladora do Estado e, com isso, a consolidação do regime nazista – inclusive os institutos do *Gemeinwohlklauseln* e o *Führerprinzip* são expoentes dessa ausência de diálogo entre axiomas e normas. A respeito:

> Bei der Gesetzgebung wurden vor allem vorhanden oder neu eingeführte *Gemeinwohlklauseln* dazu benutzt, das ein Element der nationalsozialistischen Ideologie, das Volksgemeinschaftsprinzip, hervorzuheben. Dadurch wurde eine letztlich antirechtliche Kategorie bemüht, um Individualinteressen herabzusetzen. Dadurch wurde ein letztlich antirechtliche Kategorie bemüht, um konträren – "Führerprinzip" eröffnete sich so die Möglichkeit, jeweder Beliebigkeit der Zweckverfolgung der Diktatur durchzusetzen[807].
>
> ***
>
> No que tange à legislação foram utilizadas, sobretudo, as disponíveis ou recém introduzidas *cláusulas de bem-estar comunitárias* no intuito de colocar sob preferência o elemento ideológico nacional-socialista do princípio da comunidade do povo. Deste modo foi estabelecido em última instância uma categoria antijurídica com o objetivo de rebaixar os interesses individuais. E em conexão com o "princípio do *Führer*" (que deveria ser contraditório ao "princípio da comunidade do povo") fez abrir a possibilidade de impor todos os objetivos e interesses da Ditadura.

---

807 EBEL, Friedrich; THIELMANN Georg. **Rechtsgeschichte:** von der römischen antike bis zur neuzeit. 3. ed. Heidelberg: C. F. Müller, 2003, p. 418.

Na doutrina brasileira, a aproximação do Direito com os valores inerentes à ideia de constitucionalização pavimentou o caminho do ativismo judicial[808], esta sendo uma expressão ampla pela qual designamos não só a ampliação da atuação do Poder Judiciário, mas também de sua reformulação de um poder extremamente apegado ao formalismo e de índole positivista para um agente de concretização dos direitos consagrados na Constituição Federal de 1988.

Destarte, temos que a constitucionalização no Brasil se desdobra tanto sobre o Direito público como sobre o Direito privado, ou melhor, se desdobra sobre todos os ramos do Direito a ponto de subverter o próprio papel do Poder Judiciário na dinâmica dos três poderes – o Judiciário se transformou um poder revisor.

Podemos explicar esse constitucionalismo judiciário por meio de duas particularidades da ordem jurídica brasileira pós-Constituição 1988: (1) o caráter *dirigente* da Carta Magna; e (2) o Constitucionalismo simbólico.

Diferentemente da *Grundgesetz* alemã de 1949, que foi outorgada, a Constituição brasileira não possui problema de legitimidade, ela foi produto de uma assembleia constituinte eleita pelo povo e foi efetivamente promulgada. Além disso, o texto constitucional brasileiro é preenchido por normas de conteúdo programático, com amplo recurso a conceitos indeterminados e largo rol consagrador de direitos fundamentais.

Considerando a ausência de uma atividade legislativa saudável para manutenção e a atualização da legislação infraconstitucional, temos como resultado que o controle de constitucionalidade se expandiu espantosamente, permitindo ao Judiciário não só o controle concentrado por parte do "guardião da Constituição" que é o Supremo Tribunal Federal (STF) com efeitos para todos (*erga omnes*), como também permite o controle difuso exercido por todas as instâncias judiciárias, porém limitado a *lide in foco* (*inter partes*).

Invariavelmente, essa situação de desarmonia legislativa e "superpoderes" judiciários acabou gerando distorções no fenômeno da constitucionalização, a ponto de podermos considerá-la como uma constitucionalização simbólica na qual a finalidade hermenêutica não é a correção e sistematização da

---

808 A respeito, sobre essa expressão e sua realidade no Brasil, aconselhamos a leitura do artigo: TEIXEIRA, Anderson Vichinkeski. Ativismo judicial: nos limites entre racionalidade jurídica e decisão política. **Revista Direito GV,** v. 8, n. 1, p. 37-57, jan. 2012. ISSN 2317-6172. Disponível em: http://bibliotecadigital.fgv.br/ojs/index.php/revdireitogv/article/view/23966/22722. Acesso em: 17 out. 2019.

ordem jurídica, mas da implementação de agendas diversas dos agentes políticos travestidos de legisladores e juízes.

> A constitucionalização simbólica está, portanto, intimamente associada à presença excessiva de disposições constitucionais pseudoprogramáticas. Dela não resulta normatividade programático-finalística, antes o diploma constitucional atua como um álibi para os agentes políticos. Os dispositivos pseudoprogramáticos só constituem "letra morta" em um sentido exclusivamente normativo-jurídico, sendo relevantes na dimensão político-ideológica do discurso constitucionalista-social[809].

Voltando ao nosso Direito Internacional Privado, a sua constitucionalização é uma temática complicada, pois, querendo ou não, o nosso ramo é, intrinsecamente, interdisciplinar, sendo uma das poucas disciplinas que desde a sua consolidação como ramo autônomo da Ciência Jurídica no século XIX sempre teve abertura e diálogo com os demais ramos jurídicos.

Destarte, é da nossa opinião que quem defende a constitucionalização do Direito Internacional Privado brasileiro não o deve fazer sob o paradigma da Constituição Federal brasileira e da distopia criada pela constitucionalização do Direito nela fundamentada, mas sim a partir da teoria do diálogo das fontes, da aproximação do Direito Internacional Privado da diversidade legislativa não só pelo aspecto técnico-formal consubstanciado na norma jurídica, mas também pelo aspecto axiomático envolvido nessa diversidade.

Sendo mais objetivo: a solução do conflito de leis não se limita à indicação do direito incidente, abrangendo também da verificação se aquele direito estrangeiro está de acordo com os valores da sociedade brasileira – real legado do *Spanier-Beschluß*.

Se o tema constitucionalização e sua evolução no Brasil lhe interessou, maiores informações sobre a problemática podem ser encontradas na minha tese de doutoramento: *Manifesto por um direito comprometido internacionalmente*: um estudo crítico acerca da autonomia da vontade, da reformulação da atuação do Estado nas relações contratuais privadas e sua repercussão no plano internacional. Disponível em: https://repositorio.ufpe.br/handle/123456789/4201.

---

809 NEVES, Marcelo. **A constitucionalização simbólica.** São Paulo: WMF Martins Fontes, 2007, p. 116.

16.4.2.2 O controle de constitucionalidade no Direito Internacional Privado brasileiro

Adentraremos em nossa análise no controle de constitucionalidade no Direito Internacional Privado brasileiro como uma das modalidades de limitação ou exclusão da aplicação do Direito estrangeiro – ou um dos "instrumentos de defesa dos valores essenciais do foro brasileiro"[810].

Aqui já podemos verificar o primeiro equívoco no papel do controle de constitucionalidade no Direito Internacional Privado brasileiro: a doutrina conflitualista o separa da ideia de ordem pública internacional – como se fossem dois institutos totalmente distintos, como podemos verificar quando encontramos doutrina afirmando que mesmo declarado constitucional o Direito Estrangeiro incidente, ele ainda terá de passar pelo "crivo da *ordem pública*"[811] internacional – a tríade do art. 17 da LINDB.

Esse equívoco viola um dos dogmas mais antigos do Direito Internacional Privado: normas constitucionais são a manifestação da ordem pública internacional de um Estado – consagrado legislativamente no art. 4º do Código de Bustamante.

Não podemos separar a ordem pública internacional (no sentido de arcabouço imperativo) do controle de constitucionalidade, pois o controle de constitucionalidade é um instrumento para verificar se houve violação da ordem pública internacional. Separar os dois institutos como limitantes ou excludentes distintos é trazer a distopia da constitucionalização do Direito no Brasil para dentro da sistemática do Direito Internacional Privado e, por consequência, conferir um aspecto positivo para o controle de constitucionalidade – isto é, possibilitar por meio dele criar "jeitinhos" no sistema colisional.

Destarte, temos que o controle de constitucionalidade no Direito Internacional Privado somente pode exercer função negativa, seja função negativa substancial ao aferir impedimento para a aplicação de Direito Estrangeiro, seja função negativa instrumental de aferir impedimento para a realização de cooperação jurídica internacional entre o Brasil e determinado país estrangeiro.

O controle de constitucionalidade é uma **ferramenta** para aferir a violação da ordem pública internacional brasileira diante da aplicação de Direito ou da realização de cooperação internacional.

---

810 RAMOS, André de C. **Curso de direito internacional privado.** São Paulo: Saraiva, 2018, p. 314.

811 MAZZUOLI, Valério de O. **Curso de direito internacional privado.** 2. ed. São Paulo: Forense, 2017, p. 208.

Procedendo nossa análise, verificamos que a doutrina aponta a existência de duas espécies de controle de constitucionalidade: (1) o controle interno e (2) o controle externo.

O controle de constitucionalidade interno ocorre quando o parâmetro de verificação da constitucionalidade é a Constituição do país do foro (no caso, como pressupomos o foro ser o Brasil, a Constituição brasileira). Esse controle interno se subdivide em dois grupos: (i) a incidência de modo direto e (ii) a incidência de modo indireto da Constituição[812].

A incidência de modo indireto se caracteriza por conceber que há influência da Constituição de modo indireto, isto é, "o intérprete poderia sopesar qual o valor constitucional merece maior peso na concretização da 'ordem pública' de forma a estabelecer que a Constituição seria um gênero do qual a ordem pública internacional seria uma espécie", gerando maior liberdade de interpretação pelo intérprete por via da "erosão dos comandos constitucionais" pelo conceito de ordem pública internacional[813].

A incidência de modo direto é sinônimo para controle de constitucionalidade material e, por consequência, determina que todos os comandos constitucionais têm de ser obedecidos na solução do conflito de leis, não se atrelando ao conceito de ordem pública internacional. Esse grupo se subdivide em três correntes: (i) incidência direta restrita; (ii) incidência direta intermediária; e (iii) incidência ampla[814].

O controle interno direto com incidência direta restrita defende que o controle de constitucionalidade é restrito, limitado às normas colisionais, isto é, somente se verifica se as normas colisionais, "as regras de conexão" estão de acordo ou não com a Constituição e, em caso de não estarem, resulta na exclusão das normas e na sua substituição por outra regra de conexão – é a corrente que defende maior segurança jurídica para a solução do conflito de leis devido ao fato de que a eventual inconstitucionalidade não teria "qualquer vínculo com o substrato social que deu origem à lei estrangeira"[815].

---

812 RAMOS, André de C. **Curso de direito internacional privado.** São Paulo: Saraiva, 2018, p. 317.

813 RAMOS, André de C. **Curso de direito internacional privado.** São Paulo: Saraiva, 2018, p. 317.

814 RAMOS, André de C. **Curso de direito internacional privado.** São Paulo: Saraiva, 2018, p. 317.

815 RAMOS, André de C. **Curso de direito internacional privado.** São Paulo: Saraiva, 2018, p. 317.

O controle interno direto com incidência intermediária defende a teoria do vínculo mais estreito com o Estado, procura ponderar a quantidade de comandos constitucionais incidentes para evitar uma "inflação de vedações à aplicação da lei estrangeira no Estado do Foro" – as ponderações normalmente são a imposição de condições cumulativas para ser declarada a inconstitucionalidade como "(i) divergência manifesta quanto a o mérito entre o preceito estrangeiro e a norma constitucional e (ii) relação significativa entre a situação transnacional e a ordem jurídica do foro"[816].

Por fim, o controle interno de incidência ampla defende que tanto as normas colisionais (regras de conexão) como o Direito Estrangeiro aplicável estão sujeitos ao controle de constitucionalidade, partindo da premissa de que não é "admissível que o juiz do foro aplique um direito que escapa às diretrizes e vetores da Constituição"[817].

Nessa corrente temos a manifestação da distopia que a constitucionalização do Direito está gerando no ordenamento jurídico brasileiro, pois sua justificativa se assenta na "(i) a força normativa e abrangência temática da CF/88 e no (ii) o seu robusto catálogo de direitos fundamentais, aliado a uma cláusula de abertura aos tratados de direitos humanos"[818].

Aqui constatamos que a temática do controle de constitucionalidade no Direito Internacional Privado brasileiro começa a desandar e se perder na fantasia distópica da "constitucionalização do Direito Internacional Privado".

Nossa afirmação se baseia não na reprodução da doutrina conflitualista de índole constitucional, mas sim na origem do controle direto de incidência ampla como fruto da exacerbada ampliação do Direito constitucional sobre os demais ramos jurídicos a ponto de permitir ativismo judicial.

É dentro da corrente de controle interno da incidência ampla que surge o grupo que defende o controle **externo** no Direito Internacional Privado, mais precisamente, na má-compreensão do papel do juiz de aplicar o Direito estrangeiro.

Para entendermos o distópico controle de constitucionalidade externo, temos de compreender as lições de Luis R. Barroso sobre a interpretação e aplicação da Constituição relativa ao Direito Estrangeiro, ou, mais precisamente, a teoria do juiz onisciente.

---

816 RAMOS, André de C. **Curso de direito internacional privado.** São Paulo: Saraiva, 2018, p. 318.

817 RAMOS, André de C. **Curso de direito internacional privado.** São Paulo: Saraiva, 2018, p. 319.

818 RAMOS, André de C. **Curso de direito internacional privado.** São Paulo: Saraiva, 2018, p. 319.

Para Luis R. Barroso, é uma convergência internacional que o magistrado deverá aplicar o Direito Estrangeiro em sua integralidade; ele deverá fazê-lo em sua integralidade, todavia isto não se resume a aplicar o Direito material estrangeiro incidente para o caso, mas sim aplicar TODO o Direito Estrangeiro, como ele explica:

> Ficou assinalado, linhas atrás, que ao aplicar o direito estrangeiro o intérprete deve fazê-lo integralmente, observando, inclusive as regras próprias de hierarquia das leis e de direito intertemporal vigentes no país de origem. Dentro dessa lógica, deverá prestigiar, em primeiro lugar, as normas constitucionais, cuja supremacia é princípio generalizadamente aceito. E, se constatar que dada norma inferior é incompatível com a Constituição, deverá cogitar de pronunciar-lhe a inconstitucionalidade, nos limites e com os efeitos que o juiz estrangeiro poderia fazê-lo[819].

A distopia continua quando se cria, ou melhor, inventa-se um critério de identidade para a possibilidade de controle de constitucionalidade externo, isto é, para o juiz do foro poder proceder com o controle de constitucionalidade do Direito Estrangeiro incidente sob o prisma da respectiva constituição estrangeira deve existir uma identidade no mecanismo de controle de constitucionalidade entre o país do foro e o país do direito aplicável, como explica:

> Assim, então, o controle de constitucionalidade de lei estrangeira em face da Constituição estrangeira há de ser exercido, pelo órgão jurisdicional do foro, nos mesmos moldes e limites em que o faria o juiz ou tribunal do ordenamento de origem. Quando se tratar da aplicação da lei estrangeira de país onde não seja legítimo ao Poder Judiciário pronunciar, *in concreto* ou *in abstrato*, a inconstitucionalidade de uma lei, não poderá o juiz ou o tribunal do foro fazê-lo[820].

Na esteira desse pensamento, encontramos na doutrina conflitualista brasileira o entendimento de que essa modalidade externa de controle é possível no Brasil, porém tem seus riscos, ou melhor, "gera um calculado risco" de a inconstitucionalidade declarada pelo juiz brasileiro não ser confirmada pelo juízo estrangeiro[821] e, por consequência, aquela sentença ou ato decisório pode não ser reconhecido pela jurisdição de origem.

---

819 BARROSO, Luis R. **Interpretação e aplicação da Constituição:** fundamentos de uma dogmática constitucional transformadora. 7. ed. São Paulo: Saraiva, 2009, p. 41-42.

820 BARROSO, Luis R. **Interpretação e aplicação da Constituição:** fundamentos de uma dogmática constitucional transformadora. 7. ed. São Paulo: Saraiva, 2009, p. 42.

821 RAMOS, André de C. **Curso de direito internacional privado.** São Paulo: Saraiva, 2018, p. 321.

Não satisfeitos, estabelece-se que é um controle relativo (não tem efeito *erga omnes*), contextual (depende da situação *in foco*) e demanda renovação (não serve para além daquela situação específica *in concreto*)[822].

KATCHANNGAA!!!
Esse é um pensamento que manifesta bem o jogo ou a Teoria da Katchanga.

Parece-nos que a doutrina conflitualista brasileira ignora algumas questões óbvias para a aplicabilidade dessa modalidade de controle de "constitucionalidades".

Primeiro, o juiz brasileiro não faz aplicação integral do Direito Estrangeiro. Pela simples constatação de que é proibido o Reenvio no Brasil, logo as regras de Direito Internacional Privado do país de origem não são aplicadas pelo juiz brasileiro e, tampouco, as regras de ordem processual – lição primordial que qualquer conflitualista tem de saber: regras processuais não geram extraterritorialidade, nenhuma jurisdição aplica regra processual estrangeira.

Acrescentamos que o juiz brasileiro não é o juiz estrangeiro, pelo simples fato de que no Brasil o Direito Estrangeiro está sujeito à prova e, em regra, não é obrigação do juiz saber o Direito Estrangeiro (*vide* tópico 20.2). Se o magistrado já não é obrigado a saber o Direito Estrangeiro aplicável para a questão em foco, como saberá o sistema de controle de constitucionalidade do país estrangeiro do qual está aplicando uma ínfima parcela? Ora, nem o Código de Processo Civil de 2015 se dignificou a mudar essa dinâmica!

Por fim, o estado de arte do Judiciário brasileiro não se compara a nenhum outro judiciário. Ou melhor, cada judiciário tem suas próprias particularidades e dinâmicas, não cabendo ao Brasil ou a qualquer outro país emular ou duplicar essa estrutura.

O controle de constitucionalidade não é mera subsunção do comando constitucional sobre a norma infraconstitucional, trata-se de uma ferramenta que possui aspectos peculiares da cultura jurídica de cada país, pois, em sua essência, existem elementos culturais, sociais e políticos na compreensão do axioma consagrado em norma constitucional e sua aplicação como ferramenta de controle das demais normas.

Enquanto o controle de constitucionalidade direto com incidência restrita é uma ferramenta de integração sistêmica da ordem jurídica brasileira e,

822 RAMOS, André de C. **Curso de direito internacional privado.** São Paulo: Saraiva, 2018, p. 322.

portanto, as normas de Direito Internacional Privado são incapazes de evadir-se desse controle, os demais controles de constitucionalidade diretos não passam de uma pobre tentativa de deturpar a dinâmica e a estrutura do Direito Internacional Privado, ou, em bom português: é produto da realidade distópica que a constitucionalização do Direito está produzindo no Brasil.

Reiterando, o controle de constitucionalidade no Direito Internacional Privado, no sentido de compor o campo de estudo do Direito Internacional Privado, somente pode ocorrer de forma indireta, como ferramenta para aferição da violação ou não da ordem pública internacional brasileira.

Sim, as normas de Direito Internacional Privado estão sujeitas ao controle constitucional direto, mas isso é teoria geral do sistema jurídico e aplicável a **todas** as normas jurídicas que compõem o sistema, não uma particularidade relevante do Direito Internacional Privado.

16.4.3 Um adendo: "a Teoria da Katchanga"

Quando criticamos a doutrina que defende a possibilidade de controle de constitucionalidade interno por incidência intermediária e ampla, assim como o controle de constitucionalidade externo no Direito Internacional Privado, o fazemos em vista da deturpação que ocorre no Brasil quanto à aplicação de princípios constitucionais, deturpação da qual o controle de constitucionalidade é, infelizmente, a principal ferramenta.

Não é temerário afirmar que atualmente a constitucionalização do Direito, a irradiação dos Direitos fundamentais ou o ativismo judicial dela decorrente nada mais são do que estratagemas para o Poder Judiciário brasileiro se tornar autossuficiente. Para compreender melhor essa situação de "autossuficiência" judiciária, vamos recorrer à parábola do "jogo da Katchanga" ou "Teoria da Katchanga".

Tivemos contato com essa parábola por meio de uma postagem no blog Direitos Fundamentais.net do Dr. George Marmelstein, cujo título é "Alexy à brasileira ou a Teoria da Katchanga"[823], no distante ano de 2008, durante o meu doutorado em Direito e, desde então, utilizo uma adaptação dessa parábola para explicar o problema geral da Jurisprudência dos Valores no Brasil em sala de aula.

---

823 MARMELSTEIN, George. Alexy à brasileira ou a Teoria da Katchanga. **Direitos fundamentais.net,** 2008. Disponível em: https://direitosfundamentais.net/2008/09/18/alexy-a-brasileira-ou-a-teoria-da-katchanga/. Acesso: 19 out. 2019.

Mais tarde, em 2015, fui informado por uma aluna, Débora Sampaio, de que a palavra KATCHANGA teve origem na forma peculiar de pronunciar CAXANGA pelo eminente jurista Luis Alberto Warat.

A parábola começa com a existência, no meio de uma densa selva, de uma casa de jogos conhecida mundialmente pelo fato de o seu dono jogar qualquer tipo de jogo, ou seja, qualquer jogo, do mais simples (ex.: poker, roleta etc.) até o mais complexo (blackjack etc.), podia ser jogado naquela casa.

Ocorre que em uma noite de tempestade, apareceu nessa casa de jogos um estrangeiro, o qual rapidamente se dirigiu ao dono do estabelecimento e perguntou se ali era jogado "Katchanga". O dono, mesmo não tendo a menor noção de como esse jogo era jogado, afirmou que sim e que estava disponível para jogá-lo – não cabia em sua mentalidade perder o título mundialmente famoso de casa de jogos que joga qualquer jogo.

Normalmente, quando não se sabe as regras de um jogo, é um costume deixar a pessoa que conhece começar a jogar e, durante as partidas, aprender as regras. Costume que o dono seguiu e permitiu que o estrangeiro começasse as partidas com a crença de que aprenderia depois de algumas partidas.

As horas foram se passando e o dono da casa de jogos, após perder uma partida atrás da outra, sempre jogando da mesma forma: o estrangeiro dava as cartas e, após algumas rodadas, gritava "KATCHANGA!", decretando a própria vitória.

Ao fim de uma série de partidas, o dono da casa de jogos deparou-se com a situação de estar devendo uma soma vultuosa ao estrangeiro, mas estar convicto de que havia aprendido as regras e que recuperaria o que havia perdido na última partida. Com essa convicção apostou todo o seu estabelecimento contra a dívida contraída perante o estrangeiro e iniciou-se a última rodada.

Começou a última partida como as demais, o estrangeiro dava as cartas, porém, depois de algumas rodadas, quem gritou "KATCHANGA!" foi o dono do estabelecimento – na crença de que havia vencido. Quando ia pegar o dinheiro apostado, o estrangeiro "com uma voz mansa, mas segura, disse: 'Espere aí. Eu tenho uma Katchanga Real!'"[824]. E mais uma vez levou o dinheiro, bem como a propriedade da casa de jogos.

---

824 MARMELSTEIN, George. Alexy à brasileira ou a Teoria da Katchanga. **Direitos fundamentais.net,** 2008. Disponível em: https://direitosfundamentais.net/2008/09/18/alexy-a-brasileira-ou-a-teoria-da-katchanga/. Acesso em: 19 out. 2019.

Desolado, o (ex-)dono da casa de jogos, saindo do estabelecimento, virou-se para o estrangeiro e perguntou quais eram as regras da Katchanga. O estrangeiro respondeu que a Katchanga só possuía uma regra: quem dava as cartas sempre ganhava.

Essa parábola, ou teoria, ou jogo da Katchanga surgiu no contexto da expansão da teoria dos princípios de Robert Alexy na prática judiciária brasileira, ou no "oba-oba constitucional que a prática jurídica brasileira adotou a partir das ideias de Alexy"[825].

Esse "oba-oba constitucional" foi bem sintetizado por Lênio Streck em 2011, quando verificou que a Constituição de 1988 lançava uma série de novos paradigmas jurídicos, enquanto a teoria constitucional brasileira ainda se assentava na tradição liberal-individualista, isto é, baseada nos preceitos da Jurisprudência dos Conceitos e, no máximo, interesses, "em que não havia lugar para direitos de segunda e terceira dimensões"[826] – a mudança constitucional de 1988 não havia logrado criar uma nova teoria constitucional.

> Essas carências jogaram os juristas brasileiros nos braços de teorias alienígenas. Consequentemente, as recepções dessas teorias foram realizadas, no mais das vezes, de modo acrítico, sendo a aposta no protagonismo dos juízes o ponto comum da maior parte das posturas. Com efeito, houve um efetivo "incentivo" doutrinário a partir de três principais posturas ou teorias: a jurisprudência dos valores, o realismo norte-americano (com ênfase no ativismo judicial) e a teoria da argumentação de Robert Alexy, com o agravante de que esta – embora as críticas que seu criador, Alexy, faz à primeira (a *Wertungsjurisprudenz*) – acaba ingressando em solo brasileiro como um (simplório) "derivativo" daquela[827].

---

825 MARMELSTEIN, George. Alexy à brasileira ou a Teoria da Katchanga. **Direitos fundamentais.net,** 2008, Disponível em: https://direitosfundamentais.net/2008/09/18/alexy-a-brasileira-ou-a-teoria-da-katchanga/. Acesso em: 19 out. 2019.

826 STRECK, Lenio L. As recepções teóricas inadequadas em *terrae brasilis*. **Revista de Direitos Fundamentais e Democracia,** Curitiba (PR), v. 10, n. 10, p. 8, jul./dez. 2011. Disponível em: http://revistaeletronicardfd.unibrasil.com.br/index.php/rdfd/article/view/53. Acesso em: 19 out. 2019.

827 STRECK, Lenio L. As recepções teóricas inadequadas em *terrae brasilis*. **Revista de Direitos Fundamentais e Democracia,** Curitiba (PR), v. 10, n. 10, p. 8, jul./dez. 2011. Disponível em: http://revistaeletronicardfd.unibrasil.com.br/index.php/rdfd/article/view/53. Acesso em: 19 out. 2019.

A Katchanga dessa forma traduz a triste realidade da validade e eficácia do argumento baseado puramente na autoridade de quem o emite ou, de forma mais direta, a constatação de que a decisão judicial no Brasil está se fundamentando mais na autoridade de seu julgador (juiz, desembargador, ministro) do que na sua coerência jurídica ou, pior, nas normas jurídicas postas no sistema jurídico – resultado da mistura de teorias jurídicas oriundas de sistemas jurídicos distintos (normalmente, o *common Law* estadunidense e o *civil Law* europeu) para aplicação em uma realidade que, nem remotamente, se assemelha a esses sistemas.

A realidade é que o controle de constitucionalidade virou desculpa para o Judiciário brasileiro não só deixar de aplicar a lei, como possibilitar a criação de leis por meio de decisões estapafúrdias.

Destarte, devemos alertar que a expansão das modalidades de controle de constitucionalidade no Direito Internacional Privado brasileiro, invariavelmente, irá resultar na implementação do jogo da Katchanga em nossa disciplina, uma disciplina extremamente interdisciplinar, porém fortemente apegada às normas postas.

Se não existe nem uma mecânica própria para o Judiciário brasileiro conhecer o Direito Estrangeiro incidente (*vide* Prova do Direito Estrangeiro), como defender que o juiz, o qual não é obrigado a saber Direito Estrangeiro nem Direito comparado, tenha competência para verificar a sua constitucionalidade estrangeira?

16.5 A QUESTÃO DO CONTROLE DE CONVENCIONALIDADE

16.5.1 A EC n. 45 e RE n. 466.343-SP

Ainda dentro do espectro do fenômeno da constitucionalização do Direito, manifesta-se o Controle de convencionalidade de leis no Direito brasileiro como um dos aspectos mais recentes da complexa e obtusa situação de que o processo de incorporação de normas jurídicas internacionais goza no Brasil.

Esse processo de incorporação possui uma gama de situações problemáticas para o ordenamento jurídico brasileiro, desde as de ordem política (a morosidade na ratificação de Tratados) até as de ordem procedimental (como realizar o procedimento de denúncia de um tratado?), não sendo surpresa que o próprio *status* jurídico da norma internacional incorporada acabasse em uma situação *sui generis*.

Em sua essência, o controle de convencionalidade das leis é definido como o instrumento pelo qual o Judiciário brasileiro realiza a "compatibilização da produção normativa doméstica com os tratados de direitos humanos ratificados pelo governo e em vigor no país"[828].

A doutrina costuma defender que esse instituto-instrumento surgiu com a Emenda Constitucional n. 45, de 8 de dezembro de 2004, a qual, entre outras alterações, incluiu o § 3º ao art. 5º prevendo que "Os tratados e convenções internacionais sobre direitos humanos que forem aprovados, em cada Casa do Congresso nacional, em dois turnos, por três quintos dos votos dos respectivos membros, serão equivalentes às emendas constitucionais".

A EC n. 45 criou uma situação inusitada no ordenamento jurídico brasileiro, pois mesmo não podendo retroagir para situações anteriores a sua promulgação, criou um problema quanto à aplicabilidade dos tratados de direitos humanos anteriores, os quais não ingressaram ao tempo de sua ratificação como Emendas Constitucionais, sendo o mais emblemático desses tratados: a Convenção Americana sobre Direitos Humanos (Pacto de São José da Costa Rica), de 22 de novembro de 1969, incorporado pelo Decreto n. 678, de 6 de novembro de 1992.

O Pacto de São José da Costa Rica se tornou emblemático em relação ao problema criado pela EC n. 45, pelo fato de que em seu art. 7 (7) prevê que "7. **Ninguém deve ser detido por dívida**. Este princípio não limita os mandados de autoridade judiciária competente expedidos em virtude de inadimplemento de obrigação alimentar" (grifamos), dispositivo que colide com o art. 5º, LXVII ("não haverá **prisão civil** por dívida, **salvo** a do responsável pelo inadimplemento voluntário e inescusável de obrigação alimentícia e a do **depositário infiel**;") (grifamos).

Esse problema foi objeto de análise pelo STF, quando do julgamento do RE n. 466.343-1/SP de 3 de dezembro de 2008, resultando na seguinte decisão:

> PRISÃO CIVIL. Depósito. Depositário infiel. Alienação fiduciária. Decretação da medida coercitiva. Inadmissibilidade absoluta. Insubsistência da previsão constitucional e das normas subalternas. Interpretação do art. 5º, inc. LXVII e §§ 1º, 2º e 3º, da CF, à luz do art. 7º, § 7, da Convenção Americana de Direitos Humanos (*Pacto de San José da Costa Rica*). Recurso improvido. Julgamento conjunto do RE n. 349.703 e dos

828 MAZZUOLI, Valério de O. Teoria geral do controle de convencionalidade no direito brasileiro. **Revista de Informação legislativa,** Brasília, v. 46, n. 181, p. 113, jan./mar. 2009. Disponível em: https://www2.senado.leg.br/bdsf/item/id/194897. Acesso em: 19 out. 2019.

> HCs n. 87.585 e n. 92.566. **É ilícita a prisão civil de depositário infiel, qualquer que seja a modalidade do depósito**[829]. (Grifamos.)

A questão envolvia um recurso do Banco Bradesco S/A contra a decisão do Tribunal de Justiça do Estado de São Paulo, o qual em sede de apelação confirmou sentença de procedência de uma ação de depósito, porém deixou de decretar a prisão civil do devedor com base na tese de se tratar de medida inconstitucional.

Nesse contexto, como há uma impossibilidade legislativa de revogar o art. 5º, LXVII, da CF por ser uma cláusula pétrea, o STF enfrentou a questão por meio da tese de que os tratados de direitos humanos ratificados pelo Brasil gozariam de *status* supralegal e, portanto, estariam em uma espécie de "lugar especial" na ordem jurídica brasileira.

> Por conseguinte, parece mais consistente a interpretação que atribui a característica de supralegalidade aos tratados e convenções de direitos humanos. Essa tese pugna pelo argumento de que os tratados sobre direitos humanos seriam infraconstitucionais, porém, diante de seu caráter especial em relação aos demais atos normativos internacionais, também seriam dotados de um atributo de supralegalidade.
>
> Em outros termos, os tratados sobre direitos humanos não poderiam afrontar a supremacia da Constituição, mas teriam lugar especial reservado no ordenamento jurídico. Equipará-los à legislação ordinária seria subestimar o seu valor especial no contexto do sistema de proteção dos direitos da pessoa humana[830].

Nesse mesmo sentido, o Ministro Celso acabou por explicar esse "lugar especial" inerente à característica de supralegalidade dos direitos humanos:

> **Isso significa**, portanto, **examinada** a matéria sob a perspectiva da "supralegalidade", **tal como preconiza** o eminente Ministro GILMAR MENDES, que, **cuidando-se** de tratados internacionais sobre direitos humanos, **estes hão de ser considerados** como estatutos situados em posição **intermediária** que permita qualificá-los como diplomas **impregnados** de estatura **superior** à das leis **internas** em geral, **não**

---

829 SUPREMO TRIBUNAL FEDERAL. Recurso Extraordinário n. 466.343-1 SP. DJ: 02/12/2008, **Jus Brasil,** 2019. Disponível em: https://stf.jusbrasil.com.br/jurisprudencia/14716540/recurso-extraordinario-re-466343-sp. Acesso em: 19 out. 2019.

830 SUPREMO TRIBUNAL FEDERAL. Recurso Extraordinário n. 466.343-1 SP: voto do Min. Gilmar Mendes. DJ: 02/12/2008, **Jus Brasil,** 2019. Disponível em: https://stf.jusbrasil.com.br/jurisprudencia/14716540/recurso-extraordinario-re-466343-sp. Acesso em: 19 out. 2019.

obstante subordinados à autoridade da Constituição da República[831]. (Grifos no original.)

Destarte, para consertar a anomalia gerada pela EC n. 45, o STF estabeleceu que o Tratado gozará de *status* de supralegalidade pelo seu conteúdo ser de direitos humanos e, não somente, pelo fato de obedecer ao quórum procedimental previsto no art. 5º, § 3º, da CF.

E foi com essa tese da supralegalidade do STF, assomada às alterações da EC n. 45, que o tema controle de convencionalidade começou a ganhar forma e destaque na doutrina.

KATCHANGA!!!!
Essa supralegalidade intermediária é outro exemplo típico. O correto era alterar o art. 5º, LXVII, da CF.

Após essa decisão, foi criado o entendimento doutrinário de que havia sido inaugurado no Brasil o "Estado Constitucional e Humanista de Direito", o qual determina a existência de três mecanismos de controle normativo sobre as leis infraconstitucionais domésticas: o controle de constitucionalidade (Constituição), o controle de convencionalidade (Tratados de Direitos Humanos ratificados) e o controle de legalidade (demais tratados ratificados)[832].

Neste contexto, como as normas de Direito Internacional Privado são leis infraconstitucionais, estariam sujeitas tanto ao controle de constitucionalidade como ao controle de convencionalidade.

16.5.2 O controle de convencionalidade como limite da aplicação do Direito Estrangeiro

Ao direcionarmos nossa análise ao Direito Internacional Privado brasileiro, não nos espantamos em verificar que o controle de convencionalidade

---

831 SUPREMO TRIBUNAL FEDERAL. Recurso Extraordinário n. 466.343-1 SP: voto do Min. Celso de Melo. DJ: 02/12/2008. **Jus Brasil,** 2019. Disponível em: https://stf.jusbrasil.com.br/jurisprudencia/14716540/recurso-extraordinario-re-466343-sp. Acesso em: 19 out. 2019.

832 MAZZUOLI, Valério de O. Teoria geral do controle de convencionalidade no direito brasileiro. **Revista de Informação legislativa,** Brasília, v. 46, n. 181, p. 123, jan./mar. 2009. Disponível em: https://www2.senado.leg.br/bdsf/item/id/194897. Acesso em: 19 out. 2019.

adentra em nossa disciplina a partir do fenômeno da constitucionalização, ou seja, é mais uma criação temática produzida a partir da dinâmica da hermenêutica constitucional brasileira das últimas décadas.

Por conseguinte, o controle de convencionalidade no Direito Internacional Privado brasileiro nada mais é do que a verificação por parte do juiz brasileiro de que determinado Direito Estrangeiro esteja de acordo com os tratados internacionais de direitos humanos ratificados no Brasil – definição simples, porém problemática.

Essa modalidade de controle tem por finalidade aferir a compatibilidade de (i) as normas que compõe o sistema colisional nacional e (ii) o conteúdo normativo do Direito Estrangeiro aplicável, seguindo como parâmetro as normas internacionais sobre direitos humanos incorporadas no ordenamento jurídico brasileiro[833].

Porém, ressaltamos que existe uma pequena distinção entre o controle de convencionalidade e o controle de constitucionalidade na esfera do Direito Internacional Privado brasileiro, pois o controle de convencionalidade possui uma matriz mais sólida do que o controle de constitucionalidade, devido ao fato de se tratar de um aprimoramento da teoria do diálogo das fontes de Erik Jayme, sendo um mecanismo pelo qual se manifestam as "cláusulas de diálogo" no ordenamento jurídico brasileiro.

Essas "cláusulas de diálogo" consistem na aproximação entre os institutos da ordem pública internacional brasileira e o conceito de *jus cogens* dominante na sociedade internacional, gerando a compreensão de que o controle de convencionalidade tem a função de verificar se o Direito Estrangeiro aplicável está de acordo com as "normas aceitas e reconhecidas pela sociedade internacional dos Estados em seu conjunto"[834], portanto inderrogáveis e não denunciáveis pelos Estados, conforme regra do art. 53 da

---

833 RAMOS, André de C. **Curso de direito internacional privado.** São Paulo: Saraiva, 2018, p. 322.

834 MAZZUOLI, Valério de O. Teoria geral do controle de convencionalidade no direito brasileiro. **Revista de Informação legislativa,** Brasília, v. 46, n. 181, p. 135, jan./mar. 2009. Disponível em: https://www2.senado.leg.br/bdsf/item/id/194897. Acesso em: 19 out. 2019.

835 **Artigo 53. Tratado em conflito com uma norma imperativa de direito internacional geral (*jus cogens*).** É nulo um tratado que, no momento de sua conclusão, conflite com uma norma imperativa de Direito Internacional geral. Para os fins da presente Convenção, uma norma imperativa de Direito Internacional geral é uma norma aceita e reconhecida pela comunidade internacional dos

Convenção de Viena sobre Direito dos Tratados de 1969[835] e de 1986[836] (esta última ainda não em vigor internacionalmente).

Nesse ponto, podemos extrair uma característica inerente e a maior fraqueza do controle de convencionalidade no Direito Internacional Privado: o arcabouço normativo internacional sempre será o do próprio Direito do juiz do foro (*lex fori*)[837].

Quando a doutrina atrela o arcabouço normativo internacional a ser empregado no controle de convencionalidade ao Direito vigente do juiz do foro da questão, a doutrina nada mais faz do que reduzir esse controle a mais uma ferramenta para aferição da violação ou não da ordem pública internacional do Estado do foro, não se tratando de um campo próprio de estudo, mas somente de mais uma faceta das normas imperativas do Direito Internacional Privado.

Acrescentamos que tal posicionamento é inaceitável, especialmente por parte de doutrinadores conflitualistas, pois ao lidar com normas internacionais é regra sacramentada que estas devem ser interpretadas conforme sua natureza internacional, não pela realidade nacional de cada país, sob pena de nacionalizar sua interpretação e frustrar sua finalidade de estabelece uma regulamentação una ou uniforme.

É nesse sentido que surge o princípio da internacionalidade pelo qual se consagra que um tratado internacional tem de ser interpretado dentro de sua dinâmica e finalidade internacional e não de forma a ser nacionalizado em seu conteúdo por determinada esfera soberana nacional, ou, de forma mais direta: direitos humanos são iguais em todo o mundo, não existem direitos humanos brasileiros, alemães etc.

Estados como um todo, como norma da qual nenhuma derrogação é permitida e que só pode ser modificada por norma ulterior de Direito Internacional geral da mesma natureza.

836 **Artigo 53. Tratado em conflito com uma norma imperativa de direito internacional geral (*jus cogens*).** É nulo o tratado que, no momento de sua conclusão, conflite com uma norma imperativa de Direito Internacional geral. Para os fins da presente Convenção, uma norma imperativa de Direito Internacional geral é uma norma aceita e reconhecida pela comunidade internacional dos Estados no seu conjunto, como uma norma da qual nenhuma derrogação é permitida e que só pode ser modificada por uma norma de Direito Internacional geral da mesma natureza.

837 MAZZUOLI, Valério de O. **Curso de direito internacional privado.** 2. ed. São Paulo: Forense, 2017, p. 208; RAMOS, André de C. **Curso de direito internacional privado.** São Paulo: Saraiva, 2018, p. 322.

Se quisermos adotar o controle de convencionalidade como um campo temático próprio, intrinsecamente relacionado, mas que não se confunda com a ordem pública internacional, é obrigatório que seu arcabouço jurídico-normativo seja interpretado em conformidade à dinâmica internacional existente na causa – a norma internacional, diferentemente da norma constitucional nacional, é uma só para todos os Estados nacionais.

Diferentemente do controle de constitucionalidade externo, o qual abominamos, o controle de convencionalidade obrigatoriamente tem de dialogar com o arcabouço internacional do Estado estrangeiro, pois o parâmetro são as normas internacionais ratificadas, não simplesmente a legislação interna.

Capítulo 17

A TEORIA DOS DIREITOS ADQUIRIDOS E SEU RECONHECIMENTO INTERNACIONAL[835]

17.1 DIREITO E TEMPO

17.1.1 Direitos adquiridos: um conceito complexo

Para compreendermos o papel dos direitos adquiridos no Direito Internacional Privado, primeiramente temos de compreender a colisão temporal no Direito, ou melhor, o encontro do Direito, das leis e das normas com o tempo.

A questão dos direitos adquiridos foi primeiramente exposta em termos analíticos nas doutrinas de Friedrich Carl von Savigny, o qual afirmou que a mudança de regras jurídicas decorrente do fator tempo pode se apresentar em quatro formas:

> Promulgação de uma lei nova e isolada que tem precisamente por objeto e relação jurídica de que se trata.
>
> Promulgação de um novo código, isto é, de um conjunto de regras em que a relação jurídica em questão se encontra sujeita a novas disposições.
>
> Adoção de um código estrangeiro por inteiro e substituição desse código ao direito até então em vigor.
>
> O local sede de uma relação jurídica destacado do Estado ao qual pertence é incorporado a outro Estado; o direito assim substituído pode resumir-se num código em que ao seu lado podem existir leis isoladas e mesmo diversas regras de direito consuetudinário[839].

---

838 Essa parte do estudo está sintetizada em artigo nosso publicado em coautoria com o Dr. Aurélio Agostinho da Boaviagem e a advogada Danielle Rocha Santos, na **Revista Acadêmica da Faculdade de Direito do Recife,** v. 90, n. 1, 2018. Disponível em: https://periodicos.ufpe.br/revistas/ACADEMICA/article/view/236600.

839 SAVIGNY, Friedrich Carl von. **Sistema de direito romano atual.** Trad. Ciro Mironanza. Ijuí: Unijuí, 2004, p. 294, v. VIII.

A partir dessa formulação, a colisão temporal, no âmbito das doutrinas nacionais, desenvolveu-se e consolidou-se no que conhecemos como princípio da irretroatividade das leis, ou seja, a partir da concepção de que as leis não têm efeito retroativo e, indo além, de que as "leis novas não devem atentar de modo algum contra os direitos adquiridos"[840].

Os direitos adquiridos emergem com uma dupla significação: uma para o legislador, que não deve criar leis com efeitos retroativos; e uma para o juiz, que no momento da interpretação e aplicação da lei nova não deve ignorar os direitos adquiridos naquela relação jurídica pela lei anterior[841].

Portanto, não podemos nos espantar que o desenvolvimento do campo teórico dos direitos adquiridos se atrelou à intertemporalidade, a manifestação de uma forma peculiar de colisão: a colisão temporal.

No Brasil, podemos constatar na própria legislação a predominância do caráter intertemporal nos direitos adquiridos, quando o art. 6º, § 2º, da LINDB define: "Consideram-se adquiridos assim os direitos que o seu titular, ou alguém por êle, possa exercer, como aquêles cujo comêço do exercício tenha termo pré-fixo, ou condição pré-estabelecida inalterável, a arbítrio de outrem", bem como define o art. 5º, XXXVI, da CF ("a lei não prejudicará o direito adquirido, o ato jurídico perfeito e a coisa julgada).

No campo doutrinário não existe um "conceito preciso e uniforme", apesar de se notar uma forte influência da doutrina de Francesco Gabba, pois nos diversos conceitos existentes na doutrina é condição *sine qua non* a inserção do direito ao patrimônio individual[842].

Atualmente, existe a tendência doutrinária de atribuir sua conceituação à atividade judiciária – "verdadeira definição de direito adquirido é aquela dada pelo STF, no julgamento de cada caso concreto"[843].

---

840 SAVIGNY, Friedrich Carl von. **Sistema de direito romano atual.** Trad. Ciro Mironanza. Ijuí: Unijuí, 2004, p. 297, v. VIII.

841 SAVIGNY, Friedrich Carl von. **Sistema de direito romano atual.** Trad. Ciro Mironanza. Ijuí: Unijuí, 2004, p. 306-307, v. VIII.

842 ALMEIDA, Lilian Barros de O. O direito adquirido e a jurisprudência do Supremo Tribunal Federal: uma construção tópica do direito. **Revista Caderno Virtual,** Brasília (DF), v. 2, n. 18, p. 6, abr./jun. 2008. Disponível em: https://www.portaldeperiodicos.idp.edu.br/cadernovirtual/article/view/36.

843 ALMEIDA, Lilian Barros de O. O direito adquirido e a jurisprudência do Supremo Tribunal Federal: uma construção tópica do direito. **Revista Caderno Virtual,** Brasília (DF), v. 2, n. 18, p. 18, abr./jun. 2008. Disponível em: https://www.portaldeperiodicos.idp.edu.br/cadernovirtual/article/view/36.

KATCHANNGAA!!!
Esse é um pensamento que manifesta bem o jogo ou a Teoria da Katchanga.

Diante desse quadro doutrinário, podemos atribuir duas grandes características aos direitos adquiridos: ser um direito fundamental de proteção e ser um conceito indeterminado.

Ser um direito fundamental de proteção significa que os direitos adquiridos têm como finalidade maior proteger as relações jurídicas de alterações legislativas posteriores, garantindo a segurança jurídica dessas relações para com os indivíduos nelas envolvidos.

E ser um conceito indeterminado significa ser um conceito sujeito à apreciação caso a caso, existindo doutrina no sentido de que sua conceituação, mediante ausência de conceito legislativo, deve ser feita pelo Supremo Tribunal Federal por meio do método tópico, "Assim, o significado do disposto no art. 5º, XXXVI da Constituição Federal e no § 2º do art. 6º da Lei de Introdução ao Código Civil passa a derivar não do conteúdo gramatical dos vocabulários ali expressos, mas da leitura dos referidos dispositivos feita pelo aplicado do direito, no caso, o STF"[844].

Ocorre que esse debate não envolve todos os aspectos inseridos nos direitos adquiridos, pois se limita a analisar a questão temporal, de compreender a aquisição de direitos, ignorando o outro aspecto: a questão do exercício, do gozo desses direitos.

Quando colocamos os direitos adquiridos na perspectiva da diversidade legislativa, surge o que podemos denominar de aspecto espacial dos direitos adquiridos, o qual podemos sintetizar na questão: pode um estrangeiro exercer direitos adquiridos no estrangeiro em uma determinada ordem nacional?

É esse aspecto espacial que interessa ao Direito Internacional Privado, a concepção dos direitos adquiridos não como "direito em potência ou em

844 ALMEIDA, Lilian Barros de O. O direito adquirido e a jurisprudência do Supremo Tribunal Federal: uma construção tópica do direito. **Revista Caderno Virtual,** Brasília (DF), v. 2, n. 18, p. 17, abr./jun. 2008. Disponível em: https://www.portaldeperiodicos.idp.edu.br/cadernovirtual/article/view/36.

ato (*presente*), a ser adquirido ou extinto (condição ou aplicação direta), mas já constituído (*passado*), a ser *reconhecido* (aplicação indireta)"[845].

Sob perspectiva da nossa disciplina, a própria expressão "direitos adquiridos" é utilizada mais pelo costume, pela "difundida identificação" que possui em nosso ramo[846], do que propriamente pela exatidão, acuidade técnica.

Podemos afirmar que os direitos adquiridos na nossa disciplina são um conceito fragmentado em dois aspectos: (a) a aquisição (temporal); e (b) o exercício (espacial).

O aspecto da aquisição é predominante na doutrina nacional, analisando a questão temporal dos direitos adquiridos, ou melhor, a questão da estabilidade e segurança jurídica nas relações jurídicas, sendo sua relevância para o Direito Internacional Privado como uma questão de fundo, isto é, é analisada com o intuito de verificar a existência ou não de algum "vicio inicial" que possa afetar sua "função internacional"[847].

Por outro lado, o aspecto do exercício (dos efeitos) envolve a questão da efetividade ("quanto ao elemento dinamizador da eficácia jurídica") e da territorialidade ("na forma de delimitação geográfica em que se concretizam")[848].

É a questão do alcance extraterritorial de direito adquirido em uma esfera nacional soberana, o reconhecimento internacional dos direitos adquiridos.

Temos de ter cautela com a simplicidade da fragmentação apresentada, pois diferentemente da solução do conflito de leis, os direitos adquiridos são uma temática deveras complexa devido ao fato de os elementos de Direito Internacional Público se manifestarem em sua análise, elementos estes como a soberania, a internacionalização de normas colisionais e a própria condição jurídica do indivíduo estrangeiro[849].

---

845 VALLADÃO, Haroldo. **Direito internacional privado em base histórica e comparativa, positiva e doutrinária, especialmente dos Estados americanos:** introdução e parte geral. São Paulo: Livraria Freitas Bastos, 1968, p. 484.

846 BOUCAULT, Carlos Eduardo de A. **Direitos adquiridos no direito internacional privado.** Porto Alegre: Sergio Antonio Fabris Editor, 1996, p. 20.

847 BEVILAQUA, Clovis. **Princípios de direito internacional privado.** Campinas: RED Livros, 2002, p. 337.

848 BOUCAULT, Carlos Eduardo de A. **Direitos adquiridos no direito internacional privado.** Porto Alegre: Sergio Antonio Fabris Editor, 1996, p. 19.

849 VON BAR, Christian; MANKOWSKI, Peter. **Internationales Privatrecht.** Band I Allgemeine Lehrenp. 2. aufl. München: Verlag C. H. Beck, 2003, p. 114.

17.1.2 A aplicação direta e indireta do Direito Estrangeiro

Antes de procedermos à análise dos direitos adquiridos no Direito Internacional Privado, é necessário compreender o que podemos designar "dilema" no estudo da aplicação do Direito Estrangeiro – dilema que remonta à própria origem da nossa disciplina.

Ensina Wilhelm Schaeffner que é um erro muito comum entre os juristas acreditar que as leis, o Direito, surgiram já atreladas à noção de território (a territorialidade da jurisdição), quando a realidade é que surgiram atreladas às pessoas, ou melhor, o Direito emergiu como um meio de afirmação da própria personalidade jurídica do indivíduo[850].

Uma rápida verificação histórica corrobora com Schaeffner, uma vez que a própria noção de território era algo estranho para as tribos germânicas em ascensão após a queda do Império Romano do Ocidente, havendo relatos históricos dos problemas nas transações envolvendo diferentes povos ("nacionalidades"), como, por exemplo, a narrativa do Bispo Agobard de Lyon, por volta de 850 d.C., sobre a "constante de que cinco pessoas se reunindo em uma sala, cada um seguindo suas próprias regras e direitos" (*"As Bishop Agobard of Lyons tells us about 850, it happened constantly that of fivew people meeting in one room, each followed a law of his own"*[851]).

É com o advento do Sacro Império Romano Germânico e o subsequente feudalismo que o Direito vai se atrelando à ideia de território, como explica:

> It must be noticed firstly, that no State of this period was strong enough to enforce a compact legal order of its own, excluding all other laws, or treating them as enactments confined to aliens. Even the most powerful of the barbarian governments raised on the ruins of the Empire, such as the Lombard or Frankish, dealt with a state of affairs based on a mixture of legal arrangements. The Carolingian rulers and especially Charlemagne, introduced some unity in matters of vital importance to the government or to public safety, but, even in their time, racial differences were allowed to crop up everywhere. Law became necessarily personal and local in its application[852].

---

850 SCHAEFFNER, Wilhelm. **Entwicklung des Internationalen Privatrechts.** Frankfurt am Main: Druck und Verlag Johann David Sauerländer, 1841, p. 15.

851 VINOGRADOFF, Paul. **Roman Law in Medieval Europe.** (eBook): Perennial Press, 2015, p. 13.

852 VINOGRADOFF, Paul. **Roman Law in Medieval Europe.** (eBook): Perennial Press, 2015, p. 12.

***

> Primeiramente, tem de ser considerado que nenhum Estado desse período era poderoso o suficiente para impor uma ordem jurídica compacta de regras próprias, que excluísse todas as outras regras, ou as tratasse como regras aplicáveis somente para estrangeiros. Mesmo os mais poderosos governos bárbaros que surgiram das ruínas do Império, como os Lombardos ou os Francos, tratavam de seus assuntos de estado com base em uma mistura de acordos jurídicos. Os reis Carolíngios e especialmente Carlos Magno é que irão introduzir alguma modalidade de unidade em matérias de vital importância para seus governos ou para segurança pública, mas, mesmo em seu tempo, diferenças raciais podiam surgir em todo lugar. O Direito se tornou necessariamente pessoal e local em sua aplicação.

Para nossa Ciência Jurídica, a noção de território e Direito vai se consolidar com o advento das escolas estatutárias a partir do século XI e, como o próprio desenvolvimento do Direito, surgiu o debate sobre a aplicação do Direito Estrangeiro.

Ocorre que em algum momento a questão da aplicação do Direito Estrangeiro acabou sendo associada à questão de quais leis são aplicáveis, tornando-se, atualmente, uma espécie de sinônimo para conflito de leis para muitos juristas, mas, desde o seu início, a questão da aplicação do Direito Estrangeiro possui duas facetas, atualmente conhecidas por: (1) aplicação direta e (2) a aplicação indireta.

A aplicação direta é a mais conhecida e orbita em torno da ideia de leis, de normas jurídicas positivadas (Direito positivo), procurando compreender a dinâmica das relações jurídicas com elementos estrangeiros (o fato extranacional), englobando um "conjunto que envolve o método de determinação do Direito a ser aplicado, o estabelecimento de regras para a sua exclusão e o modo pelo qual o Direito estrangeiro será aplicado a determinado fato extranacional"[853].

A aplicação direta é conhecida como a doutrina do conflito de leis.

Por sua vez, a aplicação indireta orbita em torno do exercício de direitos, da eficácia de direitos que determinada pessoa possui e deseja exercitar fora da jurisdição na qual os adquiriu – é o fenômeno cuja melhor definição

---

853 WEBERBAUER, Paul Hugo. Dos objetos do direitos internacional privado: o conflito de leis. In: BARZA, Eugênia C. N. R.; BARROS E SILVA NETO, Francisco. A.; WEBERBAUER, Paul Hugo. **Integração regional, globalização e direito internacional.** Recife: Editora UFPE, 2014, p. 33.

é "princípio do respeito dos direitos constituídos (chamado, equivocadamente, dos direitos adquiridos)"[854].

É na aplicação indireta que se insere a temática dos direitos adquiridos, mas, infelizmente, foi tratada de forma acessória por muito tempo na doutrina internacionalista, configurando, atualmente, um campo fecundo de teorias, e, também, de grandes confusões.

Nesse contexto, quando analisamos tecnicamente os direitos adquiridos no Direito Internacional Privado, estamos estudando a aplicação indireta do Direito Estrangeiro, temática que podemos agrupar em três grandes concepções: (1) a que confunde direito adquirido e conflito de leis e inserem o primeiro como princípio de equidade e de bom senso na aplicação do Direito Estrangeiro; (2) a que a utiliza direito adquirido como regra fundamental para estabelecimento de competências gerais na diversidade legislativa; e (3) a que se baseia na própria noção de respeito ao direito adquirido como uma forma de limite para império da soberania[855].

17.2 DIREITOS ADQUIRIDOS NO DIREITO INTERNACIONAL PRIVADO

17.2.1 Direito adquirido como parte do conflito de leis

A primeira concepção dos direitos adquiridos em nossa disciplina está no debate temporal do conflito de leis, isto é, em considerar os direitos adquiridos como a manifestação da intersecção entre o Direito Intertemporal e o Direito Internacional Privado.

Os direitos adquiridos consistiriam na projeção do próprio conflito de leis no tempo, não em uma temática própria, mas em uma ramificação do conflito de leis situado em duas situações principais: (1) fator tempo e (2) a ausência de direito/lei aplicável.

Os direitos adquiridos como fator tempo no Direito Internacional Privado corresponderiam em três tópicos: (a) à mudança do direito substantivo estrangeiro; (b) à alteração legislativa do próprio Direito Internacional Privado; e (c) ao conflito móvel.

---

854 PONTES DE MIRANDA, Francisco Cavalcanti. **Tratado de direito internacional privado.** Rio de Janeiro: Livraria José Olympio, 1935, t. 1, p. 256.

855 ARMINIJON, Pierre. Notions des droit acquis en droit international privé. In: ACADEMIE DE DROIT INTERNATIONAL DE LA HAYE. **Recueil des Cours.** Paris: Libraire du Recueil Sirey, 1933, t. 44, p. 6.

A mudança do direito substantivo estrangeiro se refere à questão da renovação legislativa do Direito Estrangeiro e suas consequências para solução do conflito de leis, ou seja, como o processo legislativo (revogação e promulgação de espécies normativas) ou questões como a sucessão de Estados nacionais e a anexação de territórios por eles afeta a solução do conflito de leis.

Nesse tópico, os direitos adquiridos estariam atrelados a determinar qual a norma estrangeira vigente para ser aplicada: a vigente no momento da constituição do fato extranacional ou a vigente no momento da busca judiciária de sua aplicação *in concreto*?

O segundo tópico também se associa à renovação legislativa, mas agora às próprias regras do Direito Internacional Privado, quando pela revogação de normas e promulgação de novas normas colisionais, consagrando novo elemento de conexão, ocorre a alteração da solução do conflito de leis.

Direitos adquiridos consistiriam, novamente, na busca de determinar a vigência temporal para a solução do conflito de leis.

Já analisamos a questão do conflito móvel ao abordarmos os estatutos pessoais (*vide* tópico 10.3.3 *supra*) e se traduz na mudança do estatuto pessoal por alteração do domicílio ou da nacionalidade da pessoa.

Em todos os três tópicos os direitos adquiridos são considerados vetor de solução de conflitos temporais no conflito de leis, como fundamento para determinar cronologicamente o Direito/as normas aplicáveis.

Não é sem razão que essa concepção temporal dos direitos adquiridos na nossa disciplina é vista com desconfiança e objeto de severas críticas, pois a expressão empregada é *"sans technique, mais simplesmente comme signifiant que la solution contraire à cela qu'ils proposent est injuste"*[856] ("sem técnica, mas simplesmente como significado de que a solução contrária que se propõe é injusta").

Ainda dentro da concepção dos direitos adquiridos como aspecto do conflito de leis, existem aquelas teorias que os inserem na questão da ausência de lei/direito aplicável, utilizando os direitos adquiridos de forma tangencial, como um fator determinante para aferir as regras jurídicas aplicáveis quando não existe Direito/lei.

O principal teórico dessa vertente foi o jurista Wilhelm Schaeffner, o qual possuía como premissa que:

---

856 ARMINIJON, Pierre. Notions des droit acquis en droit international privé. In: ACADEMIE DE DROIT INTERNATIONAL DE LA HAYE. **Recueil des Cours.** Paris: Libraire du Recueil Sirey, 1933, t. 44, p. 7.

> In Ermanglung positives Gesetz kann nur die Natur der Sache entscheiden. Und dieser entspricht gewiß folgender Grundsatz am meisten: Jedes Rechtsverhältnis ist nach den Gesetzen desjenigen Ortes zu beurteilen, wo es existent geworden ist. Hierin liegt zugleich die Rücksicht auf diejenigen Gesetze, deren ganzer Inhalt dahin geht, ein Rechtsverhältnis nur dann als solches anzuerkennen, wenn es ihnen gemäß[857].
>
> ***
>
> Na ausência de lei positiva, somente a natureza da situação pode decidir. E esta corresponde, de certa forma, ao seguinte princípio: cada relação jurídica deve ser julgada de acordo com as leis do lugar onde surgiram. Nisto reside também a constatação de que a relação jurídica será reconhecida conforme o conteúdo e extensão dessas leis.

Em essência, trata-se de uma doutrina que busca criar um sistema geral para parametrização das regras colisionais de diferentes países, de forma a ordenar o Direito Internacional Privado com base na noção da constituição do Direito/da relação jurídica.

Não se trata de uma doutrina que analisa a aquisição de Direitos e nem seu reconhecimento, mas sim a aquisição de competência (incidência) de determinado Direito por força da territorialidade ou da pessoalidade existente em determinada relação jurídica – basicamente, reciclando a concepção das teorias estatutárias sobre territorialidade e sobre pessoalidade do Direito.

Essa vertente é muito pouco estudada, pois trata-se da elaboração de um sistema extremamente amplo, abstrato e de pouca utilidade prática que busca sistematizar os casos de territorialidade e de pessoalidade na aplicação do Direito Estrangeiro[858].

17.2.2 A doutrina dos *Vested Rights*

A segunda concepção dos direitos adquiridos na nossa disciplina se manifesta na doutrina dos *Vested Rights* do *common Law* e seu *Conflict of laws*, a qual não possui nenhuma relação com a noção temporal que vimos anteriormente.

---

[857] SCHAEFFNER, Wilhelm. **Entwicklung des Internationalen Privatrechts.** Frankfurt am Main: Druck und Verlag Johann David Sauerländer, 1841, p. 40.

[858] ARMINIJON, Pierre. Notions des droit acquis en droit international privé. In: ACADEMIE DE DROIT INTERNATIONAL DE LA HAYE. **Recueil des Cours.** Paris: Libraire du Recueil Sirey, 1933, t. 44, p. 7-8.

Incialmente, para compreendermos essa doutrina é necessário traçar uma noção elementar sobre o desenvolvimento da ideia de *Comity*, ou melhor, na recepção e desenvolvimento da ideia de *Comitas Gentium* da escola estatuária holandesa do século XVI no *common Law*.

Comitas Gentium é uma construção teórica desenvolvida pelos estatutários holandeses para marcar a ascensão da soberania (internacional) do Estado e a crença de que nenhum Estado pode ser forçado a aceitar e a aplicar Direito Estrangeiro em sua esfera jurisdicional soberana, porém, seria de interesse do Estado aceitar e efetuar sua aplicação por utilidade prática em determinadas situações[859].

Efetivamente marcou o início do abandono dos estatutos (pessoais, reais, mistos etc.) e iniciou-se o foco nas questões práticas do Direito como referência de sistematização jurídico-normativa[860].

O principal expoente desse pensamento foi Ulrich Huber, que o desenvolveu a partir de três máximas, como explica:

> (1) The laws of each state have force within the limits of that government and bind all subject to it, but not beyond (Digest 2, 1, 20).
>
> (2) All persons within the limits of a government, whether the live there permanently or temporarily, are deemed to be subjects thereof (Digest 48, 22, 7, § 10, I, f).
>
> (3) Sovereigns will so act by way of comity that the rights acquired within the limits of a government retain their force everywhere so far as they do not cause prejudice to the power or rights of such government or of its subjects[861].
>
> ***
>
> (1) As leis de cada Estado têm força dentro dos limites daquele governo e vincula todos os súditos a elas, mas não além (Digesto 2, 1, 20).

---

859 PEREIRA, José E. A. A doutrina holandesa "Comitas Gentium". **Revista da Faculdade de Direito da UFMG,** Belo Horizonte (MG), n. 3, p. 110, 1963. Disponível em: https://www.direito.ufmg.br/revista/index.php/revista/article/view/685/645. Acesso em: 16 abr. 2020.

860 LORENZEN, Ernest G. Huber's De Conflictu Legum. In: **Faculty Scholarship Series.** Paper 4563. 1919, p. 396. Disponível em: http://digitalcommons.law.yale.edu/fss_papers/4563. Acesso em: 16 abr. 2020.

861 LORENZEN, Ernest G. Huber's De Conflictu Legum. In: **Faculty Scholarship Series.** Paper 4563. 1919, p. 403. Disponível em: http://digitalcommons.law.yale.edu/fss_papers/4563. Acesso em: 16 abr. 2020.

> (2) Todas as pessoas dentro dos limites de um governo, seja de modo permanente ou temporário, estão sujeitas a ele (Digesto 48, 22, 7, § 10, I, f).
>
> (3) Soberanos deverão agir guiados *comity* de tal modo a garantir que os direitos adquiridos nos limites de seus governos possam ter força em qualquer lugar, desde que não causem prejuízo à autoridade ou às leis de outros governos ou de seus súditos.

Comitas Gentium significa que a aplicação do Direito Estrangeiro é uma concessão do poder soberano para determinadas situações de seu interesse, interesse que se balanceia entre a conveniência e a utilidade da aplicação – nunca em um dever ou obrigação do poder soberano.

Destarte, a aplicação do Direito Estrangeiro se transforma em um ato político, não jurídico, motivo pelo qual a *Comitas Gentium* é um produto da atividade judiciária, não derivada de previsão legislativa[862].

A influência desse pensamento vai se materializar na metade final do século XVIII, quando com a coroação do Rei Guilherme III (*William III of England*), o qual foi *stadtholder* da Holanda, e com o aumento das questões envolvendo Direito Estrangeiro no dia a dia das questões jurídicas do império britânico, as cortes britânicas começaram a ter maior aceitação da aplicação do Direito Estrangeiro, desde que houvesse *Comitas*, *Comity* por parte do direito inglês[863].

Desenvolveu-se a crença de que *Comitas* seria a antepara necessária para evitar uma extraterritorialidade nociva das leis, a ponto de ser uma ameaça para a soberania e a igualdade das nações – ou do próprio abandono por parte do Estado dos interesses de seus próprios súditos[864].

Gradualmente, esse pensamento acabou se espalhando pela *Commonwealth* britânica, encontrando nos Estados Unidos da América a primeira sistematização teórica dessa concepção moderna de *Comitas Gentium* nas lições de Joseph Story, a qual a rebatizou de *Comity of the nation*.

---

862 LORENZEN, Ernest G. Huber's De Conflictu Legum. In: **Faculty Scholarship Series.** Paper 4563. 1919, p. 378. Disponível em: http://digitalcommons.law.yale.edu/fss_papers/4563. Acesso em: 16 abr. 2020.

863 LORENZEN, Ernest G. Huber's De Conflictu Legum. In: **Faculty Scholarship Series.** Paper 4563. 1919, p. 394-395. Disponível em: http://digitalcommons.law.yale.edu/fss_papers/4563. Acesso em: 16 abr. 2020.

864 STORY, Joseph. **Commentaries on the conflict of laws, foreign and domestic, in regard to contracts, rights, and remedies, and especially in regard to marriages, divorces, wills, successions, and Judgments.** 2. ed. New Jersey: The Lawbook Exchange Ltd., 2005, p. 38.

> In the silence of any positive rule, affirming, or denying, or restraining the operation of foreign laws, courts of justice presume the tacit adoption of them by their own government, unless they are repugnant to its policy, or prejudicial to its interests. It is not the comity of the courts, but the comity of the nation, which is administered, and ascertained in the same way, and guided by the same reasoning, by which all other principles of the municipal law are ascertained and guided. The Doctrine of Huberus would seem, therefore, to stand upon just principles; and though, from its generality, it leaves behind many grave questions as to its application, it has much to commend it, in point of truth as well as of simplicity[865].

***

> No silêncio de qualquer regra positivada, afirmando, ou negando, ou restringindo a operacionalidade do direito estrangeiro, as cortes de justiça presumem que exista uma adoção tácita dele pelo seu próprio governo, a menos que ele seja repugnante a sua ordem pública, ou prejudicial aos seus interesses. Não se trata da *comity* das cortes, mas da *comity* de uma nação, que é administrada e apurada da mesma forma, guiada pelo mesmo raciocínio, pelo qual todos os demais princípios de direito nacional o são. Portanto, a doutrina de Huber parece basear-se em princípios justos; e embora, por seu aspecto de generalidade, ignore inúmeros questionamentos graves quanto a sua aplicação, continua sendo recomendada, a ponto de, em essência, apresentar de forma simples uma verdade.

Porém, essa influência e transição da *Comitas Gentium* para *Comity* não ocorreu sem problemas.

O primeiro deles foi que o *Conflict of Laws* se tornou predominantemente territorial, sendo a extraterritorialidade somente aceita quando conveniente ou de utilidade para a Jurisdição Nacional.

Outro problema foi que a doutrina anglo-saxônica acabou herdando as falhas intrínsecas existentes à ideia de *Comitas*: não há explicação para a natureza jurídica do Direito Internacional Privado, nem uma explicação plausível para a existência dessa questionável cortesia entre as soberanias[866].

Não sem razão, John Westlake apontou que era um equívoco ignorar a pessoalidade das leis e que associar *Comity* com *ius gentium* (na concepção

---

865 STORY, Joseph. **Commentaries on the conflict of laws, foreign and domestic, in regard to contracts, rights, and remedies, and especially in regard to marriages, divorces, wills, successions, and Judgments.** 2. ed. New Jersey: The Lawbook Exchange Ltd., 2005, p. 42.

866 VON BAR, Christian; MANKOWSKI, Peter. **Internationales Privatrecht.** Band I Allgemeine Lehrenp. 2. aufl. München: Verlag C. H. Beck, 2003, p. 115.

moderna) era um erro, pelo simples fato de que o mundo do século XIX não era mais o mundo dos direitos universais, mas sim um mundo de direitos nacionais, de diversidade legislativa[867].

É nesse contexto de crise da ideia de *Comity* que vai emergir a doutrina dos *Vested Rights*, pois um de seus principais expositores, Albert V. Dicey, inicia suas lições justamente criticando a ideia de *Comity* e concluindo que a aceitação e a aplicação do Direito Estrangeiro não são capricho ou amostra de cortesia por parte da soberania britânica para com os outros Estados nacionais, mas que derivam da própria aplicação do Direito britânico.

Ele defende esse pensamento estabelecendo quatro máximas:

I a existência de normas colisionais implica no reconhecimento da existência de diferentes países governados cada qual por suas próprias leis e de que existe uma coexistência pacífica entre eles[868];

II a adoção de regras estritamente territoriais resultaria em prejuízo tanto para os britânicos como para os estrangeiros[869];

III todos os países civilizados contêm um ramo de normas que versam sobre a aplicação do Direito Estrangeiro[870]; e

IV a denominação *Conflict of Laws* é equivocada, pois não existe conflito propriamente dito, trata-se de uma ficção, sendo o correto denominar de *Choice of Law* ou *Private International Law*, pois o objeto é a aplicabilidade ou não do Direito Estrangeiro e mesmo essas denominações não são isentas de críticas[871].

A partir dessas premissas, Albert V. Dicey vai estabelecer seu primeiro princípio geral sobre extraterritorialidade (*General principle Jurisdiction and Choice of Law*):

---

867 WESTLAKE, John. **A treatise on private international law, with principal reference to its practice in England:** being in lieu of a second edition of the work published in 1858. London: William Maxwell & Son, 1880, p. 21-22.

868 DICEY, Albert V. **A digest of the law of England with reference to the conflict of laws.** 2. ed. London: Stevens and Sons Law Publishers, 1908, p. 8.

869 DICEY, Albert V. **A digest of the law of England with reference to the conflict of laws.** 2. ed. London: Stevens and Sons Law Publishers, 1908, p. 9.

870 DICEY, Albert V. **A digest of the law of England with reference to the conflict of laws.** 2. ed. London: Stevens and Sons Law Publishers, 1908, p. 11.

871 DICEY, Albert V. **A digest of the law of England with reference to the conflict of laws.** 2. ed. London: Stevens and Sons Law Publishers, 1908, p. 13.

> GENERAL PRINCIPLE N. I. Any right which has been duly acquired under the law of any civilized country is recognized and, in general, enforced by English Courts, and no right which has not been duly acquired is enforced or, in general, recognized by English Courts[872].
>
> ***
>
> PRINCÍPIO GERAL N. 1 – Qualquer direito o qual tenha sido devidamente adquirido sob a ordem jurídica de qualquer país civilizado é reconhecido e, em geral, respeitado pelas Cortes Inglesas, e nenhum direito o qual não tenha sido devidamente adquirido não será reconhecido ou, em geral, respeitado pelas Cortes Inglesas.

Esse princípio, nas palavras de Albert V. Dicey, é a anunciação da máxima de todo o fundamento das regras para determinar a extraterritorialidade das leis: "*This proposition is the enunciation of a maxim or the statement of a fact – for it may be considered in either light – which lies at the foundation of the rules for determining the extra-territorial operation of law*"[873] ("Essa proposição é o enunciado de uma máxima ou de uma declaração de um fato – pois ela pode ser considerada sob qualquer um dos dois aspectos – a qual reside na fundação das regras para determinação das operações extraterritoriais do Direito").

> Interessante é que não encontramos a expressão "*Vested Rights*" em Dicey, mas "*Acquired Right*".

Prossegue definindo que existe uma má compreensão sobre o significado da aplicação do direito estrangeiro ("*enforce a foreign law*"), quando na realidade o juiz está aplicando um "direito adquirido" pelo indivíduo pelo Direito de um país estrangeiro ("*to enforce not a foreign law, but a right acquired under the law of a foreign country*")[874] ("não para aplicar a lei estrangeira, mas de um direito adquiridos sob a ordem jurídica estrangeira").

Destarte, a aplicação do Direito Estrangeiro não mais é fundamentada na *Comity*, mas sim na aquisição de direito por lei estrangeira, ou seja, é a

---

872 DICEY, Albert V. **A digest of the law of England with reference to the conflict of laws.** 2. ed. London: Stevens and Sons Law Publishers, 1908, p. 23-24.

873 DICEY, Albert V. **A digest of the law of England with reference to the conflict of laws.** 2. ed. London: Stevens and Sons Law Publishers, 1908, p. 24.

874 DICEY, Albert V. **A digest of the law of England with reference to the conflict of laws.** 2. ed. London: Stevens and Sons Law Publishers, 1908, p. 25.

aquisição do direito que confere a incidência do direito estrangeiro naquela matéria, não qualquer forma de cortesia.

Porém, foi com o americano Joseph H. Beale que a doutrina dos *Vested Rights* tomou a forma comumente conhecida atualmente. Rejeitando o princípio da *Comity*, inspirado na crença de que juízes aplicam direito adquirido no estrangeiro e atrelando a aquisição desses direitos ao território, Beale vai explicar: *"Although the law to be applied to the solution of the Conflict of Laws is the territorial law, this does not mean the law by which such rights as those brought in question would be created within the territory"*[875] ("Embora a lei a ser aplicada para a solução do Conflito de Leis é o direito territorial, isso não significa que seja lei pela qual tais direitos trazidos à questão seriam criados dentro do território").

Aqui encontramos um problema de tradução: *rights* pode ser Direito, mas não se confunde com *Law*, que também pode ser Direito.
O próprio Beale apontou várias definições para a palavra *Rights*, sendo a mais marcante a que a define como o poder jurídico de fazer algo (*legal power*).

Isto significa que qualquer acontecimento fora da esfera territorial de um Estado é, para o Direito nacional daquele Estado, uma mera questão de fato, incluindo-se, eventualmente, a incidência de direito estrangeiro na questão[876].

Verificamos assim a forte influência da doutrina de Albert V. Dicey no pensamento de Joseph H. Beale, pois ambos concordam que o juiz nacional não aplica direito estrangeiro (*foreign law*), mas procura decidir sobre prerrogativas legais existentes na questão criadas fora de sua jurisdição (*foreign rights*).

Nesse ponto, a doutrina dos *Vested Rights* demonstra ser um aperfeiçoamento, quiçá uma ramificação, da concepção da territorialidade do Direito (territorialidade da jurisdição *lato senso*), invariavelmente atrelando a aplicação do Direito Estrangeiro à soberania do Estado.

---

875 BEALE, Joseph H. Selections from **A treatise on the conflict of laws.** v. 1: Jurisdiction. New York: Baker, Voorhis & Co, 1935, § 73. Disponível em: https://www.constitution.org/cmt/jhb/conflict_laws.htm.

876 BEALE, Joseph H. Selections from **A treatise on the conflict of laws.** v. 1: Jurisdiction. New York: Baker, Voorhis & Co, 1935, § 73. Disponível em: https://www.constitution.org/cmt/jhb/conflict_laws.htm.

Simplificando, a aplicação do Direito Estrangeiro somente aconteceria quando determinado fato estivesse revestido, juridicamente, pela soberania do outro Estado. *Vested Rights* consiste em uma forma elaborada de reciprocidade entre Estados quanto à questão envolvendo múltiplos direitos.

Não sem razão, essa doutrina é sujeita a pesadas críticas, das quais destacamos duas: (a) a doutrina não explica quando ocorre o revestimento e nem quais aspectos da questão em foco foram revestidas – *"it is impossible to say that one must give effect to vested rights until one knows which rights has been vested – and it is impossible to know this until one has applied the rules of choice of law"*[877]; e (b) a doutrina não consegue explicar as inconsistências decorrentes do conflito de qualificações que podem ocorrer entre o direito nacional e o direito estrangeiro[878].

> Nevertheless, it has been shown that the vested rights theory does not succeed even in providing an acceptable juristic analysis, and so falls short of the minimum requirements of any serviceable theory. Based as it is on such faulty premises, it cannot be relied on as sound foundation for private international law, and only provides another vulnerable target for the jurist's bludgeon[879].
>
> ***
>
> No entanto, foi demonstrado que a teoria dos direitos adquiridos não é capaz nem de providenciar uma análise jurídica aceitável e, assim, fica aquém dos requisitos mínimos para ser uma teoria útil. Fundamentada como é em tais premissas falhas, não se pode considerá-la como uma fundação sólida para o Direito Internacional Privado, e somente servindo de outra vulnerabilidade alvo das cacetadas dos juristas.

Mesmo com essas críticas, a doutrina dos *Vested Rights* entrou para a história da nossa disciplina, principalmente, por ter sido o arcabouço teórico que serviu de elaboração das regras de *Choice of Law* do *Restatement First on Conflict of Laws*, elaborado pelo *American Law Institute* em 1934, uma das

877 CARSWELL, R. D. The Doctrine of Vested Rights in Private International Law. In: **The international and comparative Law Quarterly,** v. 8, n. 2, p. 279, 1959. Disponível em: www.jstor.org/stable/755805. Acesso em: 17 abr. 2020.

878 CARSWELL, R. D. The Doctrine of Vested Rights in Private International Law. In: **The international and comparative Law Quarterly.** v. 8, n. 2, p. 279, 1959. Disponível em: www.jstor.org/stable/755805. Acesso em: 17 abr. 2020.

879 CARSWELL, R. D. The Doctrine of Vested Rights in Private International Law. In: **The international and comparative Law Quarterly.** v. 8, n. 2, p. 288, 1959. Disponível em: www.jstor.org/stable/755805. Acesso em: 17 abr. 2020.

primeiras compilações sobre o "estado da arte" do Direito Internacional Privado na jurisprudência estadunidense[880].

Diante dessa exposição, podemos afirmar que a doutrina dos *Vested Rights*, apesar dos *Vested Rights*, não trabalha com a noção de direitos adquiridos como elemento temporal do conflito de leis; aliás, não utiliza a noção de aquisição de direito como o significado comum da expressão expressa.

Ou seja, *Vested Rights* é um conceito jurídico extremamente indeterminado, o qual trabalha a aquisição de direitos como uma fundamentação capaz de justificar a existência do Direito Internacional Privado, derivado do declínio da noção de *Comity* no *common Law*.

Em suma, isto significa que a análise da doutrina dos *Vested Rights* se insere no tópico referente ao fundamento do Direito Internacional Privado, não na aquisição de direitos e seus efeitos na diversidade legislativa como objeto próprio do Direito Internacional Privado.

17.2.3 A teoria dos *Droit Acquis*

A última concepção de Direitos adquiridos a analisarmos é a teoria dos *Droit Acquis* (*"la theorie dês Droit Acquis"*), cujo principal expoente foi o jurista francês Antoine Pillet.

Diferentemente das duas concepções anteriores, a teoria dos *Droit Acquis* se demonstra de especial relevância para compreendermos os direitos adquiridos como um objeto próprio do Direito Internacional Privado, mais precisamente no aspecto de reconhecimento e proteção internacional destes na diversidade legislativa.

Nesse arcabouço teórico, os direitos adquiridos não são mais concebidos como princípio-fundamento do sistema colisional e do conflito de leis nem como um aspecto temporal do conflito de leis. São tratados de uma forma própria, peculiar e bem específica, a ponto de torná-los algo especial[881].

---

880 RICHMAN, William M.; RILEY, David. The First Restatement of Conflict of Laws on the Twenty-Fifth Anniversary of its Successor: Contemporary practice in Traditional Courts. In: **Maryland Law Review,** v. 56, Issue 4, p. 1197, 1997. Disponível em: http://digitalcommons.law.umaryland.edu/mlr/vol56/iss4/4. Acesso em: 17 abr. 2020.

881 ARMINIJON, Pierre. Notions des droit acquis en droit international privé. In: ACADEMIE DE DROIT INTERNATIONAL DE LA HAYE. **Recueil des Cours.** Paris: Libraire du Recueil Sirey, 1933, t. 44, p. 50.

O ponto central da teoria dos *Droit Acquis* é desvendar como um direito juridicamente adquirido (ou direito constituído juridicamente) em uma jurisdição nacional se desenvolve no plano da diversidade legislativa, ou melhor, o que acontece com um direito adquirido (direito constituído) em determinado Estado quando procura gerar efeitos fora da jurisdição nacional daquele estado, como este é protegido ou reconhecido pelos demais Estados.

Para compreender essa problemática, os direitos adquiridos foram separados em dois tópicos de análise: (a) a aquisição do direito em si e (b) a produção de efeitos (eficácia) dessa aquisição no plano da diversidade legislativa (extraterritorialidade)[882].

No tópico de análise referente à aquisição do direito em si (ou constituição de um direito) o jurista francês vai propor a existência de duas categorias de aquisição: a nacional (*"le droit à formation national"*) e a internacional (*"le droit dês formation du droit international"*) – sendo estas categorias baseadas na origem jurídica da aquisição do referido direito, o primeiro sendo de origem no direito nacional e o segundo de origem nas regras de Direito Internacional Privado[883].

Aqui é importante fazermos um aparte: quando Antoine Pillet se refere ao Direito Internacional Privado como origem da aquisição internacional, isso decorre da crença pelo jurista francês de que a nossa disciplina era uma "projeção do Direito das Gentes", sendo a tarefa do Direito Internacional Privado promover o "respeito internacional dos direitos adquiridos" e não do Direito Internacional Público (como a palavra internacional poderia dar a entender)[884].

Ao categorizar a aquisição, o jurista francês acaba por revelar uma problemática até então pouco explorada pela doutrina conflitualista: se a aquisição nacional é regulamentada pelo Direito nacional, qual Direito é que regulamenta a sua aquisição internacional? A questão não é qual o Direito incidente sobre o fato extranacional, mas qual o Direito que se aplica para que um Direito já constituído produza efeitos extraterritoriais.

Antoine Pillet chegou a duas conclusões possíveis para essa questão:

---

882 PILLET, Antoine. Théorie générale des droits acquis. In: ACADEMIE DE DROIT INTERNACIONAL DE LA HAYE. **Recueil des Cours.** Paris: Libraire Hachette, 1925, t. 8, VIII, p. 492.

883 PILLET, Antoine. Théorie générale des droits acquis. In: ACADEMIE DE DROIT INTERNACIONAL DE LA HAYE. **Recueil des Cours.** Paris: Libraire Hachette, 1925, t. 8, VIII, p. 496-497.

884 BOUCAULT, Carlos Eduardo de A. **Direitos adquiridos no direito internacional privado.** Porto Alegre: Sergio Antonio Fabris Editor, 1996, p. 42.

(i) a aquisição de um direito sob as leis de um determinado Estado irá produzir os mesmos efeitos em qualquer outro Estado, sem necessidade de procedimento algum (a aquisição é una); ou

(ii) a aquisição de um direito sob as leis de um determinado Estado **não** irá produzir os mesmos efeitos em qualquer outro Estado, havendo necessidade de um procedimento específico para a aquisição internacional (a aquisição é bipartida entre nacional e internacional)[885].

Dessas possíveis conclusões surge um novo dilema: realizada a aquisição, quais são as regras/normas que regem os efeitos/a eficácia de um direito adquirido?

A resposta para essas questões ainda permanece como um dos principais temas de debate na teoria dos direitos adquiridos e, ao longo do tempo, desenvolveu duas grandes correntes de pensamento: (1) a unitária e (2) da dupla aquisição.

A corrente de pensamento unitária defende que a aquisição de um direito é um fenômeno uno, portanto, uma vez adquirido o Direito (constituído regularmente o Direito), este produzirá efeitos tanto na esfera nacional quanto na esfera extranacional, sendo o direito aplicável tanto para sua aquisição, quanto para seu exercício o Direito nacional da origem da aquisição.

Para esse pensamento, não há necessidade de reconhecimento internacional desse direito devido ao fato de os Estados serem obrigados a respeitá-lo e protegê-lo. Porém, essa proteção estaria condicionada pelo princípio da ordem pública de cada país, não se admitindo a proteção de direito adquirido que viole esse princípio.

A corrente de pensamento da dupla aquisição, por sua vez, defende que a aquisição de um direito está separada em duas etapas (nacional e internacional), sendo que somente um direito adquirido nas duas etapas é que produzirá efeitos extraterritoriais, ou melhor, gozará de proteção e reconhecimento dos demais Estados.

Objeto confuso, controvertido, mas objeto da nossa disciplina!

---

[885] PILLET, Antoine. Théorie générale des droits acquis. In: ACADEMIE DE DROIT INTERNACIONAL DE LA HAYE. **Recueil des Cours.** Paris: Libraire Hachette, 1925, t. 8, III, p. 503.

Logo, nesse pensamento um direito constituído regularmente em uma jurisdição nacional, incialmente, somente produzirá efeitos dentro dos limites daquela jurisdição, e somente poderá produzir efeitos extraterritoriais, ou seja, somente poderá ser exercitado em outro país, se reconhecido por aquele país (aquisição internacional se torna um sinônimo de reconhecimento internacional).

Destarte, não é temerário afirmarmos que foi graças à teoria dos *Droit Acquis* que os direito adquiridos se tornaram um objeto próprio da nossa disciplina, cujo foco é compreender não a incidência de determinado direito a determinado fato, mas sim compreender a dinâmica jurídica do exercício de direitos constituídos em um país dentro da diversidade legislativa.

É dentro do contexto da teoria dos *Droit Acquis* que se interpreta os dispositivos mais célebres do Direito Internacional Privado brasileiro sobre a matéria direitos adquiridos, que são os arts. 1° a 3° do Código de Bustamante[886].

---

886 **Art. 1°** Os estrangeiros que pertençam a qualquer dos Estados contractantes gozam, no territorio dos demais, dos mesmos direitos civis que se concedam aos nacionaes.
Cada Estado contractante pode, por motivo de ordem publica, recusar ou sujeitar a condições especiaes o exercicio de determinados direitos civis aos naciones dos outros, e qualquer desses Estados pode, em casos identicos, recusar ou sujeitar a condições especiais o mesmo exercicio aos nacionaes do primeiro.
Art. 2° Os estrangeiros que pertençam a qualquer dos Estados contractantes gozarão tambem, no territorio dos demais de garantias individuaes identicas ás dos nacionaes, salvo as restricções que em cada um estabeleçam a Constituição e as leis.
As garantias individuaes identicas não se estendem ao desempenho de funcções publicas, ao direito de suffragio e a outros direitos politicos, salvo disposição especial da legislação interna.
Art. 3° Para o exercicio dos direitos civis e para o gozo das garantias individuaes identicas, as leis e regras vigentes em cada Estado contractante consideram-se divididas nas tres categoria seguintes:
I – As que se applicam á pessoas em virtude do seu domicilio ou da sua nacionalidade e as seguem, ainda que se mudem para outro paiz, – denominadas pessoas ou de ordem publica interna;
II – As que obrigam por igual a todos os que residem no territorio, sejam ou não nacionaes, – denominadas territoriaes, locaes ou de ordem publica internacional;
III – As que se applicam somente mediante a expressão, a interpretação ou a presumpção da vontade das partes ou de alguma dellas, – denominadas voluntarias, suppletorias ou de ordem privada.

17.2.4 Nossa opinião sobre os direitos adquiridos no Direito Internacional Privado

17.2.4.1 Direito adquirido como aquisição de um *status* jurídico

Apesar da complexa situação teórica dos direitos adquiridos em nossa disciplina, sua importância cresceu exponencialmente no dia a dia das relações de importação e exportação a partir da metade final do século XX.

Quando abordamos o tema dos direitos adquiridos em nossas aulas, a ênfase não está no processo de aquisição e a natureza jurídica dos direitos adquiridos, mas sim na constituição de um *status* jurídico por parte de um produto-mercadoria e seu significado no plano internacional (importação-exportação).

Ao nos concentrarmos nesse aspecto, podemos visualizar os méritos da teoria dos *Droit Acquis*, sem adentrar nas dificuldades teóricas que ela mesma apresenta, focalizando em questões pragmáticas e, em certos aspectos, de maior valia para os alunos da graduação.

Logo, se utilizarmos um produto voltado para as operações importação-exportação, teremos duas situações específicas: (a) a aquisição do *status* de determinado produto; e (b) o regime aduaneiro/tributário no qual será inserido.

Para poder denominar seu produto, todo produtor obrigatoriamente está sujeito às regras de produção, regras predominantemente do Direito do país onde está produzindo.

Porém, quando o produto é voltado para exportação ou é um produto importado, as regras para definição daquele produto são alteradas, pois não basta somente obedecer às regras do país de origem, mas também as regras do país de destino.

> É como se procurássemos o direito que vai determinar a natureza jurídica do produto.

Por consequência, uma vez "adquirido" o *status* de ser determinado produto, surge a questão de seus efeitos ou, de forma mais pragmática, a questão de qual o regime tributário-aduaneiro que se aplica àquele produto, àquela operação.

Nesse sentido, não estamos mais nos ocupando em definir qual direito incide sobre determinado fato extranacional (normalmente atrelado à ideia de haver uma lide sobre o mesmo), mas trabalhando com a questão de qual direito rege a aquisição do *status* jurídico do produto e quais os efeitos que essa aquisição gera em operações internacionais – dependendo do *status*, os custos burocráticos mudam.

17.2.4.2 Para compreender melhor: o caso Aquarius

Explicar pela via escrita não é uma das tarefas mais simples, portanto, para melhor compreensão da nossa concepção dos direitos adquiridos no Direito Internacional Privado, vamos recorrer ao caso das águas saborizadas (*sparkling water*) que começaram a ser inseridas no mercado brasileiro a partir de 2006.

Até então, não havia no Brasil uma definição jurídica para o conceito de águas saborizadas, devido ao fato de que o Decreto n. 2.314/1997 somente regulamentava as bebidas não alcoólicas (sucos, água de coco, néctar, refresco, refrigerante, soda, água tônica, xarope, preparado/concentrado líquido e chá, além de suas variantes dietéticas e de baixa caloria) e bebidas alcoólicas (fermentadas, destiladas, retificadas e demais substâncias).

Nesse contexto, a Coca-Cola procedeu com uma consulta à Secretária de Estado da Fazenda de Santa Catarina sobre a questão do ICMS envolvendo águas aromatizadas (especificamente o produto Aquarius), obtendo a seguinte resposta:

> EMENTA: ICMS. SUBSTITUIÇÃO TRIBUTÁRIA. ÁGUA AROMATIZADA CLASSIFICA-SE COMO REFRESCO E NÃO ESTÁ SUJEITA AO REGIME DE SUBSTITUIÇÃO TRIBUTÁRIA, SEGUNDO A LEGISLAÇÃO VIGENTE.
>
> CONSULTA Nº: 19/07
>
> PROCESSO Nº: GR01 9338/063
>
> (...)
>
> 3 – FUNDAMENTAÇÃO E RESPOSTA
>
> A dúvida da consulente é quanto à aplicação, ou não, do regime de substituição tributária para o novo produto a ser lançado, que é uma água aromatizada. O produto encontra-se classificado na posição 22.02.10.00 da TIPI – NCM/SH: "águas, incluídas as águas minerais e as águas gaseificadas, adicionadas de açúcar ou de outros edulcorantes ou aromatizadas".
>
> Observa-se que nesse código classificam-se as cervejas de malte com teor alcoólico não excedente de 0,5% em volume, os refrigerantes e refrescos. **Obviamente o produto não se classifica como cerveja. Resta verificar se pode ser classificado como refrigerante ou refresco.**
>
> A definição do que é refrigerante encontra-se no art. 45 do Decreto federal n. 2.314, de 4 de setembro de 1997, que regulamenta a Lei n. 8.918, de 14 de julho de 1994, que dispõe sobre a padronização, a classificação, o registro, a inspeção, a produção e a fiscalização de bebidas:
>
> (...)
>
> **Conforme a descrição fornecida da composição do produto, este pode ser classificado como refresco, pois é uma bebida não gaseificada e não fermentada, obtida pela dissolução em água, de concentrado de fruta (limão ou laranja), com a adição de adoçantes (edulcorante e sacarina sódica).**

> Os produtos sujeitos à substituição tributária encontram-se elencados no art. 11 do Anexo 3 do RICMS/SC. No inciso I deste artigo consta: "I – cerveja, inclusive chope, refrigerante, inclusive bebida hidroeletrolítica e energética, e gelo (Protocolo 28/03)".
>
> Constata-se que refresco não é produto submetido ao regime de substituição tributária, segundo a legislação vigente, o que permite concluir que "água aromatizada", espécie de refresco, não se sujeita a este regime de tributação.
>
> Este é o parecer que submeto à elevada apreciação desta Comissão[887]. (Grifamos.)

No mesmo ano, a Secretaria do Estado e da Fazenda de Pernambuco classificava o mesmo produto como sendo um refrigerante, por meio da IN-SRE n. 16 de 30 de agosto de 2007[888].

Evidentemente tínhamos um problema de aquisição de Direito por parte do produto Aquarius, havendo entendimento de ser refresco ou de ser refrigerante.

Se considerada como refresco, a Aquarius seria produto alimentício, seu Código Especificador de Substituição Tributária (CEST)[889] seria 17.110.00 e possuiria Nomenclatura Comum do MERCOSUL (NCM) 2202.10.00; se considerada como refrigerante, a Aquarius seria bebida, seu CEST seria 03.010.00/03.011.00 e a NCM seria 2202. Cada qual com um procedimento aduaneiro e regime tributário específico correspondente à codificação.

Atualmente, a natureza jurídica da Aquarius é de refrigerante, conforme o Decreto n. 6.871/2009 e a Instrução Normativa MAPA n. 19 de 19 de junho de 2013, sendo todas as operações aduaneiras, bem como o seu regime tributário aplicável, baseados nessa natureza jurídica.

---

887 SECRETARIA DO ESTADO E DA FAZENDO DO ESTADO DE SANTA CATARINA. **Consulta 19/07.** Diário Oficial do Estado de Santa Catarina em 11.07.2007. Disponível em: http://legislacao.sef.sc.gov.br/html/consultas/2007/con_07_019.htm. Acesso em: 21 abr. 2020.

888 A instrução normativa pode ser acessada em: https://www.sefaz.pe.gov.br/legislacao/tributaria/documents/legislacao/Instrucoes_Normativas/2007/INSRE016_2007.htm. Acesso em: 21 abr. 2020.

889 Para essa análise estamos utilizando como referência os códigos estabelecidos pelo Convênio ICMS 142/18, de 14 de dezembro de 2018, do Conselho Nacional de Política Fazendária (CONFAZ).

Capítulo 18

ASPECTOS PROCESSUAIS DO DIREITO INTERNACIONAL PRIVADO

18.1 COOPERAÇÃO JURÍDICA INTERNACIONAL E O AUXÍLIO DIRETO

Um dos ensinamentos sobre o qual procuro conscientizar meus alunos é o de que não é possível estudar, analisar e compreender o Direito Internacional Privado contemporâneo sem dominar os conceitos elementares do direito processual, em especial o campo do processo internacional.

Denomino de processo internacional a intersecção das normas processuais com a doutrina da solução do conflito de leis (o Direito Internacional Privado), sendo nesta intersecção que se manifestam os institutos da cooperação jurídica internacional, da prova estrangeira, da informação de direito estrangeiro e da homologação de decisão estrangeira.

O ponto de partida para compreender o processo internacional é compreender seu pilar principal: a cooperação jurídica internacional (CJI).

Na doutrina, a definição mais comum para a CJI é a de que ela compreende "o intercâmbio interjurisdicional com vistas a proporcionar o cumprimento extraterritorial de providências processuais ou administrativas, emanadas do Poder Judiciário de um Estado", sendo uma "verdadeira resposta" para a realidade globalizada, interconectada das sociedades contemporâneas[890].

A partir dessa definição podemos constatar que a CJI tem como foco melhorar a prestação jurisdicional do Estado, não sendo instrumento de

---

890 SOUZA, Nevitton V. Sistemas de reconhecimento de sentença estrangeira no Brasil. **Revista Eletrônica de Direito Processual – REDP,** Rio de Janeiro (RJ), a. 12, v. 19, n. 3, p. 566, set./dez. 2018. Disponível em: https://www.e-publicacoes.uerj.br/index.php/redp/article/view/36656/27460.

política de cooperação dos Estados, mas instrumento de promoção das garantias fundamentais associadas à função judiciária[891].

Destarte, não se confunde a CJI com os conceitos de cooperação existentes nas Teorias das Relações Internacionais, porque a CJI tem como foco o indivíduo, "que é o destinatário da prestação jurisdicional e sujeito das garantias fundamentais do processo"[892].

Já a cooperação internacional existente nas teorias das Relações Internacionais envolve atores internacionais, principalmente Estados, e suas estratégias nos diferentes sistemas internacionais existentes.

Por muito tempo, a CJI foi considerada como uma cortesia entre os Estados, não se tratando de uma obrigação jurídica propriamente dita, mas sim de uma conveniência política, na qual os atos solicitados na cooperação estavam inteiramente subordinados a interpretação pela lei nacional (*lex fori* da execução do ato) e o princípio da ordem pública internacional "vigiava" cada etapa de modo a, praticamente, nacionalizar o pedido de cooperação – é o modelo soberanista[893].

Com o desenvolvimento das relações entre os Estados, a mudança nas dinâmicas sociais em nível transnacional e a expansão das normas internacionais como instrumentos de imperatividade sobre a "vontade" dos Estados, a CJI começou a ser considerada um compromisso jurídico, uma obrigação jurídica dos Estados diante da necessidade de diálogo entre suas jurisdições para a solução de questões transnacionais, recaindo sobre o manto do princípio da reciprocidade.

Sob a égide do binômio necessidade-reciprocidade vai surgir o modelo intergovernamental da CJI, modelo baseado na uniformidade de tratamento dos pedidos de cooperação por meio da celebração de tratados

---

891 HILL, Flávia P.; PINHO, Humberto Dalla B. A nova fronteira do acesso à justiça: a jurisdição transnacional e os instrumentos de cooperação internacional no CPC/2015. **Revista Eletrônica de Direito Processual – REDP,** Rio de Janeiro (RJ), a. 1, v. 18, n. 2, p. 284, maio/ago. 2017. Disponível em: https://www.e-publicacoes.uerj.br/index.php/redp/article/view/30026/21000.

892 HILL, Flávia P.; PINHO, Humberto Dalla B. A nova fronteira do acesso à justiça: a jurisdição transnacional e os instrumentos de cooperação internacional no CPC/2015. **Revista Eletrônica de Direito Processual – REDP,** Rio de Janeiro (RJ), a. 1, v. 18, n. 2, p. 284, maio/ago. 2017. Disponível em: https://www.e-publicacoes.uerj.br/index.php/redp/article/view/30026/21000.

893 RAMOS, André de C. **Curso de direito internacional privado.** São Paulo: Saraiva, 2018, p. 444.

específicos – tratados estes que se tornam o principal instrumento normativo da CIJ contemporânea e, por isso, é considerado também o modelo tradicional de CJI[894].

Recentemente, com o advento do fenômeno da integração regional e a consolidação de um novo campo no Direito Internacional denominado de Direito comunitário, vai surgir um novo modelo de CJI, o modelo de Integração.

O modelo de Integração é caracterizado pela quase unificação dos procedimentos de CJI pelas normativas comunitárias, consagrando um aprofundamento maior na confiança entre os Estados envolvidos e a ascensão do princípio do mútuo reconhecimento entre as jurisdições nacionais – "pelo qual um pedido realizado de acordo com o direito de um Estado (membro do Bloco) deve ser considerado adequado e, em geral, cumprido por outro Estado [membro do mesmo Bloco]"[895].

Diante desse modelo de CJI, no Brasil predomina o modelo intergovernamental/tradicional, como podemos verificar na sistemática jurídica estabelecida no art. 26 do CPC, o qual não só consagra a regra da CJI ser regida por tratado específico, como também, na ausência de tratado, sujeitar a CJI ao princípio da reciprocidade (art. 26, § 1º, do CPC).

Isso demonstra que o Mercosul ainda tem pouca influência em matéria de CJI, pois a doutrina é enfática ao afirmar que, mesmo em nível comunitário, a existência de tratado de cooperação é *conditio sine qua non* para sua realização e que os tratados existentes "pouco diferem, em conteúdo, dos tratados celebrados fora do bloco", devido ao fato de ainda existir desconfiança entre os membros do bloco, a qual impede a consolidação do princípio do reconhecimento mútuo entre suas jurisdições[896].

É comum encontrarmos na doutrina diferentes classificações e categorizações da CJI no Brasil como, por exemplo, a divisão em ativa-passiva, vertical-horizontal, básica-intermediária-avançada, entre muitas outras.

Pessoalmente, por mais interessante que possam se apresentar, essas classificações e categorizações não compõem o foco de nossos comentários

---

894 RAMOS, André de C. **Curso de direito internacional privado.** São Paulo: Saraiva, 2018, p. 444-445.

895 RAMOS, André de C. **Curso de direito internacional privado.** São Paulo: Saraiva, 2018, p. 445.

896 RAMOS, André de C. **Curso de direito internacional privado.** São Paulo: Saraiva, 2018, p. 445.

e, portanto, recomendamos a leitura de obras específicas em cooperação internacional para aqueles que desejam maior aprofundamento na temática.

O nosso maior interesse está em compreender a dinâmica da CJI implementada pelo novo Código de Processo Civil, código responsável pelo estabelecimento de regras gerais codificadas sobre a matéria, o qual não possuía regulamentação no CPC anterior – o CPC de 2015 superou o "laconismo" existente em matéria de cooperação jurídica internacional[897].

Apesar da inovação legislativa, o CPC de 2015 mais consolidou a prática vigente do que propriamente inovou em matéria da CJI, manteve a regra de que esta deve estar prevista em tratado e, em ausência de tratado, pelo princípio da reciprocidade – características do modelo intergovernamental tradicional.

Mas como já é uma característica da legislação brasileira, a regulamentação realizada pelo CPC não está isenta de curiosidades dignas de comentários, a começar pelo art. 26, que inaugura a regulamentação da matéria.

Podemos afirmar que o art. 26 do CPC é a âncora legislativa de todo o sistema de CJI no ordenamento jurídico brasileiro, pelo fato de não só estabelecer regras gerais de processamento dos pedidos mas também por estabelecer guias de orientação para a própria elaboração de tratados sobre a matéria, ao elencar cinco requisitos para a validade da CJI.

> Art. 26. A cooperação jurídica internacional será regida por tratado de que o Brasil faz parte e observará:
>
> I – o respeito às garantias do devido processo legal no Estado requerente;
>
> II – a igualdade de tratamento entre nacionais e estrangeiros, residentes ou não no Brasil, em relação ao acesso à justiça e à tramitação dos processos, assegurando-se assistência judiciária aos necessitados;
>
> III – a publicidade processual, exceto nas hipóteses de sigilo previstas na legislação brasileira ou na do Estado requerente;
>
> IV – a existência de autoridade central para recepção e transmissão dos pedidos de cooperação;
>
> V – a espontaneidade na transmissão de informações a autoridades estrangeiras.

Ocorre que esses requisitos elencados nos incisos do art. 26 do CPC possuem uma interpretação curiosa na doutrina processual brasileira, pois mesmos sendo apontados como requisitos para o cumprimento do pedido

---

[897] RAMOS, André de C. **Curso de direito internacional privado.** São Paulo: Saraiva, 2018, p. 454.

de CJI, uma eventual violação desses requisitos não configura fundamento para a recusa da cooperação solicitada:

> Cabe aos tratados internacionais disciplinar a cooperação internacional, não sendo atribuição do Judiciário analisar a conveniência da extensão oferecida a essa cooperação. Embora o art. 26, do CPC, preveja requisitos para essa cooperação, descabe ao Judiciário brasileiro recusar a cooperação prevista em tratado, sob alegação de violação a algum dos requisitos ali indicados[898].

Porém, isso não significa que o Judiciário não possa recusar o pedido de CJI, porque o mesmo art. 26, § 3º, do CPC estabelece que: "Na cooperação jurídica internacional não será admitida a prática de atos que contrariem ou que produzam resultados incompatíveis com as normas fundamentais que regem o Estado brasileiro".

Constatamos assim que se o tratado viola os requisitos de CJI não haverá escusa para o seu cumprimento, mas se o judiciário nacional considerar a medida solicitada como inconstitucional, ou melhor, como "violação a normas fundamentais do Estado brasileiro (arts. 1º a 17 da CF)"[899], poderá recusar o cumprimento da CJI.

O princípio da ordem pública internacional se manifesta como o único motivo de recusa por parte do Judiciário brasileiro de CJI oriunda de tratado ratificado no Brasil. A CJI baseada no princípio da reciprocidade está limitada não somente ao princípio da ordem pública internacional como também a conveniência e interesse do Estado brasileiro.

Quanto ao objeto da CJI, apesar de o art. 27 do CPC estabelecer um rol de atos e matérias suscetíveis de cooperação, sendo um rol exemplificativo pois é pacífico o entendimento de que qualquer ato ou matéria pode ser objeto de CJI desde que não ofenda o princípio da ordem pública internacional ou não esteja expressamente proibido pela legislação nacional – é a consagração do princípio da não tipicidade aos objetos passíveis de CJI[900].

Porém, os procedimentos de CJI podem variar conforme o objeto da cooperação, procedimentos que podem ser agrupados em dois canais de cooperação: (i) canal diplomático e (ii) canal de autoridade central.

---

898 MARINONI, Luiz G.; MITIDIERO, Daniel. **Comentários ao Código de Processo Civil:** artigos 1º ao 69. 2. ed. São Paulo: Thomson Reuters Brasil, 2018, p. 414.

899 MARINONI, Luiz G.; MITIDIERO, Daniel. **Comentários ao Código de Processo Civil:** artigos 1º ao 69. 2. ed. São Paulo: Thomson Reuters Brasil, 2018, p. 414.

900 RAMOS, André de C. **Curso de direito internacional privado.** São Paulo: Saraiva, 2018, p. 455-456.

O canal diplomático é o procedimento mais antigo de cooperação e comunicação entre Estados, sendo utilizado quando não existe designação de uma autoridade central para cuidar da CJI, isto é, não há tratado regendo a CJI e esta está ocorrendo sob regência do princípio da reciprocidade.

A autoridade responsável, em regra, para essa modalidade de CJI, é a Divisão de Cooperação Jurídica Internacional do Ministério da Relações Exteriores, e podemos esboçar uma visualização da seguinte forma:

Procedimento de CJI via canal diplomático (Brasil como requerido)

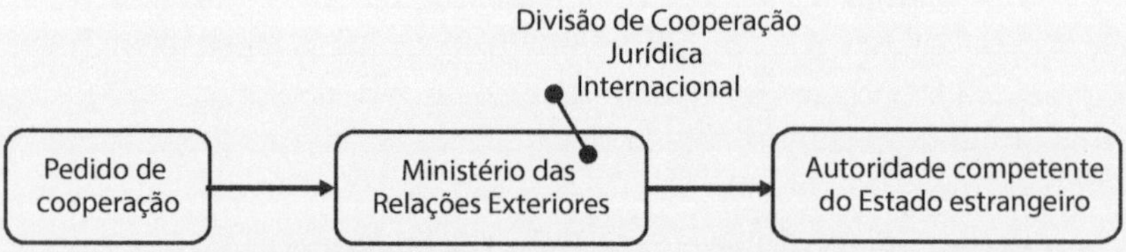

Procedimento de CJI via canal diplomático (Brasil como requerente)

Também é por via diplomática que existe o denominado canal consular direto, cuja finalidade é proceder com a legalização de documentos e atos notariais para utilização no país estrangeiro que exija fé pública para poderem ter eficácia.

Essa modalidade menor de cooperação vem sendo objeto de sucessivos tratados de eliminação/supressão de burocracias entre Estados, sendo a normativa mais famosa a Convenção sobre Eliminação da Exigência de Legalização de Documentos Públicos Estrangeiros (Convenção de Haia de 1961), ratificada pelo Brasil pelo Decreto n. 8.660/2016.

Por outro lado, o canal de autoridade central é o modelo adotado pelo art. 27, § 4º, do CPC como regra geral para CJI que se fundamentar em tratado e, quando ausente a designação de órgão específico, a competência recairá sobre o Ministério da Justiça, especificamente sobre o Departamento de Recuperação de Ativos e Cooperação Jurídica Internacional (DRCI), conforme estrutura regimental regulamentada pelo Decreto n. 9.662/2019.

O que não consta no CPC é que existem situações em que o Ministério da Justiça configurará como Autoridade Central mesmo na inexistência de tratado designando-o para essa função. São elas:

(a) Configurar como Autoridade Central Administrativa Federal (ACAF) por via da Coordenação Geral de Adoção e Subtração Internacional de Crianças e Adolescentes, conforme Portaria n. 2.832 de 26 de dezembro de 2018, do Estatuto da Criança e do Adolescente (Lei n. 8.069/1990) e o art. 14, V, do Decreto n. 9.662/2019;

(b) Configurar como Autoridade Central em matéria de cooperação penal por meio da Coordenação Geral de Cooperação Jurídica Internacional em Matéria Penal e a Coordenação de Extradição e de Transferência de Pessoas Condenadas – art. 14, III, *a*, do Decreto n. 9.662/2019;

(c) Configurar como Autoridade Central em matéria de cooperação civil por meio da Coordenação de Cooperação Jurídica Internacional para Matérias Não Criminais – art. 14, III, *a*, do Decreto n. 9.662/2019;

(d) Configurar como Autoridade Central por meio da Coordenação Geral de Recuperação de Ativos em ações de indisponibilidade de bens, direitos e/ou valores decorrentes de Resolução do Conselho de Segurança das Nações Unidas – art. 14, V, do Decreto n. 9.662/2019 e Lei n. 13.170/2015; e na recuperação de ativos no exterior – art. 14, III, *b*, do Decreto n. 9.662/2019.

As hipóteses do art. 14, III, *a* e *b*, do Decreto n. 9.662/2019 são realizadas por delegação do Ministro da Justiça e em razão da inexistência de tratado específico.

Não sem razão, é no próprio sítio do Ministério da Justiça que encontramos a melhor definição de Autoridade Central:

> A Autoridade Central é um conceito consagrado no Direito Internacional e visa a determinar um ponto unificado de contato para a tramitação dos pedidos de cooperação jurídica internacional, com vistas à efetividade e à celeridade desses pedidos. A principal função da Autoridade Central é buscar maior celeridade e efetividade aos pedidos de cooperação jurídica internacional penal ou civis. Para isso, recebe, analisa, adequa, transmite e acompanha o cumprimento dos pedidos junto às autoridades estrangeiras. Essa análise leva em conta a legislação nacional e os tratados vigentes, bem como normativos, práticas e costumes nacionais e internacionais[901].

Importante salientar, que apesar da estrutura existente no Ministério da Justiça envolvendo CJI, a autoridade central pode ser qualquer órgão oficial

---

901 Definição disponível em: https://www.justica.gov.br/sua-protecao/cooperacao-internacional/autoridade-central-1.

brasileiro, independentemente do Ministério da Justiça ou Ministério da Relações Exteriores, bastando existir a designação em tratado ratificado pelo Brasil.

Nesse contexto, podemos esboçar uma visualização do procedimento da seguinte forma:

Procedimento ordinário de CJI via Autoridade Central (Brasil como requerente)

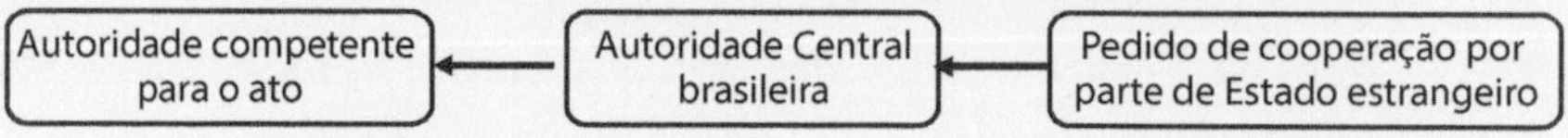

Procedimento de CJI via Autoridade Central (Brasil como requerido)

É na CJI via autoridade central que vai se manifestar o instituto do auxílio direto ou, mais precisamente, a "técnica de cooperação internacional" que dispensa delibação judicial para seu cumprimento no território nacional conhecida como auxílio direto[902].

O auxílio direto é uma inovação do Direito Internacional que visa simplificar, desburocratizar e acelerar os procedimentos de cooperação jurídica internacional entre os Estados, procurando fomentar maior confiança entre as autoridades envolvidas na cooperação.

Na doutrina, a principal classificação envolvendo auxílio direto é a que o separa em ativo e passivo. O auxílio direto é considerado ativo quando a autoridade requerente do pedido de CJI é brasileira, enquanto o auxílio direto é considerado passivo quando é autoridade estrangeira a requerente do pedido de CJI sendo o Estado requerido o Brasil[903].

Ambas as modalidades de auxílio direto foram consolidadas legislativamente no CPC/2015, o qual não só estabeleceu regras gerais (arts. 28 a 34), como também manteve a preferência de normas internacionais específicas de auxílio direto quando incorporadas no ordenamento jurídico brasileiro (ex.: A Convenção sobre a Prestação de Alimentos no Estrangeiro – Nova Iorque 1956, ratificada pelo Decreto n. 56.826/1965).

O CPC/2015 efetivamente elevou o auxílio direto ao *status* de instituto jurídico a ser compreendido por toda a academia, enquanto anteriormente era uma curiosidade de certos tratados estudados por internacionalistas de plantão.

---

902 MARINONI, Luiz G.; MITIDIERO, Daniel. **Comentários ao Código de Processo Civil:** artigos 1° ao 69. 2. ed. São Paulo: Thomson Reuters Brasil, 2018, p. 415.

903 MARINONI, Luiz G.; MITIDIERO, Daniel. **Comentários ao Código de Processo Civil:** artigos 1° ao 69. 2. ed. São Paulo: Thomson Reuters Brasil, 2018, p. 415.

Temos, assim, dois arcabouços normativos para auxílio direto: o regido pelo CPC e o regido por tratado específico.

Essa dualidade de arcabouço normativo se demonstra quando o CPC estabelece três hipóteses nas quais cabem auxílio direto sem a necessidade de tratado ratificado pelo Brasil:

> **Art. 30.** Além dos casos previstos em tratados de que o Brasil faz parte, o auxílio direto terá os seguintes objetos:
>
> I – obtenção e prestação de informações sobre o ordenamento jurídico e sobre processos administrativos ou jurisdicionais findos ou em curso;
>
> II – colheita de provas, salvo se a medida for adotada em processo, em curso no estrangeiro, de competência exclusiva de autoridade judiciária brasileira;
>
> III – qualquer outra medida judicial ou extrajudicial não proibida pela lei brasileira.

A partir desse dispositivo, constatamos que qualquer medida que não necessita pelas leis brasileira de delibação judicial pode ser objeto de auxílio direto, não importando sua natureza judicial ou administrativa, desde que exista uma autoridade central brasileira na medida pleiteada pela autoridade estrangeira.

Aqui surge uma particularidade da legislação processual, pois se analisarmos o art. 30 em consonância do art. 29 CPC, chegamos à conclusão de que o auxílio direto está mais vinculado à existência de uma Autoridade Central do que propriamente à existência de um tratado – existem autoridades centrais criadas por lei brasileira em decorrência de tratados, não pelo tratado em si.

Não é temerário afirmar que os tratados têm finalidade maior de conferirem mais celeridade à cooperação de atos com conteúdo jurisdicional do que propriamente serem vetores de permissão para utilização de auxílio direto para eles.

Nesse sentido, não é surpresa que o art. 31 do CPC preveja a comunicação direta entre as autoridades centrais dos países envolvidos na CJI, dispensando as vias diplomáticas tradicionais e criando uma finalidade secundária para o auxílio direto: aprofundar o diálogo, a confiança entre os países em cooperação. Também é a própria Autoridade Central responsável pela prática dos atos solicitados em auxílio direto quando não possuem conteúdo de prestação judicial[904].

A maior complicação em matéria de auxílio direto é quando o ato a

---

904 **Art. 32.** No caso de auxílio direto para a prática de atos que, segundo a lei brasileira, não necessitem de prestação jurisdicional, a autoridade central adotará as providências necessárias para seu cumprimento.

ser praticado tem natureza de prestação jurisdicional ("auxílio direto com conteúdo jurisdicional"[905]), havendo a necessidade de intervenção de órgãos com atuação jurídica, conforme estabelece:

> **Art. 33.** Recebido o pedido de auxílio direto passivo, a autoridade central o encaminhará à Advocacia-Geral da União, que requererá em juízo a medida solicitada.
>
> Parágrafo único. O Ministério Público requererá em juízo a medida solicitada quando for autoridade central.

A doutrina costuma interpretar que todo e qualquer auxílio direto terá a participação dos órgãos elencados nesse artigo, como constatamos:

> A regra vale tanto para pedidos de auxílio que tenham conteúdo jurisdicional – quando o pedido será formulado perante a autoridade judiciária federal brasileira (art. 34, do CPC) – como para casos que não demandem a intervenção jurisdicional (art. 32, do CPC)[906].

Não concordamos com essa doutrina devido à constatação de que se não existe a necessidade de delibação judicial (por exemplo, em matéria administrativa) qual o motivo de acionar órgãos de atuação jurisdicional?

Pessoalmente, acreditamos que aqui houve uma falha do legislador processualista ao ignorar a distinção que o auxílio direto assume quanto à natureza do pedido: auxílio direto por via judicial e auxílio direto por via administrativa.

O auxílio direto passivo via judicial se caracteriza pela necessidade de autorização judicial para a prática pleiteada (ex.: fornecimento de dados bancários demandam quebra de sigilo autorizado pela autoridade judiciária brasileira), nesses casos há necessidade de atuação de órgão de atuação jurisdicional (em matéria civil a AGU, em matéria penal a PGR-MPF).

A atuação da AGU e do PGR-MPF existe não só por força do art. 33 do CPC, mas também do art. 34 do CPC, o qual estabelece a competência do juízo federal do lugar da prática da medida de cooperação[907].

---

905 MARINONI, Luiz G.; MITIDIERO, Daniel. **Comentários ao Código de Processo Civil:** arts. 1º ao 69. 2. ed. São Paulo: Thomson Reuters Brasil, 2018, p. 417.

906 MARINONI, Luiz G.; MITIDIERO, Daniel. **Comentários ao Código de Processo Civil:** arts. 1º ao 69. 2. ed. São Paulo: Thomson Reuters Brasil, 2018, p. 417.

907 **Art. 34.** Compete ao juízo federal do lugar em que deva ser executada a medida apreciar pedido de auxílio direto passivo que demande prestação de atividade jurisdicional.

Já o auxílio direto passivo via administrativa se caracteriza pela ausência de "reserva jurisdicional" no pedido de cooperação (ex.: informação sobre a entrada e saída de determinada pessoa no território brasileiro), não há necessidade de acionamento de órgão de atuação jurisdicional – inaplicável o art. 33 do CPC.

Nesses casos, a autoridade responsável dependerá do fato de a autoridade central ser competente para o ato administrativo ou se a competência é outro órgão, conforme explica:

> Se o pedido tratar de cooperação de natureza administrativa, ou seja, de caso em que a lei não aponte nenhuma reserva jurisdicional, podem ocorrer duas situações:
> 1. Havendo um órgão administrativo competente diverso da Autoridade Central para o atendimento do pedido de auxílio, o pedido lhe é enviado pela Autoridade Central, para cumprimento; e
> 2. Não havendo um órgão administrativo competente diverso da Autoridade Central para o atendimento do pedido, esse é cumprido pela própria Autoridade Central.
> Em qualquer dessas hipóteses, assim que executado o pedido de cooperação, a Autoridade Central brasileira envia sua resposta à Autoridade Central do Estado requerente[908].

Em ambos os casos, haverá isenção nas custas administrativas e judiciais ordinárias desde que exista previsão para tal no tratado fundamento do auxílio direto ou reciprocidade de tratamento com os pedidos de cooperação brasileiro para com aquele país[909].

Encerramos nossa breve análise rememorando que, apesar de bem-vinda a inserção da CJI e auxílio direto no CPC, essa inserção é precária e, de certo modo, superficial, havendo urgente necessidade de o jurista recorrer às regras específicas (tratados ou portarias normativas) para melhor compreensão de suas dinâmicas, as quais, em sua maioria, são aferidas caso a caso.

---

908 MINISTÉRIO DA JUSTIÇA. **Cartilha de cooperação jurídica internacional em matéria civil.** Brasília: Secretaria Nacional de Justiça, 2014, p. 20. Disponível em: https://www.justica.gov.br/sua-protecao/lavagem-de-dinheiro/institucional-2/publicacoes/arquivos/cartilha-civil-09-10-14-2.pdf.

909 MINISTÉRIO DA JUSTIÇA. **Cartilha de cooperação jurídica internacional em matéria civil.** Brasília: Secretaria Nacional de Justiça, 2014, p. 20. Disponível em: https://www.justica.gov.br/sua-protecao/lavagem-de-dinheiro/institucional-2/publicacoes/arquivos/cartilha-civil-09-10-14-2.pdf.

Aqui temos de pedir desculpas ao nosso leitor por não nos aprofundarmos mais nos temas cooperação jurídica internacional e auxílio direto, em especial em matéria penal. A legislação processual civil apresentou um grande avanço ao consolidar as regras sobre CJI, porém o fez de forma parcial, limitando-se a estabelecer regras gerais para questões civis – e, mesmo assim, de forma bem precária, ignorando a estrutura de cooperação já existente, em especial no Ministério da Justiça e no Ministério das Relações Exteriores.

Para piorar, a inexistência no Código de Processo Penal de regras específicas para matéria penal faz que o assunto se torne ainda mais complexo sob o aspecto das codificações.

Para os leitores que desejam maiores informações sobre a CJI, tanto em matéria penal como em matéria civil, sugerimos a leitura das cartilhas lançadas de tempo em tempo pelo Ministério da Justiça, disponíveis atualmente online em: https://www.justica.gov.br/sua-protecao/lavagem-de-dinheiro/institucional-2/publicacoes/arquivos/manual-penal-online-final.pdf e https://www.justica.gov.br/sua-protecao/lavagem-de-dinheiro/institucional-2/publicacoes/arquivos/cartilha-civil-09-10-14-2.pdf.

18.2 A PROVA (PROCESSUAL) ESTRANGEIRA

18.2.1 Duas lições processuais sobre a prova

Uma das principais matérias objetos de CJI são as provas processuais a serem realizadas fora dos limites da jurisdição nacional, necessitando de diálogo com outra jurisdição para a sua produção/obtenção: são as famosas provas processuais estrangeiras ou, simplesmente, provas estrangeiras.

As provas estrangeiras são uma temática do processo internacional e, infelizmente, muitas vezes são confundidas com um instituto de Direito Internacional Privado conhecido como a informação (prova) do Direito estrangeiro.

Tecnicamente, a prova processual é um instituto processual dos mais complexos por abordar o instrumento que as partes envolvidas na lide utilizam para comprovar a veracidade dos fatos alegados em juízo, como bem ensinou Chiovenda: "provar significa formar a convicção do juiz sobre a existência ou não de fatos relevantes no processo"[910].

A prova processual consiste em um meio de convencimento de que a narrativa apresentada é verdadeira, servindo como parâmetro de veracidade processual, sendo seu conceito jurídico clássico ser instrumento para

---

910 CHIOVENDA, Giuseppe. **Instituições de direito processual civil.** Trad. Paolo Capitanio. 3. ed. Campinas: Bookseller, 2002, p. 109, v. III.

"demonstração da verdade legal de um fato", e seu "sentido jurídico a demonstração da verdade formal ou jurídica" das alegações apresentadas[911].

A partir deste arcabouço teórico, a doutrina contemporânea estabeleceu dois significados para a prova, ou dois sentidos:

> Há, por isso, dois sentidos em que se pode conceituar a prova no processo: um *objetivo*, isto é, como instrumento ou meio hábil, para demonstrar a existência de um fato (os documentos, as testemunhas, a perícia etc.); e outro *subjetivo*, que é a certeza (estado psíquico) originada quanto ao fato, em virtude da produção do instrumento probatório. Aparece a prova, assim, como convicção formada no espírito do julgador em torno do fato demonstrado[912].

Com esses dois sentidos, a doutrina procura evidenciar que a prova processual se apresenta como a manifestação jurídica mais próxima da busca pela verdade na prestação jurisdicional, a investigação da "verdade dos fatos ocorridos, sobre os quais se aporá a regra jurídica abstrata, que deverá reger a certa situação"[913].

Destarte, fazem parte do estudo da prova processual os conceitos de verdade (formal/material), o ônus (e sua inversão), os meios de prova (documental, pericial, testemunhal, espiritual etc.), a produção e admissibilidade, as provas ilícitas etc. Estudo que, normalmente, é construído a partir do paradigma da territorialidade da jurisdição e, infelizmente, largamente ignorando eventuais questões de extraterritorialidade, de diversidade legislativa.

Como não consiste em objeto de nossos comentários essas diferentes temáticas envolvendo a doutrina processual, vamos nos limitar a duas lições processuais importantes para compreender a prova processual estrangeira: (i) a matéria objeto de prova e (ii) os momentos da prova.

Quando analisamos a legislação e a doutrina processualista, constatamos que o objeto das provas processuais são os fatos, como define:

---

911 CARNELUTTI, Francesco. **A prova civil.** Trad. Lisa Pary Scarpa. Campinas: Bookseller, 2002, p. 72-73.

912 THEODORO JR., Humberto. **Curso de direito processual civil.** v. I: Teoria geral do direito processual civil, processo de conhecimento, procedimento ordinário. 60. ed. Rio de Janeiro: Forense, 2019, p. 891.

913 ARENHART, Sérgio; MARINONI, Luiz G. **Comentários ao Código de Processo Civil:** arts. 369 ao 380. 2. ed. São Paulo: Thomson Reuters Brasil, 2018, p. 24.

> O que se prova é o *fato*, e com *ex facto oritur ius*, dele se extraem as consequências jurídicas. Nasce o direito, para o seu titular, seja de um fato volitivo (declaração de vontade como pressuposto do negócio jurídico), seja de um acontecimento. Em qualquer caso há um *fato*, e é este que deve ser provado por quem invoca a existência do direito. Daí a procedência do brocardo *"da mihi factum, dabo tibi ius"*[914].

Apesar de o objeto da prova serem os fatos, nem todos os fatos demandam a produção da prova, não havendo necessidade de instrução probatória obrigatória sobre os fatos considerados notórios, confessos, incontroversos ou os dotados de presunção legal absoluta (*iuris et de iure*) conforme previsão do art. 374 do CPC.

Em rápida lembrança, os fatos notórios são aqueles fatos que são dotados da qualidade de serem conhecidos publicamente, havendo a notoriedade total quando integram a cultura do "homem médio" (ex.: eventos sociais, políticos, culturais etc.), e a notoriedade relativa, quando são parte da cultura de determinado grupo social (ex.: corpo docente de uma universidade)[915].

Os fatos confessos são aqueles que, já em juízo, a parte confessa a existência, isto é, a parte "admite como verdadeiro um fato ou um conjunto de fatos desfavoráveis a sua posição processual, mas favoráveis a pretensão do seu adversário" – estão, obrigatoriamente, atrelados à confissão da parte em juízo[916].

Os fatos incontroversos podemos definir como uma situação processual que ocorre quando o réu não se manifesta, não impugna, não contesta determinados fatos narrados pelo autor em sua petição inicial, gerando a situação desses fatos serem considerados *a priori* como verdadeiros por ausência de contestação.

É uma temática complexa na doutrina processualista, pois considerando a estrutura da justiça gratuita no Brasil, pode ocorrer a ausência de contestação do réu por deficiência de sua representação processual, portanto, os fatos incontroversos podem ser objeto de prova se o juiz entender necessário.

---

914 PEREIRA, Caio Mario. **Instituições de direito civil:** direitos reais. 27. ed. Rio de Janeiro: Forense, 2019, p. 495.

915 ARENHART, Sérgio; MARINONI, Luiz G. **Comentários ao Código de Processo Civil:** arts. 369 ao 380. 2. ed. São Paulo: Thomson Reuters Brasil, 2018, p. 291.

916 ARENHART, Sérgio; MARINONI, Luiz G. **Comentários ao Código de Processo Civil:** arts. 369 ao 380. 2. ed. São Paulo: Thomson Reuters Brasil, 2018, p. 293.

Por sua vez, os fatos dotados de presunção legal absoluta (*iuris et de ius*) são aqueles que independem de prova por força de determinação legal, isto é, são fatos que por lei não admitem a abertura de instrução probatória para aferir sua existência e veracidade – a prova se demonstra inútil nesses casos[917].

Além dessas modalidades de fatos, também não são objeto de prova processual matérias de direito, justamente pelo dogma jurídico de que o juiz conhece o direito ("*da mihi factum, dabo tibi ius*" – "Dá-me o fato, eu te darei o direito").

A outra lição processual que precisamos relembrar são os momentos da prova, ou seja, as etapas que compõe a instrução probatória, mais precisamente: o ônus da prova, a admissibilidade da prova, a produção probatória e a valoração da prova.

O ônus da prova é, comumente, definido como "o encargo da parte para demonstrar o suporte fático que alicerça a sua pretensão jurídica"[918] e está previsto no art. 373 do CPC. Basicamente, cabe a quem cabe produzir a prova demonstrar a veracidade das alegações feitas.

A admissibilidade da prova se refere ao pedido de realização da prova ou, em jargão processual, do deferimento do requerimento para a produção probatória solicitada por uma das partes processuais.

A produção da probatória se define como sendo as diligências a serem realizadas para a obtenção da prova ou, em sentido técnico, para incorporação aos autos da prova[919] – é o que podemos definir como a "materialização" processual da prova.

E, finalizando nossa rápida lembrança, a valoração da prova é a "análise quanto ao valor jurídico desta, assim como, na análise quanto à ocorrência de violação a princípio ou a norma jurídica probatória"[920].

---

917 ARENHART, Sérgio; MARINONI, Luiz G. **Comentários ao Código de Processo Civil:** arts. 369 ao 380. 2. ed. São Paulo: Thomson Reuters Brasil, 2018, p. 300.

918 PIRES, Cristiane Pedroso. **Distribuição dinâmica do ônus da prova.** Dissertação (Mestrado em Direito Processual) – Faculdade de Direito da Universidade de São Paulo, São Paulo, 2014. p. 24. Disponível em: https://www.teses.usp.br/teses/disponiveis/2/2137/tde-11022015-145626/pt-br.php. Acesso em: 5 maio 2020.

919 THEODORO JR., Humberto. **Curso de direito processual civil.** v. I: Teoria geral do direito processual civil, processo de conhecimento, procedimento comum. 60. ed. Rio de Janeiro: Forense, 2019, p. 891.

920 HATAB, Layla Gonçalves; ZAGANELLI, Margareth Vetis. Recursos excepcionais e valoração de provas. **Revista Eletrônica de Direito processual – REDP,**

Relembradas as noções elementares do instituto da prova processual, podemos analisar a prova processual estrangeira, a qual não se confunde com a informação do Direito Estrangeiro (*vide* tópico 17.5).

18.2.2 A prova processual estrangeira: o art. 13 da LINDB

Quando abordamos a prova estrangeira, estamos analisando o fenômeno que ocorre quando a prova processual versa sobre um fato ocorrido no estrangeiro, demandando um diálogo entre jurisdições nacionais para sua realização.

Esboçando um conceito técnico, a prova estrangeira surge quando existe a necessidade de atestar a existência e veracidade de um fato ocorrido no estrangeiro que embasa a alegação de uma das partes integrantes do processo.

Ocorre uma fragmentação ao regime jurídico aplicável à prova entre a territorialidade inerente da jurisdição (*lex fori*) e o local da realização dos atos, das diligências necessárias para sua produção/obtenção (*lex diligentiae*).

Não sem razão, a doutrina conflitualista brasileira tende a definir que são dois os critérios principais para o direito aplicável à prova processual estrangeira, sendo: "(i) a lei do Estado no qual o processo original se desenvolve (*lex fori regit processum*) e (ii) a lei do Estado estrangeiro no qual a diligência será realizada (*lex diligentiae*)"[921].

A posição doutrinária que resume o direito aplicável a esses dois elementos de conexão reside na interpretação da regra geral normativa sobre o assunto no art. 13 da LINDB, o qual dispõe:

> **Art. 13.** A prova dos fatos ocorridos em país estrangeiro rege-se pela lei que nele vigorar, quanto ao ônus e aos meios de produzir-se, não admitindo os tribunais brasileiros provas que a lei brasileira desconheça.

De modo simplista, poderíamos resumir o tratamento do Direito Internacional Privado brasileiro para as provas estrangeiras, conforme a análise doutrinária vigente, assim: (i) a lei do lugar (*lex diligentiae*) rege o ônus da prova e os meios de produção da prova e (ii) a lei do foro (*lex fori*) rege a valoração da prova, em especial a questão de aferir sua compatibilidade com o princípio da ordem pública internacional[922].

Rio de Janeiro (RJ), v. 7, n. 7, p. 392, maio/ago. 2011. Disponível em: https://www.e-publicacoes.uerj.br/index.php/redp/article/view/21131/15220.

921 RAMOS, André de C. **Curso de direito internacional privado.** São Paulo: Saraiva, 2018, p. 500.

922 RAMOS, André de C. **Curso de direito internacional privado.** São Paulo: Saraiva, 2018, p. 501-506.

Porém, a situação normativa brasileira demanda alguns cuidados quanto à simplificação didática que a doutrina costuma oferecer ao analisar o direito aplicável baseada no art. 13 da LINDB, especialmente diante do Código de Processo Civil e de antigas regras esquecidas como o Código de Bustamante (arts. 399 a 407).

A primeira problemática não abordada pelo dispositivo é a questão do objeto da prova, mais precisamente: qual o direito aplicável para regulamentar se determinado fato exige ou não prova? O rol do art. 374 do CPC enquadra fatos estrangeiros?

> O rol do art. 374 do CPC somente se aplicará a requerimento de provas em processos em trâmite no Brasil. Não se aplicará a pedidos de produção de prova oriundos de judiciários estrangeiros.

Considerando o princípio da territorialidade da jurisdição e a consolidação de que normas processuais não geram extraterritorialidade, a situação do fato exigir ou não prova sempre será regida pela *lex fori regit processum*, ou melhor, será regido pelo direito aplicável à admissibilidade da prova, a qual, normalmente, é aferida do recebimento do pedido da parte para a produção probatória e não do pedido de diligências a autoridade judiciária estrangeira.

Importante salientarmos que ao nos limitamos à questão do fato ensejar ou não procedimento probatório (ser notório, ser incontroverso etc.), não estamos analisando a questão da eficácia extraterritorial de presunções decorrentes de fatos, isto é, até que ponto uma presunção nascida de um fato gera extraterritorialidade.

Nesse caso, envolvendo presunções oriundas de um fato, essas presunções serão regidas pela lei do lugar do fato, conforme redação do art. 406 do Código de Bustamante – mas aqui não estamos mais adentrando em matéria de prova processual, mas de interpretação dos efeitos legais de determinado fato em outro país.

A segunda problemática referente ao art. 13 da LINDB é a questão do direito aplicável ao ônus da prova, o qual pelo art. 13 é a lei do país onde ocorreu o fato que se deseja provar, a *lex diligentiae*, enquanto o Código de Bustamante estabelece a ortodoxa aplicação do direito que rege o delito ou relação jurídica (*lex causæ?*) – conforme: "Art. 398. A lei que rege o delicto ou a relação de direito, objecto de acção civel ou commercial, determina a quem incumbe a prova".

Ambos os critérios, na nossa opinião, são equivocados e expõem uma clara deficiência do legislador de 1942 quanto à prova processual como um todo, confundindo o procedimento probatório com a produção da prova – um é um procedimento, outro é uma etapa do procedimento.

O ônus da prova se relaciona ao momento de proposição/admissibilidade da produção probatória ou, como vimos no tópico anterior, a quem cabe fornecer a prova dos fatos alegados em juízo. Considerando que a proposição e a admissibilidade são atos processuais, isto é, um requerimento da parte para uma decisão do juiz, podemos deduzir que o ônus da prova se associa mais a uma modalidade de capacidade processual do que à questão da existência ou veracidade do fato sob o qual se solicita a produção de prova.

Destarte, somos da opinião de que o ônus da prova, como toda a etapa de admissibilidade da prova, sempre será regido pelo direito do foro (*lex fori*), isto é, a lei do lugar onde ocorre a solicitação do procedimento probatório, não se confundindo com a diligência denominada de produção da prova.

Na esteira desse equívoco, surge a terceira problemática, ou melhor, uma necessidade de clarificação e atualização envolvendo o art. 13 da LINDB quando ele estabelece que os meios de prova serão regidos pela lei do país onde ocorreu o fato que se deseja provar (*lex diligentiae*).

Os meios de prova são, efetivamente, a etapa de produção da prova, isto significa que houve um deferimento da produção probatória e admitida a produção da prova solicitada sobre determinado fato.

Ocorre que a produção da prova estrangeira existe e, grosso modo, pode ser realizada de dois modos, a partir do advento do CPC/2015: (i) o sistema tradicional de carta rogatória; e (ii) sob tutela instrumento específico de cooperação jurídica internacional.

O art. 13 da LINDB foi elaborado com base no sistema tradicional de carta rogatória, isto significa que a produção da prova vai ser realizada via cumprimento de carta rogatória e, por consequência, as diligências necessárias para a produção da prova estão submetidas ao lugar do fato, mais precisamente, às leis processuais do lugar do fato (*lex diligentiae*).

É por isso que sinto saudade do art. 12 da Introdução de 1916, muito mais simples ao estabelecer que: "Art. 12. Os meios de prova regular-se-ão conforme a lei do lugar, onde se passou o ato, ou fato, que se tem de provar".
Pode ser incompleto, mas pelo menos era entendível.

Só que essa regulamentação esbarra no problema de identidade de meios de produção de provas entre as jurisdições envolvidas, ignora que a legislação processual possa ter divergência em matéria de provas.

Nesse caso, ao interpretar o art. 13 da LINDB temos de recorrer ao Código de Bustamante, o qual disciplina a questão da seguinte forma:

> **Art. 399.** Para decidir os meios de prova que se podem utilizar em cada caso, é competente a lei do lugar em que se realizar o acto ou facto que se trate de provas, exceptuando-se os não autorizados pela lei do lugar em que corra a acção.
>
> **Art. 400.** A forma por que se ha de produzir qualquer prova regula-se pela lei vigente no lugar em que fôr feita.

Isto significa que os meios de prova serão regidos pela lei do local das diligências (*lex diligentiæ*) porém de acordo com os meios de provas admitidos no direito do foro da ação (*lex fori*) – e, em todos os casos, as formalidades procedimentais regidas pelo lugar onde ocorrem (*lex loci*).

Agora, quando a produção da prova está ocorrendo sob a tutela da cooperação jurídica internacional, mais precisamente quando ocorre por instrumento específico, o direito aplicável à produção da prova será o estipulado no tratado/convenção internacional que disciplina a cooperação em matéria de produção de provas[923].

Esse disciplinamento de que a normativa internacional se sobrepõe à *lex diligentiæ* /*lex loci* está prevista no *caput* do art. 26 do CPC, o qual dispõe: "A cooperação jurídica internacional será regida por tratado de que o Brasil faz parte e observará" – logo, o art. 13 e demais regras de Direito Internacional Privado assumirão caráter subsidiário diante da existência de norma internacional específica ratificada pelo Brasil em matéria de provas processuais.

Ainda dentro do problema da produção de provas, surge a última problemática que é a velha disparidade que existe entre a legislação civil e a legislação processual brasileira, existente desde o advento do Código de Processo Civil de 1973 e mantida no CPC/2015: a consagração do princípio da atipicidade das provas.

---

923 Existe uma lista desses tratados disponível no sítio do Ministério da Justiça, da qual destacamos o Decreto n. 9.039, de 27 de abril de 2017 – Promulga a Convenção sobre a Obtenção de Provas no Estrangeiro em Matéria Civil ou Comercial, firmada em Haia, em 18 de março de 1970; e o Decreto n. 3.324, de 30 de dezembro de 1999 – Promulga o Acordo de Cooperação Judiciária em Matéria Penal entre o Governo da República Federativa do Brasil e o Governo da República Francesa, celebrado em Paris, em 28 de maio de 1996.

Até o CPC/1973, a legislação civil e processual civil brasileira (o CPC/1939) adotava o princípio da tipicidade das provas, não se admitindo meio de prova que não estivesse prevista na legislação – o princípio da tipicidade das provas – sendo o art. 13 da LINDB produto dessa época.

Porém, o CPC/2015 manteve a tradição do CPC/1973, consagrando o princípio da atipicidade das provas no art. 369 do CPC/2015, mantendo a modalidade de provas atípicas como válidas no ordenamento jurídico brasileiro, provas atípicas que são definidas como os meios de prova não previstos em legislação, porém moralmente legítimos para formar a convicção da existência e da veracidade de determinados fatos, sendo normalmente considerados provas atípicas as declarações de terceiros, as perícias extrajudiciais, determinados comportamentos das partes, a prova emprestada etc.[924].

Dessa disparidade entre a legislação civil e a legislação processual quanto à tipicidade das provas é que surge a questão da eficácia ou não da vedação do art. 13, *in fine*, da LINBD, dispositivo que não admite a prova estrangeira "desconhecida pela lei brasileira". Questionamos: permanece válida diante da aceitação processual das provas atípicas essa vedação? Ou melhor: pode uma prova atípica estrangeira ser empregada em processos em curso no judiciário brasileiro?

A boa doutrina tem o entendimento de que a vedação do art. 13, *in fine*, da LINDB não se aplica para provas atípicas estrangeiras moralmente legítimas em processos em curso no Brasil, somente não se aceitando prova atípica moralmente ilegítima, porém não oferecendo parâmetro para verificar tal ilegitimidade[925].

Pessoalmente, o nosso entendimento sobre a matéria é um pouco mais drástico, pois consideramos que a vedação do art. 13, *in fine*, da LINDB somente se aplica às provas ilícitas, abstraindo-nos do fator de legitimidade moral da prova atípica, até porque prova atípica não se confunde com meio moralmente legítimo de prova.

Nosso posicionamento tem fundamento na constatação de que a redação do art. 369 do CPC é inócua, ou "truncada", resultando em "falsa

---

924 LOPES, João B. Provas atípicas e efetividade do processo. **Revista Eletrônica de Direito processual – REDP,** Rio de Janeiro (RJ), v. 5, n. 5, p. 389-402, jan./jun. 2010. Disponível em: https://www.e-publicacoes.uerj.br/index.php/redp/article/view/23097/16450.

925 RAMOS, André de C. **Curso de direito internacional privado.** São Paulo: Saraiva, 2018, p. 505.

assimilação de 'meios típicos' por 'meios legais' ou ter dado o significado de 'meios típicos' à expressão de 'meios legais'"[926].

Quando existe referência aos meios moralmente legítimos, a doutrina processualista entende que são "meios não expressamente estabelecidos em lei, mas evidentemente legais, no sentido conformes às leis"[927], não podendo ser considerado moralmente legítimo algo que, expressamente, viole dispositivos da legislação em vigor.

Não existe prova estrangeira atípica "moralmente ilegítima". O que existe é uma modalidade específica de prova ilícita que surge da prova atípica que viola normativa brasileira.

Por consequência, podemos associar que a prova estrangeira atípica "moralmente ilegítima" não será admitida não por uma valoração moral, mas sim pela constatação de que ela viola normativa nacional e, portanto, em nossa opinião, se torna uma categoria de prova ilícita.

Para finalizarmos a questão da prova processual estrangeira, temos a questão do "eterno retorno a *lex fori*"[928] que surge das implicações do princípio da ordem pública internacional na questão da prova processual estrangeira – ou, de modo mais simples, o direito aplicável ao momento da valoração da prova estrangeira.

A produção da prova, apesar do impacto da expressão, pode encerrar o procedimento probatório com a materialização da prova processual, porém isso não significa que essa prova materializada está apta a ser incorporada aos autos dos processos e servir sua finalidade de influenciar na convicção do magistrado, antes disso existe a necessidade de valoração dessa prova produzida.

Como mencionamos no tópico anterior, a valoração é o último "momento da prova", talvez o mais importante da dinâmica processual da prova, e, para nós no Direito Internacional Privado, uma infeliz lembrança de que, no fim, tudo retorna à análise do direito do foro onde a ação está correndo (*lex fori*).

A valoração da prova estrangeira é regida pelo direito do foro (*lex fori*), não se admitindo prova estrangeira que se materializou em violação ao

---

926 ARENHART, Sérgio; MARINONI, Luiz G. **Comentários ao Código de Processo Civil:** arts. 369 ao 380. 2. ed. São Paulo: Thomson Reuters Brasil, 2018, p. 175.

927 ARENHART, Sérgio; MARINONI, Luiz G. **Comentários ao Código de Processo Civil:** arts. 369 ao 380. 2. ed. São Paulo: Thomson Reuters Brasil, 2018, p. 175.

928 RAMOS, André de C. **Curso de direito internacional privado.** São Paulo: Saraiva, 2018, p. 501.

princípio da ordem pública internacional brasileira (art. 17 da LINDB). Essa violação pode se manifestar por violação expressa de norma brasileira ou por violar um axioma, um valor consagrado pelo ordenamento jurídico brasileiro.

18.3 A HOMOLOGAÇÃO DE DECISÃO ESTRANGEIRA

18.3.1 O instituto jurídico da homologação de decisão estrangeira

A homologação de decisão estrangeira é, provavelmente, o instituto de Direito Internacional Privado mais famoso e conhecido na comunidade jurídica brasileira e, ao mesmo tempo, o que mais ganha relevância no dia a dia jurídico do país.

Essa afirmação fundamentamos na profunda relação que o instituto possui com o Direito processual, a ponto de podermos considerá-lo um instituto de Direito Internacional Privado, mas de natureza processual – "um conceito de natureza processual"[929]. É um instituto híbrido entre o Direito Internacional Privado e o Direito Processual.

Como instituto de Direito Internacional Privado, a homologação consiste em uma modalidade de aplicação indireta do Direito estrangeiro, seguindo os mesmos moldes dos direitos adquiridos (*vide* tópico 19.1.2), porém, por sua natureza instrumental, não herda toda a complexidade teórica que os envolve, sendo uma temática mais simples de analisar sob aspecto teórico.

Como conceito processual, a homologação é definida como um procedimento especial pelo qual a jurisdição nacional procede com a análise de ato decisório estrangeiro com a finalidade de verificar se aceita aquela decisão e como ela produzirá efeitos na jurisdição nacional.

Ou, como a doutrina define: "o processo de homologação de sentença estrangeira visa a aferir a possibilidade de decisões estrangeiras produzirem efeitos dentro da ordem jurídica nacional[930].

A partir desse conceito, podemos constatar que a homologação de decisão estrangeira é composta por duas etapas: o reconhecimento e a execução da decisão estrangeira.

O reconhecimento é a etapa na qual a jurisdição nacional procede com o conhecimento da decisão estrangeira e a sua compatibilidade com o

---

929 HUCK, Hermes M. **Sentença estrangeira e "Lex mercatoria":** horizontes do comércio internacional. São Paulo: Saraiva, 1994, p. 18.

930 MARINONI, Luiz Guilherme; MITIDIERO, Daniel. **Comentários ao Código de Processo Civil.** 2. ed. São Paulo: Thomson Reuters Brasil, 2018, p. 297.

ordenamento jurídico nacional em produzir efeitos nela. Simplificando, o reconhecimento é sinônimo de aceitação da decisão estrangeira[931].

Atenção, não podemos confundir o reconhecimento da decisão estrangeira com uma espécie de controle de validade da decisão estrangeira. O reconhecimento se limita a verificar a compatibilidade da decisão estrangeira com ordem interna, aceitando ou não a possibilidade de esta poder produzir efeitos.

O controle de validade significa a possibilidade de a jurisdição nacional considerar nula ou anular a decisão estrangeira, algo que é impossível por força do princípio da igualdade soberana entre os Estados.

A execução da decisão estrangeira se refere ao cumprimento da decisão estrangeira, conferindo efeitos a ela na ordem jurídica nacional, ou, possibilitando "a satisfação da pretensão nela contida"[932].

Ressaltamos que tanto o reconhecimento, quanto a execução são etapas autônomas, não necessariamente dependentes uma da outra. Isto significa que existem decisões que podem ser reconhecidas, mas não executadas, além de existirem decisões que não precisam ser reconhecidas para serem executadas – como é o caso da hipótese prevista no art. 961, § 5º, do CPC (o divórcio consensual).

Compreendida a natureza processual da homologação, podemos verificar que existem três grandes modelos possíveis para cada Estado sobre a homologação de decisão estrangeira: (a) o modelo do exclusivismo; (b) o modelo de autorização; e (c) o modelo de aplicação automática[933].

O modelo de exclusivismo (ou da recusa) é caracterizado pela impossibilidade de homologação de decisões estrangeiras, pois estas seriam meros fatos para jurisdição nacional, havendo, portanto, necessidade de iniciar um processo na jurisdição nacional para obter a tutela adquirida na decisão estrangeira – "a jurisdição doméstica é única e exclusiva"[934]. Esse modelo nega a existência do instituto da homologação.

O modelo de autorização estabelece que a decisão estrangeira para poder irradiar efeitos na jurisdição nacional precisa de autorização desta para tal. É comum nesse modelo considerar a decisão estrangeira como um

---

931 HUCK, Hermes M. **Sentença estrangeira e "Lex mercatoria":** horizontes do comércio internacional. São Paulo: Saraiva, 1994, p. 18.

932 RAMOS, André de C. **Curso de direito internacional privado.** São Paulo: Saraiva, 2018, p. 466.

933 RAMOS, André de C. **Curso de direito internacional privado.** São Paulo: Saraiva, 2018, p. 468.

934 RAMOS, André de C. **Curso de direito internacional privado.** São Paulo: Saraiva, 2018, p. 468.

ato jurídico condicionado, sendo essa condição "a prolação posterior de ato nacional" específico para autorizar sua eficácia[935]. Esse modelo é o que podemos denominar de padrão para o instituto da homologação.

O modelo de aplicação automática (ou aplicabilidade imediata ou direta), estabelece que a decisão estrangeira não necessita de procedimento específico de homologação, a jurisdição nacional considera a decisão estrangeira uma decisão equivalente as suas próprias – esse modelo demonstra a existência de "forte confiança e valores comuns entre os Estados" envolvidos[936].

No caso brasileiro, o modelo de homologação adotado é, em regra, o modelo da autorização, mas existindo hipóteses de recusa (ex.: matéria de competência exclusiva do judiciário brasileiro) e hipóteses de aplicação automática (ex.: o divórcio consensual).

Não há necessidade de existir reciprocidade com o país de origem da decisão, a menos que se trate de execução fiscal – hipótese do art. 961, § 4º, do CPC – ou que seja prevista especificamente em tratado. Isso decorre para conferir maior celeridade ao processo, devido ao fato de o princípio da reciprocidade conter elementos políticos e exigir cooperação com o poder executivo nacional em sua aplicação.

Diante deste contexto, a homologação de decisão estrangeira subdivide-se em quatro campos distintos, variando conforme a natureza da decisão estrangeira envolvida:

(V) homologação de sentenças cíveis e comerciais;

(VI) homologação de sentenças penais;

(VII) homologação de laudos arbitrais; e

(VIII) concessão de *exequatur* à carta rogatória.

18.3.2 A homologação de sentenças em matéria civil e comercial

18.3.2.1 Visão geral do instituto: sistemas, requisitos e procedimento

A primeira e mais importante modalidade de homologação de decisão estrangeira é a homologação de sentenças com matérias civis e comerciais, a

---

935 RAMOS, André de C. **Curso de direito internacional privado.** São Paulo: Saraiva, 2018, p. 468.

936 RAMOS, André de C. **Curso de direito internacional privado.** São Paulo: Saraiva, 2018, p. 468.

qual, por sua natureza processual, não é uma das temáticas mais complexas da nossa disciplina.

Inicialmente, a doutrina estabelece três grandes sistemas de homologação de sentenças: (i) o sistema de revisão total da sentença estrangeira; (ii) o sistema de revisão parcial da sentença estrangeira; e (iii) o sistema de delibação[937].

O sistema de revisão total da sentença estrangeira consiste em possibilitar à jurisdição nacional a total análise da sentença estrangeira objeto da homologação, abrangendo tanto questões procedimentais (formalidades) quanto questões de mérito (conteúdo).

Essencialmente, é um sistema que transforma a homologação em um processo de conhecimento ordinário e submete a sentença estrangeira as burocracias e morosidades inerentes do judiciário nacional, além de apresentar a dificuldade da jurisdição nacional em julgar questões decididas sob direito material e regras processuais estrangeiras.

Já o sistema da revisão parcial da sentença estrangeira consiste em possibilitar à jurisdição nacional uma análise da sentença estrangeira objeto da homologação abrangendo determinadas questões de mérito (conteúdo), como, também, as questões procedimentais (formalidades).

Nessa modalidade a defesa do requerido é mais ampla, sendo passível questionar não só procedimentos, como também determinados aspectos de conteúdo da sentença estrangeira – aspectos normalmente elencados em normativa própria.

O último sistema é o conhecido sistema da delibação (ou "de requisitos especificados na lei e alheios ao mérito"[938]) o qual restringe a análise ou revisão de aspectos procedimentais, formalidades da sentença estrangeira objeto da homologação pela jurisdição nacional. Efetivamente, nesse sistema a jurisdição nacional se limita a verificar se a sentença estrangeira ofende o princípio da ordem pública internacional.

No caso brasileiro, o sistema em vigor é o sistema da delibação.

Na legislação brasileira, a sentença estrangeira deve obedecer a determinados requisitos para poder ser homologada, havendo atualmente três dispositivos que regulam esses requisitos:

---

937 PEREIRA, Marcela H. Takahashi. **Homologação de sentenças estrangeiras:** aspectos gerais e o problema da falta de fundamentação no exterior. Rio de Janeiro-São Paulo-Recife: Renovar, 2009, p. 31.

938 PEREIRA, Marcela H. Takahashi. **Homologação de sentenças estrangeiras:** aspectos gerais e o problema da falta de fundamentação no exterior. Rio de Janeiro-São Paulo-Recife: Renovar, 2009, p. 31.

Lei de Introdução às Normas do Direito Brasileiro	Código de Processo Civil	Regimento Interno do Superior Tribunal de Justiça
Art. 15. Será executada no Brasil a sentença proferida no estrangeiro, que reúna os seguintes requisitos: a) haver sido proferida por juiz competente; b) terem sido as partes citadas ou haver-se legalmente verificado à revelia; c) ter passado em julgado e estar revestida das formalidades necessárias para a execução no lugar em que foi proferida; d) estar traduzida por intérprete autorizado; e) ter sido homologada pelo Supremo Tribunal Federal.	**Art. 963.** Constituem requisitos indispensáveis à homologação da decisão: I – ser proferida por autoridade competente; II – ser precedida de citação regular, ainda que verificada a revelia; III – ser eficaz no país em que foi proferida; IV – não ofender a coisa julgada brasileira; V – estar acompanhada de tradução oficial, salvo disposição que a dispense prevista em tratado; VI – não conter manifesta ofensa à ordem pública.	**Art. 216-D.** A decisão estrangeira deverá: I – ter sido proferida por autoridade competente; II – conter elementos que comprovem terem sido as partes regularmente citadas ou ter sido legalmente verificada a revelia; III – ter transitado em julgado. (...) **Art. 216-F.** Não será homologada a decisão estrangeira que ofender a soberania nacional, a dignidade da pessoa humana e/ou a ordem pública.

A primeira observação que podemos fazer é que com o maior espaço para cooperação internacional no Código de Processo Civil de 2015, esses requisitos podem não ser os únicos para a homologação de sentença estrangeira, podendo existir requisitos específicos-complementares em tratados ratificados pelo Brasil – o mais importante desses requisitos não listados é o princípio da reciprocidade, em regra desnecessário, porém, como já mencionamos, é requisito para execuções fiscais.

Outra observação importante é a notória caducidade do art. 15 da LINDB, o qual ainda remete à competência para homologação de sentenças para o STF, quando a EC n. 45/2004 deslocou essa competência para o STJ.

Também podemos verificar que não é requisito para a homologação a sentença ter gerado coisa julgada, havendo a possibilidade de homologação de sentenças estrangeiras pendentes de recurso na jurisdição de origem.

Importante lembrarmos que a sentença não se confunde com coisa julgada.

A sentença é ato processual pelo qual ocorre a manifestação do pronunciamento do juiz com a finalidade de encerrar a atividade cognitiva, pronunciando comando decisório sobre a lide (art. 203, § 1º, do CPC), de modo a extinguir o direito de ação (**sentenças definitivas** – art. 487 do CPC) ou não extinguindo direito de ação (**sentenças terminativas** – art. 485)[939].

A coisa julgada, por sua vez, é uma situação jurídica gerada pela impossibilidade de questionamento do conteúdo decisório de uma sentença por via recursal (coisa julgada material – art. 502 do CPC), havendo debate sobre sua natureza jurídica ser de efeito ou qualidade da sentença, prevalecendo, em nossa opinião, a posição de que se trata de uma qualidade da sentença, "qualidade que o ato judicial e seus efeitos assumem, quando não mais se possa questioná-los pela via recursal"[940].

> Nunca é demais lembrarmos que não cabe ao STJ verificar a validade ou revisar o conteúdo da sentença estrangeira. O STJ se limita a verificar a compatibilidade do decisório e a sua eficácia no Brasil.

O procedimento é, sob aspecto normativo, simples e predominantemente regulamentado pelo Regimento Interno do STJ (RISTJ) e pode ser visualizado da seguinte forma:

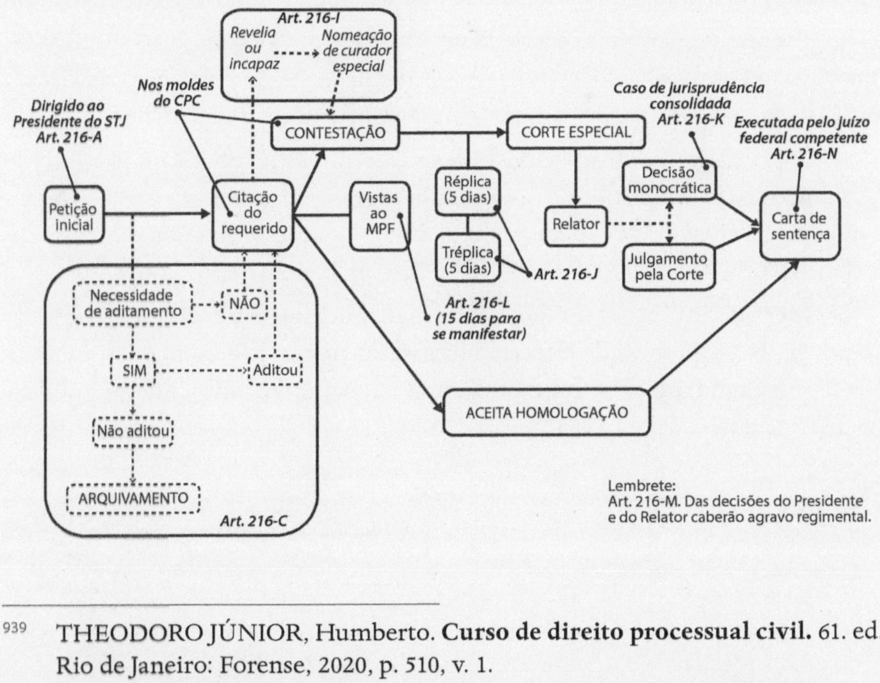

Lembrete:
Art. 216-M. Das decisões do Presidente e do Relator caberão agravo regimental.

939 THEODORO JÚNIOR, Humberto. **Curso de direito processual civil.** 61. ed. Rio de Janeiro: Forense, 2020, p. 510, v. 1.

940 THEODORO JÚNIOR, Humberto. **Curso de direito processual civil.** 61. ed. Rio de Janeiro: Forense, 2020, p. 1075, v. 1.

18.3.2.2 Situações específicas: homologação parcial e desnecessidade de homologação

Para os limites de nossos comentários, existem duas situações específicas envolvendo a homologação de sentenças estrangeiras civis e comerciais que são extremamente importantes: a homologação parcial (art. 961 § 2º, do CPC e art. 216-A do RISTJ) e a desnecessidade de homologação (especificamente o art. 960, § 5º, do CPC).

A homologação parcial de sentença estrangeira é uma situação mais simples e ocorre quando a jurisdição nacional (*in casu*, o STJ) verifica que das diferentes questões resolvidas pelo judiciário estrangeiro, parte delas violam o princípio da ordem pública internacional brasileira, especialmente quando se verificam que determinados assuntos cabiam exclusivamente ao judiciário brasileiro decidir.

Porém, diferentemente do que ocorre na solução de conflito de leis, no qual a ofensa ao princípio da ordem pública internacional resulta na exclusão integral do direito estrangeiro, no processo de homologação ocorre a homologação do conteúdo da sentença estrangeira que não ofendeu o princípio da ordem pública internacional, enquanto o conteúdo que ofendeu não será homologado.

Por sua vez, as hipóteses de desnecessidade de homologação são uma temática mais complexa, especialmente pela maioria estar prevista em tratados ou legislação de pouco uso recorrente na academia jurídica, quiçá revogada.

A primeira hipótese de desnecessidade de homologação é produto de hermenêutica jurídica sobre o revogado parágrafo único do art. 15 da LINDB, o qual determinava: "Não dependem de homologação as sentenças meramente declaratórias do estado das pessoas" – revogado pela Lei n. 12.036/2009.

Mesmo durante sua vigência, esse dispositivo era fortemente criticado por parte expressiva da doutrina brasileira alegando sua inconstitucionalidade por ofender a soberania brasileira, pensamento reforçado pelo Código de Processo Civil de 1973[941].

A revogação do parágrafo único do art. 15 da LINDB foi uma lástima, especialmente para questões de direito de família. Teria sido melhor aprimorar sua redação do que simplesmente revogá-lo.

941 RAMOS, André de C. **Curso de direito internacional privado.** São Paulo: Saraiva, 2018, p. 482.

Ocorre que a dinâmica jurídica brasileira sofreu profundas transformações, em especial com a ratificação da Convenção Americana de Direitos Humanos (Decreto n. 678/1992) e a Convenção Interamericana sobre Conflito de Leis em Matéria de Adoção de Menores (Decreto n. 2.429/1997).

Interpretando ambos os diplomas normativos internacionais, chegamos à constatação de que adoções realizadas sob a tutela de ambas normativas não necessitam de homologação no Brasil.

Essa afirmação decorre da consagração do Direito ao reconhecimento da personalidade jurídica, previsto no Decreto n. 678/1992[942] e ao reconhecimento de pleno direito das adoções realizadas em conformidade com o Decreto n. 2.429/1992[943] – levando a conclusão de que "a sentença estrangeira de adoção pode servir, sem homologação, para provar a filiação de estrangeiro na condição de turista no Brasil"[944].

Nesse contexto, não é necessária a homologação de sentenças estrangeira cujo conteúdo é meramente declaratório de estado de uma pessoa, pois ela não tem por finalidade produzir efeito (direto ou indireto) de natureza constitutiva no Brasil – havendo essa finalidade de constituição de efeitos, aí sim, haveria necessidade de homologação[945].

Esse entendimento se fundamenta na própria força cogente dos direitos humanos, em especial "no respeito à dignidade inerente a todos os seres humanos, que devem ter os seus direitos de personalidade (direito ao nome, nacionalidade, filiação etc.) declarados *per se* por todos os Estados da comunidade internacional"[946].

A outra hipótese de desnecessidade de homologação da sentença estrangeira é a referente ao divórcio consensual, inovação prevista no art. 961, § 5º, do CPC[947], cujo maior problema é a interpretação equivocada do significado de divórcio consensual, o qual não se confunde com o divórcio amigável.

---

942 Art. 3º Toda pessoa tem direito ao reconhecimento de sua personalidade jurídica.

943 Art. 5º As adoções feitas de acordo com esta Convenção serão reconhecidas de pleno direito nos Estados-Partes, sem que se possa invocar a exceção da instituição desconhecida.

944 RAMOS, André de C. **Curso de direito internacional privado.** São Paulo: Saraiva, 2018, p. 484.

945 RAMOS, André de C. **Curso de direito internacional privado.** São Paulo: Saraiva, 2018, p. 483.

946 RAMOS, André de C. **Curso de direito internacional privado.** São Paulo: Saraiva, 2018, p. 483.

947 Art. 961 (...) § 5º A sentença estrangeira de divórcio consensual produz efeitos no Brasil, independentemente de homologação pelo Superior Tribunal de Justiça.

O divórcio consensual (também denominado de simples ou puro para fins de homologação estrangeira) não é regulado na legislação civil brasileira, sua regulamentação está no Provimento n. 53 de 16 de maio de 2016 do Conselho Nacional de Justiça, o qual dispões sobre a averbação direta por Oficial de Registro Civil das Pessoas Naturais da sentença estrangeira de divórcio consensual simples ou puro, no assento de casamento, independentemente de homologação judicial.

Em conformidade com o art. 1º do Provimento n. 53 do CNJ[948], é considerado divórcio consensual aquele que não tenha disposição sobre guarda de filho, alimentos ou partilha de bens, versando puramente sobre a dissolução matrimonial.

Nessa hipótese, o procedimento é inteiramente administrativo sob responsabilidade do Oficial de Registro Civil responsável pelo assentamento no Registro Civil de Pessoas Naturais, não havendo necessidade de advogado ou defensor público, e os documentos necessários são a cópia integral da sentença estrangeira com comprovação do trânsito em julgado e acompanhada de tradução oficial juramentada, além da chancela consular – art. 2º do Provimento n. 53[949].

Por outro lado, o divórcio amigável é um jargão popular que se refere ao divórcio no qual as partes envolvidas estão em consenso (de acordo) quanto à dissolução do casamento. É uma modalidade de divórcio consensual no qual o pedido é "formulado em conjunto por ambos os cônjuges"[950]

---

948 Art. 1º A averbação direta no assento de casamento da sentença estrangeira de divórcio consensual simples ou puro, bem como da decisão não judicial de divórcio, que pela lei brasileira tem natureza jurisdicional, deverá ser realizada perante o Oficial de Registro Civil das Pessoas Naturais a partir de 18 de março de 2016.
1º A averbação direta de que trata o *caput* desse artigo independe de prévia homologação da sentença estrangeira pelo Superior Tribunal de Justiça e/ou de prévia manifestação de qualquer outra autoridade judicial brasileira.
2º A averbação direta dispensa a assistência de advogado ou defensor público.
3º A averbação da sentença estrangeira de divórcio consensual, que, além da dissolução do matrimônio, envolva disposição sobre guarda de filhos, alimentos e/ou partilha de bens – aqui denominado divórcio consensual qualificado – dependerá de prévia homologação pelo Superior Tribunal de Justiça.

949 Art. 2º Para averbação direta, o interessado deverá apresentar, no Registro Civil de Pessoas Naturais junto ao assento de seu casamento, cópia integral da sentença estrangeira, bem como comprovação do trânsito em julgado, acompanhada de tradução oficial juramentada e de chancela consular.

950 VENOSA, Silvio de Salvo. **Direito civil:** família. 18. ed. São Paulo: Atlas, 2020, p. 235.

e é regulamentado pelo art. 40, § 2º, da Lei n. 6.515[951] e arts. 731 a 733 do CPC (Seção IV – Do Divórcio e da Separação Consensuais, da Extinção Consensual de União Estável e da Alteração do Regime de Bens do Matrimônio).

18.3.3 A homologação de sentenças penais

18.3.3.1 Uma temática complexa

Diferentemente da homologação das sentenças estrangeiras cíveis, a homologação de sentenças estrangeiras penais é um assunto delicado no Direito Internacional Privado brasileiro, havendo, atualmente, somente a certeza de que estas se limitam ao rol do art. 9º do Código Penal:

> **Art. 9º** A sentença estrangeira, quando a aplicação da lei brasileira produz na espécie as mesmas consequências, pode ser homologada no Brasil para:
>
> I – obrigar o condenado à reparação do dano, a restituições e a outros efeitos civis;
>
> II – sujeitá-lo a medida de segurança.
>
> Parágrafo único. A homologação depende:
>
> a) para os efeitos previstos no inciso I, de pedido da parte interessada; (Incluído pela Lei n. 7.209, de 11.7.1984)
>
> b) para os outros efeitos, da existência de tratado de extradição com o país de cuja autoridade judiciária emanou a sentença, ou, na falta de tratado, de requisição do Ministro da Justiça.

E ao art. 8º da Lei n. 9.613, em especial o seu § 2º:

> **Art. 8º** O juiz determinará, na hipótese de existência de tratado ou convenção internacional e por solicitação de autoridade estrangeira competente, medidas assecuratórias sobre bens, direitos ou valores oriundos de crimes descritos no art. 1º praticados no estrangeiro.

---

951 Art. 40. (...) § 2º No divórcio consensual, o procedimento adotado será o previsto nos artigos 1.120 a 1.124 do Código de Processo Civil, observadas, ainda, as seguintes normas:
I – a petição conterá a indicação dos meios probatórios da separação de fato, e será instruída com a prova documental já existente;
II – a petição fixará o valor da pensão do cônjuge que dela necessitar para sua manutenção, e indicará as garantias para o cumprimento da obrigação assumida;
III – se houver prova testemunhal, ela será produzida na audiência de ratificação do pedido de divórcio a qual será obrigatoriamente realizada.
IV – a partilha dos bens deverá ser homologada pela sentença do divórcio.

> § 1º Aplica-se o disposto neste artigo, independentemente de tratado ou convenção internacional, quando o governo do país da autoridade solicitante prometer reciprocidade ao Brasil.
>
> § 2º Na falta de tratado ou convenção, os bens, direitos ou valores privados sujeitos a medidas assecuratórias por solicitação de autoridade estrangeira competente ou os recursos provenientes da sua alienação serão repartidos entre o Estado requerente e o Brasil, na proporção de metade, ressalvado o direito do lesado ou de terceiro de boa-fé.

Na interpretação destes dispositivos temos de tomar cuidado para não incorrer em um erro: não é a sentença penal condenatória que não é homologável, o que não é passível de homologação é a parte do *decisum* da sentença referente à condenação à pena privativa de liberdade, a parte do *decisum* referente a reparação civil pode ser homologado.

Nesse quesito, surge a interpretação do art. 387 do CPP ("O juiz, ao proferir sentença condenatória: (...) V – fixará valor mínimo para reparação dos danos causados pela infração, considerando os prejuízos sofridos pelo ofendido") e o "sistema da solidariedade, ou seja, as duas pretensões serão deduzidas no mesmo processo, mas em pedidos distintos"[952]. E não é um efeito da sentença condenatória, mas uma possibilidade, de uma prerrogativa do juiz em determinar não só o *an debeatur* (quem deve) como também o *quantum debeatur* (o quanto é devido) quando verificado, além da pena, o dever de indenização, de reparação[953].

Destarte, não é a natureza condenatória ou absolutória que determina a possibilidade de homologação ou não de uma sentença penal estrangeira, mas sim a natureza da condenação – vedada atualmente as penas privativas de liberdade, as penas restritivas de direitos (art. 32 do CP) – e a existência do dever de reparação (os efeitos civis).

Aqui entra o delicado tema das medidas de segurança, as quais podem ser homologadas no Brasil e que não são, em sentido legal, uma espécie penal, quiçá questão criminal, mas uma "intervenção estatal na liberdade do indivíduo inimputável em razão de doença mental, que cometeu fato típico e antijurídico, à qual se atribui a função de tratamento, visando preservar a sociedade do perigo que o indivíduo representa"[954].

---

952 RANGEL, Paulo. **Direito processual penal.** 27. ed. São Paulo: Atlas, 2019, p. 628.

953 RANGEL, Paulo. **Direito processual penal.** 27. ed. São Paulo: Atlas, 2019, p. 628.

954 PRADO, Alessandra Mascarenhas; SCHINDLER, Danilo. A medida de segurança na contramão da Lei de Reforma Psiquiátrica: sobre a dificuldade de garantia do

A pouca doutrina brasileira sobre o assunto apresenta dois fundamentos para que a pena privativa de liberdade não seja passível de homologação: (1) nos casos envolvendo condenados estrangeiros em território brasileiro, é preferível recorrer ao instituto da extradição, pois não seria de interesse do Estado brasileiro proceder com o interesse punitivo de outro Estado[955], e, evita-se o esvaziamento deste instituto; e (2) quando não possível a extradição, a falta de interesse do Estado brasileiro em arcar com os custos da execução penal, ou "os gastos com a manutenção de um presidiário são altos e isto contribuiria para o aumento da superpopulação carcerária; tornando-se, portanto, a homologação desaconselhável"[956].

> "É preferível um bandido solto do que arcar com os custos de sua prisão...". Está aí um pensamento do qual não compartilho. Pouco importa o país no qual se cometa o crime, havendo identidade de tipo, o indivíduo tem de ser punido.

Nesse caso específico da medida de segurança, a questão não é puramente de Direito Penal, mas também uma questão de saúde mental do indivíduo e, no Brasil contemporâneo, a ausência de políticas públicas nesses sentidos, equivale a forçar o internado ao esquecimento e à exclusão do convívio social[957]. Essas particularidades têm de ser consideradas no momento da homologação de sentenças penais estrangeiras que aplicam medida de segurança, ao ponto de a doutrina ter desenvolvido o requisito da existência de

---

direito à liberdade a pacientes judiciários. **Rev. Direito GV,** São Paulo, v. 13, n. 2, p. 629, ago. 2017. Disponível em: http://www.scielo.br/scielo.php?script=sci_arttext&pid=S1808-43222017000200628&lng=pt&nrm=iso. Acesso em: 6 jul. 2019.

955 PEREIRA, Marcos Vinícius Torres. Homologação de sentenças penais estrangeiras no direito internacional privado brasileiro. **RFD – Revista da Faculdade de Direito da UERJ,** n. 18, abr. 2011. ISSN 2236-3475. Disponível em: https://www.e-publicacoes.uerj.br/index.php/rfduerj/article/view/1354/1142. Acesso em: 6 jul. 2019.

956 PEREIRA, Marcos Vinícius Torres. Homologação de sentenças penais estrangeiras no direito internacional privado brasileiro. **RFD – Revista da Faculdade de Direito da UERJ,** n. 18, abr. 2011. ISSN 2236-3475. Disponível em: https://www.e-publicacoes.uerj.br/index.php/rfduerj/article/view/1354/1142. Acesso em: 6 jul. 2019.

957 PRADO, Alessandra Mascarenhas; SCHINDLER, Danilo. A medida de segurança na contramão da Lei de Reforma Psiquiátrica: sobre a dificuldade de garantia do direito à liberdade a pacientes judiciários. **Rev. Direito GV,** São Paulo, v. 13, n. 2, p. 647, ago. 2017. Disponível em: http://www.scielo.br/scielo.php?script=sci_arttext&pid=S1808-43222017000200628&lng=pt&nrm=iso. Acessos em: 6 jul. 2019.

"compromisso entre o Brasil e o Estado prolator da sentença, mediante trato internacional, ou na falta deste, por requisição do Ministro da Justiça"[958].

Tanto para o "dever de reparação" como para a aplicação de medida de segurança, a homologação da sentença estrangeira penal, ou nacionalização da sentença penal estrangeira[959], é uma ação de conhecimento idêntica à homologação civil, e a carta de sentença tem natureza constitutiva – a "decisão que homologa a sentença penal condenatória estrangeira modifica a situação jurídica existente, permitindo que o ato jurisdicional alienígena produza efeitos em nosso território nacional"[960].

Assim como a homologação civil, o seu processamento e julgamento é baseado no modelo deliberativo[961], isto significa, no processo penal, a particularidade de não caber revisão criminal no Brasil dessa sentença estrangeira homologada– "o condenado, se desejar propor revisão criminal da sentença estrangeira, deverá fazê-lo no país prolator da decisão, mas não no Brasil"[962]. Nos demais aspectos, a homologação da sentença penal é idêntica ao procedimento da homologação da sentença civil.

18.3.3.2 A questão do procedimento: os arts. 787 a 790 do CPP

Se sob aspecto teórico a homologação de sentenças penais estrangeiras é um assunto espinhoso, o procedimento estabelecido para a homologação no Código de Processo Penal é arcaico, quiçá ultrapassado – estamos diante de uma das poucas partes do Código que se mantém original desde 1941.

Esse caráter arcaico já se manifesta desde logo no art. 787 do CPP, o qual inaugura o disciplinamento do procedimento de homologação no Capítulo III do Livro V – Das Relações Jurisdicionais com Autoridade Estrangeiras, prescrevendo: "As sentenças estrangeiras deverão ser previamente

---

958 PEREIRA, Marcos Vinícius Torres. Homologação de sentenças penais estrangeiras no direito internacional privado brasileiro. **RFD – Revista da Faculdade de Direito da UERJ,** n. 18, abr. 2011. ISSN 2236-3475. Disponível em: https://www.e-publicacoes.uerj.br/index.php/rfduerj/article/view/1354/1142. Acesso em: 6 jul. 2019.

959 NUCCI, Guilherme de Souza. **Código de Processo Penal comentado.** 6. ed. São Paulo: Revista dos Tribunais, 2007, p. 1056.

960 RANGEL, Paulo. **Direito processual penal.** 27. ed. São Paulo: Atlas, 2019, p. 1138.

961 TOURINHO FILHO, Fernando da Costa. **Prática do processo penal.** 28. ed. São Paulo: Saraiva, 2007, p. 780.

962 RANGEL, Paulo. **Direito processual penal.** 27. ed. São Paulo: Atlas, 2019, p. 1138.

homologadas pelo Supremo Tribunal Federal para que produzam os efeitos do art. 7º do Código Penal".

De plano, com o advento da Emenda Constitucional n. 45/2004, a matéria de homologação de sentenças estrangeiras é do Superior Tribunal de Justiça (art. 105, I, *i*, do CF), não mais do Supremo Tribunal Federal[963] – situação que, na nossa opinião, coloca em dúvida a própria vigência do disciplinamento do Código Processual Penal sobre a matéria de homologação.

Acrescentamos que os efeitos das sentenças estrangeiras estão, após a reforma penal de 1984, regulamentados no art. 9º do CP, sendo a referência ao art. 7º do CP relacionada à redação original do Código Penal.

Redação original do Código Penal	Redação pós-reforma 1984 (Lei n. 7.209)
Art. 7º A sentença estrangeira, quando a aplicação da lei brasileira produz na espécie as mesmas conseqüências, pode ser homologada no Brasil para: I – obrigar o condenado à reparação do dano, restituições e outros efeitos civís; II – sujeitá-lo às penas acessórias e medidas de segurança pessoais. Parágrafo único. a homologação depende: a) para os efeitos previstos no n. I, de pedido da parte interessada; b) para os outros efeitos, de existência de tratado de extradição com o país de cuja autoridade judiciária emanou a sentença, ou, na falta de tratado, de requisição do Ministro da Justiça.	**Art. 9º** A sentença estrangeira, quando a aplicação da lei brasileira produz na espécie as mesmas conseqüências, pode ser homologada no Brasil para: I – obrigar o condenado à reparação do dano, a restituições e a outros efeitos civis; II – sujeitá-lo a medida de segurança. **Parágrafo único.** A homologação depende: a) para os efeitos previstos no inciso I, de pedido da parte interessada; b) para os outros efeitos, da existência de tratado de extradição com o país de cuja autoridade judiciária emanou a sentença, ou, na falta de tratado, de requisição do Ministro da Justiça.

Diante desse quadro, a interpretação correta do art. 787 do CPP é: "As sentenças estrangeiras deverão ser previamente homologadas pelo ~~Supremo Tribunal Federal~~ **Superior Tribunal de Justiça** para que produzam os efeitos do ~~art. 7º~~ **art. 9º** do Código Penal".

O art. 788 do CPP procura estabelecer os requisitos para que a sentença possa ser homologada:

> **Art. 788.** A sentença penal estrangeira será homologada, quando a aplicação da lei brasileira produzir na espécie as mesmas conseqüências e concorrem os seguintes requisitos:

963 NUCCI, Guilherme de Souza. **Curso de direito processual penal.** 17. ed. Rio de Janeiro: Forense, 2020, p. 1069.

> I – estar revestida das formalidades externas necessárias, segundo a legislação do país de origem;
> II – haver sido proferida por juiz competente, mediante citação regular, segundo a mesma legislação;
> III – ter passado em julgado;
> IV – estar devidamente autenticada por cônsul brasileiro;
> V – estar acompanhada de tradução, feita por tradutor público.

Desses requisitos, existem duas observações importantes a realizarmos: (i) a questão do princípio da ordem pública internacional; e (ii) a autenticação consular.

Apesar de não elencado no dispositivo em foco, não será homologada sentença penal que ofenda a princípio da ordem pública internacional brasileira, seja em sua variante do art. 781 do CPP (ordem pública e bons costumes), seja na variante prevista no art. 216-F do RISTJ.

> Talvez seja por esse dispositivo do CPP que consta no sítio do Ministério da Justiça a autenticação consular como requisito das homologações em geral.

Também é uma particularidade desse dispositivo impor a obrigatoriedade de autenticação consular como requisito da homologação da sentença penal, enquanto no processo civil essa autenticação é comum em sentenças envolvendo divórcios, não constituindo uma obrigatoriedade – especialmente pela ratificação do Brasil via Decreto n. 8.660, de 29 de janeiro de 2016, da Convenção sobre a Eliminação da Exigência de Legalização de Documento Público Estrangeiro (Convenção de Haia de 1961).

Podemos afirmar que os arts. 787 e 788 do CPP disciplinam a parte preparatória da homologação, sendo o procedimento em si regulamentado pelos arts. 789 e 790 do CPP – sendo o art. 789 o mais relevante.

Dispõe o art. 789 do CPP:

> **Art. 789.** O procurador-geral da República, sempre que tiver conhecimento da existência de sentença penal estrangeira, emanada de Estado que tenha com o Brasil tratado de extradição e que haja imposto medida de segurança pessoal ou pena acessória que deva ser cumprida no Brasil, pedirá ao Ministro da Justiça providências para obtenção de elementos que o habilitem a requerer a homologação da sentença.
> § 1º A homologação de sentença emanada de autoridade judiciária de Estado, que não tiver tratado de extradição com o Brasil, dependerá de requisição do Ministro da Justiça.

> § 2º Distribuído o requerimento de homologação, o relator mandará citar o interessado para deduzir embargos, dentro de dez dias, se residir no Distrito Federal, de trinta dias, no caso contrário.
>
> § 3º Se nesse prazo o interessado não deduzir os embargos, ser-lhe-á pelo relator nomeado defensor, o qual dentro de dez dias produzirá a defesa.
>
> § 4º Os embargos somente poderão fundar-se em dúvida sobre a autenticidade do documento, sobre a inteligência da sentença, ou sobre a falta de qualquer dos requisitos enumerados nos arts. 781 e 788.
>
> § 5º Contestados os embargos dentro de dez dias, pelo procurador-geral, irá o processo ao relator e ao revisor, observando-se no seu julgamento o Regimento Interno do Supremo Tribunal Federal.
>
> § 6º Homologada a sentença, a respectiva carta será remetida ao presidente do Tribunal de Apelação do Distrito Federal, do Estado, ou do Território.
>
> § 7º Recebida a carta de sentença, o presidente do Tribunal de Apelação a remeterá ao juiz do lugar de residência do condenado, para a aplicação da medida de segurança ou da pena acessória, observadas as disposições do Título II, Capítulo III, e Título V do Livro IV deste Código.

As dificuldades de interpretação desse artigo se iniciam pelo próprio *caput*, devido ao fato de que não é mais possível a homologação de penas acessórias no ordenamento jurídico brasileiro; aliás, as próprias penas acessórias são uma temática restrita ao Direito penal militar.

Novamente, esse problema deriva da ausência de atualização da legislação processual, pois existe evidente referência à redação original do Código Penal, especialmente quanto ao art. 7º que permitia a homologação de penas acessórias e, também, a existência de um capítulo inteiro sobre elas – arts. 67 a 73 do CP original[964].

Com a reforma penal de 1984 (Lei n. 7.209), a temática das penas acessórias foi extinta no Código Penal e "algumas penas até então acessórias foram transformadas em penas alternativas de interdições temporárias de direitos ou efeitos da condenação"[965].

Outra complexidade do dispositivo está na figura dos embargos mencionados nos §§ 2º, 3º, 4º e 5º do art. 789 do CPP. Esses embargos são uma

---

964 Art. 67. São penas acessórias: I – a perda de função pública, eletiva ou de nomeação; II – as interdições de direitos; III – a publicação da sentença.

965 SILVA, Rita de Cássia L. da. Breves considerações sobre a história da pena do direito brasileiro. **Revista Cesumar** – Ciências Humanas e Sociais Aplicadas, Maringá (PR), v. 2, n. 3, jul. 2007. Disponível em: https://periodicos.unicesumar.edu.br/index.php/revcesumar/article/view/155.

modalidade específica de embargos de declaração do processo penal previsto nos arts. 619 e 620 do CPP[966], e sua especialidade está nos fatores: (i) seu conteúdo; e (ii) seu prazo de interposição.

O conteúdo desses embargos está restrito à previsão do art. 789, § 4º, do CPP, somente podendo versar sobre:

a) o questionamento da autenticidade dos documentos apresentados:
b) a inteligência da sentença objeto da homologação;
c) a falta de requisito da sentença objeto da homologação (art. 787 do CPC); e
d) a violação do princípio da ordem pública internacional brasileira (art. 781 do CPP e art. 216-F do RISTJ).

E seu prazo de interposição é de 10 (dez) dias se o interessado morar no Distrito Federal e de 30 (trinta) dias se morar fora do Distrito Federal (art. 789, § 3º, do CPP), enquanto os embargos normais têm prazo de 2 (dois) dias para interposição (art. 619 do CPP).

Importante salientar que o § 5º do art. 789 do CPP possui uma impropriedade técnica ao utilizar "contestados os embargos", quando o correto é "réplica" aos embargos – "Não se fala mais em contestação aos embargos, mas sim em réplica à contestação"[967].

Acrescentamos a existência da necessidade de atualização na leitura dos §§ 5º e 6º do art. 789 do CPP devido ao fato de não ser mais o STF competente para homologação; logo, é o regimento interno do STJ, e, como não existe mais a nomenclatura Tribunal de Apelação, este deve ser entendido como Tribunal de Justiça dos Estados, Distrito Federal e territórios.

---

966 Art. 619. Aos acórdãos proferidos pelos Tribunais de Apelação, câmaras ou turmas, poderão ser opostos embargos de declaração, no prazo de dois dias contados da sua publicação, quando houver na sentença ambiguidade, obscuridade, contradição ou omissão.
Art. 620. Os embargos de declaração serão deduzidos em requerimento de que constem os pontos em que o acórdão é ambíguo, obscuro, contraditório ou omisso.
§ 1º O requerimento será apresentado pelo relator e julgado, independentemente de revisão, na primeira sessão.
§ 2º Se não preenchidas as condições enumeradas neste artigo, o relator indeferirá desde logo o requerimento.

967 NUCCI, Guilherme de Souza. **Curso de direito processual penal.** 17. ed. Rio de Janeiro: Forense, 2020, p. 1072.

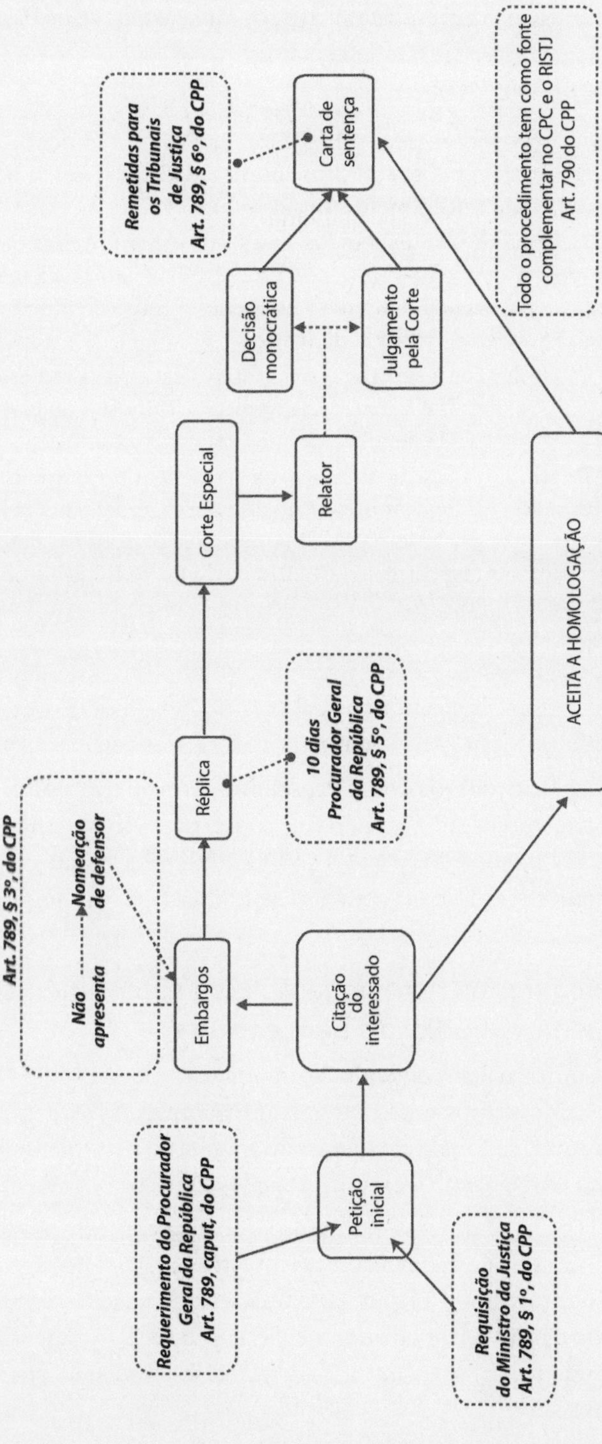

Visualização do procedimento de homologação em vista do art. 789 do CPP e o RISTJ

Para simplificar o entendimento, podemos atualizar os parágrafos da seguinte forma:

> § 4º Os embargos somente poderão fundar-se em dúvida sobre a autenticidade do documento, sobre a inteligência da sentença, ou sobre a falta de qualquer dos requisitos enumerados nos arts. 781 e 788 do CPP **e art. 216-D do Regimento Interno do STJ**;
>
> § 5º ~~Contestados~~ **Apresentados** embargos **caberá réplica** dentro de dez dias, pelo procurador-geral, irá o processo ao relator e ao revisor, observando-se no seu julgamento o Regimento Interno do ~~Supremo Tribunal Federal~~ **Superior Tribunal de Justiça**.
>
> § 6º Homologada a sentença, a respectiva carta será remetida ao presidente **do respectivo** ~~Tribunal de Apelação~~ **Tribunal de Justiça competente** do ~~Distrito Federal, do Estado, ou do Território~~.
>
> § 7º Recebida a carta de sentença, o presidente do ~~Tribunal de Apelação~~ **Tribunal de Justiça** a remeterá ao juiz do lugar de residência do condenado, para a aplicação da medida de segurança ~~ou da pena acessória~~, observadas as disposições do Título II, Capítulo III, e Título V do Livro IV deste Código.

Por fim, o art. 790 do CPP define que os efeitos civis da sentença penal estarão sujeitos à homologação nos moldes do Código de Processo Civil e, novamente, devemos ignorar a referência ao STF e substituí-la pelo STJ.

Diante dos dispositivos do CPP, podemos considerar que o arcabouço para a homologação da sentença penal é composto não só pelo CPP como também pelo RISTJ, pelo CPC e pela LINDB. Podemos visualizar o procedimento como demonstrado na figura apresentada na página seguinte.

18.3.3.3 Não confunda homologação com cumprimento de pena, extradição e nem entrega

Um último tema envolvendo homologação de sentenças penais estrangeiras a considerarmos é não o confundir com três institutos oriundos da cooperação internacional em matéria penal: (1) o cumprimento de sentenças penais no exterior; (2) a extradição; e (3) a entrega.

A homologação é um procedimento que visa conferir os efeitos, a eficácia no Brasil, de sentenças prolatadas no estrangeiro, isto significa que a autoridade ou o interessado estrangeiro busca trazer os efeitos de uma sentença penal estrangeira a uma pessoa situada no Brasil, independentemente de sua nacionalidade – busca a autoridade judiciária brasileira para cumprir a sentença no Brasil.

O cumprimento de sentença no exterior, em seu sentido estrito, é uma atenuante prevista no art. 8º do CP, envolvendo os efeitos da execução penal no estrangeiro para com a pena imposta no Brasil pelo mesmo crime.

Ocorre que dentro da temática do cumprimento de sentenças no exterior vai emergir uma medida de cooperação internacional comumente denominada de transferência de presos ou, tecnicamente, a transferência do cumprimento da pena no exterior para o Brasil – esta regulada por tratados específicos (ex.: Decretos n. 5.919 e 7.906) e regras gerais contidas nos arts. 100 a 103 da Lei n. 13.445 e seu regulamento.

A extradição é uma medida de cooperação internacional prevista na Lei n. 13.445 e tem sua finalidade expressa no art. 81 da Lei n. 13.445: entregar uma pessoa sobre quem recai uma condenação penal definitiva ou para fins de instrução de processo penal em curso em país estrangeiro.

O procedimento de extradição é de natureza administrativa com uma fase judicial, não sendo passível de recair sobre brasileiros natos (art. 81, I, da Lei n. 13.445) e é de competência exclusiva do Supremo Tribunal Federal (art. 102, I, *g*, da CF).

Por fim, a entrega é uma medida de cooperação internacional específica com o Tribunal Penal Internacional, pela qual este organismo internacional solicita ao Estado Parte a detenção de acusado de prática de crime internacional presente em seu território e o entrega para o Tribunal Penal Internacional julgá-lo, podendo afetar os nacionais brasileiros.

Como instituto atrelado a um Tribunal Internacional, a entrega é regulamentada pelo Estatuto de Roma do Tribunal Penal Internacional (Decreto n. 4.388/2002) e tem a particularidade de afetar brasileiros natos, pois é entendimento doutrinário que o Brasil, ao aderir ao Tribunal Penal Internacional, "automaticamente concordou, tanto em nível constitucional como infralegal" com as normas do Estatuto, assim como a vedação da entrega de brasileiro nato "faria com que se criasse uma casta de criminosos" e resultaria em uma péssima imagem de impunidade para o País perante a comunidade internacional[968].

---

968 GONÇALVES, Jorge Cesar S. B. A entrega de brasileiro nato ao Tribunal Penal Internacional – análise sob a luz constitucional brasileira que veda sua extradição – dignidade da pessoa humana. **Revista Liberdades,** São Paulo (SP), n. 3, p. 107, jan./abr. 2010. Disponível em: http://www.revistaliberdades.org.br/site/outrasEdicoes/outrasEdicoesExibir.php?rcon_id=28.

18.3.4 A homologação de laudo arbitral ou sentença arbitral

A arbitragem como meio alternativo de solução de controvérsias é um instituto jurídico que perpassa por altos e baixos na jurisprudência brasileira, não surpreendendo que as regras para a homologação das decisões dela oriunda tenham previsão específica.

Os percalços desse instituto começam pela constatação de que até 1940 não havia notícia de decisão brasileira sobre homologação de laudos arbitrais estrangeiros (*Awards*), pois dominava o entendimento de que as convenções de tribunais arbitrais estrangeiros eram ofensivas ao princípio da ordem pública internacional, entendimento apoiado na previsão dos arts. 13, § 1º, e 15 da Introdução ao Código Civil de 1916[969].

A "abertura jurisprudencial" para a arbitragem se iniciou com o advento do Código de Processo Civil de 1939, o qual estabelecia regras flexíveis quanto à competência do Judiciário brasileiro (não existia competência internacional exclusiva) e regras conservadoras sobre o juízo arbitral em seus arts. 1.031 a 1.046, além da revogação da Introdução do Código Civil de 1916 com a Lei de Introdução ao Código Civil (atual LINDB), esta que não reproduziu o conteúdo dos arts. 13, § 1º, e 15 da Introdução revogada.

Assim, é apenas a partir da segunda metade do século XX que a arbitragem começa a deixar de ser um instituto teórico-abstrato para, com a promulgação da Lei n. 9.703/1996, ser um instituto integrante do dia a dia da prática jurídica.

Porém, esse caminho não foi sem percalços, podemos até afirmar que se tratou de um período no qual a arbitragem existia em uma espécie de purgatório[970], enfrentando não só o nacionalismo da legislação processual brasileira com o Código de Processo Civil de 1973 como também problemas de aceitação da própria Lei n. 9.307/1996, já sob a égide da Constituição Federal de 1988.

Para termos uma ideia desse purgatório no qual a arbitragem se encontrava na jurisprudência brasileira, o advento da Constituição Brasileira de 1988, apesar de todos os seus avanços, instalou uma bizarra interpretação

---

[969] SAMTLEBEN, Jürgen. Arbitragem no Brasil. **Revista da Faculdade de Direito, Universidade de São Paulo.** São Paulo (SP), v. 77, p. 204, jan. 1982. Disponível em: https://www.revistas.usp.br/rfdusp/article/view/66951. Acesso em: 10 maio 2020.

[970] Optamos por utilizar a expressão "purgatório" por influência de matéria jornalística vinculada no ConJur em 1º de março de 2000, com o nome "Renasce a esperança: STF dá nova chance à lei de arbitragem", de autoria de Maria Cristina Elias. Disponível em: https://www.conjur.com.br/2000-mar-01/arbitragem_privada_ganha_interpretacao_stf.

por parte da jurisprudência ao considerar a cláusula compromissória como uma renúncia ao acesso ao judiciário; logo, violava o direito fundamental consagrado no art. 5, XXXV, da CF.

Também não ajudou a arbitragem a promulgação do então inovador Código de Defesa do Consumidor, o qual estabeleceu que era abusiva a cláusula que determinava a utilização compulsória de arbitragem (art. 51, VII, do CDC).

A situação somente melhorou (não muito) com o advento da Lei n. 9.307/1996 (Lei "Marco Maciel"), inspirada na lei modelo de arbitragem da UNCITRAL, e estabelecia uma sólida regulamentação para a arbitragem, retirando-a do conservadorismo-nacionalista decorrente da conjugação do CPC/1973 e a LINDB.

Porém, para a Lei n. 9.307/1996 ser definitivamente aceita na jurisprudência brasileira houve a necessidade de enfrentamento da questão de sua constitucionalidade (SEC n. 5.206-7/Reino da Espanha) e da questão do Código de Defesa do Consumidor (SEC n. 5.847-1/Reino Unido da Grã-Bretanha e da Irlanda do Norte).

A questão da constitucionalidade da Lei n. 9.307/1996 foi objeto de discussão incidental no Agravo Regimental na Sentença Estrangeira n. 5.206-7 (SEC n. 5.206-7) com acordão de 12 de dezembro de 2001, no qual questionou-se a constitucionalidade do parágrafo único do art. 6º; do art. 7º; e dos arts. 41 e 42 da referida lei.

No decisório, expoente da inconstitucionalidade foi o Min. Sepúlveda Pertence, o qual defendeu a tese de que "constitucionalidade do juízo arbitral – perdoe-se a insistência – deriva da renunciabilidade, no caso do exercício do direito de ação – que é o reflexo subjetivo da garantia da prestação jurisdicional" materializada no art. 5º, XXXV, da CF[971].

Portanto, não poderia ser objeto de deliberação das partes a solução de lides por via arbitral sem a ocorrência *in concreto* da lide, como explica:

> Na **cláusula compromissória, entretanto**, o objeto dessa opção, posto que consensual, não são lides já determinadas e concretizadas, como se dá no compromisso: serão lides futuras e eventuais, de contornos indefinidos; quando muito, na expressão de Carnelutti (...), lides determiná-

---

971 SUPREMO TRIBUNAL FEDERAL. **Ag. Reg. na Sentença Estrangeira 5.206-7 Reino da Espanha.** Rel. Ministro Presidente Sepúlveda Pertence. Tribunal Pleno, julgado em 12/12/2001, DJ 30/04/2004, p. 1002. Disponível em: http://redir.stf.jus.br/paginadorpub/paginador.jsp?docTP=AC&docID=345889. Acesso em: 10 maio 2020.

> veis pela referência ao contrato de cuja execução possam vir a surgir.
> A renúncia, com força de definitiva, que aí se divisasse à via judicial já não se legitimaria por derivação da disponibilidade do objeto do litígio, que pressupõe a sua determinação, mas, ao contrário, consubstanciaria **renúncia genérica, de objeto indefinido, à garantia constitucional de acesso à jurisdição, cuja validade os princípios repelem**[972]. (Grifos nossos.)

Essa tese é tão bizarra que não sabemos se vale a pena apresentar-lhe refutações, pois confunde o fato gerador da arbitragem como sendo a vontade das partes, quando, em realidade, a arbitragem surge do negócio jurídico instaurado pela vontade das partes, logo, de interesses disponíveis das partes.

Como bem explicou o Min. Nelson Jobim:

> A cláusula pressupõe a relação jurídica nascida do contrato e os litígios futuros decorrentes desse contrato.
> Afasto, por essa forma, a primeira afirmação de inconstitucionalidade de PERTENCE, relativa à instituição da arbitragem.
> A instituição da arbitragem, nos termos da lei, consiste na execução do pactuado na cláusula compromissória.
> **Terá, sempre, como objeto, controvérsia atual.**
> **A cláusula compromissória é que é anterior ao conflito.**
> **A instituição da arbitragem se viabilizará se, e somente se, a controvérsia disser com interesses disponíveis.**
> Não há, no sistema da lei, renúncia, *in abstrato*, da jurisdição estatal.
> Essa renúncia, como demonstrei, não é autorizada.
> Imaginemos que, no fluir de uma relação contratual, em cujo instrumento estipulou-se cláusula compromissória, advém uma controvérsia relativa a interesses indisponíveis.
> Imaginemos que, mesmo assim, seja instituída a arbitragem ajustada no contrato.
> Nessa hipótese, a sentença arbitral será viciada, pois a arbitragem instituída conflitou com a lei autorizadora (L. 9.307/96, art. 1º)[973]. (Grifos nossos.)

---

972 SUPREMO TRIBUNAL FEDERAL. **Ag. Reg. na Sentença Estrangeira 5.206-7 Reino da Espanha.** Rel. Ministro Presidente Sepúlveda Pertence. Tribunal Pleno, julgado em 12/12/2001, DJ 30/04/2004, p. 1007. Disponível em: http://redir.stf.jus.br/paginadorpub/paginador.jsp?docTP=AC&docID=345889. Acesso em: 10 maio 2020.

973 SUPREMO TRIBUNAL FEDERAL. **Ag. Reg. na Sentença Estrangeira 5.206-7 Reino da Espanha.** Rel. Ministro Presidente Sepúlveda Pertence. Tribunal Pleno, julgado em 12/12/2001, DJ 30/04/2004, p. 1066-1067. Disponível em: http://redir.stf.jus.br/paginadorpub/paginador.jsp?docTP=AC&docID=345889. Acesso em: 10 maio 2020.

Vencida a batalha pela constitucionalidade, a Lei n. 9.307/1996 teve de enfrentar a questão do consumidor e as regras de abusividade de cláusulas contidas no CDC, objeto de debate na Sentença Estrangeira Contestada n. 5.847-1/Reino Unido da Grã-Bretanha e da Irlanda do Norte (SEC n. 5847-1), conhecido como o caso TEKA x AIGLON.

De forma sucinta, o caso envolveu a homologação de laudo arbitral estrangeiro emanado pela *Liverpool Cotton Association Limited*, o qual condenava a empresa brasileira Teka Tecelagem Kuenrich S.A. (requerida) a pagar US$1.893.318,09 para a Aiglon Dublin Limited (requerente), empresa irlandesa, por motivo de diferença de preço entre a data da aquisição da mercadoria e a data de rescisão do contrato de compra e venda.

No processo de homologação, a requerida formulou a seguinte defesa:

> A requerida contesta o pedido, afirmando que não foi efetuada a caução para a garantia dos encargos do pedido homologatório, descumprindo-se o artigo 835 do CPC; não foi celebrado contrato nem previsto cláusula compromissória; contudo, admitindo a sua existência, seria ele contrato de adesão sem cláusulas impressas em tipo negrito como determina a lei; e, finalmente, que é nulo o laudo por falta de contraditório e ampla defesa[974].

Abstraindo a questão técnica da caução (a qual o STF decidiu não ser necessária) e a comprovação de existência de contrato celebrado entre as duas empresas, nos interessa a tese de se tratar de um contrato de adesão e a aplicabilidade do CDC.

A respeito da questão de se tratar de um contrato de adesão, entendeu o STF que:

> Embora seja esta questão ínsita ao mérito, insuscetível de apreciação em procedimento homologatório perante este Tribunal, respondo-a. Ao compulsar-se o documento de fls. 221/222, desponta claro que a empresa vendedora foi livremente escolhida pela TEKA, nada obstante a existência de centenas de outros fornecedores de algodão no mercado internacional. **É evidente que o contrato de adesão não é caracterizado pelo impresso com espaços em branco, como crê a requerida, mas pelas condições que uma das partes impõe à outra e não sujeitas a**

974 SUPREMO TRIBUNAL FEDERAL. **Sentença Estrangeira 5.847/IN Grã--Bretanha (Inglaterra).** Rel. Maurício Corrêa. Tribunal Pleno, julgado em 01/12/1999, DJ 17/12/1999, p. 237-238. Disponível em: https://stf.jusbrasil.com.br/jurisprudencia/738418/sentenca-estrangeira-contestada-sec-5847-in/inteiro-teor-100454747. Acesso em: 10 maio 2020.

> **discussão.** Na hipótese, as cláusulas insertas na avença dizem respeito ao local em que a mercadoria seria entregue, à forma de conferência de peso, à extensão do seguro, ao pagamento do frete e, finalmente, às regras de arbitragem, tudo isso sujeito a modificações, segundo entendimentos prévios. **Não consta que contrato de tal configuração jurídica seja de adesão ou que algumas de suas cláusulas possam ser consideradas como leoninas, matéria**, ademais, como disse, alheias à natureza do procedimento homologatório[975]. (Grifos nossos.)

A partir desse entendimento, podemos concluir que a natureza do contrato é, em princípio, matéria de mérito, logo não está sujeita à deliberação por parte da jurisdição brasileira, por consequência, podemos deduzir que a natureza de contrato de consumo não é irrelevante nas questões de homologação de laudos arbitrais.

Porém, o decisório não afastou a possibilidade de o CDC influenciar no processo de homologação, não pela natureza leonina da cláusula, mas sim pela configuração de consumidor em uma das partes, conforme:

> De igual forma, o laudo exarado pela Liverpool Cotton Association Ltd. nada tem a ver com o Código Nacional de Defesa do Consumidor, para escusar-se a devedora da obrigação assumida, por não se aplicar à empresa importadora de produto destinado a consumidor final, conforme prevê o artigo 2°, que define o consumidor como toda "pessoa física ou jurídica que adquire ou utiliza produto ou serviço como destinatário final"[976].

Essa parte do decisório abre dúvida quanto à questão de a natureza do contrato ser realmente matéria de mérito e, portanto, alheia ao juízo de delibação, ou: se existindo a figura do consumidor em um dos polos contratuais, a natureza do contrato deixa de ser matéria de mérito e adentra como requisito para homologação do laudo?

Sob aspecto legislativo, existem duas respostas possíveis.

A primeira, é considerar que a validade da cláusula compromissória está atrelada à lei escolhida pelas partes ou, na ausência de escolha, à lei do país

---

975 SUPREMO TRIBUNAL FEDERAL. **Sentença Estrangeira 5.847/IN Grã-Bretanha (Inglaterra).** Rel. Maurício Corrêa. Tribunal Pleno, julgado em 01/12/1999, DJ 17/12/1999, p. 252-253. Disponível em: https://stf.jusbrasil.com.br/jurisprudencia/738418/sentenca-estrangeira-contestada-sec-5847-in/inteiro-teor-100454747. Acesso em: 10 maio 2020.

976 SUPREMO TRIBUNAL FEDERAL. **Sentença Estrangeira 5.847/IN Grã-Bretanha (Inglaterra).** Rel. Maurício Corrêa. Tribunal Pleno, julgado em 01/12/1999, DJ 17/12/1999, p. 253. Disponível em: https://stf.jusbrasil.com.br/jurisprudencia/738418/sentenca-estrangeira-contestada-sec-5847-in/inteiro-teor-100454747. Acesso em: 10 maio 2020.

onde o laudo arbitral foi proferido (art. 39, II, da Lei n. 9.307/1996). A validade da cláusula compromissória está atrelada ao direito do juízo arbitral instaurado, não sujeita às regras existentes no país onde se requer a homologação.

Nesse sentido, a natureza do contrato é matéria alheia ao juízo de homologação, não cabendo aplicar regras de abusividade contratual do juízo homologatório.

A outra é resultado de interpretação extensiva do art. 39, II, da Lei n. 9.703[977] e da consideração de que, verificado ser um contrato de consumo, não há aplicação da regra do art. 38, II, mas sim das regras do CDC – não para verificar a natureza contratual, mas verificar afronta à ordem pública internacional. Essa hipótese surge da margem deixada pelo decisório ao se referir ao conceito de consumidor e sua inaplicabilidade à causa em questão.

Pela confusa situação do CDC no direito brasileiro, prefiro estabelecer que contratos empresariais não estão sujeitos a ele no procedimento de homologação.
Por sua vez, os contratos não empresarias demandam cuidado especial com o CDC brasileiro na sua elaboração.

Diante desse breve quadro jurisprudencial da arbitragem no Brasil, não é de nos espantarmos que, apesar da ampla aceitação no Código de Processo Civil do instituto da arbitragem, o bojo das regras para sua homologação continua restrito à Lei n. 9703/1996 e ao procedimento ser idêntico ao da homologação de sentenças prevista no RISTJ – é o STJ competente exclusivo para homologação de laudos arbitrais.

Apesar do procedimento de homologação laudo arbitral ser igual ao das sentenças cíveis e comerciais, existem duas diferenças a destacar: a documentação da petição inicial e o rol de defesa do art. 38 da Lei n. 9.307/1996.

Não sei por qual razão o legislador optou por denominar o requerido na homologação de réu na Lei n. 9.307/1996...

Conforme o art. 37 da Lei n. 9.307/1996, a petição inicial de homologação segue os requisitos da legislação processual civil e, obrigatoriamente,

977 Art. 39. A homologação para o reconhecimento ou execução da sentença arbitral estrangeira também será denegada se o Superior Tribunal de Justiça constatar que: (...) II – a decisão ofende a ordem pública nacional.

deve estar acompanhada: (i) da sentença arbitral ou cópia certificada e autenticada por consulado brasileiro; (ii) da tradução oficial da sentença; (iii) do original da convenção de arbitragem ou cópia certificada; e (iv) da tradução oficial da convenção.

A particularidade está na necessidade de apresentar a convenção arbitral que ensejou o procedimento arbitral do qual o laudo é produto, pois somente se admite arbitragem quando presente instrumento prévio entre as partes – art. 3º e 4º da Lei n. 9.307/1996[978].

A outra particularidade de destaque é que a defesa do requerido está limitada às hipóteses previstas nos arts. 38 da Lei n. 9.307/1996, possibilitando questionar o fundamento do procedimento arbitral (validade da convenção de arbitragem), o próprio procedimento (violação de contraditório e ampla defesa) e a eficácia do laudo arbitral (constatação de anulabilidade do laudo ou suspensão da sua eficácia no país onde foi prolatado)[979].

---

978 Art. 3º As partes interessadas podem submeter a solução de seus litígios ao juízo arbitral mediante convenção de arbitragem, assim entendida a cláusula compromissória e o compromisso arbitral.
Art. 4º A cláusula compromissória é a convenção através da qual as partes em um contrato comprometem-se a submeter à arbitragem os litígios que possam vir a surgir, relativamente a tal contrato.
§ 1º A cláusula compromissória deve ser estipulada por escrito, podendo estar inserta no próprio contrato ou em documento apartado que a ele se refira.
§ 2º Nos contratos de adesão, a cláusula compromissória só terá eficácia se o aderente tomar a iniciativa de instituir a arbitragem ou concordar, expressamente, com a sua instituição, desde que por escrito em documento anexo ou em negrito, com a assinatura ou visto especialmente para essa cláusula.

979 Art. 38. Somente poderá ser negada a homologação para o reconhecimento ou execução de sentença arbitral estrangeira, quando o réu demonstrar que:
I – as partes na convenção de arbitragem eram incapazes;
II – a convenção de arbitragem não era válida segundo a lei à qual as partes a submeteram, ou, na falta de indicação, em virtude da lei do país onde a sentença arbitral foi proferida;
III – não foi notificado da designação do árbitro ou do procedimento de arbitragem, ou tenha sido violado o princípio do contraditório, impossibilitando a ampla defesa;
IV – a sentença arbitral foi proferida fora dos limites da convenção de arbitragem, e não foi possível separar a parte excedente daquela submetida à arbitragem;
V – a instituição da arbitragem não está de acordo com o compromisso arbitral ou cláusula compromissória;
VI – a sentença arbitral não se tenha, ainda, tornado obrigatória para as partes, tenha sido anulada, ou, ainda, tenha sido suspensa por órgão judicial do país onde a sentença arbitral for prolatada.

Sempre ressaltando que não será concedida homologação para laudo arbitral estrangeiro que viole o princípio da ordem pública internacional brasileira, *in casu*, as hipóteses do art. 39 da Lei n. 9.307/1996: violação de competência do judiciário brasileiro (art. 39, I) e, a reserva soberana de sempre, ofensa à ordem pública nacional (art. 39, II).

É imperioso lembrarmos que somente nos atemos às regras gerais de arbitragem consolidadas na Lei n. 9.307/1996, não adentrando em questões específicas de arbitragens oriundas de tratados e convenções internacionais ratificadas pelo Brasil, por exemplo, o Decreto n. 1.902/1996 – Convenção Interamericana sobre Arbitragem Comercial Internacional (Convenção do Panamá de 1975) e o Decreto n. 21.187/1932 – Protocolo Relativo a Cláusula de Arbitragem (Protocolo de Genebra de 1923).

Para enceramos, não estamos analisando a arbitragem internacional entre países, ou arbitragem de Direito Internacional Público, normalmente regida por tratado específico entre os envolvidos e de temática problemática pela presença da soberania das partes e que, em teoria, não necessitaria de homologação. Somente necessita de homologação a arbitragem privada, caracterizada pela inexistência do fator soberania entre as partes envolvidas.

18.3.5 Concessão de *exequatur* à carta rogatória

A última modalidade de homologação existente no ordenamento jurídico brasileiro é a denominada de concessão de *exequatur* à carta rogatória, um dos principais instrumentos para a prática de atos processuais estrangeiros na jurisdição nacional brasileira.

Essa modalidade de homologação tem por objeto decisões interlocutórias e demais atos e medidas processuais que não configurem sentença, nem laudo arbitral, e também não se encaixem em qualquer procedimento específico previsto em tratado ratificado pelo Brasil. Portanto, em regra, é por via da concessão de *exequatur* de carta rogatória que se cumpre a homologação das decisões consideradas de tutela provisória do art. 216-G do RISTJ e de tutela de urgência do art. 962 do CPC[980].

---

[980] Art. 962. É passível de execução a decisão estrangeira concessiva de medida de urgência.
§ 1º A execução no Brasil de decisão interlocutória estrangeira concessiva de medida de urgência dar-se-á por carta rogatória.
§ 2º A medida de urgência concedida sem audiência do réu poderá ser executada, desde que garantido o contraditório em momento posterior.
§ 3º O juízo sobre a urgência da medida compete exclusivamente à autoridade jurisdicional prolatora da decisão estrangeira.

Importante ressaltarmos que o objeto da carta rogatória sempre será uma medida processual, não ato administrativo. Atos administrativos são territoriais, isto significa que seus efeitos estão limitados pela esfera territorial da soberania que os emitiu. Extraterritorialidade de atos administrativos são casos raríssimos, sujeitos a reciprocidade e conveniência política entre as soberanias envolvidas.

A carta rogatória é um instituto processual que remonta ao Aviso Circular de 1º de outubro de 1847 do Ministério dos Negócios da Justiça[981], sendo uma constante desde então na legislação processual brasileira.

Sua definição doutrinária consiste em ser um "mecanismo de comunicação internacional, é utilizado quando não haja previsão, em tratado, ou acordo de cooperação do emprego de auxílio direto"[982], ou seja, é o instrumento por excelência que existe para possibilitar atos processuais estrangeiros na jurisdição nacional ou a prática de ato processual nacional por jurisdição estrangeira.

Existem duas modalidades principais de carta rogatória: a carta rogatória ativa e a carta rogatória passiva.

A carta rogatória ativa designa o procedimento pelo qual uma carta rogatória é utilizada pelo poder judiciário brasileiro para solicitar ao poder judiciário de outro país a realização/prática de determinado ato processual – a autoridade judiciária brasileira consiste como sendo o autoridade-rogada (Estado-rogado ou requerente).

Por outro lado, a carta rogatória passiva designa o procedimento pelo qual uma carta rogatória estrangeira procura a realização/prática de determinado ato na jurisdição brasileira – a autoridade judiciária brasileira consiste como sendo a autoridade-rogante (Estado-rogante ou requerido).

Ambas as modalidades possuem a mesma regra quanto à aplicação do direito: o mérito da medida pleiteada (objeto) é regido pelo direito nacional do Estado-rogado, enquanto as diligências, formalidades e procedimentos para execução da carta rogatória são regidos pelo direito nacional do Estado-rogante.

E ambas as modalidades têm como limites de aplicação o princípio da ordem pública internacional em seu aspecto processual – não se cumpre carta rogatória que viole a ordem pública internacional brasileira.

---

§ 4º Quando dispensada a homologação para que a sentença estrangeira produza efeitos no Brasil, a decisão concessiva de medida de urgência dependerá, para produzir efeitos, de ter sua validade expressamente reconhecida pelo juiz competente para dar-lhe cumprimento, dispensada a homologação pelo Superior Tribunal de Justiça.

981 RAMOS, André de C. **Curso de direito internacional privado.** São Paulo: Saraiva, 2018, p. 485.

982 MARINONI, Luiz G.; MITIDIERO, Daniel. **Comentários ao Código de Processo Civil:** arts. 1º ao 69. 2. ed. São Paulo: Thomson e Reuters Brasil, 2018, p. 418.

Assim, quando analisamos as normas jurídicas existentes sob a matéria de concessão de *exequatur* de cartas rogatórias, em especial as normas constantes no CPC e no RISTJ, estamos analisando as regras referentes à carta rogatória passiva.

O procedimento de concessão de *exequatur* às cartas rogatórias (ou carta rogatória passiva) é competência exclusiva do Superior Tribunal de Justiça, prevista no art. 105, I, *i*, da Constituição Federal pós Emenda Constitucional n. 45/2004 e possui algumas particularidades que a distingue das demais homologações.

A primeira particularidade é que a concessão de *exequatur* somente tem por objeto cartas rogatórias que exijam deliberação judicial para o seu cumprimento, isto significa que cartas rogatórias de conteúdo administrativo ou instrumento de cooperação internacional prevista em tratado próprio (auxílio direto) não necessitam de *exequatur* e seu processamento cabe ao Ministério da Justiça conforme o art. 216-O, § 2º, do RISTJ.

A segunda particularidade é que existe a possibilidade de concessão de *exequatur* sem a necessidade de intimação da parte requerida, situação a qual denominamos de concessão sumária de *exequatur*, cujo fundamento é o art. 216-Q, § 1º, do RISTJ e existe para evitar que a medida pleiteada se torne ineficiente por conta da ciência do requerido.

A última particularidade, mais uma curiosidade histórica, que podemos destacar é que o art. 216, § 1º, do RISTJ é produto de um recente desenvolvimento da jurisprudência brasileira, ao permitir que cartas rogatórias executórias possam ser objeto da concessão de *exequatur*.

São atos de natureza executória a penhora, a constrição de bens & valores, apreensão de documentos, consignações de pagamento etc.

Até o final do século XX, tanto a legislação quanto a jurisprudência brasileira não admitiam a concessão de *exequatur* de carta rogatória que tivesse como objeto ato de execução, porém com o advento do Protocolo de *Las Leñas* (Decreto n. 2.067/1996 – Protocolo de Cooperação e Assistência Jurisdicional em Matéria Civil, Comercial, Trabalhista e Administrativa) iniciou-se uma gradual abertura para a concessão de *exequatur* para cartas rogatórias executórias – em primeiro momento admitindo as previstas em tratado e, atualmente, qualquer modalidade conforme o art. 216, § 1º, do RISTJ.

Salientamos que não será concedido *exequatur* às cartas rogatórias que ofenderem o princípio da ordem pública internacional brasileira.

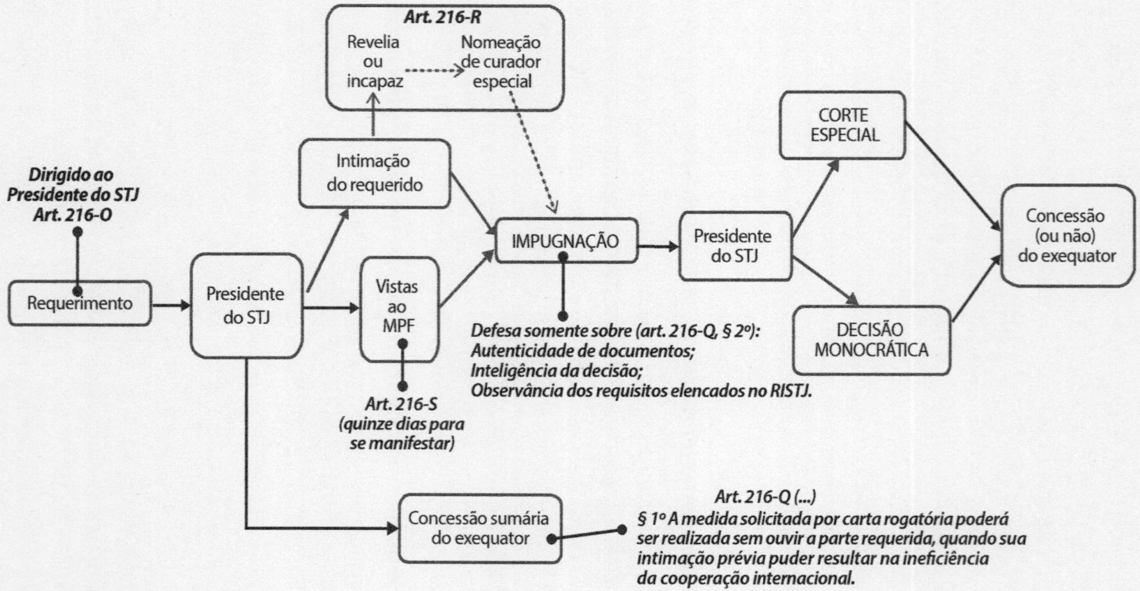

Lembrete:
Art. 216-V. Após a concessão do exequator, a carta rogatória será remetida ao Juízo Federal competente para cumprimento.
§ 1º Das decisões proferidas pelo Juiz Federal competente no cumprimento da carta rogatória caberão embargos, que poderão ser opostos pela parte interessada ou pelo Ministério Público Federal no prazo de dez dias, julgando-os o Presidente deste Tribunal.
§ 2º Os embargos de que trata o parágrafo anterior poderão versar sobre qualquer ato referente ao cumprimento de carta rogatória, exceto sobre a própria concessão da medida ou o seu mérito.
Art. 216-W. Da decisão que julgar os embargos cabe agravo.
Parágrafo único. O Presidente ou o relator do agravo, quando possível, poderá ordenar diretamente o atendimento à medida solicitada.

UM COMENTÁRIO FINAL

Em 2016 fui convidado para participar do evento "Ensinar Direito Internacional: desafios e perspectivas", coordenado pela equipe liderada pelos professores Salem Hikmat Nasser e José Garcez Ghiardi e promovido pela FGV DIREITO SP, evento no qual notei a fragilidade com a qual o Direito Internacional se apresenta atualmente no Brasil.

Essa constatação pareceu ser um consenso entre os professores presentes, especialmente pela percepção geral de que o Direito Internacional é considerado um campo de estudo de "segunda categoria", que encontra "resistência entre os alunos", e ainda ser a única disciplina onde o professor tem de explicar o motivo de ser considerada um ramo jurídico autônomo[983].

Infelizmente, no Brasil a temática do Direito Internacional, incluindo o Direito Internacional Privado, está muito atrasada, em especial, pela tardia (re)inserção de sua obrigatoriedade no currículo básico dos cursos jurídicos somente no final de 1994 (Portaria n. 1.886, de 30 de dezembro de 1994), perpassando pelo ambiente da academia presa à mentalidade dos concursos (resultando em afirmação de que seria uma área que "estuda Duendes, Fadas e Gnomos"), e apresentando um falso cunho elitista pelo déficit de bibliografia em português, forçando os professores a adotarem bibliografia estrangeira[984].

---

983 SANCTIS DE BRITO, A.; NASSER, S. Ensinar direito internacional no Brasil: panorama de uma prática e seus desafios. **Revista Derecho del Estado,** 39, p. 128, ago. 2017. Disponível em: https://revistas.uexternado.edu.co/index.php/derest/article/view/5041.

984 SANCTIS DE BRITO, A.; NASSER, S. Ensinar direito internacional no Brasil: panorama de uma prática e seus desafios. **Revista Derecho del Estado,** 39, p. 129-130, ago. 2017. Disponível em: https://revistas.uexternado.edu.co/index.php/derest/article/view/5041.

Diante desse contexto é que decidi escrever os presentes comentários – os quais deveriam ser breves, mas se tornaram longos – com o objetivo de facilitar a introdução ao estudo e acrescentar à bibliografia nacional obra sobre o Direito Internacional Privado.

Por isso, lembramos ao leitor que os presentes comentários expõem somente a ponta do *iceberg* que é o Direito Internacional Privado, especialmente neste século XXI marcado pelo aprofundamento das relações entre os povos.

É uma obra incompleta. Aliás, ela é completa nos limites em que foi concebida, lembrando muito a advertência dos legisladores alemães do século XIX na elaboração do *Bürgerliches Gesetzbuch*:

> Kein Gesetz kann in dem Sinne vollständig sein, daß es für jedes denkbare, in den Rahmen des von ihm behandelten Rechtstoffes fallende Verhältniß unmittelbar anwendbare Vorschrift und die Hand giebt. Der Versuch eine Vollständigkeit dieser Art zu erstreben, wäre verkehrtes Beginnen[985].
>
> ***
>
> Nenhuma lei pode ser considerada completa no sentido de regulamentar diretamente toda e qualquer relação concebível que se enquadre no âmbito de sua aplicação. Tentar alcançar tal completude seria começar errado.

Destarte, esperamos ter cumprido, pelo menos, nosso objetivo principal: despertar a curiosidade do nosso leitor para aprofundar seus estudos nessa fascinante disciplina denominada de Direito Internacional Privado.

---

985 DEUTSCHES REICH. **Motive zu dem Entwerfe eines Bürgerlichen Gesetzbuches für das Deutsche Reich.** Band I. Allgemeiner Theil. Amtliche Ausgabe Berlin und Leipzig: Verlag von J. Guttentag, 1888, p. 16.

REFERÊNCIAS

ALMEIDA, Bruno. Algumas considerações sobre casamentos e parcerias entre pessoas do mesmo sexo e regras de direito internacional privado brasileiro. **Revista de Direito Internacional,** Brasília, Uniceub, v. 11, n. 1, 2014, p. 51. Disponível em: https://www.publicacoesacademicas.uniceub.br/rdi/article/view/2832. Acesso em: 30 maio 2019.

AMARAL, Francisco. **Direito Civil:** uma introdução. 6. ed. Rio de Janeiro: Renovar, 2006.

AMORIM, Fernando Sérgio Tenório de; LÔBO, Paulo Luiz Netto. **A autonomia da vontade nos contratos eletrônicos internacionais de consumo.** Dissertação (Mestrado) – Programa de Pós-Graduação em Direito da Universidade Federal de Pernambuco, Recife, 2006, p. 146. Disponível em: https://repositorio.ufpe.br/handle/123456789/4616. Acesso em: 20 fev. 2020.

ALMEIDA, Candido M. de. **Código philippino ou ordenações e leis do reino de Portugal recompiladas por mandado d'el-rey D. Philippe I.** 14. ed. Rio de Janeiro: Typhographia do Instituto Philomathico, 1870, t. 3, p. 638-639. Disponível em: http://www2.senado.leg.br/bdsf/handle/id/242733. Acesso em: 30 maio 2019.

ANAC. Definições, regras de redação e unidades de medida para uso no RBAC – Emenda n. 3 de 7 junho de 2018. **Regulamento brasileiro da aviação civil RBAC n. 1.** Disponível em: https://www.anac.gov.br/assuntos/legislacao/legislacao1/rbha-e-rbac/rbac/rbac-01/@@display-file/arquivo_norma/RBAC01_EMD03.pdf. Acesso em: 6 out. 2019.

ANDRADE FIGUEIRA, 14ª Reunião em 21 de outubro de 1901. In: BRASIL. **Código Civil brasileiro:** trabalhos relativos à sua elaboração. Rio de Janeiro: Imprensa Nacional, p. 291, v. 3. 1919. Disponível em: http://bd.camara.gov.br/bd/handle/bdcamara/14356. Acesso em: 30 maio 2019.

APRIGLIANO, Ricardo de Carvalho; CARMONA, Carlos Alberto. **A ordem pública no direito processual civil. 2010.** (tese de doutorado – Direito) Universidade de São Paulo, São Paulo, 2010, p. 7. Disponível em: https://repositorio.usp.br/single.php?_id=001852179. Acesso em: 30 maio 2019.

ARAUJO, Elayne C. M. de; LIMA, Luiza R. B. I. Direito constitucional à informação e proteção à propriedade intelectual no ciberespaço: (in)eficácia do regime jurídico do direito de autor no ciberespaço. **Revista Direito e Desenvolvimento,** João Pessoa (PB), v. 5, n. 10, p. 63, jun./dez., 2014. Disponível em: https://periodicos.unipe.br/index.php/direitoedesenvolvimento/article/view/259. Acesso em: 12 set. 2019.

ARENHART, Sérgio; MARINONI, Luiz G. **Comentários ao Código de Processo Civil:** arts. 369 ao 380. 2. ed. São Paulo: Thomson Reuters Brasil, 2018.

ARGENTINA. **Código Civil de la nación.** Buenos Aires: Ministerio de Justicia y Derechos Humanos. Disponível em: http://servicios.infoleg.gob.ar/infolegInternet/anexos/105000-109999/109481/texactley340_preliminar_tituloI.htm. Acesso em: 30 maio 2019.

ARMINIJON, Pierre. Notions des droit acquis en droit international privé. In: ACADEMIE DE DROIT INTERNATIONAL DE LA HAYE. **Recueil des Cours.** Paris: Libraire du Recueil Sirey, 1933.

ASCARELLI, Tullio. **Teoria geral dos títulos de crédito**. Campinas: Servanda, 2013.

ASSER, Tobias M. C. **Éléments de droit international privé ou du conflit des lois.** Traduire par Alphonse Rivier. Paris: Arthur Rousseau Éditeur, 1884, p. 3-4. Disponível em: http://gallica.bnf.fr. Acesso em: 30 maio 2019.

AZEVEDO, Antônio J. de. **Negócio jurídico**: existência, validade e eficácia. 4. ed. São Paulo: Saraiva, 2002.

BAPTISTA, Luiz O. **Contratos internacionais.** São Paulo: Lex Magister, 2011.

_______. Aplicação do direito estrangeiro pelo juiz brasileiro. In: BAPTISTA, Olavo; MAZZUOLI, Valério de O. (orgs.). **Doutrinas essenciais de direito internacional:** direito internacional privado: teoria e prática. São Paulo: Revista dos Tribunais, 2012.

BAR, Christian v.; MANKOWSKI, Peter. **Internationales Privatrecht.** Band I Allgemeine Lehren. 2. aufl. München: C. H. Beck, 2003.

BARBOSA, Conceição Aparecida. **Termos e conceitos da Ordem do juízo nas Ordenações do Reino:** permanências e mudanças. Tese (Doutorado em Filologia e Língua Portuguesa) – Faculdade de Filosofia, Letras e Ciências Humanas da Universidade de São Paulo, São Paulo, 2012, p. 119. Disponível em: https://teses.usp.br/teses/disponiveis/8/8142/tde-22022013-151936/pt-br.php. Acesso em: 30 maio 2019.

BARRETO, Simone Rodrigues Costa. **Mutação do conceito constitucional de mercadoria.** 230 f. Tese (Doutorado em Direito) – Programa de Pós-Graduação em Direito da Pontifícia Universidade Católica de São Paulo, São Paulo, 2014, p. 169. Disponível em: https://tede2.pucsp.br/handle/handle/6503. Acesso em: 25 de jul. 2019.

BARROSO, Luis R. **Interpretação e aplicação da Constituição:** fundamentos de uma dogmática constitucional transformadora. 7. ed. São Paulo: Saraiva, 2009.

BARTIN, Étienne. La doctrine des qualifications et ses rapports avec le caractère national des règles du conflit des lois. **Recueil de Cours.** Academie de Droit International. Paris: Libraire du Recueil Sirey, 1930, t. 31.

BASSO, Maristela. **Curso de direito internacional privado.** 5. ed. São Paulo: Atlas, 2016.

BEALE, Joseph H. Selections from **A treatise on the conflict of laws.** v. 1: Jurisdiction. New York: Baker, Voorhis & Co, 1935, § 73. Disponível em: https://www.constitution.org/cmt/jhb/conflict_laws.htm. Acesso em: 30 maio 2019.

BERNARDI, Vanessa de O. Competência internacional: as soluções propostas pelo novo Código de Processo Civil. **Revista Eletrônica de Direito Processual – REDP,** Rio de Janeiro (RJ), v. 13, n. 13, jan./jun. 2014, ISSN 1982-7636, p. 863. Disponível em: https://www.epublicacoes.uerj.br/index.php/redp/article/view/11938. Acesso em: 13 fev. 2020.

BEVILAQUA, Clóvis. **Princípios elementares de direito internacional privado.** Campinas: RED Livros, 2002.

BINENBOJM, Gustavo. Monismo e dualismo no Brasil: uma dicotomia afinal irrelevante. **Revista da EMERJ,** v. 3, n. 9, p. 180-195, 2000, disponível online em https://www.emerj.tjrj.jus.br/revistaemerj_online/edicoes/revista09/Revista09_180.pdf

BISCALCHIN, Ana Carolina S.; ALMEIDA, Marco A. de. Direitos autorais, informação e tecnologia: impasses e potencialidades. **LIINC em Revista,** RJ, v. 7, n. 2, set. 2011, p. 641. Disponível em: http://revista.ibict.br/liinc/article/view/3310. Acesso em: 12 set. 2019.

BOAVIAGEM, Aurélio Agostinho. A autonomia da vontade na escolha da lei aplicável à doutrina e ao direito brasileiros. In: ADEODATO, João Maurício (coord.). **Anuário dos cursos de pós-graduacão em Direito.** Recife: PPGD/UFPE, n. 12.

BOBBIO, Norberto. **Teoria da norma jurídica.** Trad. Fernando P. Baptista e Ariani Bueno Sudatti. 2. ed. Bauru: Edipro, 2003.

BORBA, José Edwaldo T. **Direito societário.** 17. ed. São Paulo: Atlas, 2019.

BOUCAULT, Carlos Eduardo de A. **Direitos adquiridos no direito internacional privado**. Porto Alegre: Sergio Antonio Fabris Editor, 1996.

BRANCO, Sérgio. A natureza jurídica dos direitos autorais. **Civilistica.com.** Rio de Janeiro, a. 2, n. 2, abr./jun. 2013. Disponível em: http://civilistica.com/a-natureza juridica-dos-direitosautorais. Acesso em: 22 jul. 2019.

BRASIL. **Código Civil:** esboço por A. Teixeira de Freitas. Rio de Janeiro: Ministério da Justiça e Negócios Interiores (serviço de documentação), 1952.

_______. **Código de Processo Civil:** histórico da lei. Brasília: Senado Federal, Subsecretaria de Edições Técnicas, 1974, t. 1, p. 19, v. 1. Disponível em: http://www2.senado.leg.br/bdsf/handle/id/177828. Acesso em: 30 maio 2019.

_______. **Código de Processo Civil e normas correlatas.** 7. ed. Brasília: Senado Federal, 2015, p. 34-35. Disponível em: https://www2.senado.leg.br/bdsf/handle/id/512422. Acesso em: 30 maio 2019.

_______. **Informativo de jurisprudência.** Superior Tribunal de Justiça, n. 58, Brasília, 15 a 19 de maio de 2000, p. 4. Disponível em: https://scon.stj.jus.br/SCON/SearchBRS?b=INFJ&tipo=informativo&livre=@COD=%2 70058%27. Acesso em: 30 maio 2019.

_______. **Decreto n. 6.759, de 5 de fevereiro de 2009.** Regulamenta a administração das atividades aduaneiras, e a fiscalização, o controle e a tributação das operações de comércio exterior. Brasília: Congresso Nacional, 2009. Disponível em: http://www.planalto.gov.br/ccivil_03/_ato2007-2010/2009/decreto/d6759.htm. Acesso em: 3 ago. 2019.

_______. **Projeto de Lei da Câmara n. 6.583 de 2013.** Dispõe sobre o Estatuto da Família e dá outras providências. Brasília: Câmara dos Deputados, 2013. Disponível em: https://www.camara.leg.br/proposicoesWeb/fichadetramitacao?idProposicao=597005. Acesso em: 30 maio 2019.

_______. **Resolução Anvisa/DC n. 41, de 1º de setembro de 2015.** Estabelece normas de controle sanitário sobre a entrada de bens e produtos procedentes do exterior destinados à utilização em eventos de grande porte no País. Brasília: Anvisa, Diário Oficial da União de 2 de setembro de 2015. Disponível em: https://www.legisweb.com.br/legislacao/?id=302886. Acesso em: 3 ago 2019.

_______. **Projeto de Lei do Senado n. 351 de 2015.** Acrescenta parágrafo único ao art. 82, e inciso IV ao art. 83 da Lei n. 10.406, de 10 de janeiro de 2002 (Código Civil), para que determinar que os animais não serão considerados coisas. Brasília: Senado Federal, 2015. Disponível em: https://www25.senado.leg.br/web/atividade/materias/- /materia/121697. Acesso em: 3 ago. 2019.

_______. **Resolução ANAC n. 400, de 13 de dezembro de 2016.** Dispõe sobre as condições gerais de transporte aereo. Brasília: ANAC, Diário Oficial da União de 14 de dezembro de 2016, Disponível em: https://www.anac.gov.br/assuntos/legislacao/legislacao-1/resolucoes/resolucoes 2016/resolucao-no-400-13-12-2016. Acesso em: 3 ago. 2019.

_______. **Resolução CONTRAN n. 675 de 21/06/2017.** Dispõe sobre o transporte de animais de produção ou interesse econômico, esporte, lazer e exposição. Brasília: Conselho Nacional de Trânsito, Diário Oficial da União de 26 de junho de 2017, art. 2º, III. Disponível em: https://www.legisweb.com.br/legislacao/?id=345298. Acesso em: 3 ago. 2019.

_______. **Projeto de Lei da Câmara n. 27, de 2018.** Acrescenta dispositivo à Lei n. 9.605, de 12 de fevereiro de 1998, para dispor sobre a natureza jurídica dos animais não humanos. Brasília: Câmara dos Deputados, 2018. Disponível em: https://www25.senado.leg.br/web/atividade/materias/-/materia/133167. Acesso em: 3 ago. 2019.

_______; MINISTÉRIO DA DEFESA. **Manual técnico de aerotransporte.** Brasília: Exército Brasileiro, 2015, item 6-1. Disponível em: http://bdex.eb.mil.br/jspui/bitstream/1/1274/1/EB60-MT34.404_MANUAL_TECNICO_AEROTRANSPORTE_1_edicao_AGO_15.pdf. Acesso em: 30 jul. 2019.

BAUDEL, Jules-Marc. Le droit d'auteur français et le copyright américain: les enjeux. **Revue française de d'études américaines,** n. 78, octobre (L'édition américaine en mouvement), Editions Belin, 1998, p. 48-59. Disponível em: http://www.jstor.org/stable/20874562. Acesso em: 1º set. 2019.

BRILMAYER, Lea; GOLDSMITH, Jack; O'CONNOR, Erin O'Hara. **Conflict of laws:** cases and materials. 7. ed. New York: Wolter Kluwers, 2015.

BUNDESVERFASSUNGSGERICHT. **BVerfGE 31, 58** – Spanier-Beschluß. Disponível em: http://www.servat.unibe.ch/dfr/bv031058.html. Acesso em: 15 out. 2019.

BUSCH, Benjamin. When Law is Fact. **Fordham Law Review,** v. 24, Issue 646, 1955, p. 647. Disponível em: http://ir.lawnet.fordham.edu/flr/vol24/iss4/8. Acesso em: 30 maio 2019.

CABRAL, Maria Walkíria de Faro Coelho Guedes; GODINHO, Jéssica Rodrigues. A constituição cidadã, a proteção da família e a (des)construção do direito das famílias. **Revista da Faculdade de Direito da UFPR,** Curitiba (PR), Brasil, v. 63, n. 32, p. 61-80, dez. 2018. ISSN 2236-7284. Disponível em: https//revistas.ufpr.br/direito/article/view/59212/37385. Acesso em: 6 jul. 2019.

CAMARA DOS DEPUTADOS. **Código Civil brasileiro:** trabalhos relativos à sua elaboração. Rio de Janeiro: Imprensa Nacional, 1917, v. 1.

CAMPINHO, Sérgio; GUIMARÃES, Márcio S.; SANTOS, Paulo P. A falência transnacional no Projeto do Código Comercial. **Consultor Jurídico – ConJur,** 17 de junho de 2016. Disponível em: https://www.conjur.com.br/2016-jun-17/falencia-transnacional-projeto-codigo comercial. Acesso em: 30 maio 2019.

CARNEIRO, Fernanda Maria A.; MAGALHÃES, Fabiano R. Propriedade intelectual: conceito, proteção jurídica e espécies. **Essentia: Revista de Cultura, Ciência e Tecnologia,** Acaraú (CE), v. 18, n. 1, 2017, p. 129. Disponível em: http://www.uvanet.br/essentia/index.php/revistaessentia/article/view/102. Acesso em: 20 set. 2019.

CARNELUTTI, Francesco. **A prova civil.** Trad. Lisa Pary Scarpa. Campinas: Bookseller, 2002.

CARSWELL, R. D. The Doctrine of Vested Rights in Private International Law. In: **The international and comparative Law Quarterly,** v. 8, n. 2, 1959, p. 279. Disponível em: www.jstor.org/stable/755805. Acesso em: 17 abr. 2020.

CARVALHO DE VASCONCELOS, Raphael. Constitucionalização e direito internacional privado no Brasil. **Revista da Secretaria do Tribunal Permanente de Revisão,** p. 197, maio 2016. ISSN 2304-7887. Disponível em: http://www.revistastpr.com/index.php/rstpr/article/view/178. Acesso em: 17 out. 2019.

CARVALHO, Carlos Augusto de. **Direito civil brasileiro recompilado,** ou, **Nova consolidação das leis civis vigentes em 11 de agosto de 1899.** Rio de Janeiro: Livraria de Francisco Alves, 1899, p. 11. Disponível em: http://www2.senado.leg.br/bdsf/handle/id/227295. Acesso em: 30 maio 2019.

CASTRO, Amilcar de. Conceito de território. **Revista da Faculdade de Direito da UFMG,** Belo Horizonte, n. 1, p. 98-106, 1962. Disponível em: https://www.direito.ufmg.br/revista/index.php/revista/article/view/661. Acesso em: 28 out. 2019.

_______. **Direito internacional privado.** 5. ed. Atualizado por Osiris Rocha. Rio de Janeiro: Forense, 2004.

CAPUCIO, Camilla; CAETANO, Fernanda A. Kallas e. **Revista da Secretaria do Tribunal Permanente de Revisão,** a. 4, n. 7, maio 2016, p. 293. ISSN 2304-7887. Disponível em: http://www.revistastpr.com/index.php/rstpr/article/view/165. Acesso em: 30 maio 2019.

CERQUEIRA, Gustavo V. da C. O novo direito internacional privado chinês: aspectos gerais e contratuais (a propósito da nova lei da República Popular da China, de 28.11.2010). In: BAPTISTA, Luiz O.; MAZZUOLI, Valério de O. (orgs.). **Direito internacional privado:** teoria geral. São Paulo: Revista dos Tribunais, 2012, coleção Doutrinas Essenciais: Direito Internacional, v. 4.

CERQUEIRA, Wanilza M. de A. **TRIPS-Plus e acesso a medicamentos:** um estudo baseado na regulamentação do comércio internacional pela Organização Mundial do Comércio. Dissertação (Mestrado) – Programa de Pós-Graduação em Direito da Universidade Federal de Pernambuco, Recife, 2012, p. 40. Disponível em: https://repositorio.ufpe.br/handle/123456789/10573. Acesso em: 23 ago. 2019.

CHAFEE JR., Zechariah. Reflections on the Law of Copyright I. **Columbia Law Review,** New York (USA), v. 45. n. 4, jul. 1945, p. 503. Disponível em: http://www.jstor.org/stable/1117985. Acesso em: 30 maio 2019.

CHARLES II, 1662. An Act for preventing the frequent abuses in printing seditious, treasonable and unlicensed Bookes and Pamphlets and for regulating of Printing and Printing Press. In: RAITHBY, John (ed.). **Statutes of the Realm:** v. 5: 1628-80. s. l.: Great Britain Record Commission, 1819, p. 428-435. British History Online. Disponível em: http://www.british-history.ac.uk/statutes-realm/vol5/pp428-435. Acesso em: 30 maio 2019.

CHIOVENDA, Giuseppe. **Instituições de direito processual civil.** Trad. Paolo Capitanio. 3. ed. Campinas: Bookseller, v. III, 2002.

CINTRA, Antônio Carlos de Araújo. Prova do direito estrangeiro. In: BAPTISTA, Luís O.; MAZZUOLI, Valério de O. **Doutrinas essenciais de direito internacional.** v. 4: Direito internacional privado: teoria e prática. São Paulo: Revista dos Tribunais, 2012, p. 869-893.

COSTA, Álvaro M. da. A tutela penal dos direitos autorais. **Revista da EMERJ,** RJ, v. 11, n. 42, 2008, p. 45-69. Disponível em: http://www.emerj.tjrj.jus.br/revistaemerj_online/edicoes/revista42/Revista42_45.pdf. Acesso em: 30 maio 2019.

COSTA, Cynara de B. **A verdadeira *lex mercatoria*:** o direito além do estado – um estudo sobre as antigas e novas teorias da *lex mercatoria*. Dissertação (Mestrado) – Programa de Pós-Graduação em Direito da Universidade Federal de Pernambuco, Recife, 2011, p. 29-30. Disponível em: https://repositorio.ufpe.br/bitstream/123456789/4772/1/arquivo6701_1.pdf. Acesso em: 26 maio 2019.

CURRIE, Brainerd. Comment on Babcock v. Jackson. In: CAVERS, David F., et al. Babcock v. Jackson, 12 N. Y. 2d 473, 191 N. E. 2d 279, 240 N. Y. S. 2d 743 (1963). **Columbia Law Review,** v. 63, n. 7, 1963, p. 1242. Disponível em: www.jstor.org/stable/1120450. Acesso em: 22 jun. 2019. Acesso em: 30 maio 2019.

CURY, Carolina M. N.; LOPES, Laís G. Para além das espécies: a busca por um conceito juridicamente adequado para os animais no direito brasileiro. **Revista de Biodireito e Direitos dos Animais.** e-ISSN: 2525-9695, Minas Gerais, v. 1, n. 2, jul./dez. 2015, p. 252. Disponível em: https://indexlaw.org/index.php/revistarbda/article/view/26/pdf. Acesso em: 3 ago. 2019.

DE BARROS, Carolina Geissler Miranda; SANT'ANNA, Leonardo da Silva; VAZ E DIAS, José Carlos. Novas propriedades e sua funcionalização: a intersecção entre os direitos culturais e dos direitos de autor na atual realidade brasileira. **RFD – Revista da Faculdade de Direito da UERJ,** RJ, n. 32, p. 26, dez. 2017. ISSN 2236-3475. Disponível em: https://www.e-publicacoes.uerj.br/index.php/rfduerj/article/view/31916. Acesso em: 30 maio 2019.

DEL'OLMO, Florisbal de S.; ARAÚJO, Luis I. de A. **Lei de Introdução ao Código Civil brasileiro comentada.** 2. ed. Rio de Janeiro: Forense, 2004.

DEL'OMO, Florisbal de S.; JAEGER JUNIOR, Augusto. **Curso de direito internacional privado.** 12. ed. Rio de Janeiro: Forense, 2017.

DESTA, Melaku Geboye. Soft Law in international law: an overview. In: BRJORKLUND, Andrea K.; REINISCH, August (editors). **International Investment Law and soft law.** Cheltenham (UK); Northampton (USA): Edward Elgar, 2012, p. 40.

DEUTSCHLAND. **Bürgerliches Gesetzbuch (BGB).** Berlin: Bundesministerium der Justiz und für Verbraucherschutz. Disponível em: https://www.gesetze-im internet.de/bgb/__90a.html. Acesso em: 30 maio 2019.

_______. **Grundgesetz für die Bundesrpublik Deutschland vom 23. Mai 1949.** Disponível em: http://www.documentarchiv.de/brd/1949/grundgesetz.html. Acesso em: 15 out. 2019.

DEUTSCHER REICHSANZEIGEN. **Amtliches Mitteilungsblatt des Deutschen Reiches.** Civilprozeßordnung Buch 2. Disponível em: https://deutscherreichsanzeiger.de/Gesetze/blog/1877/02/19/cpo-buch-2/. Acesso em: 30 maio 2019.

DEUTSCHES REICH. **Motive zu dem Entwerfe eines Bürgerlichen Gesetzbuches für das Deutsche Reich.** Band I. Allgemeiner Theil. Amtliche Ausgabe Berlin und Leipzig: Verlag von J. Guttentag, 1888.

DIAS, Kacerine R. Direito autoral: como a lei inibe o acesso ao conhecimento. **Revista Eletrônica do Curso de Direito da UFSM,** Santa Maria (RS), Brasil, v. 3, n. 2, jun. 2008, p. 67-81. Disponível em: https://periodicos.ufsm.br/revistadireito/article/view/6859. Acesso em: 12 set. 2019.

DIBI SCHVARCZ, Priscila. O penhor rural como garantia nos contratos de arrendamento rural. **Revista Eletrônica do Curso de Direito da UFSM,** Santa Maria (RS), v. 3, n. 2, ago. 2008. ISSN 1981-3694. Disponível em: https://periodicos.ufsm.br/revistadireito/article/view/6857/4151. Acesso em: 5 ago. 2019.

DICEY, Albert V. **A digest of the law of England with reference to the conflict of laws.** 2. ed. London: Stevens and Sons Law Publishers, 1908.

DISTRITO FEDERAL. **Decreto n. 16.752, de 31 de dezembro de 1924.** Põe em execução o Código do processo civil e commercial no Distrito Federal. Disponível em: http://www2.camara.leg.br/legin/fed/decret/1920-1929/decreto-16752-31-dezembro-1924-516249-publicacaooriginal-139889-pe.html. Acesso em: 30 maio 2019.

DOLINGER, Jacob. **A evolução da ordem pública no direito internacional privado.** Imprensa: Rio de Janeiro, Graf. Luna, 1979.

_______. **Contratos e obrigações no direito internacional privado.** Rio de Janeiro: Renovar, 2007.

_______. TIBURCIO, Carmen. **Direito internacional privado.** 14. ed. Rio de Janeiro: Forense, 2018.

DUARTE, Carolina Piacentre. **Bandeiras de conveniência.** Monografia de conclusão de curso para Formação de Oficiais de Náutica/Máquinas da Marinha Mercante. Rio de Janeiro: Centro de Instrução Almirante Graça Aranha, 2013, p. 10. Disponível em: http://www.redebim.dphdm.mar.mil.br/vinculos/000005/00000536.pdf. Acesso em: 29 de nov. 2019.

DUARTE, Carlos Adolfo T. A lei aplicável ao contrato internacional de trabalho. **Revista de Ciência Política,** Rio de Janeiro, v. 29, n. 3, p. 89-102, jul. 1986. ISSN 0034-8023. Disponível em: http://bibliotecadigital.fgv.br/ojs/index.php/rcp/article/view/60196/58513. Acesso em: 22 ago. 2020.

EBEL, Friedrich; THIELMANN Georg. **Rechtsgeschichte:** von der römischen antike bis zur neuzeit. 3. ed. Heidelberg: C. F. Müller, 2003.

EHRHARDT JUNIOR, Marcos. Relação obrigacional como processo na construção do paradigma dos devers gerais de conduta e suas consequências. **Revista da Faculdade de Direito UFPR,** Curitiba (PR), Brasil, v. 56, dez. 2012, p. 142. Disponível em: http://dx.doi.org/10.5380/rfdufpr.v56i0.33494. Acesso em: 14 de junho de 2019.

ESPAÑA. Real Decreto de 24 de julio de 1889 por el que se publica el código Civil. **Agencia Estatal – Boletín Oficial del Estado (España).** BOE-A-1889-4763. Disponível em: https://www.boe.es/eli/es/rd/1889/07/24/(1)/con. Acesso em: 15 out. 2019.

ESQUIROL, Jorge. J. Latin America. In: FASSBENDER, Bardo; PETERS, Anne. **The oxford handbook of the History of International Law.** Oxford: Oxford University Press, 2012, p. 570-571.

PONTES DE MIRANDA, Francisco Cavalcanti. **Tratado de direito internacional privado.** Rio de Janeiro: Livraria José Olympio, 1935, t. 1.

EVANGELISTA, Érica. **O art. 6º da Convenção de Viena de 1980 e o direito brasileiro:** a concepção brasileira da autonomia da vontade e o princípio da natureza dispositiva da Convenção de 1980. Dissertação (Mestrado) – Programa de Pós-Graduação em Direito da Universidade Federal de Pernambuco, Recife, 2018. Disponível em: https://repositorio.ufpe.br/handle/123456789/32739. Acesso em: 30 maio 2019.

FANRSWORTH, E. A.; SANGER, Carol; COHEN, Neil B.; BROOKS, Richard R.W.; GARVIN, Larry T. [compilers]. **Selections for contracts:** Restatement Second, UCC articles 1 and 2, Uniform Electronic Transactions Act, Electronic Signatures in Global and National Commerce Act, UN Sales Convention, UNIDROIT Principles, Selected Contracts and Forms. 10. ed. New York: Thomson Reuters/Foundation Press, 2011.

FARIA, Heitor M. de. **Licenças livres e direitos fundamentais.** Rio de Janeiro: Brasport, 2011.

FARO, Julio P.; PESSANHA, Jackeline F. O casamento civil homoafetivo e sua regulamentação no Brasil. **Revista de Bioética y Derecho,** Barcelona, n. 32, 2014, p. 72-81. Disponível em: https://doi.org/10.1344/rbd2014.32.10694. Acesso em: 12 jul. 2019.

FERRAZ JR., Tércio S. **Introdução ao estudo do direito:** técnica, decisão, dominação. 2. ed. São Paulo: Atlas, 1994.

FILHO, Adelino de Luna Freire. Conceito jurídico do funcionario publico. Sua responsabilidade patrimonial. **Revista Acadêmica da Faculdade de Direito do Recife,** v. 4, n. 1, p. 59-65, 1894. ISSN 2448-2307. Disponível em: https://periodicos.ufpe.br/revistas/ACADEMICA/article/view/238553/30365 Acesso em: 27 jun. 2019.

FIÚZA, Cesar. **Direito civil:** curso completo. 4. ed. Belo Horizonte: Del Rey, 2001.

FLUME, Werner. **Allgemeiner Teil des bürgerlichen Rechts.** Zweiter Band. Das Rechtsgeschäft. 4. aufl. Berlin, Heidelberg; New York: Springer Verlag, 1992.

FOELIX, M. **Traité du droit international privé ou du conflit des lois de différentes nations.** 2. ed. Paris: Joubert, Libraire de la Cour de Cassation, 1847.

FRANCE. Déclaration des Droits de l'Homme et du Citoyen de 1789. **Journal officiel de la République Française.** Disponível em: https://www.legifrance.gouv.fr/Droit-francais/Constitution/Declaration-des-Droits-de-lHomme-et-du-Citoyen-de-1789. Acesso em: 6 set. 2019.

________. Cour de Cassation. Décision n. 2011-159 QPC: 06 août 2011. **Journal officiel de la République Française.** Disponível em: https://www.legifrance.gouv.fr/jo_pdf.do?id=JORFTEXT000024447242. Acesso em: 22 de jun. 2019.

FREITAS, Augusto Teixeira de. **Consolidação das leis civis.** Brasília: Senado Federal – Conselho Editorial, 2003.

GAIUS. **Instituições direito privado romano.** Trad. J. A. Segurado e Campos. Lisboa: Fundação Calouste Gulbenkian, 2010.

GAMA, Guilherme C. Nogueira da.; PEREIRA, Daniel Q. Função social do contrato. IN: GAMA, Guilherme C. N. da. **Função social no direito civil.** São Paulo: Atlas, 2007.

GAMA JR., Lauro. **Contratos internacionais à luz dos princípios do UNIDROIT 2004:** *soft law*, arbitragem e jurisdição. Rio de Janeiro: Renovar, 2006.

GIBERTONI, Carla Adriana C. **Teoria e prática do direito marítimo.** 3. ed. Rio de Janeiro: Renovar, 2014.

GLITZ, Frederico. A aplicação do direito estrangeiro pelo juiz nacional: o caso da jurisprudência brasileira. **RSTPR,** Asunción, v. 4, n. 7, p. 280-291, maio 2016. Disponível em: http://dx.doi.org/10.16890/rstpr.a4.n7.p280. Acesso em: 30 maio 2019.

GORDILHO, Heron; SILVA, Tagore T. de A.; RAVAZZANO, Fernanda. Animais e a hermenêutica constitucional abolicionista. **Revista Acadêmica da Faculdade de Direito do Recife,** v. 88, n. 2, fev. 2017, p. 126. Disponível em: https://periodicos.ufpe.br/revistas/ACADEMICA/article/view/12097/15785. Acesso em: 3 ago. 2019.

GOMES, Orlando. **Contratos.** Atualizado por Edvaldo Brito, Reginalda Paranhus de Brito. 27. ed. Rio de Janeiro: Forense, 2019.

GOMES, Oscar Martins. **A letra de câmbio no direito internacional privado.** Tese (Cátedra de Direito Internacional Privado) – Universidade Federal do Paraná, Curitiba, 1947. Disponível em: https://acervodigital.ufpr.br/handle/1884/24833. Acesso em: 17 ago. 2019.

GONÇALVES, Jorge Cesar S. B. A entrega de brasileiro nato ao Tribunal Penal Internacional – análise sob a luz constitucional brasileira que veda sua extradição – dignidade da pessoa humana. **Revista Liberdades,** São Paulo (SP), n. 3, jan./abr. 2010, p. 107. Disponível em: http://www.revistaliberdades.org.br/site/outrasEdicoes/outrasEdicoesExibir.php?rcon_id=28. Acesso em: 3 ago. 2019.

GRINOVER, Ada Pellegrini; BENJAMIM Antônio Herman de V. e; FINK, Daniel R.; FILOMENO, José G. B.; WATANABE, Kazuo; NERY JR., Nelson; DENARI, Zelmo. **Código de Defesa do Consumidor:** comentado pelos autores do anteprojeto. 8. ed. Rio de Janeiro: Forense Universitária, 2004.

GUIMARÃES, Marcelo C. **Cartéis internacionais:** desafios e perspectivas para a internacionalização do direito da concorrência. Dissertação (Mestrado – Direito) – Universidade Federal de Pernambuco, Recife, 2017, p. 57. Disponível em: https://repositorio.ufpe.br/handle/123456789/29852. Acesso em: 22 set. 2019.

GUSMÃO, Roberto J. F. de. História da aviação. In: LAENDER, Alessandro A.; MOURÃO, Sérgio L.; LEITE E SILVA, Juliano V. **Direito aeronáutico.** Belo Horizonte: D'Plácido, 2018.

HART, Herbert L. A. **O conceito de direito.** 3. ed. Lisboa: Fundação Calouste Gulbenkian, 2001.

HATAB, Layla Gonçalves; ZAGANELLI, Margareth Vetis. Recursos excepcionais e valoração de provas. **Revista Eletrônica de Direito processual – REDP,** Rio de Janeiro (RJ), v. 7, n. 7, maio/ago., 2011, p. 392. Disponível em: https://www.epublicacoes.uerj.br/index.php/redp/article/view/21131/15220. Acesso em: 3 ago. 2019.

HILL, Flávia P.; PINHO, Humberto Dalla B. A nova fronteira do acesso à justiça: a jurisdição transnacional e os instrumentos de cooperação internacional no CPC/2015. **Revista Eletrônica de Direito Processual – REDP,** Rio de Janeiro (RJ), a. 1, v. 18, n. 2, maio/ago., 2017, p. 284. Disponível em: https://www.e-publicacoes.uerj.br/index.php/redp/article/view/30026/21000. Acesso em: 3 ago. 2019.

HOBBS, Alan. Unmanned Aircraft Systems. In: SALAS, E.; MAURINO, D. (eds.). **Human factors in aviation.** 2. ed. San Diego: Elsevier, 2010.

HODGKINSON, David; JOHNSTON, Rebecca. **Aviation Law and Drones:** unmanned Aircraft and the future of Aviation. New York: Routledge, 2018.

HONSELL, Heinrich. **Römisches Recht.** 7. aufl. Heidelberg: Springer, 2010.

HUCK, Hermes M. **Sentença estrangeira e "Lex mercatoria":** horizontes do comércio internacional. São Paulo: Saraiva, 1994.

HUSEK, Carlos R. **Curso básico de direito internacional público e privado do trabalho.** 3. ed. São Paulo: 2015.

ICAO. **Manual on the Regulation of International Air Transport.** 2. ed. Montreal (CA): ICAO, 2004. Disponível em: https://www.icao.int/Meetings/atconf6/Documents/Doc%209626_en.pdf. Acesso em: 30 jul. 2019.

JAYME, Erik. Identité Culturelle et Intégration: le droit international privé Postmoderne. Cours Général de droit international privé. In: ACADÉMIE DE DROIT INTERNATIONAL. **Recueil de Cours.** Collected courses of the hague academy of international law. The Hague/Boston/London: Martinus Nijhoff Publishers, 1996, t. 251.

KANT, Immanuel. **Werke in sechs Bände.** Herausgegeben Wilhelm Weischedel. Darmstadt: WBG-Darmstad, 2005.

KEGEL, Gerhard. The crisis of conflict of laws. In: **The Hague Academy of International Law.** Collected Courses of the Hague Academy of International Law. Leiden, Boston: Brill Nijhoff: 1964, v. 112.

KELSEN, Hans. **Das problem der souveränität und die theorie des völkerrechts.** Tübingen: Verlag von J. C. B. Mohr (Paul Siebeck), 1920.

KELSEN, Hans. **Teoria geral do direito e do estado.** Trad. Luís Carlos Borges. 3. ed. São Paulo: Martins Fontes, 1998.

_______. Theorie du droit international public. Problèmes choisis. **Paris Recueil de Cours,** v. IV, t. 42, 1932.

_______. **Principles of international law.** New Jersey: The Lawbook Exchange Ltd., 2004.

KERVÉGANT, Christopher. Are Copyright and Droit d'auteur in the light of information technology? **International Review of Law, Computers and Technology,** v. 10, n. 1, p. 55-77, 1996. Disponível em: https://doi.org/10.1080/13600869.1996.9966432. Acesso em: 6 set. 2019.

KHONG, Dennis W. K. The Historical Law and Economics of the First Copyright Act. **Erasmus Law and Economics Review,** v. 2, n. 1, p. 40, mar. 2006. Disponível em: https://ssrn.com/abstract=986202. Acesso em: 3 ago. 2019.

KOATZ, Rafael Lorenzo-Fernandez. A proibição do *non liquet* e o princípio da inafastabilidade do controle jurisdicional. **Revista de Direito Administrativo,** Rio de Janeiro, v. 270, p. 171-205, set. 2015. Disponível em: http://bibliotecadigital.fgv.br/ojs/index.php/rda/article/view/58741/57534 Acesso em: 3 ago. 2019.

LARENZ, Karl. **Methodenlehre der Rechtswissenschaft.** 6. aufl. Berlin, Heidelberg, New York: Springer Verlag, 1991.

LEAL, Larissa. A desordem normativa brasileira e a questão do domicílio do leiloeiro público oficial. **Revista Acadêmica da Faculdade de Direito do Recife,** v. 83, n. 1, out. 2013. ISSN 2448-2307. Disponível em: https://periodicos.ufpe.br/revistas/ACADEMICA/article/view/297/261. Acesso em: 27 jun. 2019.

LEITE, Gisele. Domicílio: um complexo conceito do direito civil. In: **Âmbito Jurídico,** Rio Grande, IX, n. 34, nov. 2006. Disponível em: http://www.ambitojuridico.com.br/site/index.php?n_link=revista_artigos_leitura&artigo_id=1379 Acesso em: 27 jun. 2019.

LIMA, Humberto Alves de Vasconcelos. Propriedade intelectual no século XXI: em busca de um novo conceito e substrato teórico. **Revista da Faculdade de Direito UFPR,** Curitiba (PR), Brasil, v. 56, dez. 2012, p. 162. Disponível em: https://revistas.ufpr.br/direito/article/view/33495/21037. Acesso em: 23 ago. 2019.

LITTLE, Laura E. **Conflict of Laws:** cases, materials, and problems. 2. ed. Wolters Kluwer: New York, 2018.

LÔBO, Paulo L. N. Princípios contratuais. In: LÔBO, Paulo L. N., LYRA JR., Eduardo M. G. de. (coord.). **A teoria do contrato e o novo Código Civil.** Recife: Nossa Livraria, 2003.

LOPES, João B. Provas atípicas e efetividade do processo. **Revista Eletrônica de Direito processual – REDP,** Rio de Janeiro (RJ), v. 5, n. 5, jan./jun. 2010, p. 389-402. Disponível em: https://www.e-publicacoes.uerj.br/index.php/redp/article/view/23097/16450. Acesso em: 3 ago. 2019.

LOPES, Inez. O direito internacional privado e a responsabilidade civil extracontratual por danos ambientais causados por transportes marítimos à luz do direito brasileiro. **Revista de Direito Internacional,** Brasília, v. 12, n. 1, 2015, p. 236-237. Disponível em: https://www.publicacoesacademicas.uniceub.br/rdi/article/view/3364/pdf. Acesso em: 3 ago. 2019.

LORENZEN, Ernest G. **Huber's de conflictu legum (1919).** Faculty Scholarship. Paper 4563. Disponível em: http://digitalcommons.law.yale.edu/fss_papers/4563. Acesso em: 24 jun. 2019.

LORETO, Sylvio. O direito internacional privado e a autonomia da vontade: seu estudo na Faculdade de Direito do Recife na primeira metade do século XX. In: **Anuário do curso de pós-graduação em direito.** Recife: Edição do Programa de Pós-Graduação em Direito da UFPE, n. 12, 2002.

MACHADO JUNIOR, Jose C.; TELES, Paula V. A descoisificação dos animais no paradigma do estado socioambiental de direito: O Projeto de Lei do Senado 351/2015. **Revista de Biodireito e Direitos dos Animais.** e-ISSN: 2525-9695, Minas Gerais, v. 1, n. 2, jul./dez. 2015, p. 279-280. Disponível em: https://indexlaw.org/index.php/revistarbda/article/view/27/pdf. Acesso em: 3 ago 2019.

MACKENZIE, David. **ICAO:** a history of the international civil aviation organization. Toronto: University of Toronto Press Inc., 2010.

MAMEDE, Gladston. **Falência e recuperação de empresas.** 10. ed. São Paulo: Atlas, 2019.

MAGALHÃES, José C. de. *Lex mercatoria* – evolução e posição atual. In: BAPTISTA, Luiz O.; MANCINI, Pasquale Stanislao. **Direito internacional.** Trad. Arno dal Ri. Ijuí: Unijuí, 2003.

MARINONI, Luiz Guilherme; MITIDIERO, Daniel. **Comentários ao Código de Processo Civil:** arts. 1º ao 69. 2. ed. São Paulo: Thompson Reuters Brasil, 2018.

MARINHA DO BRASIL. **Normas da autoridade marítima para embarcações empregadas na navegação em mar aberto** – NORMAM-01/DPC. 2005. Disponível em: https://www.marinha.mil.br/dpc/sites/www.marinha.mil.br.dpc/files/NORMAM 01_DPC.Mod39.pdf. Acesso em: 10 nov. 2019.

MARMELSTEIN, George. Alexy à brasileira ou a Teoria da Katchanga. In: **Direitos fundamentais.net,** 2008. Disponível em: https://direitosfundamentais.net/2008/09/18/alexy-a-brasileira-ou-a-teoria-da-katchanga/. Acesso em: 19 out. 2019.

MARQUES, CLAUDIA L. Proteção do consumidor no âmbito do comércio eletrônico. **Revista da Faculdade de Direito da UFRGS.** Porto Alegre: UFRGS, n. 23, 2003, p.54. Disponível em: https://seer.ufrgs.br/revfacdir/article/view/73065/41250. Acesso em: 22 jun. 2019.

_______. Novos rumos do direito internacional privado quanto às obrigações resultantes de atos ilícitos, em especial de acidentes de trânsito. In: BAPTISTA, Luís O.; MAZZUOLI, Valério de O. **Doutrinas essenciais de direito internacional.** v. 4: Direito internacional privado: teoria e prática. São Paulo: Revista dos Tribunais, 2012.

_______. Por um direito internacional de proteção dos consumidores: sugestões para a nova Lei de Introdução ao Código Civil brasileiro no que se refere à lei aplicável a alguns contratos e acidentes e consumo. In: MENEZES, Wagner (org.). **O Direito Internacional e o Direito brasileiro:** homenagem a José Francisco Rezek. Ijuí: Unijuí, 2004.

_______; ZANCHET, Marília. Proposta de redação de nova Lei de Introdução ao Código Civil brasileiro. **Cadernos do Programa de Pós-Graduação em Direito – PPGDir./UFRGS,** Porto Alegre, n. 1, nov. 2013. ISSN 2317-8558. Disponível em: https://seer.ufrgs.br/ppgdir/article/view/43500. Acesso em: 31 ago. 2020.

MARQUES, J. M. de Azevedo. Bens públicos. In: MENDES, Gilmar; STOCO, Rui (orgs.). **Doutrinas essenciais:** direito civil. Parte geral – atos, fatos, negócios e bens. São Paulo: Revista dos Tribunais, 2011, v. IV.

MARTINS, Eliane M. O. **Curso de direito marítimo.** v. 1: Teoria geral. 4. ed. Baueri: Manoile, 2013.

MARTINS, Fran. **Curso de direito comercial:** títulos de crédito. Atualizada por Joaquim P. Santos e Paulo P. Santos. 18. ed. Rio de Janeiro: Forense.

MARTINS, Renata Gontijo S. S. **As (im)possibilidades da proteção legal ao design no Brasil contemporâneo.** Tese (Doutorado – Design) – Universidade

Federal de Pernambuco, Recife, 2014, p. 66. Disponível em: https://repositorio.ufpe.br/handle/123456789/13252. Acesso em: 20 set. 2019.

MARTIN, Sally; MARTIN, Jeffrey; LAI, Polin. International container design regulations and ISO standards: are they fit for purpose? **Maritime Policy & Management.** 2018. Disponível em: https://doi.org/10.1080/03088839.2018.1519862. Acesso em: 30 jul. 2019.

MAZZUOLI, Valério de O. (orgs.). **Direito do comércio internacional:** teoria geral. São Paulo: Revista dos Tribunais, 2012.

_______. Teoria geral do controle de convencionalidade no direito brasileiro. **Revista de Informação legislativa,** Brasília, v. 46, n. 181, jan./mar. 2009, p. 113. Disponível em: https://www2.senado.leg.br/bdsf/item/id/194897. Acesso em: 19 out. 2019.

_______. **Curso de direito internacional privado**. 2. ed. São Paulo: Forense, 2017.

MEINERO, Fernando Pedro. Prélèvement: origem, evolução e ocaso do privilégio nas sucessões internacionais na França. **Revista de Direito Internacional,** Brasília, v. 14, n. 1, 2017, p. 250. Disponível em: https://www.publicacoesacademicas.uniceub.br/rdi/article/view/4325/pdf. Acesso em: 21 jun. 2019.

MELO, Albertino Daniel de. Teoria geral dos bens – um ensaio jurídico. In: MENDES, Gilmar; STOCO, Rui (orgs.). **Doutrinas essenciais:** direito civil. Parte geral – atos, fatos, negócios e bens. São Paulo: Revista dos Tribunais, 2011, v. IV.

MENEZES, Elis Costa. Sobre a capacidade civil da pessoa com deficiência: desde a metodologia de superação do determinismo apresentada por Stephen Jay Gould até o primado da dignidade da pessoa humana. In: **Direito UNIFACS – Debate virtual,** n. 203, p. 1-19, maio 2017, ISSN 1808-4435. Disponível em: https://revistas.unifacs.br/index.php/redu/article/view/4785/. Acesso em: 28 jun. 2019.

MENDANHA, Rhayanne D. M.; DEL'OLMO, Florisbal de S. Desafios do multiculturalismo para o direito arbitral e os negócios internacionais. **Homa Publica – Revista Internacional de Direitos Humanos e Empresas,** v. 3, n. 2, p. 117, 21 dez. 2019. Disponível em: https://periodicos.ufjf.br/index.php/HOMA/article/view/30585. Acesso em: 28 jun. 2019.

MENDONÇA, J. X. Carvalho de. **Tratado de direito comercial brasileiro.** 2. ed. Rio de Janeiro: Freitas Bastos, 1934, v. V.

MENDONÇA, Vinícius de C. P. Insolvência transnacional: critérios de fixação de competência. In: **DIGE – Revista de Direito Internacional e Globalização Econômica,** São Paulo, v. 3, n. 3, 2018, p. 150-174. Disponível em: https://revistas.pucsp.br/DIGE/article/view/38690. Acesso em: 23 ago. 2019.

MENDES, Raquel Lima; MUNIZ CALDAS, Diogo Oliveira. Casamento homoafetivo: uma realidade no ordenamento jurídico brasileiro. **Revista Interdisciplinar de Direito,** v. 12, n. 2, out. 2017. ISSN 2447-4290. Disponível em: http://revista.faa.edu.br/index.php/fdv/article/view/97. Acesso em: 6 jul. 2019.

METAXAS, B. N. Flags of convenience. **Marine Policy,** v. 5, n. 1, jan. 1981, p. 52-66. Disponível em: http://10.1016/0308-597x(81)90073-7. Acesso em: 28 jun. 2019.

MINISTÉRIO DA JUSTIÇA E DA SEGURANÇA PÚBLICA. **Autoridade Central Brasileira para a Cooperação Jurídica Internacional.** Disponível em: https://www.justica.gov.br/sua-protecao/cooperacao-internacional/autoridade-central-1. Acesso em: 17 fev. 2021.

MIRANDA, Pontes de. **Fontes e evolução do direito civil.** 2. ed. Rio de Janeiro: Forense, 1981.

_______. **Tratado de direito privado:** Campinas: Bookseller, 2001, t. III.

MONACO, Gustavo F. de C. Problema hermenêutico da lei mais favorável em direito internacional privado à luz do desafio kelseniano. **Revista IMES,** Direito, São Caetano do Sul, v. 4, n. 8, 2004.

MOURA, Henrique P.; CARVALHO, David F. R. Conflito de interpretação do conceito de domicílio para aferição de aplicação de tratados para evitar a bitributação: uma análise sob a perspectiva do caso Volvo-ITOCHU. **Revista de Direito Internacional e Globalização Econômica,** v. 2, n. 12, p. 82-103, 2017. ISSN 2526-6284. Disponível em: https://revistas.pucsp.br/DIGE/article/view/35212. Acesso em: 27 jun. 2019.

NADER, Paulo. **Curso de direito civil.** v.6: Direito das sucessões. 7. ed. Rio de Janeiro: Forense, 2016.

NELSON, Rocco Antonio Rangel Rosso; COSTA, Eliton Costa de Souza; NELSON, Isabel Cristina Amaral de Sousa Rosso. Breve estudo sobre o microssistema jurídico das pessoas com deficiência. **RFD – Revista da Faculdade de Direito da UERJ,** n. 34, p. 119-150, jan. 2019. ISSN 2236-3475. Disponível em: https://www.epublicacoes.uerj.br/index.php/rfduerj/article/view/19593/27677. Acesso em: 28 jun. 2019.

NERY JR., Nelson; NERY, Rosa Maria de Andrade. **Novo Código Civil e legislação extravagante anotado.** São Paulo: RT, 2002.

NETTO, Paulo L. **Direito civil:** famílias. 5. ed. São Paulo: Saraiva, 2014.

NEUNER, Jörg. Die Einwirkung der Grundrechte auf das deutsche Privatrecht. In: NEUNER, Jörg (orgs.). **Grundrechte und Privatrecht aus rechtsvergleichender Sicht.** Heidelberg: Mohr Siebeck Verlag, 2007.

NEVES, Marcelo. **A constitucionalização simbólica.** São Paulo: WMF Martins Fontes, 2007.

NORD, Nicolas. **Ordre public et lois de police en Droit International privé.** These pour le doctorat en Droit – Université Robert Schuman (Strasbourg, III) p. 410. Disponível em: http://www.theses.fr/2003STR30001. Acesso em: 28 jun. 2019.

NUCCI, Guilherme de S. **Curso de direito processual penal.** 16. ed. Rio de Janeiro: Forense, 2019.

_______. **Código de processo penal comentado.** 6. ed. São Paulo: Revista dos Tribunais, 2007.

NGYH, Peter. **Autonomy in international contracts.** Oxford: Claredon Press, 1999.

OLIVEIRA, Roberta Maropo de. **Arbitragem internacional em investimentos estrangeiros:** um estudo das alternativas aplicáveis ao direito brasileiro. Dissertação (Mestrado) – Programa de Pós-Graduação em Direito da Universidade Federal de Pernambuco, Recife, 2010, p. 13. Disponível em: https://repositorio.ufpe.br/handle/123456789/3922. Acesso em: 28 jun. 2019.

PACHECO, Maria de Fátima de C. T. M. O reenvio prejudicial enquanto instrumento de sensibilização dos juízes nacionais no quadro da proteção dos direitos fundamentais. In: **Cadernos de Derecho Actual,** v. extraordinário, n. 5, 2017, p. 351. Disponível em: http://cadernosdedereitoactual.es/ojs/index.php/cadernos/article/viewFile/134/99. Acesso em: 28 jun. 2019.

PATRY, William. Choice of Law and International Copyright. **The American Journal of Comparative Law,** American Society of Comparative Law, v. 48, n. 3, Summer 2000, p. 383-470. Disponível em: http://www.jstor.org/stable/840860. Acesso em: 6 set. 2019.

PATTERSON, L. Ray. Copyright and "the Exclusive Right" of Authors. **The Journal of Intellectual Property Law,** v. 1, n. 1, Fall 1993. Disponível em: https://digitalcommons.law.uga.edu/fac_artchop/343. Acesso em: 1° set. 2019.

PEREIRA, Caio Mário da S. **Instituições de direito civil.** v. 1: Introdução ao direito civil. Teoria geral do direito. Atualizado por Maria Celina Bodin de Moraes. 28. ed. Rio de Janeiro: Forense, 2015.

________. **Instituições de direito civil:** direitos reais. 27. ed. Rio de Janeiro: Forense, 2019.

PEREIRA, José E. A. A doutrina holandesa "Comitas Gentium". **Revista da Faculdade de Direito da UFMG,** Belo Horizonte (MG), n. 3, 1963, p. 110. Disponível em: https://www.direito.ufmg.br/revista/index.php/revista/article/view/685/645. Acesso em: 16 abr. 2020.

PEREIRA, Marcela H. Takahashi. **Homologação de sentenças estrangeiras:** aspectos gerais e o problema da falta de fundamentação no exterior. Rio de Janeiro-São Paulo-Recife: Renovar, 2009.

PEREIRA, Marcos Vinícius Torres. Homologação de sentenças penais estrangeiras no direito internacional privado brasileiro. **RFD – Revista da Faculdade de Direito da UERJ,** n. 18, abr. 2011. ISSN 2236-3475. Disponível em: https://www.epublicacoes.uerj.br/index.php/rfduerj/article/view/1354/1142. Acesso em: 6 jul. 2019.

PILLET, Antoine. Théorie générale des droits acquis. In: ACADEMIE DE DROIT INTERNACIONAL DE LA HAYE. **Recueil des Cours.** Paris: Libraire Hachette, 1925, t. 8, volume VIII.

PIMENTEL, Luiz Otávio; DE FIGUEIREDO E SILVA, Cláudio Eduardo Regis. Conceito jurídico de *software*, padrão proprietário e livre: políticas públicas. **Seqüência:** estudos jurídicos e políticos, Florianópolis, v. 35, n. 68, p. 291-329, jun. 2014. ISSN 2177-7055. Disponível em: https://doi.org/10.5007/2177-7055.2013v35n68p291.

PIRES, Cristiane Pedroso. **Distribuição dinâmica do ônus da prova.** Dissertação (Mestrado em Direito Processual) – Faculdade de Direito da Universidade de São Paulo, São Paulo, 2014. Disponível em: https://doi: 10.11606/d.2.2014.tde-11022015-145626.

PIRES, Marcelo V. A legitimação para o afastamento da aplicação de instrumentos coletivos de trabalho. **Revista do Tribunal Regional do Trabalho da 10ª Região,** Brasília, v. 22, n. 2, 10 dez. 2018, p. 86. Disponível em: https://revista.trt10.jus.br/index.php/revista10/article/view/235. Acesso em: 28 jun. 2019.

PLUCKNETT, Theodore F. T. **A concise history of the common Law.** Indianapolis: Liberty Fund, Inc, 2010.

POIDOMANI, Isabella L. Análise do estabelecimento empresarial: natureza jurídica e contratos. **Revista do CEPEJ.** Salvador: Centro de Estudos e Pesquisas da Faculdade de Direito da UFBA, v. 17, 2015, p. 109-122. Disponível em: https://portalseer.ufba.br/index.php/CEPEJ/article/view/22432. Acesso em: 21 jul. 2019.

POLETTI, Ronaldo. A questão da autonomia do direito aeronáutico. **Revista de Informação Legislativa,** Brasília, v. 31, n. 213, p. 103-112. Disponível em: http://www2.senado.leg.br/bdsf/handle/id/176260. Acesso em: 28 jun. 2019.

PONTES, Ted L. R.; CAMINHA, Uinie. Uma análise econômica da alienação fiduciária em garantia dos bens imóveis. **Scientia Iuris,** RJ, v. 20, n. 1, p. 221-248, abr. 2016. Disponível em: http://www.uel.br/revistas/uel/index.php/iuris/article/view/20241. Acesso em: 6 ago. 2019.

PRADO, Alessandra Mascarenhas; SCHINDLER, Danilo. A medida de segurança na contramão da Lei de Reforma Psiquiátrica: sobre a dificuldade de garantia do direito à liberdade a pacientes judiciários. **Rev. Direito GV,** São Paulo, v. 13, n. 2, p. 647, ago. 2017. Disponível em: http://www.scielo.br/scielo.php?script=sci_arttext&pid=S1808-43222017000200628&lng=pt&nrm=iso. Acesso em: 6 jul. 2019.

PUPPE, Ingeborg. **Kleine Schule des juristischen Denkens.** 2. aufl. Göttingen: Vandenhoeck & Ruprecht, 2018.

RABEL, Ernst. **The conflict of laws:** a comparative study. 2. ed. Ann Arbor: The University of Michigan Press, 1958, v. 1.

_______. **Das Recht des Warenkaufs.** Eine rechtsvergleichende Darstellung. Berlin: Walter De Gruyter & Co, 1964, Band 1.

RAMOS, André de Carvalho. **Curso de direito internacional privado.** São Paulo: Saraiva, 2018.

_______. Evolución histórica del derecho internacional privado y la consagración del modelo conflictual. **Revista de la Secretaría del Tribunal Permanente de Revisión,** p. 423-446, mar. 2015. Disponível em: http://www.revistastpr.com/index.php/rstpr/article/view/138/140. Acesso em: 23 jun. 2019.

RAMPIN, Talita T. D.; COSTA, Yvete F. da. Da possibilidade de homologação arbitral do plano de recuperação extrajudicial de empresas. **SCIENTIA IURIS,** Londrina, v. 15, n. 2, p. 149, dez. 2011. Disponível em: http://www.uel.br/revistas/uel/index.php/iuris/article/view/8563/9320. Acesso em: 20 ago. 2019.

RANGEL, Paulo. **Direito processual penal.** 27. ed. São Paulo: Atlas, 2019.

RANOUIL, Veronique. **L'autonomie de la volonté:** naissance et évolution d'un concept. Paris: PUF, 1980.

RECHSTEINER, Walter B. Sucessão testamentária com conexão internacional. In: **Doutrinas essenciais de direito internacional.** v. IV: Direito internacional privado: teoria e prática. São Paulo: Revista dos Tribunais, 2012.

REIS, Gabriel Valente dos. **Por uma análise cosmopolita da determinação da lei aplicável.** Dissertação (Mestrado em Direito Internacional) – Faculdade de Direito da Universidade de São Paulo, São Paulo, 2012, p. 61. Disponível em: http://10.11606/D.2.2012.tde-22042013-114640. Acesso em: 23 jun. 2019.

REALE, Miguel. **Lições preliminares de direito.** 15. ed. São Paulo: Saraiva, 1987.

REPÚBLICA DOS ESTADOS UNIDOS DO BRASIL. **Lei n. 3.071, de 1º janeiro de 1916.** Código Civil dos Estados Unidos do Brasil. Disponível em: http://www.planalto.gov.br/ccivil_03/leis/l3071.htm. Acesso em: 28 jun. 2019.

REZENDE, Renato Horta. Terceira onda e arbitragem: a arbitragem como expoente da autonomia privada e do acesso à justiça. **Revista Justiça do Direito,** v. 30, n. 1, p. 182, 28 maio 2016. Disponível em: http://seer.upf.br/index.php/rjd/article/view/5680. Acesso em: 28 jun. 2019.

RIBAS, Antonio J. **Consolidação das leis do processo civil.** Com collaboração de seu filho Dr. Julio A. Ribas. Rio de Janeiro: Dias da Silva Junior Typographo-editor, 1879, p. 248, v. 1. Disponível em: http://www2.senado.leg.br/bdsf/item/id/220533. Acesso em: 28 jun. 2019.

RICHMAN, William M.; RILEY, David. The First Restatement of Conflict of Laws on the Twenty-Fifth Anniversary of its Successor: Contemporary practice in Traditional Courts. In: **Maryland Law Review,** v. 56, Issue 4, p. 1197. Disponível em: http://digitalcommons.law.umaryland.edu/mlr/vol56/iss4/4. Acesso em: 17 abr. 2020.

RODRIGUES JR., Otavio Luiz. **Direito civil contemporâneo:** estudo epistemológico, constituição e direitos fundamentais. Rio de Janeiro: Forense Universitária, 2019.

ROLIN, Alberic. **Principes du Droit International privé et applications aux diverses matières du Code Civil (Code Napoleon).** Paris: Libraire Marescq-Ainé chevalier marescq et ecie. Editeurs, 1897.

ROSA JUNIOR, Luiz Emygdio F. da. **Títulos de crédito.** 9. ed. Rio de Janeiro: Forense, 2019.

RUSSO, José; SANTOS ALBUQUERQUE, Fabíola. **Entidades socioafetivas:** do casamento à união estável e à monoparentalidade. Dissertação (Mestrado) – Programa de Pós-Graduação em Direito da Universidade Federal de Pernambuco, Recife, 2005. Disponível em: https//repositorio.ufpe.br/handle/123456789/4249. Acesso em: 6 jul. 2019.

SAMTLEBEN, Jürgen. Die Interamerikanischen Spezialkonferenzen für internationales Privatrecht. **Rabels Zeitschrift für ausländisches und**

internationales Privatrecht (RabelZ). Mohr Siebeck GMBH, H.2, 1980, p. 258. Disponível em: http://www.jstor.org/stable/27876435. Acesso em: 14 jul. 2019.

SANCHES, Shary K. R.; OLIVEIRA, Larenn S. de. Dignidade da pessoa humana e o posicionamento do STJ sobre a sucessão aplicável aos casos de casamento no regime da separação convencional de bens. **Revista de Constitucionalização do Direito brasileiro – RECONTO,** v. 1, n. 1, p. 1-20, jan./jun. 2018, e-ISSN 2595-9840. Disponível em: http://revistadireito.fatecie.edu.br/index.php/Reconto/article/view/19/53. Acesso em: 10 ago. 2019.

SHAFFER, Gregory C.; POLLACK, Mark A. Hard vs. Soft Law: Alternatives, Complements and Antagonists in International governance (June 26, 2009). Minnesota Law Review, v. 94, p. 706-99, 2010, **Minnesota Legal Studies Research Paper No. 09-23.** Disponível em: https://ssrn.com/abstract=1426123. Acesso em: 25 maio 2019.

SANTOS, António Marques dos. **As normas de aplicação imediata no direito internacional privado:** esboço para uma teoria geral. Coimbra: Almedina, 1991.

SÃO PAULO. **Lei n. 2.421, de 14 de Janeiro de 1930.** Código de Processo Civil e Commercial. Disponível em: https://www.al.sp.gov.br/repositorio/legislacao/lei/1930/lei-2421-14.01.1930.html. Acesso em: 28 jun. 2019.

SAMTLEBEN, Jürgen. Arbitragem no Brasil. **Revista da Faculdade de Direito, Universidade de São Paulo,** São Paulo (SP), v. 77, p. 204, jan. 1982. Disponível em: https://www.revistas.usp.br/rfdusp/article/view/66951. Acesso em: 10 maio 2020.

SANCTIS DE BRITO, A.; NASSER, S. Ensinar direito internacional no Brasil: panorama de uma prática e seus desafios. **Revista Derecho del Estado,** 39, ago. 2017, p. 128. Disponível em: https://doi.org/10.18601/01229893.n39.06. Acesso em: 28 jun. 2019.

SAVIGNY, Friedrich Carl von. Methodologie. In: MAZZACANE, Aldo (hg.). **Friedrich Carl von Savigny:** Vorlesungen über juristische Methodologie (1802-1842). Frankfurt am Main: Vittorio Klostermann, 2004.

SAVIGNY, Friedrich Carl von. **Sistema de direito romano atual.** Trad. Ciro Mironanza. Ijuí: Unijuí, 2004, v. VIII.

_______. **System des heutigen Römischen Rechts.** Band 8. Berlin: Bei Veit und Kompt, 1849.

SCAVONE JUNIOR, Luiz Antonio. **Direito imobiliário:** teoria e prática. 11. ed. Rio de Janeiro: Forense, 2016.

SECRETARIA DO ESTADO E DA FAZENDO DO ESTADO DE SANTA CATARINA. **Consulta 19/07.** Diário Oficial do Estado de Santa Catarina em 11.07.2007, Disponível em: http://legislacao.sef.sc.gov.br/html/consultas/2007/con_07_019.htm. Acesso em: 21 abr. 2020.

SCHAEFFNER, Wilhelm. **Entwicklung des Internationalen Privatrechts.** Frankfurt am Main: Druck und Verlag Johann David Sauerländer, 1841.

SOUTO, Cláudio. **Introdução crítica ao direito internacional privado.** 2. ed. Porto Alegre: Safe, 2000.

SCHLECHTRIEM, Peter; SCHWENZER, Ingeborg (coord.). **Comentários à Convenção das Nações Unidas sobre Contratos de Compra e Venda Internacional de Mercadorias.** Coordenação de tradução: Eduardo Grebler, Vera Fradera, Cesar Guimarães Pereira. São Paulo: Revista dos Tribunais, 2014.

SCHLECHTRIEM, Peter; SCHROEDER, Ulrich G. **Internationales UN-Kaufrecht.** 5. aufl. Tübingen: Mohr Siebeck, 2013.

SHELTON, Dinah L. *Soft Law.* Handbook of International Law. Routledge Press, 2008; **GWU Legal studies research paper n. 322.** Disponível em: https://ssrn.com/abstract=1003387. Acesso em: 25 maio 2019.

SILVA, Gracemerce C. Jatobá e. **Propriedade intelectual e o comércio internacional:** a proteção da propriedade intelectual como um dos determinantes-chave para o crescimento. Dissertação (Mestrado) – Centro de Ciências Sociais Aplicadas – Economia – da Universidade Federal de Pernambuco, Recife, 2010, p. 11. Disponível em: https://repositorio.ufpe.br/handle/123456789/3696. Acesso em: 23 ago. 2019.

SILVA, Elisiane da; NEVES, Gervásio R.; MARTINS, Liana B (orgs.). **MAUÁ:** o desafio inovador numa sociedade arcaica. Brasília: Fundação Ulysses Guimarães, 2011.

SIMÕES DE FARIAS, Angela. Bem jurídico e exclusão da antijuridicidade aplicada à integridade física e à saúde. **Revista Acadêmica da Faculdade de Direito do Recife,** v. 83, n. 1, out. 2013. ISSN 2448-2307. Disponível em: https://periodicos.ufpe.br/revistas/ACADEMICA/article/view/287/252. Acesso em: 19 jul. 2019.

SOUZA, Adriano S. R. Anticrese: direito real de garantia ou forma especial de pagamento? **Revista da Faculdade Mineira de Direito,** v. 12, n. 24, jul./dez. 2009, ISSN 1808-9429, p. 22-30. Disponível em: http://periodicos.pucminas.br/index.php/Direito/article/view/P.2318-7999.2009v12n24p22. Acesso em: 20 fev. 2020.

SOUZA, Nevitton V. Sistemas de reconhecimento de sentença estrangeira no Brasil. **Revista Eletrônica de Direito processual – REDP,** Rio de Janeiro (RJ), a. 12, v. 19, n. 3, set./dez. 2018, p. 566. Disponível em: https://www.e-publicacoes.uerj.br/index.php/redp/article/view/36656/27460. Acesso em: 20 fev. 2020.

SCHREIBER, Anderson. TEPEDINO, Gustavo (org.). **Fundamentos de Direito Civil.** v. 2: Obrigações. Rio de Janeiro: Forense, 2020.

STEIN, Stanley B. Choice of Law and the doctrine of Renvoi. **McGill Law Journal,** Montreal (Canadá), v. 17, n. 3, p. 581-593. Disponível em: https://lawjournal.mcgill.ca/wp-content/uploads/pdf/246462-stein.pdf. Acesso em: 20 fev. 2020.

STORY, Joseph. **Commentaries on the conflict of laws, foreign and domestic, in regard to contracts, rights, and Remedies, and especially in regard to marriages, divorces, wills, successions, and judgements.** 2. ed. Union, New Jersey: The Lawbook Exchange Ltda., 2005.

STRECK, Lenio Luiz. Bases para a compreensão da hermenêutica jurídica em tempos de superação do esquema sujeito-objeto. **Sequência:** estudos jurídicos e políticos, Florianópolis, v. 28, n. 54, p. 29-46, jan. 2007. ISSN 2177-7055. Disponível em: https://periodicos.ufsc.br/index.php/sequencia/article/view/15066/13733. Acesso em: 6 jun. 2019.

_______. As recepções teóricas inadequadas em *terrae brasilis*. **Revista de Direitos Fundamentais e Democracia,** Curitiba (PR), v. 10, n. 10, p. 8, jul./dez. 2011. Disponível em: http://revistaeletronicardfd.unibrasil.com.br/index.php/rdfd/article/view/53. Acesso em: 19 out. 2019.

STRENGER, Irineu. **Da autonomia da vontade:** direito interno e internacional. 2. ed. São Paulo: LTr, 2000.

_______. Aspectos da contratação internacional. **Revista da Faculdade de Direito, Universidade de São Paulo,** [S. l.], v. 96, p. 455-474, 2001. Disponível em: http://www.revistas.usp.br/rfdusp/article/view/67512. Acesso em: 3 dez. 2020.

PETERS, Edward N. (curator). **The 1917 or Pio-Benedictine Code of Canon Law in English translation with extensive scholarly apparatus.** San Francisco: Ignatius Press, 2001.

TARTUCE, Flávio. **Direito civil:** lei de introdução e parte geral. 15. ed. Rio de Janeiro: Forense, 2019, v. 1.

TEIXEIRA, Anderson Vichinkeski. Ativismo judicial: nos limites entre racionalidade jurídica e decisão política. **Revista Direito GV,** v. 8, n. 1, p. 37-57, jan. 2012. ISSN 2317-6172. Disponível em: http://bibliotecadigital.fgv.br/ojs/index.php/revdireitogv/article/view/23966/22722. Acesso em: 17 out. 2019.

THEODORO JR., Humberto. **Curso de direito processual civil.** v. I: Teoria geral do direito processual civil, processo de conhecimento, procedimento ordinário. 60. ed. Rio de Janeiro: Forense, 2019.

TOLEDO, Paulo F. C. S. de; PUGLIESI, Adriana V. A preservação da empresa e seu saneamento. In: BEZERRA FILHO, Manoel Justino et al. 2. ed. **Recuperação empresarial e falência.** São Paulo: Thomson Reuters Brasil, 2018.

TOURINHO FILHO, Fernando da Costa. **Prática do processo penal.** 28. ed. São Paulo: Saraiva, 2007.

TRIEPEL, Heinrich. **Völkerrecht und Landesrecht.** Leipzig: Verlag von C. L. Hirschfeld, 1899.

UCHOA, A. Propriedade pública: funcionalização e sustentabilidade. **Revista Controle** – doutrina e artigos, v. 13, n. 2, p. 14-31, 31 dez. 2015. Disponível em: http://revistacontrole.ipc.tce.ce.gov.br/index.php/RCDA/article/view/1. Acesso em: 4 out. 2019.

UNCITRAL. **UNCITRAL Model Law on Cross-border Insolvency with Guide to Enactment and Interpretation.** Viena: United Nations, 2014, p. 19. Disponível em: https://uncitral.un.org/sites/uncitral.un.org/files/media-documents/uncitral/en/1997- model-law-insol-2013-guide-enactment-e.pdf. Acesso em: 20 fev. 2020.

UNITED STATES OF AMERICA. Federal Rules of Civil Procedure: rule 44.1 Determining Foreign Law. In: **Legal Information Institute.** Disponível em: https://www.law.cornell.edu/rules/frcp/rule_38. Acesso em: 20 fev. 2020.

VALLADÃO, Haroldo. **Direito internacional privado em base histórica e comparativa, positiva e doutrinária, especialmente dos Estados americanos:** introdução e parte geral. São Paulo: Livraria Freitas Bastos, 1968.

_______. O princípio da lei mais favorável no DIP. **Revista da Faculdade de Direito, Universidade de São Paulo,** v. 76, p. 53-61, 1º jan. 1981. Disponível em: http://www.revistas.usp.br/rfdusp/article/view/66912. Acesso em: 22 jun. 2019.

_______. Objeto e denominação do direito internacional privado. In: BAPTISTA, Luís O.; MAZZUOLI, Valério de O. **Doutrinas essenciais de direito internacional.** v. 4: Direito internacional privado: teoria e prática. São Paulo: Revista dos Tribunais, 2012.

VATICANO. **Constituição Apostólica "Sacrae Disciplinae Leges" de promulgação do Código de Direito Canônico (25.1.1983).** Lisboa: Secretariado Nacional do Apostolado da Oração, 1983. Disponível em: http://www.vatican.va/archive/cod iuris-canonici/portuguese/codex-iuris-canonici_po.pdf. Acesso em: 22 jun. 2019.

VENOSA, Silvio de Salvo. **Direito civil:** família. 18. ed. São Paulo, 2018.

_______; RODRIGUES, Claudia. **Direito empresarial.** 9. ed. São Paulo: Atlas, 2019.

VIEIRA, Luciane Klein; FERNANDES, Matheus Lúcio Pires. Os acordos de eleição de foro nos contratos internacionais: perspectivas a partir da entrada em vigor do novo Código de Processo Civil Brasileiro. **Rev. Secr. Trib. Perm. Revis.,** Asunción, v. 5, n. 9, p. 224-243, mar. 2017. Disponível em: http://scielo.iics.una.py/scielo.php?script=sci_arttext&pid=S2304- 78872017000100224&lng=en&nrm=iso. Acesso em: 3 dez. 2020.

VIGLINO, Mickael R. Transporte aéreo e direito transnacional: da convergência à uniformidade. **Revista de Direito Internacional,** Brasília, Uniceub, v. 13, n. 3, 2016, p. 163. Disponível em: https://www.publicacoesacademicas.uniceub.br/rdi/article/view/4374. Acesso em: 4 out. 2019.

VILELA, Anna Maria. A unificação do direito na América Latina. In: BAPTISTA, Luiz O.; MAZZUOLI, Valério de O. (orgs.). **Direito do comércio internacional:** teoria geral. São Paulo: Revista dos Tribunais, 2012, p. 34.

VILLELA, João Batista. O problema das lacunas do ordenamento jurídico e os métodos para resolvê-lo. **Revista da Faculdade de Direito da UFMG,** Belo Horizonte (MG), v. 12, p. 221, 1961. Disponível em: https://www.direito.ufmg.br/revista/index.php/revista/article/view/1042. Acesso em: 22 jun. 2019.

VINOGRADOFF, Paul. **Roman Law in Medieval Europe.** (eBook): Perennial Press, 2015.

VOGENAUER, Stefan (edt.). **Commentary on the Unidroit Principles of International commercial contracts (PICC).** 2. ed. Oxford: Oxford University Press, 2015.

VON KIRCHMANN, Julius H. **Die wertlosigkeit der Jurisprudenz als Wissenschaft.** Ein Vortrag gehalten in der juristischen Gesellschaft zu Berlin. 3. aufl. Berlin: Julius Springer, 1848.

WALD, Arnoldo. Da natureza jurídica do "software". **Revista de Informação Legislativa,** Brasília, v. 22, n. 87, jul./set. 1985. Disponível em: http://www2.senado.leg.br/bdsf/handle/id/181635. Acesso em: 21 jul. 2019. Acesso em: 22 jun. 2019.

VON BAR, Christian; MANKOWSKI, Peter. **Internationales Privatrecht.** Band I Allgemeine Lehren. 2. aufl. München: Verlag C. H. Beck, 2003.

WAGNER, Markus. Unmanned Aerial Vehicles. In: WOLFRUM, Rüdiger. **Max Planck Encyclopedia of Public International Law.** Oxford University Press, 2015, p. 6. Disponível em: https://ssrn.com/abstract=2584652. Acesso em: 10 out. 2019.

WATERFIELD, Robin. WATERFIELD, Kathryn. **The Greek Myths:** stories of the Greek gods and heroes vividly retold. New York and London: Quercus, 2012.

WEIGERT, Fernanda; BADARÓ, Rui Aurélio de L. A convenção das nações unidas para o direito do mar e a instituição do Tribunal Internacional para o direito do mar. **Revista de Direito Internacional,** Brasília, v. 9, n. 1, jan./jun. 2012, p. 42. Disponível em: https://www.publicacoesacademicas.uniceub.br/rdi/article/view/1614. Acesso em: 15 nov. 2019.

WEBERBAUER, Paul Hugo; AGOSTINHO DA BOAVIAGEM, Aurélio. **O Estado-Nação e a jurisdição internacional:** análise das barreiras para implementação de uma jurisdição compulsória no direito internacional. Dissertação (Mestrado) – Programa de Pós-Graduação em Direito da Universidade Federal de Pernambuco, Recife, 2006. Disponível em: https://repositorio.ufpe.br/handle/123456789/4554.

WEBERBAUER, Paul Hugo. Dos objetos do direito internacional privado: o conflito de leis. In: BARZA, Eugênia C. N. R.; BARROS E SILVA NETO, Francisco A.; WEBERBAUER, Paul Hugo. **Integração regional, globalização e direito internacional.** Recife: UFPE, 2014.

________; RAMOS, Liane de M. S. Norma constitucional inconstitucional? O curioso caso do art. 5°, XXXI e o art. 227 § 6°, da Constituição Federal de 1988. **Revista da Faculdade de Direito UFPR,** Curitiba (PR), v. 61, n. 1, jan./abr., 2016, p. 129. Disponível em: https://revistas.ufpr.br/direito/article/view/42832/27889. Acesso em: 16 ago. 2019.

WESTLAKE, John. **A treatise on private international law, with principal reference to its practice in England:** being in lieu of a second edition of the work published in 1858. London: William Maxwell & Son, 1880.

WILSON, Mathew J. Demystifying the determination of foreign law in U.S. courts: opening the door to a greater global understanding. **Akron Law Publications.** Paper 227. Disponível em: http://ideaexchange.uakron.edu/ua_law_publications/227. Acesso em: 22 jun. 2019.

WOLFF, Marin. **Das Internationale Privatrecht Deutschlands.** 3. aufl. Berlin Göttigen-Heidelberg: Springer Verlag, 1954.